Matthew Richardson

Das populäre Lexikon der ersten Male

Matthew Richardson

Das populäre Lexikon der ersten Male

Erfindungen, Entdeckungen und Geistesblitze

Aus dem Englischen
von Susanne Warmuth

Eichborn.
Lexikon

Matthew Richardson (1958) ist im australischen Canberra aufgewachsen. An der Universität von Canberra studierte er Jura, Geschichte, Philosophie, Literatur und Chinesisch. Nachdem er einige Jahre als Rechtsanwalt gearbeitet hatte, wechselte er ins Verlagswesen. Als Lektor, Herausgeber und Beiträger wirkte er an vielen Büchern zu historischen, kulturellen und praktischen Themen mit. *Das populäre Lexikon der ersten Male* ist sein erstes ganz eigenes Buch.

In Sydney besitzt Matthew Richardson einen Verlag, Halstead Press. Mit seiner Frau und den drei Söhnen lebt er in den Blue Mountains, einem Gebirgszug im Hinterland von Sydney.

Die Originalausgabe erschien 1997
unter dem Titel *The Penguin Book of Firsts*
bei Penguin Books Australia Ltd.

Die Deutsche Bibliothek – CIP-Einheitsaufnahme

Richardson, Matthew:
Das populäre Lexikon der ersten Male: Erfindungen,
Entdeckungen und Geistesblitze / Matthew Richardson. -
Frankfurt am Main: Eichborn, 2000
ISBN 3-8218-0811-X

Umschlaggestaltung, Layout, Satz: Petra Wagner, Hamburg
Umschlagbild: ›Wasserspülklosett‹ (1905) und
›Der amerikanische Astronaut Aldrin betritt den Mond‹ (1969)
© AKG, Berlin
Druck und Bindung: Werner Söderström OY, Finnland
ISBN 3-8218-0811-X

Verlagsverzeichnis schickt gern:
Eichborn Verlag, Kaiserstraße 66, D-60329 Frankfurt am Main
www. eichborn. de

Inhaltsverzeichnis

Einleitung

Die Größten, die Stärksten, die Schnellsten und die Weitesten ereilt alle das gleiche Schicksal: Früher oder später kommt jemand, übertrifft sie und läßt sie in der Versenkung verschwinden. Es gibt nur einen Rekord, der nicht gebrochen werden kann: der Erste gewesen zu sein.

Doch selbst diesen Titel kann man verlieren, denn er wird gar nicht so selten dem Falschen zuerkannt.

Den ersten Hubschrauber hat nicht Leonardo da Vinci entworfen. Großbritannien war keineswegs das erste Weltreich, in dem die Sonne nicht unterging. In England leuchteten bereits die Glühbirnen, als sich der Amerikaner Edison beim Schein einer Öllampe noch darum bemühte, sie zu erfinden. Der große Seefahrer Vasco da Gama entdeckte nicht mehr viel, und Seelenforscher erkannten das Unterbewußtsein, lange bevor Sigmund Freud seine ödipale Phase abgeschlossen hatte.

Die meisten Menschen nehmen es nicht ganz so genau, wenn sie etwas zu einem »ersten Mal« erklären. Andere wollen partout selbst etwas zum ersten Mal vollbringen, wenn es sein muß, wider jegliche Vernunft. Wie viele haben sich in Expeditionen zu den Polen, bei Erstbesteigungen von Bergen oder Alleinweltumseglungen gequält und umgebracht? Im verzweifelten Bemühen, etwas zu tun, was keiner vorher tat, kommt es dann zu so absonderlichen Rekorden wie dem erstmaligen Umrunden Australiens mit einer Schubkarre. Die Vorstellung, daß Erstmaligkeit nicht zu überbieten ist, macht vermutlich einen Teil der Motivation für solche Aktionen aus.

Kopernikus forschte auf vielen Gebieten, aber sein Name steht für die Feststellung, daß die Erde um die Sonne kreist. Kolumbus wird gefeiert, weil er Amerika entdeckte und bewies, daß die Erde rund ist. Die meisten Menschen kennen Pythagoras nur als den Begründer des Satzes des Pythagoras und Gutenberg als den ersten, der mit beweglichen Lettern druckte. Alle Welt neigt vor Galileo Galilei respektvoll das Haupt, aber was wissen wir tatsächlich von seinem Werk? Daß er das Fernrohr erfand und entdeckte, daß unterschiedlich schwere Körper mit gleicher Geschwindigkeit fallen. Vielleicht noch, daß er bemerkte, daß es sich beim Mondschein um reflektiertes Sonnenlicht handelt.

Rundheraus gesagt: Alle im vorigen Absatz genannten Behauptungen sind falsch. Jedem dieser berühmten Männer kam ein anderer zuvor. Die meisten hätten es wohl auch freimütig zugegeben – mit Ausnahme von Kolumbus vielleicht, der noch auf dem Totenbett abstritt, daß Amerika existiert.

Ähnliche Verdrehungen finden wir, wenn es darum geht, bestimmte Errungenschaften einer Kultur oder einer Volksgruppe zuzuschreiben. Die Schotten haben das Golfspiel nicht erfunden, die Chinesen nicht den ersten Abakus gebaut. Die Philosophie begann nicht mit den Griechen, der Monotheismus nicht bei den Hebräern.

Das populäre Lexikon der ersten Male widerspricht an vielen Stellen den gängigen Auffassungen und der verbreiteten Lehrmeinung. Für alle Skeptiker – und weil ich Widerspruch erwarte – habe ich ein weiteres Buch vorbereitet. Es trägt den Titel *On the Sources of the Penguin Book of Firsts* (»Die Quellen des Lexikons der ersten Male«) und kann über folgende Adresse bezogen werden: Matthew Richardson, Halstead Press, 19A Boundary St., Rushcutter's Bay, New South Wales, 2011, Australien.

Das populäre Lexikon der ersten Male will in Ehren ergraute Behauptungen und liebgewordene Annahmen über Bord werfen (ausgenommen solche, die richtig sind, versteht sich) und die wahren ersten Male aufzeigen. Genaugenommen handelt es sich dabei um zwei Ziele, von denen das eine leichter zu erreichen ist als das andere. Um jemandem die Priorität abzusprechen, genügt es zu zeigen, daß ihm ein anderer zuvorkam. Das eigentliche Problem besteht darin, sicherzugehen, daß vor diesem nicht noch ein anderer war. Beispielsweise läßt sich daraus, daß Henry Sinclair vor Kolumbus in Amerika anlegte, nicht schließen, daß er der erste war.

In einigen Fällen müssen wir uns damit zufriedengeben, etwas aufgrund der »Indizienlage«, unter Einbeziehung der Begleitumstände, als »das vermutlich erste Mal« einzustufen. Diese Schwierigkeit soll jedoch keine Entschuldigung für den Schwachpunkt darstellen, daß jedes »erste Mal« unter dem Vorbehalt »soviel wir wissen« zu sehen ist. Der Reiz besteht darin, das gesicherte Wissen bis zu dem Punkt zurückzuverfolgen, an dem es sich mit dem tatsächlichen ersten Mal trifft. Nachdem das Buch abgeschlossen ist, liegt es an seinen Lesern, sich der sportlichen Herausforderung zu stellen. Autor und Verlag werden jeden von Ihnen in der nächsten Auflage dankbar erwähnen, der nachweisen kann, daß einem hier aufgeführten ersten Mal ein anderes Mal vorausging. In einem so ehrgeizigen Werk wie diesem sind Fehler nicht nur peinlich, sondern unvermeidlich. Sie können sich also um Wissen und Aufklärung verdient machen, wenn Sie unzutreffende Behauptungen des Autors genüßlich zerpflücken.

Die ersten Male und die Geschichte

Die ersten Male verliefen weltweit nach ähnlichen Mustern, die mit der Lebensweise der Menschen in engem Zusammenhang standen. Über die Frühgeschichte verraten sie noch nicht allzuviel, denn hier liegen die Einzelheiten weitgehend im dunkeln. Es war eine Zeit, in der sich die Lebensformen vergleichsweise wenig veränderten; unterbrochen wurde sie lediglich von einzelnen revolutionären Erfindungen, wie etwa der Landwirtschaft.

Die Anfänge der Zivilisation dagegen, die vor etwa 6000 Jahren zu sehen sind, brachten eine Fülle von Innovationen mit sich, die ihrerseits zu Lebensformen führten, die den heutigen sehr ähnlich sind. Danach gingen die Innovationen merklich zurück. In den nächsten 1000 Jahren finden wir nur eine Handvoll nennenswerter Neuerungen. Etwa 600 v. Chr. dämmerte im Westen wie im Osten das Klassische Altertum herauf. Es folgten 800 Jahre voller schöpferischer Kraft, religiöser und philosophischer Ideen, politischer und sozialer Neuerungen, wissenschaftlicher Erkenntnisse und Entdeckungen.

Von 200 n. Chr. bis etwa 1300 haben wir wieder eine Zeit mit vergleichsweise wenigen ersten Malen. Eine Ausnahme stellt ein Innovationsschub im 11. Jahrhundert dar, vor allem während der chinesischen Song-Dynastie. Dunkle Zeitalter von unterschiedlicher Dauer legten sich über verschiedene Teile der Welt. Und sogar die glanzvollsten Kulturen des Mittelalters vermochten nicht mehr, als die Errungenschaften des Klassischen Altertums neu zu erfinden.

Ab 1300 ist ein steter Anstieg von ersten Malen zu beobachten, die meisten davon in Mitteleuropa. Im 19. und 20. Jahrhundert erreichten die schöpferischen Aktivitäten ihren Höhepunkt: 200 Jahre, in denen mehr Einträge ins Buch der ersten Male zu verzeichnen sind als in jeder früheren Epoche vergleichbarer Länge.

Wir finden in den vergangenen 200 Jahren jede Menge erste Male vor allem auf den Gebieten Wissenschaft, Technik, Kriegsführung und Sport, doch in anderen Bereichen – wie Literatur, Philosophie, Politik, Rechtsprechung – ist die Ausbeute ziemlich mager. Offenbar gab es hier nicht mehr viel zu entdecken oder zu erfinden. Das ist sicher ein Grund für die Redewendung »nichts Neues unter der Sonne«.

Eine Besonderheit dieses letzten Zeitabschnitts sind die Beiträge, die wir nicht den traditionellen Wiegen der Kultur in Europa und Asien, sondern deren mittlerweile erwachsenen Töchtern Amerika und Australien verdanken. Wenn man die in diesem Zeitraum stark angewachsene Weltbevölkerung in Relation setzt, kommt man allerdings nicht um die Schlußfolgerung herum, daß die Menschen eigentlich viel weniger Neues geschaffen haben als in der Zeit davor. Das ist wahrscheinlich ebenfalls die Konsequenz davon, daß schon soviel erreicht war.

Dieses Buch stellt kein objektives Maß dar, denn es konzentriert sich auf die Dinge, von denen der Autor glaubte, daß sie für die Leser von heute interessant seien. Deshalb fehlt beispielsweise die Feldmühle, die Getreide während des Transportes mahlte – 400 v. Chr. eine bemerkenswerte Erfindung, doch aus moderner Sicht nicht wichtig genug, um aufgenommen zu werden. Anders die Langspielplatte, die den meisten Lesern so vertraut ist, daß man sie nicht unterschlagen darf, auch wenn sie schon bald so vergessen sein wird wie die Feldmühle. Je weiter wir in der Geschichte zurückgehen, desto mehr Dinge müssen wir weglassen, weil sich ihre Anfänge nicht genau genug festmachen lassen. Das ist ein weiterer Grund dafür, daß das tatsächliche Verhältnis von alten gegenüber neuen Errungenschaften nicht darstellbar ist.

Wiederum gibt es heute zwar mehr technische Neuerungen, doch sie sind nicht mehr so einflußreich, wie sie einst waren. Die modernen ersten Male, die in dieses Buch Eingang fanden, stellen nur eine kleine Auswahl dessen dar, was tatsächlich geschaffen wurde. Und während die Zahl der Erfindungen pro Kopf der Bevölkerung abnimmt, wächst die Menge an Ressourcen, die in ihre Entwicklung gesteckt wird, immer weiter an. Rund um den Globus wird heute für technische Innovationen in einer Woche so viel Aufwand getrieben, wie ihn ein Neandertaler in 1000 Jahren nicht hätte leisten können. Durchbrüche werden immer schwieriger. Selbst für eine große Arbeitsgruppe im Bereich Forschung und Entwicklung ist es heute ganz normal, sich jahrelang mit einem einzigen Projekt zu beschäftigen. Und der Lohn der Mühen ist bei weitem nicht so bedeutsam wie damals, als weniger und primitivere Möglichkeiten zur Verfügung standen.

Die Beherrschung des Feuers war seinerzeit der größte technologische Fortschritt. Dasselbe läßt sich vielleicht für das 20. Jahrhundert und den Siliziumchip sagen. Die Beherrschung des Feuers revolutionierte die soziale Ordnung, denn die Feuerstellen wurden zum Mittelpunkt neuer Formen des Gruppenlebens. Feuer verlängerte das Leben; es ermöglichte es, gekochte Nahrung zuzubereiten. Feuer zerstörte die alte Ordnung der Natur, denn die Jäger brannten immer wieder Vegetation nieder, um Beutetiere herauszutreiben. Feuer war die Voraussetzung für die Besiedelung kälterer Weltregionen, die später zu den bevölkerungsreichsten zählen sollten. Um das Feuer zu beherrschen, bedurfte es keiner kostspieligen Ressourcen, keiner speziellen Forschungseinrichtungen. Feuer war einfach zu entfachen und zu unterhalten. Und doch hat es das Leben der Menschen von Grund auf verändert.

Chips dagegen sind außerordentlich komplexe Gegenstände. In ihnen verbirgt sich die Arbeit von Tausenden von Spezialisten, aber an den allgemeinen Lebensbedingungen hat sich nach ihrer Erfindung nicht allzuviel verändert.

In Zukunft wird technischer Fortschritt nur möglich sein, indem wir den Ressourceneinsatz für die Schaffung neuer erster Male ständig erhöhen.

In anderen Bereichen als der Technik kann das in der Vergangenheit Erreichte festgeschrieben werden, so daß das Ausbleiben neuer Entwicklungen nicht zwangsläufig zu einem Niedergang der Gesellschaft führt. Ist eine Wahrheit in der Philosophie erst einmal entdeckt, genügt es, sie den Menschen zu erklären und diese dazu zu bewegen, danach zu leben. Wir brauchen keine neuen Philosophien, um den Abstieg zu verhindern. Wenn dagegen die menschliche Gesellschaft, so wie sie heute funktioniert, dazu gezwungen wäre, mit den gegenwärtigen Technologien fortzubestehen, käme sie nicht weit.

Die Gründe dafür sind ganz einfach. Rein theoretisch kann die Erde zwar unbegrenzt Leben unterhalten, die Praxis sieht jedoch so aus, daß die Spezies Mensch davon lebt, ihre Ressourcen aufzubrauchen. Angesichts einer immer noch weiter wachsenden Weltbevölkerung, die die begrenzten Rohstoffvorräte nach und nach erschöpft, werden sich schmerzhafte Umwälzungen nicht vermeiden lassen, es sei denn, es gelingt uns, die Krise mit neuen Technologien in den Griff zu bekommen. Ein Beispiel:

Als die Menschen begannen, Erze zu verwerten, konnten sie nur nutzen, was sie direkt an der Oberfläche schürften. Ein paar tausend Jahre später ist an der Oberfläche nichts mehr zu holen. Die Nachfrage läßt sich nur mit Hochtechnologie befriedigen, die es erlaubt, tief in die Erde oder den Meeresgrund vorzudringen. Gleichzeitig mußten Verfahren entwickelt werden, um die Ausbeuten aus Rohmaterial mit immer geringeren Wertstoffgehalten zu erhöhen.

So gesehen wird der – gerne als »Motor des Wandels« apostrophierte – technische Fortschritt vor allem dafür gebraucht, den Status quo aufrechtzuerhalten, indem er die materielle Versorgung sicherstellt. Daraus ergibt sich eine drängende Frage für die Zukunft: Wie lange noch wird es im bisherigen Tempo mit technischen Neuentwicklungen weitergehen?

Wie in anderen Bereichen – Philosophie und Rechtsprechung beispielsweise – zu sehen ist, läßt der Zustrom an Neuerungen mit der Zeit nach. Daß der technische Fortschritt zu unseren Lebzeiten zum Stillstand kommt, steht wohl nicht zu befürchten. Doch früher oder später wird die Krise einsetzen und zur Katastrophe führen, wenn die Gesellschaft nicht rechtzeitig radikale Kurskorrekturen eingeleitet hat.

Den ersten harten Schlag werden wahrscheinlich schon unsere Kinder und Kindeskinder einstecken müssen, wenn nämlich die fossilen Brennstoffe knapp werden. Und es könnte sein, daß sie dann wieder der Kernenergie den Vorzug geben und ihren eigenen Nachkommen die Rechnung dafür aufbürden, statt die verschwenderische Lebensweise aufzugeben, die sie von uns übernommen haben.

Eine Analyse der ersten Male rund um den Globus bietet die Gelegenheit, verschiedene Kulturen miteinander zu vergleichen. In der Frühzeit waren Ägypten und Mesopotamien (der heutige Irak) in den meisten Bereichen die Spitzenreiter. Kein Wunder – denn in diesen Ländern entstanden die ersten Zivilisationen, das heißt, fast alles, was damals dort geschaffen wurde, geschah zum ersten Mal. Doch sie taten sich auch auf Gebieten hervor, von denen man gerne glaubt, sie wären erst viel später entstanden, wie zum Beispiel in staatlicher Organisation und Philosophie.

Auch nach 1600 v. Chr. leisteten die Mesopotamier noch viele wichtige, aber nicht mehr die meisten Beiträge, dann übernahmen die Griechen die Führung. Von etwa 600 v. Chr. an beherrschten die Griechen und die Chinesen ganz klar das Feld, beide lieferten mehr Stichworte für das *populäre Lexikon der ersten Male* als jede andere Kultur. Allerdings hätte es schon überrascht, wenn die Chinesen nicht besonders in Erscheinung getreten wären. Immerhin gehörte China in geschichtlicher Zeit fast immer zu den bevölkerungsreichsten, wohlhabendsten und am besten organisierten Gesellschaften. Doch selbst wenn man diese Umstände berücksichtigt, kamen sowohl China als auch das antike Griechenland in den Zeiten des Klassischen Altertums zu erstaunlichen Blüten. Beide Kulturen überragten alle anderen um mehr als Haupteslänge – die schiere Menge brillanter Ideen und Schlußfolgerungen grenzt ans Wunderbare: die ausgefeilten chinesischen Philosophien, die moderne Versuche weit hinter sich lassen; die Begabung der Griechen, mit einem Minimum an Information und Ausrüstung die Geheimnisse der Natur zu entschlüsseln, etwa Atome und Moleküle, die Blutkapillaren, die Klimazonen der Erde oder den Erdumfang. Und der Abstand der griechischen und der chinesischen Kultur zu den anderen wäre noch größer, wären die Aufzeichnungen aus hellenistischer Zeit (323–44 v. Chr.) nicht größtenteils verlorengegangen und hätte nicht die chinesische Qin-Dynastie in ihrer kurzen Herrschaftszeit (221–206 v. Chr.) so zerstörerisch gewirkt.

Es könnte sich für die moderne Gesellschaft lohnen herauszufinden, was diese vergangenen Kulturen vor allen anderen auszeichnete. Ein Teil der Antwort liegt im Bildungssystem, das die Schüler lehrte, stets alle Möglichkeiten in Betracht zu ziehen, und das sie herausarbeiten ließ, warum etwas richtig ist, bevor sie es akzeptierten. Der Ansatz der alten Griechen und Chinesen, die Dinge grundsätzlich zu hinterfragen, unterscheidet sie wohl am meisten von den heutigen Menschen mit ihrem Herdentrieb im Denken.

Ein weiterer Unterschied zu anderen Völkern ist, daß sie ihre Gesellschaften weniger als ethnische Einheiten denn als Kulturgemeinschaften betrachteten. Die erste chinesische Nation war flächen- und zahlenmäßig noch klein, aber sie erweiterte den Einflußbereich ihrer Kultur, indem sie die Nachbarvölker ohne rassische Vorbehalte integrierte. Bei den Griechen lagen die Dinge etwas anders; sie hielten sich immer für etwas Besseres. Aber der Lauf der Geschichte fügte es, daß sie die antike westliche Welt dünn verteilt besiedelten. Von der französischen Riviera bis an den Persischen Golf genügten wenige Tropfen griechischen Blutes in einem Land, und das Kulturleben erhielt eine griechische Prägung.

Auch nach der klassischen Periode produzierten die Chinesen – entsprechend ihrer Bevölkerungszahl und ihren Ressourcen – weiter erste Male. In der frühen Song-Zeit (960–1126 n. Chr.) erreichten sie sogar noch einmal die überproportionale Quote, die sie 1000 Jahre vorher gehalten hatten. Bei den Griechen dagegen war die Luft raus, und im Mittelalter spaltete sich die westliche Welt in ein christliches und ein islamisches Lager. Im islamischen Bereich tat sich in der ersten Zeit recht viel, und die islamischen Gelehrten erwiesen sich schon bald als würdige Nachfolger der griechischen Geisteskultur. Verglichen mit dem christlichen Europa legte die islamische Wissenschaft einen Blitzstart hin und konnte diesen Vorsprung lange halten. Oft ist zu hören, daß einige wichtige erste Male eher der islamischen als der europäischen Wissenschaft zu verdanken seien – die Algebra ist hierfür ein beliebtes Beispiel. Doch die meisten Dinge findet man bereits bei den Griechen oder anderen frühen Kulturen. Die islamischen Gelehrten bauten auf den Grundlagen des antiken Wissens auf und erweiterten es, aber sie eröffneten nur wenige neue Disziplinen.

Als das christliche Europa im 13. Jahrhundert wieder aus der Stagnation erwachte, war es Jahrhunderte von den Feldern entfernt, die die griechische und die islamische Welt längst beackert hatten. Religion und Forschungsreisen waren die ersten Gebiete, auf denen man wirklich Neues schuf bzw. fand. In der Folge waren es die naturwissenschaftlichen Erkenntnisse und Entdeckungen, die Europa seinen intellektuellen Glanz verliehen. Der technische Fortschritt und seine Entwicklungen schließlich versetzten die Europäer in die Lage, der ganzen Welt ihren Stempel aufzudrücken.

Zu den europäischen ersten Malen trugen alle Länder zwischen Großbritannien und Rußland bei; keines dominierte, aber die Engländer waren besonders eifrig. In derselben Zeit begannen die traditionsreichen Quellen für Neuerungen im Fernen Osten zu versiegen. Indien und die islamische Welt hatten kaum noch Neues zu bieten. China brachte zwar bis ins 20. Jahrhundert noch erste Male zustande, aber nicht mehr als einige kleine europäische Staaten zusammen. Einige wichtige Neuerungen, wie das metrische System oder dampfbetriebene Fahrzeuge, waren Ergebnisse einer fruchtbaren ost-westlichen Zusammenarbeit.

Eine im Sinne dieses Buches »innovative« Gesellschaft muß nicht notwendigerweise auch »fortschrittlich« sein – und umgekehrt. Die christlichen Nationen waren rückständig und erlebten in der Neuzeit eine rasante Entwicklung. Einige der ältesten Kulturen Asiens hatten bereits ein viel höheres Niveau erreicht, aber sie blieben darauf stehen und fielen schließlich wieder zurück.

Eine Gesellschaft muß auch nicht am laufenden Band Weltneuheiten produzieren, um ein hohes kulturelles Niveau zu halten. Sie kann statisch sein oder sich entwickeln, indem sie die andernorts gewonnenen Erkenntnisse und Errungenschaften adaptiert – ein Beispiel dafür ist Japan.

Seit dem 7. Jahrhundert n. Chr. hat Japan an Schnittstellen in seiner Geschichte ausländische Gepflogenheiten übernommen und diese weiterentwickelt – manchmal mit solchem Erfolg, daß die japanischen Varianten die der Ursprungsländer um Längen schlugen. Ähnlich wie der Buddhismus vor ein paar hundert Jahren in Japan lebendiger war als in seiner Heimat Indien, ist die Automatisierung der Industrie dort heute weiter als in Großbritannien, und japanische Fächer lassen jeden Chinesen vor Neid erblassen. Man könnte meinen, das japanische Talent, Dinge weiterzuentwickeln, die ihren Weg auf die Inseln gefunden haben, sei ein Ersatz für die Gabe, Erstmaliges zu schaffen.

Die Kulturen Asiens, die einstmals in allem einen eigenen Weg gingen, befinden sich heute in ihrem »dunklen Zeitalter«. Die Entwicklungen der letzten hundert Jahre sind entweder Reaktionen auf westliche Einflüsse oder direkte Adaptationen westlicher Produkte, Produktions- oder Lebensweisen. Zwar gibt es in diesen Gesellschaften Gruppen, die die negativen Folgen solcher Abhängigkeiten erkennen, doch sie reagieren darauf häufig mit Mitteln, die die mittelalterlichen Zustände in ihren Ländern – wie Totalitarismus oder religiösen Fanatismus – noch unterstreichen. Intellektuelle und kreative Kräfte können sich nur in sehr engen Grenzen entfalten, und wenn, folgen sie dabei westlichen Vorbildern. Es zeigt sich, daß die meisten dieser »Nachahmer«-Gesellschaften mit der »Modernisierung« weniger gewinnen, als sie damit verlieren, weil sie ihre Traditionen und ihre Wurzeln aufgeben.

Ab dem 16. Jahrhundert begann sich eine neue Kategorie von Gesellschaften herauszubilden. Weit weg von der »Alten Welt« – wie man die Länder Europas, Asiens und Afrikas nannte – gab es dünnbevölkerte Landstriche, die von Emigranten aus der Alten Welt in solcher Zahl besiedelt wurden, daß ihre Nachkommen dort nun die Mehrheit stellen. In einigen Fällen – so etwa in Peru – dezimierten die Neuankömmlinge die eingeborene Bevölkerung so stark, daß sie schon bald die Vorherrschaft hatten.

Die europäischen »Tochtergesellschaften« zählen heute mehr Einwohner als Europa selbst und bewohnen eine um ein Vielfaches größere Fläche. Aus ihren Vaterländern brachten sie ein vollständiges System mit

– gesellschaftliche Strukturen, Kultur und Bildung –, das dort in vielen Jahrhunderten mühsam erarbeitet worden war. Von ihrer neuen Heimat wiederum erhielten sie Rohstoffe im Überfluß. Das schuf Ausgangsbedingungen, wie es sie in der Geschichte der Menschheit noch nie zuvor gegeben hatte.

Um so erstaunlicher ist es, wie wenig diese Gesellschaften zu unserer Sammlung der ersten Male beitragen. Die Diskrepanz in der Produktion von Neuerungen zwischen der Alten und der Neuen Welt hat viele verschiedene Gründe, auf die wir hier nicht im einzelnen eingehen können. Beispielhaft sollen nur drei Regionen kurz angerissen werden: Australien, Lateinamerika und Nordamerika.

Nordamerika hat nun wahrlich viele erste Male hervorgebracht, vor allem auf den Gebieten Religion, Technik, Reisen, Sport und Kriegsführung. Gemessen an seiner Bevölkerungsgröße und den reichlich vorhandenen Ressourcen ist die Zahl allerdings doch klein. Nichtsdestoweniger sind die Vereinigten Staaten in mehr Forschungszweigen und Technologien führend als irgendeine andere Nation. Ein wenig erinnert das an Japan: Offenbar ist das Talent, Dinge zu adaptieren und zu verbessern, größer als das, Dinge neu zu schaffen. Der Kontrast ist nur nicht ganz so krass wie in Japan, und die folgenden Kapitel werden auch zeigen, daß Amerika viel mehr erste Male aufzuweisen hat als Japan.

Verglichen mit ihren Mutterländern scheinen die ehemaligen spanischen und portugiesischen Kolonien fast völlig in Elend und Chaos zu versinken. Die Gründe für die Situation in Lateinamerika sind komplex: Die Länder sitzen fest zwischen ihren inneren (politische Instabilität) und äußeren (internationale Schulden) Problemen. In Süd- und Mittelamerika und in Mexiko gibt es zwar vereinzelte Hoffnungsschimmer, doch in den Bereichen, mit denen sich dieses Buch beschäftigt, herrscht gähnende Leere. Keine andere Weltregion hat uns so wenig gegeben wie diese.

Australien schneidet auf den ersten Blick gar nicht so schlecht ab. Materieller Wohlstand, ein Leben ohne Krieg und soziale Schranken, freier Zugang zu Bildung und unglaublich viel Freizeit – diese positiven Ausgangsbedingungen hätten allerdings noch bessere Ergebnisse erwarten lassen. Doch die australische Gesellschaft hat ein Handicap: ihren unerschütterlichen Glauben an ihre intellektuelle und kulturelle Minderwertigkeit. Sie findet es völlig normal, ihre Leitbilder aus Großbritannien, Amerika und Mitteleuropa zu beziehen. Wider besseres Wissen hängen die Leute immer noch dem Mythos an, der typische Australier sei ein hirnloser, versoffener Hinterwäldler. Den Erfolg ihrer Landsleute messen sie daran, wieviel Anerkennung sie im Ausland erhalten. Und weil so jede etwas anspruchsvollere Leistung sofort im internationalen Vergleich erbracht werden muß, gelingt es der australischen Gesellschaft nicht, ihren eigenen Weg zu finden. Solange Australien diese selbstauferlegte Hypothek nicht abwirft, wird es weiter im Dornröschenschlaf liegen und seine Chancen verpassen.

Dieses die Kreativität lähmende Unbehagen ist in Australien besonders ausgeprägt, aber nicht einzigartig. Ähnliches läßt sich überall auf der Welt bei »Nachahmer«-Kulturen beobachten. Sie finden es in Polen, Brasilien, Kanada, im Irak, in Thailand und mindestens einem Dutzend anderer Länder. Dabei spielt es keine Rolle, ob es für dieses Gefühl auch nur den geringsten Anschein einer Berechtigung gibt oder ob es vollkommen aus der Luft gegriffen ist. Es kommt und geht. Momentan ist es in China und in Griechenland sehr stark – Kulturen, die einst völlig frei davon waren. In Großbritannien und den Vereinigten Staaten dagegen keine Spur.

Was macht manche Gesellschaften nun innovativer als andere? Diese Frage erfordert eine auf umfassende Information gegründete, sorgfältige Analyse. Die Mühe lohnt sich freilich nur, wenn die Quote an ersten Malen tatsächlich mit Kreativität in direktem Zusammenhang steht. Dagegen ist es ein Allgemeinplatz festzustellen, daß das Bild, das eine Gesellschaft von sich selbst hat, entscheidenden Einfluß auf ihre Innovationsfreudigkeit ausübt.

Zweifellos haben kulturelle und geographische Gegebenheiten Einfluß auf die Kreativität eines Volkes. Die meisten der von Rassisten vorgebrachten Argumente, die auf genetische Unterschiede abheben, sind schon deshalb zurückzuweisen, weil sie die historischen und die geographischen Gegebenheiten ignorieren, die die Entfaltung eines Volkes fördern und die eines anderen hemmen.

Die australischen Aborigines beispielsweise lebten bis zur Ankunft der Europäer als steinzeitliche Jäger und Sammler. Sie kannten weder Dörfer noch Städte, weder Keramik noch Metall, weder Häuser noch irgendwelche anderen Einrichtungen, die für eine bäuerliche Gesellschaft typisch sind. Nur zu leicht ziehen Außenstehende daraus den Schluß, die Ureinwohner stünden intellektuell auf einer niedrigeren Stufe. Dabei wird übersehen, daß es auf dem australischen Kontinent keine Tiere gibt, die sich für die Herdenhaltung eignen, keine Getreide, keine Gemüse. Ein Beleg dafür, daß Ackerbau und Viehzucht für die Aborigines gar nicht machbar war, sind auch die gescheiterten Versuche der europäischen Siedler, in Australien heimische Tier- und Pflanzenarten ökonomisch sinnvoll zu nutzen. Die Lebensweise der Aborigines als Jäger und Sammler hat rein gar nichts mit ihren intellektuellen Fähigkeiten, dafür aber sehr viel mit ihrem geographischen Erbe zu tun.

Tradition und Innovation

Für die Definition der ersten Male dieses Buches ist es unerheblich, ob damit eine bedeutende Tradition eingeleitet wurde oder nicht. Das nach Sir Isaac Newton benannte und durch sein Werk als solches eingeführte 1. Newtonsche Bewegungsgesetz beispielsweise war schon lange vorher bekannt: englischen Wissenschaftlern, Galileo und noch viel früher den Griechen. Sogar in einem über 2000 Jahre alten Buch eines chinesischen Philosophen ist es erwähnt. Für das *populäre Lexikon der ersten Male* zählen in diesem Fall die Chinesen, auch wenn sie aus ihrem Wissen keinen Nutzen zogen. Der chinesische Text war weder den Griechen noch Newton bekannt.

Sie könnten jetzt fragen: »Was bringt es uns, in die Vergangenheit und auf Dinge zu schauen, die keine erkennbare Bedeutung für die heutige Zeit besitzen?« Darauf gibt es zwei Antworten. Das Wissen darum, wann und wie sich die Menschheit neue Dinge zu eigen machte, hilft uns nicht nur, die Dinge selbst, sondern auch das Wesen des Menschen und die Natur des Fortschritts zu verstehen. Gerade bei etwas, wovon wir glaubten, es sei ganz in unserer Nähe entstanden, und jetzt erfahren, daß es einen Vorläufer in weiter Ferne hatte, ist der Reiz besonders groß herauszufinden, ob es eventuell eine Verbindung zwischen beiden Ereignissen gab. Viele Beobachter sind zufrieden, wenn sie eine Tradition bis zu einem bekannten und genehmen Begründer zurückverfolgen können, und nehmen dann an, sie hätten den Ursprung entdeckt. Dieses Verfahren birgt die Gefahr von Irrtümern und Mißverständnissen.

Zum Beispiel wird Charles Darwin allgemein als Begründer der Evolutionstheorie anerkannt; sein Buch *On the Origin of Species* erschien 1859 (deutsch: *Über die Entstehung der Arten*, 1860). Doch wenn Sie seine Bewunderer daran erinnern, daß diese Gedanken in vollem Umfang schon von seinen englischen Vorläufern geäußert wurden, werden sie sich beeilen zu versichern, daß religiöse Bedenken diese davon abgehalten hätten, solche Erkenntnisse einem breiten Publikum mitzuteilen. Doch alle Elemente des später so genannten Darwinismus waren bereits in einem Buch von William Lawrence enthalten; das erfreute sich so großer Beliebtheit, daß es zu Beginn des 19. Jahrhunderts mehrere Auflagen erlebte. Darwin selbst gab zu, daß er über die natürliche Selektion (einen Pfeiler der Evolutionstheorie) in einem alten chinesischen Lexikon gelesen hatte. Sein Großvater, Erasmus Darwin, hatte einiges über die natürliche Selektion geschrieben. Auch David Hume, ein Zeitgenosse von Erasmus Darwin, erwähnt sie und gibt als seine Quelle den römischen Schriftsteller Cicero an, der im 1. Jahrhundert v. Chr. lebte. Cicero wiederum bezog seine Information aus griechischer Überlieferung, die noch ein paar Jahrhunderte weiter zurückreichte.

Und so steht die Evolutionstheorie – wie so mancher große Durchbruch der modernen Geisteskultur – in einer Tradition, die viel älter ist als die westliche Zivilisation; eine Tradition, die im vergleichsweise ignoranten 20. Jahrhundert beinahe vergessen ist.

Diese Ignoranz, die die Quellen großer Ideen verschleiert, schweigt sich auch über die Herkunft gängiger Praktiken aus. Die Impfung ist ein Beispiel dafür. Gewöhnlich wird sie auf Edward Jenner und seine Untersuchungen an englischen Melkerinnen in den neunziger Jahren des 18. Jahrhunderts zurückgeführt. Weist man darauf hin, daß Impfungen in Indien und China schon weit früher üblich waren, erhält man die Antwort, die moderne Gesellschaft habe das Verfahren nicht von dort übernommen. Sie sei vielmehr Jenner zu Dank verpflichtet, der seine Entdeckung in England und unabhängig davon gemacht habe.

Was dieselben Leute wohl sagen würden, wenn sie erführen, daß die Kinder von Lady Montagu, die in Konstantinopel geimpft wurden, bevor Jenner auf die Welt kam, mit ihm verwandt waren? Das Impfen wurde weder in England noch in der Türkei erfunden, sondern ganz weit im Osten und lange vor der Entstehung der modernen Medizin.

Wer die vielen Traditionen dieser Art nicht kennt, kann überhaupt nicht ermessen, in welchem Umfang die westliche Zivilisation und unser heutiger Lebensstil auf den Werken und dem Gedankengut vergangener Zeiten und fernöstlicher Kulturen aufbauen. Wem diese Einsicht fehlt, kann schwerlich als Autorität für seine Welt angesehen werden.

Auch das *populäre Lexikon der ersten Male* kann nur einen Teil der Wissenslücke schließen, die den Menschen den Zugang zu ihrem eigenen kulturellen Hintergrund erschwert. Uns interessieren hier nur die allerersten Anfänge. Mögen andere die fehlenden Schritte bis in unsere Zeit aufdecken oder gelegentlich feststellen, daß es sich doch um eine zweite, unabhängige Erfindung und nicht um eine Übernahme handelte.

Verifizierung

Die Begleitumstände eines Ereignisses aus der Literatur oder aus archäologischen Quellen zu ermitteln ist der leichtere Teil der Aufgabe, wenn man ein erstes Mal sicher ausmachen will. Schwieriger ist es zu überprüfen, ob es das gleiche nicht doch schon einmal gegeben hat.

Bücher und Artikel zu speziellen Themen machen normalerweise relativ klare Angaben zu den relevanten ersten Malen. Trotzdem kann man sich nur selten auf sie verlassen. Unter Umständen wird etwas in 50 namhaften Werken als das erste Mal bezeichnet, und in Wahrheit war es das zweite Mal – oder das sechzigste. Gut möglich, daß Sie in einer Geschichte des Segelns lesen, daß das Segeln auf Kleopatra zurückgeht. Dabei gibt es nicht den geringsten Grund, Kleopatra in einer Geschichte des Segelns auch nur zu erwähnen. Irgendwann einmal wurde sie von einem Fachmann auf diesem Gebiet dafür gewürdigt, und diese eine Notiz genügte, um sie als Begründerin des Segelns zu etablieren, da solcher Unfug von einem Buch zum anderen abgeschrieben wird.

Auch die Sprache hilft uns nicht weiter. Viele Erfindungen und Entwürfe entstanden, bevor es einen Namen für sie gab, geschweige denn einen, den wir heute dafür benutzen; außerdem können sich Namen jederzeit ändern. Beispielsweise wurden mit »Portwein« einst alle roten Weine bezeichnet, die in Porto eingeschifft wurden; heute ist damit ein ganz bestimmter Wein gemeint. Und die erstmalige Verwendung des Namens sagt nichts darüber aus, wann der Portwein erfunden wurde.

Es kann leicht geschehen, daß etwas fälschlicherweise zu einem ersten Mal erklärt wird, wenn man sich intensiv mit einem vorgeblich erstmaligen Ereignis beschäftigt und das tatsächliche erste Mal dahinter nicht erkennt. Das Problem stellt sich besonders, wenn die wahren ersten Male lange zurückliegen oder aus einem weit entfernten Kulturkreis stammen und die vorgeblichen neueren Datums sind bzw. aus der eigenen Kultur kommen.

Jedes postulierte erste Mal muß mit Skepsis betrachtet werden, sogar wenn es sich zu eigenen Lebzeiten zugetragen hat. Elektronische Rechner können erst in jüngster Vergangenheit erfunden worden sein, und sie erforderten einen so hohen Einsatz an Material und Menschen, daß sie nicht zu übersehen waren. Trotzdem liest man, der ENIAC *(Electronic Numerical Integrator and Computer)* sei 1946 der erste Computer gewesen, und selbst Computerfachleute erinnern sich nicht mehr an die Z-Reihe, die seit den dreißiger Jahren von Konrad Zuse entwickelt wurde.

Verifizieren bedeutet zunächst und vor allem, bis zum frühestmöglichen Zeitpunkt in die Vergangenheit zurückgehen. Dann arbeitet man sich durch die verschiedensten Aufzeichnungen über Leistungen und Errungenschaften bis zu dem vorgeblichen ersten Mal durch, das man überprüfen möchte. Im Falle des elektronischen Rechners brauchte man nicht weit zurückzugehen, da das Zeitalter der Elektronik noch relativ jung ist. Für andere Erfindungen beginnt die Suche mit der Früh- oder gar der Vorgeschichte.

Die Archäologie steuert eine Menge von Alltagsgegenständen aus prähistorischer Zeit bei, als es noch keine schriftlichen Zeugnisse gab. So fanden sich etwa in der Ruinenstadt bei Çatal Hüyük in der Türkei die 8000 Jahre alten Spuren von bedruckten Stoffen, Steinhäusern, Eierbechern, Spiegeln, Blei, Kupfer, Bier und Wein. An prähistorischen Fundstellen in Ägypten entdeckte man Glas und Farbe, Keramik und Einrichtungsgegenstände verschiedener Art.

Solche Funde stellen nicht notwendigerweise erste Male dar. In Çatal Hüyük waren Siegel in Gebrauch, aber sie könnten damals schon weit verbreitet gewesen sein. In vielen Fällen beschränkt sich der Nutzen der prähistorischen Archäologie (für unseren Zweck) darauf, vorgebliche erste Male aus historischer Zeit zu widerlegen. Manchmal vermag sie den Ort einer Erfindung ganz klar einzugrenzen; so wurden beispielsweise in Skandinavien mehrere »Urskier« entdeckt, die ein paar tausend Jahre älter sind als alles andere, was man andernorts gefunden hatte.

Quellen und Authentizität

Archäologische Funde, Kunstgegenstände und Denkmäler gehören nach wie vor zu den wichtigsten Quellen der historischen Zeit. Den ersten Bikini etwa kennen wir allein aus der römischen Kunst, und die mechanischen Rechner der Griechen nur, weil einer in einem Schiffswrack gefunden wurde.

Einen weiteren Dienst leisten Archäologie und Überreste, indem sie die alten Schriften und Aufzeichnungen bestätigen. Heutigen Wissenschaftlern widerstrebt es meistens, alte Berichte für bare Münze zu nehmen, wenn darin von Dingen die Rede ist, die ungewöhnlich sind oder von denen man glaubt, sie könnten sich erst in moderner Zeit zugetragen haben. Zum Beispiel wurde die gesamte frühe chinesische Geschichtsschreibung von westlichen Gelehrten als geniale Fälschung abqualifiziert, bis Ausgrabungen die Behauptungen der chinesischen Historiker belegten. Mit Sicherheit würden heute auch die alten griechischen Berichte über die Pyramiden als Nonsense bezeichnet, stünden diese nicht in ihrer vollen Größe als Beweise für die unglaublichen Tatsachen zur Verfügung.

Nicht selten bestätigen neuere Funde, was vorher nur aus Büchern bekannt war, deren Glaubwürdigkeit man bezweifelte. Und doch lehnen die meisten Experten die Schlußfolgerung ab, daß in Bereichen, zu denen die Archäologie nichts beisteuern kann, jede antike Quelle zuverlässiger ist, als sie bislang zugestanden.

Die Berichte, die Sima Qian, ein chinesischer Historiker, der um 100 v. Chr. lebte, über die Shang-Dynastie gegeben hatte, wurden Ende des 19. Jahrhunderts durch die Entdeckung von Knocheninschriften aus dieser Zeit bestätigt. Als man das berühmte Grab des Ersten Kaisers in den siebziger Jahren des 20. Jahrhunderts öffnete, fand man es genau so, wie Sima Qian es beschrieben hatte – bis hin zum ersten bekannten Versuch eines Perpetuum mobiles. Doch Sima Qians Geschichte der frühen Zhou-Dynastie, die zwischen der Shang-Zeit und dem Ersten Kaiser liegt, wird nach wie vor als idealisierte Darstellung abgelehnt, die er allzu leichtgläubig übernommen habe. Und seine Beschreibung der prädynastischen Zeit betrachten die modernen Experten als reine Mythologie. Sie werden erst dann anerkennen, daß er recht hatte, wenn die Archäologie seine Berichte über diese Epochen mit entsprechenden Funden stützt. Für das *populäre Lexikon der ersten Male* ist Sima Qian ein Historiker mit einem ausgeprägten Urteilsvermögen, dessen Darstellungen gegenüber denen dogmatischer moderner Kritiker der Vorzug gegeben wird.

Die schriftlichen Zeugnisse sind so zahlreich, daß sie verständlicherweise nicht alle ausgewertet werden konnten; zwangsläufig müssen einige wichtige Dinge fehlen. Alles begann mit Inschriften und Papyri aus Ägypten und Tontafeln aus Mesopotamien. Wie die frühesten chinesischen Schreiber benutzten ihre Autoren haltbares Material und schufen damit Originale, die überdauerten und belegen, daß sie bereits des Schreibens kundig waren; die Authentizität dieser Dokumente steht daher außer Frage. Dennoch werden wir über viele erste Male aus der Zeit des Alten Reiches vermutlich nie etwas erfahren. Der Verlust vieler Schriften hat uns leider der Möglichkeit beraubt, die geistigen Höchstleistungen zu erforschen, die vor 5000 Jahren erbracht wurden. Ein antiker Schriftsteller, Clemens Alexandrinus (etwa 150–220 n. Chr.), erwähnt in seinen *Stromata* (zu deutsch etwa »Vermischtes«) eine frühe ägyptische Faktensammlung in 42 Bänden. Selbst wenn nur die sechs Bände, die der Medizin gewidmet waren, erhalten geblieben wären, müßten sich die Vorstellungen von der Wissenschaft in der frühesten Geschichte radikal ändern.

Die nächste Zivilisation entstand im Industal, doch die Schrift, die sie entwickelte, ist nie entziffert worden. Die chinesische Geschichte setzt im 3. Jahrtausend v. Chr. ein, aber die ältesten Schriften sind lediglich in Kopien erhalten, die 1000 Jahre später angefertigt wurden. Das ist der Grund, warum moderne Experten gerne an ihrer Glaubwürdigkeit zweifeln. Huang Di, der erste Herrscher, den Sima Qian als historisch anerkennt, könnte in der Tat vor der Zeit schriftlicher Überlieferungen gelebt haben, aber es gibt keinen Grund anzunehmen, daß eine genaue und detailreiche mündliche Überlieferung aus seiner Zeit nicht bis zum Beginn einer schreibenden Epoche aufrechterhalten wurde – wie wir dies von anderen Kulturen wissen.

Andererseits betreffen diese Aufzeichnungen, die die Experten als Mythen bezeichnen und die ich als historische Fakten ansehe, nur wenige erste Male, denn zu dieser sehr frühen Zeit war der Westen meist vor China zur Stelle. Im Zusammenhang mit der Klassischen Zeit, die 2000 Jahre später einsetzt, spielen die Meinungsverschiedenheiten bezüglich der Authentizität der Quellen eine größere Rolle. Von diesen Texten aus späterer Zeit lassen die Experten einige wenige als glaubwürdig durchgehen – sie enthalten Hinweise, die ihre Datierung bestätigen. Hat ein Autor es unterlassen, solche Hinweise einzubauen, hat er keine Chance, daß sie ihm sein Werk zuerkennen. Ein bekanntes Beispiel hierfür ist das *Tao Te King*, das der Überlieferung zufolge um 500 v. Chr. von Laotse geschrieben wurde.

Dieses Werk, der Klassiker des Taoismus (Daoismus), wurde auch in seinen zahlreichen Übersetzungen in westliche Sprachen zum Bestseller. Seine Authentizität ist für das *populäre Lexikon der ersten Male* von größter Bedeutung, denn nur wenn die Überlieferung richtig ist, kann man sich mit vielen ersten Malen aus dem Bereich Glaubensauffassungen auf das *Tao Te King* berufen.

Eine Reihe von Fachleuten beharrt darauf, es sei von verschiedenen Autoren um 300 v. Chr. geschrieben worden. Sieht man sich ihre Argumente näher an, findet man aber nur Vermutungen, Zirkelschlüsse und heiße Luft. Sie behaupten, es gebe keine historischen Anhaltspunkte, die die traditionelle Zuweisung zu Laotse stützten – obwohl es von Sima Qian, der 2100 Jahre dichter an dem Ereignis dran war als sie, ebenso bezeugt wird wie von einem anderen Buch, das bald nach 300 v. Chr. entstand.

Fairerweise muß man sagen, daß der Text selbst nichts enthält, was darauf schließen ließe, daß er vor 300 v. Chr. geschrieben wurde. Allerdings enthält er auch nichts, was bewiese, daß er nach 600 v. Chr. verfaßt wurde. Die alten Überlieferungen sind die einzigen Hinweise. Derlei Probleme tauchen immer bei undatierten Texten auf, die nur in späteren Kopien erhalten sind, weil sich das Alter dann weder mit philologischen noch mit archäologischen Mitteln bestimmen läßt.

Das gleiche gilt für die antike griechische Literatur, etwa beim Streit um die Urheberschaft von Homers Werken. In meinen Augen ist es im höchsten Maße unwissenschaftlich, klare Hinweise von anderer Seite rundweg abzulehnen, wenn der Text selber weder für den einen noch den anderen Standpunkt Beweise liefert. Diese seltsame Methode ist in der Fachwelt wohl deshalb so weit verbreitet, weil die heutigen Experten allzusehr von sich selbst überzeugt sind. Sie sind der festen Überzeugung, sie seien im Besitze der Erleuchtung, die ihren Vorgängern in den vergangenen Jahrhunderten abging. Und offenbar glauben sie auch, daß nur der moderne wissenschaftliche Ansatz kritische Untersuchungen ermöglicht.

Diese Experten haben tiefsitzende Vorurteile, wie die Vergangenheit ausgesehen haben muß. Hinweisen, die ihre vorgefaßten Meinungen unterstützen, glauben sie gerne, solche, die dem entgegenlaufen, verwerfen sie. Ihre Vorurteile werden so zur Meßlatte, an der sie alle Indizien messen.

Weil nicht sein kann, was nicht sein darf, wischen sie alles vom Tisch, was nicht in ihre Vorstellungswelt paßt. Konfrontiert mit solchen Herausforderungen, wie Homers *Ilias* oder Laotses *Tao Te King*, die für ihr Geschichtsbild einfach zu früh kamen, ist es das einfachste, das Alter und die Autorschaft anzuzweifeln. Wenn ein antiker Schriftsteller über Errungenschaften berichtet, die man sich für diese Zeit nicht vorstellen kann, braucht man sie bloß zur Übertreibung, zur Idealisierung oder zum Mythos zu erklären. Nichts leichter, als auf Ignoranz basierenden Skeptizismus mit einem wissenschaftlichen Mäntelchen zu versehen.

Die vorgebrachten Argumente gelten im Zusammenhang mit diesem Buch vor allem für griechische und chinesische Literatur; davon betroffen sind jedoch nur wenige erste Male. Da ich aber mit Einwänden von Lesern rechne, die der »Weil-nicht-sein-kann-was-nicht-sein-darf«-Philosophie anhängen, mußte ich das methodische Vorgehen wenigstens kurz streifen. Ich habe Korrekturen immer dann akzeptiert, wenn sie auf überzeugenden philologischen Argumenten, auf aus dem Text selbst stammenden Anhaltspunkten zur Autorenschaft oder auf vertrauenswürdigen Hinweisen aus anderen Quellen beruhten. Das sind valide Kriterien für die Genauigkeit eines historischen Werkes und die Authentizität von Literatur, die auch von verdienstvollen Kritikern aus alter und neuer Zeit angewandt werden.

Am Anfang kamen die meisten ersten Male aus einigen wenigen Kulturen; im Laufe der Zeit wuchsen andere in eine Position hinein, die es ihnen erlaubte, die Führung zu übernehmen. Zu dem Material, das gesichtet werden mußte, kamen biblische, indische, hethitische und persische Texte hinzu, später dann Werke in Latein, Japanisch, Arabisch u.v.m.

Die Menge an schriftlichen Zeugnissen hat sich in den letzten 1000 Jahren enorm vergrößert, und relativ wenig davon ist verlorengegangen. Dabei nahm der Anteil der ins Englische übersetzten Literatur im Vergleich zu antiken Texten ab, und die Häufigkeit, mit der erste Male vermeldet wurden, ging stark zurück.

Aus diesen Gründen war es unmöglich, die neuere Literatur auch nur annähernd vollständig zu sichten. Oft mußte ich auf Forschungsarbeiten, Übersichts- und Nachschlagewerke zurückgreifen. Weil das Material aus neuerer Zeit so vollständig ist, fällt es im allgemeinen leichter, einem ganz bestimmten Thema nachzuspüren. Die Fachliteratur aus alter Zeit dagegen ist häufig nicht erhalten, und man muß zufällige Hinweise auf bestimmte Dinge oder Ereignisse oft quer durch allgemein gehaltene Werke verfolgen.

Ein Buch wie das hier vorliegende muß auf Hunderten anderer Veröffentlichungen aufbauen. Einige davon habe ich immer wieder zu Rate gezogen, manchmal mehr wegen der Hilfestellung, die sie mir bei der Verifizierung leisteten, denn als Stichwortlieferanten. Dazu zählen beispielsweise die Werke des römischen Schriftstellers Plinius und die des englischen Gelehrten Joseph Needham. Needhams bald zwanzigbändiges *Science and Civilisation in China* (»Wissenschaft und Kultur in China«) ist das beste moderne Werk der Altertumswissenschaft – unverzichtbar nicht nur wegen seiner Informationen über China, sondern auch wegen der vielen Vergleiche, die es zwischen verschiedenen Kulturen zieht. Gleichwohl werden andere Needham-Verehrer feststellen, daß ich mich seinen Schlußfolgerungen häufig nicht anschließe. Aber es ist der visionäre Weitblick seines Werkes, der es Menschen wie mir ermöglicht, zu eigenen Schlüssen zu kommen. Schwer zu sagen, ob ich ohne Zugang zu Needhams Werk dieses Buch hätte schreiben können.

Die meisten meiner Quellen sind entweder sehr alt oder ziemlich speziell. Deshalb halte ich es für das Beste, weitergehend interessierte Leser auf die oben erwähnte Broschüre *On the Sources of the Penguin Book of Firsts* zu verweisen.

In meine Würdigung einschließen möchte ich die großen und sorgfältig ausgewählten Sammlungen in den Bibliotheken von Canberra (hier besonders die der *Australian National University*), Sidney und Melbourne. Wenn nur ihre Öffnungszeiten so gut wären wie ihr Inhalt! Selbst ein blutiger Laie könnte es hier zu wissenschaftlichen Meisterleistungen bringen.

Was wurde aufgenommen, was weggelassen?

Es kann gar nicht anders sein: Mit Sicherheit fehlen Stichworte, von denen Leser glauben, daß sie unbedingt hätten erscheinen müssen. Die Auswahlkriterien werden Ihnen helfen zu entscheiden, ob eine Auslassung mit dem Buchkonzept übereinstimmt oder dem Unwissen bzw. einem Irrtum des Autors anzulasten ist.

Alle Einträge stellen von Menschen erbrachte erste Male dar. Wann welche Naturphänomene erstmals auftraten, werden wir niemals wissen. Dann gibt es einen großen Bereich menschlicher Innovation – die künstlerische Kreativität – die ebenfalls nicht in erste Male aufgedröselt werden kann. Hier haben wir uns auf den Eintrag von Kategorien beschränkt, wie den Roman, die Pagode, den Spielfilm usw., oder Ansätze und Techniken genommen, den sozialistischen Realismus etwa oder die Perspektive.

Ein Stichwort wurde nicht aufgenommen, wenn es bekanntermaßen nicht das erste Mal war bzw. wenn es offensichtlich ein Mal davor gegeben haben muß. Die Wiederentdeckung einer Methode, die Wiederentdeckung von Land, die unabhängige Neuformulierung einer Idee usw., das alles wurde absichtlich weggelassen. Aus diesem Grund fehlen einige der bekannten Erfinder, Eroberer, Philosophen und Wissenschaftler, obwohl sie nicht weniger geleistet haben als ihre im Dunkel der Geschichte verbliebenen Vorgänger, die wir hier würdigen. Aber dies ist ein Buch der ersten Male, Zweitplazierte fallen durch das Raster.

Um einen Eintrag zu erhalten, mußte sich ein Ereignis oder eine Erfindung eindeutig von allem bisher Gewesenen unterscheiden. Verbesserungen, Abwandlungen, alles, was nur graduelle Unterschiede zu etwas anderem aufwies, kam nicht in Frage. In vielen Fällen half ein einfacher Test bei der Entscheidung: Wie viele Einschränkungen waren bei der Formulierung des Stichwortes erforderlich, um aus dem Ereignis ein erstes Mal zu machen? Ein Beispiel: »Die erste Umrundung der Welt mit einem Flugzeug« gehört hierher, aber »Die erste Ost-West-Umrundung der Welt mit einem Flugzeug und drei Zwischenstopps durch eine Frau« enthält zu viele Einschränkungen. Ausnahmen wurden nur bei einigen wenigen Ereignissen gemacht, die im Empfinden der Menschen besondere Bedeutung besaßen, etwa der ersten Stadt mit mehr als einer Million Einwohnern oder der ersten Meile, die unter vier Minuten gelaufen wurde.

Nicht aufgenommen habe ich Entwicklungen, die in einem bestimmten Land, einer bestimmten Zeit oder einem bestimmten Volk erstmals beobachtet wurden. Auch hier gibt es einige Ausnahmen; etwa wenn eine Sache nur in Zusammenhang mit dem Ort oder einer anderen Kategorie zu einem weltweit ersten Mal werden konnte. Diese Ausnahmen betreffen vor allem die Entdeckungen von vorher unbekannten Weltregionen und einige große Ingenieursleistungen.

Viele Stichworte wurden weggelassen, weil es keine eindeutigen Belege gab. Häufig mußte »höchstwahrscheinlich« als Prädikat ausreichen, aber niemals waren bloße Vermutungen oder rein akademische Gedankenspielereien für einen Eintrag ausschlaggebend. Viele von den Auslassungen, die sich nicht vermeiden ließen, sind in den Einleitungen zu den einzelnen Kapiteln aufgeführt. Meistens betreffen sie Ereignisse in prähistorischer Zeit; wer sich dafür interessiert, ist in der Regel mit den Sagen, Märchen und Überlieferungen der jeweiligen Völker gut bedient. Es war nicht möglich, solche Berichte mit in dieses Buch aufzunehmen, weil Prähistoriker und Sagenforscher häufig unterschiedlicher Auffassung sind, wie bestimmte Einzelfragen zu bewerten und einzuordnen sind.

M. E. Richardson
Canberra, im Dezember 1996

Hinweis

Chinesische Namen und Begriffe werden in Pinyin-Umschrift wiedergegeben. Titel von Büchern und Artikeln sind *kursiv* geschrieben. Bei Werken, die nicht in deutscher Sprache vorliegen, steht die Übersetzung des Titels in Anführungszeichen.

I. SPRACHE UND LITERATUR

Was war wohl die erste Erfindung? Ein grober Faustkeil? Ein primitives Kleidungsstück? Oder etwas anderes, ähnlich Einfaches, Gewöhnliches? Nein, die erste revolutionäre Erfindung war die Sprache. Der Mensch hat sich viele phantastische Dinge ausgedacht, aber kaum etwas davor oder danach besaß eine solche Tragweite wie die Sprache. Sprache hinterläßt keine Spuren, und zudem entstand sie so früh in der kulturellen Evolution, daß wir wohl nie wissen werden, wann genau das war.

1. Schreiben und Drucken

Die Schrift dagegen ist eine relativ junge Erfindung, und sie hinterläßt auf verschiedenen Materialien dauerhafte Spuren. Diesem Umstand verdanken wir, daß einige der ältesten Schriftstücke bis heute erhalten blieben und wichtige Fortschritte im Schreiben und Drucken dokumentieren. Zwar entwickelte sich die Zivilisation vor der Schrift, doch keine Zivilisation könnte ohne Schrift lange bestehen. Das heißt, daß historische Aufzeichnungen einsetzten, als sich die Menschen gerade noch an die Anfänge der Zivilisation erinnern konnten. Erst sehr viel später trat das gedruckte Wort in Erscheinung. Aber noch in prähistorischer Zeit wurden – lange vor der Schrift – zwei dem Drucken nah verwandte Techniken entwickelt: die Herstellung von Siegeln und der Stoffdruck.

Schrift

Die Mesopotamier erfanden die Schrift um 4000 v. Chr. Die ältesten bekannten Schriftstücke wurden in Uruk, einer Stadt in Südmesopotamien (im heutigen Irak), gefunden. Eines davon ist ein kleines Tontäfelchen, beschrieben in einer unbekannten alten Schrift, die später von der sumerischen Keilschrift abgelöst wurde. Das Täfelchen ist von oben nach unten und von rechts nach links zu lesen. Daraus und aus anderen bruchstückhaften Funden kann man auf eine geschriebene Sprache schließen, die mindestens 900 verschiedene Schriftzeichen umfaßte.

Keilschrift

Die später eingeführte Keilschrift erhielt ihren Namen nach den keilförmigen Abdrücken, die mit Schreibhölzchen in die Tontafeln gedrückt wurden. Sie kam nach 3500 v. Chr. in Gebrauch und war 3000 Jahre lang die Schrift der verschiedenen mesopotamischen Kulturen.

Hieroglyphen

Die Ägypter entwickelten in der ersten Hälfte des 4. Jahrtausends v. Chr. (vermutlich um 3700 v. Chr.) ihre eigenen Schriftzeichen. Zur Zeit des ersten Pharaos, Menes (um 3500 v. Chr.), war die Schrift fast vollständig. Jede Hieroglyphe ist ein stilisiertes Bild und bedeutete ursprünglich das, was es darstellte. Bereits in einem frühen Stadium, kurz vor der Zeit des Menes, erhielten viele der Schriftzeichen zusätzlich eine phonetische Qualität und begannen, Silben zu repräsentieren. Auf diese Weise konnte man sie kombinieren und mit ihnen Dinge ausdrücken, die sich nicht bildlich darstellen ließen. Zu Menes' Zeiten schrieb man in Schlangenlinien (eine Zeile von links nach rechts, die nächste von rechts nach links, usw.) und von oben nach unten.

Schreibschrift

Schon bald nach der Erfindung der ägyptischen Hieroglyphen begannen Schreiber, eine flüssigere Schreibweise zu entwickeln, die sie benutzten, wenn es mehr auf Schnelligkeit denn auf formale Strenge ankam. So entstand die hieratische Schrift, die sich sehr viel rascher entwickelte und veränderte als die Hieroglyphen. Bereits in der 2. Dynastie des Alten Reiches (um 3300 v. Chr.) hatte sich die Schreibschrift so weit entwickelt, daß man ganze Worte schreiben konnte, ohne die Hand heben zu müssen, um neu anzusetzen.

Chinesische Schriftzeichen

Die chinesische Schrift wurde wahrscheinlich in der ersten Hälfte des 3. Jahrtausends v. Chr. erfunden, als in der Nähe des Gelben Flusses lebende Vorfahren der heutigen Chinesen auf die Idee kamen, für Worte Symbole zu schaffen. Die Fährten von Vögeln und Tieren hatten sie dazu angeregt, und auch die traditionell als Gedächtnisstütze verwendeten Knotenschnüre. Mit den hochvariablen Linienmustern war es nun endlich möglich, Dinge präzise schriftlich darzustellen. Chinas erster Schreiber, Cang Jie, soll etwa 2500 v. Chr. gelebt haben. Er begründete die chinesische Schrift, indem er die bereits vorhandenen Symbole zusammenstellte und einige neue Zeichen erfand. Obwohl sich die Sprache seit jener Zeit stark verändert hat, gehen die modernen chinesischen, japanischen und koreanischen Schriftzeichen alle auf Cangs System zurück.

Die Semiten, die um 1700 v. Chr. in Vorderasien und auf der Sinai-Halbinsel lebten, entwickelten ein Alphabet mit 30 Buchstaben, die sie der hieratischen Schrift der Ägypter entlehnten. Ägypter arbeiteten damals dort in den Türkisminen. Jeder Buchstabe stellte einen einzelnen Konsonanten dar. Vokale gab es keine – die mußte der Leser selbst ergänzen. (Nach diesem System hieße das letzte Wort des vorherigen Satzes »rgnzn«.)

Alphabet

Der Gebrauch des Alphabets verbreitete sich rasch nach Norden und wurde um 1200 v. Chr. von den Phöniziern übernommen. Die suchten sich 22 Buchstaben aus und brachten sie in eine Reihenfolge, damit sie einfacher zu lernen waren. Jeder Buchstabe wurde nach einem Wort benannt, für das er stand. Und die ganze Liste erhielt den Namen »Aleph Beth«.

Alphabetische Reihenfolge

Die Griechen verwendeten bereits vor 3000 Jahren verschiedene Schriften. Doch keine davon konnte sich lange halten. Das griechische Alphabet, wie wir es heute kennen, wurde erst um 800 v. Chr. eingeführt. Die ältesten Worte in dieser Schrift befinden sich auf einem Weinkrug, der in Athen gefunden wurde und der im 8. Jahrhundert v. Chr. angefertigt worden sein soll. Diese Schriftzeichen sind die direkten Vorläufer der modernen griechischen und russischen Buchstaben.

Griechisches Alphabet

Eine Inschrift aus dem 7. Jahrhundert v. Chr. ist das älteste Beispiel für die Verwendung des lateinischen Alphabets. Sie wurde nicht in Rom, sondern in Praeneste (heute Palestrina) in Mittelitalien gefunden. Die lateinisch sprechenden Völker entlehnten ihr Alphabet – mit ein paar Anpassungen an ihre Sprache – um 700 v. Chr. herum dem griechischen Alphabet, das die in Süditalien lebenden Griechen benutzten. Eine lateinische Besonderheit ist die Verwendung des C anstelle des K, die schon bald nach der Übernahme des Alphabets auftrat. Möglicherweise geht dies auf den Einfluß der weiter nördlich lebenden Etrusker zurück.

Lateinisches Alphabet

Runen entstanden vor 300 v. Chr. bei den germanischen Stämmen Mitteleuropas. Ursprünglich waren sie mystische Symbole, die in Holzstücke eingeritzt wurden, mit denen man dann das Los warf. Ende des 3. Jahrhunderts v. Chr. entwickelte sich in Tirol aus einer Kombination von lateinischen Buchstaben und germanischen Symbolen das Runenalphabet. Es verbreitete sich durch ganz Mitteleuropa bis nach England und Skandinavien.

Runen

Kurzschrift

Eine Kurzschrift trat erstmals zur Zeit der Streitenden Reiche (481–221 v. Chr.) als radikal verkürzte Version der chinesischen Schrift in Erscheinung. Verwendet wurde sie von der Regierung des mächtigen, am Jangtse gelegenen Staates Chu in Südchina. Später führte man in China eine andere Kurzschrift ein, aber ein chinesischer Dichter benutzte die alte Form im 3. Jahrhundert n. Chr. für eine Kalligraphie-Übung. Deshalb wissen wir, wie sie ausgesehen hat. Geschrieben wurde von oben nach unten und von rechts nach links.

Geheimschrift

Der älteste Geheimkode der Welt diente dazu, ein Betriebsgeheimnis zu verschleiern: die Anleitung für die Herstellung einer Glasur für Tongefäße. Sie befindet sich auf einer Tontafel, die etwa 3500 Jahre alt ist und in der Nähe des heutigen Bagdad ausgegraben wurde. Um sie für den nicht eingeweihten Leser unverständlich zu machen, wurden gleich drei verschiedene Verschlüsselungsmethoden verwendet. Zum einen schrieb man die Worte mit anderen, aber vom Klang her ähnlichen Buchstaben. Die zweite Methode bestand darin, die Endungen der Wörter wegzulassen, und die dritte in der Variation der Schreibweisen für ein bestimmtes Wort innerhalb des Dokuments.

Blindenschrift

Valentin Hauy, der 1785 in Paris ein Blindeninstitut gründete, war ein hervorragender Kalligraph. 1793 dachte er sich vereinfachte Buchstaben aus, die auf Buchseiten geprägt werden sollten, so daß blinde Leser sie ertasten konnten.

Braille-Blindenschrift

Im Jahr 1835 war Louis Braille 16 Jahre alt und Schüler am Blindeninstitut von Hauy. Er schuf ein neues Alphabet, in dem jeder Buchstabe durch eine besondere Anordnung von 12 Punkten dargestellt wurde. Mit ein bißchen Training konnten blinde Menschen dieses System leicht lesen und auch schreiben. Die bekanntere Braille-Schrift mit Zeichen aus sechs Punkten ist eine spätere Verfeinerung.

Katalognummern

Der Katalog der astronomischen Werke der Bibliothek von Sargon I., einem mesopotamischen Herrscher (um 2300 v. Chr.), in Akkad enthält einen interessanten Hinweis für die Leser. Diese werden gebeten, die Nummern der Tontafeln aufzuschreiben, die sie benötigen, damit der Bibliothekar sie finden kann. Dieser Katalog ist der erste, der Bücher mit Katalognummern verzeichnet, und die früheste Erwähnung eines Bibliotheksdienstes außerdem.

Zu Beginn des 2. Jahrtausends v. Chr. begannen Menschen in Mesopotamien damit, die Bibliographien ausgewählter Werke der sumerischen Literatur zusammenzustellen. Die älteste Liste dieser Art ist vor allem wegen ihrer Größe erwähnenswert. Es handelt sich um eine 6,3 x 3,9 Zentimeter große Tontafel, die um 1800 v. Chr. in Keilschrift beschrieben wurde. Sie ist auf Vorder- und Rückseite zweispaltig beschrieben und enthält insgesamt 62 Titel literarischer Werke. Viele davon sind sumerische Klassiker, die an anderen Stellen in diesem Buch zitiert werden.

Bibliographie

Bereits zu Beginn des 2. Jahrtausends v. Chr. benutzten mesopotamische Schreiber aus Ton gefertigte Stempel – vergleichbar den Gummistempeln, die heute in Gebrauch sind. Manche der Stempel waren mit austauschbaren Teilen ausgestattet, so daß man den Text von Fall zu Fall ändern konnte.

Stempel

Die ersten Drucke waren einzelne Blätter mit Text und Bildern. Sie wurden zu Beginn der Tang-Dynastie (618–906 n. Chr.) in China angefertigt. Xuan Zang (602–664 n. Chr.) war durch Indien gereist, um den Buddhismus zu studieren. Als er 645 n. Chr. nach China zurückkehrte, ließ er Bilder von Samomta Bhadra drucken und verbreiten. Dies waren die ersten uns bekannten Druckerzeugnisse.

Drucke

Im 11. Jahrhundert n. Chr. drangen Barbaren in einen abgelegenen Teil des chinesischen Reiches ein, um ein Gebiet zurückzuerobern, das die Chinesen immer nur mit Mühe hatten halten können. Einer der bedrohten Orte war Dunhuang, dort befand sich eine buddhistische Tempelanlage. Bevor sie flohen, vermauerten die buddhistischen Mönche die Bibliothek von Dunhuang. So blieb sie fast 1000 Jahre lang unangetastet, bis sie Anfang des 20. Jahrhunderts von Sir Aurel Stein für das Britische Museum geplündert wurde. Die Bibliothek enthielt Bücher in neun Sprachen, darunter eine chinesische Ausgabe des »Diamanten-Sutra« von 868 n. Chr. Dieses ist das älteste noch vorhandene gedruckte Buch, neben einigen weiteren Werken des 9. Jahrhunderts, die zu den ersten gedruckten Büchern zählen.

Buchdruck

Schon zu Beginn des 1. Jahrtausends v. Chr. gab es in Kleinasien (in der heutigen Türkei) Stempel, mit denen man Tontafeln »bedruckte«. Jeder dieser Stempel trug ein Schriftzeichen, aber man konnte sie nur unabhängig, das heißt, einzeln und nacheinander benutzen. Das Setzen mit be-

Bewegliche Lettern

weglichen Lettern wurde zu Beginn des 1. Jahrtausends n.Chr. in der Zeit der Song-Dynastie (960–1279 n.Chr.) von Bi Sheng erfunden. Die Typen für die chinesischen Schriftzeichen stellte er einzeln aus Ton her und brannte sie. Dann setzte er sie in einem Eisenrahmen auf eine Eisenplatte. Ein Zement, der beim Erhitzen in sich zusammensank, hielt die Typen an Ort und Stelle. Die beweglichen Lettern, die gerne als der große Durchbruch im Buchdruck gefeiert werden, sind heute nur von untergeordneter Bedeutung. Im chinesischen Buchdruck setzten sie sich nie durch, und im Westen werden sie bald der Vergangenheit angehören. Die Lithographie (siehe unten) ist eine viel wichtigere Erfindung.

Lettern aus Metall

Die ersten Metalltypen wurden ebenfalls während der chinesischen Song-Dynastie hergestellt; sie waren aus gegossenem Zinn.

Lithographie

Ein junger tschechischer Stückeschreiber namens Aloys Senefelder kam 1796 in München auf das als Lithographie oder Steindruck bezeichnete Verfahren. Die Legende sagt, alles habe damit angefangen, daß er seine Wäschereirechnung auf eine Kalksteinplatte schrieb, die er gerade zur Hand hatte. Senefelder hatte sich bereits ausgiebig hobbymäßig mit dem Drucken beschäftigt, weil er Kopien seiner Theaterstücke herstellen wollte. Deshalb besaß er Stein- und Kupferplatten, Tinte und eine säurehaltige Lösung namens *aqua fortis.* Er bestrich den Stein mit Salpetersäure (das verbirgt sich nämlich hinter *aqua fortis*) und stellte fest, daß seine mit fetthaltiger Tinte geschriebene Wäschereirechnung anschließend leicht erhaben war, weil sie den Stein vor der Auflösung durch die Säure geschützt hatte. Von dieser Steinplatte konnte Senefelder nun Drucke anfertigen, indem er die erhabenen Teile einfärbte. Seit Senefelders Waschtag wurde die Lithographie laufend verbessert und hat sich zum gängigsten Druckverfahren gemausert.

Farbdruck

Der Farbdruck wurde Ende des 11. Jahrhunderts in China entwickelt. Seine erste praktische Anwendung fand er in der Herstellung von vielfarbigen Geldscheinen, die die Regierung der Song-Dynastie ab 1107 in Auftrag gab. Die Geldscheine waren blau mit einem zinnoberroten Kreis und schwarzen Schriftzeichen; das komplizierte Druckverfahren machte sie relativ fälschungssicher.

Mehrfarbig gedrucktes Bild

Kurze Zeit später tauchte das erste gedruckte farbige Bild auf: ein Holzschnitt. Die Druckstöcke für die verschiedenen Farben waren nach einem im 8. Jahrhundert entstandenen Original von Wu Daozi angefertigt worden.

2. Buchtypen und Literaturgattungen

Hier werden einerseits die verschiedenen gängigen Buchtypen aufgeführt (beispielsweise Wörterbücher und Lexika), andererseits die unterschiedlichen Literaturgattungen (etwa Romane oder Gedichte). Spezialliteratur ist in anderen Kapiteln zu finden: medizinische Bücher in Kapitel VIII, 6; Kochbücher in Kapitel III, 1; Atlanten in Kapitel V, 3; usw. Der Eintrag zum Drama befindet sich in Kapitel II.

Schriftstellerin

Die akkadische Priesterin, Prinzessin und Dichterin Enheduanna ist die erste Frau, deren literarisches Werk der Nachwelt unter ihrem Namen bekannt wurde. Sie lebte um 2700 v. Chr. in Südmesopotamien, zu Beginn der Blütezeit der sumerischen Literatur. Vor dieser Zeit sind keine Frau und nur sehr wenige Männer namentlich als Urheber zu identifizieren. Geschrieben wurde damals meistens, um Listen, Berichte und Rechnungen zu erstellen. Von Enheduannas Existenz und Dichtkunst wissen wir auch nur aufgrund einiger weniger Tontafelfragmente.

Buch mit Illustrationen

Das älteste bekannte Bühnenstück (siehe Kapitel II, 2) wurde im 21. Jahrhundert v. Chr. in Ägypten geschrieben. Es enthielt außerdem die ältesten Buchillustrationen und überdauerte die Zeit als Kopie in einem Papyrusmanuskript, das vermutlich einige hundert Jahre später angefertigt wurde. Das Stück entstand in einer Blütezeit der Buchproduktion, und man kann davon ausgehen, daß damals noch mehr illustrierte Papyri hergestellt wurden.

Einsprachiges Wörterbuch

Die ersten Wörterbücher waren zweisprachig, das heißt, sie dienten als Übersetzungshilfe. Einsprachige Wörterbücher, die die Wörter einer Sprache in derselben Sprache erklären, kamen erst sehr viel später auf: Das erste Buch dieser Art war das *Shuo Wen Jie Zi* (»Erläuterung von Schriften und Erklärung von Zeichen«), das Xu Shen um 100 n. Chr. in Luoyang zusammenstellte. Dieses chinesische Wörterbuch ist ein phantastisches Werk, das auf penibelster linguistischer Arbeit beruht und seit seiner Veröffentlichung bis zum heutigen Tag ständig in Gebrauch war. Es enthält 9353 verschiedene Schriftzeichen. Jedes davon wird in seine Bestandteile zerlegt und analysiert. Dann erhält der Leser Erklärungen zu

Bedeutung und Aussprache des Schriftzeichens. Die Einträge sind nach den Radikalen oder Klassenzeichen geordnet, den Teilen der Schriftzeichen, die auf ihre Bedeutung verweisen.

Zweisprachiges Wörterbuch

Mehrsprachiges Wörterbuch

Das älteste zweisprachige Wörterbuch war ein sumerisch-akkadisches Wörterbuch, das vor etwa 4000 Jahren in Mesopotamien auf Tontafeln geschrieben wurde. Ca. 500 Jahre später erschien ein sumerisch-babylonisch-hethitisches Wörterbuch – vermutlich das erste dreisprachige Wörterbuch der Welt.

Dialektwörterbuch

Ein Buch über »regionale Sprechweisen« *(Fang Yen)* veröffentlichte Yang Xiong im Jahr 15 v. Chr. Es war das erste Dialektwörterbuch und behandelte die verschiedenen Varianten des Chinesischen in allen Teilen des Reiches. Leider ist kein Exemplar davon erhalten.

Reimwörterbuch

Das *Sheng Lei* (»Einteilung der Klänge«), das Li Deng im 3. Jahrhundert n. Chr. in China schrieb, ist das erste Wörterbuch, in dem Wörter mit ähnlichem Klang in Gruppen zusammengefaßt wurden. Anders als Reimwörterbücher europäischer Sprachen war dieses nicht dazu gedacht, einem Dichter beim Verseschmieden zu helfen. Da die chinesische Sprache kein Alphabet besitzt, ordnet man Wörter manchmal nach Klang, um sie leichter nachschlagen zu können.

Thesaurus

Der erste Thesaurus entstand etwa 800 v. Chr. in China. Das *Er Ya* ist nach Themen eingeteilt und leitet zum korrekten Gebrauch der Begriffe an, außerdem erklärt es Bedeutungsunterschiede. Ursprünglich sollte es das Literaturstudium erleichtern. Bis ins 2. Jahrhundert v. Chr. erschienen immer wieder neue Ausgaben dieses Werkes. Obwohl es nicht umfangreich ist, enthält es viele Abbildungen, vor allem aus dem naturwissenschaftlichen Bereich. Allerdings wissen wir nicht, ob auch schon die ersten Auflagen mit Illustrationen ausgestattet waren.

Zitatsammlung

Eine Sammlung der schönsten Zitate in chinesischer Sprache veröffentlichte Xu Mien im Jahr 530 n. Chr. Sie vereinte Textstellen aus vielen Bereichen chinesischer Literatur und Rhetorik. Leider ist sie nicht erhalten.

Biographisches Lexikon

Das *Kitāb al Tabaqat al-Kabir* (»Das große Buch der Kategorien«), verfaßt von Ibn Sa'd (gest. 845), einem arabischen Gelehrten, ist das älteste biographische Werk, das umfassend genug ist, um als Lexikon angesehen zu werden. In mehreren Bänden präsentiert es die Lebensgeschichten berühmter Menschen aus allen Teilen der islamischen Welt, beginnend mit einer ausführlichen Darstellung des Lebens von Mohammed (gest. 632). Aufgeführt werden Zeitgenossen Mohammeds und wichtige Gestalten nach ihm bis in Ibn Sa'ds Zeit. Das Lexikon gibt Auskunft über Schriften, Berufe, Reisen, Verwandte und Freunde sowie über Lebensverhältnisse und Auffassungen. Die zusammengetragenen Informationen stammen größtenteils aus dem arabischen Raum und dem Irak.

Enzyklopädie

Marcus Terentius Varro (116–27 v. Chr.) war der vielseitigste und produktivste römische Gelehrte. Im 1. Jahrhundert v. Chr. schrieb er gleich zwei enzyklopädische Werke. Das erste – mit 41 Bänden – vollendete er im Jahr 47 v. Chr. *Antiquitatum Rerum Humanarum et Divinarum.* Der erste Band diente als Einführung und Leitfaden. Die nächsten 24 Bände beschäftigten sich mit sehr verschiedenen Dingen, die man grob in vier Themenkomplexe zu je sechs Bänden einteilen kann: »Wer« (Menschen), »Wo« (Orte), »Wann« (Zeitpunkte) und »Was« (Ereignisse). Die übrigen Bücher handelten von Priestern, Tempeln, Festen, Spielen, Arbeit und Göttern. Varros zweite Enzyklopädie mit dem Titel *Libri Disciplinarum* umfaßte elf Bände und hatte die sieben freien Künste (*Artes liberales:* Grammatik, Dialektik, Rhetorik, Geometrie, Arithmetik, Astronomie, Musik), einschließlich Medizin und Architektur, zum Thema.

Buch der Rekorde

Ende des 5. Jahrhunderts v. Chr. recherchierte der sportbegeisterte Grieche Hippias die Sieger der Olympischen Spiele von ihren Anfängen bis in seine Zeit. Die Ergebnisse seiner Suche schrieb er auf und veröffentlichte sie. Leider ist sein Buch verlorengegangen, deshalb wissen wir nicht, ob mehr darin stand als die reinen Daten. Das wäre durchaus denkbar, denn viele Griechen hatten ein Faible für Höchstleistungen, das sich nicht nur auf Sportereignisse, sondern auch auf Theateraufführungen oder Touristenattraktionen erstreckte.

Buch der ersten Male

Das *Shi Ben* (»Vom Anfang der Zeit«) wurde im 2. Jahrhundert v. Chr. von einem unbekannten Autor zusammengetragen. Es ist das erste einer ganzen Reihe von Büchern mit ersten Malen, die bis ins 18. Jahrhundert in China veröffentlicht wurden. Doch der größte Teil des *Shi Ben* würde heutige Leser allenfalls zum Gähnen bringen: Über weite Strecken berichtet es nämlich von unbekannten und längst vergangenen Herrscherhäusern und -familien. Aber es gibt auch einen bedeutenden Teil über Kultur und Erfindungen, auf den ich für dieses Buch mehrfach zurückgegriffen habe. Mit ein paar hundert Einträgen gehört das *Shi Ben* zu den kleinsten Büchern über erste Male. Das umfangreichste Werk hatte zehn Bände und wurde 1735 in China veröffentlicht; seinen Titel könnte man ungefähr mit »Den Dingen auf den Grund gehen – das Wunder der ersten Male« wiedergeben.

Lexikon der ersten Male

Der allererste Eintrag für das vorliegende Buch war dieser hier, niedergeschrieben am 27. November 1986 um 8.24 Uhr.

Biographie

Der Grieche Euagoras, der im Jahr 374 v. Chr. starb, dürfte heute nur noch wenigen Menschen ein Begriff sein. Er kam vor allem deshalb zu Ruhm, weil er sich durch großes diplomatisches Geschick als Herrscher von Zypern im Amt halten konnte: Den Krieg gegen das Perserreich hatte er schon so gut wie verloren, da gelang es ihm, einen günstigen Friedensvertrag auszuhandeln. Das erregte die Bewunderung des griechischen Redners Isokrates (436–338 v. Chr.) und veranlaßte ihn, sich Euagoras zum Gegenstand des ersten biographischen Werks der Literaturgeschichte (jedenfalls soweit wir wissen) zu wählen. Er schrieb ein kleines Buch mit dem Titel *Euagoras*, das kurz nach dessen Tod erschien.

Autobiographie

Aratos von Sikyon (271–213 v. Chr.) war ein Politiker, Soldat und Diplomat im Süden Griechenlands, dem es gerade noch rechtzeitig gelang, seine Memoiren zu schreiben, bevor er vergiftet wurde. Darin überzieht er mißliebige Zeitgenossen mit beleidigender Kritik, und die Lektüre lohnt sich allenfalls, um die Schwächen des Autors kennenzulernen.

Buch der Urkunden

Das chinesische *Shu Jing* (»Buch der Urkunden«) ist die weltweit erste Sammlung historischer Dokumente. Es enthält die wichtigsten Reden, Unterwerfungserklärungen, Ankündigungen und Proklamationen von der Mitte des 3. Jahrtausends bis zum 7. Jahrhundert v. Chr. Geschichtsbücher, wie wir sie heute kennen, waren noch nicht erfunden, als das Buch der Urkunden im 6. Jahrhundert v. Chr. in Nordchina zusammengetragen wurde. Zwar gab es nüchterne Chroniken, in denen die aktuellen Ereignisse aufgezeichnet wurden, aber nur das Buch der Urkunden stellte ursächliche Zusammenhänge dar und beleuchtete den Gang der Geschichte.

Geschichtsbuch

In den Händen von Herodot (geb. 485 v. Chr.), einem Griechen, der in Halikarnassos (in der heutigen Türkei) lebte, nahm das Geschichtsbuch Form an. Seine *Histories Apodeixis* (»Forschungsberichte«) sind sehr gut lesbare und schön geschriebene Darstellungen von Griechenland, Vorderasien und Ägypten, in denen er die Geschichte des Perserreichs und dessen Kriege mit Griechenland nachzeichnet. Von Anfang an wurde Herodot vorgeworfen, er habe unkritisch alles in sein Buch aufgenommen, was man ihm erzählt habe. Ein Manko, das er selbst zugibt:

> Ich betrachte es als meine Aufgabe, alles aufzuschreiben, was man mir erzählt. Zu meinen Aufgaben gehört jedoch nicht, all das zu glauben. Das gilt für meinen ganzen Forschungsbericht.

Amt für Geschichtsschreibung

Im China der Tang-Dynastie wurde im Jahr 660 n.Chr. in der Hauptstadt Chang'an ein besonderer Verwaltungszweig geschaffen, der sich mit der Geschichtsschreibung zu befassen hatte. Die reichlich mit Personal ausgestattete Abteilung sollte Berichte und Aufzeichnungen aller Art sammeln, die Vergangenheit in offiziellen Geschichtswerken darstellen und die Ereignisse der Gegenwart für spätere Historiker festhalten. Herrscher durften die Zeugnisse der aktuellen Geschichte nicht einsehen, was manch einen vor lauter Neugier fast platzen ließ. Vor dieser Zeit hatte es immer wieder einzelne von den Fürsten bestellte Geschichtsschreiber und Chronisten gegeben, doch nie eine ganze, mit Historikern besetzte Verwaltungseinheit.

Witzbuch

> In Lu versuchte ein Mann, mit einer langen Stange durch das Stadttor zu kommen. Er hielt die Stange waagrecht, er hielt sie senkrecht, vergebens – es klappte nicht. Als er da so stand und nicht mehr ein noch aus wußte, trat ein alter Mann an ihn heran und gab ihm einen Rat, den er schließlich auch befolgte. Der alte Mann sagte: »Ich bin vielleicht nicht klug, aber ich habe eine Menge Erfahrung. Warum sägst du die Stange nicht entzwei und trägst sie so durch das Tor?«

Dies ist nicht der älteste je veröffentlichte Witz und vielleicht auch nicht der lustigste. Er steht hier nur als Beispiel für das erste Witzbuch, das Han Danzhun um 200 n.Chr. in China zusammentrug.

Sex-Handbuch

Wie die vergangenen Jahrzehnte zeigen, schießen Sex-Handbücher wie Pilze aus dem Boden, wenn erst einmal eine Bresche geschlagen ist. In der Vergangenheit hatten solche Werke wenig Chancen, lange am Markt zu bleiben: Früher oder später durchlaufen alle Gesellschaften eine lustfeindliche Phase, in der dergleichen »obszöne« Literatur aus dem Verkehr gezogen wird. In einer chinesischen Bibliographie aus dem 1. Jahrhundert v. Chr. sind acht verschiedene Sex-Handbücher aufgelistet – keines davon hat überlebt. Zwei davon trugen den Titel »Der Weg des Yin« (Yin ist das Wesen des Weiblichen), ihre Autoren waren Rong Cheng und Wu Cheng. Im 3. und 4. Jahrhundert v. Chr. hatte das literarische Schaffen eine Blüte erlebt, wahrscheinlich war die Idee mit dem Sex-Handbuch damals auf fruchtbaren Boden gefallen. Aber welches Buch das erste war und welcher Experte es schrieb, ist nicht bekannt. Das älteste Sex-Handbuch, das sich bis in unsere Tage erhalten hat, ist das indische *Kamasutra.* Es handelt sich dabei um eine Zusammenfassung von älteren Büchern zum Thema, deren Entstehungszeiten sich nicht mehr feststellen lassen. Das *Kamasutra* wurde vermutlich um 100 n. Chr. von Vatsyayana geschrieben. Es ist gut möglich, daß die ersten Sex-Handbücher fast gleichzeitig in China und in Indien erschienen.

Buch der Beschimpfungen

Angenommen, aus den Themen, die sich die Autoren der ältesten Bücher für ihre Werke ausgesucht haben, könnte man etwas über die Natur des Menschen lernen, müßten wir beschämt das Haupt senken: Unter den erhaltenen Schriftstücken der mesopotamischen Literatur befinden sich auffallend viele mit beleidigendem Inhalt; sie sind in Keilschrift in sumerischer Sprache geschrieben. Diese Werke entstanden um 2000 v. Chr. und besitzen meist Dialogform. Dabei beschimpfen sich die handelnden Personen jeweils aufs unflätigste. Aus dem »Streit zwischen zwei Schülern« und dem »Zank zwischen zwei Frauen« kann auch der moderne Leser noch einige Anregungen für Beleidigungen mitnehmen.

Epos

In den meisten Kulturen entwickelten sich Epen nach und nach aus Versen, die irgendwann irgendwie zur Tradition geworden waren. Im Mittelpunkt stand oft ein Held oder ein Mythos. Aus dem vorhandenen Material wählte ein Dichter dann Teile aus, schrieb sie um und machte daraus eine neue durchgängige Geschichte. So war es jedenfalls mit dem *Gilgamesch-Epos* im alten Mesopotamien. Die meisten Teile existierten bereits vor 2400 v. Chr.; sie waren in sumerischer Sprache in Keilschrift niedergeschrieben. Um 2000 v. Chr. fügte sie jemand in babylonischer Sprache zu einem einheitlichen Ganzen zusammen.

Schusuen, der um 2200 v. Chr. in Mesopotamien herrschte, muß ein rechter Herzensbrecher gewesen sein. Zwei begabte junge Damen gestanden ihm jedenfalls ihre heftigen Gefühle in Versform, um ihn zu umgarnen. Die eine schreibt in sumerischer Sprache:

Liebesgedicht

Unendlich ist meine Zärtlichkeit und süßer als Honig,
In deinem Gemach, voller Honig,
Wollen wir deine strahlende Schönheit genießen,
Mein Löwe, laß mich dich streicheln.

Und so weiter und so fort. Die andere pflegt einen etwas weniger direkten, dafür um so mysteriöseren Ton:

Mein Gott, süß ist der Trank der Schenkin,
Wie ihr Trank so süß ist ihre Scham, süß ist ihr Trank,
Wie ihre Lippen so süß ist ihre Scham, süß ist ihr Trank,
Süß ist der Trank, den sie mischt, ihr Trank.

Das erste Gedicht ist 29 Zeilen lang, das zweite 27.

Vermutlich um 2200 v. Chr. lebte in Mesopotamien ein reichlich sentimentaler sumerischer Dichter namens Ludingirra. Drei Gedichte hat er der Nachwelt hinterlassen; davon sind zwei Elegien. In der einen (mit 112 Zeilen) beklagt er den Tod seines Vaters Nanna, in der anderen (mit 61 Zeilen) den seiner Frau. Das dritte Gedicht handelt von seiner wunderbaren Mutter und wurde noch zu ihren Lebzeiten verfaßt.

Elegie

Satirische Sätze und Anspielungen finden sich in vielen der frühen literarischen Werke. Aber die älteste erhaltene Satire ist ein witziger Dialog zwischen einem Sklaven und seinem Herrn. Sie wurde zwischen 1500 und 1000 v. Chr. in babylonischer Sprache geschrieben. Mit beißendem Spott nimmt sie ungleiche Beziehungen, göttliche Mächte, bestimmte Personen, Selbstsucht, den freien Willen, Leben und Tod aufs Korn. In jeder Strophe erklärt der Herr, etwas Bestimmtes tun zu wollen, und ändert gleich darauf seine Meinung. Und der Sklave hat immer eine überzeugende Begründung für die Entscheidung seines Herrn parat. Folgende Möglichkeiten stehen zur Auswahl:

Satire

- Hände waschen und zu Tisch gehen
- aufs Land fahren
- eine Familie gründen

- an den Hof gehen
- sich an die Spitze eines Aufstands stellen
- eine Frau lieben
- den Göttern opfern

Die letzten beiden Strophen lauten folgendermaßen:

»Höre, Sklave.« – »Zu Diensten, mein Herr, ich höre.«
»Ich will meinem Land eine Wohltat erweisen.«
»So tut es, mein Herr, so tut es.«
»Wer seinem Land Wohltaten erweist,
der wird im Ring des Gottes Marduk gepriesen.«
»Nein, Sklave, nichts bringt mich dazu,
meinem Land Wohltaten zu erweisen.«
»Ja, laßt es sein, mein Herr, laßt es sein.
Geht nur hinauf zu den alten Ruinen und seht Euch dort um;
Da liegen die Schädel von Hohen und Niedrigen.
Wer war wohl ein Wohltäter und wer ein Bösewicht?«

»Höre, Sklave.« – »Zu Diensten, mein Herr, ich höre.«
»Was also ist gut?«
»Dir und mir das Genick zu brechen.
Und uns in den Fluß zu werfen, das ist gut.
Wer ist so groß, daß er den Himmel erreicht?
Wer ist so breit, daß er die Unterwelt durchmißt?«
»Nein, Sklave, ich werde dich töten und vorausschicken.«
»Mein Herr würde mich gewiß keine drei Tage überleben.«

Freier Vers, Vers libre

In den meisten frühen Literaturen ist Lyrik eine streng reglementierte Ausdrucksform. Versmaß, Zeilenlänge, Strophenform und Reime haben bestimmten Regeln zu folgen. Darin spiegelt sich die Herkunft der Lyrik aus Musik und Gesang. Im freien Vers oder *Vers libre* setzt sich der Dichter über diese Regeln hinweg oder benutzt sie nur, um etwas Bestimmtes auszudrücken. Dieser Ansatz, der so typisch ist für das 20. Jahrhundert, wurde in vielen chinesischen Gedichten vorweggenommen, die man zu Zeiten des Dichters Song Yu (etwa 300 v. Chr.) als *fu* bezeichnete. Die folgenden Zeilen aus seinem Werk *Feng Fu* (Wind-Fu) waren damals geradezu revolutionär:

Einfacher Leute Wind
erhebt sich aus engen Gassen,
stöbert in Unrat und wirbelt Staub auf;
Nagend schleicht er sich in die Ecken
und kratzt an den Türen –
Sand verstreut er, wirft Asche in die Luft,
wühlt im Dreck und läßt die Staubflocken fliegen,
bis er sich durch die Fensterläden
hinein in die ärmlichen Hütten zwängt.

Limerick

Das Versmaß des Limerick taucht in verschiedenen Sprachen auf, bei den einen früher, bei anderen später. Im Irland des 18. Jahrhunderts wurde es von einigen Dichtern für heitere Verse verwendet, wahrscheinlich erhielt es deshalb später auch einen irischen Namen. Doch zu einem Limerick gehört mehr als ein bestimmtes Versmaß: Er muß sich reimen und in typischer Weise eine Begebenheit oder eine Eigenschaft schildern. Was dabei herauskommt, klingt ungefähr so:

Ein uraltes Weiblein aus Lynn
Hatt' 'ne Nase bis kurz vor das Kinn.
Die Zahl seiner Freier
War gewiß ungeheuer
Bei den Reizen des Weibleins aus Lynn.

Die alte Frau von Lynn gehört zu einem historischen Schwank, der im Jahr 1820 vor englischem Publikum aufgeführt wurde. Der Autor, der *The History of Sixteen Wonderful Old Women* (»Die Geschichte von 16 wunderbaren alten Frauen«) schrieb, ist unbekannt. Diese Limerick-Sammlung enthält die ältesten Vertreter des neuen Genres, das den wichtigsten Beitrag der englischen Sprache zu den literarischen ersten Malen darstellt.

Prosa

Geschichten wurden in den alten Kulturen überall zuerst in Form von Gesängen erzählt; deshalb waren sie gereimt, wie das oben erwähnte mesopotamische Gilgamesch-Epos, das im 3. Jahrtausend v. Chr. entstand. Prosageschichten finden wir erst später – in der 12. Dynastie in Ägypten (etwa 2100–1950 v. Chr.), als Kurzgeschichten eine Blütezeit hatten. Die älteste ist wahrscheinlich *Sinuhe, der Ägypter*, die von einem anonymen Autor verfaßt wurde. Der Held erzählt, wie er eine schwierige Situation meisterte:

Kurzgeschichte

> Als ich da so stand, hörte ich seine Stimme: Er sprach nicht weit von mir entfernt. Ich erstarrte vor Schreck, mein Herz begann wild zu klopfen, und Zittern befiel alle meine Glieder. Da nahm ich meine Beine in die Hand und suchte mir ein Versteck.

Sinuhe flieht aus Ägypten und lebt dann jahrelang unbehelligt, aber von Heimweh geplagt in Palästina. Schließlich kehrt er nach Ägypten zurück und stirbt dort.

Fabel

Konstruierte kleine Geschichten mit einfachen moralischen Botschaften sind in der sumerischen Literatur weit verbreitet. Sie lassen sich bis ins 3. Jahrtausend v. Chr. zurückverfolgen. Wie in den Fabeln des Äsop sind Tiere die Hauptfiguren, zum Beispiel der Hund, der Fuchs, der Esel, der Ochse, der Elefant und das Wildschwein.

Verbotene Liebe

Die erste Erzählung von verbotener Liebe stammt aus der ältesten Anthologie von Prosatexten, die zur Zeit der 12. Dynastie (etwa 2100–1950 v. Chr.) in Ägypten zusammengestellt wurde und »König Cheops und die Zauberer« hieß. »Das Wunder, das sich zur Zeit von König Nebka ereignete« ist unterhaltsam und lehrreich genug, um es hier nachzuerzählen: Webanoer lebte auf dem Lande, und seine Frau verliebte sich in einen Mann aus der Stadt. Sie wies Webanoers Verwalter an, ihr Gartenhäuschen herzurichten, und vergnügte sich dann dort draußen mit ihrem Liebhaber. Wenn dem zu warm wurde, erfrischte er sich mit einem Sprung in den Teich. Der Verwalter verpfiff die beiden, und Webanoer befahl ihm, das nächste Mal, wenn der Städter Abkühlung im Teich suchte, ein kleines Krokodil aus Wachs hineinzuwerfen, das er angefertigt hatte. (Wenn Sie vorhaben, die Geschichte im Original zu lesen, sollten Sie jetzt zum nächsten Stichwort übergehen. Denn wenn Sie weiterlesen, verderben Sie sich die Spannung.) Beim nächsten Schäferstündchen warf der Verwalter das Wachskrokodil hinter dem Städter in den Teich – wo es sich in ein richtiges Krokodil von zwei Meter Länge verwandelte und ihn tötete. Als Webanoer von einem Besuch beim Pharao zurückkam, nahm er das Krokodil, das sich augenblicklich wieder in eine Wachsfigur verwandelte. Dann fuhr er mit seiner Frau an einen einsamen Ort im Norden der Stadt und verbrannte sie. Ein späterer Pharao war so beeindruckt von Webanoers Fähigkeiten, daß er ihm einen großen Kuchen, einen Krug Bier, einen Braten und einen Weihrauchkegel schenkte. So endet die Geschichte.

Die 12. Dynastie in Ägypten war eine außerordentlich fruchtbare Phase für die Prosaliteratur. In dieser Zeit entstand auch der erste Fantasy-Roman mit dem Titel »Der Schiffbrüchige«, eine eigenartige Geschichte von einem Mann, dessen Schiff untergegangen ist und der an den Strand einer Insel gespült wird. Über diese Insel herrscht eine 15 Meter lange, bärtige Schlange mit einer tiefen Stimme, die die Gabe besitzt, in die Zukunft zu sehen.

Fantasy

Der Realismus hält mit einer Reihe kurzer und dramatischer Dialoge Einzug in die Literatur. Ihr Verfasser war Herodas, der vermutlich im 3. Jahrhundert v. Chr. auf der griechischen Insel Kos lebte. Nur acht davon sind bis heute erhalten, und jeder fängt auf seine Weise einige wenige Minuten aus dem unspektakulären Leben einfacher Menschen ein. Zu Herodas' Themen gehören unter anderem ein unter Erfolgsdruck stehender Verkäufer (in »Der Schuster«), die Bestrafung eines Schülers (in »Der Schulmeister«), ein Gerichtssaal mit einem unangenehmen Kläger (in »Der Bordellwirt«), Klatsch (in »Die vertrauliche Unterhaltung«), eine Dame, die ihren Sklaven züchtigt, weil er außer ihr noch eine andere Geliebte hat (in »Die Eifersüchtige«), eine Dame, die es ablehnt, sich einen Geliebten zu nehmen (in »Die Kupplerin«). Das umgangssprachliche Griechisch in Herodas' Dialogen unterscheidet sich auffallend von der literarischen Sprache der meisten seiner Vorläufer.

Realismus

Der Begriff *Roman* entwickelte sich im 12. Jahrhundert in Frankreich (aus altfranzösisch *romanz*, zu lateinisch *romanicus:* römisch) und bezeichnete zunächst jede Schrift in der *lingua romana*, also der Volkssprache – im Gegensatz zur *lingua latina*, dem lateinischen gelehrten Schrifttum. Im ausgehenden 13. Jahrhundert fand er dann ausschließlich für Prosaliteratur Verwendung. Im Deutschen existiert das Wort *Roman* in der heutigen Bedeutung erst seit dem 17. Jahrhundert. Der erste Roman war ein historischer Roman über das Leben von Kyros, der im 6. Jahrhundert v. Chr. das Perserreich gegründet hatte. Das Buch trug den Titel *Kyrupaideia* (»Erziehung des Kyros«) und erschien in griechischer Sprache. Sein Autor, ein verbannter Athener namens Xenophon (431–350 v. Chr.), hatte Persien häufig bereist und schon einige Sachbücher geschrieben. Das Buch, das um 360 v. Chr. entstand, enthält eine idealisierte Darstellung der persischen Gesellschaft, die in scharfem Gegensatz zu der ablehnenden Haltung steht, die die meisten Griechen den Persern entgegenbrachten.

Roman

Liebes- und Abenteuerroman

In vorhellenistischer Zeit gab es keine Liebes- und Abenteuerromane, danach erschienen sie in großer Zahl, zumeist in griechischer Sprache. Diejenigen, die bis in unsere Tage erhalten blieben, sind fast immer ohne Datum, so daß es schwierig ist, den ersten zu ermitteln. Wahrscheinlich gebührt der Ruhm *Chaireas und Kallirhoe* von Chariton, falls die Datierung auf 100 v.Chr. richtig ist. Erzählt wird die Geschichte des tapferen Chaireas und der schönen Kallirhoe. Ihre Liebe hat bereits viele Hindernisse überwunden, doch als Chaireas' Nebenbuhler ihm weismacht, Kallirhoe sei untreu, tritt er sie in rasender Wut und glaubt, sie sei tot. Chaireas hofft, daß er zum Tode verurteilt wird, aber man spricht ihn frei und redet ihm auch Selbstmordgedanken aus. Kallirhoe erwacht aus ihrer Bewußtlosigkeit, als ihr Grab auf Sizilien von einem Seeräuber geöffnet wird, der sie als Sklavin nach Kleinasien verkauft. Ihr Herr überlegt schon, ob er sie heiraten soll, als Kallirhoe bemerkt, daß sie schwanger ist. Chaireas erfährt, was wirklich geschah. Damit steigt die Spannung. Es würde jetzt zu lange dauern, die Geschichte durch verschiedene Länder und weitere knifflige Situationen zu verfolgen, aber es wird Sie beruhigen zu erfahren, daß die beiden, nachdem sie sich auf einer Insel vor der libanesischen Küste gefunden haben, bis ans Ende ihrer Tage glücklich miteinander leben. Wie in vielen griechischen Romanen gibt es auch in dieser Geschichte keinen richtig bösen Charakter, und die Probleme, die die Hauptfiguren zu lösen haben, sind alle menschlich und ganz alltäglicher Natur. Chariton arbeitete als Sekretär in Kleinasien (der heutigen Türkei).

Science-fiction-Roman

In seinen *Wahren Geschichten* beschreibt Lukian (etwa 115–195 n.Chr.), der in Samosata (heute Samsat in der Türkei) geboren wurde, seine Abenteuer im Weltall und auf unbekannten Ozeanen, eine siebentägige Reise zum Mond eingeschlossen. Allen neuzeitlichen Behauptungen zum Trotz, Englisch sei schon immer die Verkehrssprache im All gewesen, stellten Lukian und seine Gefährten überrascht fest, daß man allerorts Griechisch sprach.

Aliens

Die Mondmenschen trugen durchsichtige Kleidung aus Plastik oder Anzüge aus gewebtem Metall. Manche von ihnen schlüpften schon erwachsen aus Kokons, andere hatten Beutel für ihre Kinder wie Känguruhs. Wenn sie starben, lösten sich ihre Körper in Luft auf und verschwanden. Sie hatten abnehmbare Augen, die man auch austauschen konnte, und künstliche Genitalien. Mit einem speziellen Beobachtungsschirm konnten sie alles beobachten, was auf der Erde vor sich ging (mit O-Ton).

Zu der Zeit, als Lukian sie besuchte, befanden sich die Mondmenschen gerade im Krieg mit den Leuten von der Sonne. Zu deren Armee gehörte eine Kavallerie, die auf Riesenameisen von 70 Meter Länge saß, und »Himmelstänzer«, die aus großer Entfernung tödliche Radieschen schleuderten. Endymion, der Mondkönig, hatte den Spinnen der Region (von denen jede größer war als eine Insel) befohlen, ein Netz vom Mond bis zur Venus zu spannen, um diese seinem Reich einzuverleiben. Darum ging es in der Auseinandersetzung. Die siegreichen Leute von der Sonne zwangen die Mondmenschen, einen Vertrag zu unterzeichnen, indem sie ihnen das Licht sperrten. Lukians Absicht war es, die weit hergeholten Geschichten anderer Autoren ins Lächerliche zu ziehen, und er spielte dabei mit der Glaubwürdigkeit, die Science-fiction-Autoren ihren Lesern immer vorgaukeln müssen. »Aus purer Eitelkeit wollte ich der Nachwelt etwas hinterlassen, damit ich nicht der einzige sei, der vom Privileg der dichterischen Freiheit ausgeschlossen würde. Und da ich nichts Wahres zu berichten hatte, denn es mangelte mir an echten Abenteuern, mußte ich zur Lüge Zuflucht nehmen.«

Detektivgeschichten

Kriminalromane gab es schon zu Zeiten der Song-Dynastie (960–1279 n. Chr.). Aber Erzählungen, die erst gegen Ende der Geschichte den Täter enthüllen, wurden nicht vor 1700 geschrieben. Die erste Detektivgeschichte mit dem Titel *Wu Ci Tien Si Da Qi An* stammt von einem anonymen chinesischen Autor der Qing-Dynastie. Darin geht es um drei voneinander unabhängige Verbrechen, die durch die detektivische Meisterleistung eines Bezirksrichters aufgeklärt werden. Die Geschichte wurde von Robert van Gulik ins Englische übersetzt und ist unter dem Titel *Die merkwürdigen Fälle des Richters Di* auch auf deutsch erschienen.

Gruselgeschichten

Seit mehr als 4000 Jahren geistert das Grauen durch die Literatur. Ähnlich Detektiven, Liebespaaren und tapferen Helden wurde es so wichtig, daß man ihm ein eigenes Genre widmete. Die älteste Sammlung von Gruselgeschichten waren die »Phantastischen Geschichten« von Cao Pi (etwa 187–226 n. Chr.); sie wurden zu Beginn des 3. Jahrhunderts geschrieben. Das Buch ist verloren, aber es wird so häufig in anderen Werken zitiert, daß man sich seinen Stil ganz gut vorstellen kann. Eine Fülle altbewährter Themen scheint auf, unter anderem ein Spukhaus und ein Mann, der einen Geist davon überzeugt, daß er auch einer ist. Wahrscheinlich sind einzelne Geschichten noch einmal 100 oder 200 Jahre älter als die Sammlung.

Zeitung Die ersten regelmäßig erscheinenden Zeitungen hatten wenig Ähnlichkeit mit den heutigen Blättern: Es waren handgeschriebene Berichte auf Papyrusstreifen, die an Abonnenten verschickt wurden, die auf dem Land wohnten oder sich im Ausland über die Ereignisse in der Heimat auf dem laufenden halten wollten. Die ersten erschienen wahrscheinlich in griechischer Sprache in den kosmopolitischen Zentren der hellenistischen Zeit (nach 323 v. Chr.), wie zum Beispiel Alexandria. Ab dem 1. Jahrhundert v. Chr. gab es Zeitungen in lateinischer Sprache, die im ganzen Römischen Reich verschickt wurden.

Tageszeitung Als endlich eine Tageszeitung aus der Taufe gehoben war, erhielt sie einen passenden, wenn auch wenig originellen Namen: *Acta Diurna*, zu deutsch etwa »Das Tagesgeschehen«. Sie wurde vom 1. Jahrhundert v. Chr. bis zum 5. Jahrhundert n. Chr. von der römischen Regierung herausgegeben. Diese Zeitung hatte schon mehr Ähnlichkeit mit den heutigen: Sie enthielt aktuelle Nachrichten, Berichte aus den Senatssitzungen und Reportagen über spektakuläre Gerichtsfälle, offizielle Bekanntmachungen, Geburten und Todesfälle, Finanzberichte, Sportveranstaltungen und Sportergebnisse sowie Kurzgeschichten. Es war die erste Zeitung mit einer ständigen und personell gutausgestatteten Redaktion, Reporter und Sekretärinnen eingeschlossen. Die Veröffentlichung bestand darin, jeden Tag Kopien der Zeitung an Wandtafeln an öffentlichen Plätzen aufzuhängen.

Gedruckte Zeitung Die »Kai Yuan Nachrichten« *(Kai Yuan Ca Bao)* haben die besten Chancen, als erste gedruckte Zeitung zu gelten. Seit der Kai-Yuan-Periode (713–741 n. Chr.) in der Tang-Dynastie (618–907 n. Chr.) erschien diese Zeitung regelmäßig in Chang'an als offizielles Organ der Zentralregierung. Ein Originalexemplar des Blattes ist erhalten und damit die älteste gedruckte Zeitung. In Chang'an gab es zu dieser Zeit noch eine weitere Zeitung mit Namen *Di Bao* (»Hauptstadtbericht«), die vom Amt für offizielle Berichte herausgegeben wurde. Sie ist die einzige, die den »Kai Yuan Nachrichten« eventuell noch den Ruhm, die erste gedruckte Zeitung gewesen zu sein, streitig machen könnte. Seit dem 2. Jahrhundert v. Chr. (noch bevor das Drucken erfunden war) hatte es mehrere Zeitungen mit dem Namen *Di Bao* gegeben, und es ist unklar, wann der *Di Bao* der Tang-Zeit erstmals in gedruckter Form erschien.

Später wurden die Zeitungen mit den offiziellen Verlautbarungen der Regierung zum *Jing Bao* zusammengefaßt, dem »Bericht aus der Metropole«. Höhere Beamte und Regierungsstellen im ganzen Reich erhielten das Blatt kostenlos, die wenigen Abonnenten mußten dafür zahlen. Neben allgemeinen Nachrichten, neuen Gesetzen, Statistiken, Verordnungen und Ankündigungen konnte man sich auch über das Leben der kaiserlichen Familie informieren. Am interessantesten jedoch waren die Kommentare zur Regierungspolitik und die Kritik an Ministern, die dem Kaiser von Beamten vorgetragen wurden. Zu bestimmten Zeiten – etwa während der Song-Dynastie (960–1279 n. Chr.) – bargen diese Beiträge häufig Zündstoff, so daß wir hier den ungewöhnlichen Fall einer Regierungszeitung haben, in der Attacken gegen die eigene Politik und die eigenen Minister geritten wurden.

Während der Song-Dynastie kam das Zeitungswesen zu einer bescheidenen Blüte, und überall tauchten billige Revolverblätter auf. Aber es gab auch eine besser organisierte und respektablere Zeitung mit dem Titel *Xiao Bao* (»Triviale Nachrichten«), die sich auf Tratsch und Sensationsmeldungen spezialisiert hatte. Zu einem echten Massenblatt, das im gesamten chinesischen Reich erschien, wurde später die »Volksausgabe« des oben erwähnten *Jing Bao*. Möglich wurde das dadurch, daß man regionale Pressen verpflichtete, Vorlagen zu kopieren, die sie aus Peking erhielten. Während der Ming- (1368–1644) und der Qing- (1644–1911) Zeit brachten diese jeden zweiten Tag eine gekürzte, wir würden vielleicht auch sagen zensierte Version der täglich erscheinenden Hauptausgabe heraus. Auf diese Art und Weise war die gleiche Zeitung für einen Spottpreis in jedem Winkel des Reiches zu haben.

Massenblatt

1835 eröffnete Charles Havas die erste Presseagentur. Diese belieferte französische Zeitungen mit Nachrichten, die Reporter der Agentur zusammengetragen hatten. Havas nutzte seine bestehenden Kontakte zu den »gewöhnlich gut informierten Kreisen«, und die Agentur versorgte die Zeitungen.

Presseagentur

Die erste Ausgabe der ersten Zeitschrift mit dem Titel *Journal des Sçavans* (»Zeitschrift der Gelehrten«) erschien im Januar 1665 in Paris. Das *Journal* enthielt Buchbesprechungen, Berichte aus Natur- und Geisteswissenschaften, Nachrichten aus der Gesellschaft und aus dem universitären Leben sowie Todesanzeigen.

Zeitschrift

II. KUNST UND MUSIK

Künstlerische Aktivitäten zählten seit jeher – gleich nach der reinen Überlebenssicherung – zu den Hauptbeschäftigungen des Menschen. In gewisser Weise ist jedes Kunstwerk, das entsteht, ein allererstes Mal. Die Stichworte im folgenden Kapitel müssen verständlicherweise etwas allgemeiner gehalten werden: Wir beschränken uns daher auf Stilrichtungen, Gattungen und wesentliche Neuerungen technischer Art.

1. Bildende Kunst

Architekturstile sind hier eingereiht, Gebäudetypen finden Sie in Kapitel V, 2.

Realismus, Naturalismus

Es gehört zu den größten Rätseln der Kunstgeschichte, daß manche der ältesten erhaltenen Kunstwerke zugleich Meisterwerke des Realismus sind – ausgeführt von Steinzeitmenschen. Vor 30 000 Jahren begannen einige frühe Mitteleuropäer, Felswände mit ausdrucksstarken naturalistischen Darstellungen von Menschen und Tieren zu schmücken. Die Höhle von Chauvet in Südfrankreich enthält viele Bilder dieses Alters. Dies sind die ältesten Beispiele für Realismus, die wir kennen. Die Kunstfertigkeit der Höhlenmenschen scheint in Vollendung aus dem Nichts aufzutauchen, ohne eine vorherige allmähliche Entwicklung von Techniken und Darstellungsformen (obwohl es die vermutlich gegeben hat, allerdings besitzen wir keine Zeugnisse davon). Besonders bemerkenswert ist, daß sie, die weder Tuch noch Töpferwaren herstellen konnten, in der Lage waren, Bilder zu malen, die solche von Künstlern aus sehr viel fortgeschritteneren Kulturen weit in den Schatten stellten.

Minimalistische Kunst

Wenn es um Kunst geht, die auf jede überflüssige Zutat verzichtet und sich ganz auf ihren Gegenstand konzentriert, gibt es kein besseres und kein früheres Beispiel als die Pyramide von Pharao Snefru in Dahschur am Ufer des Nils. Zwar hat die Zeit ihre unvermeidlichen Spuren an diesem Bauwerk hinterlassen, doch als es im 3. Jahrtausend v. Chr. errichtet wurde, besaß die schnörkellose Komposition aus Quadraten und Dreiecken eine ganz glatte Oberfläche. Trotz ihrer beeindruckenden Größe (sie ist 65 Meter hoch) ist Snefrus Pyramide sehr viel kleiner als die später erbaute Cheops-Pyramide. Das Hauptinteresse des Kunsthistorikers gilt der dramatischen Erscheinung, die es in dieser Form bis dahin nicht gegeben hatte und die sich auch nicht mit den Stufenpyramiden früherer Tage vergleichen läßt (siehe Pyramide, Kapitel V, 2). Dieser Entwurf entstammt einer einmaligen Inspiration, er läßt sich nicht mit architektonischer Tradition oder einer nachvollziehbaren Entwicklung erklären. Bemerkenswert auch, daß es dem Künstler gelang, seinen Herrscher davon zu überzeugen, daß dieses außergewöhnliche Konzept sein Geld wert sein würde.

Photorealismus

Die ersten photorealistischen Maler lebten im 4. Jahrhundert v. Chr. in Griechenland: Zeuxis von Herakleia und sein jüngerer Zeitgenosse Parrhasios aus Ephesos (in der heutigen Türkei). Schon früh erwarben sie sich hohes Ansehen wegen ihrer zeichnerischen Fähigkeiten und der Beherrschung von Farbe und räumlicher Tiefe. Doch es war schließlich ein Wettbewerb, der sie zu photorealistischen Höchstleistungen anstachelte. Zeuxis reichte ein Gemälde ein, das Trauben so naturgetreu zeigte, daß es Vögel anlockte, als es ausgestellt wurde. Stolz und siegessicher bat Zeuxis nun den Parrhasios, das Tuch von seinem Wettbewerbsbeitrag zu nehmen. Damit hatte Parrhasios gewonnen, denn sein Bild zeigte ein Tuch und war so gut ausgeführt, daß es selbst den Zeuxis getäuscht hatte. Allem Anschein nach waren die beiden Künstler jedoch nur mit unbelebten Gegenständen so erfolgreich. Als Zeuxis später einen Knaben mit Trauben malte, mußte er zu seiner Enttäuschung feststellen, daß sich die Vögel durch das gemalte Kind nicht abschrecken ließen und weiterhin nach den Trauben pickten. Das heißt, er konnte Menschen nicht so überzeugend darstellen wie Trauben.

Surrealismus

In den Überresten früher Kulturen finden sich viele Darstellungen von Dingen, die unmöglich so gewesen sein können und die offenbar einer blühenden Phantasie entsprungen sind. Diese Bilder sind nicht als surreal zu bezeichnen, weil es sich meist um Motive aus der Mythologie handelt; surreal wäre ein absichtliches Abweichen von der beobachtbaren Wirklichkeit. Eine in diesem Sinne surrealistische Strömung setzte im 1. Jahrhundert v. Chr. im Römischen Reich ein, als es in der Freskomalerei zu bemerkenswerten Neuerungen kam: Bilder von Leuchtern, auf denen kleine Tempel stehen, Schilfrohr, das steinerne Dächer trägt, Wesen, die halb Mensch, halb Pflanze sind, gehören zu den Darstellungen, die damals mit Beifall aufgenommen wurden. Wir wissen davon aus den Schriften des römischen Architekten und Autors Vitruv, der der neuen Stilrichtung nicht allzuviel abgewinnen konnte:

> Aber obwohl die Menschen diese Fehlgriffe sehen, tadeln sie sie nicht, sondern erfreuen sich daran und fragen nicht, ob es so etwas geben kann oder nicht ... Der durch geringe Urteilsfähigkeit getrübte Sinn aber vermag nicht zu entscheiden, was vorbildlich und angemessen sein kann.
>
> Vitruv, *Zehn Bücher über Architektur.* Übersetzung von Curt Fensterbusch, 1964.

Naive Kunst

Ein paar längst vergessene römische Künstler lehnten sich gegen Tradition, Konformismus und in der Konvention erstarrte Farbgebung auf und schufen spannungsreiche, naiv anmutende Mosaike, von denen einige wenige bis heute erhalten sind. Dieser Stil scheint sich im 1. Jahrhundert n. Chr. etabliert zu haben, die besterhaltenen Beispiele für die frühe naive Kunst sind allerdings auf etwa 130 n. Chr. zu datieren. Sie stammen aus der Villa des Kaisers Hadrian in Tivoli bei Rom.

Impressionismus

Um 400 n. Chr. führten chinesische Künstler typisch impressionistische Stilelemente in ihre Malerei ein. Mit sparsamen und überlegt geführten Pinselstrichen gelang es ihnen, Licht, Raum und charakteristische Merkmale zu erfassen, ohne direkt Konturen und Details darzustellen. Man nannte ihren Ansatz »das Erwachen des Geistes«. Einer der Pioniere dieses Stils war Wang Wei (415–443 n. Chr.), nicht zu verwechseln mit seinem berühmten Namensvetter aus der Tang-Dynastie. »Sichtbare Erscheinungen beruhen auf sichtbaren Formen«, schrieb Wang, und:

> der Geist ist unsichtbar, deshalb kommt es zu keiner Bewegung, wenn er eintritt. Das Auge ist in seinem Erfassungsvermögen beschränkt, deshalb vermag es nicht alles zu sehen, was ist. Mit

einem kleinen Pinsel zeichne ich unendliche Leere ... Mit einer geschwungenen Linie stelle ich die Song-Berge dar ... Ein zarter Strich genügt für den Berg Taihua und ein paar unregelmäßige Tupfer für die Nüstern des Drachen. Augenbrauen, Stirn und Wangen fügen sich zu einem heiteren Lächeln zusammen, und der einsame Felsvorsprung ist so groß und erhaben, daß er Wolken zu speien scheint. Bewegung entsteht durch Veränderungen in allen Richtungen, und in Proportion und Ausgewogenheit gibt sich der Geist zu erkennen.

Impressionisten

Der moderne Impressionismus entstand in den späten fünfziger Jahren des 19. Jahrhunderts in Paris in einer Künstlergruppe um Edouard Manet (1832–1883) und Claude Monet (1840–1926). 1874 stellten sie zum ersten Mal in Paris aus und gaben sich den Namen »Impressionisten«. Diese Bezeichnung hatte ein Kritiker eingeführt, der ihn wiederum von einem Bild Monets mit dem Titel *Impression, Soleil levant* (deutsch etwa »Eindruck eines Sonnenaufgangs«) abgeleitet hatte.

Abstrakte Kunst

Die Malerei mancher prähistorischer Stammesgesellschaften ist ausgesprochen abstrakt. Ihre Künstler setzten Erzählungen und Landschaften in Punkte, Striche und Wellenlinien um. In diesen Werken repräsentiert jedes Element einen Teil des Gegenstands, vergleichbar den Symbolen auf einer Landkarte. (Zum Beispiel könnte eine Gruppe von Ringen für ein Wasserloch und ein Punkt für einen Menschen stehen.) Je zivilisierter eine Kultur wird, desto mehr verliert sie die Fähigkeit zur Abstraktion. Ihre Kunst wird gegenständlich und dekorativ. Aber es gibt Gesellschaften, die die abstrakte Kunst nach einer langen Phase kultureller Entwicklung wiederentdecken.

In China kam es im 7. Jahrhundert n. Chr. zur Wiederentdeckung des Abstrakten – zunächst in der Kalligraphie und um 800 auch in der Malerei. Der Landschaftsmaler Wang Xia (etwa 740–804), der im Vollrausch zu malen pflegte, erfand neue Abstraktionstechniken. Er goß Tinte auf Seide und benutzte Finger und Haare anstelle von Pinseln, um ohne eigentliche Absicht natürliche Formen zu erzeugen. In der alten chinesischen Malerei gibt es zahlreiche halbabstrakte Werke, aber keine ganz abstrakten.

(Neuere) Abstrakte Kunst

Die moderne westliche abstrakte Kunst entstand vermutlich unabhängig von der chinesischen. Wahrscheinlicher ist, daß die in der chinesischen und japanischen Kunst weitverbreiteten extrem minimalistischen Stile als Auslöser für die Abstraktionsbegeisterung im Westen dienten. Diese nahm im 18. Jahrhundert mit dem Buch *A New Method of Assisting the Invention in Drawing Original Compositions of Landscape* (»Eine neue Methode, um den Erfindungsgeist beim Entwerfen und Zeichnen von eigenen Landschaftskompositionen zu unterstützen«) in England ihren Anfang. Der Autor, Alexander Cozens (1717–1786), erklärt dasselbe Ziel wie Wang Xia: ohne eigentliche Absicht etwas Landschaftsähnliches zu erzeugen. Er zerknüllte Papier und glättete es wieder, dann dachte er an Landschaften und nicht an das, was er tat, und besprengte das Papier mit reichlich Tinte. Wang wurde von seinen Zeitgenossen »Tintenspritzer« genannt; Cozens erhielt den Spitznamen »Blot Master« (»Meister Klecksel«) und wurde wegen seiner »blotscapes« (»Klecks-Landschaften«) verlacht.

Kubismus

Der Kubismus ist eine Form der Abstraktion, die Pablo Picasso (1881 bis 1973) entwickelte. Im sogenannten analytischen Kubismus werden die Dinge in geometrische Formen aufgelöst. Erstmals wandte Picasso diese Methode 1906/1907 in seinem Gemälde *Les Desmoiselles d'Avignon* an. Das Bild zeigt eine Gruppe von fünf halbabstrakten nackten Frauen mit kantigen Umrissen, vor denen verschiedene Früchte stehen.

Dadaismus

Der Dadaismus entstand 1916 in Zürich. Er war eher eine Geisteshaltung denn eine literarische oder künstlerische Bewegung und begründete sich damit, daß der Erste Weltkrieg Moral und ästhetische Standards gleichermaßen beschädigt habe. Die Dadaisten lehnten die traditionellen Werte ebenso ab wie die überkommenen Vorstellungen von Kunst und Kultur. Sie verzichteten auf die Gegenständlichkeit und propagierten die »Nichtkunst«. Die bekanntesten Vertreter des Dada waren die beiden deutschfranzösischen Künstler Max Ernst (1891–1976) und Hans Arp (1887–1966) sowie der französische Maler Marcel Duchamp (1887 bis 1968). Duchamp beispielsweise signierte Alltagsgegenstände und gab ihnen Titel, oder er staffierte das berühmte Bild der Mona Lisa mit einem Bärtchen aus.

Dorischer Stil

Der dorische Stil in der griechischen Architektur setzte mit dem Bau eines Tempels ein, den Doros, der Herrscher von Achaia in Südgriechenland, in Auftrag gegeben haben soll und der vermutlich um 800 v. Chr. in Argolis errichtet wurde. Dieser Prototyp war recht plump und besaß noch nicht die ausgewogenen Proportionen, die für die Tempel des klassischen Griechenlands charakteristisch sind.

Ionischer Stil Der ionische Stil wurde erstmals in Kleinasien (in der heutigen Türkei) beim Bau eines Tempels für die Göttin Artemis angewandt. Die Säulen waren achtmal höher als ihr Durchmesser, da die Körpergröße einer Frau etwa dem Achtfachen ihrer Fußlänge entspricht. Die Kapitelle waren mit spiralförmigen Ornamenten (Voluten) verziert, die üppigen Locken ähnelten, und die Riefen in den Säulen sollten an die Falten von Gewändern erinnern. Dieser Tempel entstand vermutlich zu Beginn des 7. Jahrhunderts v. Chr.

Korinthischer Stil Kallimachos, ein Architekt aus Korinth, einer Stadt im griechischen Mutterland, führte den nach ihr benannten Stil im 5. Jahrhundert v. Chr. ein. Eine Akanthus-Pflanze, die er außerhalb der Stadt in der Nähe eines Grabes sah, inspirierte ihn zu der neuen Kapitellform. Die drei klassischen antiken Stilrichtungen haben in vielen öffentlichen Gebäuden des 18., 19. und 20. Jahrhunderts überlebt.

Gotik Die gotische Architektur ergab sich mehr oder weniger zufällig beim Kombinieren verschiedener Konstruktionsprinzipien, mit denen die Architekten aus den begrenzten Möglichkeiten ihres Materials die bestmögliche Akustik für Kirchen erzielen wollten. Transversalbogen, Lichtgaden, Spitzbogen, Spitzbogenfenster, Kreuzrippengewölbe und Strebepfeiler sind charakteristische Merkmale gotischer Kirchen, die im Sinne der Klangtechnik gut zusammenwirkten. Als diese Elemente erstmals in einem Bau vereint wurden – in der ersten Hälfte des 12. Jahrhunderts in Frankreich –, war der ästhetische Gesamteindruck so überwältigend, daß der neue Stil innerhalb kurzer Zeit die europäische Sakralarchitektur beherrschte. Die gotische Architektur ist nicht die Erfindung eines einzelnen; an ihrer Entwicklung waren viele, vorwiegend in Nordfrankreich lebende Architekten beteiligt. Einzelne Elemente wurden zunächst in kleineren Bauwerken und Teilen von Kathedralen verwendet. Die erste Kirche, die ganz und gar im gotischen Stil erbaut wurde, war die Kathedrale von St. Denis (1144).

Funktionalismus Die ärmsten und einfachsten prähistorischen Gesellschaften praktizierten notgedrungenermaßen Funktionalismus: weil es ihnen an finanziellen und/oder geistigen Mitteln fehlte, um etwas darüber Hinausgehendes zu schaffen. Der offenbar angeborene Drang des Menschen, seine Werke mit Details zu schmücken, die Herz und Auge erfreuen, ließ den Funktionalismus in Vergessenheit geraten. Nur in Zeiten der Not – wie etwa im mittelalterlichen Europa – oder im Rahmen bäuerlicher Weltanschauungen trat er wieder in Erscheinung. Der moderne Funktionalismus verdankt seine Entstehung vor allem Charles-Édouard Jeanneret-Gris Le Corbusier (1887–1965), einem französisch-schweizerischen Architekten. Dieser begann im Jahr 1924 damit, Gebäude allein im Hinblick auf ihre Funktion zu entwerfen. Die Idee des Funktionalismus war bereits nachdrücklich von John Ruskin (1819–1900), einem berühmten englischen Kritiker, formuliert worden. Doch im Gegensatz zu Corbusier war die Welt zu seiner Zeit nicht bereit, eine solche Vision zu realisieren.

Fluchtpunkt

Das charakteristische Element der üblicherweise verwendeten Perspektive ist der sogenannte Fluchtpunkt. Linien, die in der Natur parallel verlaufen, werden vom Standpunkt des Betrachters aus so gezeichnet, daß sie irgendwo in der Ferne in einem Punkt zuammentreffen. Diese Form der Darstellung wird manchmal als »natürliche« Perspektive bezeichnet: Sie projiziert die Wirklichkeit auf eine Ebene, und zwar so ähnlich, wie wir uns die Wahrnehmung durch das Auge vorstellen. (Auch ein Spiegel funktioniert so.) Die Fluchtpunkt-Perspektive verwendete erstmals Agatharchos von Samos, der im 5. Jahrhundert v. Chr. in Athen Bühnenbilder malte. Agatharchos schrieb eine kleine Abhandlung über seine Methode, und kurze Zeit später erarbeiteten und erklärten die Philosophen Demokrit und Anaxagoras die zugrundeliegenden Prinzipien.

Entasis

Wenn man ein Gebäude betrachtet, scheint jede gerade Linie leicht konkav (nach innen gewölbt) zu sein – eine optische Täuschung, die die Perfektion eines imposanten Bauwerks stört. Gute Architekten gleichen diesen Effekt dadurch aus, daß sie die Kanten leicht nach außen wölben. So entsteht beim Betrachter der Eindruck einer geraden Linie. Dieser Trick wird als Entasis bezeichnet. (*Entasis* ist das griechische Wort für »Anspannung«, es wurde in der griechischen Architektur für die Wölbung von Säulenschäften verwendet.) Die Entasis machte man sich erstmals beim Bau der großen Zikkurat im mesopotamischen Ur zunutze (etwa 2300 v. Chr.). Die Baumeister arbeiteten mit verschieden starken, genau abgestimmten Wölbungen, um die unterschiedlichen Dimensionen und Positionen der Wandabschnitte zu berücksichtigen und immer den gleichen Effekt zu erzielen. Die Präzision und der meisterliche Umgang mit dem Phänomen deuten darauf hin, daß die Entasis schon beim Bau früherer Zikkurats entwickelt und verstanden worden sein muß.

Diaprojektor

Der holländische Erfinder Cornelius Drebbel (1572–1634) lebte und arbeitete in England. Er erfand eine Menge Geräte, die mit Licht und Linsen funktionierten, unter anderem im Jahr 1630 den Diaprojektor. Ursprünglich war der Diaprojektor ein Spielzeug: Drebbel wollte Bilder von nicht anwesenden Personen zeigen. Aber 1651 hielt der italienische Jesuit Martin Martini, der zuvor in China tätig war, Vorlesungen, die er mit Dias illustrierte.

Kunstkatalog

Eikones heißt der älteste Kunstkatalog der Welt, und zusammengestellt wurde er im 2. Jahrhundert n. Chr. von einem griechischen Autor namens Philostratos Lemnius. Er beschreibt darin die in einer privaten Galerie in Neapel ausgestellten Kunstwerke, und zwar die dargestellten Szenen ebenso wie die künstlerische Qualität.

Buch über Architektur

Buch über ein Bauwerk

Das erste Architekturbuch verfaßte im 5. Jahrhundert v. Chr. der griechische Autor Silenos. Darin diskutiert er den dorischen Stil in der klassischen Architektur. Das älteste Buch über ein einzelnes Bauwerk stammt ebenfalls aus dem Griechenland des 5. Jahrhunderts v. Chr.: Theodoros beschreibt den Tempel der Hera auf der Insel Samos.

2. Darstellende Kunst

Der Film wird auch zur darstellenden Kunst gezählt. Den ersten Kinofilm finden Sie jedoch unter dem Stichwort »Kino« in Kapitel VIII, 10.

Theaterstück

Anläßlich der Inthronisation von Pharao Sesostris I. wurde im 21. Jahrhundert v. Chr. ein Theaterstück aufgeführt. Eine Kopie des Textes ist bis heute erhalten. In dieser Kopie befinden sich auch Beschreibungen der Rollen und Regieanweisungen und nicht zuletzt die ältesten bekannten Buchillustrationen (siehe Kapitel I, 2).

Tragödie

Im Griechenland des 6. Jahrhunderts v. Chr. war es Brauch, jedes Jahr zur Zeit der Weinlese Gesänge und Tänze zu Ehren des Gottes Dionysos aufzuführen und tragische Episoden aus Sagen und der Geschichte vorzutragen. In der Nähe von Athen, im Dorf Ikaria, lebte ein Mann namens Thespis; er organisierte dergleichen Veranstaltungen. In den dreißiger Jahren des 6. Jahrhunderts v. Chr. hatte er die geniale Idee, einen Schauspieler einzubauen, der Teile der Geschichte spielen und zwischen den Parts der Chöre vortragen sollte. Thespis schrieb den Text für die gespielten Teile, und am Anfang übernahm ein Schauspieler sämtliche Rollen. Die Tragödie hat ihren Namen von den griechischen Worten *tragos* (Bock; nach den Satyrn, den bocksähnlichen Begleitern des Weingottes Dionysos) und *ode* (Gesang). Etwa zur gleichen Zeit wurden – ebenfalls in Ikaria – nach dem gleichen Muster Komödien produziert. Seit etwa 600 v. Chr. traten in Griechenland regelmäßig Komödianten auf, aber Rollenbeschreibungen und festgelegte Handlungsstränge, wie sie für Theaterstücke gebraucht werden, gibt es erst seit Thespis. Der erste Komödienschreiber, den wir namentlich kennen, war der Athener Kratinos (519–422 v. Chr.).

Komödie

Bathyllos war ein ägyptischer Tänzer. Er wurde im 1. Jahrhundert v. Chr. von Maecenas, einem großen Förderer der Künste, von Alexandria nach Rom geholt. Dort arbeitete er mit dem Tanzlehrer Pylades zusammen und entwickelte einen neuen Stil, von dem wir nichts mehr wissen, obwohl er damals sehr populär war. Eine weitere Erfindung, die auf Bathyllos zurückgeht, ist die Pantomime, eine Kunstform, bei der Dinge, Gedanken, Gefühle und Geschichten ohne Worte, allein durch Körperbewegungen dargestellt werden.

Pantomime

Sing- und Tanzspiele waren Anfang des 13. Jahrhunderts in Japan sehr beliebt, haben mit No aber so gut wie nichts zu tun. Das No-Theater, wie es auch heute noch aufgeführt wird, geht im wesentlichen auf Zeami Motokiyo (1363–1444) zurück, den Sohn des Schauspielers und Regisseurs Kanami Kiyotsugu. Die beiden erarbeiteten zusammen eine neue Kunstform. Nach dem Tod seines Vaters im Jahr 1384 führte Zeami dessen Werk fort und ergänzte dessen praktische Neuerungen mit einer ausführlichen Beschreibung der typischen Merkmale des No. Er war der Architekt der Regeln, nach denen eine No-Aufführung abläuft. Vielleicht noch wichtiger: Unter dem Einfluß des Zen-Buddhismus erhob er die extrem reduzierte Dynamik und die mystisch-religiöse Symbolik in den zahlreichen Stücken, die er schrieb, zum Prinzip.

No

Li Gieus de Robin et de Marian (»Die Spiele von Robin und Marian«), im 13. Jahrhundert komponiert von Adam de la Halle, einem französischen Dichter und Komponisten, ist das älteste erhaltene Opernwerk. Wie bei

Europäische Oper

den Opern späterer Zeit liegt das Gewicht auf der Musik, die Geschichte dahinter spielt eine untergeordnete Rolle. De la Halle, der 1287 starb, ist der einzige Musiker dieser Zeit, von dessen Werk ein nennenswerter Teil überlebt hat. Die erste Oper war zwar sein Werk – oder das eines Zeitgenossen –, aber diese Musikform setzte sich nicht durch. Erst 1582 wurden in Frankreich und 1597 in Italien wieder Opern aufgeführt.

Kabuki

Okuni, eine japanische Tempeltänzerin aus Izumo, schuf zu Beginn des 17. Jahrhunderts das Kabuki-Theater. Sie brachte traditionelle religiöse Tänze und Volkstänze in einem formalen Arrangement zusammen. Die frühen Kabuki-Stücke wurden von drei Frauen in den Rollen der Geisha, ihres Liebhabers und eines Possenreißers gespielt. 1629 verbot die Obrigkeit von Frauen aufgeführtes Kabuki wegen seiner Frivolität. Ab sofort übernahmen junge Männer die Rolle, bis auch die von ihnen entwickelte Kabuki-Form im Jahr 1655 wegen der Gefährdung der öffentlichen Moral der Bannstrahl traf. (Heute wird Kabuki von gestandenen Mannsbildern aufgeführt.)

Ballett

Die Wurzeln des Balletts reichen bis in die Renaissancezeit an den Fürstenhöfen Italiens zurück. Die für das Ballett typischen Positionen und Bewegungen entwickelten sich allerdings erst später. Die Aufführung einer frühen Form des Balletts würden wir wahrscheinlich gar nicht als solches identifizieren. Unter der Herrschaft von Ludwig XIV. (1643–1715) begann das Ballett seine heutige Form anzunehmen. Der König und sein Minister Mazarin förderten in den fünfziger Jahren des 17. Jahrhunderts in Paris eine Art Tanztheater mit dem Namen »Ballett«. 1661 wurde in der französischen Hauptstadt eine Tanzschule eingerichtet, und im Laufe der sechziger Jahre wurde das Tanztheater immer spezieller und stellte immer höhere Anforderungen an die Tänzer. Der Übergang zum Ballett im heutigen Sinn fand statt, als es aufhörte, Tanzvergnügen für jedermann zu sein, und zum Schauspiel wurde, das ausgebildete Künstler vortrugen. Als Wendepunkt kann man die Entscheidung von Ludwig XIV. ansehen (der ein guter Tänzer war), das Ballett aufzugeben, weil sich Showauftritte vor Publikum nicht mit der Würde des Königs vertrugen. Diesen Beschluß faßte er 1670, mit 32 Jahren, nachdem er an einer Aufführung von *Britannicus* mitgewirkt hatte, einer musikalischen Tragödie mit Tanzeinlagen. Das französische Ballett nahm dann gegen Ende des 17. Jahrhunderts eine stürmische Entwicklung: Es wurde dramatischer und gefühlsbetonter. In dieser Zeit gewann es eines der wichtigsten seiner heutigen Elemente hinzu – die Ballerina. Bis dahin waren Ballette reine Männerveranstaltungen gewesen, doch dieser Mangel wurde nun von Tänzerinnen behoben. Die ersten Frauenrollen waren noch recht unbedeutend, so daß wir hier leider keine erste Ballerina namentlich erwähnen können. **Ballerina**

Die traditionelle chinesische Oper entstand während der Ming-Dynastie (1368–1644), nach der europäischen Oper (siehe S. 61). Außer Gesang und Tanz gehören auch Pantomime und Akrobatik zur chinesischen Oper. In Peking selbst wurden seit der Ming-Zeit bis heute auch viele Opern im Stile anderer Provinzen aufgeführt. Der Peking-Stil mit seinem charakteristischen Aufführungsschema entstand um 1830 aus der zentralchinesischen Oper, die ursprünglich aus den südlicheren Städten kommt. Von da an war der Peking-Stil im künstlerischen Bereich maßgebend. **Peking-Oper**

The Story of the Kelly Gang wurde 1906 am Weihnachtsabend in der *Athenaeum Hall* in Melbourne uraufgeführt. Der Film dauerte 80 Minuten, sensationell zu einer Zeit, wo Filme selten länger waren als zehn Minuten. Er erzählte die Geschichte von Ned Kelly und seiner berüchtigten Bande. Dan Barry produzierte den Film mit einem Budget von 450 Pfund; Regie führte Charles Tait. Es war nicht nur der erste Film mit »Spielfilmlänge«, sondern auch der erste von einer ganzen Reihe von Verfilmungen der Geschichte der Kelly-Bande. Für den Film lieh man sich Ned Kellys Originalwaffe aus dem Viktorianischen Museum. Gedreht wurde er in einer von Melbournes Vorstädten mit dem Namen Heidelberg. **Spielfilm**

Als Thomas Edison 1887 sein »Kinetoskop« zum Patent anmeldete, durfte er Synchronton in die Patentbeschreibung mit aufnehmen, obwohl es unwahrscheinlich ist, daß er zu diesem Zeitpunkt über ein funktionierendes Verfahren verfügte. Er setzte seine Experimente fort und entwickelte 1912/13 das »Edison Kinetophone«. Der Filmvorführer mußte gleichzeitig mit der Filmrolle eine Tonwalze abspielen. In den USA wurde das System sofort bei Filmvorführungen eingesetzt, doch es stellte sich heraus, daß sich Bild und Ton nur schwer synchronisieren ließen. Erfolgreicher war das Vitaphone-System des Amerikaners Edward Craft, das ab 1926 verwendet wurde. Der Ton befand sich auf Platten mit 40 Zentimeter Durchmesser, die man mit 33 1/3 Umdrehungen pro Minute abspielte. Der erste Spielfilm mit Spielfilmlänge und Ton war *Don Juan*, eine amerikanische Produktion von 1926. Unterdessen hatte Joseph Tykociner **Film mit Ton** **Spielfilm mit Ton** an der Universität von Illinois einen Demonstrationsfilm gezeigt, bei dem der Ton mit auf dem Film lag. Der erste Spielfilm nach diesem Prinzip – *The Lights of New York* mit Helene Costello in der Hauptrolle – wurde am 6. Juli 1928 im Strand Theatre, New York, aufgeführt.

Film mit Tonspur

Das älteste Buch über die Schauspielerei ist leider nicht erhalten. Geschrieben wurde es von Theophrastos (etwa 370–287 v. Chr.), dem Nachfolger des Aristoteles als Oberhaupt der peripatetischen Schule in Athen (siehe Kapitel VII, 1). Es gibt fast nichts, worüber Theophrastos nicht schrieb. Außer über die Schauspielerei äußerte er sich über die Liebe, über den Schweiß, über die Meteorologie und vieles andere mehr.

Buch über Schauspielerei

Der erste Unterhaltungskünstler, der mit seiner Kunst Millionen verdiente, war Roscius (gest. 62 v. Chr.), seinerzeit der Superstar der römischen Bühnen. Auf dem Höhepunkt seiner Karriere betrug sein Jahreseinkommen aus seinen Engagements durchschnittlich 500 000 Sesterzen. Umgerechnet auf heutige Verhältnisse wären das etwa eine halbe Million Euro pro Jahr.

Millionenschwerer Entertainer

Der deutsche Filmemacher Anton Mester war der erste, der nackte Schauspielerinnen und Schauspieler auf der Leinwand präsentierte. Manche der Szenen seiner 1902/03 abgedrehten Kurzfilme sind allerdings kaum mehr als Aktstudien.

Nackte auf der Leinwand

3. Musik und Musikinstrumente

Mehr noch als in anderen Bereichen liegen die Anfänge der Musik im dunkeln. Die meisten Instrumente wurden in einem ländlichen Umfeld erfunden, und ihre Ursprünge waren schon nicht mehr genau bekannt, als man anfing, sich dafür zu interessieren. Im Altertum beschäftigten sich viele Menschen mit Musik und schrieben auch über sie. Doch leider sind ihre Werke zumeist nicht erhalten, so daß wir trotz ihres Engagements nur wenige Details kennen. Beispielsweise schrieb der brillante griechische Musikwissenschaftler Aristoxenos im 3. Jahrhundert v. Chr. buchstäblich Hunderte von Büchern über Musik. Wenn sie noch existierten, könnten wir sicher mehr erste Male aus der Musik anführen.

Schwierig bis unmöglich ist es auch, die Anfänge bestimmter Musikstile festzulegen, da es keine allgemeingültigen Definitionen gibt. Einige amerikanische Volksweisen aus der Zeit der Jahrhundertwende (19./20. Jahrhundert) zum Beispiel sind technisch von Rock 'n' Roll-Musik nicht zu unterscheiden. Aber Rock 'n' Roll gilt allgemein als Nachkriegsphänomen. Und wahrscheinlich würden die meisten Rock 'n' Roll-Größen auch abstreiten, daß diese alten Melodien ihrem Genre zuzuordnen seien. Solange für diese und andere Musikstile keine objektiven Definitionen existieren, können wir sie hier nicht aufnehmen.

Oktave

Das Konzept der Oktave als einem Tonintervall mit sieben Stufen geht auf die Griechen, möglicherweise auf Pythagoras zurück (6. Jahrhundert v. Chr.). Nach ihm wird die damals gefundene Form der Anordnung von Tonhöhen und Tonabständen auch pythagoreische Stimmung genannt. Die Oktave bildete schon seit langem die Grundlage der griechischen Lyra-Musik. Die beiden äußeren Saiten des Instruments waren in diesem Intervall gestimmt. Der eigentliche Durchbruch im 6. Jahrhundert v. Chr. war die Entdeckung, daß die dazwischenliegenden Töne bestimmten Längenverhältnissen der Saiten entsprachen.

Dur-Tonleiter

Gegen Ende des 5. Jahrhunderts v. Chr. entdeckte Philolaos, ein Schüler des Pythagoras aus der süditalienischen Stadt Tarent, die Dur-Tonleiter, bei der die Quinte typischerweise um einen Ganzton größer ist als die Quarte. Offenbar traf Philolaos gleich beim ersten Versuch ins Schwarze, ohne das gesamte System möglicher Tonleitern zu analysieren. Etwa 100 Jahre später legte ein anderer Einwohner Tarents eine wissenschaftliche Untersuchung aller möglichen Tonintervalle vor. Aristoxenos (4. Jahrhundert v. Chr.), ein Philosoph und Musikwissenschaftler, hatte am Lykeion studiert (siehe Universität, Kapitel IV, 3). Er ermittelte die Frequenzverhältnisse der Töne und der Halbtöne in den verschiedenen Tonleitern.

Tonleiteranalyse

Temperierte Stimmung

Nach seinen Berechnungen umfaßte eine Oktave an die 50 Töne. Rein theoretisch ist das ideal und ermöglicht die größtmögliche Zahl musikalischer Akkorde. Für Musiker und Instrumente ist diese Komplexität allerdings nicht praktikabel. Die temperierte Stimmung verzichtet auf die absolute Präzision, erlaubt den Musikern jedoch eine Annäherung an die reinen Töne, die so gut ist, daß auch beim mehrstimmigen Musizieren ein Wohlklang entsteht. Das erreichte Aristoxenos, indem er die Oktave in zwölf gleich große Halbtonschritte unterteilte.

Notenschrift Die erste Notenschrift tauchte in der Mitte des 2. Jahrtausends v. Chr. in Mesopotamien auf. Beispiele dafür finden sich auf Tontafeln aus dieser Zeit. Die Musikzeichen laufen parallel zu den Textzeilen babylonischer Lieder. Teile des Textes sind zu lesen, und ein Stück konnte als Komposition für ein Saiteninstrument identifiziert werden. Aber die Notenschrift selbst ist bislang kaum entschlüsselt. Wir wissen nicht einmal, wie viele Töne die babylonische Tonleiter hatte, geschweige denn, wie wir eine dieser uralten Melodien rekonstruieren könnten.

Konservatorium 715 n. Chr., während der Tang-Dynastie, wurde in der chinesischen Residenzstadt Chang'an ein Konservatorium eingerichtet. 300 Musiker und Schauspieler beiderlei Geschlechts erhielten dort neben ihrer Ausbildung auch Kost und Logis.

Stimmpfeife Schon früh im 3. Jahrtausend v. Chr., während der Regierungszeit des legendären Gelben Kaisers Huangdi, wurde in China ein standardisiertes Tonsystem eingeführt. Die Musiker jener Zeit mußten diesen Standard übernehmen, und um ihn zu gewährleisten, stellte man Stimmpfeifen her. Dazu wurden in speziell ausgesuchte Bambusstücke in definierten Abständen Löcher gebohrt.

Laute Die Laute ist die Vorläuferin der meisten Saiteninstrumente, die in Ost und West unabhängig voneinander um 3000 v. Chr. erfunden wurden. Sie bestanden immer aus einem Resonanzkörper, einem daran befestigten Hals oder Griffbrett und verstellbaren Saiten, die gezupft, geschlagen oder mit einem Bogen gestrichen wurden. Diese Grundelemente veränderten die alten Instrumentenbauer auf unterschiedlichste Weise und schufen so **Banjo** die Urformen der meisten heute geläufigen Saiteninstrumente. Das Banjo beispielsweise wurde in Südanatolien oder vielleicht im Nordirak erfunden. Es war eine Laute mit einem lederbespannten, runden Korpus und einem langen schmalen Hals; sie wurde in der Regel mit einem Plektron gespielt.

Mandoline Die Mandoline stammt aus dem Fernen Osten. Einer der Barbarenstämme im Nordwesten von China besaß ein lautenähnliches Instrument mit vier Saiten und dem typischen birnenförmigen Resonanzkörper, das *pipa* genannt wurde. Dieses Instrument gibt es seit etwa 2300 Jahren. Die europäische Mandoline unterscheidet sich von der chinesischen durch die Bespannung mit Doppelsaiten. Sie wurde vermutlich zu Beginn des

16. Jahrhunderts in Spanien – in den ländlichen Regionen von Navarra oder an der Biscaya – erfunden.

Einige ägyptische Lauten aus der Zeit des Mittleren Reiches (etwa 2150–1950 v. Chr.) hatten gitarrenförmige Resonanzkörper, aber ihre Hälse waren sehr lang im Vergleich zum Korpus. Es wäre deshalb vielleicht etwas verfrüht, diese Instrumente als Gitarren zu bezeichnen. Aber es gibt ein Bild einer kleinen Gitarre, das über 1900 Jahre alt ist und in Termes im heutigen Usbekistan gefunden wurde. Das Instrument hatte einen kurzen Hals und die typische Gitarrenform. Dieses und andere Bilder jüngeren Datums belegen, daß vor etwa 2000 Jahren in Zentralasien Gitarren gebaut wurden; von dort verbreiteten sie sich nach Westen.

Gitarre

Auch die ersten Fiedeln besaßen die Gitarrenform. Im oströmischen Reich – dem Teil des Römischen Reiches, der in Kleinasien und Osteuropa mit der Hauptstadt Konstantinopel (heute Istanbul) fortbestand – müssen sie um 1000 n. Chr. eingeführt worden sein. Das älteste bekannte Bild einer Fiedel zeigt ein Instrument, das aussieht wie eine kleine Gitarre. Da es aber mit einem Bogen gespielt wurde, muß es eine Fiedel gewesen sein.

Fiedel

Ende des 15. Jahrhunderts wurden in Norditalien die ersten Violinen gebaut. Auf einem 1505–1508 in Ferrara entstandenen Gemälde ist deutlich eine frühe Violine zu erkennen. Überraschend groß die Ähnlichkeit mit den heutigen Violinen, bis hin zu den *f*-förmigen Schlitzen im Korpus. Doch bis zur technischen Vollendung war noch ein weiter Weg. Die erste Violine besaß nur drei Saiten und einen flacheren Querschnitt. Die *lira di bracchio* (Armleier), ein anderes Instrument, das gegen Ende des 15. Jahrhunderts gebaut wurde, war in mancher Hinsicht der heutigen Violine noch ähnlicher. Einige dieser Instrumente hatten Violinenform und ein Griffbrett mit fünf Saiten (außerdem noch zwei Baßseiten, die neben dem Hals verliefen und nicht mit den Fingern gegriffen wurden). Der große Erfolg der Violinen in Italien führte bald zur Entwicklung von viersaitigen Typen und von da – bis spätestens 1530 – zur Viola und zum Cello.

Violine

Viola, Cello

Die Zither besteht aus einem langen Klangkörper, über dem zahlreiche Saiten in unterschiedlicher Anordnung (je nach verwendeter Stimmung) aufgespannt sind. Unter dem Namen *se* findet sie sich im chinesischen Orchester, und sie steuert zur fernöstlichen Musik die charakteristischen schnellen Tonfolgen bei. Als Psalter war sie einst in Europa bekannt und

Zither

beliebt. Ihre ersten Auftritte hatte die Zither in Nordchina zu Zeiten des legendären Herrschers Fu Xi, dessen primitive Stammesgesellschaft der chinesischen Zivilisation vorausging. Zu Beginn des 3. Jahrtausends v. Chr. soll Fu Xi erlassen haben, daß an Hochzeiten mit der Zither aufgespielt werde, da er der Ansicht war, ihre reinen Klänge förderten Reinheit im Geiste und geziemendes Verhalten.

Panflöte

Die Panflöte, die Shun (ein chinesischer Herrscher um 2200 v. Chr.) erfand, hatte eine Form, die an die Schwinge eines Phönix erinnern sollte. Sie besaß zehn Rohrpfeifen und war etwa 60 Zentimeter lang.

Mundorgel

Aus diesen einfachen Flöten entwickelten chinesische Musiker eine Vielzahl von Holzblasinstrumenten. Zu Beginn der Zhou-Dynastie (um 1000 v. Chr.) hatten sie die Mundorgel erfunden. Durch ein einziges Mundstück gelangte der Spielwind an zwei Reihen von Pfeifen. Dieses Instrument kam 1777 nach Europa. Das Einzigartige an dieser Erfindung waren die freischwingenden Zungen, die nicht nur der Mundorgel, sondern allen späteren europäischen Harmonikainstrumenten ihren charakteristischen Klang verliehen.

Freischwingende Zunge

Akkordeon

1821 schuf der deutsche Instrumentenbauer Christian Friedrich Ludwig Buschmann ein neues Harmonikainstrument mit Tasten und einem Faltenbalg, das er »Handäoline« nannte. Eine Weiterentwicklung mit begleitenden Akkorden ließ sich Cyrillus Demian (1772–1847) 1829 in Wien patentieren; er taufte das Instrument Akkordeon.

Fagott

Die Frühform des Fagotts hieß Dulzian und war noch einteilig. Dieses Instrument wurde Anfang des 16. Jahrhunderts gebaut und verbreitete sich so schnell, daß nicht mehr herauszufinden ist, woher es stammt. In Frage kämen Norditalien oder die Region zwischen Nordfrankreich und Holland.

Saxophon

Das Saxophon wurde von Adolphe Sax (1814–1894) erfunden, kurz bevor er 1842 von seinem Heimatland Belgien nach Paris umzog. 1846 nahm er – angeregt durch seine Arbeit an der Baßklarinette – Verbesserungen an seinem Saxophon vor, das sich dadurch nur noch unwesentlich von den heutigen Instrumenten unterschied. Sax war Instrumentenbauer von Beruf, genau wie sein Vater, außerdem spielte er selbst recht gut Klarinette; beides sicher ideale Voraussetzungen, um ein neues Instrument zu ersinnen.

Die Orgeln, die die alten Griechen benutzten, besaßen Tasten und Ventile, Bälge, um die Luft zu komprimieren und in die Pfeifen zu pressen, und auch Zungenpfeifen – so daß sie vermutlich ganz ähnlich geklungen haben wie heutige Instrumente. Die Orgel wurde etwa im 3. Jahrhundert v. Chr. erfunden. **Orgel**

In England und Frankreich gab es einst ein Instrument namens *chekker*. Es hieß so, weil es offenbar eine gewisse Ähnlichkeit mit einem Schach- oder Rechenbrett (altfranzösisch *eschequier*) hatte. Ein solcher *chekker* wurde 1360 von Jehan Perrot für 6 Pfund 13 Shilling und 4 Pence hergestellt. Dabei handelte es sich um ein Geschenk von König Eduard III. an seinenGefangenen König Johann II. (der Gute) von Frankreich. Obwohl der *chekker* zu dieser Zeit noch recht neu gewesen sein dürfte, war Perrot wahrscheinlich nicht sein Erfinder. In Frankreich wird das Instrument neun Jahre später erstmals erwähnt und als englische Erfindung bezeichnet. Aus späteren Beschreibungen geht hervor, daß der *chekker* dem entspricht, was wir heute Klavichord nennen. **Klavichord**

Einer italienischen Quelle zufolge behauptete ein Hermann Poll im Jahr 1397, der Erfinder des Cembalos zu sein. Er selbst nannte es noch »Clavicembalo«. Bilder aus dem 15. Jahrhundert zeigen, daß die frühen Cembalos kurze Instrumente mit dicken Kästen und komplizierten mechanischen Zupfvorrichtungen waren. **Cembalo**

Bartolemeo Cristofori oder Cristofali (1655–1731), ein italienischer Cembalobauer aus Padua, begann 1698 mit der Arbeit am ersten Klavier, das damals noch *gravecembalo col piano e forte* und später kurz Pianoforte bzw. noch kürzer Piano hieß. Um 1700 stand bereits ein Piano auf der Inventarliste für Musikalien am Hof der Medici in Florenz, das heißt, zumindest eines muß bis dahin fertiggestellt gewesen sein. Die ersten Pianos sahen aus wie die damaligen Cembalos, nur daß die Tasten lederbezogene Hämmer in Bewegung setzten. Verglichen mit heutigen Klavieren waren die ersten noch relativ einfach, aber Cristofori war ein visionärer Erfinder, und deshalb gab es bis ins 19. Jahrhundert an seinem Instrument kaum Verbesserungen. **Klavier, Piano**

Im Jahr 1732 vollendete der italienische Komponist Ludovico Giustoni mehrere Klaviersonaten – die ersten eigens für dieses Instrument komponierten Stücke. **Klaviermusik**

Didgeridoo

Das Didgeridoo ist das traditionelle Musikinstrument der australischen Ureinwohner und wurde vor Hunderten von Jahren im heutigen Northern Territory, einem der Bundesstaaten Australiens, erfunden. Die ersten Aborigines-Stämme, die Didgeridoos bauten, lebten in der Nähe der Küste und verwendeten dafür wilden Bambus aus dem Arnhem Land. Sie schnitten die hohlen Stengel ausgewachsener Pflanzen ab und reinigten sie. Didgeridoos aus ausgehöhltem Holz sind eine spätere Erscheinung.

Posaune

Die Posaune entwickelte sich in der Mitte des 15. Jahrhunderts aus der Zugtrompete. Sie könnte von einem flämischen Instrumentenbauer erfunden worden sein, der den Hof des Herzogs von Burgund belieferte, der damals über weite Teile des heutigen Belgien herrschte. Einer der Musiker, der 1468 bei der Heirat des Herzogs mit Prinzessin Margaret von York auftrat, begleitete eine bei dieser Gelegenheit aufgeführte Motette mit der Posaune.

Steeldrum

Die Steelbands von den Antillen haben die Steeldrum zu einem der meistgespielten Schlaginstrumente gemacht. Die ersten Steeldrums wurden in den dreißiger Jahren des 20. Jahrhunderts aus aufgeschnittenen Ölfässern hergestellt, deren Deckel man durch Hämmern kesselförmig vertiefte. Je nachdem, in welchem Bereich das Blech angeschlagen wird, lassen sich unterschiedliche Töne erzeugen. Anfangs wurden die Steeldrums nur als Perkussionsinstrumente verwendet. Winston Spree Simon soll der erste Steeldrum-Musiker gewesen sein, der auf diesem Instrument auch Melodien spielte.

Elektrische Musikinstrumente

Mitte des 18. Jahrhunderts hatten sich in Mitteleuropa bereits ein paar Methoden zur Erzeugung und Nutzung von elektrischem Strom etabliert. Französische Ordensleute entdeckten verschiedene Einsatzmöglichkeiten für diese neue Errungenschaft. Während die Kartäuser (siehe Kapitel VII, 5) sich mit der Telekommunikation (siehe Kapitel VIII, 12) beschäftigten, konzentrierten sich die Jesuiten (siehe Kapitel VII, 5) auf elektrische Musik. Das »elektrische Cembalo« war eine Erfindung des Jesuitenpaters Jean-Baptiste de la Borde (1730–1777). Für jeden Ton hatte er ein Paar elektrisch geladener Glocken mit einem dazwischen angebrachten Klöppel. Wenn man eine Taste betätigte, wurde der Strom unterbrochen und der Klöppel schlug gegen eine der beiden Glocken. Mit dem Schlag nahm der Klöppel negative Ladung auf und wurde von der anderen Glocke angezogen. Das Ergebnis war ein schnelles Hinundherschlagen, das sich wie ein Dauerton anhörte. Auf dem elektrischen Cembalo konnte man Stücke spielen, die für andere Tasteninstrumente komponiert waren, wie etwa das normale Cembalo oder die Orgel.

In den zwanziger Jahren des 20. Jahrhunderts gab es in Amerika die ersten Versuche, Gitarren elektronisch zu verstärken. Aber erst in den Dreißigern, als Tonabnehmer von ausreichender Qualität auf den Markt kamen, konnte man damit beginnen, elektrische Gitarren zu bauen. Mehrere Pioniere arbeiteten parallel an diesem Projekt, und es läßt sich nicht mehr feststellen, wer die erste fertigstellte. Es könnte der Prototyp der »Rickenbacker«-Gitarren von 1930/31 gewesen sein, die 1931 von der *Electro String Instrument Co.* gebaut wurden. Wegen ihres hohlen, kreisrunden Korpus erhielten sie den Spitznamen »Bratpfanne«.

Elektrische Gitarre

Der *RCA Electric Music Synthesizer* wurde in den *RCA Laboratories* in Princeton (USA) von Harry F. Olsen (1902–1982) und Herbert F. Belar erfunden. Zwar entwickelten sie das Gerät in den Jahren 1951 und 1952, aber sie stellten es erst 1955 der Öffentlichkeit vor. Gesteuert wurde der Computer über einen Lochstreifen von mehr als 30 Zentimeter Breite, den sie mit einer schreibmaschinenähnlichen Klaviatur herstellten. Die Löcher in diesem Lochstreifen kodierten in digitaler Form Klangfarbe, Tonhöhe und Lautstärke der Töne, die dann von den analogen Klanggeneratoren des Synthesizers erzeugt wurden.

Synthesizer

Das älteste schriftlich festgehaltene Wiegenlied heißt *U-a a-u-a.* Es wurde im 23. Jahrhundert v. Chr. in Ur von der Frau des sumerischen Königs Schulgi gesungen. Bei über 70 Zeilen Länge hatte das Kind wahrhaftig genug Zeit zum Einnicken. Falls Sie selbst testen möchten, ob es wirkt, hier eine kleine Kostprobe:

Wiegenlied

Komme, Schlaf, komme,
Komme zu meinem Sohn,
Eile herbei an sein Bettchen,
Gib den unruhigen Augen Schlaf,
Leg deine Hand auf seine dunklen Augen,
Schließe sanft das Plappermäulchen,
Damit es den Schlaf nicht fernhält.

Filmmusik

Die von der Heilsarmee produzierte Fortsetzungsgeschichte *Soldiers of the Cross* (»Soldaten des Kreuzes«), die das Leben Jesu und ein paar grausige Geschichten früher Märtyrer erzählten, war die erste Filmproduktion mit eigens dafür geschaffener Musik. R. M. McNally komponierte die Begleitmusik für diese dramatische Tour de force im Jahr 1900. Wahrscheinlich war *Soldiers of the Cross* auch der erste Film, an dem echte Löwen mitwirkten – die Märtyrer wurden ihnen zum Fraß vorgeworfen (im Film im Löwenkäfig des *Fitzgerald's Circus* in Melbourne). Auf die Leinwand kam der Film erstmals im September 1900 in Melbournes *Town Hall.* Und wie einige andere Filme auch wurde er immer wieder von Predigten der Heilsarmee unterbrochen.

Stereosystem

Bevor Clément Ader (1841–1925) sein Flugzeug erfand, gehörte er zu Frankreichs führenden Telefonspezialisten. Immer auf der Suche nach Verbesserungen und deren Vermarktung schuf er das »Théâtrephone«, mit dem man Musikaufführungen live übertragen konnte. Zu seiner Anlage gehörten zwei Sätze Mikrophone, einer auf der linken Seite des Aufführungsraums und einer auf der rechten. Die Mikrophone waren über Telefonleitungen mit den Kopfhörern von nicht anwesenden Musikliebhabern verbunden, die das Konzert auf diese Weise in Stereo mithörten. 1881 stellte Ader das neue Verfahren der Öffentlichkeit vor: Die Besucher der 1. Elektrizitätsausstellung konnten über Stereokopfhörer Aufführungen der Pariser Oper verfolgen.

Tonaufnahmen

Thomas Alvar Edisons »Phonograph« war das erste Gerät, mit dem man Ton aufzeichnen und später wiedergeben konnte. Ausgedacht hatte sich Edison (1847–1931) den Apparat 1876 in seinem Labor in Menlo Park, im Nordosten der USA. Den Prototyp baute John Kreusi 1877 für Edison: Eine Membran schwang, angeregt von dem Klang, der aufgezeichnet werden sollte. Die Schwingungen der Membran wurden auf einen Aufnahmekopf übertragen. Dieser hinterließ Abdrücke auf einer Walze, die mit dicker Zinnfolie umwickelt war und sich mit gleichbleibender Geschwindigkeit drehte. Bald darauf wurden die ersten Schallplatten hergestellt, indem man die Zinnfolie als Matrix benutzte.

Schallplatten

Langspielplatte (LP)

Im Jahr 1944 war Dr. Peter Goldmark auf einer Party, als plötzlich die Musik abbrach. Seite 1 der Schallplatte mit einem Werk von Brahms war – wie bei allen damals erhältlichen Platten mit 78 Umdrehungen pro Minute – nach vier Minuten und mitten im Stück zu Ende. Die nächsten vier

Jahre beschäftigten sich der in Ungarn geborene Erfinder und sein Arbeitgeber, die *Columbia Broadcasting System* (CBS), damit, dieses Ärgernis aus der Welt zu schaffen, und entwickelten die Langspielplatte. Ihre Erfindung wurde aus unzerbrechlichem Vinyl hergestellt und hatte so feine Rillen, daß jede Seite bei 33 1/3 Umdrehungen pro Minute 23 Minuten lang lief. Die Langspielplatte kam im Juni 1948 auf den Markt.

Compact Disc (CD)

Die Entwicklung der Compact Disc war ein Gemeinschaftsunternehmen der japanischen Firma Sony und des niederländischen Konzerns Phillips. Die zugrundeliegende Technik war bereits 1978 erarbeitet, aber die ersten Musik- und Spiele-CDs kamen erst 1982 in Japan in den Handel. Das neue Medium hat die LP so gut wie verdrängt, nicht jedoch die Musikkassetten für Kassettenrekorder (siehe Kapitel XI, 2).

III. ESSEN UND TRINKEN

Der französische Jurist und Feinschmecker Anthelme Brillat-Savarin bemerkte einmal, er sehe einen größeren Nutzen darin, ein neues Menü zu kreieren, als einen Stern zu entdecken. Und in der Tat überragen Ansehen und Ruhm von Astronomen seit Jahrtausenden bei weitem die bescheidene Anerkennung, die den Entdeckern und Schöpfern von Nahrungsmitteln, Getränken oder Küchentechniken zuteil wurde. Dabei verdanken wir ihrem Schaffen und ihrer Erfindungsgabe so viel Gesundheit und Lebensfreude, daß es ein großes Versäumnis wäre, sie und ihre Entdeckungen nicht gebührend zu feiern. Doch leider sind ihre Spuren im Staub der Geschichte verwischt.

Eine fast zwangsläufige Folge davon ist die Unterrepräsentation von Frauen in den Aufzeichnungen über Entdeckungen und Innovationen. Die Zahl der genialen Frauen (und auch Männer), die den Fortschritt in der Küche und auf dem Feld – zwei Orte, wo man wahrlich selten zu Ruhm und Ehre gelangt – vorangetrieben haben, war zweifelsohne Legion. In Laboratorien und Sternwarten hingegen stellten Männer immer die Mehrheit, und oft wurden sie berühmt für Errungenschaften, die zwar nicht weniger großartig und hart erarbeitet waren, aber lange nicht soviel Dank verdienen.

Der Preis dafür ist ein Verlust an Lebensqualität: Um wieviel höher könnte die Qualität unserer Nahrungsmittel und Getränke sein, wenn wir Verbesserungen auf diesem Gebiet die gebührende Anerkennung zollen würden? Und hätten die unzähligen Frauen dem kreativen Eldorado der Küche den Rücken gekehrt, um sich in die Ödnis der Bürowüsten zu begeben, wenn die Leistungen in den eigenen vier Wänden die Wertschätzung erhalten hätten, die ihnen zukommt?

Wie dem auch sei, jetzt haben wir jedenfalls den Salat. Die Schöpfer der meisten Kreationen, die hier aufgeführt werden, sind unbekannt, und viele phantastische Dinge müssen sogar ganz unter den Tisch fallen.

Als Sybaris, eine griechische Stadt in Unteritalien, deren Bewohner für ihren üppigen Lebensstil berühmt waren, im Jahre 510 v. Chr. zerstört wurde, gingen mit ihr auch die Aufzeichnungen über ihre Heroen unter. Sybaris war das erste Gemeinwesen, das kulinarischen Erfindungsgeist in gleicher Weise würdigte, wie andere Leistungen auf sportlichem, militärischem oder wissenschaftlichem Gebiet ehrten. Mehr dazu können Sie in Kapitel XII, 3 (Patentrecht) nachlesen.

1. Ernährung, Küche und Kochen

Diätetik, Ernährungslehre

Hippokrates (460–375 v. Chr.), der Begründer der berühmten griechischen Medizinschule von Kos, glaubte, daß die Ernährung eine entscheidende Rolle für die Gesunderhaltung und die Heilung von Krankheiten spiele. Viele Schriften der Schule von Kos aus dem 5. und 4. Jahrhundert v. Chr. heben die Bedeutung der richtigen Ernährung bei der Behandlung von Patienten hervor und stellen die Ergebnisse eingehender Untersuchungen vor.

Abmagerungsdiät

Die hippokratische Schule kritisierte übertriebene Abmagerungskuren als gefährlich. Dennoch finden wir in ihrer Schrift *De Diaita (Über die Lebensweise)* das erste Ernährungsprogramm für Übergewichtige; es versucht, einerseits das undisziplinierte Eßverhalten und andererseits die übermäßige Nahrungsaufnahme in den Griff zu bekommen. Zum Wohle unserer beleibten Leser hier die wesentlichen Punkte:

- Trinke vor jeder Mahlzeit etwas verdünnten Wein.
- Iß fettes Fleisch, denn schon wenig davon wirkt sättigend.
- Richte das Fleisch mit Sesamsamen oder Gewürzen an.
- Treibe mit leerem Magen und unmittelbar vor dem Essen Sport, und beginne mit dem Essen, während du noch außer Atem bist.
- Nimm nicht mehr als eine Mahlzeit pro Tag zu dir.
- Verzichte aufs Duschen, trage möglichst leichte Kleidung, und schlafe auf einem harten Bett.

Ernährungsratgeber

Zu Beginn des 3. Jahrhunderts v. Chr. schrieb der griechische Arzt Diphilos, der auf der ägäischen Insel Siphnos zu Hause war, ein Buch mit dem Titel »Speisen für Gesunde und Kranke«. Er untersuchte eine breite Palette von Nahrungsmitteln und diskutierte ihre Wirkung auf die Verdauung, ihren Nährwert, ihre Vorzüge und unerwünschten Nebenwirkungen. Sein Buch hat nicht überlebt.

Die großen Küchenchefs des alten Griechenland legten ab etwa 400 v. Chr. ein Kochbuch nach dem anderen vor. Der erste war Mithaecus; sein Kochbuch »Die Küche Siziliens« erfreute sich im griechischen Mutterland großer Beliebtheit und wurde von Platon empfohlen. Sizilien war seinerzeit berühmt für seine feine Küche. Leider existiert keine dieser frühen Rezeptsammlungen mehr, so daß die alte sizilianische Küche nur teilweise rekonstruiert werden kann. »Die Küche Siziliens« enthielt beispielsweise ein Rezept aus Lydien (gehört heute zur Türkei) für eine Gewürzsoße und eines für mit Öl und Käse gegrillte Fischstreifen. Alles andere ist unbekannt.

Kochbuch

Terpsion, ein anderer Grieche und Zeitgenosse von Mithaecus, lebte ebenfalls vermutlich in Sizilien. Er betrieb eine Kochschule und schrieb ein Buch mit dem Titel »Die Gastronomie«. Es war das erste Lehrbuch für für Köche und enthielt unter anderem Informationen über die verschiedenen Nahrungsmittel, woher sie stammten und wie man sie am besten kombinierte.

Kochschule

Lehrbuch für Köche

Der römische Autor Matius war so etwas wie ein antiker Granny Smith (siehe Kapitel III, 2) – zu seiner Zeit vor allem wegen einer neuen Apfelsorte berühmt, die er gezüchtet hatte. Aber er war auch in anderer Hinsicht ein Pionier: Im 1. Jahrhundert v. Chr. schrieb er ein Buch über das, was man heute »Partyservice« oder »Catering« nennt, darüber, wie man Köche, Kellner, Weinkellner und Lebensmittellieferanten organisiert. Bedauerlicherweise haben weder das Buch noch die Apfelsorte überdauert. Das einzige, was uns von Matius geblieben ist, ist ein nach ihm benanntes Rezept für Schweineschulter – mit Äpfeln, versteht sich.

Partyservice

Ratgeber

Im klassischen Altertum (etwa im 5. Jahrhundert v. Chr.) begann es sich bei griechischen Festessen einzubürgern, jedem Gast ein Täfelchen mit der Speisenfolge zu überreichen, wenn er seinen Platz eingenommen hatte.

Menükarte

Die Menschen aßen bis in die neuere Zeit meist mit Löffeln und mit den Fingern, obwohl Messer und Gabeln seit der Steinzeit bekannt waren (wann diese eingeführt wurden, läßt sich nicht mehr feststellen). Eßstäb-

Eßstäbchen

chen wurden zwar erst ein paar tausend Jahre später erfunden, kamen aber lange vor den Gabeln als Eßwerkzeuge in Gebrauch. Vielleicht hatten die Chinesen eine Abneigung dagegen, mit ihrem Essen zu hantieren – darüber läßt sich nur spekulieren, auch warum sie sich für Geräte entschieden, die einem Anfänger bedeutend mehr Schwierigkeiten bereiten als Gabeln. Möglicherweise wurde der Vorläufer des Eßstäbchens wie eine Gabel benutzt, um Essen aufzuspießen, und sein Gegenstück diente anfänglich nur der Stabilisierung. Daraus könnte sich mit der Zeit die heutige Stäbchen-Eßtechnik entwickelt haben. Drei Paar Eßstäbchen, die in der Nähe des heutigen An Yang in Nordwestchina entdeckt wurden, wo die Shang-Dynastie in der Zeit von 1300–1100 v. Chr. ihre Hauptstadt hatte, geben uns einen Anhaltspunkt, seit wann diese Gerätschaften verwendet werden. Dabei handelt es sich um die ersten Eßstäbchen in hochwertiger Verarbeitung, denen mit ziemlicher Sicherheit einfache, aus Holz gefertigte Versionen vorausgingen.

Nouvelle Cuisine

> Die moderne Küche, errichtet auf den Fundamenten der alten, mit weniger Effekthascherei und Ballast, aber von ebenso großer Vielfalt, ist einfacher, ästhetischer, raffinierter und vielleicht sogar vollkommener ... Die Kunst des Kochens besteht darin, Nahrungsmittel zu zerkleinern, verdaulich zu machen und auf das Wesentliche zu konzentrieren, die nahrhaften, aber leichten Säfte zu extrahieren und alles so zu kombinieren, daß kein einzelnes Element die anderen übertönt, sondern jedes einzelne spürbar ist.

So beschreibt der französische Schriftsteller François Marin (in *Les Dons de Comus*, Paris 1742) die neue Art des Kochens zur Zeit Ludwigs XV. Er und eine Reihe anderer französischer Küchenchefs fanden, die traditionelle französische Art zu kochen sei viel zu aufwendig und außerdem zu belastend für den Magen. Deswegen begannen sie, weniger üppige und zumindest etwas gesündere Gerichte zu propagieren. Der berühmteste dieser Pioniere war ein Schriftsteller, den man nur unter dem Namen Menon kennt. Er verfaßte die Bücher *La Nouvelle Cuisine* (Paris 1742) und *La Cuisinière Bourgeoise* (Paris 1746). Zwar gab es später eine Gegenbewegung zur Nouvelle Cuisine, die ihrer Sonderstellung ein Ende bereitete, doch in den siebziger Jahren des 20. Jahrhunderts wiederholte sich die Geschichte mit einer brandneuen Nouvelle-Cuisine-Bewegung.

Ein Tandur ist ein kleiner Ofen aus Ton, der traditionell in Afghanistan, Pakistan und Nordwestindien für die Zubereitung der sogenannten Tanduri-Gerichte verwendet wird. Tandurs sind dort seit Beginn des 3. Jahrtausends v. Chr. in Gebrauch. Das belegen entsprechende Funde an Grabungsstätten, die der Industal-Kultur zugerechnet werden, vor allem in Kalibangan im heutigen Pakistan. Es waren runde Tongefäße mit Kaminen an der Seite und einem Raum für Kohle am Boden.

Tandur

Obwohl die Küchenreibe das einzige Gerät ist, von dem man sagen kann, es habe das Kochen mit Käse revolutioniert, gibt es so gut wie keine Aufzeichnungen über seinen Ursprung. Seine früheste Erwähnung findet es in einem griechischen Theaterstück mit dem Titel »Der Harfenspieler«, das etwa 300 v. Chr. geschrieben wurde. In diesem Stück werden noch andere Alltagsgegenstände aufgezählt, etwa Fleischerhaken und Fleischspieße. Daher dürfen wir wohl spekulieren, daß die Käsereibe eine griechische Erfindung aus früherer Zeit ist, vielleicht aus dem 5. Jahrhundert v. Chr., einer Zeit, in der die Kochkunst enorme Fortschritte machte.

Käsereibe

Daß man Lebensmittel in luftdicht verschlossenen Fässern konservieren konnte, war schon im Altertum bekannt. Später, im Jahre 1790, kam der Pariser Konditor Nicolas Appert auf die Idee, Fleisch, Gemüse, Milchprodukte und Obst haltbar zu machen und zu verkaufen. Er verschloß Flaschen und Fässer mit luftdichten Siegeln, nachdem er deren Inhalt durch Erhitzen keimfrei gemacht hatte. Anfang des nächsten Jahrhunderts begann Pierre Durand, ein Landsmann von ihm, Behälter für Lebensmittel innen mit Zinn zu beschichten. Im Jahre 1812 erwarben die Unternehmer Donkin und Hall von Appert und Durand die Rechte an diesen Verfahren für ihren Lebensmittelhandel in England. Mit Apperts Methode und Durands Behältern war das englische Duo schon bald in der Lage, die Welt mit Konserven einzudecken.

Konservendosen

Vermutlich pasteurisierten die ersten Händler, die in größerem Umfang Lebensmittel und Getränke in Fässer und Flaschen abfüllten, ihre Waren. Aber es darf bezweifelt werden, daß sie die Bedeutung dieses Verfahrens verstanden, geschweige denn, daß sie wußten, warum es funktionierte. Der französische Wissenschaftler Louis Pasteur (1822–1895) fand heraus, daß Gärungsprozesse auf der Aktivität von Mikroorganismen beruhen. Zwischen 1868 und 1870 entwickelte er eine Methode, die später nach ihm

Pasteurisierung

Pasteurisierung genannt wurde: Wenn er Lebensmittel für kurze Zeit bis knapp unter den Siedepunkt erhitzte, konnte er den Gärungsprozeß unterbrechen, weil dadurch die Vermehrung der Mikroorganismen gestoppt wurde.

2. Nahrungsmittel und Getränke

In vorhistorischer Zeit verwendeten die Menschen praktisch alle eßbaren Substanzen als Nahrungsmittel. Bei den ersten Malen, die hier aufgeführt werden, handelt es sich immer um »Domestikationen«, erstmalige Verwendung in der Küche oder Herstellungsverfahren. Und selbst in diesen Fällen lassen sich nicht immer Spuren finden: Der Zuckerrohranbau beispielsweise begann zu einem unbekannten Zeitpunkt an einem unbekannten Ort in Südostasien oder auf dem indonesischen Archipel. Einige wichtige Nahrungsmittel, wie Kartoffeln oder Kakao, stammen aus der Neuen Welt. Die spanischen Eroberer vernichteten die eingeborenen Kulturen Mexikos, Mittelamerikas und Südamerikas so gründlich, daß es unmöglich ist, die Ursprünge dieser Kulturpflanzen zu ermitteln.

Landwirtschaftliche Geräte und Produktionsverfahren werden in Kapitel VIII, 7 behandelt.

Getreide

Vor der Erfindung des Ackerbaus (siehe Kapitel VIII, 7) sammelten die Menschen in vielen Teilen der Welt Grassamen, um sie zu kochen oder zu Mehl zu mahlen. Wann sie mit dieser Form der Zubereitung begannen, wissen wir nicht. Nach ihrer Domestizierung wurden die Getreidearten mit einem Mal zum Grundnahrungsmittel der bäuerlichen Gesellschaften, vorher hatten sie lediglich als Zubrot gedient. Weizen und Gerste waren die ersten, sie wurden vor etwa 10 000 Jahren im Vorderen Orient domestiziert, vermutlich in einem Gebiet, das sich von der Mittelmeerküste bis in den heutigen Iran erstreckt.

Domestizierung von Getreide

Gerste

In Jericho (Westjordanien) und Ali Kosch (Westiran) fanden Archäologen Hinweise auf domestizierte Gerste, die sie auf etwa 7000 v. Chr. datierten, vielleicht ist sie sogar noch 500 Jahre älter. An den gleichen Grabungsstellen wurden Einkorn und Emmer gefunden, zwei der ersten domestizierten Weizensorten, ebenso in Çayönü, einem Grabungsort in der Südtürkei, der ein ähnliches Alter aufweist. Man darf annehmen, daß die Kultivierung von Weizen und Gerste schon weit früher begann, wahrscheinlich um 8000 v. Chr., denn um 7000 v. Chr. waren diese Getreide bereits im ganzen Vorderen Orient verbreitet.

Reis

Wissenschaftliche Untersuchungen über das Vorkommen wilder Reisarten und archäologische Funde legen nahe, daß die Anfänge des Reisanbaus in einer relativ begrenzten Region zu suchen sind. Es müßte im 7. Jahrtausend v. Chr. in einem Gebiet zwischen Nordthailand und der südchinesischen Küste gewesen sein. Die frühesten archäologischen Nachweise von kultiviertem Reis stammen von der südchinesischen Küste; sie werden auf etwa 5000 v. Chr. datiert.

Hirse

Hirse war das erste Massenprodukt der chinesischen Landwirtschaft. Sie wurde wahrscheinlich bereits in vorchinesischer Zeit, im 6. Jahrtausend v. Chr., in Nordchina im Becken des Gelben Flusses domestiziert. Die frühesten Funde stammen aus Shensi; sie werden auf etwa 5000 v. Chr. datiert. Der Maisanbau nahm auf dem amerikanischen Kontinent seinen Anfang, die Kultivierung von Sorghum begann in Afrika. In beiden Fällen bleibt zu hoffen, daß künftige archäologische Forschung neues Licht auf ihre Ursprünge zu werfen vermag.

Frühstücks-cerealien

Das Frühstücken von Getreide ist sowohl eine uralte wie auch eine moderne Form der Ernährung. In früheren Zeiten (die in Europa bis ins 20. Jahrhundert andauerten) wurden die Körner in Milch oder Wasser gekocht und als Suppe oder Brei serviert. Alle Varianten von Hafergrütze, Hirsebrei und Mehlsuppe gehören in diese Kategorie. Puffreis war die erste moderne Zubereitungsform von Getreide – der Reis wurde ganz trocken »gekocht« und unmittelbar vor dem Verzehr mit Milch übergossen. So aß man ihn um 500 n. Chr. gerne in Südindien. Die Zubereitung war ziemlich ungewöhnlich, unter anderem mußte man die Reiskörner auf sehr heißen Sand werfen, und manchmal wurden sie nach dem Kochen noch mit Zucker überzogen. Zu dieser Zeit aß man in vielen Ländern der Welt schon lange Brei und Mehlsuppe; doch wo die Menschen damit begannen, läßt sich nicht mehr ermitteln.

Geflügel

Als Stammform aller Haushühner und gleichzeitig das erste domestizierte Huhn überhaupt gilt das indische Bankivahuhn. Seit etwa 3000 v. Chr. wird es in der Ganges-Ebene Nordindiens als Haustier gehalten.

Kapaun

Den Kapaun erfand ein römischer Chirurg um 200 v. Chr., um das schikanöse Gesetz, das das Mästen von Hennen untersagte, zu umgehen.

Dieses Gesetz war 204 v. Chr. von einem Spinner namens Fannius erlassen worden, der damit den Geflügelverzehr einschränken wollte. Durch das Gesetz des Fannius wäre Hühnchen für gesetzestreue Esser vom Speisezettel gestrichen worden. Dann jedoch stellten die Hühnerhalter fest, daß sie statt dürrer Hähne große und wohlschmeckende Vögel – Kapaune eben – erhielten, wenn sie die jungen Hähnchen kastrierten.

Granny-Smith-Äpfel

Es war ungefähr im Jahre 1860, als Maria Smith (gest. 1870) in Eastwood (heute ein Vorort von Sydney) den Inhalt einer Holzsteige neben dem Bach, der durch ihr kleines Anwesen floß, auskippte. Darunter muß auch ein fauler Apfel gewesen sein, denn aus einem seiner Kerne entstand dort ein neuer Baum. Dieser trug eine neuartige Apfelsorte: Sie war grasgrün, wenn sie reif war, schmeckte süß, eignete sich hervorragend zum Kochen und ließ sich unendlich lange ohne Kühlung lagern. Dieser merkwürdige Baum, dessen Existenz offiziell im Jahre 1868 dokumentiert wurde, ist der Vorfahr aller anderen Granny-Smith-Apfelbäume rund um den Globus.

Olivenöl

Archäologen verfolgen die allmähliche Verbreitung der Olivenölproduktion anhand der Ölkrüge, die sie überall auf der Welt ausgraben. Diese Funde legen nahe, daß sich der Anbau von Oliven und die Ölherstellung in den vergangenen 5000 Jahren kontinuierlich, aber außerordentlich langsam ausgebreitet haben. Ihre Ursprünge liegen vor 3000 v. Chr. in Palästina. Man geht davon aus, daß der Ölbaum wild in Kleinasien wuchs.

Tofu

Als die Chinesen vor fast 3000 Jahren begannen, die Sojabohne zu domestizieren, waren sie sich noch nicht im klaren, wie man die offensichtlichen Vorzüge, die diese neue Feldfrucht hatte, am besten nutzen konnte. Sie war nahrhaft und leicht anzubauen, aber geschmacklich wenig befriedigend. Sojabohnen wurden an die Haustiere verfüttert, die Menschen aßen sie nur, wenn es sonst nichts gab. Die einzige Form, in der die Hülsenfrucht einen Platz in der Küche fand, war Sojasoße (siehe Kapitel III, 3). Erst mit der Erfindung von Tofu (Sojabohnenquark) wurden die Bohnen zu einem beliebten Nahrungsmittel. Allerdings war die Erfindung von Tofu nicht ganz so einfach und fand wahrscheinlich erst in der Han-Dynastie (206 v. Chr. – 220 n. Chr.) statt. Im *Huai Nan Zi*, einem Buch aus dem Jahr 139 v. Chr., das noch viele andere erste Male enthält, wird Tofu erstmals erwähnt.

In der Regierungszeit von Napoleon III. begann sich die französische Regierung wegen der Knappheit und des hohen Preises für Butter Sorgen zu machen. Deshalb setzte sie im Jahre 1866 einen Preis für denjenigen aus, der einen guten Ersatz dafür finden könnte. Hippolyte Mège-Mouriès schloß aus der Beobachtung, daß Kühe ihr Körperfett abbauen, um daraus Milch zu machen, daß es möglich sein müßte, aus Rinderfett künstliche Butter herzustellen. Das gelang ihm zwar nicht, dafür hatte er aber die Margarine erfunden, die von der Regierung als bester Buttererersatz anerkannt wurde.

Margarine

Wo Zuckerrohr erstmals angebaut wurde, wissen wir nicht. Doch in Nordindien war Zuckerrohr bereits 1000 v. Chr., vielleicht sogar noch früher, eine gängige Feldfrucht, aus der verschiedene Produkte gewonnen wurden. Streuzucker wurde nur wenig später entwickelt.

Zucker

Die erste Marmelade wurde nach folgendem Rezept aus Quitten zubereitet:

Marmelade

> Wenn du die reifen Quitten geschält hast, schneide sie in sehr feine Schnitzel und wirf die harten Teile weg. Dann koche sie mit Honig, bis die Masse auf die Hälfte ihrer ursprünglichen Menge eingekocht ist. Streue fein gemahlenen Pfeffer darüber, während sie kocht.

Diese Methode notierte der römische Schriftsteller Palladius im 2. Jahrhundert n. Chr. Da es normalerweise eine Weile dauert, bis Rezepte in Kochbücher aufgenommen werden, können wir annehmen, daß im Römischen Reich schon ein Jahrhundert früher Marmelade gekocht wurde.

Aus Quitten wurde auch der erste Gelee zubereitet, wahrscheinlich war hierfür ihr hoher Pektingehalt ausschlaggebend. Für den Gelee wurde Quittensaft mit Honig eingekocht und dann mit Wein oder Essig versetzt. Das Pektin reagiert mit dem Zucker und den Säuren aus dem Wein bzw. Essig und geliert, wenn die Masse genügend eingekocht ist. Auch die ersten Geleerezepte wurden im 2. Jahrhundert n. Chr. im Römischen Reich niedergeschrieben, und es ist nicht unwahrscheinlich, daß Gelee zur gleichen Zeit und am gleichen Ort erfunden wurde wie Marmelade.

Gelee

Vogelnester

> Das Huhn, das Schwein, der Fisch und die Ente, das sind die wahren Helden der Tafel. Meeresschnecken und Vogelnester hingegen besitzen keinen charakteristischen Eigengeschmack. Sie haben sich zu Unrecht des Hauses bemächtigt.

Dieses niederschmetternde Urteil fällt das Kochbuch von Yuan Mei (1715 – 1797) über einige der berühmtesten Delikatessen der chinesischen Küche. Yuan Mei und seine Anhänger waren empört über den unglaublichen Aufwand, der betrieben wurde, um diese prestigeträchtigen Speisen auf den Tisch zu bringen. Die eßbaren Vogelnester sind kahnförmig und werden von Schwalben aus ihrem erhärtenden Speichel gebaut. Die Chinesen entdeckten sie im 15. Jahrhundert, und damit begann ihr Einzug in die Haute Cuisine. Die Einwohner Borneos jedoch hatten sie schon lange auf dem Speiseplan (wie lange, ist nicht mehr festzustellen) – als ganz unspektakuläre proteinhaltige Nahrungsergänzung.

Seegurken

Die Seegurken (Holothurien, Verwandte des Seeigels) hatten sogar einen noch weiteren Weg: Sie kamen von der Nordküste Australiens und dem südlichen Teil des indonesischen Archipels nach China. Auch in diesem Fall, so scheint es, begannen die Chinesen ihre Vorliebe im 15. Jahrhundert zu entdecken. Die malayischen Einwohner der Inselgruppe müssen die Seegurken vor ihnen probiert haben, konnten wohl aber keinen Geschmack daran finden.

Tee

Teeliteratur

Tee stammt aus China und wird dort vermutlich schon seit 3000 v. Chr. getrunken. Er gehört zu den Dingen, die in Gedichten aus der Zeit um 1000 v. Chr. und im *Er Ya*, einer chinesischen Variante unseres »Sag es treffender!«, erwähnt werden, einem Nachschlagewerk, das etwa 500 v. Chr. verfaßt wurde. Der »Teeklassiker« *Cha Jing* ist das älteste Buch, das ausschließlich dem Tee gewidmet ist. Im Plauderton berichtet es über Botanik, Anbau, Herstellung, Zubereitung, Trinken sowie die Geschichte des Tees und bietet dann einen Leitfaden durch die verschiedenen damals erhältlichen Teesorten.

Kaffee

Anfänglich diente Kaffee als Medizin, als Getränk wurde er erst zu Beginn des 15. Jahrhunderts entdeckt. Damals begannen die Menschen im heutigen Jemen, Kaffee zu genießen. Die zahlreichen chinesischen Schiffe, die den Jemen in der Zeit vom 13. bis zum 15. Jahrhundert ansteuerten, müssen viele Teetrinker mitgebracht haben, denen die Einheimischen das

Brühen eines heißen Getränks abschauten. Zuerst wurde der Kaffee aus den gerösteten Schalen der Kaffeebohne zubereitet. Im frühen 16. Jahrhundert begann man dann, die Bohnen selbst zu rösten und zu verwenden. Aus dieser Zeit stammen die ersten Kaffeemühlen – made in Syrien –, die nur mit gerösteten Bohnen funktioniert haben können.

Kaffeemühle

In seinem Heimatland Österreich hieß das Getränk ursprünglich »Kapuziner«. Österreichische Soldaten brachten es gegen Ende des 19. Jahrhunderts nach Norditalien, als sie dort stationiert waren. Die Italiener tranken es jedoch lieber mit heißer, aufgeschäumter Milch als mit Schlagsahne. Als um 1906 mit Dampfdruck arbeitende Espressomaschinen aufkamen, entstand in Italien die schaumige Variante des »Kapuziners«, die heute in aller Welt »Cappuccino« genannt wird.

Cappuccino

Löslicher Kaffee (engl. *instant coffee*) wurde Ende des 19. Jahrhunderts erstmals hergestellt, vermutlich von einer ganzen Reihe von Experimentatoren. Der einzige, dessen Identität überliefert ist, ist der Japaner Sartori Kato, der sein Produkt 1899 auf der Panamerica-Messe präsentierte. Angesichts der großen Zahl von Menschen, die in Europa vor 1899 an Kaffeeprodukten arbeiteten, ist es unwahrscheinlich, daß Sartori Kato der erste war. Auch war ihm kein kommerzieller Erfolg beschieden. Dennoch fand der Pulverkaffee schnell Verbreitung und wurde während des Ersten Weltkriegs von Freund und Feind getrunken.

Pulverkaffee

Die ersten Kaffeehäuser wurden um 1500 für Geschäftsleute in der jemenitischen Hafenstadt Mokka und anderen arabischen Städten eröffnet. Weiter im Norden, in Damaskus und Aleppo, gab es seit den dreißiger Jahren des 16. Jahrhunderts Kaffeehäuser. In Kairo wurden sie im Jahr 1539 zeitweise verboten.

Kaffeehaus

In Nordindien stellte man bereits vor 2000 Jahren aus verschiedenen Früchten Saftkonzentrate her, indem man sie einkochte. Das Produkt hieß *yusa* und wurde erstmals in medizinischen Schriften erwähnt, die etwa aus dem Jahr 100 n. Chr. stammen und seinen Wert für die Ernährung hervorheben.

Fruchtsaftkonzentrat

3. Rezepte und Spezialitäten

In diesem Kapitel geht es um Gerichte, Zutaten, Gebäck und Desserts. Die Geburtstagstorte wird zusammen mit der Geburtstagsparty an anderer Stelle (siehe Kapitel X, 4) behandelt.

Gänsestopfleber

Im 1. Jahrhundert v. Chr. begannen römische Feinschmecker damit, ihre Gänse zu mästen. Die dadurch künstlich vergrößerten Gänselebern legten sie in Milch und Honig ein. Die Identität der ersten so behandelten Gans ist leider nicht geklärt, doch nimmt man an, daß sie Scipio Metellus oder Marcus Seius gehörte.

Lasagne

Lasagne wird in Italien schon seit 2000 Jahren zubereitet. In Apicius' Buch *Über die Kochkunst*, einem römischen Kochbuch aus dem 1. oder 2. Jahrhundert n. Chr., finden wir zwei Lasagne-Rezepte. Der »Apicius-Auflauf« – kreiert vom Meister persönlich – war eine aufwendige Komposition aus gehacktem Schweineeuter, Drosselbrüstchen, Fisch und Huhn, geschmacklich abgerundet mit Nüssen, Wein und Gewürzen und zwischen Teiglagen gekocht. »Eine teure Silberplatte erhöht die optische Wirkung dieses Gerichts«, bemerkt das Kochbuch. Das andere Rezept ist billiger, einfacher zu kochen und somit für den Alltag besser geeignet.

Wenn Sie diese Rezepte nachkochen möchten, ohne vorher Latein zu lernen, können Sie sie in Reclams Universal-Bibliothek Band 8710 nachlesen: *Das römische Kochbuch des Apicius.* Buch IV, 2, Rezept 14 und 15.

Vichyssoise

Die Vichyssoise ist eine Weiterentwicklung einer traditionellen französischen Suppe aus Lauch und Kartoffeln. Sie wurde 1917 von Louis Diat kreiert, dem Küchenchef des New Yorker Ritz, wo das Gericht auch erstmals auf den Tisch kam. Das Typische an dieser Suppe ist, daß sie eiskalt serviert wird.

Senf

Senfsamen waren im alten Indien und im Vorderen Orient weit verbreitet, auch in der Bibel werden sie mehrfach erwähnt. Doch soweit wir wissen, haben erst die Griechen daraus eine würzende Zutat gemacht. Schon früh gab es regelrechte Senf-Enthusiasten: Pythagoras (6. Jahrhundert v. Chr.) zum Beispiel, der den Verzehr von Fleisch rigoros ablehnte, empfahl Senf wärmstens wegen seiner Wirkung auf den Appetit und das Gehirn. Sojasoße wurde in Nordchina erfunden, vermutlich nach 1000 v. Chr. Zu dieser Zeit waren die Sojabohnen bereits domestiziert, aber die Herstellung von Sojasoße ist ein relativ kompliziertes Verfahren, zu dem auch ein Fermentationsprozeß gehört. Es dauerte sicher eine ganze Weile, bis es so weit ausgereift war, daß es funktionierte. Um 500 v. Chr. gab es auf jeden Fall schon Sojasoße, denn sie wird in der Literatur erwähnt. **Sojasoße**

Zähe Soßen aus vergorenem Fischfond oder Fischinnereien erfreuen sich in der Küche wegen ihres Aromas und ihres Nährwerts großer Beliebtheit. Diesen Vorzügen verdanken Fischsoßen – in Form von so umwerfenden Zubereitungen wie Krabbencreme und Sardellenpaste – ihren Platz in den Supermarktregalen. Sie waren es auch, die die Hausfrauen des klassischen Altertums dazu bewegten, in großen Mengen *garum* einzukaufen – die Original-Fischpaste aus Garnelen (lat. *garus*), die zuerst im Mittelmeerraum hergestellt wurde. In einer Rezeptsammlung, nämlich im Kochbuch des Apicius *Über die Kochkunst*, taucht *garum* erstmals im 1. oder 2. Jahrhundert n. Chr. auf, doch bis dahin hatte es schon eine lange Geschichte hinter sich, die vermutlich bis 500 v. Chr. zurückreicht. Der Fisch, manchmal auch nur seine Innereien oder seine Leber, wurde gemahlen, gewürzt, vergoren, der Sonne ausgesetzt und in Flaschen abgefüllt. Anchovipaste gilt als eine der frühen Versionen von *garum*; Makrele hingegen war eine beliebte rohe Zutat. **Fischsoße** **Sardellenpaste**

Mayonnaise könnte vor 2000 Jahren im westlichen Mittelmeerraum, vielleicht in Sardinien oder Spanien, als Zutat zu gesalzenen oder eingelegten Meeresfrüchten erfunden worden sein. Im Kochbuch des Apicius findet man ein Rezept dafür (Rezept 12 der Auszüge des Vinidarius). **Mayonnaise**

Das älteste Rezept für eine Vinaigrette empfiehlt diese als Dressing für ein kaltes Erbspüree. In Apicius' Buch *Über die Kochkunst* aus dem 1. oder 2. Jahrhundert n. Chr. werden als Zutaten Zwiebeln, Eiweiß, Eigelb, Salz, Essig und Öl aufgezählt (Buch V, 3, Rezept 4). Dieses Dressing ist entweder eine römische Schöpfung oder wurde von den Griechen übernommen, die es eventuell schon ein paar Jahrhunderte vorher kannten. **Vinaigrette**

Sauce Bearnaise wurde erstmals um 1830 von einem Koch zusammengerührt, der im »Pavillon Henri IV« in St. Germain, einem Vorort von Paris, beschäftigt war. **Sauce Bearnaise**

Eisherstellung

Die Herstellung von aromatisiertem Eis muß in schneebedeckten Bergen erfunden worden sein. Der wahrscheinlichste Ort ist die heutige Türkei, wo sich schneereiche Regionen in relativer Nähe zu den Zentren von Luxus und Feinschmeckerei des 3. und 2. Jahrtausends v. Chr. befinden. Hier muß die Idee geboren worden sein, den Schnee als Träger für Geschmackstoffe zu benutzen, denn die Menschen in den Bergen essen Schnee nur, um ihren Durst zu stillen. Das aromatisierte Eis, das Kaiser Nero in Rom serviert wurde, bestand aus Schnee, der mit Fruchtsaft vermischt war und vermutlich mit Honig gesüßt wurde.

Wassereis

Milcheis

Wassereis mit Geschmack wurde wahrscheinlich erstmals während der Han-Dynastie (206 v. Chr. – 220 n. Chr.) in China hergestellt. Nachspeisen auf Milcheisbasis entwickelten im 16. Jahrhundert die Mogulen – Nachfahren zentralasiatischer Nomaden, die Afghanistan und Nordindien erobert hatten und dort seßhaft geworden waren. Sie erfanden *kulfi*, eine Speise, die in der indischen Küche auch heute noch beliebt ist. Ein Buch, das 1590 in Delhi veröffentlicht wurde, beschreibt, wie es gemacht wird: Man mische die festen Bestandteile der Milch, Pistazien und Safran und lasse sie in einem Metallkegel gefrieren, der mit Teig verschlossen wird. Eiscreme, so wie wir sie heute kennen, wurde ein Jahrhundert später in Frankreich entwickelt. Der erste namentlich bekannte Eismacher war Jacques, seines Zeichens Küchenchef am englischen Königshof, der Charles I. 1640 Eiscreme servierte.

Eiscreme

Eissalon

Der erste Eissalon stand in Paris: Das »Café Procope« wurde 1660 von dem Sizilianer Procopio Cultelli eröffnet.

Pfirsich Melba

Der französische Küchenchef George Auguste Escoffier ließ sich von der Oper *Lohengrin* zu einem neuen, exotischen Dessert inspirieren – mit dem Schwan als Thema –, das er in der Saison 1892/93 präsentierte. Aus Eis formte er ein Paar Schwingen, die er mit Zucker bestäubte und an Pfirsichhälften drapierte, die auf einem Bett aus Vanilleeis angerichtet waren. Diese Nachspeise servierte er seinem Idol, der Sängerin Nellie Melba. Was noch fehlte, war die Himbeersoße, die fügte er einer späteren Version hinzu, die im Londoner Carlton-Hotel serviert wurde.

Toast Melba

Pfirsich Melba ist nicht das einzige Gericht, das seine Entstehung der Stimme von Nellie Melba verdankt, die die europäischen Küchenchefs offenbar in Verzückung versetzte. Im Londoner Savoy-Hotel wurde während ihres Aufenthaltes dort (angeblich rein zufällig) sehr dünn geschnittenes, trockenes geröstetes Weißbrot serviert. Doch der Küchenchef stellte zu seiner Überraschung fest, daß die Gäste es sogar gerne aßen – und so vermochte man aus dem Mißgeschick am Ende noch Gewinn zu ziehen, erst recht, als das Produkt als »Toast Melba« offeriert wurde.

Papads, Pappadams

Wenn man Hindu-Schriften Glauben schenkt, aßen die Menschen in Indien bereits vor 2500 Jahren Papads. Diese Erfindung war eigentlich nicht weiter verwunderlich, da einerseite das Fritieren von Lebensmitteln in *ghee* (eine Art Butterschmalz) und andererseits der Verzehr von gewürzten Hülsenfrüchten weit verbreitet waren. Irgend jemand entdeckte dann, daß man wunderbar lockere und knusprige Papads erhält, wenn man zu Teigfladen verarbeitete Hülsenfrüchte in schwimmendem Fett ausbäckt.

Blätterteig, Phylloteig

Die Wanderung der Türkvölker aus Zentralasien nach Westen, die Erfindung des Blätterteigs und die Kreation von Baklava (mit Nüssen gefülltes und mit Honig getränktes Gebäck) gehören alle zum selben historischen Ereignis. Schon vor dem 12. Jahrhundert begannen Angehörige der Türkvölker, mit geschichtetem Teig zu experimentieren, während sie ihren Herden über die Steppen folgten. Je mehr Zeit verging und je weiter sie nach Westen kamen, desto dünner und zahlreicher wurden die Teigschichten. In Aserbaidschan angekommen, waren sie beim *baku baklava* mit acht Teiglagen angelangt. Schließlich erreichten sie Osteuropa und Kleinasien, die heutige Türkei, und eroberten 1453 Konstantinopel. Nachdem sie sich endgültig niedergelassen hatten, schufen sie den einzig wahren Blätterteig und führten ihn seiner Bestimmung zu: der Herstellung von Baklava. Diese Entwicklung erfuhr wahrscheinlich im 15. Jahrhundert in Bursa, Konstantinopel oder einer anderen sinnenfreudigen Stadt des neuen Reiches ihren krönenden Abschluß.

Baklava

Croissants

Mit der Vollendung des Baklava hätten die Türken ihre Eroberung des Westens ja beenden können. Aber nein, sie mußten nach Mitteleuropa vorrücken, bis ihnen die Siegesgöttin 1683 vor Wien ihre Gunst entzog. Während der Belagerung Wiens durch die Türken übernahmen die Österreicher die Initiative – sowohl auf militärischem Gebiet wie bei der Erfindung von Teigwaren. Bei ihrem Versuch, die Stadt einzunehmen, indem sie einen Tunnel unter der Stadtmauer gruben, erwischten die Türken ausgerechnet eine Stelle mit einer Bäckerei. Die aufmerksamen Bäcker hörten die Grabegeräusche und alarmierten die Behörden. Als Dank für die Rettung der Stadt erhielten die Bäcker von der Regierung die Exklusivrechte für die Herstellung von Croissants – Teigrollen in Form des türkischen Halbmonds. Man erzählt sich, die Croissants seien im Café eines polnischen Einwohners der Stadt offeriert worden, der tolldreist ein paar Sack Kaffee aus Feindeshand entwendet hatte und der Meinung war, die Croissants seien gut geeignet, um seine Eroberung allgemein bekanntzumachen. Einen wesentlich größeren Beitrag hierzu leistete die österreichische Prinzessin Marie-Antoinette, indem sie das Croissant in Frankreich einführte. An sie erinnern sich die französischen Bäcker vor allem wegen ihrer Reklame für Kuchen – Brioche, um genau zu sein.

Brandteig

Das erste Brandteig-Rezept findet sich in Lancelot de Casteaus Kochbuch *Ouverture de cuisine* (Lüttich 1604) für sahnegefüllte Windbeutel. De Casteau, der aus dem belgischen Mons stammt, war ein sehr internationaler Koch, der seine Rezepte aus ganz Europa bezog. Deshalb können wir nicht mit Sicherheit sagen, ob es sich bei den Windbeuteln um ein original belgisches Rezept handelt. Der Name, den de Casteau für sie verwendete, *pâte à choux*, legt nahe, daß der Erfinder französischsprachig war – wenn es sich nicht um de Casteau selbst handelte, dann jedenfalls um einen Zeitgenossen und einen direkten Vorläufer.

Englischer Brotauflauf (Bread-and-Butter-Pudding)

Dieser Brotauflauf wurde etwa um 1700 in England erfunden. Die ersten schriftlich festgehaltenen Rezepte stammen aus den zwanziger Jahren des 18. Jahrhunderts. Zu den angegebenen Zutaten gehören Eier, Muskat, Korinthen, Butter und frisches Brot; letzteres ist insofern ungewöhnlich, als Brotauflauf heute meist gemacht wird, um altes Brot aufzubrauchen.

Hundekuchen

Das erste gezielt für Haustiere hergestellte Futter war *autopyron*, ein römischer Hundekuchen. Die dunklen, harten kleinen Kekse enthielten viel Kleie und wurden in Rom wahrscheinlich von 100 v. Chr. an produziert. Obwohl die Menschen ihnen nie viel abgewinnen konnten, galten sie doch als gut für die Verdauung und wurden Sklaven wie Hunden gleichermaßen verabreicht.

4. Alkoholische Getränke

Gärung und Destillation sind zwei Verfahren, um alkoholische Getränke herzustellen. Bier und Wein sind Gärungsprodukte und wurden beide bereits in prähistorischer Zeit erfunden. Schnäpse und andere Hochprozenter müssen nach der Gärung destilliert werden, darauf kam man aber erst sehr viel später. Die Ursprünge vieler alkoholischer Getränke lassen sich anhand von alten Schriftstücken oder archäologischen Funden ausmachen. Wir werden in diesem Kapitel aber keineswegs alle diese Geschichten wieder aufwärmen. Manche Hersteller geben entsprechende Informationen auf dem Etikett oder in einem um den Flaschenhals gehängten Heftchen. Leser, die es über das hier Gebotene hinaus nach mehr gelüstet, mögen bitte auf solches Material zurückgreifen. Man kann den Informationen zwar nicht immer trauen, aber sie erscheinen immer plausibler, je länger man sie studiert.

Trinkbuch

Kleopatras Liebhaber Marc Anton war der erste einer ganzen Reihe leidenschaftlicher Trinker, die die Freuden des Suffs in einem Buch ausbreiteten. Marc Anton, der berühmte Verlierer der Schlacht von Actium (31 v. Chr.), ließ sich über seine Trinkfestigkeit in einem Buch aus, das nicht mehr existiert. Wir wissen davon aus den Schriften seines Zeitgenossen Plinius, der klagte: »Es war kurz vor der Schlacht von Actium, daß er dieses Werk auskotzte.« *(Historia naturalis)*

Alkoholarme Getränke

Im Römischen Reich wurde Wein mit reduziertem Alkoholgehalt als Getränk für Kranke und Gebrechliche hergestellt. Es gab verschiedene Methoden, um dem Geschmack von richtigem Wein möglichst nahe zu kommen. Eine davon war, Wasser mit frischem weißem Wein zu mischen und zu erhitzen, bis die Mischung auf die ursprüngliche Weinmenge eingedampft war. (Wasser und der leicht flüchtige Alkohol waren dann verdampft, zurück blieb der durch den Gärungsprozeß geschmacklich veränderte Traubensaft.) Im 1. Jahrhundert n. Chr. war die Herstellung des alkoholarmen Weins weit verbreitet, daher kann man annehmen, daß sie mindestens ein oder zwei Jahrhunderte früher begonnen hatte.

Erst die Erfindung des Destillierapparates, in dem Alkohol verdampft und gesammelt wird, ermöglichte die Herstellung hochprozentiger Alkoholika. Das heißt, Schnaps kam erst lange nach den Gärungsprodukten Wein und Bier in den Ausschank. Die ersten Destillationen führten die Menschen des Industals vor 4500–5000 Jahren im heutigen Pakistan durch. Ihre Destillierapparate bestanden aus einem kleinen Gefäß mit perforiertem Boden, das in die Bodenöffnung eines größeren Sammelgefäßes eingepaßt war. Die beiden Gefäße wurden auf einen großen Topf gestellt und mit einer Schale mit kaltem Wasser nach oben abgedichtet. Wenn man nun in dem großen Topf eine vergorene Masse erhitzte, stieg als erstes der Alkohol (= »Spiritus«, lateinisch für »Geist«) dampfförmig durch die Löcher des kleinen Gefäßes auf, kondensierte am Boden der Schale mit dem kalten Wasser und tropfte schließlich in das Sammelgefäß. Das erste trinkbare Produkt dieser Urmutter der Destillen war vermutlich ein ziemlich kratziger Korn, möglicherweise aus Gerste gebrannt. Man könnte dieses Produkt als den Vorläufer von Whisky bezeichnen, wobei wir leider keine Hinweise besitzen, welche spätere Destillerie erstmals einen Kornbranntwein herstellte, der den Namen »Whisky« wirklich verdiente. Ähnlich frustrierend verläuft der Versuch, den ersten »Scotch« zu datieren. Es ist unwahrscheinlich, daß das, was in schottischen Destillerien vor 800 Jahren produziert wurde, heute als Scotch durchgehen würde, wenn wir es verkosten könnten. Wann es zu dem Qualitätsdurchbruch kam, läßt sich nicht mehr sicher feststellen.

Spirituosen

Destillierapparate

Whisky

Welche andere Region als die, in der die Destillation erfunden wurde und die das Zentrum der antiken Zuckerindustrie darstellte, kommt als Heimat für den Rum in Frage? Schon im 1. Jahrtausend v. Chr. destillierte man in Indien Rum aus vergorenem Zuckerrohrsaft und geschnitzeltem Zuckerrohr. Melasse wurde ebenfalls verwendet, aber wahrscheinlich erst ab etwa 300 v. Chr. Die alten Inder aromatisierten ihren Rum meistens mit Blüten und färbten ihn mit Tanninen.

Rum

Was wir heute als Arrak bezeichnen, das Destillat aus Palmwein, Reis oder Zuckerrohrmelasse, könnte das indische Getränk *varuni* sein, das in Schriften aus einer Zeit vor 300 v. Chr. erwähnt wird. Ursprünglich wurde *varuni* aus *mahua*-Blüten hergestellt, doch ging man schon vor sehr langer Zeit dazu über, den Saft bestimmter Palmen zu verwenden.

Arrak

Faustus' Falernerwein wurde zu Römerzeiten in Italien nach einer Methode hergestellt, die man nur auf dem Gut des Faustus kannte. Dieses lag in einer berühmten Weinbauregion an der Grenze zwischen Latium und Kampanien. Faustus' Wein war bekannt dafür, daß er zu brennen begann, wenn man ihm mit offenem Feuer zu nahe kam. Mit der Produktion hatte man im 1. Jahrhundert n. Chr., vielleicht aber auch schon früher, begonnen.

Weinbrand

Aquavit oder Kümmel ist ein in Skandinavien und Deutschland hergestellter Brand aus verschiedenen Grundstoffen, meistens Roggen, Weizen, Kartoffeln und aromatischen Kräutern. Er wurde erstmals im 16. Jahrhundert in Dänemark produziert und verdankt seinen charakteristischen Geschmack wahrscheinlich König Christian III., der im Jahr 1555 einen Destillierapparat im Pfandhaus erworben hatte. Der König experimentierte mit dem Gerät und verschiedenen geschmacksgebenden Substanzen und schuf ein Produkt, das sich schon bald weit über den dänischen Hof hinaus großer Beliebtheit erfreute.

Aquavit

Der sogenannte Linie-Aquavit genießt das allerhöchste Ansehen, dabei verdankt sich seine »Herstellung« einem Zufall: Die Besatzung eines norwegischen Seglers hatte es versäumt, auf der Reise nach Australien ein Fäßchen mit Aquavit zu leeren, das an Bord war, um die Matrosen bei Laune zu halten. Das versetzte den Kapitän des Schiffes in die glückliche Lage, die Heimkehr nach Norwegen mit dem Inhalt des Fäßchens zu feiern. Zu seiner Überraschung stellte er fest, daß sich dieser Aquavit viel besser trinken ließ als der normale, und er führte die Geschmacksverbesserung auf das zweimalige Überqueren des Äquators (die »Linie«) zurück. Im Jahr 1927 starteten die Destillerie Loitens und die Reederei Wilhelmsen in Oslo eine intensive Produktion von Linie-Aquavit. Sie beluden das Frachtschiff *Tungsha* mit 550-Liter-Eichenfässern voll gewöhnlichen Aquavits und schickten es auf die Reise: einmal Australien und zurück. Dieses Verfahren wird von den Originalparteien noch heute in dieser Form betrieben.

Linie-Aquavit

Die Idee, Getränke durch Seereisen zu verbessern, war nicht neu. Englische Kaufleute exerzierten das Verfahren erstmals 1680 mit Portugal durch. Ein Handelshaus befuhr eine Route, die England, Neufundland und Porto miteinander verband. Der schwere Wein, der in Porto an Bord kam, wurde manchmal direkt nach England gebracht (siehe Portwein, S. 97), manchmal jedoch steuerte er vorher Neufundland an. Der über

Seereife

Neufundland transportierte Wein wurde in England als höherwertig verkauft, einfach nur deswegen, weil er eine Ozeanüberquerung hinter sich hatte.

Gin

Die Gin-Produktion setzte im Laufe des 16. Jahrhunderts in Holland ein, und wahrscheinlich ging Gin aus dem Bemühen hervor, den erbärmlichen Geschmack von Roggenschnaps zu verbessern. Die entscheidende neue Zutat war Wacholder. Der erste Hersteller, von dem wir wissen, war Lucas Bols, der 1575 eine Gin-Destillerie außerhalb von Amsterdam betrieb.

Benedictine

Dom Bernardo Vincelli war Botaniker im Benediktinerkloster von Fécamp an der französischen Atlantikküste, als er im Jahre 1510 den Benedictine erfand. Aus 28 Kräutern und Früchten bereitete er einen Stärkungstrunk für die klösterliche Krankenstation. Im Zuge der Französischen Revolution wäre der Benedictine beinahe (zusammen mit den Klosterbrüdern) ausgelöscht worden, doch den Mönchen von Fécamp gelang es, die Rezeptur einer der Kirche wohlgesinnten Familie anzuvertrauen. Im 19. Jahrhundert kam die Produktion nach siebzigjähriger Pause wieder in Gang.

Chartreuse

Es muß um 1605 gewesen sein, als François Hannibal d'Estrées, ein Unteroffizier der französischen Artillerie, in der Nähe von Paris lebenden Mönchen des Kartäuserordens die Rezeptur für ein »Elixier für ein langes Leben« schenkte. Nach 130 Jahren übermittelten sie diese an das Kloster Grande Chartreuse, den Stammsitz ihres Ordens (siehe Kapitel VII, 5). Dort machte sich der Bruder Jérôme Maubec an die Arbeit, die 50 engbeschriebenen und in kryptischer Sprache abgefaßten Seiten zu entziffern. Auf seinem Totenbett diktierte er 1762 die Anweisungen für die Herstellung des Elixiers, das heute Chartreuse heißt. 1765 wurde das Getränk erstmals »außer Haus« verkauft. Einiges spricht dafür, daß die Rezeptur vor 1600 von Mönchen des Kartäuserordens erfunden wurde: zum Beispiel daß es sich bei den speziellen Zutaten um Kräuter handelt, die in der Nähe von Chartreuse wachsen, und daß d'Estrées die Rezeptur gerade den Kartäusern gab. Aber wann sie erfunden wurde und warum die Kartäuser sie zwischenzeitlich verloren hatten, bleibt im dunkeln – zumal auch das Originaldokument nicht mehr existiert.

Tequila ist eine Variante des Mescal, eines mexikanischen Schnapses, der seine besondere Wirkung einem Mitglied der Agaven-Familie verdankt. Im Jahre 1758 erwarb José Maria Guadaloupe de Cuervo ein Stück Land im Bezirk Tequila nahe Guadalajara in Mexiko. Wir wissen nicht genau, wann er damit begann, Tequila herzustellen. Die Behörden in Guadalajara stellten ihm 1795 eine Lizenz für die Produktion von »Mescalwein« aus. Da die Menschen aber oft schon Dinge tun, bevor sie die Erlaubnis dazu erhalten, könnte es gut sein, daß bereits vorher schwarz gebrannter Tequila kursierte.

Tequila

Die Französische Revolution bedeutete für die aufblühende Spirituosenwirtschaft einen herben Rückschlag. Nicht nur, daß sie die Produktion verschiedener Getränke, unter anderem Benedictine und Chartreuse, beendete, sie sorgte 1790 auch für den Exodus von verängstigten königstreuen Lebemännern. Einer von ihnen, Dr. Pierre Ordinaire, flüchtete nach Neuchâtel in der Schweiz. Dort stellte er einen Aufguß aus 15 intensiv schmeckenden Kräutern in Branntwein her – eines davon war Wermut –, den er destillierte und »Absinthe« (französisch für »Wermut«) nannte. Bei seinem Tod im Jahre 1792 hinterließ er die Rezeptur für den Seelentröster seiner Vermieterin Madame Henriot, die zusammen mit ihren Töchtern einen kleinen Laden eröffnete und ihre Produktion dort verkaufte. 1797 kaufte einer ihrer Kunden, Henry Louis Pernod, die Rezeptur von ihr und baute eine Fabrik, um den Absinth im großen Maßstab herzustellen. Den Erfinder brachte er zwar um den wohlverdienten Ruhm, indem er das Getränk »Pernod« nannte, doch ist dieser Name um soviel besser als »Ordinaire«, daß man ihm daraus kaum einen Vorwurf machen kann.

Pernod

Johan Gottlieb Benjamin Siegert (1796–1870) kam in Groß Walditz (Schlesien) zur Welt. Er war Militärarzt und ging nach Venezuela, um sich Simon Bolivar im Kampf um die Unabhängigkeit der südamerikanischen Staaten von Spanien anzuschließen. Bolivar betraute Siegert mit der Leitung des Militärkrankenhauses von Angostura (dem heutigen Ciudad Bolivar) am Orinoco. Im Jahre 1824 mischte Siegert dort ein alkoholhaltiges Tonikum gegen Magenbeschwerden zusammen, in dem unter anderem die Rinde eines einheimischen Gewächses mit Namen *Galipea officinalis* enthalten war. Unter der Bezeichnung »Angostura Bitters« wird das Tonikum immer noch von der Familie Siegert hergestellt, allerdings findet man es heute nur selten in Krankenhäusern.

Angostura Bitters

Campari Gaspare Campari war Kellner im italienischen Navara, und er wollte durch die Erfindung eines neuen Getränks zu Ruhm kommen. Seine Experimente gipfelten in einer höchst ungewöhnlichen Geschmackskreation, die Chinin, Koschnillerot, Rhabarber und die Schale von Zitrusfrüchten mit weiteren Zutaten verband. Er erwarb ein Café in Mailand, das er zusammen mit seiner Frau betrieb und das es ihm erleichterte, seine Erfindung einem geneigten Publikum vorzustellen. Das Getränk, das wir heute Campari nennen, kam auf die Welt, als die Familie Campari die Geburt ihres jüngsten Sohnes Davide feierte. Gaspare starb 1882, doch die Familie produzierte weiter und bewahrte Stillschweigen über seine Herstellungsmethode.

Reiswein Reiswein, wie etwa der japanische Sake, wird über einen besonderen Gärprozeß hergestellt, in dem man anstelle von Malz und Hefe Pilzkulturen verwendet, um die Stärke in den Körnern abzubauen. Aus diesem Grund ist Reiswein stärker als andere durch Fermentation erzeugte Getränke. Entwickelt wurde diese Technik vermutlich in China in der späten Shang- oder in der frühen Zhou-Dynastie (zwischen 1400 und 1000 v. Chr.).

Retsina Retsina ist für uns heute der griechische Wein überhaupt, doch er wurde auch im antiken Italien hergestellt, spätestens ab dem 1. Jahrhundert v. Chr., wahrscheinlich sogar schon früher. Bei einem der beschriebenen Herstellungsverfahren besprengte man den Traubensaft während der ersten Gärungsstufe mit harzhaltigem Saft; das Ergebnis dürfte dem heutigen Retsina recht ähnlich gewesen sein.

Vermouth Der Name leitet sich vom deutschen Wort »Wermut« her, einem altbekannten Heil- und Küchenkraut. Der Vermouth der alten Römer war – folgt man dem Kochbuch des Apicius – mit Wermut, Datteln, Kostwurz und Mastix aromatisiert (Buch I, 3). Apicius' Rezept für den »römischen Absinth« stammt aus dem 1. oder 2. Jahrhundert n. Chr., aber wie viele Speisen und Getränke wurde auch dieses Gebräu vermutlich schon einige Zeit vor der Niederschrift des Rezeptes erfunden. Außerdem könnte es bereits vorher einen mit Wermut aromatisierten Wein im Mittelmeerraum gegeben haben, der noch bitterer war, da zu seiner Herstellung auch Holzkohle verwendet wurde.

Punsch

Der Name »Punsch« geht auf das Hindi-Wort für »fünf« zurück. Punsch ist eine indische Erfindung und hat in allen frühen Rezepten fünf Hauptbestandteile. Der erste schriftlich festgehaltene Punsch – aus dem Jahr 1638 – beinhaltete Arrak, Gewürze, Zucker, Zitronensaft und Wasser.

Champagner

Um 1690 wurde der Benediktinermönch Dom Pérignon, seines Zeichens Kellermeister eines Klosters in der Champagne in Frankreich, vom Geräusch einer platzenden Flasche aufgeschreckt. Er bemerkte die winzigen Bläschen, die aus dem restlichen Wein aufstiegen, und verkostete den Lohn seiner Mühen und unermüdlichen Versuche. »Ich trinke Sterne«, soll er ausgerufen haben. Da es ihm gelang, die Bedingungen zu rekonstruieren, die zu der aus der Reihe geschlagenen Flasche geführt hatten, konnte die Welt fortan Champagner genießen. Doch Champagner war nicht der erste Schaumwein, und es ist eher unwahrscheinlich, daß Dom Pérignon Flaschen und Korken hatte, die den Druck des Champagners, so wie wir ihn heute kennen, aushielten. Sein größter Verdienst war es wohl, den typischen Champagnergeschmack entwickelt zu haben.

Portwein

Die aggressive Politik der Franzosen unter Louis XIV. führte Ende des 17., Anfang des 18. Jahrhunderts dazu, daß die Niederlande, England und Schottland Frankreich mit einem Handelsembargo belegten. Da jedoch keine dieser Nationen in der Lage war, einen anständigen Wein zu produzieren, waren ihre Weinhändler mit einem Mal in der Verlegenheit, Nachschub aus Regionen zu beziehen, die sie vorher verschmäht hatten. Im oberen Dourotal, dem Hochland hinter der Hafenstadt Porto in Portugal, wurden sie fündig. Die Trauben wuchsen mehr auf blankem Fels als in Erde, und die Produktionsmethoden waren äußerst primitiv und unhygienisch. Der Ersatzwein aus Porto, der in den achtziger und neunziger Jahren des 17. Jahrhunderts auf englische und holländische Tafeln kam, konnte natürlicherweise bis zu 15 Prozent Alkohol enthalten.

Und wie er riecht – es ist die wahre Pein,
sein übler Dunst, er drückt mir schier den Schädel ein.

In diesen Worten von Richard Ames aus dem Jahre 1693 drückt sich das ganze Mißvergnügen aus, das die von den feinen französischen Tafelweinen verwöhnten Gaumen empfanden. Widerwille und Kopfschmerz waren die Triebfedern, die schließlich zu einer Lösung führten und uns den Portwein in seiner heutigen Form bescherten. Zu Beginn des 18. Jahrhunderts begann jemand damit, den Dourowein mit Weinbrand zu verstärken. Damit hörte er auf, auf Empfängen und bei Festessen mit den französischen Weinen zu konkurrieren; man trank ihn nun aus kleineren Gläsern und auf volleren Magen, und der Weinbrand glättete die geschmacklichen Unebenheiten.

IV. STAAT UND GESELLSCHAFT

Regierungen müssen schon in prähistorischer Zeit existiert haben; denn sie sind die zwangsläufige Folge davon, daß es immer starke und schwache Menschen gibt. Macht, Herrschaftsgewalt, fällt entweder denen zu, die stark sind, oder denen, die von einer Mehrheit der Schwachen gestützt werden, die sich wiederum davon Schutz versprechen. Die prähistorischen Anfänge der beiden grundsätzlich verschiedenen Formen des Regierens – der Autokratie und der Republik – kennen wir ebensowenig wie die diverser Mischformen.

Die Stichworte zu den theoretischen Grundlagen von Staat und Gesellschaft finden Sie in Kapitel VII, 3.

1. Regierungsformen

Beamtentum

Während des Alten Reiches (etwa 3500–2500 v. Chr.) wurde Ägypten von einer Beamtenschaft regiert. Die Macht, die theoretisch dem Pharao zukam, lag praktisch in ihren Händen. Diese Regierungsform entstand kurz nach der Vereinigung der beiden ägyptischen Reiche durch die 1. Dynastie (etwa 3500 v. Chr.). Sie bestand aus zwei Ebenen: einer Zentralverwaltung, die in Bürokomplexen in Memphis untergebracht war, und örtlichen Verwaltungseinheiten, die den Distrikten oder *sepets* vorstanden. Zu den Aufgaben der Distriktverwaltung gehörte es, die Steuern im Zuständigkeitsbereich einzutreiben und Recht zu sprechen. Seit der 3. Dynastie (etwa ab 3150 v. Chr.) waren bestimmte Bereiche der Zentralverwaltung dem *that* oder Premierminister, andere dem »Siegelbewahrer« unterstellt. Die verschiedenen Abteilungen beschäftigten Hunderte von Schreibern. Wie im modernen Beamtentum kamen die Beamten nicht durch Wahlen oder im Zuge der Erbfolge in ihre Positionen, sondern wurden aufgrund von Verdienst, Erfahrung und persönlichen Beziehungen ausgewählt und befördert.

Feudalismus

Mit »Feudalismus« wurde ursprünglich die auf das Lehenswesen – und damit auf Landbesitz – gegründete Gesellschaftsordnung des mittelalterlichen Europas bezeichnet. Die genau geregelten Beziehungen (beispielsweise Treuepflicht gegen Land und Herrschaftsrechte) zwischen Herrscher und Adel, Freien und Unfreien waren eine Besonderheit dieses Systems. Ein Purist könnte deshalb sagen, vor dem 8. Jahrhundert n. Chr. habe es keinen Feudalismus gegeben. Doch der Begriff »Feudalismus« wird auch für jedes andere System gebraucht, bei dem die ökonomische und politische Macht von einer kleinen Schicht privilegierter Landbesitzer ausgeübt wird, die von den Menschen, die das Land bewirtschaften, Gefolgschaft verlangen. Solche Privilegien erhielten beispielsweise die Nomarchen des Alten Reiches während der 6. Dynastie in Ägypten (etwa 2800 – 2600 v. Chr.). Die Nomarchen waren ursprünglich ernannte Beamte aus der Distriktverwaltung. Diese Posten fielen häufig an Mitglieder des Landadels. Mit der Zeit waren damit immer mehr Grundbesitz und die dazugehörigen landwirtschaftlichen Erträge verbunden, und die Nomarchen wurden zu Feudalherren. Das ging so weit, daß die Zentralregierung die Herrschaftsgewalt über Land und Leute schließlich nur noch ausüben konnte, wenn die Nomarchen ihre Loyalität zugesichert hatten. Damit war der Pharao vom allgewaltigen Gottkönig zum Vorsitzenden des Adelsvereins herabgesunken.

Zweikammerparlament

Die früheste Beschreibung eines parlamentarischen Systems mit einem Ober- und einem Unterhaus lesen wir in einem sumerischen Gedicht, das im 3. Jahrtausend v. Chr. geschrieben wurde. *Gilgamesch und Agga* beschreibt Ereignisse, die etwa 1000 Jahre zurückliegen: Agga, der Herrscher von Kisch, belagerte die Stadt Uruk und forderte sie auf, sich zu ergeben. Gilgamesch, der Herrscher von Uruk, schlug dem Ältestenrat vor, diese Forderung abzulehnen, aber dieser befürwortete die Unterwerfung. Daraufhin trat Gilgamesch mit demselben Vorschlag vor die »Versammlung der Männer« (das Unterhaus), und die schlug sich mit den Worten »wir wollen uns nicht dem Hause Kisch unterwerfen, wir wollen zu den Waffen greifen und es zerschmettern« auf seine Seite. Offenbar hob das vereinte Nein von Herrscher und Unterhaus nach der Verfassung von Uruk die Zustimmung der Ältesten auf, denn es ist überliefert, daß Boten zu

Agga gesandt wurden, die die Unterwerfung ablehnten. Nach einigem Hin und Her endet die Geschichte damit, daß die Belagerer unverrichteter Dinge abziehen und die Stadt Uruk in tiefer Dankesschuld gegenüber seinen streitlustigen Politikern zurücklassen mußten. Ähnliche Zweikammerparlamente gab es in vielen sumerischen Städten um 3000 v. Chr., aber wir wissen nicht, wie dort die Machtverhältnisse geregelt waren.

Föderation

Im klassischen Griechenland galten die Böoten als Hinterwäldler. Sie besaßen nur wenig von der Genialität, die die Griechen zu außergewöhnlichen Leistungen befähigte. Allerdings ging ihnen auch der kaum noch nachvollziehbare Unabhängigkeitswahn ab, der dazu führte, daß die winzigen griechischen Stadtstaaten stolz, frei und uneins waren. Im Jahr 447 v. Chr. schlossen sich zehn böotische Städte aus freien Stücken zur ersten Föderation zusammen, einem Bund aus gleichberechtigten Staaten mit einer gemeinsamen Rechtsordnung. Die Bundesregierung saß in Theben, der bedeutendsten Stadt in Böotien. Den Vorsitz hatten der Archon und ein Viererrat. Die Exekutive lag in den Händen der »Böotarchen«, die in elf etwa gleich großen Bezirken für jeweils ein Jahr gewählt wurden. Damit waren die Böotarchen die ersten gewählten Volksvertreter.

Volksvertreter

Sozialistischer Staat

Seit den Anfängen der Zivilisation finden sich in bestimmten Herrschaftsformen sozialistische Prinzipien, selbst wenn die Staaten an sich nicht sozialistisch zu nennen wären. Sozialismus als Basis für eine ganze Wirtschaft ist dagegen eine relativ späte Entwicklung. Den ersten sozialistischen Staat errichtete der Spartaner Lykurg (8. Jahrhundert v. Chr.) in Lakonien, einer Region im antiken Griechenland. Er begann, die gewaltigen Unterschiede zwischen armen und reichen Bürgern zu korrigieren, indem er verfügte, daß jeder gleich viel besitzen sollte. Der Staat enteignete alles private Eigentum und verteilte es zu gleichen Teilen. Gold und Silber wurden durch eine Eisenwährung von geringem Wert ersetzt; dadurch sollte die Anhäufung von privatem Kapital verhindert werden. Die Bürger nahmen die Mahlzeiten an öffentlichen Tafeln ein; die Nahrungsmittel stammten aus Gemeinschaftsvorräten, in die sie Abgaben aus ihren landwirtschaftlichen Gütern zu leisten hatten. Spezielle Gesetze verboten ihnen, Handel zu treiben und Luxusgüter herzustellen, erlaubten es jedoch, Pferde, Wagen und Leibeigene anderer zu benutzen. Direkt nach seiner Reform soll Lykurg gesagt haben: »Lakonien gleicht einem Familienbesitz, aufgeteilt unter einer Anzahl von Brüdern.« Doch in Sparta lebten auch viele Menschen, denen diese Bürgerrechte nicht oder nur eingeschränkt zuteil wurden, das heißt, auf die erste egalitäre Gesellschaft werden wir auch weiterhin noch warten. Die anderen Reformen des Lykurg gingen weit über die Ökonomie hinaus und ebneten den Weg für das erste totalitäre Regime.

Totalitäres Regime

Sie führten zu enger staatlicher Kontrolle in allen Lebensbereichen. Die Kinder der Bürger wurden ihren Eltern schon früh weggenommen und in staatlichen Einrichtungen aufgezogen. Militärdienst war für alle obligatorisch, die erwirtschafteten landwirtschaftlichen Erträge mußten in die Gemeinschaftsvorräte abgegeben werden. Eine ganze Reihe von Vorschriften waren darauf ausgerichtet, die Beziehungen zwischen den Geschlechtern streng zu reglementieren, gezielt Nachwuchs zu züchten und die Bevölkerungszahl stabil zu halten. Eine Geheimpolizei, die Krypteia, sorgte dafür, daß es keine Dissidenten gab. Ziel dieser Gesetzgebung war es, eine dauerhafte, stabile Gesellschaft zu schaffen, die keinem inneren Wandel in Machtstrukturen, Wirtschaft, Moral und Kultur unterliegen sollte. Tatsächlich konnte Sparta diese Staatsform lange aufrechterhalten; bis es im 4. Jahrhundert v. Chr. von äußeren Ereignissen überrollt wurde, war es der mächtigste Staat in Griechenland.

Totalitäre Gedankenkontrolle

Die Extremvariante des Totalitarismus, die versucht, jedes unabhängige Denken zu beseitigen und individuelles Handeln zu verhindern – von George Orwell in seinem Buch *1984* prophezeit –, blieb seinerzeit glücklicherweise aus. Doch ein ähnliches System war in China für kurze Zeit Realität, als die Qin-Dynastie im Jahr 221 v. Chr. an die Macht kam. Die Qin-Regierung erhob den Legalismus zum Staatsprinzip (siehe Kapitel VII, 2) und begann damit, sämtliche Zeugnisse der Vergangenheit und anderer Formen des Denkens auszulöschen, indem sie alle Bücher, außer den offiziellen Verlautbarungen der Regierung und solchen rein praktischen Inhalts, verbrennen ließ. Hunderte von Gelehrten wurden ermordet, die alte Geisteskultur zerstört. Man schuf neue Schriftzeichen mit einem begrenzten Vokabular, die alten Schreibweisen verschwanden, und so ließen sich abweichende Meinungen nicht mehr ausdrücken. Die Massen wurden bewußt arm und unwissend gehalten und auf eine unbedingte Loyalität zum Ersten Kaiser eingeschworen – einer Gestalt, die unmittelbar an Orwells *Big Brother* erinnert und die ihre Interessen rücksichtslos gegen Familie, Freunde und das Land durchsetzte. Der Herrscher wollte ganz genau wissen, was jeder einzelne seiner Untertanen tat. Deshalb drohte jedem, der etwas mehr oder etwas weniger tat, als ihm aufgetragen war, härteste Bestrafung. Die Architekten des Qin-Regimes planten für die Ewigkeit; deshalb hielten sie das Volk arm und steckten alle Überschüsse in die Rüstung. Volksaufstände machten der Qin-Dynastie im Jahr 206 v. Chr. ein Ende. Doch ihre 16jährige Schreckensherrschaft war so »erfolgreich«, daß es vieler Jahrzehnte mühevollster Geschichtsforschung bedurfte, um die alten Traditionen und die chinesische Kultur wiederzubeleben.

Demokratie

Die Demokratie ist eine Regierungsform, die im alten Griechenland erstmals praktiziert wurde. Das Wort selbst bedeutet »Herrschaft des Volkes« und außerdem alles, was ihm Politiker und Journalisten sonst noch an Bedeutungen unterschieben. Vielleicht mit Ausnahme der Schweiz sind die modernen Staaten keine echten Demokratien, denn die Rolle des Volkes besteht in der Regel darin, in Wahlen einer kleinen Zahl von Menschen ein Mandat zu erteilen. Aus demselben Grund verdienen auch viele alte Staaten, die nach dem heutigen Sprachgebrauch als Demokratien gelten könnten, diese Bezeichnung nicht. Demokratie im eigentlichen Sinn des Wortes wurde 508/507 v. Chr. vom griechischen Staatsmann Kleisthenes in seiner Heimatstadt Athen eingeführt. Seine Verfassung legte die Macht in die Hände einer Volksversammlung, in der alle männlichen Bürger Athens über 18 Jahre Stimmrecht hatten. Die Volksversammlung trat nur in unregelmäßigen Abständen zusammen und konnte nicht alles regeln. Deshalb verfügte der Rat der Fünfhundert, der die Sitzungen vorbereitete und viele der weniger wichtigen Dinge entschied, über großen Einfluß. Kleisthenes teilte die Bürgerschaft in zehn unterschiedlich zusammengesetzte Gruppen, die jeweils 50 Mitglieder in den Rat entsandten. Sein System war allerdings immer noch mit einigen undemokratischen Aspekten behaftet: So durften nur die Bürger wählen, einige Posten, wie die höchste Gerichtsbarkeit, standen nur den Wohlhabendsten offen, und Frauen waren von der politischen Mitbestimmung ganz ausgeschlossen. 46 Jahre später reformierte Ephialtes, ein Landsmann des Kleisthenes, die Verfassung und machte sie noch demokratischer.

Geheime Abstimmung

Scherbengericht

Auf Kleisthenes geht das sogenannte Scherbengericht (griechisch *ostrakismos*) zurück, ein Verfahren, mit dem das Volk die Verfassung vor Mitbürgern schützen konnte, die versuchten, sie auszuhöhlen. Es wurde 487 v. Chr. eingeführt und funktionierte wie eine geheime Abstimmung. Die Bürger konnten eine Person, die sie für gefährlich hielten, aus Athen verbannen. Wenn eine Mehrheit von mindestens 6000 Stimmen dafür war, mußte die betreffende Person Athen für zehn Jahre verlassen. Die geheime Abstimmung sollte sicherstellen, daß sich die Bürger ohne Angst auch gegen mächtige oder beliebte Persönlichkeiten aussprechen konnten. Die Namen wurden auf Tonscherben geritzt (griechisch *ostraka*), daher der Name. Insgesamt kam es auf diesem Weg zu zehn Verbannungen, bis das Scherbengericht im Jahr 417 v. Chr. wieder aufgegeben wurde.

Parlamentswahlen in geheimer Abstimmung

1851 schlug der Distrikt Port Phillip im australischen Neusüdwales eine geheime Abstimmung vor, um die Mitglieder für die neue gesetzgebende Versammlung in Melbourne zu wählen. Die Regierung von Neusüdwales in Sydney lehnte diesen Vorschlag mehrheitlich ab. Als sich Port Phillip von Neusüdwales abspaltete und zum Bundesstaat Victoria wurde, hatte es zunächst ein in offener Abstimmung gewähltes Parlament. Im Dezember 1855 stimmte das Parlament jedoch einem Antrag von William Nicholson (1816–1865) auf geheime Abstimmung zu. Die Parlamentswahlen in Victoria 1856 waren die ersten, die in geheimer Abstimmung

Wahlkabine

durchgeführt wurden. Die Stimmabgabe erfolgte in den ersten Wahlkabinen, die eigens für diesen Zweck von Henry Chapman (1803–1881), einem Rechtsanwalt aus Melbourne, entworfen worden waren. Die Wähler schrieben die Namen ihrer Wunschkandidaten auf kleine Papierstreifen.

Stimmzettel

Stimmzettel, auf denen die Namen der Kandidaten aufgedruckt waren und die neben den Wahlkabinen auslagen, sind eine Erfindung von W. R. Boothby (1829–1903); sie kamen erstmals 1858 bei den Parlamentswahlen in Südaustralien zum Einsatz.

Allgemeines Frauenwahlrecht

Ende des 19. Jahrhunderts ging die Regierungsgewalt in vielen Teilen der Welt auf Parlamente über, deren Zusammensetzung von Wählern bestimmt wurde, die dafür weder von Adel noch reich sein mußten. Gleichzeitig zeichnete sich ab, daß die Frauen von der Politik ausgeschlossen zu werden drohten. Deshalb begannen Frauenrechtsbewegungen mit Nachdruck darauf hinzuarbeiten, das Wahlrecht, das ursprünglich den Männern vorbehalten war, auch Frauen zuzugestehen. Neuseeland war das erste Land, in dem die Männer nachgaben. Rechtzeitig zu den Wahlen 1893 erhielten die Frauen das aktive Wahlrecht (die Frauen konnten wählen, aber noch nicht selbst kandidieren).

Passives Wahlrecht für Frauen

Der Bundesstaat Südaustralien folgte dem Beispiel Neuseelands und gab den Frauen 1894 das aktive Wahlrecht. Mit dem gleichen Gesetz erteilte ihnen das südaustralische Parlament darüber hinaus auch das passive Wahlrecht und stand damit als erstes Parlament der Welt weiblichen

Abgeordneten offen. Gegner des Frauenwahlrechts hatten einen Änderungsantrag zum Gesetz für das aktive Wahlrecht für Frauen gestellt, in dem sie zusätzlich das passive Wahlrecht forderten. Sie dachten, mit diesem Zusatz würde das Gesetz sicher nicht verabschiedet, aber sie hatten die Einstellung der Parlamentarier falsch eingeschätzt und erlebten so eine doppelte Niederlage.

Weibliche Abgeordnete

1907 fanden die ersten demokratischen Wahlen in Finnland statt. Es gab eine ganze Reihe weiblicher Kandidaten, von denen einige auch erfolgreich waren. Das finnische Parlament, die Eduskunta, war also das erste, das weibliche Abgeordnete besaß. Diese führende Rolle behielt es bei: Zwischen 1907 und 1920 kamen insgesamt 20 Frauen ins Parlament.

Kommunistische Revolution

Im 2. Jahrhundert v. Chr. wuchs der römische Einflußbereich ständig und dehnte sich immer weiter über Griechenland und Vorderasien aus. Die ungleiche Verteilung der Güter und die römische Politik, die die Interessen der Reichen vertrat, um vor Ort die Macht zu erhalten, waren die Ursache für Aufstände der Unterprivilegierten. In der griechischen Stadt Pergamon (in der heutigen Türkei) regierte König Attalus III. eine der wichtigsten Regionalmächte. Attalus muß gesehen haben, daß Rom die Zukunft gehörte: Als er 133 v. Chr. starb, vermachte er Rom sein Reich. Sein Halbbruder und Nachfolger Aristonicus war ein Anhänger des Kommunismus (siehe Kapitel VII, 3) und hatte ganz andere Zukunftspläne. Aristonicus und sein Berater, der Philosoph Blossius, wollten einen kommunistischen Staat errichten, in dem alle Menschen gleiche Rechte, Pflichten und Zuwendungen erhalten sollten. 132 v. Chr. begannen sie, gegen das imperialistische Rom aufzubegehren. Dem Aufstand schlossen sich Freiwillige, Söldner und entlaufene Sklaven an; sie besiegten die römischen Streitkräfte in fast ganz Kleinasien. Doch Rom schlug mit Macht zurück; im Jahr 130 v. Chr. wurde Aristonicus gefangengenommen und hingerichtet. Seine Anhänger setzten den Kampf fort, aber dieser erste heldenhafte Versuch, eine egalitäre Gesellschaft zu etablieren, scheiterte 129 v. Chr. auf der ganzen Linie am Widerstand Roms.

2. Staatliche Programme und Einrichtungen

Es gibt nur wenige Einrichtungen, die ausnahmslos alle Regierungen besitzen. Die beiden wichtigsten, die Streitkräfte und die Justiz, werden in Kapitel VI bzw. in Kapitel XII behandelt.

Internationale Zusammenarbeit

Die Auseinandersetzungen zwischen Großmächten – um Rohstoffe, Land, Menschen, Macht – ziehen sich wie ein roter Faden durch die Geschichte. Dabei griffen sie manchmal zu den Waffen, manchmal – wenn es ratsamer schien – entschlossen sie sich zur Zusammenarbeit. Friedliche Kooperation war in den frühen Zivilisationen eher die Ausnahme, es sei denn, die Umstände zwangen dazu. Etwa 1270 v. Chr. beschlossen die beiden Großmächte der westlichen Welt – das hethitische und das ägyptische Reich –, etwas ganz Neues zu versuchen. Nach Jahrzehnten ergebnislosen Kampfes unterzeichneten sie einen »immerwährenden Friedens- und Freundschafts«-Vertrag, der die Tür zu einem Zeitalter der Kooperation unter Gleichen aufstieß. Da beide Parteien noch mit anderen Problemen zu kämpfen hatten, konnte es nur von Vorteil sein, wenigstens auf dieser Seite den Rücken frei zu haben. Doch wollten beide weitaus mehr als den schnöden diplomatischen Vorteil. »Wir haben Frieden, Freundschaft und partnerschaftliche Zusammenarbeit beschlossen, das ist mehr als die Frieden-und-Freundschaft-Bekundungen früherer Tage«, steht in dem Vertrag. Kulturaustausch, politische und wirtschaftliche Zusammenarbeit, die über die Vertragsvereinbarungen hinausgingen, setzten unmittelbar danach ein.

Staatsbesuch

Frühere Staatsoberhäupter hatten anderen Hauptstädten niemals offizielle Besuche abgestattet, wenn überhaupt, dann kamen sie als Eroberer, Vasallen oder Oberherren. Aber Ramses II., der Pharao von Ägypten, lud Hattusilis, den hethitischen Herrscher zu einem offiziellen Staatsbesuch nach Ägypten ein. Und dieser war keineswegs pikiert, sondern trat die Reise nach Ägypten schon bald darauf an. So geschehen zwölf Jahre nach der Unterzeichnung des oben erwähnten Vertrages. Die ägyptischen Kommentatoren zeigten sich beeindruckt: »Die Menschen von Kamit [die Ägypter] waren fortan ein Herz und eine Seele mit den Menschen von Kheta [den Hethitern]. Das hatte es seit den Zeiten des Gottes Ra nicht mehr gegeben.«

Etwa 60 Jahre nach dem Vertragsabschluß, während der Regierungszeit des Pharaos Meneptah, kam es in weiten Teilen des hethitischen Reiches zu einer schweren Dürre. Die Ernte verdarb, und die Nahrungsmittel wurden knapp. Die Ägypter spendeten Schiffsladungen voll Weizen, um den Hethitern aus ihrer Not zu helfen, und legten damit den Grundstein für die lange Tradition der internationalen Katastrophenhilfe. Die Regime, die in einem Moment geistiger Erleuchtung diese neue Ordnung geschaffen hatten, konnten ihre Vormachtstellung nur bis ins 12. Jahrhundert v. Chr. halten. Dann wurden sie von anderen Nationen abgelöst, u. a. von den extrem »erfolgreichen« faschistischen Assyrern. Unter deren Einfluß wurde die westliche Sozialmoral erst mal begraben.

Katastrophenhilfe

1000 Jahre nach dem ägyptisch-hethitischen Vertrag hatten die Verhaltensnormen wieder ihren früheren Standard erreicht. Das Erdbeben, das 224 v. Chr. die griechische Insel Rhodos erschütterte (und den berühmten Koloß von Rhodos zerstörte), löste eine historische internationale Hilfskampagne aus und brachte großzügige Spenden aus dem gesamten Mittelmeerraum ein. Ägypten entsandte Schiffe mit großen Mengen Getreide, anderen Gütern und Geld. Sportfans hatten besonders viel Mitleid: Ein Großteil der ägyptischen Spenden war ausdrücklich für die regelmäßig stattfindenden Sportfeste bestimmt, und die Herrscher zweier griechischer Städte auf Sizilien machten zur Auflage, daß drei Viertel ihrer beträchtlichen Spende für Öl in den Sportstätten verwendet werden sollten. Einer der beiden war der wohlhabende Hiero (etwa 308–216 v. Chr.), der frühere Besitzer des Luxusfrachters (siehe Kapitel IX, 1), den er, voll beladen mit Lebensmitteln, in einer Notzeit den Ägyptern geschenkt hatte.

Internationale Hilfsprogramme

Der Völkerbund war die erste Staatenvereinigung zur Wahrung des Weltfriedens. Er entstand 1920 in direktem Zusammenhang mit den Versailler Verträgen (1919). Den Ausbruch des Zweiten Weltkriegs vermochte er jedoch nicht zu verhindern. 1945 wurde der Völkerbund durch die Vereinten Nationen ersetzt. Als Gründungsdatum für die Vereinten Nationen gilt offiziell der 24. Oktober 1945, obwohl die meisten der Gründungsmitglieder bereits zwischen dem 25. April und dem 26. Juni 1945 Vertreter nach San Francisco entsandt hatten, um dort die Charta der Vereinten Nationen und die Statuten des Internationalen Gerichtshofs zu unterzeichnen.

Völkerbund

Vereinte Nationen

Bezirksverwaltung Etwa 4000 v. Chr. wurden die mesopotamischen Städte von Organisationseinheiten verwaltet, die aus einem Bezirksvorsteher und einem Gemeinderat bestanden. Die Bezirke einer Stadt waren jeweils dem Stadttor zugeordnet, durch das man sie betrat. In vielen Fällen scheinen alle Familienoberhäupter einer solchen Verwaltungseinheit dem Gemeinderat angehört zu haben, der wiederum für alle Verwaltungsangelegenheiten des betreffenden Bezirks zuständig war.

Polizei Bereits zu Beginn des Alten Reiches (vor 3000 v. Chr.) stellte die ägyptische Regierung eine eigene Polizeitruppe zusammen. Gekoppelt an die örtliche Verwaltung, waren Polizisten in ganz Ägypten stationiert. In jedem Verwaltungsdistrikt gab es einen Polizeichef. Ihm unterstanden neben einer Polizeieinheit offenbar auch zivile Beamte mit Aufgaben im Bereich der Gerichtsbarkeit.

Umweltminister Als Shun etwa 2200 v. Chr. die Regierung der chinesischen Reiche übernahm, führte er erstmals so etwas wie einen Regierungsapparat ein. Er ernannte Minister für Landwirtschaft, Bildung, Arbeit und eine Reihe anderer Ressorts, zum Beispiel Umwelt. Dieses Amt wurde einem Mann namens Yi übertragen; seine Zuständigkeit erstreckte sich auf »Hügel, Wälder, Sümpfe und Niederungen, Pflanzen und Bäume, Vögel und Tiere«. Sein offizieller Titel war »Wächter« (oder »der, der Vorsorge trifft«), und Shun wies ihn ausdrücklich an, für Harmonie zu sorgen. Damit könnte ein ausgewogenes Verhältnis zwischen der Ausbeutung und der Erhaltung von natürlichen Ressourcen gemeint gewesen sein.

Krankenversicherung Während der Regierungszeit der griechischsprachigen Ptolemäer-Dynastie (323–30 v. Chr.) gab es in Ägypten eine kostenlose medizinische Versorgung, die aus einer besonderen Abgabe finanziert wurde. Das war die erste gesetzliche Krankenversicherung. Ein paar Jahrhunderte vor den Ptolemäern war die medizinische Versorgung in Ägypten ganz umsonst; sie wurde von Ärzten vorgenommen, die ihre Bezahlung vom Staat erhielten.

Behindertenfürsorge Offizielle Hilfsprogramme, die behinderte Menschen mit Arbeit und Unterstützung zum Lebensunterhalt versorgen sollten, wurden erstmals im China der Zeit der Streitenden Reiche (481–221 v. Chr.) aufgelegt. In dieser frühen Phase gelang es nicht oder nicht zuverlässig, alle behinderten

Bedürftigen zu erreichen. Jedenfalls schuf der konfuzianische Philosoph Xun Zi, der sich damals sehr für die Behinderten einsetzte, die Grundlage für ein nationales Programm, das in der Folge auch eingerichtet wurde:

> Der Staat soll alle, die einer der fünf Behindertengruppen angehören, zusammenholen, sich um sie kümmern und ihnen, je nach Leistungsvermögen, Arbeit verschaffen. Gebt ihnen Arbeit, gebt ihnen zu essen, gebt ihnen Kleidung und achtet darauf, daß niemand übersehen wird.

Statistik

Die ersten offiziellen Statistiken waren die über die Höchststände des Nils während der alljährlichen Überschwemmungen. Die Messungen und Aufzeichnungen begannen in der Regierungszeit des Horus Djer (etwa 3400 v. Chr.), eines Pharaos der 1. Dynastie. Seit dieser Zeit wurden sie vermutlich von allen Regierungen bis in die heutige Zeit fortgesetzt. Die Höhenangaben aus der Zeit der 1. Dynastie erfolgten in Ellen, Hand- und Fingerbreiten. Die älteste exakte Zahl stammt aus Horus Djers fünftem Regierungsjahr; damals erreichte der Wasserstand fünf Ellen (wahrscheinlich etwa drei Meter). Die Angabe bezieht sich nicht auf den Grund des Flusses, sondern auf eine Marke, die zu Vergleichszwecken festgesetzt war.

Wirtschaftsdaten

Die Erfassung von Daten, die mit menschlichen Aktivitäten in Zusammenhang stehen, setzte erst in der 2. Dynastie (etwa 3300 v. Chr.) ein, als eine nationale Erhebung von Ägyptens Ressourcen beschlossen wurde. Die erste Erhebung fand während der Regierungszeit von Horus Ninetjer oder einem seiner beiden Vorgänger statt. Danach führten die Behörden alle zwei Jahre eine Erhebung durch. Manche erfaßten »Gold und Äcker«, andere »Ochsen und Kleinvieh«.

Medizinische Statistik

Chun Yuoyi (geb. 205 v. Chr.) war der erste Medizinstatistiker. Während der Han-Dynastie arbeitete er als leitender Beamter in Linzi (in der heutigen Provinz Shandong) für das Königreich Qi. Er führte Statistiken über klinische Beobachtungen und Fallgeschichten, um den Behandlungserfolg zu kontrollieren und um bei neuen Fällen auf diese Information zurückgreifen zu können.

Landkartenprogramm

Im Jahr 785 n. Chr. erhielt der berühmte Kartograph Jia Dan (730–805) den offiziellen Auftrag, das ganze chinesische Reich in einem einheitlichen Maßstab auf einer Karte darzustellen. Jia machte sich sofort an die Arbeit und hatte das gesamte Projekt bis 801 abgeschlossen. Das Ergebnis war eine gigantische Karte, die nicht nur China, sondern fast ganz Asien umfaßte. Bei einem Maßstab von 1 : 1 000 000 hatte die fertige Karte ein Format von 33 auf 30 Fuß (ungefähr 11 auf 10 Meter).

Personalausweis

Die Assyrer waren die ersten, die an ihre Untertanen Personalausweise ausgaben – dünne kleine Tontafeln, die in Keilschrift beschrieben waren. Die Datierung ist schwierig, aber wahrscheinlich wurden sie Ende des 2. Jahrtausends v. Chr. eingeführt. Die Idee ist typisch für die Assyrer, die mehr als perfekt organisiert waren und nicht viel auf bürgerliche Freiheiten gaben.

3. Soziale Ordnung

In diesem Abschnitt finden Sie auch Einträge zu Maßeinheiten und Kalendern. An den Kalender gebundene Feiertage werden Sie jedoch vergeblich suchen, da deren Ursprünge meist keineswegs so klar sind, wie gemeinhin angenommen wird. So ist Ostern beispielsweise nicht der Jahrestag von Christi Auferstehung, sondern geht auf einen vorchristlichen Kult zu Ehren der Fruchtbarkeitsgöttin Ostara zurück. Das genaue Datum des Festes hängt mit den Mondphasen zusammen – ähnlich wie der Menstruationszyklus der Frauen –, und es wird mit heidnischen Fruchtbarkeitssymbolen begangen, dem Ei und dem Hasen. Fromme Christen, die heute die Kommerzialisierung dieses Feiertags beklagen und eine Rückkehr zu seiner ursprünglichen Bedeutung fordern, wären vermutlich ziemlich entsetzt, wenn man sie beim Wort nähme.

Auch Weihnachten stellt ein Problem dar, denn eines ist sicher: Jesu 1. Geburtstag war nicht der 25. Dezember im Jahre 1 n. Chr.; er kam nämlich an einem nicht näher bekannten Tag zwischen 13 v. Chr. und 4 v. Chr. zur Welt. Das einzige, was wir mit Bestimmtheit sagen können, ist, daß es v. Chr. war.

Es waren clevere Gottesdiener, die aus dem Julfest, einem uralten heidnischen Kult zur Wintersonnenwende, Weihnachten, das Fest der Geburt Christi, machten. Das hat der Messias mit Königin Elisabeth II. von England gemeinsam: Beide müssen ihren Geburtstag feiern, wann es dem gewöhnlichen Volk in den Kram paßt.

Von allen Ereignissen, die dazu beitrugen, die Welt zu dem zu machen, was sie heute ist, brachte die Entstehung der Zivilisation die einschneidendsten bleibenden Veränderungen mit sich. Zwar gibt es auch Kulturen, die einen hohen Entwicklungsstand erreichten, ohne in unserem Sinne zivilisiert zu sein, doch ohne Zivilisation wäre unsere heutige Lebensweise undenkbar. Die Wiege der Zivilisation stand in Südmesopotamien (dem heutigen Irak), dem fruchtbaren Land zwischen Euphrat und Tigris und dem Persischen Golf. Wohlhabende Bauern iranischer und semitischer Herkunft brachten sie vor 6000–6500 Jahren hervor, vor der Sintflut. Das auffälligste Kennzeichen ihrer Gesellschaft war die politische, ökonomische und soziale Organisation in Städten, die überall in der Region wie Pilze aus dem Boden schossen, und das zu einer Zeit, als es nirgendwo sonst in der Welt etwas Vergleichbares gab.

Zivilisation

Der Überlieferung zufolge, die Jahrhunderte später in den ersten schriftlichen Zeugnissen in sumerischer Sprache festgehalten wurde, war Eridu die erste Stadt. Sie wurde vermutlich um 4200 v. Chr. auf einer Insel im Persischen Golf errichtet. (Heute liegt sie 16 Kilometer landeinwärts, weil die beiden großen Flüsse das Meer um sie herum mit Schwemmsand aufgeschüttet haben.) Zwar gab es vorher schon stadtartige Großsiedlungen, aber in Eridu – und bald darauf auch in anderen Städten in der Umgebung – trafen einige besondere Merkmale zusammen, die eine Stadt eben von einer noch so großen Siedlung unterscheiden: Jede dieser Städte war ein Regierungssitz und gehörte zu einem Staatswesen. In jeder dieser Städte gab es eine weitentwickelte Arbeitsteilung, so daß eine Familie überleben konnte, ohne ihre Nahrungsmittel selbst zu produzieren. Jede dieser Städte hatte Denkmäler, die von der Allgemeinheit bezahlt wurden und keinem besonderen Zweck dienten. Und jede dieser Städte war ein politisches und ökonomisches Zentrum für ein bevölkerungsreiches Einzugsgebiet.

Stadt

Die ursprüngliche politische Organisationsform war der Stamm; sie hatte auch nach der Erfindung der Landwirtschaft weiterhin Bestand. Im 5. Jahrtausend v. Chr. gehörten die Ackerbau betreibenden Stämme entlang des Nils und in seinem Delta zu den wohlhabendsten und differenziertesten Gemeinschaften ihrer Zeit. Ihre Anführer lernten nach und nach das Regieren und begannen, militärische und zivile gesellschaftliche Einrichtungen zu kontrollieren. So fand ein allmählicher Übergang vom Stamm zum Staat statt. Sie versuchten, das Land und die Dörfer des jeweils anderen zu erobern. Kurz vor 4000 v. Chr. gelang es den Leuten vom

Nationalstaat

Flußdelta, alle anderen, die nördlich vom heutigen Kairo lebten, zu unterwerfen und das unterägyptische Reich zu errichten. Unterägypten war die erste Nation: Sie hatte eine Hauptstadt, ein Erbkönigtum, gemeinsame Einrichtungen, eine gemeinsame Sprache und den gleichen ethnischen Hintergrund. Mesopotamische Staaten dieser Zeit bildeten keine Nationen, wenn sie ihre Nachbarn unterwarfen. Die Eroberer blieben in ihrem Reich die Herren, die Unterworfenen die Knechte. Die große Neuerung in Ägypten war es, Sieger und Besiegte in einer einzigen homogenen Gemeinschaft zu vereinen, der Prototyp eines Nationalstaates, wie er heute weit verbreitet ist.

Stadtstaat

In Mesopotamien kam es zu räumlich begrenzteren Staatswesen, den sogenannten Stadtstaaten. Sie entstanden etwa zur gleichen Zeit wie die ersten Städte, um 4200 v. Chr. Die Bürger dieser Staaten waren Sumerer aus dem Süden des heutigen Irak. Eridu, die erste Stadt, war gleichzeitig auch der erste Stadtstaat. Dem Stadtstaat liegt ein ganz anderes gedankliches Konzept zugrunde als der Nation: Ein Stadtstaat muß nicht notwendigerweise ein ganzes Volk zu seiner Bürgerschaft zählen und braucht nicht besonders viel Fläche einzunehmen. Moderne Beispiele sind Singapur, Monaco und Kuweit.

Kastensystem

Die indische Geschichtsschreibung befindet sich in einem ausgesprochen desolaten Zustand, so daß nur dann genaue Angaben über irgendwelche Ereignisse gemacht werden können, wenn sie jüngeren Datums sind oder wenn sie von ausländischen Beobachtern aufgezeichnet wurden. Anhand alter Sanskrit-Texte ohne genaue Datierung lassen sich die Anfänge des Kastenwesens annäherungsweise abschätzen. Die ersten Kasten entstanden, als einzelne gesellschaftliche Gruppen, die sich über ihren Beruf und ihre Abstammung definierten, ihren Angehörigen die Heirat mit Außenstehenden verboten und die »Reinheit der Kaste« zum Gebot erhoben. Damit übernahmen sie den Verhaltenskodex der Brahmanenpriester, die sich im 2. Jahrtausend v. Chr. von der übrigen Gesellschaft separiert hatten. Zu Beginn des 1. Jahrtausends begannen sich auch andere Bevölkerungsgruppen abzugrenzen, und bis zum 5. Jahrhundert v. Chr. gab es bereits Dutzende von Kasten. Die Kasten lassen sich grob vier großen Gruppen zuordnen: den Priestern, den Kriegern und Herrschern, den Bauern und Händlern oder den Dienern.

Im 3. Jahrhundert v. Chr. stellte Han Feizi die Behauptung auf, das exponentielle Bevölkerungswachstum drohe innerhalb weniger Generationen die gesamte Welt mit Menschen zu überschwemmen. Han war Philosoph, ein Vertreter des Legalismus (siehe Kapitel VII, 2), der im Nordwesten des Qin-Reiches arbeitete. Da nach seinen Berechnungen die Rohstoffe und Vorräte angesichts des steigenden Bedarfs über kurz oder lang ausgingen, mußten die alten ökonomischen und politischen Handlungsstrategien seiner Meinung nach irgendwann versagen. Seine Antwort war ein rigides Gesetzeswerk, das Menschen und Ressourcen akribisch kontrollierte. Unter exponentiellem Wachstum versteht man die (mit einem bestimmten Faktor) immer schneller werdende Zunahme einer Größe. Han hatte folgende Beispielrechnung aufgemacht: Wenn ein Elternpaar fünf Kinder hat, und jedes der Kinder wiederum fünf, dann besitzen die Großeltern in der ersten Generation fünf Nachkommen, in der zweiten 25 usw.

Bevölkerungswachstum als Problem

Lykurg, der Reformer, der im 8. Jahrhundert v. Chr. in Sparta den Totalitarismus einführte (siehe IV, 1), wollte eine stabile und dauerhafte Gesellschaftsordnung schaffen. Dazu gehörten auch Maßnahmen zur Geburtenkontrolle, damit die Bevölkerung nicht zu stark wachsen konnte. Die weiblichen Bürger von Sparta durften nicht vor dem zwanzigsten, die männlichen nicht vor dem dreißigsten Lebensjahr heiraten. Nach der Heirat lebten die Paare nicht zusammen, und homosexuelle Beziehungen wurden auf Kosten heterosexueller gefördert. Kinder mit körperlichen Behinderungen wurden schon bald nach der Geburt bei Untersuchungen herausselektiert. Das System blieb tatsächlich jahrhundertelang bemerkenswert stabil, und trotzdem werden Sie heute keine Spartaner mehr finden. Ab 430 v. Chr. waren sie in jahrzehntelange Kriege verwickelt, die sie so stark dezimierten, daß ihre Bevölkerungszahl unter ein Mindestmaß absank und sie allmählich ausstarben.

Kontrolle des Bevölkerungswachstums

In seinem Buch *Nomoi (Die Gesetze)* schlug der griechische Philosoph Platon (427–347 v. Chr.) einen Modellstaat mit 5040 Haushalten vor. Dessen Geburtenrate sollte durch staatliche Maßnahmen so reguliert werden, daß die Gesamtbevölkerungszahl konstant blieb. »Wenn zu viele Kinder geboren werden, gibt es Mittel, die Vermehrung einzuschränken; im umgekehrten Fall kann eine hohe Geburtenrate propagiert und gefördert werden.«

Konstante Bevölkerungszahl

Universität

Im Jahr 335 v. Chr. wurde das Lykeion bei Athen zur ersten einer Universität vergleichbaren Bildungseinrichtung mit dem gesamten Katalog an Natur- und Geisteswissenschaften umfunktioniert. Der griechische Philosoph Aristoteles mietete den Gebäudekomplex (ein ehemaliges Gymnasion) und die dazugehörigen Wandelhallen damals vom Staat. Es gab einen Lehrkörper, eine Bibliothek und eine große naturwissenschaftliche Materialsammlung. Zu den unterrichteten Fächern zählten Ethik, Politik, Logik, Rhetorik, Literatur, Astronomie, Biologie, Physik, Metaphysik, Mathematik und Meteorologie. Dem Lehrplan lag die aristotelische Philosophie zugrunde, die auch als »peripatetische Schule« (siehe Kapitel VII, 1) bezeichnet wird. Aristoteles verließ Athen im Jahre 322 v. Chr., aber das Lykeion wurde unter anderer Leitung weitergeführt.

Staatliche Universität

Auf der anderen Seite des Erdballs öffnete nur kurze Zeit später die erste staatliche Universität ihre Pforten. Sie wurde etwa 315 v. Chr. im Nordosten Chinas im Staat Qi eingerichtet. Gründer und Schirmherr war König Xuan von Qi (Regierungszeit 319–301 v. Chr.). Dank großzügiger finanzieller Unterstützung wurde die »Gesellschaft vom Berg Hua«, wie man sie nannte, schnell zur größten akademischen Lehr- und Bildungsstätte der Welt. Allerdings hatte sie nicht so lange Bestand wie das Lykeion: Bereits ein Jahrhundert später mußte sie schließen, als Qi seine Unabhängigkeit verlor. Bis dahin hatte sie Tausende von Studenten und 76 angestellte Professoren, die zufälligerweise ganz ähnliche Doktorhüte trugen wie ihre Kollegen im 20. Jahrhundert. Den größten Ruhm verdankte die Universität der Phalanx bedeutender Philosophen aller Denkrichtungen, die dort lehrten. Neben Menzius und Xun Zi (dem führenden klassizistischen Philosophen nach Konfuzius), dem Pazifisten Song Xing und dem Dialektiker Zou Yen konnte man wahrscheinlich auch den berühmten Taoisten Zhuang Zi hören.

Akademischer Grad

In der frühen Han-Zeit, um 178 v. Chr., wurden in China verschiedene Universitätsabschlüsse eingeführt. Der erste akademische Grad hieß »würdig und ausgezeichnet« und wurde den besten Studenten vom Staat verliehen. Mit der Zeit kamen weitere akademische Grade dazu, die im Endeffekt unserem Diplom, Magister oder Doktor entsprachen.

Berufstätigkeit von Frauen

Zur Zeit des Alten Reiches in Ägypten (etwa 3500–2500 v. Chr.) hatten Frauen fast die gleichen beruflichen Möglichkeiten wie Männer. Lediglich das Richteramt blieb ihnen versagt.

Hippokratischer Eid

Ich schwöre bei Apollon, dem Arzt, und Asklepios und Hygieia und Panakeia und allen Göttern und Göttinnen, die ich zu Zeugen anrufe, daß ich diesen Eid und diese Niederschrift nach bestem Wissen und Können erfüllen werde.

Ich werde den, der mich diese Kunst gelehrt hat, gleich meinen Eltern ehren und ihm Anteil an meinem Leben geben, und wenn er in Schulden geraten sollte, ihn unterstützen und seine Söhne meinen Brüdern gleichhalten und sie diese Kunst lehren, falls sie den Wunsch haben sollten, sie zu erlernen, und zwar ohne jede Vergütung und schriftliche Verschreibung, und an Vorschriften, am Vortrag und aller sonstigen Belehrung werde ich meine Söhne und die meines Lehrers teilnehmen lassen, wie auch die mit mir eingeschriebenen Jünger der Kunst, die durch den ärztlichen Eid gebunden sind, aber niemanden sonst.

Und ich werde die Grundsätze der Lebensweise nach bestem Wissen und Können zum Heil der Kranken anwenden, dagegen nie zu ihrem Verderben und Schaden.

Ich werde auch niemandem eine Arznei geben, die den Tod herbeiführt, auch nicht, wenn ich darum gebeten werde, auch nie einen Rat in dieser Richtung erteilen. Ich werde auch keiner Frau ein Mittel zur Vernichtung keimenden Lebens geben.

Ich werde mein Leben und meine Kunst stets lauter und rein bewahren.

Ich werde auch nicht Steinleidende operieren und Männern, die solche Praktiken ausüben, aus dem Wege gehen.

In welche Häuser ich auch gehe, die werde ich nur zum Heil der Kranken betreten, unter Meidung jedes wissentlichen Unrechts und Verderbens und insbesondere jeder geschlechtlichen Handlung gegenüber weiblichen Personen wie auch gegenüber Männern, Freien oder Sklaven.

Was ich in meiner Praxis sehe oder höre oder außerhalb dieser im Verkehr mit Menschen erfahre, was niemals anderen Menschen mitgeteilt werden darf, darüber werde ich schweigen, in der Überzeugung, daß man solche Dinge streng geheimhalten muß.

Wenn ich nun diesen Eid treu halte und nicht entweihe, dann möge ich von meinem Leben und meiner Kunst Segen haben, bei allen Menschen zu jeder Zeit hochgeachtet; wenn ich ihn aber verletze und eidbrüchig werde, dann möge mich das Gegenteil hiervon treffen.

Hippokrates. *Fünf auserlesene Schriften.* Deutsch von Wilhelm Capelle.

Diese formelhaften Versprechen, die den Medizinern als Leitlinien dienen sollen, werden traditionell dem griechischen Arzt Hippokrates (460–357 v. Chr.) zugeschrieben. Zwar gibt es Zweifel daran, ob Hippokrates den nach ihm benannten Eid wirklich selbst formuliert hat, doch die Wahrscheinlichkeit ist hoch, daß er den Schülern der Medizinschule von Kos im 5. Jahrhundert v. Chr. erstmals abgenommen wurde. In diesen Sätzen lassen sich die Ursprünge vieler bis heute gültiger Grundzüge des abendländischen medizinischen Denkens erkennen: der beschränkte Zugang zur medizinischen Ausbildung, die traditionelle Ablehnung von Euthanasie und Abtreibung und die Behandlung der Chirurgie als eigenständiger Berufsstand.

Fachärzte

Die Spezialisierung von Ärzten auf bestimmte Teilbereiche der Medizin reicht allerdings noch sehr viel weiter zurück: Wir begegnen ihr bereits vor 3000 v. Chr. in Ägypten. Aufzeichnungen aus der Zeit des Alten Reiches, die bis heute erhalten sind, berichten von Ärzten für den Magen und die Augen, von Fachleuten, die Urin untersuchten, und von »den Wächtern des Anus« (die wir heute ganz prosaisch als Proktologen bezeichnen würden).

Zulassung für Ärzte

Vor etwa 2000 Jahren wurde in Indien ein Zulassungsverfahren für Ärzte etabliert, das gleichzeitig auch der Qualitätssicherung diente. Die Kandidaten mußten zeigen, daß sie ihr Fachgebiet theoretisch beherrschten, und beweisen, daß sie dazu in der Lage waren, eigenständige Beobachtungen zu machen und ihr Wissen angemessen praktisch umzusetzen. Wenn sie die Prüfung durch ihre Fachkollegen bestanden hatten, mußten sie vom Staat noch eine Lizenz für die Berufsausübung erhalten. Dieses Verfahren ist in der *Caraka Samhitā* beschrieben, einem medizinischen Text, der uns in einer Ausgabe aus dem 1. Jahrhundert n. Chr. vorliegt; sein Inhalt ist wahrscheinlich jedoch mindestens 100 bis 200 Jahre älter.

Zahnarzt

Die ersten Zahnärzte praktizierten zur Zeit des Alten Reiches (vor 3000 v. Chr.) in Ägypten. Selbst damals mußten bereits Bestimmungen eingehalten werden, deshalb gab es die offizielle Funktion des »Aufsehers der Zahnärzte«, wie wir aus erhalten gebliebenen Schriften wissen. Einer der ersten Zahnärzte ist uns sogar namentlich bekannt: Er hieß Hesyre und lebte zur Zeit der 3. Dynastie (etwa 3200–3050 v. Chr.); in seiner Grabinschrift wird er als »Aufseher der Zahnärzte und Ärzte« bezeichnet.

Das metrische System zeichnet sich vor allem durch zwei Merkmale aus: die Zehnereinheiten und – was noch wichtiger ist – wissenschaftlich nachprüfbare Konstanten, mit denen die Größe der Einheiten festgelegt wird. Von diesen beiden Merkmalen existiert das der Einteilung in Zehnereinheiten schon sehr viel länger.

Metrisches System

Altchinesische Lineale hatten die Länge von 1 Fuß *(chi)* und waren ausnahmslos in 10 *cun* (vergleichbar dem angelsächsischen *inch*, etwa 2,5 Zentimeter) eingeteilt, und die nochmals in Zehntel davon. Derartige Lineale, die zum Teil aus dem 6. Jahrhundert v. Chr. stammen, gibt es auch heute noch. Der in 10 *cun* eingeteilte Fuß, der bis ins 19. Jahrhundert hinein als Maß verwendet wurde, hat seinen Ursprung jedoch vermutlich bereits im 2. Jahrtausend v. Chr., spätestens zu Beginn der Zhou-Dynastie (etwa 1100 v. Chr.). Ein auf dem Dezimalsystem beruhendes Längenmaß wurde um 220 v. Chr. in ganz China eingeführt: Die kleinste Einheit hieß *hao*, sie betrug 1/10 000 eines *cun*. Die größte Einheit hatte 100 Fuß und hieß *yin*. Die Chinesen besaßen auch für Volumen und Gewichte Maße mit Zehnereinheiten.

Dezimaleinteilung

Die erste Maßeinheit, für die die Definition über eine wissenschaftliche Konstante versucht wurde, war das chinesische Längenmaß *li*. Es wurde im Jahr 726 n. Chr. als 1/351 eines Grades der Polhöhe, gemessen von der Erdoberfläche, definiert. Das wiederum hatte man aus Schattenlängen hergeleitet, die gleichzeitig an mindestens elf Stellen entlang einer Nord-Süd-Linie gemessen wurden; diese Linie begann in der Nähe der Großen Mauer ganz im Norden Chinas und reichte bis fast nach Hué in Vietnam. Überwacht wurde das Projekt vom Hofastronomen Nan Gongyue und einem buddhistischen Mönch namens Yi Xing. Dazwischen tüftelten die beiden noch die erste Expedition zur Erforschung des südlichen Sternenhimmels aus (siehe Kapitel VIII, 2). Die von ihnen definierte Einheit war das kürzere *li*, nicht das allgemein gebräuchliche längere. Allerdings beruhte die Definition auf einem Näherungswert aus ihren Berechnungen, und die waren leider falsch. Deshalb können sich die beiden nicht rühmen, die Erfinder des wahren metrischen Systems zu sein. Diese Ehre gebührt zwei anderen Männern: einem Amateurastronomen und Mathematiker, Kang Xi, seines Zeichens Kaiser von China aus dem Volke der Mandschu, und dem belgischen Jesuiten, Physiker, Vizedirektor (zeitweise auch Direktor) der chinesischen Astronomiebehörde Antoine Thomas. Bei einem Zusammentreffen im Dezember 1698 beschlossen sie, das System der Längenmaße zu reformieren und mit dem Erdumfang in Bezie-

Definition über Konstanten

hung zu setzen. Zwischen 1702 und 1704 machte die Behörde gezielt Beobachtungen in Nordchina, die sehr viel genauer waren als alle vorangegangenen, und bestimmte ein Grad terrestrischer Breite mit 195 *li* und 6 Schritten. Die Längenmaße wurden anschließend so abgerundet, daß 200 *li* einem Grad und 20 Schritte (100 Fuß) einer Sekunde des Erdumfangs entsprachen.

Meter, Ur-Meter

Im Jahr 1791 empfahl die Französische Akademie der Wissenschaften ihrer Regierung eine ähnliche Reform. Sie schlug vor, als Basiseinheit den Meter zu verwenden, der auf $^{1}/_{10\,000\,000}$ von einem Viertel des Erdumfangs auf Meeresniveau festgesetzt werden sollte. Das ist der inzwischen weltweit übliche Meter, obwohl er heute noch genauer über Wellenlängen definiert wird.

24-Stunden-Tag

Zur Zeit des Alten Reiches waren die ägyptischen Tage in 24 Abschnitte eingeteilt – jeweils zwölf von Sonnenaufgang bis Sonnenuntergang und zwölf für die Nacht bis zur Morgendämmerung. Das hatte zur Folge, daß die Zeiteinheiten für den Tag und die Nacht – außer an den Tagundnachtgleichen – verschieden lang waren. Der 24-Stunden-Tag, wie wir ihn heute kennen, wurde im 14. Jahrhundert v. Chr. erfunden: Das geht ganz klar aus einem Papyrus hervor, der Stunden mit konstanter Länge zeigt und in Monatsübersichten darstellt, wie die Nächte immer weniger Stunden enthalten, wenn die Tage länger werden und umgekehrt. Diese neue Methode der Zeitmessung ist heute überall auf der Welt üblich, das alte System mit den ungleichen Stunden hielt sich gleichwohl in Ägypten noch weitere 1500 Jahre. Die Einteilung einer Stunde in 60 Minuten von jeweils 60 Sekunden Dauer geht auf chaldäische Wissenschaftler in Mesopotamien zurück.

7-Tage-Woche

Sonntag

Die 7-Tage-Woche wurde Mitte des 3. Jahrtausends v. Chr. offiziell in den Königreichen von Sumer und Akkad (Staatsgebiet des heutigen Irak) eingeführt. Der Idee zugrunde lagen die vier Mondphasen, die jeweils sieben Tage dauern. Der siebte Tag der Woche wurde zum Ruhetag erklärt. Die Leute von Akkad ließen ihre Monate 29 oder 30 Tage dauern; da sie andererseits aber immer vier ganze Wochen pro Monat haben wollten, mußten sie für die überzähligen Tage eine Lösung finden. Sie entschieden sich dafür, sie zum Feiern zu nutzen.

Der römische Kalender wurde während der Regierungszeit von Romulus, dem Gründer Roms, eingeführt (8. Jahrhundert v. Chr.). Ursprünglich handelte es sich um einen relativ groben Zyklus mit zehn Monaten von unterschiedlicher Länge:

Monate

Martius	Sextilis
Aprilis	September
Maius	October
Junius	November
Quintilis	December

König Numa Pompilius erfand im 7. Jahrhundert v. Chr. den Januar und den Februar und setzte sie an den Jahresanfang. Nach dem Tod des Kaisers Augustus (1. Jahrhundert n. Chr.) benannte man die Monate Quintilis und Sextilis in Juli – nach Julius Caesar – bzw. August – nach Augustus – um. Bei dieser Benennung der Monate ist es dann bis heute geblieben.

29. Februar

Der Grieche Eudoxos von Knidos schlug während eines Besuches in Ägypten im Jahre 380 v. Chr. vor, daß jedes vierte Jahr 366 statt 365 Tage haben sollte. Diese Idee wurde von Eratosthenes von Kyrene (276–195 v. Chr.) aufgegriffen und zu dem umgesetzt, was wir heute den Julianischen Kalender nennen, mit einem Schaltjahr alle vier Jahre, in dem der Februar einen zusätzlichen Tag erhält. Dieser Kalender kam zuerst in Ägypten in Gebrauch, wo Eratosthenes arbeitete; später wurde er von den Römern übernommen.

Gregorianischer Kalender

Das Sonnenjahr ist ein ganz klein wenig kürzer als 365 $\frac{1}{4}$ Tage. Das heißt, selbst wenn man alle vier Jahre einen zusätzlichen Tag einfügt, bleibt der Kalender mit der Zeit hinter dem Sonnenjahr zurück. Im Jahr 1582 ging der Julianische Kalender zehn Tage nach. Papst Gregor XIII. beschloß, dem abzuhelfen, indem er den 5. Oktober 1582 zum 15. Oktober 1582 erklärte, was natürlich so manche Verabredung zum Platzen brachte. Auf ihn geht auch die Regel zurück, daß Schaltjahre immer auf Jahre mit durch vier teilbare Jahreszahlen fallen sollten. Er präzisierte das noch, indem er festlegte, daß glatte Hunderter nur dann Schaltjahre sein sollten, wenn man die Jahreszahl durch 400 teilen kann (1900 war deshalb kein Schaltjahr, 2000 dagegen schon). Der Gregorianische Kalender wurde 1582 in den katholischen Ländern eingeführt, 1700 in Deutschland, 1751 in Großbritannien und 1918 in Rußland. Mit dem Gregorianischen Kalender leben wir bis heute, obwohl auch er noch eine Winzigkeit zu langsam ist. Vielleicht muß ein anderer Papst in ein paar tausend Jahren mal wieder helfend eingreifen.

Islamischer Kalender

Die islamische Welt zählt die Jahre seit dem Auszug Mohammeds aus Mekka. Das tut sie seit 17 n. H. (639 n. Chr.); das heißt 17 Jahre nach dem Auszug (arabisch *hedjra*). Im Jahr 17 n. H. nahm der arabische Fürst Omar einen Scheck in Empfang, der im Monat Ša'ban fällig sein sollte. Da jedoch unklar war, ob damit der Ša'ban desselben oder der des nächsten Jahres gemeint war, beschloß er, eine geeignete Jahreszählung einzuführen. Er beriet sich mit arabischen und persischen Experten und wählte dann das Jahr des Auszugs als Ausgangspunkt, weil dieses – im Gegensatz zum Geburtsjahr des Propheten – genau bekannt war. 2000 n. Chr. entspricht also 1378 n. H.

4. Gesellschaftliche Phänomene

Stichwörter zu Religion und Aberglauben finden Sie in Kapitel VII, 7.

Friedensbewegung

Die Sumerer in den Stadtstaaten des südlichen Mesopotamien waren um 2500 v. Chr. die ersten, die sich für den Frieden engagierten. Wir kennen zwar die Namen der Wortführer nicht, aber aus Literatur und Dokumenten, die aus dem 3. Jahrtausend v. Chr. auf uns gekommen sind, geht ihr Einfluß hervor. Dichter jener Zeit beklagen das Leid des Krieges, und Herrscher loben sich selbst für ihren Kampf für den Frieden. Um 2250 v. Chr. behauptete einer der mächtigsten von ihnen, König Schulgi von Ur: »Keine Stadt wurde je von mir zerstört, nie habe ich Mauern niedergerissen, nie Land dünnem Schilfrohr gleich niedergewalzt.« Schulgi brachte Nippur unter seine Kontrolle, ein großes kulturelles Zentrum, wo die Friedensbewegung in ihren besten Zeiten ein besonderes Friedenstor errichtet hatte.

Streiks

Fälle von Arbeitern, die sich weigerten, ihre Pflicht zu erfüllen, lassen sich bis in die prähistorische Zeit zurückverfolgen. Organisierte Streiks für Löhne und Arbeitsbedingungen sind eine ägyptische Errungenschaft aus den Zeiten des Alten Reiches (etwa 3500 – 2500 v. Chr.): Arbeiter, die mit etwas unzufrieden waren (meistens war es der Lohn), verließen ihre Arbeitsplätze und strömten in die Tempel, wo sie per Gesetz vor der Verhaftung sicher waren. Derartige Auseinandersetzungen wurden in der Regel mit Hilfe eines Schlichters beendet.

Studentenproteste

Mitte des 2. Jahrhunderts n. Chr. begannen die Studenten der Kaiserlichen Universität im chinesischen Luoyang, gegen Regierungsbeamte und deren Politik zu protestieren. Sie gingen auf die Straße und riefen kritische Parolen, die sie auch auf die Wände schrieben. Die Kampagnen wurden von Studentenführern organisiert, unter ihnen Guo Tai, der begabte Sohn einer armen Familie, und sein Kommilitone Jia Biao. Viele, vielleicht die meisten, der 30 000 Studenten folgten den Aufrufen, und es dauerte nicht lange, bis ihre Parolen auch beim Rest der Bevölkerung Anklang fanden. Doch trotz des heftigen Widerstandes der Studenten errangen die Palasteunuchen in der Regierung die Vormachtstellung und griffen vom Jahr 169 an hart gegen die Protestierer durch. Im Jahr 172 wurden 1000 Studenten unter Arrest gestellt, damit ebbte die erste große Welle von Studentenprotesten ab.

Antiraucherkampagne

Militante Nichtraucher gab es vermutlich bereits unter den amerikanischen Ureinwohnern, die den Tabak als erste nutzten. Aber die erste richtiggehende Antiraucherkampagne wurde 1601 in England ins Leben gerufen. Eine in London gedruckte Broschüre mit dem Titel *Worke for Chimny Sweepers* (»Arbeit für die Schornsteinfeger«) prangerte den Tabakkonsum wegen seiner schädlichen Wirkungen auf den einzelnen und die Gesellschaft als Ganzes an. Als Erwiderung erschien 1602 die Schrift *A Defense of Tobacco* (»Zur Verteidigung des Tabaks«). Dann griff die Regierung in die Auseinandersetzung um die »ekelhafte Angewohnheit« des Rauchens ein. Sie gab ihrerseits eine Schrift heraus, die den Titel trug *A Counterblaste to Tobacco* (»Eine Rede wider den Tabak«) und von König James I. persönlich verfaßt worden war:

> Es kann keine niedrigere und zugleich schädlichere Verkommenheit in einem Lande geben als den abstoßenden Gebrauch von Tabak in diesem Königreich. Dieser Umstand hat mich bewogen, den Mißbrauch desselben auf den folgenden Seiten offenzulegen.

Zwar gesteht der König zu, daß der Tabakrauch ein »Gegenmittel gegen die Pocken« sei, aber das darf für ihn keine Rechtfertigung sein, auch in den Speisezimmern zu rauchen, wie es damals gang und gäbe war.

> Gewiß ist der Rauch einer Küche viel angemessener als einem Speisezimmer, aber allzuoft verwandelt er auch die inneren Teile eines Menschen in eine Küche: Er befleckt und besudelt sie mit einer Art schmierigen, öligen Rußes, wie man es bei einigen starken Rauchern gesehen hat, als man sie nach ihrem Tode öffnete.

Seine Majestät fand viele Argumente, um zu belegen, daß das Rauchen »eine dem Auge widerliche, der Nase verhaßte, dem Gehirn schädliche, den Lungen gefährliche Angewohnheit ist und der schwarze stinkende Qualm noch am ehesten den scheußlichen giftigen Dämpfen aus den Abgründen der Hölle ähnelt«. In der Folgezeit sah sich die »ekelhafte Angewohnheit« einer Gegnerschaft von wechselnder Stärke gegenüber. Wie Ende des 20. Jahrhunderts gab es zu Beginn des 17. Jahrhunderts viel Getöse und eine Menge Bücher. Eines davon, mit dem Titel *Tobacco Tortured* (»Der geschundene Tabak«), wurde 1617 von John Deacon verfaßt und dem König gewidmet. Aber zu diesem Zeitpunkt war die Kampagne bereits gescheitert.

Konferenz

Experten-anhörung

Wissenschaftliche Konferenzen, zu denen Heerscharen von Experten strömen, sind eine wesentlich jüngere Erscheinung als solche, die sich mit diplomatischen und politischen Fragen befassen; letztere gibt es wohl schon seit Urzeiten. Die erste Expertentagung war eine gigantische Veranstaltung, die im Jahr 5 n. Chr. während der Zeit der Han-Dynastie von der chinesischen Regierung in Chang'an auf die Beine gestellt wurde. Geladen waren Spezialisten aus praktisch allen Bereichen – alte Schriften und verlorene Literaturen, Astronomie, Kalenderwesen und Mathematik, Akustik und Musik, Philologie, Zauberei, Medizin und Technik, Pharmazie und alte Sprachen –, insgesamt mehrere tausend Delegierte. Um sie aus allen Teilen des Reiches herbeizuholen, stellte die Regierung offizielle Pferdekutschen zur Verfügung. Die Idee zu der Konferenz hatte Wang Mang, der sich vier Jahre später des chinesischen Throns bemächtigte und eine Vielzahl von Reformen einleitete.

Schönheits-wettbewerb

Im 7. Jahrhundert v. Chr. gründeten die Bürger von Korinth in Südgriechenland eine neue Stadt mit Namen Basilis. Zum Gedenken an dieses Ereignis rief Kypselos, der Herrscher von Korinth, einen regelmäßig stattfindenden Schönheitswettbewerb ins Leben, den es ein paar Jahrhunderte lang gab. Die Jury des ersten Wettbewerbs könnte allerdings befangen gewesen sein, denn sie sprach den ersten Preis der Herodike zu, der Ehefrau des Kypselos, und das hat doch etwas den Ruch von Opportunismus.

Im 4. Jahrhundert v. Chr. führten die Athener erstmals den Wettbewerb um den »idealen Mann« durch; Kriterien waren Schönheit und Fitneß. Die Teilnehmer wurden nach ihrer Körperhaltung beurteilt und mußten unter anderem in Waffen und Rüstung aufmarschieren. Der erste Preis war ein Schild.

Schönheitswettbewerb für Männer

Daß in China nach dem Beginn der Zhou-Dynastie (etwa 1100 v. Chr.) und vor der Zeit des Konfuzius (551–479 v. Chr.) verschiedene Bücher über Etikette und gutes Benehmen veröffentlicht wurden, wissen wir, weil es von Konfuzius Kommentare dazu gibt. Aufgrund späterer politischer Umwälzungen läßt sich heute jedoch nicht mehr mit Sicherheit sagen, welches Buch zuerst erschien. Einer der Kandidaten ist ein Werk über moderne Umgangsformen und schickliches Verhalten mit dem Titel *Ju Li.* In ihm finden wir nicht nur Informationen über das Warum und Weshalb von Benimmregeln, sondern auch Ausführungen, wie man andere korrekt anredet oder einen Raum betritt, ohne die darin befindlichen Personen zu überraschen, wie man Namen für Kinder auswählt, einen Tisch deckt oder sich als Gast verhält; darüber hinaus erfährt der geneigte Leser, daß er innerhalb der Stadt nicht zu schnell fahren soll, und vieles andere mehr. »Zeremonie und Etikette« *(Yi Li)* ist ein weiteres Buch zum Thema. Es könnte älter sein, sein Schwerpunkt liegt auf besonderen Anlässen wie Hochzeiten, gemeinschaftlichen Besäufnissen, Wettbewerben im Bogenschießen, Staatsbesuchen, Beerdigungen und Opferhandlungen.

Benimmbuch

Allein wegen der Erfindung des Dynamits (siehe Kapitel VI,1) wäre Alfred Nobel (1833–1896) vermutlich nicht bis weit über die Grenzen seines Vaterlandes Schweden hinaus zum Begriff geworden. Aber seine visionäre Idee, die Leistungen anderer zu würdigen, brachte ihm im 20. Jahrhundert indirekt das Vielfache dessen an Ruhm, was ihm persönlich zu seiner Zeit zuteil wurde. Alfred Nobel verfügte in seinem Testament, daß die Zinserträge aus einem großzügig bestückten Fonds dazu verwendet werden sollten, alljährlich »Nobelpreise« auf verschiedenen Gebieten zu verleihen. Diese Verleihungen fanden 1901 zum ersten Mal statt, hier die Ausgezeichneten:

Nobelpreis

Physik	Wilhelm Röntgen, Deutschland, Entdecker der Röntgenstrahlen (siehe Kapitel VIII, 10)
Chemie	Jacobus van't Hoff, Niederlande, Pionier der Stereochemie
Physiologie / Medizin	Emil von Behring, Deutschland, Bakteriologe, der Antitoxine gegen Tetanus und Diphterie entwickelte
Literatur	René-François Sully Prudhomme, Frankreich, Dichter, u.a. von *La justice* und *Le bonheur*
Frieden	Henri Dunant, Schweiz, der Gründer des Roten Kreuzes, und Frédéric Passy, Frankreich, der Mitbegründer der Internationalen Friedensliga

Der Nobelpreis für Wirtschaftswissenschaften wurde 1969 erstmals verliehen.

Wirtschaft	Jan Tinbergen, Niederlande, und Ragnar Frisch, Norwegen, beides Pioniere der Ökonometrie

Rotes Kreuz

In der Schlacht von Solferino in Norditalien kämpften 1859 Franzosen und Italiener gegen Österreicher. Dabei war außerdem ein Schweizer namens Henri Dunant (1828–1910), der sich dadurch hervortat, daß er den Verwundeten auf beiden Seiten Hilfe leistete. 1862 veröffentlichte er ein Buch mit dem Titel *Un Souvenir de Solferino (Eine Erinnerung an Solferino)*, in dem er die internationale Gemeinschaft dazu aufrief, in allen Nationen humanitäre Hilfsorganisationen zu schaffen. 1864 wurde das Internationale Rote Kreuz gegründet – gemäß den Vereinbarungen der Genfer Konventionen, die im selben Jahr verabschiedet wurden und die alle Unterzeichnerstaaten dazu verpflichteten, im Kampf Verwundeten Hilfe zu leisten, gleich ob Freund oder Feind. Jedes Land baute seine eigene Organisation unter dem Dach des Internationalen Komitees vom Roten Kreuz auf. Henri Dunant erhielt 1901 den ersten Friedensnobelpreis (siehe oben). Der Name der Organisation bezieht sich auf ihr Emblem: ein rotes Kreuz auf weißem Grund, die Umkehrung der Schweizer Flagge. Die Ähnlichkeit mit den Symbolen der Kreuzfahrer war der Grund, daß sich die islamische Welt nicht recht damit anfreunden konnte.

Roter Halbmond

Auf Betreiben der Regierung des Osmanischen Reiches übernahmen die muslimischen Länder von 1906 an den Roten Halbmond als Symbol und Namen für ihre Tochterorganisationen.

Die Rosenkreuzer sind eine geheime Bruderschaft, deren Ursprünge im dunkeln liegen. Sie bezeichnen sich als Anhänger des deutschen Okkultisten und Alchimisten Christian Rosenkreuz, der im 14./15. Jahrhundert gelebt haben soll. Mit Schriften wie *Fama Fraternitatis* und *Die Chymische Hochzeit Christiani Rosencreutz* traten sie 1614 und 1616 erstmals an die Öffentlichkeit. Sie deuten unter anderem mystische Zeichen und arbeiten mit alchimistischen Formeln.

Rosenkreuzer

Im mittelalterlichen Europa waren die Freimauer eine Zunft wie andere Handwerkszünfte auch; in ihr organisierten sich Maurer, Steinmetze, manchmal auch Baumeister, zum gegenseitigen Schutz und Nutzen. Heutzutage sind die Freimaurer eine Bruderschaft von Eingeweihten, die aus allen Berufszweigen kommen können, solange sie gewillt sind, sich »moralischer und sozialer Tugend« zu befleißigen. In dieser Form besteht die Freimaurerei seit den vierziger Jahren des 17. Jahrhunderts. Ihre Schöpfer gehörten einem literarischen Zirkel um Elias Ashmole (1617 bis 1692) an, der später die Sammlung für Englands erstes öffentliches Museum, das Ashmolean, stiftete. In Anlehnung an die mittelalterlichen Zünfte wählten sie sich unter anderem Sonne und Zirkel als Symbole und gaben sich einen Verhaltenskodex, bei dem das gegenseitige Wohl im Mittelpunkt stand. Die Symbolik haben sie möglicherweise von den Templern und den Rosenkreuzern übernommen.

Freimaurer

Als Genußmittel kam Marihuana (Haschisch) zu Beginn des 1. Jahrtausends v. Chr. in Zentralasien in der Nähe des Kaspischen Meeres in Gebrauch. Die Menschen dort warfen es ins Feuer oder auf heiße Steine, und wer an der Party teilnehmen wollte, hockte sich mit unter die Zeltplane und atmete den entstehenden Rauch ein. (Die Verwendung der gleichen Pflanze zur Faserherstellung wird unter dem Stichwort »Hanf« in Kapitel XI, 4 beschrieben.)

Rauchen von Marihuana

Der Einfluß der Willenskraft auf den menschlichen Körper ist so groß, daß man – vorausgesetzt, die Motivation ist stark genug – sogar über glühende Kohlen laufen kann, ohne sich zu verletzen. Im alten Rom hieß dieses Motiv »Steuerbefreiung«. Der römische Senat hatte ein Gesetz verabschiedet, das einer Brüderschaft namens Hirpi Sorani in Anerkennung ihrer Leistungen im Feuerlaufen Steuerbefreiung (und Freistellung vom Militärdienst) gewährte. Die Hirpi lebten in der Nähe von Rom und be-

Feuerlaufen

gannen vor fast 2500 Jahren mit ihren tollkühnen Spaziergängen. Am Heiligtum des Apollo auf dem Monte Soracte marschierten sie ohne Schuhe und Brandblasen über glühende Holzkohle. Dieses Schauspiel wiederholten sie einmal pro Jahr, wie es jeder von uns unter den gegebenen Umständen tun würde.

Transvestiten

In einer mesopotamischen Sammlung mit Kommentaren zu Moral und Ethik (etwa 2000 v. Chr. verfaßt) findet sich der erste Hinweis auf Transvestismus, der negativ beurteilt wird. Der Übeltäter war ein »Mensch von geringem Stand, ein Amoriter«, der von seiner Frau verlangte, den Mann zu spielen, während er selbst die Frau sein wollte. (Die Amoriter waren eine Bevölkerungsgruppe im Nordwesten von Mesopotamien, auf die die Bewohner des zentralen Landesteils generell herabsahen.)

Homosexuelle Hochzeit

Der älteste Bericht über die Hochzeit eines gleichgeschlechtlichen Paares stammt aus Rom; sie fand etwa 100 n. Chr. statt. Die Braut war ein ehemaliger Priester des Kriegsgottes Mars. Mars, ein Sohn des Jupiter, war der Lieblingsgott der Römer. Die Geschichte der Hochzeit wird vom Satiriker Juvenal erzählt, der Mars mit folgenden Worten kritisiert:

> O Vater Roms, woher kam solch Greuel zu den Hirten Latiums? Woher, Gravidus [= Mars], kam dieser Kitzel zu deinen Enkeln? Da wird ein Mann aus berühmtem und reichem Geschlecht einem anderen Mann zum Weibe gegeben. Und du schüttelst nicht deinen Helm, schlägst nicht mit dem Speer auf den Boden, noch beklagst du dich bei deinem Vater? Geh denn und weiche vom Boden des Feldes harter Übung, das du vernachlässigst. »Morgen ganz in der Frühe habe ich im Quirinustal etwas Wichtiges vor.« – »Worum handelt es sich?« – »Was fragst du viel? Ein Freund von mir ist Braut, und er lädt nur wenige ein.«
>
> Juvenal, *Satiren*. Übersetzung von Harry C. Schnur.

V. STADT UND LAND

Die ersten Menschen, unser aller Vorfahren, kamen vor unglaublich langer Zeit auf die Welt: wenn man den Paläontologen glaubt, in Afrika, der Bibel und diversen Mythen zufolge an verschiedenen anderen Orten. Die erste Großtat des Menschen war es, sich zu vermehren und zu verbreiten. Die meisten Inseln und alle Kontinente, außer der Antarktis, waren bereits vor Jahrtausenden von unseresgleichen bevölkert. Die Eiszeit (siehe Kapitel VIII, 3) schränkte den Siedlungsraum ein; danach entwickelte sich eine neue Lebensweise, die zu einem starken Bevölkerungswachstum führte: Die Viehhaltung ermöglichte eine wesentlich bessere Versorgung mit Nahrungsmitteln als die Jagd, die sie weitgehend ersetzte. Nomadengruppen folgten den weidenden Rindern und Schafen. Die Landschaften veränderten sich, wo immer der Mensch begann, Weideland für seine riesigen Herden zu schaffen.

Der einschneidendste Eingriff – vom Anbeginn der Zeit bis heute –, den der Mensch je in seiner Umwelt vornahm, war die Einführung der Landwirtschaft (siehe Kapitel VIII, 7) vor etwa 10 000 Jahren, die die Wildnis in Ackerland verwandelte. Schon bald darauf begannen die Menschen, in Dörfern zu leben, die ersten Siedlungen entstanden. In Vorderasien wurden die blühendsten Dörfer größer und größer, und es kam so weit, daß Händler ihren Lebensunterhalt verdienen konnten, ohne selbst auf dem Feld zu arbeiten. Das waren die Vorläufer der Städte, die schließlich mit der Entstehung der Zivilisation in Erscheinung traten. Kurze Zeit später, nachdem das Schreiben erfunden war, begannen die Menschen damit, neue Errungenschaften schriftlich festzuhalten. Darum können wir sie heute in einem Buch der »ersten Male« aufführen.

Die seit dieser Zeit immer weiter wachsende Siedlungstätigkeit des Menschen sowie sein nicht enden wollender Bedarf an Rohstoffen führten zum Problem des Bevölkerungswachstums (siehe Kapitel IV, 3), zum Naturschutzgedanken (siehe Kapitel VII, 3) und zur Umweltgesetzgebung (siehe Kapitel XII, 1).

1. Städte und Gemeinden

Millionenstadt

Das alte Babylon hatte eine Million oder mehr Einwohner. Die Millionenmarke wurde wahrscheinlich in der Blütezeit des Neuen Babylonischen Reiches (612–538 v. Chr.) überschritten. Da genaue Angaben über die Bevölkerungszahl fehlen, muß sie aus der Stadtfläche geschätzt werden. Über die Ausdehnung der Stadt lesen wir in Berichten griechischer und römischer Schriftsteller seit dem 5. Jahrhundert v. Chr. Die Stadtmauer von Babylon hatte einen quadratischen Grundriß, ihr Umfang lag zwischen 360 und 480 Stadien, wobei 368 am wahrscheinlichsten ist. (Das Längenmaß Stadion war leider nicht so genau festgelegt wie unser heutiger Meter, es schwankte zwischen 180 und 210 Metern.) Das heißt, die Stadt bedeckte weit mehr als 250 Quadratkilometer Fläche und könnte mehrere Millionen Einwohner beherbergt haben. Doch Parks, Boulevards, öffentliche Einrichtungen und Befestigungsanlagen nahmen ziemlich viel Raum ein.

Kanalisation

Städtische Abwassersysteme wurden um 2700 v. Chr. in Südmesopotamien eingeführt. Bis dahin hatte man das Abwasser in Gruben oder Gräben geleitet oder es in Behältern weggekarrt. Nun wurden Kanäle aus den einzelnen Gebäuden in großen Sammlern zusammengeführt, die das Abwasser ganzer Stadtteile entsorgen konnten. Archäologen haben die Kanalisation der Stadt Eshnunna ausgegraben. Sie ist ganz aus Ziegelsteinen hergestellt und besitzt Sammler, gewölbte Kanäle von zwei bis drei Meter Durchmesser. Dies ist das älteste bekannte Abwassersystem, doch vermutlich waren andere Städte in der Region ähnlich ausgestattet.

Wasserleitung

Die Ägypter begannen vor fast 5000 Jahren damit, Wasserleitungen zu verlegen. Nicht daß der gewöhnliche Haushalt zu dieser Zeit damit ausgestattet gewesen wäre, doch konnten immerhin einige öffentliche Gebäude damit aufwarten. Ein Tempel in der Nähe von Gizeh, der im 30. Jahrhundert v. Chr. gebaut wurde, verfügte über eine Wasserleitung von beachtlicher Länge: Sie maß etwa 400 Meter und war ganz aus Kupfer.

Fußgängerzone

Um 400 v. Chr., noch lange vor der Einführung echter Fußgängerzonen, galten in einigen italienischen Stadtgebieten bereits Beschränkungen für Personenfahrzeuge. In Rom gab es eine kuriose Vorschrift, nach der es männlichen Bürgern untersagt war, mit dem Wagen in die Stadt zu fahren, ihren Frauen jedoch nicht. Diese Diskriminierung der Männer war als Lohn für die unermüdlichen Wohltätigkeitsaktivitäten der römischen Damen während der Invasion durch die Gallier (390 v. Chr.) eingeführt worden. Es dauerte lange, bis ein Mann so viel Macht besaß, daß er die Frauen beinahe wieder auf ihre angestammten Plätze verweisen konnte. Die Stadtfahrtprivilegien wurden – bis auf wenige Ausnahmen – im Jahr 45 v. Chr. von Julius Cäsar aufgehoben. Cäsar brachte außerdem ein Gesetz durch, das Fahrzeugen mit Waren die Straßenbenutzung zwischen Sonnenaufgang und 16 Uhr verbot. Durch diese beiden Maßnahmen verwandelte er die ganze Stadt Rom in eine Fußgängerzone – der bald viele andere im Römischen Reich folgten.

Verkehrskreisel

Vor 1500 Jahren war es bei indischen Stadtplanern üblich, an größeren Straßenkreuzungen die Ecken von Gebäudekomplexen abzurunden und die Fahrspuren in einen Kreisel oder *pradakschina* einmünden zu lassen. In die Mitte der Kreuzung stellten sie entweder eine Lampe, einen Altar oder einen Baum. Die Verkehrsteilnehmer mußten sich linksherum um diesen Mittelpunkt bewegen, um Staus und Unfälle zu vermeiden. In kleineren Städten und Dörfern entwickelte sich der leicht erhöht auf einer Verkehrsinsel stehende Baum zu einem Treffpunkt für die Dorfältesten, wo sie über Angelegenheiten der Dorfgemeinschaft berieten. Undenkbar auf einer Verkehrsinsel unserer Tage! Das Alter der Bücher, in denen wir über diese verkehrsberuhigende Maßnahme lesen, ist nicht genau bekannt. Möglicherweise gibt es den Verkehrskreisel schon seit mehr als 2000 Jahren; die archäologische Bestätigung dafür steht allerdings noch aus.

Verkehrsampel

Die erste Verkehrsampel, 1868 in London, war den Eisenbahnsignalen abgeschaut. Sie besaß Signalarme, die gehoben und gesenkt wurden. Nachts nahm man rote und grüne Gaslampen. Wenn Fußgänger die Straße überqueren wollten, betätigten sie das Signal selbst von Hand. Die erste Ampel war kein uneingeschränkter Erfolg: Schon bald nachdem sie installiert war, löste sie in einem Trupp Kavalleristen eine Panik aus. Kurze Zeit später kam ein Polizist ums Leben, als die Gaszuführung explodierte.

Beschwerden über Verkehrslärm

Vor der Erfindung geräuschvoller Motoren konnte sich eigentlich nur ein reizbarer Zeitgenosse in einer besonders geschäftigen und schlecht geplanten Stadt über Verkehrslärm beklagen. Das führt uns auf direktem Weg ins alte Rom, dessen Einwohner wahrscheinlich ständig über den Krach von der Straße jammerten. Der Satiriker Juvenal war der erste, der diesen Mißstand etwa 110 n.Chr. literarisch verarbeitete.

> Hier sterben viele, weil Schlaflosigkeit sie krank gemacht hat; [...] denn in welcher Mietwohnung kann man schlafen? Sehr reich muß man sein, um in Rom schlafen zu können. Das ist eine Hauptursache des Übels: Wagen biegen in scharfer Wendung um die Straßenecken, die Treiber schimpfen laut, wenn ihre Herde nicht weiterkann – all das würde einem Drusus oder einem Meerkalb den Schlaf nehmen.
>
> Juvenal, *Satiren*. Übersetzung von Harry C. Schnur.

Krankenhaus

Der indische Herrscher Aschoka, der sein Land von 273–232 v.Chr. regierte, war ein großer Menschenfreund vor dem Herrn. Damit seine Untertanen, unabhängig von ihrem Vermögen, medizinische Behandlung und Pflege erhalten konnten, eröffnete er überall im Land – von Afghanistan bis Bangladesch – aus der Staatskasse finanzierte Krankenhäuser. Davor fanden medizinische Behandlungen (einschließlich chirurgischer Eingriffe) üblicherweise in Arztpraxen, Medizinschulen oder Tempeln statt. Aschoka ließ außerdem in ganz Indien Tierkrankenhäuser errichten. Der Tierschutz genoß während seiner Regierungszeit hohe Priorität.

Tierkrankenhaus

Altersheim

Häuser, in denen ältere Menschen ohne Familienangehörige aufgenommen und gepflegt wurden, gehören zu den ältesten Einrichtungen der chinesischen Zivilisation. Die meisten Experten sind der Ansicht, daß sie bereits zu Zeiten des Fürsten Shun (etwa 2200 v.Chr.) etabliert wurden; doch die Datierung ist unsicher. Ursprünglich diente das gleiche Gebäude sowohl als Schule wie auch als Altersheim.

Hotel

Gasthäuser, in denen man ein Bett und Essen und Trinken bekommen konnte, sind nicht ganz so alt wie die Zivilisation. Der Ruf nach ihnen wurde erst laut, als Handelsbeziehungen zwischen den Städten entstanden. Das war spätestens im 4. Jahrtausend v.Chr. in Mesopotamien der Fall. Solche Unterkünfte gab es vermutlich in Städten wie Lagasch, Kisch,

Ur oder Akkad. Auf ein Einzelzimmer oder gar Bettzeug konnte man allerdings nicht hoffen. Wahrscheinlich hatten die Gebäude etwa die gleiche Größe und den gleichen Zuschnitt wie ein normales Wohnhaus. Später wurden an allen Hauptverbindungsstraßen in Mesopotamien Hotels errichtet.

Hotelkette

Einen großen Fortschritt im Reisekomfort können wir im 23. Jahrhundert v. Chr. verzeichnen, als Schulgi über die Stadt Ur herrschte. Seine Regierung ließ eine Reihe zweckmäßig ausgestatteter Hotels errichten, die von jedermann genutzt werden konnten und von Fachpersonal geführt wurden. In der »Hymne an Schulgi« fanden seine Leistungen posthume Würdigung:

> Die Fußwege habe ich verbreitert, die Überlandstraßen begradigt,
> Ich machte das Reisen sicherer, erbaute dort große Häuser,
> pflanzte Gärten längs des Wegs, schuf Rastplätze
> und siedelte freundliche Menschen an.
> Ob einer von Süden kommt oder von Norden,
> in diesen kühlen Räumen kann er sich erfrischen.
> Der Wanderer, der des Nachts auf der Straße unterwegs ist,
> findet Zuflucht dort, grad so wie in einer größeren Stadt.

Motel

Im Römischen Reich kannte man zwei Arten von Motels: die *mansio*, die in ländlichen Regionen direkt an der Straße lag, und das *stabulum*, das etwas kompakter gebaut war, in den Städten. Aus den Ruinen eines *stabulums* in Pompei (zerstört 79 n. Chr.) ließ sich ein typisches römisches Stadtmotel rekonstruieren. Von der Straße aus gelangte man in eine Empfangshalle, dort war die Rezeption, der Eingang zum Restaurant und der Zugang zu den öffentlichen Toiletten. Dahinter lagen ein Hof mit einer eigenen Zufahrt für die Wagen und Karren und an der Rückseite die Ställe. Die Gästezimmer befanden sich seitlich unter einem Säulengang und in der ganzen ersten Etage. Die Landmotels verfügten über Tierärzte, Mechaniker, Ersatzpferde, Bäder, Zentralheizung, Gepäckträger und Zimmerservice. Die Zimmer befanden sich im ersten Stock und die Ställe darunter, oder sie waren um einen Hof herum angeordnet und die Ställe nahmen eine Seite davon ein. Anstelle von elektrischen Heizdecken, Videogeräten und vibrierenden Matratzen bot die Hotelleitung ihren Gästen Hostessen an. Das Konzept für die Landmotels lernten die Römer sehr wahrscheinlich in Griechenland kennen, wo es Herbergen mit ähnlichem Grundriß aus dem 5. Jahrhundert gibt. Allerdings boten die nicht soviel Komfort und sonstige Annehmlichkeiten.

Luxushotel

Eine bemerkenswerte Anlage haben Archäologen auf dem Gelände des alten Korinth ausgegraben. Es handelt sich um ein etwa 150 Meter langes zweistöckiges Gebäude hinter einem reichverzierten Säulengang. Im ersten Stock befanden sich elegante Suiten mit verschiedenen Ebenen, die alle von einem einzigen im Haus gelegenen Korridor aus zu betreten waren. Im Erdgeschoß zählte man nicht weniger als 31 Bars. Jede war mit einer eigenen Vorratskammer, einer Toilette und einer Wasserstelle ausgestattet. Die Wasserstelle muß man sich als brunnenähnlichen Schacht vorstellen, der zu einem Kanal hinabreichte. Dieser Kanal führte Quellwasser und versorgte auch die anderen »Bars«. Durch den Schacht wurden Behälter ins Wasser gehängt, so daß die Bar ständig mit gekühlten Speisen und Getränken aufwarten konnte. Dieses Hotel wurde im 4. Jahrhundert v. Chr. erbaut.

Schwimmbecken

Das öffentliche Schwimmbecken am Ufer des Indus in Mohenjo-Daro im heutigen Pakistan war Teil eines größeren Bades, das vermutlich bald nach 2500 v. Chr. errichtet wurde. Das Schwimmbecken war 12 Meter lang, 7 Meter breit und bis zu 2,50 Meter tief. Zu der Anlage gehören auch die älteste Zentralheizung und die älteste Sauna, die wir kennen (siehe Kapitel XI, 1).

Sportplatz, Sporthalle

Für die alten Griechen besaß die körperliche Ertüchtigung den gleichen Stellenwert wie die geistige Bildung. Die Gymnasien gehörten daher seit dem 4. Jahrhundert v. Chr. zu den wichtigsten säkularen Einrichtungen in ihren Städten. Sie lassen sich mit Universitäten vergleichen, an denen alle Fächer gelehrt werden (siehe Kapitel IV, 3). Zu den Gymnasien gehörten Gebäudekomplexe und Höfe, die sogenannten *palaestrai*, die jedoch auch unabhängig davon existieren konnten. Dort wurde Sport getrieben und trainiert, wie in unseren heutigen Sportanlagen.

Zoo

Der erste Zoo war eine logische Fortentwicklung der Menagerien, in denen die Herrscher früherer Zeiten ihre Sammlungen exotischer Tiere ausstellten. Der große Unterschied bestand darin, daß die Sammlung aus wissenschaftlichem Interesse erfolgte und nicht des reinen Unterhaltungswertes wegen. Dieser Zoo wurde in der Regierungszeit von Ptolemäus II. (285–246 v. Chr.) in Alexandria eingerichtet, das während der Ptolemäer-Dynastie ägyptische Hauptstadt war. Man gab sich die größte Mühe, einen Querschnitt durch die Tierwelt zu präsentieren. Der Zoo besaß einen 15 Meter langen Python, verschiedene Katzengattungen, unter anderem Luchse und Leoparden, Giraffen, Nashörner, Eisbären, Büffel aus Afrika und aus Indien sowie eine Vielzahl von Vögeln, beispielsweise Pfauen und Papageien. Der Zoo befand sich im Stadtzentrum von Alexandria in den Gärten, die das berühmte Museion umgaben.

Nationalpark

Die Herrscher früherer Zeiten reservierten gerne urwüchsige Landstriche für sich, als private Vergnügungsparks sozusagen, und verhängten schwere Strafen gegen Eindringlinge, die dort Wild jagten. Eigentlich war das ein Akt des Naturschutzes, aber es wurde eher als Zeichen königlicher Selbstgefälligkeit und Härte interpretiert. In den düsteren letzten Tagen der chinesischen Shang-Dynastie (im 12. Jahrhundert v. Chr.) hatte König Wen, der aufrührerische Herrscher des Vasallenstaates Zhou, die Idee, seinen Park für das Volk zu öffnen. So entstand der erste Nationalpark. Er hatte eine Fläche von 80–90 Quadratkilometern und wurde in einem zeitgenössischen Gedicht als »Park der Seelen« lobend erwähnt.

Im königlichen Park der Seelen
liegt das zierliche Wild,
so geschmeidig, so zart; in der Luft die Vögel zaubern
blitzende weiße Bogen, derweil die Fische spritzend
mit Flossen wie Flügel in den Seelenteich tauchen.

Botanischer Garten

695 v. Chr. wurde in Ninive, der Hauptstadt Assyriens, ein Park angelegt, der angeblich von jeder Pflanzenart, die im assyrischen Reich wuchs, einige Exemplare enthielt. Das Reich war nicht gerade klein, deshalb ist es so gut wie ausgeschlossen, daß in dem Park wirklich jede Pflanzenart vertreten war. Aber es gab wohl ernsthafte Bemühungen, und sicher war es ein bemerkenswerter botanischer Garten. Ninive lag am Ufer des Tigris im Norden des heutigen Irak, und das assyrische Reich, aus dem die Pflanzen stammten, erstreckte sich über das heutige Jordanien, Israel, den Libanon, Syrien, den Irak, Nordarabien, Kuweit, die südliche Türkei und den Westen des Iran.

Alpinum, Steingarten

Ein anderes kühnes Unternehmen auf dem Gebiet der Botanik wurde knapp 100 Jahre später in der südmesopotamischen Stadt Babylon gestartet. Mittlerweile waren die Assyrer aus dem Neuen Babylonischen Reich vertrieben, und König Nebukadnezar II. beschloß, für seine Frau die berühmten Hängenden Gärten der Semiramis bauen zu lassen, eines der Sieben Weltwunder (zumindest bezeichnete man das Werk später so). Nebukadnezar beabsichtigte, durch die terrassenförmige Anlage eine Gebirgslandschaft möglichst genau nachzubilden. Pflanzen wurden von weit her geholt, und vermutlich konnte man Temperatur und Feuchtigkeit regulieren. (Solche Steingärten mit Pflanzen aus dem Hochgebirge nennt man heute Alpinum.)

Gartenbuch

Zwar fehlt es der alten Literatur keineswegs an begeisterten Beschreibungen von Gärten, doch ein Buch zum Thema taucht erst relativ spät auf. Das erste war »Wei Wangs Baum- und Blumenbuch« (etwa 500 v. Chr.). Obwohl er chinesisch schrieb, gehörte der Autor Toba Xin zu einer der mächtigsten Familien der Toba-Barbaren, die Nordchina erobert hatten.

Austernzucht

Sergius Orata, der Mann, der die römischen Villen mit Duschen ausstattete (siehe Kapitel XI, 1), leistete einen weiteren wichtigen Beitrag zur Verbesserung der Lebensqualität: Er erfand die Austernfarm. Die erste eröffnete er etwa 90 v. Chr. im Golf von Baia (nahe dem heutigen Neapel) direkt vor Italiens damaligen Feriensiedlungen.

Siedlung in der Antarktis

Die *Australian National Antarctic Research Expeditions* stachen 1953 auf dem gecharterten dänischen Schiff *Kista Dan* von Melbourne aus in See. Ziel war Horseshoe Harbour, an der Nordwestküste des australischen Teils der Antarktis. Auf der Grundlage von vorangegangenen Erkundungsflügen war dieser Platz vom Expeditionsleiter Dr. Phillip Law als Standort für eine staatliche Forschungsstation ausgewählt worden. Am 11. Februar 1954 durchbrach die *Kista Dan* das umgebende Eis und erreichte als erstes Schiff Horseshoe Harbour. Zwölf Tage später legte das Schiff wieder ab und ließ ein paar Hütten aus Fertigbauteilen und zehn Männer zurück, die den Winter dort verbringen wollten. Dieses Basislager, Mawson, war seitdem immer belegt; allerdings muß die Mannschaft häufig gewechselt werden, damit niemand durchdreht.

2. Bauwerke und Konstruktionen

Stilrichtungen in der Architektur finden Sie in Kapitel II, 1.

Eine über die schlichte traditionelle Bauweise hinausreichende Architektur gab es nicht vor 3200 v. Chr. Etwa um diese Zeit begann man in Ägypten ebenso wie in Mesopotamien damit, kunstvolle Gebäude zu entwerfen und aus Stein zu bauen. Der erste staatliche Baumeister oder Hofarchitekt war Imhotep, der im 32. Jahrhundert v. Chr. für den ägyptischen Pharao Djoser arbeitete. Er beschäftigte sich vor allem mit der Architektur von Grabanlagen, ein großer Teil seines Werks kann heute noch in Sakkara, einem Grabkomplex in der Nähe von Memphis besichtigt werden. Seine wichtigste Neuerung war die Pyramide, die er als Pharaonengrab ausersah. Die Urmutter aller Pyramiden ist eine sogenannte Stufenpyramide, die eine Höhe von etwa 60 Metern erreichte. Imhoteps Leistungen sind deshalb so bemerkenswert, weil vor seiner Zeit selbst die größten ägyptischen Gebäude eingeschossig angelegt waren und aus Lehm gebaut wurden. Die Technik, die sich unter seiner Anleitung entwickelte, ermöglichte es den Ägyptern, eine Generation nach seinem Tod das größte Steinbauwerk aller Zeiten zu errichten – die Cheops-Pyramide, und das, obwohl man 100 Jahre vor seiner Geburt Steine noch nicht zum Bauen verwendet hatte (siehe Steinbauweise, S. 138).

Architektur

Hofarchitekt, Baumeister

Pyramide

Die sumerische Architektur in Südmesopotamien (im heutigen Irak) wurde von der traditionellen Reetbauweise beeinflußt, wie sie in den sumpfigen Gebieten an Euphrat und Tigris auch heute noch üblich ist. Dort macht man die Eckpfosten der Häuser aus langen biegsamen Schilfrohrbündeln. Die oberen Enden dieser Bündel wurden manchmal zusammengezogen und verbunden, so daß sie einen Bogen formten. Etwa von 3200 v. Chr. an begannen Architekten, diese Form bei gemauerten Gebäuden zu imitieren. Zunächst dürften die gemauerten Bogen reine Zier gewesen sein, aber Anfang des nächsten Jahrtausends kamen Bogen als tragende Elemente auf.

Bogen

Bindet man die Enden der vier Schilfbündeleckpfosten zusammen, können sie ein kuppelförmiges Dach tragen. Auch das wurde von den Architekten nachgeahmt. Das älteste bekannte Beispiel ist eine Kuppel über einem der Königsgräber von Ur, die wahrscheinlich vor 3000 v. Chr.

Kuppel

aus in Lehm und Mörtel gesetzten Kalkbruchsteinen gefertigt wurde. Die Konstruktion wurde über einem kuppelförmigen Holzrahmenwerk errichtet, das man entfernte, nachdem der Mörtel ausgehärtet war.

Gewölbe

Der Kuppel folgte schon bald das Tonnengewölbe, das sich schnell zur beliebtesten Bauform für die sumerischen Königsgräber entwickelte. Heute gehört es zu den am häufigsten verwendeten architektonischen Elementen weltweit. Die Gewölbe wurden jedoch nicht über Holzkonstruktionen angelegt, sondern in Form von vielen aufeinanderfolgenden Bogen aus Ziegelsteinen. Die Ziegelsteine wurden so aufeinandergesetzt, daß der obere immer ein Stückchen nach der Seite verschoben war.

Zikkurat

Mit dem Erbauen der eindrucksvollen sumerischen Tempeltürme, die wir aus unseren Schulbüchern und aus der Geschichte vom Turmbau zu Babel kennen, begannen die Menschen in Südmesopotamien vor 3000 v. Chr. Die älteste Zikkurat ist die von Uruk; sie wurde vermutlich zu Ehren des Himmelsgottes An errichtet. Sie bestand aus einem rechteckigen Tempel von etwa 18 auf 24 Meter, der etwa 12 Meter über dem Bodenniveau auf einer ebenen Fläche aus aufgeschütteter Erde stand.

Wolkenkratzer

Etwa 280 v. Chr. wurde auf einer kleinen Insel, die vor dem ägyptischen Alexandria lag, ein Leuchtturm gebaut. Die Schätzungen, wic hoch er war, rangieren zwischen unter 100 bis 200 Meter; am plausibelsten scheint mir 125 bis 150 Meter zu sein. Falls das zutrifft, wäre der Leuchtturm nur das dritt- oder vierthöchste Bauwerk in Ägypten – niedriger als die höchsten Pyramiden und etwa so hoch wie ein modernes vierstöckiges Bürogebäude. Im Unterschied zu den Pyramiden bezeichne ich ihn als Wolkenkratzer – wegen seiner schlanken Form und weil er in Stockwerke mit Zimmern unterteilt war. Diese waren außen an dem Gebäude angebracht; in seinem Inneren befanden sich ein Lift und ein sehr steiler, spiralig gewundener Fahrweg. Der Kalksteinbau war mit Marmor verkleidet und mit Statuen geschmückt. Konvexe Reflektoren in der Spitze des Turmes warfen den Schein des Leuchtfeuers auf das Meer. Das Licht war weithin zu sehen und diente als Navigationshilfe; so wurden die Schiffe in den Hafen von Alexandria geleitet. Der Name des griechischen Architekten stand in riesigen Lettern außen auf dem Bauwerk – Sostratos von Knidos. Der Leuchtturm von Pharos – so hieß die kleine Insel – wurde später den Sieben Weltwundern zugerechnet.

Die Pagode verdankt ihre Existenz dem Einfluß der indischen Architektur auf Nordchina. Als *stupas* bezeichnete Schreine dienten vor 2000 Jahren buddhistischen Gläubigen als Stätten der Verehrung. Chinesische Buddhisten übernahmen das Grundprinzip vermutlich in der späten Han-Dynastie (2. Jahrhundert n. Chr.); ihre Bauten wichen jedoch von den untersetzten indischen *stupas* ab und ähnelten in vieler Hinsicht den schlanken Türmen aus Holz und Ziegelsteinen, die zu dieser Zeit in China bereits sehr beliebt waren. Die entstandene »Kreuzung« garnierten die Chinesen mit reichverzierten Balkonen und Dachvorsprüngen.

Pagode

In der Stadt Rom begannen die Wohnblocks im 2. Jahrhundert v. Chr. immer höher zu werden. Vitruv beschreibt sie in seinen *Zehn Büchern über Architektur* (1. Jahrhundert v. Chr.):

Hochhäuser

> Da also Häuser, die nur ein Erdgeschoß haben, eine so große Menge zum Wohnen in der Stadt nicht aufnehmen können, zwangen die Umstände selbst dazu, daß man sich damit half, die Häuser in die Höhe zu bauen. So wurden mit Hilfe von Steinpfeilern, Mauern aus gebrannten Ziegeln und Bruchsteinmauern hohe Häuser errichtet; sie wurden auf häufigen Balkenlagen mit Bretterböden versehen mit dem Ergebnis, daß die oberen Stockwerke zum größten Nutzen Aussicht (auf die Stadt) haben. Da also das Fassungsvermögen der Stadtmauern durch die verschiedenen Stockwerke nach der Höhe zu vervielfältigt ist, hat das römische Volk ohne Schwierigkeit ausgezeichnete Wohnungen.
>
> Vitruv, *Zehn Bücher über die Architektur*. II. Buch, 8. Kapitel.
> Übersetzung von Curt Fensterbusch, 1964.

Die phönizische Stadt Tyros, auf einer Insel vor der Küste des heutigen Libanon gelegen, hatte zu dieser Zeit ebenfalls bereits Hochhäuser – bedingt durch den Mangel an Baugrund auf der Insel.

Der Lichtgaden, eine Fensterreihe, die ein Dach in zwei Ebenen teilt, wurde von altägyptischen Architekten erfunden, um Licht in hohe Gebäude zu bringen. Das früheste Beispiel ist der Tempel des Pharaos Chephren (etwa 31. Jahrhundert v. Chr.), der in der Nähe der Sphinx in Gizeh steht. Das Hauptdach wurde von massiven Granitsäulen mit quadratischem Grundriß getragen, und der Lichtgaden bestand aus schmalen schrägen Schlitzen.

Lichtgaden

Chinesisches Dach

Die geschwungenen Dächer, die so typisch für China sind, wurden nicht vor dem Ende der Han-Dynastie (220 n.Chr.), vielleicht sogar erst im 4. Jahrhundert erfunden. Vor dieser Zeit sahen die chinesischen Häuser den westlichen mit ihrer gerade abfallenden Dachfläche recht ähnlich. Die tragenden Teile in der chinesischen Dachkonstruktion verlaufen nicht vom First zur Dachkante, sondern die Balken stehen stets waagrecht und senkrecht zueinander. Die Ecken, an denen sie zusammentreffen, sind gleichzeitig die Auflagepunkte für das Dach. Dieses muß geschwungen sein, damit es mit seiner Unterkonstruktion zusammenpaßt.

Automatische Türen

Die ersten automatischen Türen wurden nicht erfunden, um das Einkaufen bequemer zu machen, sondern um die gegensätzlichen Prinzipien von Religion und Wissenschaft zu demonstrieren. Der Priester, der die Türen bediente, entzündete zu diesem Zweck ein Feuer auf dem Altar. Dieser Brauch zu Ehren des Gottes öffnete die Tore des Tempels ohne weiteres Zutun von Sterblichen – ein passendes Schauspiel für die erfolgreiche Anrufung des höheren Wesens. Der Wissenschaftler, der sich das ausgedacht hatte, hatte im Altar eine Druckkammer verborgen und bediente sich des Feuers als Energiequelle. Heiße Luft gelangte unter Druck in eine Zisterne und verdrängte daraus Wasser, das in aufgehängte Behältnisse strömte. Deren Aufhängung war über Rollen mit den Tempeltüren verbunden, die sich öffneten, je schwerer die Behälter wurden – eine überzeugende Demonstration des pneumatischen Prinzips. Der Erfinder hieß Heron von Alexandria und lebte wahrscheinlich um 100 v.Chr. im griechisch regierten Ägypten. Seine Theorie, daß sich der Raum zwischen den Molekülen einer Flüssigkeit vergrößert, wenn man Hitze zuführt, brachte ihn auf eine ganze Reihe pneumatischer Erfindungen, bis hin zu einer Dampfmaschine (siehe Kapitel VIII, 9).

Steinbauweise

Für lange Zeit waren Lehmziegel das wichtigste Baumaterial. In geringem Umfang wurden während der 1. Dynastie in Ägypten Steine verwendet, als man in einigen nach 3400 v.Chr. errichteten Gräbern Böden oder Wände mit Platten aus Granit bzw. Kalkstein flieste, die zum Teil von weit her geholt wurden. Zwischen der Innenverkleidung von Grabstätten und großen Steinbauwerken liegen gewaltige Entwicklungsschritte, die die Ägypter jedoch schnell zurücklegten. Nur 100 Jahre später besaßen sie das größte aus Stein gefertigte Gebäude überhaupt: die Cheops-Pyramide. Zwischen den Gräbern und der Pyramide sind die ersten Steinhäuser angesiedelt: bescheidene Versuche in Steinbauweise, ausgeführt zu Zeiten der 2. Dynastie (kurz nach 3300 v. Chr).

Einen transportablen »Glaspalast« konstruierte man in der Hauptstadt der Nördlichen Wei-Dynastie (heute Provinz Shanxi), während der Regierungszeit von Tai Wu (424–452 n. Chr.). Dabei machte man sich die westliche Methode zur Massenproduktion von Glas zunutze, die ausländische Handwerker kurz zuvor aus Zentralasien mitgebracht hatten. Das neuartige Gebäude faßte über 100 Personen – dabei fiel es noch vergleichsweise bescheiden aus, wenn man es mit ähnlichen Kuriositäten des 19. Jahrhunderts vergleicht wie etwa dem Londoner Kristallpalast.

Glasbauweise

Das erste bekannte dauerhafte Bauwerk aus Metall war ein gußeiserner chinesischer Tempel, hergestellt 688 n. Chr. Es handelte sich um eine hohe schmale Konstruktion mit drei Etagen, Gesamthöhe etwa 88 Meter. Damit erreichte sie zwar nicht einmal ein Drittel der Höhe des Eiffelturms, doch für ein neues Konzept immer noch eine ganz beachtliche Leistung. Den Tempel gibt es heute nicht mehr, aber er markierte den Ausgangspunkt für eine Tradition, Türme aus Eisen und Bronze herzustellen, die in China für Jahrhunderte Bestand hatte.

Metallbauweise

Die Große Mauer wurde zwischen 220 und 210 v. Chr. an der chinesischen Nordgrenze errichtet; damals herrschte für kurze Zeit die autoritäre Qin-Dynastie. Unter der Aufsicht von General Meng Tian – dem obersten Heerführer in Diensten von Qin Shihuangdi, Chinas Erstem Kaiser – arbeiteten Tausende von Sträflingen und Zwangsarbeitern, und viele von ihnen starben dabei. Als Meng Tian im Jahr 210 eine gefälschte kaiserliche Order erhielt, nach der er Selbstmord begehen sollte, zeigte er sich uneinsichtig:

Die Große Mauer

> Welches Verbrechen vor dem Himmel soll ich begangen haben? … Von Lindao bis Liaodong, über mehr als 10 000 Li, habe ich Gräben ausheben und Wälle errichten lassen. Unmöglich, bei dieser Strecke die Adern der Erde nicht zu öffnen. Das ist mein Vergehen.

Ein Jahrhundert später wirft Sima Qian – der Historiker, der Mengs Biographie schrieb – einen ungerührten Blick auf die Umstände seines Todes:

Er hat weder die Leiden des einfachen Volkes gelindert noch für die Alten und Waisen gesorgt noch sich darum gekümmert, wieder Harmonie zwischen den Menschen zu schaffen. Im Gegenteil: Er hatte sich den Ideen des Kaisers verschrieben und rekrutierte Zwangsarbeiter. Da soll es nicht passen, daß er so zu Tode kam? Was hatten seine Verbrechen mit den Adern der Erde zu tun?

Brücken

Die ersten Brücken wurden in prähistorischer Zeit, wahrscheinlich in Vorderasien, gebaut. Ursprünglich bestanden sie aus waagrecht liegenden Holzbalken, die über steinerne Pfeiler gelegt wurden. Die Balkenbrücke hat bis zum heutigen Tag überlebt. Neuen Schwung erhielt sie durch die Erfindung des Spannbetons (siehe Kapitel VIII, 8) – wenn auch manchmal mit katastrophalen Folgen. Die erste Verbesserung des Konstruktionsprinzips war die Einführung von Bogen, die die Brücken stabiler und dauerhafter machten.

Bogenbrücke

Anfänglich waren die Bogen halbkreisförmig. Römer und Chinesen fingen etwa zur gleichen Zeit an, Aquädukte zu bauen und Kanäle zu überbrücken. Die erste richtige Bogenbrücke war die Ratsherrenbrücke, die 127 v. Chr. von Gaius Flavius erbaut wurde; sie besaß mehrere Bogen, die jeweils etwa 12 Meter Spannweite hatten. Die Segmentbogenbrücke war eine viel spätere Entwicklung. In der Segmentbogenbrücke sind Ökonomie, Schönheit und Stabilität so erfolgreich vereint, daß das erste Modell, obwohl es billig gebaut war, selbst heute noch genutzt wird und das Auge erfreut. Die Anji-Brücke, die 610 n. Chr. in der chinesischen Provinz Hebei von Li Chun konstruiert wurde, hat eine Spannweite von fast 40 Metern.

Segmentbogenbrücke

Krag- oder Auslegerbrücke

Einem anderen Ansatz folgt die Krag- oder Auslegerbrücke. Hier verläuft die Fahrbahn über Balken, die so übereinandergelegt werden, daß das uferferne Ende, ohne weitere Stütze, immer ein gutes Stück über das des darunter liegenden Balkens hinauskragt. Auf diese Weise lassen sich mit Holzbalken Spannweiten bis zu 50 Metern überbrücken. Römische Ingenieure konstruierten 104 n. Chr. eine solche Brücke über die Donau. Eine bildliche Darstellung davon ist auf der Trajanssäule zu sehen, die 113 n. Chr. errichtet wurde und heute noch in Rom steht.

Regenbogenbrücke

In der chinesischen »Regenbogenbrücke« vereinen sich Bogen- und Auslegertechnik. Das Material wird hier so effizient ausgenutzt, daß die gesamte Konstruktion nur aus der Fahrbahn und den Widerlagern besteht, auf denen sie liegt. Um die Bogenform zu erreichen, werden die Balken nicht parallel, sondern mit einem kleinen Winkel aufeinandergelegt. Die Regenbogenbrücke von Kaifeng ist nach diesem Prinzip gebaut; sie entstand im 11. Jahrhundert n. Chr. (Song-Dynastie), als das im nordöstlichen China gelegene Kaifeng Hauptstadt war. Sie überspannte den Fluß in den Vororten der Stadt mit einem einzigen Bogen von schätzungsweise 45 Meter Länge.

Hängebrücke

Die ersten Hängebrücken, von denen wir wissen, werden in einem chinesischen Buch über den Hindukusch, einen Gebirgszug im heutigen Afghanistan, beschrieben. Die »Geschichte der Westlichen Han-Dynastie« (etwa 90 n. Chr.) behandelt Brücken in dem Kapitel über Zentralasien. Hängebrücken waren zu dieser Zeit nichts weiter als schmale Fußwege aus Seilen und Planken, die in luftiger Höhe über Schluchten und engen Tälern schwebten. Das chinesische Buch stellt den ältesten schriftlichen Nachweis für diesen Konstruktionstyp dar, den es möglicherweise jedoch schon ein paar hundert Jahre länger gab. Bei den frühen Hängebrücken hingen die tragenden Seile stark durch (das heißt, der Weg fiel steil ab und stieg auf der anderen Seite ebenso steil an). In Tibet wurde 1420 n. Chr. möglicherweise die erste Hängebrücke (über den Brahmaputra) gebaut, bei der ein gerades Wegstück zwischen tragenden Seilen aufgehängt war.

Betonbrücke

Die frühen Brücken waren aus Stein, Holz, Seilen oder Ziegelsteinen gemacht. Die Römer bauten im 1. Jahrhundert v. Chr. die ersten Betonbrücken: mit Halbkreisbogen und Steinverblendung. Metall wurde im 1. Jahrhundert n. Chr. erstmals in Südwestchina für die Lanjin-Hängebrücke über den Mekong verwendet, allerdings nur für die Aufhängung, die aus eisernen Ketten bestand.

Metallbrücke

Die erste richtige Metallbrücke wurde während der Song-Dynastie im Industriegebiet von Jingdezhen errichtet. Zang Hong, ein Ingenieur aus der Provinz Jiangxi, konstruierte die auf zwölf gußeisernen Pfeilern stehende Brücke im 11. Jahrhundert n. Chr.

Bogenbrücke aus Metall

Brücke aus Spannbeton

1779 entwarf Thomas Pritchard die erste Bogenbrücke aus Metall für den englischen Fluß Severn bei Coalbrookdale. Die Straße verlief über fünf parallel ausgerichtete gußeiserne Bogen mit einer Spannweite von circa 33 Metern und einem Gesamtgewicht von fast 400 Tonnen. 1936 wurde die erste Bogenbrücke aus Spannbeton mit einer Spannweite von fast 20 Metern gebaut. Der Entwurf stammte von Eugene Freyssinet, dem Pionier des Bauens mit Spannbeton (siehe Kapitel VIII, 8).

Hafenanlage

Gegen Ende des 3. Jahrtausends v. Chr. gab es zumindest einen nicht natürlichen Hafen: an der Ostküste des Arabischen Meeres (heute zu Pakistan und Indien gehörig). Archäologen entdeckten im indischen Lothal, das der Industal-Kultur zugerechnet wird, ein großes rechteckiges Becken mit Zufahrtskanälen und einem Überlauf. Von den beiden Zufahrtskanälen wurde einer (um 1970 v. Chr.) offensichtlich gebaut, weil der andere versandet war. Der Hafen aus gebrannten Ziegeln hatte eine Länge von etwa 250 Metern. Von hier aus wurde der Handel über den Golf von Kambay abgewickelt.

Trockendock

Um 210 v. Chr. ließ die Marine der griechischstämmigen Ptolemäer-Dynastie in Ägypten ein riesiges neues Schiff zu Wasser: Es war ungefähr 128 Meter lang, 22 Meter hoch und 17 Meter breit. Nach heutigen Maßstäben ist das zwar groß, aber nicht ungewöhnlich. Damals jedoch war es außergewöhnlich, und es fehlte an Möglichkeiten, das Schiff zu warten. Kurze Zeit nachdem das Schiff vom Stapel gelaufen war, erfand ein Phönizier, der in Alexandria, Ägyptens wichtigster Hafenstadt, arbeitete, das Trockendock, in dem man dieses und andere große Schiffe reparieren konnte. Das Trockendock von Alexandria war eine Grube von mehr als 150 Meter Länge. Es besaß ein zwei Meter dickes steinernes Fundament, 1,80 Meter hohe Steinkreuze an den Längsseiten des Docks dienten als Stützen. Das Dock wurde mit Wasser gefüllt, damit das Schiff hereinfahren konnten, dann pumpte man es leer, und das Schiff stand auf den Stützkreuzen und konnte gewartet werden.

Qanat

Aus archäologischen Funden läßt sich schließen, daß Persien und seine Nachbarländer im 8. Jahrhundert v. Chr. damit begannen, ein System unterirdischer Wassersammler *(qanats)* anzulegen. Auf diese Weise leitete man frisches Wasser durch Steppen und Wüsten hin zu landwirtschaftlich genutzten Flächen. Die ältesten bekannten Qanats wurden in Urartu in Armenien gefunden.

Unterirdische Pipeline

Zum selben Zweck fing man 800 n. Chr. im Irak an, über große Entfernungen hinweg unterirdische Pipelines zu verlegen. Die ersten 500 Kilometer wurden während der Regentschaft von Kalif al-Mutawakkil fertiggestellt.

3. Landkarten und Stadtpläne

Projektionen werden in Kapitel VIII, 3 behandelt.

Im alten Mesopotamien (heute Irak) gab es seit der Mitte des 3. Jahrtausends v. Chr. auf Tontafeln gezeichnete Karten. Eine, die in der Nähe von Kirkuk gefunden wurde, zeigt einen etwa 127 Hektar großen Landstrich mit einem Fluß oder Kanal und Hügeln zu beiden Seiten. An den Kanten sind die Himmelsrichtungen angegeben, mit dem Osten nach oben. Auf einer anderen Karte ähnlichen Alters sind neun Städte bzw. Dörfer sowie die Straße und die Kanäle, die sie verbinden, eingetragen.

Landkarte

Sehr häufig wurden die frühen Karten nicht in einem einheitlichen Maßstab gezeichnet, so daß man nur vermuten kann, welche Fläche sie abdeckten. Mit dem Aufkommen der Maßstabsleiste, etwa 2100 v. Chr., war dieses Problem behoben. Doch selbst für die damalige Zeit war es etwas ungewöhnlich, eine Maßstabsleiste auf einem Kunstwerk oder auf jemandes Kleidung zu hinterlassen. Aus irgendeinem Grund ist das älteste uns bekannte Exemplar einer Maßstabsleiste in eine Statue von König Gudea aus Lagasch – genauer gesagt in sein Gewand – eingeritzt. Die Statue ist über 4000 Jahre alt und steht heute im Louvre in Paris. Die Leiste gibt den Maßstab für ein Bauwerk an, das auf dem Gewand zu sehen ist.

Maßstabsleiste

Die älteste Stadtansicht ist eine Schemazeichnung aus der zweiten Hälfte des 7. Jahrtausends v. Chr. Entdeckt wurde sie bei Ausgrabungen in Çatal Hüyük, in der heutigen Türkei. Außer den Häusern eines Stadtteils zeigt sie noch eine Darstellung des dahinterliegenden Vulkans.

Stadtansicht

Nippur in Mesopotamien war die erste Stadt, von der es einen Stadtplan gab. In Nippur war die erste Friedensbewegung zu Hause (siehe Kapitel IV, 4), hier wurde der erste Präzedenzfall aufgeschrieben (siehe Kapitel XII, 1) und der erste Marathon gelaufen (siehe Kapitel X, 1). Der Stadtplan ist in eine Tontafel aus dem 2. Jahrtausend v. Chr. eingeritzt, wahrscheinlich entstand er sogar vor 1500 v. Chr. Bemerkenswert für eine so frühe Karte: Der Maßstab ist relativ genau eingehalten und zwischen bestimmten Punkten sind die Entfernungen eingetragen. Leider besitzen wir nur Bruchstücke der Tafel, sie decken etwa vier Quadratkilometer aus dem Stadtzentrum ab und zeigen die Stadtmauer, Tore, größere Gebäude,

Stadtplan

den Stadtpark, Kanäle und den Euphrat. Der Stadtplan von Nippur ist zwar der älteste, den wir kennen, aber um eine so gute Karte zu erstellen, müssen die mesopotamischen Kartographen schon vorher ein paar ähnliche gemacht haben.

Geologische Karte

Auf einer ägyptischen Karte von etwa 1300 v. Chr. sind Gold- und Silbervorkommen in einer gebirgigen Region im Hinterland des Roten Meeres ausgewiesen. Symbole kennzeichnen unter anderem Straßen, die Fernrichtungen, eine Bergarbeitersiedlung sowie die Umschlagplätze für Gold und Silber. Berge mit Goldvorkommen sind rot schraffiert.

Reliefkarte

Der große chinesische Wissenschaftler Shen Gua begann Ende des 11. Jahrhunderts damit, Reliefkarten zu erstellen, als er in seiner Funktion als Hofbeamter die Grenzgebiete bereiste. Er zeichnete zunächst eine Karte der Region auf eine Holzplatte, dann fügte er Berge und Täler hinzu, die er aus einer Mischung von Sägemehl und Kleister modellierte. Als ihm während einer Kälteperiode diese Modelliermasse auffror, ging er zu geschmolzenem Wachs über. In seinen Amtssitz nach Kaifeng zurückgekehrt, ließ er die Wachsmodelle in Holz nachschnitzen. Nur wenig später erhielt er den Auftrag, solche hölzernen Landkarten für alle anderen Grenzregionen zu erstellen.

Weltkarte

Im 3. Jahrhundert v. Chr. fertigte Eratosthenes von Kyrene – der Mann, der den Erdumfang bestimmte und die Erde in sieben Klimazonen einteilte (siehe Kapitel VIII, 3) – auch eine Weltkarte an. Obwohl sie um einiges genauer und umfassender war als die kleinmaßstäblichen Karten früherer Zeiten, wies sie doch – gemessen am heutigen Standard und sogar an dem der folgenden Jahrhunderte – beträchtliche Mängel auf. Eratosthenes beschränkte sich auf die damals bekannte Welt: Europa, Afrika, Asien und weit entfernte Inseln wie Island und Sri Lanka (zu jener Zeit Thule und Taprobane). Um die Lage von Orten auf anderen Kontinenten zu bestimmen, machte er sich seine Erkenntnisse über Längen- und Breitengrade zunutze, gleichwohl wurde die Genauigkeit der Karte mit der Entfernung vom Mittelmeerraum immer schlechter.

Weltatlas

Das Wissen mehrte sich unter seinen Nachfolgern, und so konnte Marinos von Tyros im 2. Jahrhundert n. Chr. einen Weltatlas erstellen, in dem die damals bekannte Welt in kleine Kartenbereiche aufgeteilt wurde. Ptolemäus, der später im gleichen Jahrhundert eine noch umfassendere

Karte vorlegte, sagte dazu, daß er den Karten des Marinos nur wenig hinzuzufügen hätte: die Küsten Afrikas, Indien, Ostafrika, China, den ostasiatischen Hafen Cattigara und die Seidenstraßen.

Die Projektion der Weltkarte auf eine Kugel ist eine Idee des Krates von Mallos, eines griechischen Gelehrten, der im 2. Jahrhundert v. Chr. in Pergamon (in der heutigen Türkei) arbeitete. Er teilte die Erdkugel in eine nördliche, eine südliche, eine östliche und eine westliche Hemisphäre ein. Dabei nahm er Kontinente an Stellen an, die ungefähr der Lage der Amerikas und Australiens entsprechen.

Globus

VI. KRIEG UND ZERSTÖRUNG

Auf nichts verwenden die Menschen mehr Energie als auf die Vernichtung ihrer Feinde. In mancher Hinsicht stellen die Fortschritte auf diesem Gebiet alle anderen weit in den Schatten. Wenn man alte Zivilisationen mit späteren vergleicht, findet man sie oft in zentralen Bereichen, wie künstlerischer Kreativität, intellektueller Leistung oder materiellem Wohlstand, ebenbürtig. Für die militärische Effizienz gilt dies allerdings nicht: Selbst die bestausgerüsteten Armeen früherer Zeiten würden von heutigen Gegnern im Nu ausgelöscht. Nur ein Beispiel aus der Geschichte: Die Europäer waren in der Lage, den gesamten amerikanischen Kontinent mit einer relativ kleinen Schar bewaffneter Kräfte unter ihre Kontrolle zu bringen, weil die Ureinwohner dem – trotz ihrer zahlenmäßigen Überlegenheit – militärisch nichts entgegenzusetzen hatten.

Andersherum betrachtet hat es auf diesem Gebiet keinerlei Fortschritt gegeben. Militärische Verbesserungen wurden stets auch potentiellen Gegnern bekannt und neutralisierten sich gegenseitig. Wenn es keine anderen Waffen gäbe als Stöcke und brennende Äste, dann hätten wir noch immer ein Gleichgewicht der Kräfte. Doch die modernen Waffen für das Ausmaß des Mordens und Zerstörens verantwortlich zu machen hieße die wahre Ursache übersehen. Seit Anbeginn der geschichtlichen Zeit vermochten bewaffnete Truppen die Zivilbevölkerung auszulöschen. Ein Bomber kann heute Städte über Nacht dem Erdboden gleichmachen, aber dazu war auch ein Reiterheer mit Fackeln vor 5000 Jahren in der Lage. Als in den vierziger Jahren des 20. Jahrhunderts Städte in einem nie gekannten Ausmaß zerstört wurden und der Mord an der Zivilbevölkerung neue grauenhafte Dimensionen erreichte, war es nicht die hochentwickelte Waffentechnik, die diese ungeheuerlichen ersten Male ermöglichte, sondern ein Versagen der Moral auf ganzer Linie.

1. Methoden und Mittel der Zerstörung

Prophezeiung des Weltuntergangs

Nefer-Rohu war Priester der ägyptischen Katzengöttin Bastet; er lebte in der Zeit der 4. Dynastie (etwa 3050–2850 v. Chr.) während des Alten Reiches. Er ist der erste einer langen Reihe von Weisen, die vorhersagten, daß die Menschheit Zerstörung und Not über sich bringen werde, wenn sie so weitermache wie bisher. Die Version seiner Weissagung, die wir heute kennen, wurde in der Zeit des Mittleren Reiches aufgeschrieben, nachdem in der Tat eine Reihe von Katastrophen das Alte Reich hinweggefegt hatte. Natürlich läßt sich nicht feststellen, ob und wie stark derjenige, der Nefer-Rohus Prophezeiung im Mittleren Reich niederschrieb, diese aus der Rückschau an die Ereignisse anglich. Aber selbst mit einer Datierung auf das Mittlere Reich (etwa 2150–1950 v. Chr.) handelt es sich um die älteste Prophezeiung dieser Art. Die angekündigten Katastrophen sind vor allem ökologischer Natur: Im Land ist das Oberste zuunterst gekehrt, Wolken verdunkeln den Himmel, die Flüsse versiegen, unbekannte Vögel brüten in Ägypten, und die Teiche, in denen es vor Leben nur so wimmelte, sind zerstört. Und all dieses Unheil ist nicht dem blinden Wirken des Schicksals zuzuschreiben, sondern menschlichem Fehlverhalten: unter anderem einer korrupten Verwaltung, hohen Steuern und Einwanderern aus Asien. Nefer-Rohu begründete eine lange abendländische Tradition. Die Juden lernten die Kunst der Weltuntergangsprophezeiung in Ägypten, und ihre Propheten wandten sie des öfteren im Alten Testament an. Von ihnen wurde sie über die europäischen Christen, wie etwa Nostradamus, an die amerikanischen Evangelisten und die australischen Orakler weitergegeben, die heute mal wieder vor asiatischen Immigranten warnen.

Hungersnot

> Das Korn war knapp, das Obst vertrocknet, an allem herrschte Mangel. Einer bestahl den anderen. Die Menschen bewegten sich, ohne zu gehen. Die Kinder wimmerten, die Jungen warteten, den Alten war das Herz von Sorge schwer. Mit verschränkten Armen und untergeschlagenen Füßen hockten sie auf dem Boden … Im Allerheiligsten nichts als Luft. Überall nur Leere.

Diese deprimierende Darstellung beschreibt eine Hungersnot unserer Tage wahrscheinlich ebenso treffend wie die erste. Gemeint ist jedenfalls die, die zur Zeit der 3. Dynastie (im 32. Jahrhundert v. Chr.) in Ägypten herrschte. Sicherlich gab es vor dieser und in prähistorischer Zeit in den bäuerlichen Gesellschaften lokal begrenzte Hungersnöte, aber die »sieben mageren Jahre« der 3. Dynastie sind die ersten Hungerzeiten, von denen wir wissen, die ein ganzes Land betrafen. Weil die Überschwemmungen des Nils nicht hoch genug waren, um die Felder ausreichend zu bewässern, blieben die Ernten sieben Jahre lang aus. Schließlich bot man dem Gott der Nilquelle Opfergaben an, und das Land erholte sich. Der Bericht über die Hungersnot stammt aus sehr viel späterer Zeit, und vielleicht handelt es sich bei den sieben Jahren um eine Übertreibung. Aber die Beschreibung von Leid und Elend des ägyptischen Volkes in jenen düsteren Zeiten ist authentisch.

Genozid, Völkermord

In prähistorischer Zeit kam es nicht selten zum Völkermord, wenn zwei Stämme um Land und die begrenzten Ressourcen, die es einer Steinzeittechnologie zu bieten hatte, kämpften. Das Überleben des Stärkeren ging damals zweifellos mit Gemetzeln der zahlen- oder kräftemäßig überlegenen Kultur an ihren schwächeren Gegnern einher. Fossilien sprechen eine deutliche Sprache, wenn etwa an archäologischen Fundstätten Schädel von verschiedenen Menschentypen aus sich überschneidenden Territorien gefunden werden. Meist zeigt sich, daß der Schädeltyp derer, die vorher an dem Ort lebten, verschwindet und der der anderen Gruppe plötzlich vorherrscht. Das Phänomen ist sicher älter als die Fossilien, die wir kennen, wahrscheinlich reicht es bis in die ersten Tage der Stammesorganisation des Menschen zurück. Das Motiv jedoch ist immer dasselbe: Kontrolle über die Ressourcen.

Aufruf zum Völkermord

Die erklärte Absicht, alle Menschen einer bestimmten ethnischen Zugehörigkeit auszulöschen, ist erst in zivilisierten Zeiten zu belegen. Im Alten Testament wird sie erstmals ausgesprochen:

> Jedoch von den Stätten dieser Völker, die der Herr, dein Gott, dir zum Eigentum übergibt, sollst du überhaupt kein Wesen am Leben lassen.
>
> Mit dem Bann sollst du sie ausrotten, die Hethiter, Amoriter, Kanaaniter, Perissiter, Hiwwiter und Jebusiter, wie der Herr, dein Gott, dir geboten hat.

Dieses schreckliche Bibelwort (*Deuteronomium* 20, 16 und 17) befiehlt die Vernichtung der Einwohner Palästinas, des Libanon sowie von Teilen Jordaniens, Syriens und der Türkei. Das *Deuteronomium* wurde wahrscheinlich um 500 v. Chr. geschrieben, doch die Namen der Völker, die zum Verschwinden verdammt wurden, lassen vermuten, daß die Inhalte auf eine Zeit um 1200 v. Chr. zurückgehen. Glücklicherweise nahmen die Menschen die Heilige Schrift nicht wörtlich, und das jüdische Volk überlebte die anderen allein dadurch, daß es stärker darauf achtete, seine eigene Identität zu wahren.

Das *Deuteronomium* und die anderen Bücher des *Pentateuch* (die sogenannten Fünf Bücher Mose) enthalten eine Botschaft, die offensichtlich darauf abzielt, die jüdische Invasion in Palästina (Kanaan) in Gang zu bringen und zu rechtfertigen. Sie hält das Volk Mose an, in Gottes Namen Kriege zu führen, das Land Kanaan in Besitz zu nehmen und Fremde zu unterdrücken. Nur die sechs erwähnten Völker waren zur Vernichtung bestimmt; bei anderen Eroberungen sollten die Juden lediglich alle erwachsenen Männer umbringen, Frauen, Kinder und Vieh jedoch als Kriegsbeute heimführen. Das heißt, in der Bibel findet sich auch der erste Aufruf zum Heiligen Krieg; er wurde wahrscheinlich um 1200 v. Chr. erstmals formuliert.

Heiliger Krieg

Schwarzpulver

Der langen und ruhmreichen Karriere des chinesischen Arztes Sun Simiao (581–682 n. Chr.) verdankt die Welt den Blasenkatheter und ein Verfahren, um ausgerenkte Kiefer wieder zu richten. Suns pharmakologische Aktivitäten allerdings führten zur Erfindung einer weniger genialen Neuerung. In der Absicht, Schwefel zu binden und für den medizinischen Gebrauch sicher zu machen, erhitzte er ihn mit Kaliumnitrat (Salpeter). Schwefel, Salpeter und Kohle sind die Bestandteile von Schwarzpulver, und durch Suns Vorgehensweise entstand – vermutlich zufällig – eine recht gefährliche Mischung. Während der Tang-Dynastie (618–906 n. Chr.) erkannte man die zündenden Eigenschaften des Pulvers; gleichzeitig wurde es ganz offiziell als Medikament geführt (es hilft gegen bestimmte Hautkrankheiten).

Nitroglyzerin

Dynamit

Ascanio Sobrero, ein italienischer Student in Paris, stellte 1847 erstmals den teuflischen Sprengstoff Nitroglyzerin her. 1864 begann der Schwede Alfred Nobel (1833–1896), der später für seine Nobelpreise berühmt werden sollte (Kapitel IV, 4), mit der industriellen Produktion von Nitroglyzerin. Nachdem sich mehrere Unfälle mit dem Sprengstoff ereignet hatten, erfand Nobel 1866 oder 1867 das Dynamit, indem er ein reaktionsträges Trägermaterial mit Nitroglyzerin tränkte.

2. Waffen und Waffentechnik

Waffen und Waffentechnik entwickeln sich oft kontinuierlich weiter, so daß es schwerfällt, eindeutige erste Male festzustellen. Echte Neuerungen, die sich einer bestimmten Zeit und einem bestimmten Ort zuschreiben lassen, wurden fast immer in einer der folgenden drei innovativen Perioden erfunden. In der Zeit der Streitenden Reiche (481–221 v. Chr.) bestand China – wie Europa später – aus einer Reihe von mächtigen unabhängigen Königreichen. Es war eine erfindungsreiche und kriegerische Zeit. Selbst die überzeugtesten Pazifisten arbeiteten an der Entwicklung von Waffen, weil sie glaubten, sie könnten Aggressoren abschrecken, wenn sie die Verteidigung verbesserten. Eines denkwürdigen Tages setzten sie eine Testvorführung im Labormaßstab an. Die Heerführer sahen, wie das Verteidigungsgerät die neuen Waffen des potentiellen Aggressors neutralisierte – und der Krieg wurde abgesagt. Zur selben Zeit gab es auch im Westen viele Neuerungen.

Das zweite Zeitalter der Erfindungen fiel in die Zeit der Song-Dynastie (960–1278 n. Chr.). Hervorragend organisierte Barbaren aus dem Norden überzogen die zivilisierten Länder mit blutigen Raubzügen. Die Chinesen, die nur ungern kämpften, suchten ihr Heil in neuen Waffen. Doch die Barbaren, allen voran die Mongolen, lernten schnell und überrannten China schließlich doch. Die mongolischen Heerscharen kamen bis nach Japan und Java und drangen weit nach Indien, Vorderasien und Europa vor. Anfang des 14. Jahrhunderts hatte fast die ganze Welt mit den neuen Feuerwaffen Bekanntschaft gemacht. Da ergriffen die kriegsliebenden Christen und Muslime die Initiative, und der Westen übernahm die Führung auf dem Gebiet der Kriegstechnik.

Das dritte Zeitalter der Erfindungen begann vor circa 200 Jahren und ist noch im Gange. Die größten Errungenschaften gehen auf das Konto europäischer und amerikanischer Erfinder. Aber wie bereits früher dauert es nicht lange, bis auch alle anderen über die neue Technik verfügen.

Orden

Im 2. Jahrtausend v. Chr. wurden Soldaten der ägyptischen Armee, die mit außergewöhnlicher Tapferkeit gekämpft hatten, vom Pharao mit einem Orden ausgezeichnet, der »Tapferkeitsmedaille in Gold«. Sie wird in der 18. Dynastie (etwa 1600–1350 v. Chr.) erstmals erwähnt.

Militärakademie

Die chinesischen Streitkräfte eröffneten im Jahr 1044 n. Chr., während der Song-Dynastie, eine Militärakademie zur Offiziersausbildung. Die Akademie wurde wie eine Universität geführt und befand sich auf dem Gelände eines ehemaligen Tempels in Wucheng.

Feuerwaffen

»Griechisches Feuer« war eine Geheimwaffe, die die Verteidiger des griechischsprachigen römischen Restreiches einsetzten, um ihre Hauptstadt Konstantinopel 668 n. Chr. gegen die Angriffe der Araber zu verteidigen. Der syrische Chemiker Kallinikos von Heliopolis besaß ein Rezept für eine Kombination aus Petroleum, Pech und Schwefel. Diese Mischung ist leicht entflammbar, nicht mit Wasser zu löschen, und sie brennt lange. Sie wurde zur Munition der ersten Feuerwaffen. Die Griechen schleuderten sie mit Katapulten auf die Araber, schütteten sie aus großen Kesseln auf die Angreifer und setzten brennende Boote zwischen die arabischen Kriegsschiffe. Doch am liebsten verschossen sie ihre Munition mit langen ehernen Flammenwerfern.

Flammenwerfer

Es wird gerne übersehen, daß die Griechen eine ähnliche Zubereitung bereits elf Jahrhunderte früher in ihrem ersten Flammenwerfer verwendeten. Im Jahr 423 v. Chr., während des Peloponnesischen Krieges, drangen die Athener in Böotien ein und besetzten den heiligen Ort Delion. Die böotischen Streitkräfte bedienten sich einer neuen Waffe, um die Befestigungen der Athener anzugreifen. Diese bestand aus einem langen, dicken, mit Metall ausgekleideten Holzrohr, das mit einem großen Kessel voller Schwefel, Pech und glühender Holzkohle verbunden war. Mit Hilfe von Gebläsen trieben die Böoten Luft durch das Gerät, und die aus dem Rohr herausfliegenden brennenden Brocken zerstörten die Befestigungen der Athener. Danach war es ein leichtes, deren Stellung einzunehmen.

Schwarzpulverwaffen

Im Jahr 970 n. Chr., die Song-Dynastie war gerade an die Macht gekommen, testete man in China mit großem Erfolg einen neuen Typ von »Feuerpfeilen«; ihre Erfinder (Yue Yifang, Feng Jisheng und andere) wurden reich belohnt. Soweit wir wissen, handelte es sich dabei um die ersten Waffen, die Schwarzpulver verwendeten. Das Schwarzpulver wurde in kleinen Päckchen an den Pfeilen befestigt. (Vorher hatte man die Pfeile mit anderen entflammbaren Substanzen behandelt.) Doch selbst diese mit Schwarzpulver aufgerüsteten Pfeile waren kaum in der Lage, etwas in die Luft zu jagen; auch sie dienten vermutlich dazu, gegnerische Stellungen in Brand zu stecken. Kurze Zeit später wurden Pfeile dieses Typs erstmals im Gefecht eingesetzt. Die Streitkräfte der Song-Dynastie schlugen damit die Armee des Königreiches Nantang in die Flucht.

Einfache Bomben – mit Schwarzpulver gefüllte Behälter, die mit Zündschnüren zur Explosion gebracht wurden – wurden gegen Ende des 10. Jahrhunderts in China entwickelt. Im Jahr 1000 n. Chr. stellte der Erfinder Tang Fu seinem Herrscher einen Typ mit dem Namen »Feuerkugel« vor. Die ersten Bomben wurden mit den gleichen Katapulten gegen den Feind geschleudert, die man zuvor mit großen Steinen bestückt hatte.

Bombe

Tang Fu war Leutnant der kaiserlichen Garde im Krieg der Song-Dynastie gegen die Liao-Tartaren im Norden. Gleichzeitig mit der ersten Bombe präsentierte er seinem Kaiser noch eine weitere Erfindung: die erste Streubombe, die er als »Feuerpaket mit Widerhaken« bezeichnete. Das »Paket« war mit Schwarzpulver und kleinen Brocken brennbaren Materials gefüllt, die (nach der Explosion) umherflogen und das Vorrücken des Feindes verhinderten.

Streubombe

Die Ummantelung der ersten Bomben bestand aus Leder, Bambus, Holz oder Keramik. Die Armee der Jin-Dynastie, die Nordchina überrannte, verfügte 1221 n. Chr. über eine neue Waffe, die unter dem Namen »Himmel erschütternder Donnerschlag« bekannt wurde. In gewisser Weise fand hier der Übergang zur modernen Kriegführung statt. In eine etwa fünf Zentimeter dicke Kapsel aus Gußeisen wurde hochexplosives Pulver eingeschlossen; dadurch erhöhte sich die Sprengkraft beträchtlich. Ein Bericht aus dem Jahr 1230 sagt:

Granate

> Wenn sie einschlug, schien Donner den Himmel zu zerreißen. Eine Fläche von mehr als einem halben *mu* (circa 675 Quadratmeter) war versengt, es zerriß Männer, Pferde und Lederarmierungen. Sogar eiserne Kettenhemden wurden durchlöchert.

Im »Militärischen Handbuch« von 1044 n. Chr. findet sich die erste Beschreibung einer Rauchbombe; es handelte sich um ein Gefäß, das mit Schwarzpulver und raucherzeugenden Substanzen gefüllt war. Die Erwähnung in diesem Buch läßt vermuten, daß es die Rauchbombe schon länger gab. Wie andere Bomben dieser Zeit schleuderte man sie mit Katapulten auf den Feind.

Rauchbombe

Das »Militärische Handbuch« wurde von mehreren chinesischen Autoren im Jahr 1040 n. Chr. geschrieben, jedoch erst 1044 veröffentlicht. Es enthält viele Innovationen der Song-Dynastie. Handgranaten beschreibt

Handgranate

es als hohle Bambusstücke von knapp vier Zentimeter Durchmesser, die mit Schwarzpulver, Eisensplittern und Tonscherben bestückt waren. Sie wurden mit einem rotglühenden Eisen gezündet und explodierten mit einem donnernden Geräusch.

Landmine

Das Handbuch spricht von Minen als »berstenden Feuerkugeln«, die man an Stellen vergräbt, die der Feind vermutlich passieren wird. Die Minen enthielten Schwarzpulver, Tonscherben und Substanzen, die bei der Explosion dichten Qualm entwickelten. Gezündet wurden sie möglicherweise von Hand – von Beobachtern, die am Ende langer Zündschnüre im verborgenen lauerten.

Selbstzündende Mine

Minen, die in die Luft gingen, wenn der Feind einen Auslösemechanismus betätigte, kamen erst viel später auf. Die ersten Beschreibungen finden sich in einem chinesischen Waffenbuch aus der Mitte des 13. Jahrhunderts. Die selbstzündenden Minen muß es aber schon länger gegeben haben – schätzungsweise seit 1200 –, der Bandbreite von Typen nach zu urteilen, die sich entwickelt hatte. Einer der Mechanismen bestand aus Stahlrädern, die auf Feuersteinen lagen. Sobald ein Feind auf die Mine trat, begannen sich die Räder zu drehen und Funken zu schlagen. Ein anderer bediente sich einer glühenden Mischung, die tage- und wochenlang vor sich hin schwelen konnte (siehe auch Schiffsmine, Kapitel VI, 3).

Atombombe

Am 6. August 1945 warfen amerikanische Bomber über der japanischen Stadt Hiroshima eine Atombombe mit dem Namen »Little Boy« ab. Dieser erste Einsatz atomarer Waffen im Krieg erwies sich als ebenso zweifelhafter wie durchschlagender Erfolg: eine vollständig zerstörte Stadt und 80 000 Tote, zumeist Zivilisten, ohne die Menschen, die an den Spätfolgen starben. »Little Boy« war die erste Uranbombe, die gezündet wurde. Dazu mußte ein Stück angereichertes Uran in ein anderes hineingeschoben werden, um so die für die Explosion notwendige überkritische Masse zu erreichen. Doch die erste Atombombe, die jemals gezündet wurde, war eine Plutoniumbombe. Sie explodierte am 16. Juli desselben Jahres auf dem Testgelände von Alamagordo in New Mexico, USA. Beide Bombentypen entstanden im Rahmen des Manhattan-Projekts – einer Unternehmung, die die US-Regierung 1942 mit dem erklärten Ziel ins Leben gerufen hatte, Atomwaffen zu entwickeln. Das Forscherteam setzte sich aus amerikanischen und europäischen Wissenschaftlern zusammen und arbeitete in Los Alamos, New Mexico. Wissenschaftlicher Leiter des Projekts war der Amerikaner J. Robert Oppenheimer (1904–1967).

Die ersten Raketen entwickelten sich wahrscheinlich aus den chinesischen Feuerpfeilen (siehe S. 152). Ein Erfinder, dessen Name nicht überliefert ist, montierte im 11. oder 12. Jahrhundert n. Chr. einen mit Schwarzpulver gefüllten Zylinder an den Schaft eines Pfeiles, um dessen Geschwindigkeit zu erhöhen. Im Kampfeinsatz erwiesen sich diese Raketen als höchst effektiv, besonders wenn sie in großer Zahl von speziellen Raketenwerfern abgeschossen wurden. Schon bald nach ihrer Erfindung entdeckte man einen weit vergnüglicheren Anwendungsbereich für die Raketen: das Feuerwerk.

Rakete

Die Raketen der Song-Dynastie hatten nur eine sehr entfernte Ähnlichkeit mit den russischen und amerikanischen Weltraumraketen des 20. Jahrhunderts. Um dorthin zu kommen, waren vor allem zwei technologische Entwicklungen notwendig. Eine davon, das Mehrstufensystem, wurde im 14. Jahrhundert in China für eine geniale, gegen Schiffe gerichtete Waffe ausgearbeitet. Sie hieß »Der Feuerdrache erhebt sich aus dem Wasser« und bestand aus einem Behälter, der mit kleinen Raketen gefüllt war. Außen an dem Behälter waren vier große Raketenzylinder befestigt, die ihn dicht über der Wasseroberfläche etwa eine Meile weit zu transportieren vermochten. Kurz bevor die Transportraketen ausgebrannt waren, zündeten die Raketen der zweiten Stufe im Inneren des Behälters und verließen ihn durch die »Mundöffnung«.

Mehrstufenrakete

Die zweite wesentliche Verbesserung, die mit flüssigem Treibstoff betriebene Rakete, ging 1926 in den USA erstmals erfolgreich in die Luft. Robert H. Goddard (1882–1945) hatte seit 1907 nach dem richtigen Treibstoff und einem geeigneten Raketendesign gesucht. Für Goddard war der Flüssigtreibstoff der Schlüssel für den Weltraum, aber die Menschheit wollte ihn – wie immer – erst einmal militärisch nutzen (für zivile Zwecke siehe unter Raumfahrt, Kapitel IX, 3).

Rakete mit flüssigem Treibstoff

Die »Krähe mit dem Zauberfeuer« wurde etwa zur gleichen Zeit in China erfunden wie die mehrstufige Rakete, also etwa um 1300 n. Chr. Sie bestand aus einer Bombe, die in einem korbähnlichen Behältnis lag; daran waren zwei Flügel, ein Kopf und ein Schwanz befestigt. Das Ganze sah aus wie ein Spielzeugvogel, aber zwei unter den Flügeln angebrachte Raketen trugen es durch die Lüfte wie ein Düsenflugzeug. Und bei der Landung explodierte die Bombe.

Fliegende Bombe

Wernher von Braun (1912–1977) war von Jugend an ein begeisterter Raketenbastler und gehörte dem 1927 gegründeten deutschen Verein für Raumschiffahrt an. Eines Tages wurde Walter Dornberger, der spätere Leiter der Raketenentwicklungsabteilung im Heereswaffenamt, auf ihn auf-

Langstreckenrakete

merksam. Er konnte ihn und andere Mitglieder des Vereins dafür gewinnen, Raketen für militärische Zwecke zu entwickeln. Von 1937 an arbeiteten sie in der geheimen Heeresversuchsanstalt Peenemünde auf der Ostseeinsel Usedom. Im Oktober 1942 startete die erste Langstreckenrakete, die die Atmosphäre durchstieß und bis in eine Höhe von 84 Kilometern aufstieg, bevor sie 187 Kilometer von Peenemünde entfernt in ihrem Zielgebiet in der Ostsee einschlug. Dieses Testmodell flog mit einem Flüssigtreibstoff aus Sauerstoff und Ethylalkohol, der in einer Brennkammer gezündet wurde. Das gleiche System übernahm man für die berühmt-berüchtigten V2-Raketen, die Sprengköpfe von einer Tonne Gewicht über 300 Kilometer Entfernung transportieren konnten. Wernher von Brauns Arbeit baute im wesentlichen auf den Theorien von Hermann Oberth auf, einem rumäniendeutschen Pionier der Weltraumfahrt.

Mehrlader, Waffen mit Magazin

Die ersten Waffen, die mehrere Projektile gleichzeitig abfeuern konnten, wurden 1500 Jahre vor der Erfindung des Gewehrs entwickelt, wahrscheinlich im 4. Jahrhundert v. Chr. In Nordchina verwendete man zur Zeit der Streitenden Reiche (481–221 v. Chr.) gigantische Armbrüste als Verteidigungsgeschütze. Ein zeitgenössischer Bericht beschreibt ein Modell, das zur Bedienung mehrere Artilleristen erforderte und mit unzähligen kleinen sowie 60 großen (etwa drei Meter langen) Pfeilen bestückt wurde. Die großen Pfeile ließen sich mit Hilfe von Winden zurückholen. Ganz ähnliche Geschütze wurden später in der Tang-Dynastie gebaut. Die Pfeile besaßen eine Reichweite von über einem Kilometer, die Pfeilspitzen waren aus Eisen und hatten eine Länge von circa 18 Zentimetern und einen Umfang von etwa 13 Zentimetern.

Abzug, Drücker

Lange bevor es Gewehre gab, existierte in China bereits eine Massenproduktion für Drücker. Diese wurden in tragbare Armbrüste eingebaut, die Standardwaffe der chinesischen Soldaten. Ihre ausgeklügelte Bronzemechanik, mit Zahnrädern und Mitnehmern, war von großer handwerklicher Präzision. Der Abzug wurde um 200 v. Chr. erfunden und gehörte im 2. Jahrhundert n. Chr. standardmäßig zur Bewaffnung der Han-Streitkräfte. Diese technische Verbesserung ermöglichte ein zeitlich exakt abgestimmtes Armbrustfeuer und versetzte die Truppen der Han-Dynastie in die Lage, die Hunnen zu vertreiben. Die Barbaren zogen daraufhin langsam in Richtung Westen ab und versuchten ihr Glück erst im Ost-, dann im Weströmischen Reich.

Zur gleichen Zeit, als in China der Abzug erfunden wurde, beschrieb Philo, ein in Byzanz lebender Grieche, seinen Entwurf für ein Katapult mit Repetiervorrichtung. Es gibt allerdings keinen Hinweis darauf, daß es jemals gebaut und benutzt wurde. Deshalb ist vermutlich die repetierende Armbrust aus der Song-Dynastie die erste Waffe, bei der dieser Mechanismus erfolgreich zum Einsatz kam. Die repetierende Armbrust konnte elf Bolzen in 15 Sekunden abfeuern. Ein über dem Schaft gelegenes Magazin faßte zehn Bolzen, die nacheinander in die Bolzenrinne fielen, sobald der Bogen mit Hilfe eines Hebels wieder gespannt und der Nachlademechanismus ausgelöst wurde. Der Schütze spannte den Bogen, indem er den Hebel ganz nach vorn drückte. Wenn er den Hebel zurückführte, fiel der nächste Bolzen an seinen Platz. Wurde der Hebel noch weiter bewegt, hob er einen Stift, der daraufhin die Sehne freigab – und der nächste Schuß wurde abgefeuert.

Repetiermechanismus

Die erste Waffe, die sich komprimierter Luft bediente, um Geschosse abzufeuern, wurde von Ktesibius erfunden, einem griechischen Wissenschaftler, der im 3. Jahrhundert v. Chr. in Alexandria arbeitete. Das Verhalten unter Druck stehender Gase und Flüssigkeiten faszinierte Ktesibius, und er nutzte das Kompressionsprinzip auch in einigen anderen Erfindungen, zum Beispiel bei der Kolbenpumpe (siehe Kapitel VIII, 11).

Luftgewehr

Der erste gesicherte Bericht über eine Handfeuerwaffe stammt aus dem Jahr 1259; er beschreibt die südchinesische »Stoßfeuerlanze«. (Eventuell gab es ähnliche Waffen etwa zur gleichen Zeit auch schon im Norden Chinas.) Die »Stoßfeuerlanze« war ein dickes Bambusrohr, das man mit Schwarzpulver und Schrot vollgepackt hatte. Wenn sie gezündet wurde, spuckte sie Feuer und Schrot. Bambus ist als Material nicht stark genug, um daraus tödliche Schüsse abzugeben – außer vielleicht aus großer Nähe. Aber schon kurze Zeit später – zwischen 1260 und 1280 – verwendete man in Nordchina Waffen mit Metallrohren. Ein solches Gerät – datiert auf 1290 oder früher – ist heute im Museum der Provinz Heilongjiang zu sehen. Es ist 24 Zentimeter lang, und die Mündung hat einen Durchmesser von etwa 2,5 Zentimetern. Offenbar wurden für diese Waffe Kugeln verwendet, die den gleichen Durchmesser besaßen wie der Lauf, wie bei einer modernen Kanone.

Handfeuerwaffe

Man sollte annehmen, daß es ein leichtes war, diese Konstruktion zu verbessern. Doch weit gefehlt, die meisten der zahllosen Veränderungen,

Gewehr

die im Laufe der folgenden Jahrhunderte daran vorgenommen wurden, dienten eher dazu, ihre Ineffektivität zu kaschieren. Die Muskete war die wichtigste Weiterentwicklung. Doch auch mit ihr machten die Briten im 19. Jahrhundert nur schlechte Erfahrungen: In einem Gefecht während der sogenannten Kaffern-Kriege verschossen die englischen Soldaten 80 000 Patronen und registrierten 25 Treffer bei ihren afrikanischen Gegnern. Waffen mit gezogenem Lauf besitzen bei größerer Entfernung eine wesentlich höhere Treffgenauigkeit, weil das Geschoß beim Abschuß in eine Drehbewegung (Drall) versetzt wird. Aber es dauerte lange, bis sich das bei den Waffenmeistern herumgesprochen hatte. Die ersten Feuerwaffen mit gezogenen Läufen hatte der Nürnberger Augustin Kutter (oder Koster) bereits 1520 hergestellt. Er schnitt Rillen in seine Läufe, so daß diese im Querschnitt blüten- oder sternförmig aussahen. Im Inneren des Laufs verliefen diese sogenannten Züge spiralförmig.

Maschinengewehr

Ideen für Maschinengewehre gab es vom 16. bis zum 19. Jahrhundert in Hülle und Fülle. Doch erst als es gelang, den Rückstoß sinnvoll zu nutzen, konnten praktikable automatisierte Waffen entwickelt werden. Von 1882 bis 1884 stellte der amerikanische Erfinder Hiram Maxim (1840–1916) in Großbritannien eine ganze Reihe von Maschinengewehren her, die den Rückstoß nutzten, um ohne Bedienung weiterzufeuern. 1883 baute Maxim eine halbautomatische Waffe, indem er einen beweglichen Griff mit dem Spannhebel einer Winchester verband. Über eine Kurbel wurde der Verschluß betätigt, und wenn man den Feuerknopf drückte, wiederholte sich der ganze Vorgang ohne Kurbeln. Im Jahr darauf stellte Maxim seine berühmte vollautomatische Maxim-Mitrailleuse vor, die ohne Kurbel auskam.

Halbautomatische Waffe

Bajonett

Bis Mitte des 17. Jahrhunderts mußten sich die Musketiere in Europas Armeen auf die Pikeniere verlassen, während sie nachluden. Das Bajonett wurde etwa 1650 im französischen Bayonne erfunden. Die ersten Modelle bestanden schlicht aus einem Stachel oder einer Speerspitze, die in die Mündung des Laufs gesteckt wurden. Das hatte den entscheidenden Nachteil, daß der Musketier nach jedem Schuß das Bajonett in den Lauf der Muskete rammen mußte, um sich verteidigen zu können, und nach dem Laden mußte er es wieder herausziehen, damit er schießen konnte. Diese sogenannten Spundbajonette wurden um 1700 von den Tüllenbajonetten abgelöst, die mit Hilfe eines Rings am Lauf befestigt wurden.

Dadurch daß sich das Schwarzpulver im 12. und 13. Jahrhundert nach Westen ausbreitete, kam es bei den Kanonen zu getrennten Entwicklungen in Ost und West. Der erste Bericht über die Verwendung von Kanonen stammt aus dem Westen. Demzufolge benutzten die Almohaden sie schon 1204 in Nordafrika. Daran könnte man noch zweifeln, aber seit Mitte des 13. Jahrhunderts gebrauchten die Verteidiger des Islam ganz sicher Kanonen. Sie wurden beispielsweise bei Sevilla gegen die Christen eingesetzt (1248) und in Zentralasien gegen die Tataren (Ain Dschalut, 1260). Beschrieben werden die frühen Kanonen in einem arabischen Buch mit dem Titel »Sammlung der verschiedenen Künste«, das um 1300 entstand. Es handelte sich um recht einfache Waffen, die in Schwarzpulver gebettete Kugeln oder Pfeile verschossen – meistens mehrere gleichzeitig. Ähnlich primitive Geschütze wurden wahrscheinlich vor 1300 in China gebaut, aber wir haben keinen Beleg dafür. Doch es mutet seltsam an, daß die islamischen Völker, die erst Jahrhunderte nach den Chinesen lernten, wie man Schwarzpulver herstellt, die ersten gewesen sein sollen, die es in großen Waffen benutzten. Möglicherweise waren sie aber mit den großkalibrigen Flammenwerfern so vertraut (siehe S. 152), daß sie deren Bauplan sofort auf Schwarzpulver und massive Geschosse zu übertragen vermochten. Die Kanone, die Kugeln mit annähernd dem Rohrdurchmesser verschießt, wurde etwa um 1300 erfunden. Es läßt sich allerdings nicht sagen, ob die Christen, die Muslime oder die Chinesen die ersten waren.

Kanone

Die Einwohner der griechischen Stadt Syrakus auf Sizilien gingen lieber auf Parties als in den Krieg. Ihr Herrscher Hieron respektierte das, und so erlebte die Stadt unter seiner Regentschaft (270–216 v. Chr.) eine Zeit des Friedens und des Wohlstands. Hieron konnte seinen alten Freund Archimedes (287–212 v. Chr.) dazu bewegen, seine wissenschaftlichen Erkenntnisse in praktische Anwendungen umzusetzen – für einen griechischen Wissenschaftler sehr ungewöhnlich. Was dabei herauskam? Archimedes rüstete Syrakus mit einem automatischen Waffensystem aus, das seinen Bürgern die Mühsal des Kriegshandwerks ersparte. Er ließ die Stadtmauer mit Luken versehen, die sich öffneten und wahre Hagel von Speeren und anderen Wurfgeschossen entließen. Neuartige Apparate überragten die Mauerbrüstung und überschütteten die Feinde mit Steinlawinen. Die größten Maschinen standen entlang der Küste; sie sollten die feindliche Flotte unschädlich machen. Als Hieron starb, war es mit dem Frieden vorbei, und 212 v. Chr. segelte die stolze römische Flotte her-

Automatisches Waffensystem

bei, um den Widerstand von Syrakus zu brechen. Doch aus den Mauern der Stadt schoben sich dicke Balken über das Wasser, und tonnenschwere Gewichte fielen auf die dem Untergang geweihten Kähne. Gigantische Kräne hoben die Schiffe hoch und kippten sie um, so daß die Besatzung herausfiel, dann ließen sie sie auf den Felsen zerschellen. Andere packten die Boote am Bug, zogen sie bis in die Senkrechte hoch und setzten sie dann auf Grund. Die Angriffe der römischen Armee an Land hatten – außer einer Menge pulverisierter Legionäre – nichts gebracht, während die Einwohner von Syrakus hinter den Mauern ungefährdet ihre Maschinen bedienten. Eines Nachts – in der Stadt war wieder eine Party im Gange – gelang es den Römern, unbemerkt einen schwächeren Teil der Befestigung einzunehmen. Sie überrannten die Stadt und töteten Archimedes, der gerade über irgendwelchen wissenschaftlichen Zeichnungen saß. Mit ihm starb sein Waffensystem, denn Archimedes hatte sich geweigert aufzuschreiben, wie es funktionierte, weil er das Ganze für eine höchst zweifelhafte Errungenschaft hielt.

Panzer

Die ersten Panzer kamen im Ersten Weltkrieg auf britischer Seite zum Einsatz, auch wenn es lange gedauert hatte, bis sich die Regierung mit der Idee anfreunden konnte. 1903 hatte sie einen französischen Konstruktionsplan abgelehnt, 1908 einen englischen und 1912 einen australischen. Als das Heeresministerium den australischen Entwurf von Lance De Mole 1915 erneut ablehnte, waren die Arbeiten an einem alternativen Konzept bereits im Gange. Der Entwurf von Tritton und Wilson war in verschiedener Hinsicht nicht so gut wie der von De Mole, aber er besaß einen Vorteil gegenüber den früheren Apparaten, die man manchmal als Panzer bezeichnete: Er verwendete Ketten statt Räder. Das neue Fahrzeug wurde von der britischen Firma William Foster hergestellt. Bis Ende 1915 war ein kleiner Prototyp fertig, im Februar 1916 rollte ein Testfahrzeug mit dem Namen »Mother« erfolgreich über künstliche Schützengräben in England. Bei diesem Modell liefen die Ketten oben über die Wanne.

Panzer im Kampfeinsatz

Die britische Armee beabsichtigte, 100 Panzer im Juli an der Somm einzusetzen; statt dessen rollten gerade mal 32 am 15. September 1916 auf das Schlachtfeld. Die Kommandeure, die mit der neuen Waffe noch keine Erfahrung hatten, stellten die Panzer weit voneinander entfernt entlang einer langen Frontlinie auf, statt ihre Schlagkraft zu konzentrieren. Aus diesem Grund hatte der erste Kampfeinsatz von Panzern nur wenig Einfluß auf den Krieg.

Die chemische Kriegsführung geht auf die Zeit der Streitenden Reiche in China zurück. Die Methode, die damals angewandt wurde, ist im *Mo Jing* beschrieben, dem Buch, in dem die mohistische Schule die pazifistischen Ansichten ihres Begründers Mo Zi festhielt. Die dort beschriebene chemische Waffe wurde zur Verteidigung von Städten gegen ihre Angreifer eingesetzt. Man verbrannte getrockneten Senf und andere Pflanzen und lenkte den entstehenden Rauch mit Hilfe von doppeltwirkenden Kolbengebläsen in die feindlichen Stellungen. Der aktive Wirkstoff war ein stechend riechendes Senfölglykosid (Allylisothiocyanat), das schwere Haut- und Schleimhautreizungen hervorruft, aber nichts mit dem im Ersten Weltkrieg als chemischer Kampfstoff verwendeten Senfgas [Bis(2-chlorethyl)sulfid] zu tun hat. Senfgas oder Lost verdankt seinen Namen lediglich dem senfartigen Geruch. **Chemische Waffen**

Geschosse, die nach dem Einschlag giftige Dämpfe freisetzten, gab es erst sehr viel später als die oben beschriebene Apparatur. Sie wurden zu Beginn des 11. Jahrhunderts n. Chr. für die Streitkräfte der chinesischen Song-Dynastie entwickelt. Das »Militärische Handbuch« (Kaifeng 1044 n. Chr.) beschreibt sie in allen Einzelheiten: Es handelte sich um mit Arsen und giftigen Pflanzenteilen gefüllte Bomben; dazu kamen brennbare Öle und Fasern sowie Schwarzpulver, um das Ganze zu zerstäuben. Die Opfer litten unter verschiedenen schwächenden Symptomen, wie zum Beispiel Blutungen aus Mund und Nase. Lange Zeit wurden diese Waffen nur gehortet und nicht eingesetzt. Erst im Jahr 1120 n. Chr. wandte man sie gegen die Jin-Barbaren in Nordchina an; zu dieser Zeit muß es sie aber schon an die 100 Jahre gegeben haben. **Giftgasbombe**

3. Krieg zu Wasser und in der Luft

Raketen und fliegende Bomben werden im vorausgehenden Abschnitt behandelt.

Etwa 3000 v. Chr. schickte ein Volk aus Vorderasien seine Flotte gegen Ägypten. Seine Schiffe besaßen auffallend steile Buge und Hecke. Aus einer Zeichnung auf dem Griff eines alten Messers, das heute in Paris im Louvre aufbewahrt wird, wissen wir, daß es zu einer größeren Seeschlacht **Seeschlacht** kam. Die Zeichnung zeigt die Formation der sichelförmigen ägyptischen Boote vor der Front der eckigen Schiffe des Gegners.

Schlacht mit Kriegsschiffen

Die erste Schlacht mit eigens für diesen Zweck gebauten Kriegsschiffen wurde in griechischen Gewässern geschlagen. Im Jahr 600 v. Chr. lagen sich die Flotten von Korinth und Korkyra (heute Korfu) gegenüber. Die Korinther, die Erfinder des griechischen Kriegsschiffs, hatten Korkyra zuvor zu ihrer Kolonie gemacht, der Insel jedoch volle Unabhängigkeit gegeben. Das war keine kluge Entscheidung. Die Feindseligkeit der Kolonie gegenüber ihrem Mutterland äußerte sich drei Jahrhunderte lang in immer neuen Seeschlachten.

Mehrreihige Galeere

Trireme (Triere)

Nachdem die Kriegsgaleere erst einmal erfunden war, war der nächste Entwicklungsschritt im Bau von Kriegsschiffen die Einführung größerer Galeeren mit mehreren Reihen von Ruderbänken. Die ersten derartigen Schiffe, mit Ruderern in zwei Ebenen, wurden zu Beginn des 1. Jahrtausend v. Chr. am Indischen Ozean und am Roten Meer konstruiert. Anfang des 7. Jahrhunderts v. Chr. baute der griechische Schiffszimmermann Aminokles von Korinth die erste Trireme – eine Galeere mit drei Reihen von Ruderern und einem starken Rammsporn. Dieses Gefährt wurde zum Standardboot der antiken griechischen Marine. Später wurden immer größere und teurere Schiffe gebaut und nach der Zahl der Ruderbankreihen benannt:

- Quadrireme (vier Ruderbankreihen): Karthago, 5. Jahrhundert v. Chr.
- Quinquireme (fünf Ruderbankreihen): Salamis, 4. Jahrhundert v. Chr. Die meisten Kriegsschiffe der Karthager und der Römer waren Quinquiremen.
- Sexireme (sechs Ruderbankreihen): Syrakus, 4. Jahrhundert v. Chr.

Später wurden noch größere Typen gebaut, aber sie sind jeder für sich nicht bedeutend genug, um hier aufgeführt zu werden. Die größte Galeere des Altertums war ein Schiff mit 40 Reihen Ruderbänken! Wir wissen nicht, wie die Ruderbänke angeordnet waren, nur daß es zuerst in Diensten des Ptolemäers Philopator Tryphon stand, der Ägypten von 221 bis 205 v. Chr. regierte.

Panzerschiff

Die ersten komplett mit Metall verkleideten Kriegsschiffe waren zwei Schaufelradboote des Typs »Seefalke«; gebaut wurden sie 1203 n. Chr. in der Schiffswerft von Qizhou für die Marine der chinesischen Song-Dynastie. Der geniale Baumeister Qin Shifu konstruierte ein Schiff mit einem Gewicht von etwa 100 Tonnen mit zwei Schaufelrädern und eines mit etwa 250 Tonnen und vier Schaufelrädern. In beiden Fällen wurden die Schaufelräder über Tretmühlen angetrieben. Die Panzerung bestand aus Eisenplatten. Damit waren nicht nur die Flanken und die Schaufelräder verkleidet, sondern möglicherweise auch die gedeckten Schiffsaufbauten. Die Schiffe besaßen diverse Gerätschaften zum Abfeuern von Bomben und Geschossen, außerdem hatten sie einen Rammsporn, um weniger gefährliche Feinde zu durchlöchern.

Panzerschiff im Kampfeinsatz

Die ersten motorbetriebenen Panzerschiffe gingen zu Beginn des 19. Jahrhunderts bei der britischen Marine in Dienst. Und die *Nemesis* (unter dem Kommando von W. H. Hall) war das erste im Kampfeinsatz. 1842, während des Opiumkrieges, den England führte, um Opium nach China importieren zu können, gehörte die *Nemesis* zu einem Geschwader von 14 Schaufelraddampfern, die im Mündungsbereich des Jangtse vor Anker lagen. In der Schlacht von Wusong stürzten sich fünf chinesische hölzerne Schaufelradboote mit Tretmühlenantrieb mit mehr Kühn- denn Klugheit auf die englischen Schiffe. Die Begegnung endete damit, daß die chinesischen Schiffe entweder zerstört oder gekapert wurden.

Schiffsmine

Schiffsminen wurden einige Zeit nach den Landminen – wahrscheinlich im 13. oder frühen 14. Jahrhundert – erfunden. Sie stellten höhere Anforderungen an die Technik, vor allem was das Einhalten der Schwimmtiefe und die Zündung anging. Die erste Seemine in chinesischen Gewässern war der »mächtige Drache auf dem Meeresgrund«. Man legte sie auf eine beschwerte Plattform und verpackte sie in Tierdärme, die auch als wasserdichte Zuführung für die Zündschnur dienten. Das andere Ende der Zündschnur ragte in einen schwimmenden Behälter, in dem ein glimmendes Räucherstäbchen steckte.

Torpedo

Das »Buch der Reitkunst und der Kriegslisten« von Naim al-Dīn Ayyub al-Ahdab al-Rammah erschien in den achtziger Jahren des 13. Jahrhunderts. Der Verfasser war ein in Syrien lebender Waffentechniker, und von ihm stammen die ersten Zeichnungen und Beschreibungen von Torpedos. Daher wissen wir, daß die Torpedos damals aus Eisenblech gefertigt und mit Schwarzpulver und brennbarem Material gefüllt waren. Das Gehäuse hatte die Form einer Birne; zwei oder drei lange Stäbe ragten nach hinten heraus und endeten in einem Feuerstrahl. Das waren die Antriebsdüsen, die dem Torpedo außerdem halfen, die Richtung zu halten, wenn er über die Wasseroberfläche schoß.

Unterseeboot

In den siebziger Jahren des 16. Jahrhunderts entwarf der englische Mathematiker William Bourne ein Fahrzeug, das »unter Wasser bis zum Grunde hinabtauchen und ... an beliebiger Stelle wieder nach oben steigen« konnte. Es besaß Luftkammern von variabler Größe, mit denen sich die Wasserverdrängung regulieren ließ, so daß das Boot entweder nach unten sank oder nach oben aufstieg – im wesentlichen das Ballasttankprinzip, das diese Erfindung von Anfang an begleitete. Der brillante holländische Erfinder Cornelius Drebbel (1572–1633) baute 1620 das erste Unterseeboot und setzte dabei Bournes Grundgedanken um. Das Boot fuhr in der Themse in England in einigen Metern Tiefe, angetrieben von zwölf Ruderern, deren Ruder durch eng sitzende Lappen aus gefettetem Leder nach draußen ragten.

U-Boot im militärischen Einsatz

Der militärische Einsatz von U-Booten begann 1776, als die Amerikaner Robert Fulton und David Bushnell versuchten, mit ihrem hölzernen U-Boot namens *Turtle* (»Taube«) im New Yorker Hafen ein britisches Schiff anzusteuern, um eine Zeitbombe daran anzubringen. Es ist wenig verwunderlich, daß sie statt dessen von der Strömung abgetrieben wurden: die einzige Antriebsmöglichkeit, die dieses Boot besaß, war eine Kurbel, die von Hand gedreht werden mußte.

Erster erfolgreicher Einsatz

Das Unterseeboot *Hunley*, das den Konföderierten gehörte, kann den ersten Volltreffer verbuchen: Im Februar 1864 – während des amerikanischen Bürgerkrieges – versenkte es das Unionistenschiff *Housatonic*. Die *Hunley* war ähnlich konstruiert wie die *Turtle*, allerdings saßen acht Mann an der Kurbel. Da die Besatzung das Boot nicht rechtzeitig von der *Housatonic* lösen konnte, sank das erste erfolgreich operierende Unterseeboot zusammen mit seinem Opfer.

Atom-U-Boot

Kapitän zur See Hyman Rickover (1900–1986) war der Leiter einer geheimen Operation der US-Marine, aus der das erste atomgetriebene U-Boot, die USS *Nautilus*, hervorging. Rickover und seine Mannschaft begannen 1946, am Atomantrieb für U-Boote zu arbeiten. Die *Nautilus* wurde 1955 vom Stapel gelassen. Mit ihrem Kernreaktor erzeugte sie Dampf, ohne Sauerstoff zu verbrauchen, und schon bald bewies sie, daß sie unbegrenzt lange unter Wasser bleiben konnte. 1958 fuhr die *Nautilus* vom Pazifischen unter dem Nordpol hindurch zum Atlantischen Ozean. Fahrzeuge, die sich zu Wasser und zu Lande gleichermaßen bewegen können, heißen Amphibienfahrzeuge – nach den Tieren für die dasselbe gilt, zum Beispiel Frösche, Kröten und Salamander. Der amerikanische Erfinder Oliver Evans, ein Bootsbauer und Hufschmied aus Philadelphia, bezeichnete das von ihm ersonnene Gefährt als »Oructor Amphibolis«. Zu Beginn des 19. Jahrhunderts konstruierte er ein flaches, tiefliegendes Fahrzeug und stattete es mit einem Schaufelrad am Heck und vier großen Eisenrädern für Landgänge aus. Im Inneren befand sich eine Dampfmaschine, die entweder das Schaufelrad oder die Radachsen antreiben konnte. Im Jahr 1804 fuhr Evans seinen »Oructor« die Walnut Street hinunter und von da aus weiter in den Schuylkill River.

Amphibienfahrzeug

Die Ausrüstung der HMS *Dreadnought*, die die britische Marine 1905 vom Stapel ließ, revolutionierte den Kriegsschiffbau. Alle Elemente hatte es im 19. Jahrhundert zwar schon gegeben, doch nie waren sie so effizient kombiniert worden. Die *Dreadnought* besaß zehn 12-Inch-Hinterladergeschütze auf fünf drehbaren Gefechtstürmen. Der Rumpf war aus 28 Zentimeter dicken Panzerstahlplatten gebaut. Das riesige Schiff wurde von Dampfturbinen angetrieben.

Schlachtschiff

1910 wurde das Kriegsschiff USS *Birmingham* mit einer 25 Meter langen Startrampe aus Holz ausgerüstet. Im November desselben Jahres – die *Birmingham* lag vor der Küste von Virginia, USA – hob zum ersten Mal ein Flugzeug von einem Schiff ab; es war ein Curtiss-Doppeldecker mit Eugene B. Ely als Piloten.

Flugzeugstart von einem Schiff aus

1915 startete ein Wasserflugzeug vom Typ »Short 184« von Bord des britischen Kriegsschiffes *Ben-My-Chree*, das man nachträglich mit einer Start- und Landebahn ausgestattet hatte. Das Flugzeug versenkte ein türkisches Versorgungsschiff im Marmarameer. Dies war der erste Torpedoangriff, der von einem schiffgestützten Flugzeug aus gestartet wurde.

Luftangriff von einem Schiff aus

1918 baute die britische Marine einen ehemaligen Passagierdampfer zum ersten richtigen Flugzeugträger um. Die HMS *Argus* besaß ein etwa 93 Meter langes, vom Bug bis zum Heck reichendes Deck und hydraulische Aufzüge, mit denen man die Flugzeuge aus unter Deck gelegenen Hangars nach oben holen konnte. Insgesamt konnte eine Staffel von 20 Flugzeugen an Bord untergebracht werden. Allerdings wurde die umgebaute *Argus* nicht rechtzeitig fertig, um sich noch an den Gefechten des Ersten Weltkrieges zu beteiligen.

Flugzeugträger

Bomber

Im November 1911 – während des italienisch-türkischen Krieges – setzte die italienische Luftwaffe ein in Deutschland von der Firma Rumpler gebautes Flugzeug (Typ »Taube«) ein, um Bomben auf nordafrikanische Städte zu werfen, die zur Türkei gehörten. Verglichen mit den von Igor Sikorskij entworfenen bombenabwerfenden Großflugzeugen war die Taube wirklich ein reizendes Vögelchen. Nach Sikorskijs Plänen bauten die Russisch-Baltischen Waggonwerke in St. Petersburg 1913 die ersten von vielen Ilja-Muromets-Bombern. Diese Flieger waren etwa 17 Meter lang, sie hatten eine Spannweite von 31 Metern und konnten fast eine Tonne Bomben transportieren. Außer einem voll verkleideten Rumpf besaßen sie ein verglastes, gepanzertes und beheizbares Cockpit sowie eine Reihe weiterer Kabinen. Jedes Flugzeug war mit vier 220-PS-Triebwerken und sieben Geschützen ausgestattet. Die meisten dieser Flieger gehörten zum russischen »Geschwader der fliegenden Schiffe«, die Hunderte von zerstörerischen Angriffen gegen deutsche Stellungen flog. Nur zwei von 80 wurden je abgeschossen.

Düsenflugzeug

1938 kam es zu einem spannenden Wettlauf zwischen den beiden führenden deutschen Flugzeugherstellern Heinkel und Messerschmidt. Die Nazi-Regierung hatte beiden den Auftrag gegeben, ein düsengetriebenes Kampfflugzeug für die deutsche Luftwaffe zu konstruieren. Gleichzeitig sollten verschiedene Motorenwerke Antriebssysteme für das neue Flugzeug entwickeln. Sowohl Heinkel als auch Messerschmidt kamen in Verzug, weil die Maschinenbauer keine geeigneten Motoren liefern konnten. Schließlich hatte Heinkel die Nase bei den Düsentriebwerken vorn (siehe Kapitel VIII, 9); sie waren im eigenen Haus von Hans von Ohain entwickelt worden. Im August 1939 startete das erste Düsenflugzeug, die He 178 von Heinkel, zu ihrem Jungfernflug. Doch Ohains Motoren verschlangen so viel Treibstoff, daß die Maschine nicht länger als zehn Minuten in der Luft bleiben konnte. Dabei erreichte sie allerdings eine Spitzengeschwindigkeit von etwa 700 Stundenkilometern.

Düsenjäger

Schleudersitz

Der erste Düsenjäger war die Heinkel He 280, die im April 1941 in der Nähe von Rostock zum ersten Mal abhob. Sie konnte eine Geschwindigkeit von 785 Stundenkilometern und eine Höhe von fast 13 000 Metern erreichen. Dieses Modell enthielt eine weitere geniale Neuerung: einen Schleudersitz, der den Piloten im Katastrophenfall retten sollte. Er funktionierte mit Druckluft.

1941 begann man in Deutschland damit, einen düsengetriebenen Bomber, die Arado 234, zu bauen und zu testen. Eine ganze Reihe von Modellen absolvierte 1942 und 1943 Testflüge. Mitte des Jahres 1944 ging die Arado 234 B in Produktion. Sie war mit zwei Turbostrahltriebwerken von Junkers ausgestattet, konnte 1,5 Tonnen Bomben laden und hatte eine Spitzengeschwindigkeit von 740 Stundenkilometern.

Düsenbomber

Das erste Radar war ein ganz einfaches System, das der deutsche Ingenieur Christian Hülsmeyer 1903/04 erfunden hatte. Es bestand aus einem Funkensender auf einem Schiff und einem Empfänger, der ein Signal aufnehmen konnte, das von einem in der Nähe befindlichen Schiff reflektiert wurde, allerdings ohne die Entfernung anzugeben. In den dreißiger Jahren entwickelten deutsche Techniker unter der Leitung von Dr. Rudolf Kuhnhold für die Kriegsmarine ein Radar, mit dem sich auch die Entfernung von Objekten ermitteln ließ. 1933 konnten sie ein kleines Schiff in etwa 13 Kilometer Entfernung ausmachen.

Radar

VII. PHILOSOPHIE UND RELIGION

Dieses Kapitel stellt die wichtigsten Geisteshaltungen und Glaubensüberzeugungen dar, die über längere Zeit Gültigkeit besaßen (und zum Teil auch noch besitzen). Allerdings kann man die erste Formulierung einer Idee oft noch nicht als Philosophie oder Religion bezeichnen. Vielleicht sagte bereits ein Steinzeitmensch in prähistorischer Zeit zu seinem Nachbarn am Feuer: »Ich glaube nicht an Götter, weißt du.« Selbst wenn wir davon wüßten, würde ihre Unterhaltung nicht im Eintrag über Atheismus (siehe Kapitel VII, 6) erwähnt. Ihre volle Tragweite und bleibende Bedeutung erhält eine Idee erst dann, wenn sie als Teil eines Glaubenssystems oder einer Denktradition fortbesteht.

Natürlich können in der hier gewählten Darstellungsform Sinn und Bedeutung von philosophischen Konzepten nicht vermittelt werden; das ist nur über die Originaltexte bzw. deren Übersetzungen möglich.

1. Philosophische Schulen

Taoismus

Der Taoismus (andere Schreibweise: Daoismus) ist die Philosophie, die der Ordnung der Natur (Tao) höchsten Rang einräumt und die menschliches Streben, Fortschritt und Entwicklung für eine ärgerliche Zeitverschwendung hält. Die Schule wurde von Laotse (chinesisch: Lao Zi) gegründet, der im 6. Jahrhundert v. Chr. im Lande Chu im südlichen China lebte. Über die Umstände ist zwar wenig bekannt, aber es scheint, daß Laotse zunächst als staatlich bestellter Historiker in Zentralchina wirkte. Berühmt wurde er jedoch wegen seiner Ablehnung traditioneller Werte und wegen seines Rückzugs aus dem öffentlichen Leben. Es heißt, er habe als alter Mann beschlossen, China zu verlassen und ohne bestimmtes Ziel zu reisen. Ein Anhänger seiner Philosophie, den er unterwegs traf, überzeugte ihn, seine Gedanken niederzuschreiben. Das Ergebnis, das *Tao Te King* (andere Schreibweisen: Dao De Jing, Daodejing), ist Chinas erstes Philosophiebuch. Es wurde in alle großen Sprachen übersetzt.

Die Pythagoreer

Pythagoras war ein griechischer Philosoph. Er wurde ungefähr 570 v. Chr. auf der ägäischen Insel Samos geboren. Mit etwa 30 Jahren begab er sich in die griechische Stadt Kroton im Süden Italiens, wo die pythagoreische Schule entstand. Seine mysteriösen Glaubenssätze erschließen sich nur dem Eingeweihten zur Gänze. Sie beinhalten die Vorstellung, daß die Welt durch Zahlen geordnet ist (»Alles ist Zahl«), daß sich jedes Ereignis irgendwann genau wiederholt, daß die Seele endlos in anderen Lebewesen wiedergeboren wird und daß alle Geschöpfe miteinander verwandt sind.

Klassizismus

Charakterbildung und das Studium der klassischen Literatur sind die Schlüsselelemente des Klassizismus. Sie dienen dazu, die angeborene Fähigkeit zur Menschlichkeit zu entwickeln und die universale Wahrheit zu begreifen. Begründer dieser Lehre war der 551 v. Chr. in der Stadt Zou im Staat Lu im Nordosten Chinas geborene Konfuzius (chinesisch: Kong Fuzi). Die Familie Kong war arm, und Konfuzius begann seine Laufbahn als Aufseher einer Kornkammer. Sehr bald verbreitete sich sein Ruf, und er zog Tausende von Schülern an, während er bis zu seinem Tod 479 v. Chr. durch das Land reiste. Einer seiner berühmten Sätze lautet: »Ich bin Mittler, nicht Schöpfer.« Zwar stammen die sittlichen Grundsätze, die er lehrte, aus klassischen Quellen, doch die Methode, ihre Richtigkeit zu beweisen und Humanität zu entwickeln, sind sein eigenes Werk. In Anerkennung dieser Leistung wird der chinesische Klassizismus in den europäischen Sprachen als »Konfuzianismus« bezeichnet. Er ist das erste ethische System, das zu beweisen sucht, daß richtiges Verhalten die Erfüllung der inneren Natur ist, anders als die Unterwerfung unter äußere Normen oder Autorität.

Utilitarismus

Mohismus

Utilitarismus wurde zuerst im 5. Jahrhundert v. Chr. von dem chinesischen Philosophen Mo Zi gelehrt, dem Gründer der mohistischen Schule. Sein einziges Ziel war, das materielle Wohlergehen der Menschen zu fördern, und für dieses Ziel wollte er Kriege, Luxus und sogar die Musik abschaffen, weil er sie als Verschwendung von Geld und Energie ansah. Zwar hielt er es für richtig, daß sich ein Land gegen Angreifer verteidigt, aber Aggressionskriege lehnte er grundsätzlich ab. Mos Hauptgegner waren die

Klassizisten (siehe oben), die Anhänger des Konfuzius, die glaubten, daß die Natur dem Menschen eingibt, sich mehr für seine Familie, den Staat, seine Freunde und sich selbst einzusetzen als für Fremde. Dagegen lehrten die Utilitaristen »universelle Liebe« – gleiche Fürsorglichkeit gegenüber allen, auch fremden Menschen –, wir würden vielleicht »Nächstenliebe« dazu sagen. Dazu gehörte eine selbstlose Verpflichtung, für andere zu arbeiten, und das macht sie zur ersten Philosophie des Altruismus (siehe Kapitel VII, 2). Die Mohisten befaßten sich aber auch mit Kriegstechnik, um Aggressoren zur Unterlassung zu bewegen und zu überzeugen. Unter anderem drohten sie mit dem Einsatz chemischer Waffen (siehe Kapitel VI, 2). Sie studierten außerdem die Naturwissenschaften und formulierten eines der Newtonschen Bewegungsgesetze lange vor diesem (siehe Kapitel VIII, 1).

Universelle Liebe

Nächstenliebe

Den modernen Utilitarismus begründete der englische Philosoph Jeremy Bentham (1748–1832) im späten 18. Jahrhundert. Sein Motto lautete: »Größtmögliches Glück für die größtmögliche Zahl von Menschen«. Vom Mohismus unterscheidet sich der moderne Utilitarismus hauptsächlich dadurch, daß er den Menschen mehr Annehmlichkeiten zugesteht und Luxus, Musik und Krieg weniger vehement ablehnt.

Utilitaristische Schule

Die Kyniker

Antisthenes war ein athenischer Philosoph, der lehrte, daß die Dinge, die den meisten Menschen viel bedeuten, Vergnügen eingeschlossen, wertlos sind. Er forderte, einzig die Tugend zu achten, doch bestand seine Tugend hauptsächlich in Abstinenz und Verachtung von Amt und Würden, Reichtum und Wissenschaft. Antisthenes entwickelte seine Vorstellungen im späten 5. Jahrhundert v. Chr., er lebte aber bis weit ins 4. Jahrhundert und starb achtzigjährig in Athen. Zwar bewunderte er Sokrates, hielt aber alle Spekulationen Platons für Zeitverschwendung. Er ging schäbig gekleidet, um seine Ablehnung von Äußerlichkeiten und seine Bedürfnislosigkeit zu demonstrieren. Doch soll Sokrates zu ihm gesagt haben: »Ich sehe deinen Hochmut durch die Löcher in deinem Gewand schimmern.«

Die Akademie

In seiner Jugend war der athenische Philosoph Platon (429–347 v. Chr.) ein Schüler des Sokrates. Als dieser 399 v. Chr. starb, begann Platon ein Wanderleben und entwickelte neue Denkansätze. 389 v. Chr. nach Athen zurückgekehrt, lehrte er in einem Hain am Rande der Stadt seine Philosophie. Nach dem Helden Akademos, dessen Heiligtum sich in der Nähe befand, wurde die Schule *akademeia* genannt. Sie erlebte sogleich einen großen Zulauf von Schülern. Kernaussage von Platons Theorie war: Wissen bedeutet zu erkennen, daß die sichtbare Welt nur ein ungenaues Abbild einer höheren Wirklichkeit, einer Welt der Ideen (im Sinne von Idealbildern), ist (siehe Kapitel VII, 4).

Die alte, die mittlere und die neue Akademie

Als alte Akademie wird die Schule bezeichnet, die von den unmittelbaren Nachfolgern Platons nach seinem Tode weitergeführt wurde. 224 v. Chr. führte Arkesilaos eine Wende im platonischen Denken ein und gründete die mittlere Akademie. Karneades vertrat eine skeptischere Sicht der Philosophie und gründete 160 v. Chr. die neue Akademie.

Die Peripatetiker

Die Schule der Peripatetiker wurde von Aristoteles (384–322 v. Chr.) gegründet. Aristoteles stammte aus der griechischen Stadt Stageira an der Küste Makedoniens. Er war Schüler Platons an der Akademie, verließ Athen jedoch, als dieser 347 v. Chr. starb, und entwickelte von da an seine eigene Philosophie, die sich deutlich von der Platons unterschied, indem sie Erkenntnis durch genaue Beobachtung der Welt des Hier und Jetzt suchte, statt sich der abstrakten Betrachtung (Kontemplation) von Idealen hinzugeben. Zwölf Jahre später kehrte Aristoteles nach Athen zurück und gründete das Lykeion, die erste Universität (siehe Kapitel IV, 3). Hier liegen die Wurzeln der peripatetischen Philosophie, die ihren Namen wahrscheinlich von den Wandelgängen *(peripatoi)* des Lykeions erhielt. In der Antike besaß das aristotelische Denken bedeutenden, wenn auch räumlich begrenzten, Einfluß. Während des Mittelalters wurde es in Europa vorherrschend. Heute spielt es nur noch in der mathematischen Logik und in der Politik eine Rolle.

Die Epikureer

Abwesenheit von Schmerz gleich Glück

Der athenische Philosoph Epikur (341–271 v. Chr.) gründete eine Schule, die lehrte, daß Glückseligkeit das einzig erstrebenswerte Ziel sei, das jedoch nur durch Mäßigung, Gerechtigkeit und anständiges Verhalten gegen andere erreicht werde. Epikur hielt die bloße Abwesenheit von Schmerz für Glück. Er riet seinen Anhängern, Ärger und heftige Gemütsbewegungen zu meiden, damit sie ihren Seelenfrieden nicht gefährdeten. Er glaubte, daß die Welt gänzlich materiell sei und einzig von den natürlichen Eigenschaften der Atome bestimmt werde. Seinen Seelenfrieden konnte man also wahren, indem man sich mit der Wissenschaft beschäftigte.

Ablehnung von Religion

Epikur wollte die Religion abschaffen, weil sie den Menschen Angst einflößte. Statt dessen versuchte er, ihnen die wissenschaftlichen Theorien des Demokrit nahezubringen (siehe Atome und Moleküle, Kapitel VII, 4) – wenn auch mit ein paar merkwürdigen Ergänzungen. Er glaubte, daß freier Wille und Determinismus (siehe Kapitel VII, 4) nicht miteinander vereinbar seien. Um den freien Willen zu retten, behauptete er, die Atome würden manchmal unabhängig von äußeren Ursachen agieren. Seine Begeisterung für diese These war dem religiösen Glauben, den er verurteilte, nicht unähnlich. Weitere Ähnlichkeiten bestehen mit der Quantenmechanik (siehe Kapitel VIII, 1).

Die Stoiker

Nach Auffassung der Stoiker durchdringt eine einzige Intelligenz das Universum; sie äußert sich in der Helligkeit des Himmels und im Geist jedes Individuums. Diese göttliche Intelligenz wacht kraft ihrer Vorsehung über alles in der Welt und legt ein unabänderliches Schicksal fest, das aus Prophezeiungen herausgelesen werden kann. Richtig lebt, wer seinen Geist pflegt und bildet, indem er naturgemäß handelt und sich beständig in Tugend übt. Auf diese Weise bleibt das seelische Gleichgewicht erhalten. Der Weise ist sich selbst genug; auch wenn er einsam ist, fehlt es ihm an nichts. Indem er gemäß seiner Natur lebt, kann jeder Mensch vollkommene Tugend erlangen und seinen Geist mit dem göttlichen Universum vereinen.

Die Schule der Stoiker

Zenon von Kition (335–263 v. Chr.), ein Phönizier aus Zypern, war bereits im mittleren Alter, als er begann, seine Auffassungen in der Stoa, einer öffentlichen Säulenhalle in Athen, zu verbreiten. Nach diesem Gebäude ist die Denkschule benannt, die er dort etablierte. Doch der Zufall wollte es, daß sämtliche Vorstellungen, die im vorhergehenden Abschnitt vorgetragen wurden, bereits im 5. Jahrhundert v. Chr. veröffentlicht worden waren. Wir finden sie in der *Lehre von Maß und Mitte*, die Zi Si (483 bis 402 v. Chr.), der Enkel des Konfuzius, hinterließ. Zi Si jedoch begründete keine Schule, und es ist unrealistisch anzunehmen, daß seine Ideen rechtzeitig nach Athen gelangt sein könnten, um Zenon zu beeinflussen.

Feminismus

Aus der Antike ist so wenig von Frauen verfaßte Literatur erhalten geblieben, daß wir über Feminismus in alten Zeiten nur spekulieren können, indem wir uns auf die Schriften von Männern und auf historische Phänomene beziehen. In Griechenland schrieb Aristophanes, ein Dramatiker aus Athen, Komödien über Frauen, die geschlossen ihren Männern die Erfüllung der ehelichen Pflichten verweigern und sie dadurch zwingen, einen Krieg zu beenden (*Lysistrate*, 411 v. Chr.), und über Frauen, die die politische Macht übernehmen (*Ekklesiazuzae* oder »Die Versammlung der Frauen«, 392 v. Chr.). Bald danach forderte Platon trotz seiner Überzeugung, daß die Geschlechter ungleich seien, gleiche Rechte und Pflichten für beide (siehe Kapitel VII, 3) in der Erziehung, in der Regierung und im Krieg. Vielleicht waren sie wie die heutigen Männer der schreibenden Zunft, die mit dem Feminismus sympathisieren, von feministischen Frauen ihrer Zeit beeinflußt. Im alten Griechenland gab es eine starke Frauenbewegung, die in großem Maßstab orgiastische Feste veranstaltete, diese aber eifersüchtig geheimhielt, so daß wir nichts darüber wissen, ob dort auch feministisches Gedankengut verbreitet wurde. Es gab Epochen, in denen die Frauen hohes Ansehen genossen und freien Zugang zu Bildung, Kunst, Berufen und wirtschaftlicher Macht hatten, zum Beispiel im Alten Reich der Ägypter sowie 100 Jahre vor und nach Christi Geburt in der römischen Gesellschaft. Wir können jedoch nicht sagen, ob dies auf feministische Agitation zurückzuführen ist. Die Anfänge des Feminismus dürften nicht in diese Zeit zu datieren sein, sondern in eine Zeit, in der die Wertschätzung und die Möglichkeiten für Frauen besonders gering waren. Demzufolge begann der moderne Feminismus im späten 18. Jahrhundert, nachdem die Chancen der Frauen über Generationen hin gesunken waren. Die erste Frau, die damals eine entschieden feministische Haltung formulierte, war die Engländerin Mary Wollstonecraft (1759 bis 1797). In ihrem Buch *A Vindication of the Rights of Women* (1792; deutsch: *Rettung der Rechte der Frau, mit Bemerkungen über politische und moralische Gegenstände*) spricht sie sich radikal für die geistige und sittliche Gleichheit der Geschlechter aus; sie prangert die Unwissenheit und Nutzlosigkeit der ausgehaltenen Frauen der besitzenden Klasse an; und sie fordert gleiche Chancen in Bildung und Beruf.

Existentialismus

Den dänischen Philosophen Sören Kierkegaard (1813–1855) hatte die Frage, wie die persönliche Freiheit zu gebrauchen sei, in eine Lebenskrise gestürzt. Das bewog ihn, sich mit den bestehenden religiösen und philosophischen Systemen auseinanderzusetzen. Er fand ihre angebliche Objektivität unbefriedigend. Er lehnte Rationalismus und Idealismus ab und kam zu der Auffassung, der Mensch als Individuum sei dafür verantwortlich, den Sinn seines Lebens selbst zu suchen und zu erstreben. Hier liegen die Wurzeln des Existentialismus, und hier liegen die Gründe dafür, daß die Existentialisten beschlossen, philosophischen Spekulationen den Rücken zu kehren, den Kampf einfach aufzunehmen und alle Fragen aus ihrer Lebenserfahrung heraus zu beantworten. Kierkegaards erste Veröffentlichung über diesen Denkansatz erschien 1843 unter dem Titel *Entweder-Oder* in Kopenhagen.

Marxismus

Der Marxismus ist eine kommunistische Doktrin, die der deutsche Gelehrte Karl Marx (1818–1883) und sein Weggefährte Friedrich Engels entwickelten. Marx' politische Ideen sind im *Manifest der kommunistischen Partei*, besser bekannt als das »Kommunistische Manifest«, niedergelegt (erschienen 1848). Den originellsten Teil seines Werkes, der den Marxismus von anderen Formen des Kommunismus unterscheidet (siehe Kapitel VII, 3), vollendete er übrigens erst, nachdem er 1849 nach England übergesiedelt war. Marx behauptete, seine Theorien mit der Methode des dialektischen Materialismus beweisen zu können. Er machte im Verlauf der Geschichte fünf Phasen aus, deren jede – mit Ausnahme der letzten – den Kern ihrer gewaltsamen Zerstörung in sich tragen sollte. Diese Phasen sind: der primitive (Ur-)Kommunismus, die Sklavenhaltergesellschaft, der Feudalismus, der Kapitalismus und der Kommunismus. Marx identifizierte die Gesellschaft seiner Zeit als kapitalistisch und forderte das Proletariat auf, sie in einer Revolution zu überwinden. Dadurch würde der Sozialismus eingeleitet, aus dem seine spezielle Form des weltweiten Kommunismus hervorginge. Die umfassende Darstellung seiner Philosophie, *Das Kapital*, erschien in drei Bänden (1867, 1885, 1894).

Anthroposophie

Die Anthroposophische Gesellschaft gründete 1912 der österreichische Gelehrte Rudolf Steiner (1861–1925), um seine neue Geisteswissenschaft zu verbreiten. Diese beruht auf seiner Überzeugung, daß der menschliche Intellekt, sofern er entsprechend entwickelt wird, mit höheren geistigen Welten in Verbindung treten kann. Im Jahr darauf gründete er in Dornach in der Schweiz das erste Goetheanum, in dem die anthroposophische Geisteswissenschaft gelehrt werden sollte.

2. Moralphilosophische Thesen und Begriffe

Die meisten philosophischen Schulen kann man an ihren unterschiedlichen ethischen Positionen unterscheiden. In diesem Abschnitt werden Thesen und Begriffe dargestellt, die sich nicht eindeutig einer der berühmten Schulen zuordnen lassen.

Amoral

Der erste Philosoph, der Moral rundum ablehnte, war der chinesische Staatsmann Shang Yang (gestorben 335 v. Chr.). Geboren im zentralchinesischen Staat Wei, lebte er später in Qin, im Nordwesten, wo er als Premierminister an der Spitze der Regierung eine neue totalitäre Politik verwirklichte. In seinem Kampf gegen moralische Werte prangerte er die zehn Übel an: Brauchtum, Musik, Dichtung, Geschichte, Tugend, Moralität, Frömmigkeit, Nächstenliebe, Ehrlichkeit und Rhetorik. An anderer Stelle fügte er seiner schwarzen Liste Intelligenz und Menschlichkeit hinzu und prophezeite allen Staaten den Niedergang, die nach diesen Prinzipien regiert würden. Statt dessen plädierte er für einen strengen Gesetzeskodex, der alle Aspekte des Lebens regeln und auf dessen Mißachtung harte Strafen stehen sollten. Dies ist der Grundpfeiler des von ihm begründeten Legalismus. Überdies setzte er sich als erster für die Abschaffung politischer und kultureller Traditionen ein, mit der Begründung, die Vergangenheit besitze keine Bedeutung für die Gegenwart.

Legalismus

Aggression als Mittel der Politik

Durch Gesetze, Steuern und Vernachlässigung der Bildung wollte Shang Yang das Volk dem Handel und dem Luxus entwöhnen, es unwissend halten und es nur die einfachsten Tätigkeiten verrichten lassen. Er war sich im klaren, daß dies zu einem Überfluß an Mitteln des Grundbedarfs führen würde, und sprach sich deshalb für eine Politik der Aggression nach außen aus, um die Ressourcen zu verbrauchen und den Staat im Gleichgewicht zu halten. »Wenn der Staat stark ist und keinen Krieg führt, dringt das Gift in ihn ein.« Zwar haben viele Gesellschaften seit frühester Zeit immer wieder Krieg geführt, aber Shang Yang entwickelte als erster Philosoph eine politische Theorie, die behauptet, der Krieg sei notwendig für das Wohlergehen des Staatswesens. Shang Yang war so überzeugend, daß sein gesamtes Reformprogramm in Qin umgesetzt wurde und das Land in einen Polizeistaat verwandelte. Passend zu seinem Bestreben, Luxus und Handel zu unterdrücken, erließ er Gesetze gegen Unterkünfte für Reisende und verbot den Gasthäusern, ohne behördliche Erlaubnis Gäste zu beherbergen. Gegen Ende seiner politischen Karriere wurde er von einer gegnerischen Partei des Verrats beschuldigt und mußte aus der Hauptstadt von Qin fliehen. Als er fast die Grenze erreicht hatte, bemühte er sich um Unterkunft in einem Gasthaus, wurde aber abgewiesen, weil er keine Genehmigung besaß. Da er nicht wußte, wohin er sich wenden sollte, begab er sich nach Hause und starb bald darauf, nachdem er noch erfolglos einen Aufstand gegen den Herrscher von Qin angeführt hatte. Der Staat von Qin entwickelte sich prächtig auf der Basis des Legalismus: Ein späterer Herrscher wurde der erste Kaiser von China.

Humanität

Humanität oder Menschlichkeit als Maß dessen, was moralisch richtig ist, ist auf einer Tafel aus Mesopotamien erklärt, die aus der Zeit um 2000 bis 1700 v. Chr. stammt. In einer Passage schilt ein erzürnter Schreiber seinen Sohn wegen seines schlechten Benehmens mit den Worten: »Da du deiner menschlichen Natur nicht achtest, wurde mein Herz davongetragen wie von einem bösen Wind.« Das Wort, das hier mit »menschliche Natur« übersetzt wird, lautet *namlulu.* »Möge deine Menschenliebe dich erheben«, ist die Schlußfolgerung des zornigen Autors – ein Ziel, das sich mit den wichtigsten Moralphilosophien späterer und entwickelterer Kulturen deckt.

Humanismus

Den griechischen Philosophen und ersten Agnostiker Protagoras aus Abdera (485–415 v. Chr.) kennen wir vor allem wegen seines Satzes »Der Mensch ist das Maß aller Dinge«, des Mottos der ersten ausdrücklich anthropozentrischen Philosophie. Schon vor seiner Zeit galt die Menschlichkeit (Humanität) als Maßstab für moralisches Verhalten, und auch die klassizistische Philosophie (siehe Kapitel VII, 1) des Konfuzius orientierte sich am Menschen. Protagoras ging aber noch einen Schritt weiter, indem er leugnete, daß es jenseits der Beurteilung, die der Mensch vornimmt, einen gültigen Standard oder eine glaubwürdige Autorität gibt.

Antihumanismus

Die genau entgegengesetzte Auffassung vertrat in China um 500 v. Chr. Laotse, der Begründer des Taoismus (siehe Kapitel VII, 1). Seine Lehre verlangt, daß der Mensch alle seine Auffassungen und die Diskussion über Fragen, die den Menschen gemeinhin wesentlich erscheinen, aufgeben muß. Mensch zu sein bedeutet den Taoisten zufolge lediglich, eine der vielen Daseinsformen angenommen zu haben. Für die Schöpfung insgesamt oder die Menschheit hat ein Einzelschicksal keine besondere Bedeutung. Die Alternative ist, im Tao zu leben, das heißt, den Weg der Natur zu gehen.

Hedonismus

Die hedonische Philosophie lehrt, daß das Streben nach Genuß das eigentliche Ziel des Lebens sei. Diese Lehre wurde von Aristippos (ca. 435 bis 350 v. Chr.) von Kyrene ins Leben gerufen, einem Philosophen aus Nordafrika und Schüler des Sokrates in Athen. Seine Hauptthesen besagen, daß Genuß der Zweck des Lebens sei und daß Glücklichsein die Summe aller Genüsse darstelle, daß jeglicher Genuß gut sei, auch wenn er aus unziemlichem Verhalten herrühre, und am besten sei Sinneslust.

Die hedonische (kyrenaische) Schule

Aristippos begründete die Schule der Kyrenaiker und lebte beispielhaft strikt seine Lehre vor. Man griff ihn an, weil er ein rechter Weiberheld war und mit einer Frau von zweifelhafter Tugend Umgang pflegte. »Gibt es einen Unterschied«, entgegnete er, »zwischen einem Haus, in dem viele Menschen zuvor gelebt haben, und einem, das noch nie bewohnt war? … Es macht keinen Unterschied, ob die Frau, mit der man lebt, schon andere Männer oder noch keinen Mann hatte.« Als er seinen reichen Freund Dionysos um Geld anging, erwiderte dieser: »Nein, denn du sagtest mir, der weise Mann begehre nicht.« – »Bezahle nur, bezahle«, sagte darauf Aristippos, »dann werden wir das Problem erörtern.« Dionysos bezahlte, darauf Aristippos: »Da siehst du, oder etwa nicht, daß ich wunschlos glücklich bin.«

Moralisches Verhalten ist angeboren

Ist das Verhalten von Individuen erlernt bzw. gesellschaftlich konditioniert, oder ist es angeboren? Dieser Streit wird mitunter auf die Schlagworte »Natur oder Kultur?«, »Erbe oder Umwelt?« oder englisch »Nature-Nurture« zugespitzt. Im Osten wie im Westen begann er bereits früh in der klassischen Periode der Philosophie. Der chinesische Philosoph Menzius (chinesisch: Meng Zi, 372–289 v. Chr.) vertrat mit Eifer die Auffassung, daß das Wissen um das richtige Verhalten Teil unserer Natur sei. Allerdings bedürfe es der Bildung, um es zu vervollkommnen. Er bekräftigte diese These mit einer Reihe von Beispielen, etwa indem er das Entsetzen beschreibt, das jeden von uns unweigerlich ergreift, wenn wir sehen, wie ein kleines Kind in einen Brunnen fällt:

> … und das beruht nicht darauf, daß wir damit die Gunst der Eltern des Kindes erwerben wollen oder das Lob der Nachbarn und Freunde oder weil wir nicht wollen, daß andere schlecht von uns denken … Die Gabe des Mitleids ist der Keim der Menschlichkeit, das Schamgefühl der Keim der Schicklichkeit, Bescheidenheit der Keim der Gerechtigkeit, der Sinn für Billigung und Ablehnung ist der Keim der Weisheit. Diese vier Keime trägt der Mensch so gewiß in sich, wie er vier Gliedmaßen hat.

Moralisches Verhalten ist anerzogen

Mit der gleichen Heftigkeit wurde in Griechenland die gegenteilige Auffassung im 5. Jahrhundert v. Chr. erstmals von Protagoras vorgetragen, der dafür berüchtigt war, daß er sich stets für die Unterweisung seiner Anhänger bezahlen ließ. Er rechtfertigte dies mit dem Argument, er könne *arete* lehren, das ist die griechische Bezeichnung für die Kunst, das Beste aus seinen Gaben zu machen. Er behauptete, daß uns diese Kunst normalerweise von der Gesellschaft vermittelt werde, allerdings sei die Befähigung der Schüler, sie zu erlernen, unterschiedlich ausgeprägt. In höher entwickelten Gesellschaften ließe sich aus der *arete* überdies mehr machen als in primitiven. So, wie er überzeugt war, daß wir unsere Verhaltensregeln von den Mitmenschen lernen, glaubte er auch an die moralische sittliche Überlegenheit der besten Regeln, nämlich jener, die er selbst lehrte.

Richtig und Falsch sind eine Frage der Konvention

Der Glaube an eine erworbene statt einer angeborenen Moral veranlaßte andere dazu zu leugnen, daß das eine Etikett besser sei als das andere. Nach Archelaos, einem Athener Zeitgenossen des Protagoras, sind »Dinge nicht von Natur aus richtig oder falsch, sondern nach Übereinkunft«. Somit war er der erste, der behauptete, daß Richtig und Falsch nicht auf objektiver Moral oder dem Willen Gottes beruhen, sondern einzig eine Frage der Gewohnheit sind.

Wer die Macht hat, bestimmt, was Recht ist

Es ist eine Sache, ob Macht benutzt wird, um von anderen Gehorsam zu erzwingen, und eine andere, ob sie darüber hinaus die Art und Weise rechtfertigt, in der sie ausgeübt wird. Zur Zeit des Perikles (429 v. Chr. gestorben) zwang die Stadt Athen viele andere griechische Städte, Abgaben zu zahlen und sich ihr zu unterwerfen. Schließlich beherrschte sie mehr als die Hälfte Griechenlands. Die meisten Griechen waren leidenschaftliche Anhänger politischer Freiheit, dies war also ein ganz ungewöhnliches Verhalten. Um es zu rechtfertigen, dachten sich die Athener den Grundsatz »Wer die Macht hat, bestimmt, was Recht ist« aus. 432 v. Chr. entsandten Städte, die sich gegen Athen verbündet hatten, Abgeordnete nach Sparta und drängten Sparta, sich gegen die Unterdrückung durch die Athener zu wehren. Aber auch Vertreter Athens wandten sich an die Spartaner; sie argumentierten:

> Stets war es Gesetz, daß sich der Schwächere dem Stärkeren unterwirft. Überdies glauben wir, unseren Rang zu recht innezuhaben, und das glaubtet auch ihr bisher, bis reine Berechnung euch veranlaßte, nach Gerechtigkeit zu schreien – was bisher noch nie jemand tat, wenn er die Möglichkeit hatte, irgend etwas durch Macht zu erreichen.

Konsequenterweise ging Athen mitunter ziemlich grausam gegen schwache Gegner vor, die sich nicht schnell genug unterwarfen. Arroganz dieser Art wird von der Geschichte nicht selten mit ausgleichender Gerechtigkeit (griechisch *nemesis*) bestraft. Und so hatten die Athener 404 v. Chr. ganz schlechte Karten, als sie sich Sparta unterwerfen mußten und vergeblich auf die Art von Gnade zählten, die sie so vielen verwehrt hatten.

Altruismus

Zwar legen viele Denkschulen ihren Anhängern ans Herz, aus selbstlosen Motiven zu handeln, doch ist uneingeschränkter Altruismus als Dogma selten. Zuerst wurde er von der chinesischen Schule des Mohismus (siehe Kapitel VII, 1) gelehrt, die Mo Zi im 5. Jahrhundert v. Chr. gründete. Die »universelle Liebe« des Mohismus meint gleiche und unterschiedslose Liebe gegenüber allen Menschen. Die Mohisten wurden dazu erzogen, jedes Opfer zum Nutzen der gesamten Gemeinschaft zu bringen.

Egoismus

Mo Zis Landsmann Yang Zhu (ca. 440 – 360 v. Chr.) erklärte hingegen, er würde kein einziges Härchen von seinem Schienbein opfern, um die Welt zu retten, und werde stets im eigenen Interesse handeln. Er lehrte die erste Philosophie eines reinen Egoismus. (Nicht viel später wurde im Westen die gleiche Lehre eingeführt, von den Epikureern.)

Bedingter Altruismus

Seit Anbeginn der Geschichte hat fast jeder Mensch eine Haltung irgendwo zwischen diesen beiden Extremen eingenommen. Konfuzius (551 – 479 v. Chr.) formulierte dies als erster und trat für die Liebe zu allen Geschöpfen ein, stufte dies jedoch ab, wobei die Liebe zu sich selbst an erster und die zu Personen, die einem nahestehen, an nächster Stelle kommt usw.

Der in Nordafrika geborene heilige Augustinus (354–430 n. Chr.) schrieb in seinem Werk *De civitate Dei (Über den Gottesstaat)*, daß Gott das Böse und das Leiden in die Welt setzt, um sein Volk zu prüfen und das Gute in ihm zu wecken. Dieser Gedanke wurde in Deutschland von Gottfried Wilhelm Leibniz (1646–1716) weiterentwickelt. Von ihm stammt die berühmte Äußerung, daß alles, was im Leben geschieht, für uns zum Besten ist und daß wir in der besten aller Welten leben. Dieses Kredo nennen Philosophen »Optimismus«. Nach Leibniz erzeugt jegliches Böse ein im Verhältnis dazu größeres ausgleichendes Gutes. Leid mußte uns Gott auferlegen, damit wir innere Stärke und Mitgefühl zeigen können; Armut, damit es Mildtätigkeit geben kann; Katerstimmung, damit wir uns in Mäßigung üben, usw. In seiner *Theodizee* behauptete er, daß wir mit genau der richtigen Menge an Bösem versehen würden, um das Bestmögliche zu erreichen. Auf die meisten heutigen Menschen wirkt diese Philosophie etwas abschreckend. Doch im Europa des 18. Jahrhunderts war sie eine gewichtige Erwiderung auf Behauptungen der Art, daß Gott, wäre er allmächtig und allgütig, das Böse in der Welt nicht zulassen würde.

Böses zieht Gutes nach sich

Optimismus

Der Umkehrschluß, das das Gute ein ausgleichendes Böses hervorbringt, war viel früher verbreitet – zu einem völlig anderen Zweck. Der taoistische Philosoph Zhuang Zi (ca. 300 v. Chr.) war gegen den Fortschritt – den sittlichen, den gesellschaftlichen und den technischen. Er behauptete, je besser die Welt in diesen Bereichen werde, desto schlimmere Übel würden sie heimsuchen. Zhuang stellte beispielsweise fest, daß die Technik Umweltzerstörungen verursacht, daß materieller Besitz den Diebstahl fördert und gutes Benehmen zur Ausbeutung einlädt.

Gutes zieht Böses nach sich

Während die Feministinnen auf der Gleichheit der Frauen hinsichtlich traditionell männlicher Werte beharren, sahen andere Denker in traditionell weiblichen Eigenschaften wie Nachgiebigkeit und Gefühlsbetontheit den Weg zu dem, was für Männer wie für Frauen den höchsten Wert hat.

Das weibliche Prinzip

> *Indem ein großes Reich sich stromabwärts hält,*
> *wird es die Vereinigung der Welt.*
> *Es ist das Weibliche der Welt.*
> *Das Weibliche siegt immer*
> *durch seine Stille über das Männliche.*

Laotse, *Tao te king. Das Buch vom Sinn und Leben.*
Übersetzt und mit einem Kommentar von Richard Wilhelm.

Diese Zeilen stammen von dem ersten chinesischen Philosophen Laotse (6. Jahrhundert v. Chr.). Den »Weg des Weiblichen« empfahl er im *Tao Te King*. Sein Konzept muß ganz grundsätzlich verstanden werden. (Richard Wilhelm erklärt diese Passage so: »Es ist im allgemeinen die Lehre ausgesprochen, daß dasjenige Staatswesen, das am uneigennützigsten den allgemeinen Interessen dient, die Hegemonie erhält.«) Der japanische Philosoph und Literaturkritiker Motoori Norinaga (1730–1801) beschrieb dagegen ein weibliches Prinzip in der Psyche jedes Menschen, das seine wahren Gefühle und den Schlüssel zu wohltuender Selbstbefreiung darstellt. Norinaga sprach sich für ein uneingeschränktes Vertrauen auf diesen weiblichen Teil unserer Natur aus, der für ihn Zärtlichkeit, Empfindsamkeit, Gefühlsbetontheit und tiefe Traurigkeit (Melancholie) bedeutete. Möglicherweise entstand diese Denkrichtung in Japan wegen der dort ausgeprägten Neigung, diese Eigenschaften als weibisch zu verachten. In seiner Lebensmitte änderte Norinaga seine Einstellung und gab seinen Feldzug für die Verweiblichung zugunsten des Glaubens an alte religiöse Ideen auf.

Kindliche Unschuld

In China hingegen hatte ein anderer Literaturkritiker entschieden, daß wahre Sittlichkeit und echtes Gefühl nur aus einem kindlichen Gemüt kommen könnten. Li Qi (1527–1602) klagte, daß herkömmliche Erziehung und Moral das Gemüt fast aller Menschen mit lächerlichem Unsinn blockierten. Nur Menschen, die sich ihr kindliches Gemüt bewahrt hätten, seien nicht verloren und könnten die wahren, unverfälschten Dinge begreifen.

Moralisch begründeter Vegetarismus

Der griechische Philosoph Pythagoras (6. Jh. v. Chr.), der in Kroton im südlichen Italien lehrte, war der erste, der eine vegetarische Ernährung aus moralischen Gründen forderte und nicht wegen der Gesundheit oder eines religiösen Tabus (siehe Kapitel VII, 1). Die Haltung des Pythagoras und seiner Anhänger wurde später von dem griechischen Schriftsteller Porphyrios in *De abstinentia* (»Von der Enthaltsamkeit«) beschrieben:

> Pythagoras und Empedokles und die übrigen Italiener sagen, daß wir nicht nur miteinander und mit den Göttern eine Gemeinschaft bilden, sondern auch mit den unvernünftigen Tieren. Denn es gibt einen Allerhöchsten, der als ein Geist die ganze Welt durchdringt und uns mit ihnen vereint. Deswegen tun wir Unrecht und sind gottlos, wenn wir sie töten und ihr Fleisch essen.

Die ersten Ansätze für einen Tierschutz durch den Menschen hängen mit der Erhaltung der Tierwelt (siehe Naturschutzgebiet und Liste geschützter Tierarten, Kapitel XII, 1) und dem Vegetarismus (siehe S. 182) zusammen. Wohl sind sie sehr alt, aber ein Tierbefreier aus Überzeugung läßt sich vor dem römischen Enzyklopädisten Plinius (Caius Plinius Secundus, 23–79 n. Chr.), der in seiner *Naturalis historia (Naturkunde)* die Ausbeutung der Tiere durch den Menschen anprangert, nicht ausmachen. Plinius dachte, daß es der natürlichen Ordnung entspreche, Tiere um des eigenen Überlebens willen zu töten, aber er glaubte auch, daß die Tiere von Natur aus frei sein sollten und daß sich der Mensch anderen Geschöpfen als moralisch unterlegen erwiesen habe. Vor allem erzürnte ihn, daß Tiere leiden sollten, um Luxus zu ermöglichen. Die Jagd auf Elefanten wegen des Elfenbeins verurteilte er ebenso wie die Käfighaltung von Tieren.

Befreiungsbewegung für Tiere

Im *Arthasastra*, einem altindischen Handbuch für Regenten, werden drei Lebensziele genannt: Wohlstand, Nächstenliebe und Begehren. »Wohlstand allein ist wichtig«, schreibt der Autor, Kautilya, denn nur mit ihm lassen sich die beiden anderen erreichen. Dieses Buch ist etwa 2000 Jahre alt.

Geld regiert die Welt

Laß schlechten Schlaf dein Herz nicht drücken;
Weise Elend und Leid von deiner Seite;
Elend und Leid erzeugen einen Traum.
Bedrückt auch der Traum … dein Herz,
Schüttle ihn ab, befreie es …
Und dein Gesicht … es möge lächeln.

Abwehren von Sorgen

Dies ist der vernünftige Rat des Autors von »Ratschläge eines Pessimisten«, einem babylonischen Essay aus dem 2. Jahrtausend v. Chr. Die Lücken in den letzten drei Zeilen entstanden, weil die Tontafel beschädigt wurde – die einzige Aufzeichnung über den Widerstand des Pessimisten gegen Sorge und Elend.

3. Gesellschaftspolitische Vorstellungen

Dieser Abschnitt befaßt sich mit den wichtigsten Gedanken zur Organisation der Gesellschaft. In sämtlichen Einträgen geht es um die theoretische Seite des Themas. Die Umsetzung politischen und gesellschaftlichen Denkens finden Sie in anderen Kapiteln: Kapitel IV behandelt Regierungsformen und gesellschaftliche Einrichtungen sowie gesellschaftliche Phänomene, Kapitel XII befaßt sich mit Recht und Gesetz.

Gesellschaftsvertrag

Alle Theoretiker des Gesellschaftsvertrages sind überzeugt, es habe eine Zeit des Chaos gegeben, in der die Menschen litten, weil keine zentrale Autorität existierte, die sie regierte und die verhinderte, daß sie einander Böses taten. Das Heilmittel sollte der Gesellschaftsvertrag sein: Die Menschen statteten einen Souverän und eine Regierung mit der Befugnis aus, über sie zu herrschen und den Normen Geltung zu verschaffen, dafür kamen sie in den Genuß von Ordnung und Schutz. Es war das Versprechen eines besseren Lebens als Gegenleistung für den Abschied von der Freiheit. Die Idee wurde von Mo Zi, dem Begründer des Utilitarismus (siehe Kapitel VII, 1), im 5. Jahrhundert v. Chr. formuliert. Ihm schwebte ein Vertrag vor, der in zwei Schritten vollzogen werden sollte: der erste, wenn die Mehrheit bereit war, sich der Rechtsauffassung des Souveräns anzuschließen, und der zweite, wenn die Gerechtigkeit des Herrschers mit der vom Himmel gebotenen Gerechtigkeit im Einklang stand. Mit dem zweiten Schritt hapert es allerdings immer noch ein wenig.

Psychologie des Rituals

Die um 500 v. Chr. von Konfuzius ins Leben gerufene klassizistische Schule der Philosophie war die erste, die Rituale und Zeremonien zu weltlichen Anlässen befürwortete. Ihre Vertreter behaupten, daß es für die Art und Weise, wie ein Ritual durchgeführt werde, keine Rolle spiele, ob es ein Leben nach dem Tod gibt und ob Götter existieren. Sie weisen darauf hin, daß ritualisiertes Verhalten für den einzelnen notwendig sei, um seine Gefühle zu kanalisieren. Die Gesellschaft wiederum könne es nutzen, um die Ordnung und den Respekt vor den Werten aufrechtzuerhalten, von denen sie abhängig ist. Die Theorie ist in den Lehren des Konfuzius (551–479 v. Chr.) kurz dargelegt, ausführlicher in den Werken von Xun Zi (ca. 312 bis 230 v. Chr.), zum Beispiel in seiner Schrift über Begräbnisse.

Dialektik ist die Lösung philosophischer Fragen durch überzeugende Argumente. Im 19. Jahrhundert benutzten deutsche Denker, unter ihnen Hegel und Marx, den Begriff »dialektischer Materialismus« für die Anwendung des dialektischen Verfahrens auf aktuelle historische Entwicklungen und nicht nur auf Vorstellungen und Ideen. Der griechische Philosoph Platon befleißigt sich in seinem Werk *Der Staat* als erster einer solchen Analyse, wenn er die Entwicklung der politischen Psychologie nachzeichnet. In Platons Analyse des Staates beginnt die Entwicklung mit einer aristokratischen Verfassung und Gesinnung und steigt von dort hinab zu Timokratie (Vermögensherrschaft), Oligarchie, Demokratie und Tyrannis. Bis auf die erste und die letzte trägt jede Stufe die Elemente ihrer Auflösung durch Umsturz und den Ersatz durch die nächste in sich.

Dialektischer Materialismus

Das Grundprinzip der Anarchie – daß in einer richtig geordneten Welt niemand der Autorität des Staates unterliegt – ist aus den antiken Philosophien des Taoismus und der Stoa (siehe Kapitel VII, 1) herauszulesen, insbesondere aus den Lehren ihrer Begründer Laotse und Zenon von Kition. In seinem 1793 erschienenen Werk *Inquiry Concerning Political Justice, and Its Influence on General Virtue and Happiness* (»Untersuchung über politische Gerechtigkeit und ihren Einfluß auf Moral und Glückseligkeit«) errichtete der britische Philosoph William Godwin als erster ein ganzes Lehrgebäude politischer Philosophie um den Anarchismus.

Anarchie

Die Doktrin, die den gewaltsamen Umsturz einer für unhaltbar erklärten Regierung befürwortet und die Rechtmäßigkeit ihrer Ablösung proklamiert, wurde Mitte des 2. Jahrtausends v. Chr. verkündet. Sie ist im *Buch der Urkunden* nachzulesen, dargestellt am Beispiel der Zerstörung des repressiven Xia-Regimes durch Cheng Tang, den ersten Herrscher der beginnenden Yin-(oder Shang-)Dynastie. Den Berichten zufolge übernahm Cheng Tang anfangs die Theorie, um zu rechtfertigen, daß er sich der Autorität einer korrupten und unmenschlichen Regierung widersetzte und ihren Herrscher tötete. Jedoch ist es auch möglich, daß seine Anhänger, nachdem sie die Macht ergriffen hatten, eine revolutionäre Doktrin erfanden, um die eigene Autorität zu legitimieren. Danach blieben die chinesischen Staatstheoretiker jedenfalls dabei, daß einem neuen Regime, welches das alte absetzt und das Volk auf seiner Seite hat, das »Mandat des Himmels« verliehen wurde.

Revolutionstheorie

Utopia

Über eine Gesellschaft, die nach idealen Regeln funktioniert und ihre Mitglieder bestmöglich versorgt, sinnierte erstmals der griechische Philosoph Platon (ca. 380 v. Chr.). In Platons Utopie soll die Macht zum Wohl aller von Männern und Frauen ausgeübt werden, die eine philosophische Bildung genossen haben. So positiv dies zunächst klingt, beinhaltet sein System aber auch Geburtenkontrolle, die Auflösung des Familienverbands sowie Einschränkungen durch Zensur, die eine freie Meinungsäußerung unmöglich machen. Platons idealer Staat wurde in erster Linie entworfen, um an einem Beispiel zu belegen, wie sich seine gesellschaftlichen Theorien auf die Fähigkeiten und die Psychologie des Menschen anwenden lassen. Danach entstanden in der griechischen Literatur viele Utopien: In *Die Gesetze* erfand Platon einen Staat mit strengen Gesetzesvorschriften. Andere Autoren dachten sich ein weltumspannendes Gemeinwesen und ein kommunistisches Paradies aus (siehe unten).

Weltumspannendes Gemeinwesen

Zenon von Kition (335 – 263 v. Chr.), der phönizische Philosoph aus Zypern, der in Griechenland die Stoa gründete, träumte von einer idealen Welt, in der sich die Menschen aller Städte und Nationen zu einem einzigen Staat zusammenschließen, dem jeder als Bürger angehören sollte. Das einzige Gesetz dieses Staates würde das göttliche Gesetz sein, er würde keine Feinde haben, und seine Bürger würden anständig handeln, nicht weil das Gesetz sie dazu verpflichtet, sondern aus Liebe zueinander und zur gesamten Welt.

Kommunismus

Der erste aktenkundige Kommunist war der griechische Philosoph Iambulos, der um 300 v. Chr. wirkte. Er erklärte seine Prinzipien anhand eines fiktiven kommunistischen Utopia, eines »Sonnenstaates«, den er auf eine Insel im Indischen Ozean verlegte. Die Bewohner des Sonnenstaates waren in Gemeinden oder »Systeme« aufgeteilt, die jeweils für das soziale und ökonomische Wohlergehen ihrer Mitglieder verantwortlich waren.

Idee der Gleichheit

Die Gesellschaft, von der Iambulos träumte, war absolut klassenlos und gründete sich auf die neuartige Vorstellung vollkommener Gleichheit. Jeder sollte seine Arbeitskraft einbringen, von allem seinen gerechten Anteil erhalten und dafür die Aufgaben sowohl eines Untertanen als auch die des Herrschers übernehmen. Wohlstand, Konkurrenzkampf, akademisches Lernen und Klassenkampf sollten abgeschafft und durch Harmonie ersetzt werden. 132 v. Chr. versuchte Aristonicus von Pergamon, ein solches Regime zu errichten, und zettelte die erste kommunistische Revolution an.

Der französische Schriftsteller Montesquieu, mit vollständigem Namen Charles de Secondat, Baron de la Brède et de Montesquieu, formulierte in seinem Werk *De l'esprit des lois* (Paris 1748, deutsch: *Der Geist der Gesetze*, 1891) die Lehre von der Gewaltenteilung. Montesquieu teilte die Aufgaben der Regierung in drei Kategorien: die Legislative, die Judikative und die Exekutive (das sind Gesetzgebung, Rechtsprechung und Vollzugsgewalt). Er glaubte, wenn diese Aufgaben durch voneinander unabhängige Institutionen wahrgenommen würden, könnten ein Mißbrauch der Macht verhindert und die Stabilität des Staatswesens durch ein System von Kontrollen und Gegenpolen bewahrt werden. Dieses Prinzip wurde weitgehend akzeptiert und liegt den Verfassungen vieler Länder zugrunde.

Gewaltenteilung

Die Vorstellung, daß alles Lebendige in einem empfindlichen Gleichgewicht zueinander steht und die Menschen dies in ihrem Handeln berücksichtigen sollten – und zwar bis in die kleinsten Einzelheiten –, entstand in China während der Zeit der Streitenden Reiche (481–221 v. Chr.). Aus einer zeitgenössischen Beschreibung des richtigen Umgangs mit der Umwelt etwa wissen wir, daß Teiche und Stauseen erst befischt werden durften, nachdem die Otter ausreichende Nahrung gefunden hatten. Die Jagd war erst erlaubt, nachdem der Wolf seine Beute gefangen hatte. Vogelnetze wurden erst ausgelegt, wenn die Taube sich in einen Falken verwandelt hatte (so stand es in diesem Bericht!). Die Felder durften erst abgebrannt werden, nachdem sich die Insekten in ihre Verstecke zurückgezogen hatten, usw.

Ökologisches Gleichgewicht

Daß die Umwelt aus dem Gleichgewicht gerät und Schaden nimmt, wenn der Mensch sie mißbraucht, wurde bereits in Ägypten proklamiert, nämlich in den Prophezeiungen des Nefer-Rohu, dem ersten Verkünder des Weltuntergangs (siehe Kapitel VI, 1). Nefer-Rohu war ein Weiser der 4. Dynastie (ca. 3050–2850 v. Chr.), dessen Äußerungen wir nur aus Aufzeichnungen aus der frühen Periode des Mittleren Reiches (ca. 2150 bis 1950 v. Chr.) kennen. Die Ordnung in diesem verwüsteten Land würde, dieser Prophezeiung zufolge, schließlich von einem Herrscher wiederhergestellt, der Frieden bringen, die Verwaltung reformieren, die Steuern senken und Asiaten ausweisen würde. Der Zusammenhang, der in diesem frühen Dokument zwischen menschlichem Handeln und Störung der Umwelt hergestellt wird, ist ziemlich unwissenschaftlich und zumindest teilweise mystisch. »Naturnähere« Analysen der Verursachung von Umweltzerstörung durch den Menschen entstanden später, in der Zeit der

Beschreibung von Umweltzerstörung

Streitenden Reiche in China; diese Analysen beziehen sich jedoch auf Einzelfälle. Eine generelle Umweltzerstörung durch den Menschen wurde im 2. Jahrhundert v. Chr. erstmals konstatiert: im *Huai Nan Zi* von Liu An, dem Autor, der auch die Industrie (siehe unten) verdammt. Er machte den Menschen für alles verantwortlich: »Das harmonische Zusammenwirken von Himmel und Erde, die Entwicklung der Schöpfung durch Yin und Yang hängen vom Geist des Menschen ab.«

Standpunkte von Umweltschützern

Alle Umweltschützer behaupten ohne Unterschied, daß das menschliche Wohlergehen vom reibungslosen Funktionieren der natürlichen Kreisläufe abhänge, die durch Eingriffe des Menschen massiv gestört werden könnten. Bei den ersten Umwelttheorien spielte jedoch stets ein göttlicher oder magischer Einfluß eine Rolle, über den menschliches Fehlverhalten Unordnung in der Natur auslöst. Aus diesem Grund führte beispielsweise Nefer-Rohu Naturkatastrophen auf das Wachstum der asiatischen Bevölkerung in Ägypten zurück.

1. Materialistischer Anthropozentrismus

In späteren Zeiten sahen manche Denker den Zusammenhang zwischen Umweltvernachlässigung und gefährdeten Ressourcen ganz materialistisch. Sie plädierten für den Umweltschutz mit der Begründung, daß es im Interesse der Menschheit sei, ihre Ressourcen zu erhalten. Diesen Standpunkt erläuterte als erster der chinesische Philosoph Menzius (372–289 v. Chr.).

2. Antianthropozentrismus

Die Gegner des Anthropozentrismus beharren darauf, daß Menschen keine weitergehenden Rechte besitzen als die anderen Geschöpfe und weder Sonderwege in der Welt noch mehr Ressourcen beanspruchen dürften, als die Natur ihnen ursprünglich zugestanden habe. Diese Auffassung kommt ebenfalls aus China und wurde von taoistischen Philosophen (siehe Kapitel VII, 1) vertreten, mit Zhuang Zi (ca. 300 v. Chr.) als erstem. Er benutzte sie im allgemeinen, um sich dem moralischen, gesellschaftlichen und materiellen »Fortschritt« zu widersetzen. Einen spezifischen Umweltschutzcharakter erhält dieses Denken im *Huai Nan Zi*, dem taoistischen Buch, das Liu An im 2. Jahrhundert v. Chr. zusammenstellte. Einer der wissenschaftlichen Beiträge in diesem Buch beklagt bitter die Entwicklung von Landwirtschaft und Industrie auf Kosten der unberührten Natur.

3. Spiritueller Anthropozentrismus

Ökonomischem Nützlichkeitsdenken zu widerstehen und etwas als »Teil unseres Erbes« zu bewahren, »so daß jeder sich daran zu erfreuen vermag« oder »so daß unsere Enkel es noch sehen können«, ist eine anthropozentrische Politik, die die spirituelle Bedeutung von Dingen in den

Mittelpunkt stellt. Das erste dokumentierte Beispiel ist der »Park der Seelen«, den König Wen um 1100 v. Chr. in China einrichtete. Nach Berichten von Menzius, der sich als erster für einen spirituellen Anthropozentrismus aussprach (siehe S. 188), waren die Tiere in dem Park geschützt, und sein Zweck war es, Wen und sein Volk zu erfreuen.

4. Industrie und Zivilisation sind Teil der Natur

Aus all diesen Auffassungen lassen sich ein »Mensch-gegen-Natur«-Konzept und das Bemühen herauslesen, menschliche Entwicklung und Naturschutz als zwei lohnende, wenn auch gegensätzliche Ziele zu versöhnen. Ein Zugang jedoch unterscheidet sich von allen anderen: Er zählt Landwirtschaft, Industrie und Zivilisation ebenso zur Natur wie die Tierwelt, das Meer, den Himmel und die Wildnis. Dem Menschen obliegt es, die natürliche Funktion und den Stellenwert eines jeden zu entdecken und zu bewahren. Xun Zi (ca. 312–230 v. Chr.), ein Philosoph der Klassik aus Nordchina, gab folgende Analyse ab:

> Wenn die Gesellschaft richtig organisiert ist, finden alle Dinge ihren angemessenen Platz, die sechs Haustiere werden sich vermehren und gedeihen, und alle Lebewesen werden das ihnen bestimmte Lebensalter erreichen.

Gleichberechtigung

Die Idee, daß Frauen genauso erzogen und für dieselben Tätigkeiten wie Männer gewählt werden sollen, findet erstmals in *Der Staat* von Platon (Athen, ca. 380 v. Chr.) ihren Ausdruck. Für das von ihm vorgeschlagene ideale Staatswesen fordert Platon, daß Frauen zu jeder Tätigkeit, die Männern offensteht, zugelassen werden, daß sie sogar im Krieg mitkämpfen und nackt neben den Männern Sport treiben können, wie alt und häßlich sie auch sein mögen. Wohl war Platon überzeugt, daß Frauen alles zu leisten vermögen, was Männer können, doch wird sein Vergleich ihrer Fähigkeiten nicht den Beifall der Durchschnittsfeministin finden:

> Kennst du nun etwas von den Menschen Betriebenes, worin nicht in allen diesen Beziehungen das männliche Geschlecht vor dem weiblichen sich auszeichnet? Oder sollen wir ausführlich werden und von der Webekunst sprechen und von der Behandlung des Backwerks und der Speisen, in denen bekanntlich das weibliche Geschlecht für stark gilt und worin es sich nicht übertreffen lassen darf, ohne überaus lächerlich zu werden.

Platon, *Der Staat.* 5. Buch. Übersetzung von Wilhelm Siegmund Teuffel, 1855.

Eugenik

Eugenik ist ein System, bei dem die Menschen wie Tiere auf dem Bauernhof gepaart werden – unter kontrollierten Bedingungen, um das bestmögliche Zuchtergebnis zu bekommen. In seinem Werk *Der Staat* schlägt der Philosoph Platon (429–347 v. Chr.) genau dies vor. Er stellte sich einen Staat vor, der von Kuratoren verwaltet würde, die man wegen ihrer körperlichen und geistigen Fähigkeiten und ihres Mutes auswählte. Die obersten Herrscher sollten die besten Kuratoren im fortpflanzungsfähigen Alter aussuchen und sie von Zeit zu Zeit miteinander paaren. Dieses System sollte in verdeckter Form praktiziert werden, indem vorgeblich das Los entschied, so daß die Verlierer glaubten, sie hätten nur Pech gehabt, oder als Belohnung für tapferes Verhalten. Die Kinder sollten gleich nach der Geburt in ein Heim gebracht, und nur die wohlgestalteten Nachkommen der besseren Kuratoren sollten aufgezogen werden.

Angewandte Eugenik

Praktisch angewendet wurde Eugenik erstmals in Deutschland unter den Nationalsozialisten, als ausgewählte Frauen mit idealtypischen Offizieren zwecks Zeugung von »arischem« Nachwuchs in eigens hierfür eingerichteten, vom Staat unterhaltenen Häusern zusammengebracht wurden.

Pazifismus

Die Waffen sind unheilvolle Geräte,
nicht Geräte für den Edlen.
Nur wenn er nicht anders kann, gebraucht er sie.
Er siegt, aber er freut sich nicht daran.
Wer sich daran freuen wollte,
würde sich ja des Menschenmordes freuen.
Wer sich des Menschenmordes freuen wollte,
kann nicht sein Ziel erreichen in der Welt.

Laotse, *Tao te king. Das Buch vom Sinn und Leben.*
Übersetzt und mit einem Kommentar von Richard Wilhelm.

Dies sind Worte von Laotse, dem Begründer des Taoismus (siehe Kapitel VII, 1) und ersten pazifistischen Philosophen. Er lehrte in Zentralchina im 6. Jahrhundert v. Chr.

Verurteilung der Industrie

Radikale Opposition gegen industriellen Fortschritt ist eines der Themen des *Huai Nan Zi*, einer Sammlung philosophischer Ansichten, die Liu An im 2. Jahrhundert v. Chr. in Zentralchina zusammenstellte. Einige der Autoren waren stark vom taoistischen Hang zur einfachen Lebensweise (siehe Taoismus, Kapitel VII, 1) beeinflußt. Einer von ihnen empfand beim Blick auf die industrielle Entwicklung, die mit der fortschreitenden Zivilisation einhergegangen war und der Menschheit für das Überleben unnötige Luxusgüter beschert hatte, nur Bedauern:

> Auf den Bergen gab es keine hohen Bäume mehr und die Maulbeerbäume und der Fieberstrauch verschwanden aus den Wäldern. Unmengen Holz wurden zu Kohle verbrannt und Pflanzen massenhaft in weiße Asche verwandelt, so daß Jasmin und Anis nicht mehr zur Blüte gelangen konnten. Darüber hinaus verdunkelte Rauch das Licht des Himmels, und unten wurden die Schätze der Erde erschöpft.

Obwohl der Widerstand gegen die Industrie hier ökologisch begründet wird, beklagte dieselbe Denkschule gleichermaßen die komplexen sozialen und ökonomischen Folgen des Fortschritts für den einzelnen.

4. Naturphilosophie und Erkenntnistheorie

Zwischen Philosophie und Naturwissenschaft besteht keine klare Grenze. Die Kosmologie beispielsweise – ein Bereich der Philosophie, den wir in diesem Abschnitt behandeln werden – befaßt sich mit Themen, die für das wissenschaftliche Verständnis wesentlich sind; die Physik (siehe Kapitel VIII, 1) ist eine Wissenschaft mit unmittelbaren Auswirkungen auf die Philosophie. Tatsächlich wurde Physik bis ins 19. Jahrhundert als Naturphilosophie bezeichnet. Die Mathematik ist Thema von Kapitel VIII, obwohl sie ein Produkt abstrakter geistiger Arbeit darstellt und, im Gegensatz zu anderen Wissenschaften, unabhängig von Untersuchungen oder Beobachtungen in der materiellen Welt richtig oder falsch ist.

Naturgesetze

Die Erkenntnis, daß die natürliche Ordnung unserer Welt universell gültigen Gesetzen unterliegt, war der erste wissenschaftliche Durchbruch auf dem Gebiet der Naturphilosophie. In der Folge bemühten sich die Naturwissenschaften mit großem Eifer, diese Gesetze (oder Prinzipien, wie sie manchmal genannt werden) zu ergründen; dieses unermüdliche Streben bescherte uns das Archimedische Prinzip (siehe Kapitel VIII, 1), die Newtonschen Bewegungsgesetze (siehe Kapitel VIII, 1), das Periodische System der Elemente (siehe Kapitel VIII, 4) und eine Vielzahl weiterer Ergebnisse. Die Sumerer, die sie zuerst beschrieben, nannten die Naturgesetze *mes* und glaubten, daß sie sich auf alle Teilbereiche der universellen Ordnung erstrecken. Wie spätere wissenschaftliche Berichte sagen auch die sumerischen Aufzeichnungen aus dem 3. Jahrtausend v. Chr. wenig darüber aus, woher diese Gesetze kommen. Der Glaube daran entstand wahrscheinlich um 3000 v. Chr. und war Bestandteil der Religion der Sumerer. Einer Überlieferung zufolge sind die Gesetze auf Tafeln geschrieben, die von den Göttern gehütet werden.

Universelle Gesetze der Menschlichkeit

Einem sumerischen Epos zufolge, das im 3. Jahrtausend v. Chr. entstand, werden die menschlichen Angelegenheiten genau wie die Naturerscheinungen von allgemeingültigen Gesetzen bestimmt. Das Epos erzählt den Mythos von der Göttin Inanna, die aus Uruk, ihrer Stadt, ein Zentrum der Zivilisation machen will. Sie sucht Enki auf, den Gott der Weisheit, in der Absicht, ihm alle Tafeln zu entwenden, auf denen die Gesetze der menschlichen Gesellschaft aufgezeichnet sind. Der Dichter zählt über 100 Themen auf, die von dieser göttlichen Gesetzgebung erfaßt werden, darunter: Königtum, Wahrheit, Sexualleben, Prostitution, Recht, Kunst, Musik, Macht, Falschheit, Güte, Gerechtigkeit, Terror, Unfrieden, Frieden und Urteil. Neben abstrakten Eigenschaften finden sich technische Fertigkeiten, religiöse Vorstellungen und Pflichten, Gefühle und Musikinstrumente.

Yin und Yang

Die Vorstellung zweier gleichwertiger, einander entgegengesetzter Kräfte, die gemeinsam das Universum lenken (wobei das Yin mit dunkel, Erde und weiblich, und das Yang mit hell, Himmel und männlich assoziiert wird), fand in den acht Trigrammen der alten chinesischen Kulturen erstmals ihren Ausdruck. Jedes Trigramm besteht aus drei parallelen Linien, die sich nur dadurch unterscheiden, daß sie durchgehend oder unterbrochen dargestellt werden. Dabei bedeutet die durchgehende Linie Yang und die unterbrochene Linie Yin. Daraus entstehen folgende Kombinationen bzw. Trigramme:

Das erste Trigramm bedeutet »Himmel« und »reines Yang«, das letzte »Erde« und »reines Yin«. Die acht Trigramme symbolisieren die verschiedenen Kombinationen, in denen die beiden Prinzipien zusammentreten können, um alle Naturphänomene zu erzeugen. Sie wurden in der Mitte des 3. Jahrtausends v. Chr. von Chinesen, die im Becken des Gelben Flusses lebten, erfunden und werden traditionell dem legendären Herrscher Fu Xi zugeschrieben.

Atome

Um das Jahr 450 v. Chr. entschied Leukippos, der in der griechischen Stadt Milet (in der heutigen Türkei) geboren wurde, daß das Universum aus winzig kleinen unteilbaren Partikeln besteht, die er Atome nannte. Nach seinem Werk *Die große Weltordnung* dehnt sich das Universum ins Unendliche aus, besteht aber nur aus Leere, die teilweise mit Atomen gefüllt ist, welche sich in konstanter Bewegung befinden. In diesen Atomen erkannte er Elemente, die sich auf verschiedene Weise miteinander kombinieren können und so neue Substanzen bilden.

Moleküle

Leukippos hatte einen Schüler, Demokrit (460–357 v. Chr.), der aus Abdera in Nordgriechenland stammte. Die Einwohner von Abdera wurden wegen ihrer ungewöhnlichen Dummheit verachtet; Demokrit aber war einer der gescheitesten Männer aller Zeiten. Man nennt ihn den lachenden Philosophen, weil er beständige Heiterkeit zur Schau trug. Sein Hauptbeitrag zu den Naturwissenschaften war indes, daß er die Atomtheorie entwickelte, indem er die Natur von Verbindungen erklärte. Er behauptete, die an Materialien beobachteten Eigenschaften, wie Hitze, Geschmack oder Härte, seien nicht den einzelnen Atomen eigentümlich, sondern beruhten auf ihrer Anordnung und Bewegung und vor allem auf der Art und Weise, wie sie miteinander verbunden seien. Die Form und das Äußere unterschiedlicher Arten von Atomen erlaubten es, daß sich diese auf mehrere Arten miteinander verbinden, um Materie zu bilden. Er verglich die Atome mit Buchstaben des Alphabets, aus denen Wörter gebildet werden, und stellte somit das Konzept des Moleküls vor. Zwar erklärte Demokrit, daß die Bindungen zwischen Atomen durch die Wirkung stärkerer Kräfte in ihrer Umgebung aufgebrochen werden könnten, er kam aber nicht auf den Gedanken, daß eine Spaltung des Atoms selbst möglich sei.

Atomtheorie der Zeit

Wir halten die Zeit gewöhnlich für einen ununterbrochenen Strom. Aber es gibt Menschen, die sich Zeit als einen Strang von Atomen vorstellen und glauben, Bewegung finde in winzigen Schritten statt, die dann als kontinuierliche Bewegung wahrzunehmen sind – so wie aus Tausenden von Einzelbildern ein Film entsteht. Diese Deutung wurde zuerst um das Jahr 200 n. Chr. von Philosophen der Jain-Sekte (siehe Kapitel VII, 5) in Nordindien eingeführt. Nach Auffassung der Jain ist ein Zeitatom ein Punkt ohne Länge, der jedoch einen zeitlichen Raum besetzt, welcher die Mindesteinheit von Dauer darstellt – so wie ein einziges Standbild eines Filmstreifens keinen Zeitablauf enthält, sondern eine bestimmte Dauer darstellt, wenn es projiziert wird.

Leugnen der Kausalität

Später wurde die Atomtheorie der Zeit benutzt, um die heutige Vorstellung von Ursache und Wirkung zu unterminieren, die auf der Bewegung in einem unendlichen Zeitstrom beruht. Abū Isḥāq al-Naẓẓām, ein arabischer Theologe des Islam zu Beginn des 9. Jahrhunderts, behauptet, das Universum werde in jedem Augenblick von Gott wieder neu zusammengefügt, wobei die Atome minimal verschiedene Positionen einnähmen. Er wie auch seine Nachfolger in der Schule der Sunniten (siehe Kapitel VII, 5) erklären, daß die von der Wissenschaft entdeckten Naturgesetze Gewohnheiten Gottes seien, die immer wieder zur Neuschaffung der Welt führten. Wunder geschähen, wenn Gott von einer Gewohnheit abweiche; dann könne es zu Erscheinungen kommen, die nicht mit den »wissenschaftlichen Gesetzen« übereinstimmten. Die Atomisierung der Zeit und die Leugnung von Ursache und Wirkung stehen in enger Beziehung zur Quantenphysik (siehe Kapitel VIII, 1).

Unendlichkeit des Kosmos

Unendlichkeit der Zeit

Nach Anaximander (ca. 610–540 v. Chr.), einem griechischen Philosophen aus Milet, ist der Kosmos unendlich und umfaßt außer unserem eigenen Universum noch eine unendliche Zahl anderer Welten. Er beschrieb das Unendliche als die Ursache für Entstehung und Zerstörung des Universums; dabei ging er davon aus, daß die Zeit nie enden würde.

Unendlichkeit der Materie

Ursprünglich glaubte man, daß unser Universum Grenzen habe, wobei die Erde in der Mitte oder unten gedacht wurde und die Sterne sie an seinen äußeren Grenzen umkreisten. Doch Anaxagoras von Klazomenai (ca. 500–429 v. Chr.), ein griechischer Philosoph, der in Athen lehrte, entwickelte die Theorie, daß die Menge der Dinge unendlich sei und daß folglich auch das Universum keine Grenzen habe.

Erhaltung der Materie

Das Prinzip, daß Materie nicht erzeugt oder zerstört werden kann, wurde zuerst von dem griechischen Philosophen Empedokles erläutert, der aus Akragas (heute Agrigento) auf Sizilien stammte. In seinem Gedicht *Über die Natur* (5. Jahrhundert. v. Chr.), das die natürliche Auslese und die Urknall-Theorie (siehe unten) darlegt, stellt er außerdem fest, daß die Inhalte des Universums ewig sind und daß »Geburt« und »Tod« Begriffe sind, die wir verwenden, um Umwandlungen der unzerstörbaren Materie zu beschreiben. Das Prinzip wurde von den Pionieren der Atomphysik, Demokrit eingeschlossen, übernommen. Sie erkannten, daß alles, was als greifbare Materie (wie etwa Felsen und Seen) wahrgenommen wird, in Wirklichkeit aus einer Ansammlung unvorstellbar kleiner Partikel besteht, die sich so schnell bewegen, daß bei uns der Eindruck von Masse und Dichte aufkommt. Sie entwickelten eine verfeinerte Version des Prinzips der Erhaltung der Materie und behaupteten, daß diese Materieteilchen (nicht aber die Dauerhaftigkeit, die sie uns vorspiegeln) weder Geburt noch Tod kennen.

Erhaltung der Energie

Die parallele Beobachtung – daß Energie weder erzeugt noch zerstört werden kann – wurde erst seit Isaac Newton (1642–1727) akzeptiert, der sie der Welt in seinen *Philosophiae naturalis principia mathematica* (1687; deutsch: *Mathematische Prinzipien der Naturlehre*, 1872) mitteilte. In den Händen der Nachfolger Newtons wurde der Energieerhaltungssatz zu einem der Eckpfeiler der Physik. Die Verbindung zwischen diesen beiden Prinzipien steckt in der Gleichung $E = mc^2$ (Energie ist gleich der Masse mal dem Quadrat der Lichtgeschwindigkeit), die 1907 von Albert Einstein, dem Vater der Relativitätstheorie (siehe Kapitel VIII, 1), entdeckt wurde.

$E = mc^2$

Urknall-Theorie

Der Philosoph Empedokles (ca. 495–435 v. Chr.) aus der griechischen Stadt Akragas (Agrigento) auf Sizilien beschrieb in seinem Gedicht *Über die Natur* ein Phänomen, das er »kosmischen Wirbel« nannte. Sämtliche Bestandteile des Universums ballen sich auf einen Schlag in einer homogenen Kugel zusammen. Dann fliegen sie auseinander, wirbeln nach außen und nehmen allmählich die Formen des Universums an, in dem wir leben. Schließlich fällt alles wieder zusammen, um in einem sich ewig wiederholenden Prozeß erneut auseinandergewirbelt zu werden.

Welt als lebender Organismus

In seinem Dialog *Timaios* zeichnet uns Platon (429–347 v. Chr.) das früheste Bild von der Welt als lebendem Organismus, der unzählige andere Organismen, auch uns, wie ein Wirt beherbergt. Seine Welt umfaßt die Erde, alle Himmelskörper und den Himmel. Diese bilden zusammen den

Leib der Welt, aber Platon gibt ihr auch einen Geist und erklärt sie zu einem vollkommenen Lebewesen, an dem alle anderen gemessen werden können, ohne sie je zu erreichen. Diese Vollkommenheit der Welt drückt sich zum Teil in der rotierenden Kugelgestalt aus.

Evolution

Bevor sich die Zivilisation entwickelte (siehe Kapitel IV, 3), erkannten einfache Hirten, daß Tiere bestimmte Merkmale von ihren Eltern erben können und daß sich erwünschte Eigenschaften über mehrere Generationen hinweg verstärken lassen. Dieses Wissen nutzten sie und verbesserten die Qualität ihres Viehbestands, indem sie weniger geeignete Individuen aussonderten und Nachkommen von ausgewählten Tieren züchteten. Dieser Entwicklungsprozeß durch künstliche Selektion bescherte uns das Schaf (Abstammung von der Wildziege), das Rind (vom Bison) und das Hausschwein (vom Wildschwein).

Künstliche Selektion

Natürliche Selektion

Zum ersten Mal wurde die Vorstellung, daß ein der natürlichen Selektion vergleichbarer Prozeß für die Entwicklung aller irdischen Lebensformen verantwortlich sei, im 5. Jahrhundert v. Chr. geäußert – im Gedicht *Über die Natur* des Empedokles von Akragas (heute Agrigento), auf den auch die Urknall-Theorie zurückgeht. Freilich ist seine Vorstellung von Evolution ziemlich schlicht: Er vermutete, unter den schlecht angepaßten frühen Arten, die durch natürliche Auslese eliminiert wurden, seien Mißgeburten ohne Hälse und ohne Schultern gewesen. Spätere griechische Denker entwickelten eine elegantere Theorie. Die natürliche Selektion paßte zu ihrer Auffassung, daß es gutangepaßte Lebewesen gibt, weil sie unter den Zufallsprodukten der natürlichen Fortpflanzung die besten Chancen hatten, zu überleben und sich zu vermehren. Auch die natürliche Selektion fand im 1. Jahrhundert Eingang in die Dichtkunst, nämlich bei dem Römer Lukrez in *De rerum natura:*

> *Denn gar vielerlei muß, wie wir sehen, zusammen sich finden,*
> *Soll sich ein sterblich Geschlecht fortpflanzen und weiter vermehren:*
> *Erstens bedarf es der Nahrung und weiter des zeugenden Samens*
> *In Gefäßen, durch die er sich löst aus den Gliedern und ausfließt.*
> *Endlich bedarf es der Glieder, durch die sich die beiden Geschlechter*
> *Können vereinen und tauschen die wechselseitigen Wonnen.*
> *Damals mußten wohl viele der lebenden Gattungen ausgehn,*
> *Da sie imstand nicht waren, für Nachwuchs weiter zu sorgen.*

Denn die Geschöpfe, die jetzt sich erfreun des belebenden Odems,
Können von Jugend auf nur so das Geschlecht sich erhalten,
Daß sie durch Kraft sich und List und endlich durch Schnelligkeit schützen.

Lukrez, *Über die Natur der Dinge.* Buch V.
Übersetzung von Hermann Diels, 1924.

Die in diesem Gedicht geäußerten Vorstellungen gehen auf den griechischen Philosophen Epikur zurück. Der wiederum hat sie zumeist direkt von Demokrit und Leukippos entlehnt, den Urhebern der Atom- und Molekültheorie, die beide im 5. Jahrhundert n. Chr. lebten. Wahrscheinlich verdanken wir also einem dieser beiden Griechen die erste überzeugende Darstellung der natürlichen Selektion. Da ihre Werke jedoch verlorengegangen sind, werden wir es niemals wirklich wissen.

Der Mensch stammt vom Affen ab

Der große islamische Wissenschaftler Abū Rayḥān Muḥammad Ibn Aḥmad al-Bīrūnī aus Choresm (973–1048 n. Chr.) zog den Schluß, daß die Menschen über ihre Vorfahren mit anderen Primaten verwandt sind. In seinem Buch *Kitāb al-jamāhir* erklärt er, daß die Gattung Mensch in einer Linie von sich immer höher entwickelnden Säugetieren abstamme, von denen uns die Primaten am nächsten stünden. Die Auffassung, daß es eine fortlaufende Entwicklung vom Urmenschen bis zum heutigen modernen Menschen (den wir *Homo sapiens sapiens* nennen) gegeben habe, wurde jedoch schon früher in China in einer Sammlung wissenschaftlicher und philosophischer Schriften, dem *Huai Nan Zi*, vertreten, die während der Han-Dynastie von Liu An (2. Jahrhundert v. Chr.) veröffentlicht wurde. Diesem Werk zufolge hat sich die Menschheit über fünf Spezies entwickelt, von dem rätselhaften »Kaminmenschen« bis hin zum heutigen »normalen Menschen«.

Evolution des heutigen Menschen

Gemeinsamer Ursprung der Lebewesen

Ein weiterer wichtiger Gedanke ist im *Huai Nan Zi* formuliert, nämlich daß alles Leben auf Erden einen gemeinsamen Ursprung habe. Diese Ansicht vertrat einer der Autoren, der die Schöpfung mit einem Baum verglich – mit einem Stamm und unzähligen Ästen. Teil der Idee ist, daß sich die Unterschiede zwischen den Arten von Generation zu Generation verstärkten.

Degeneration

Aus der Kenntnis des Evolutionsprozesses wurden ein paar spezielle Ansichten über die Zukunft der menschlichen Art abgeleitet. Eine davon war die Politik der Eugenik (siehe Kapitel VII, 3), die Platon vertrat. Eine andere These besagte, daß wiederholte Nachzucht aus einem begrenzten Tierbestand (heute würden wir den Begriff »Genpool« verwenden) zu

Degeneration und Lebensuntüchtigkeit führe. Diese Behauptung fand sich 1813 in England in einer Arbeit mit dem Titel *Lectures on Physiology, Zoology and the Natural History of Man* (»Vorlesungen über die Physiologie, Zoologie und die Naturgeschichte des Menschen«), und der Autor zog daraus den Schluß, Europas herrschende Klassen müßten degeneriert sein und abgelöst werden. Englands Schatzkanzler mißbilligte dies und erklärte, das Buch stehe im Gegensatz zur Heiligen Schrift. Der Verfasser, der Chirurg William Lawrence, schützte sich und sein Ansehen, indem er leugnete, der Autor dieses verleumderischen Werks zu sein. Im fortgeschrittenen Alter ehrte das Establishment Lawrence jedoch, indem es ihm die Baronetswürde und die Stellung des Hofchirurgen der Königin verlieh. Charles Darwin griff viele von Lawrence' Ideen über die natürliche Selektion in seinem Werk *On the Origin of Species* (1859, deutsch: *Über die Entstehung der Arten*, 1860) wieder auf. Darwin gab nie zu, wieviel er Lawrence und seinen anderen britischen Vorgängern verdankte, obwohl er in der *Entstehung der Arten* das hohe Alter der Evolutionstheorie würdigt: »Es trifft keineswegs zu, daß dieses Prinzip eine neue Entdeckung wäre … Das Prinzip der Selektion finde ich eindeutig in einer alten chinesischen Enzyklopädie.«

Nahrungskette

Es ist nur natürlich, daß sich der Philosoph Zhuang Zi (ca. 300 v. Chr.), der Auf- und Abbau organischer Substanz (siehe Kapitel VIII, 5) beschrieb, auch scharfsinnig über die Nahrungskette geäußert haben soll, den unendlichen Nährstoffstrom der Lebewesen. Das »Buch von Zhuang Zi« berichtet, wie dieser einen großen seltenen Vogel erblickte, den er mit dem Bogen im Anschlag auf einen Baum scheuchte, auf dem der Vogel dann sitzen blieb:

> Er bemerkte eine einsame Zikade, die so darauf konzentriert war, ein schattiges Plätzchen gefunden zu haben, daß sie ihren Körper zu schützen vergaß, so daß eine Gottesanbeterin, die Vorderbeine bereits sprungbereit, sie ergriff. Doch mit der Beute beschäftigt, achtete die Gottesanbeterin nicht auf ihre eigene Gestalt. Darauf nutzte der seltene Vogel die Lage und vergaß, nur mit seinem Fang beschäftigt, auf sich zu achten. Anstatt ihn zu erlegen, sagte Zhuang Zi: »So ist es: Die Lebewesen fangen sich unweigerlich gegenseitig. Jede Art jagt und wird gejagt.«

Es gibt drei grundlegende Ideen zu der Frage, ob alles, was geschieht, vorbestimmt ist. Die erste besagt, daß jedes Leben dem Diktat eines Schicksals unterworfen ist, das nach der Laune oder dem Ermessen übernatürlicher Mächte bestimmt wird. Dies ist ein religiöser Glaube, der bis in prähistorische Zeiten zurückgeht. Oft wird er von der Überzeugung begleitet, daß der einzelne nichts tun kann, um das ihm zugedachte Los abzuwenden.

Vorbestimmung
Schicksal

Die zweite Auffassung meint, daß alle Ereignisse unvermeidlich sind, weil sie Folgen sind, die sich zwangsläufig aus Ursachen ergeben, die bereits im Bauplan des Universums enthalten seien. Der Zustand der Welt jetzt müßte daher mit absoluter Sicherheit zum Zustand der Welt in 1000 Jahren führen. Diese Theorie wurde erstmals von dem griechischen Philosophen Leukippos in seinem Buch *Über den Verstand* (ca. 450 v. Chr.) formuliert. Anhänger dieser Ansicht räumen ein, daß wir unsere Zukunft durch Handlungen und Entscheidungen beeinflussen können, geben aber zu bedenken, daß die Art, wie wir uns eine Meinung bilden, wie alles andere von vorhandenen Ursachen bestimmt wird. Auf Leukippos geht die Atomtheorie der Materie (siehe S. 193) zurück; er war überzeugt, daß Atome in ihrem Verhalten unabänderlichen Gesetzen folgen.

Determinismus

Die dritte Auffassung besagt, daß das Verhalten der Atome keinen festen Gesetzen gehorcht, sondern daß sie auch unabhängig von einer äußeren Ursache agieren können. Daraus folgt, daß Ereignisse nicht vorherbestimmt sein können. Diese Idee hatte ein anderer griechischer Philosoph, Epikur aus Athen (341–271 v. Chr.) (siehe Epikureer, Kapitel VII, 1), der das grundlose Verhalten als »atomaren Schlenker« beschrieb. Einige moderne Theorien der Quantenphysik (siehe Kapitel VIII, 1) nehmen ebenfalls an, daß das Verhalten der Atome keinen festen Gesetzen gehorcht.

Anti-determinismus

Hat Sigmund Freud, der große Erforscher der Seele im Wien des 19. Jahrhunderts, Platons Werk *Der Staat*, das im 4. Jahrhundert v. Chr. in Athen veröffentlicht wurde, kopiert und dann als neues System ausgegeben? Oder kannte er Platons Werk nicht und hat das seine eigenständig neu geschaffen? Das eine oder das andere muß zutreffen, denn die Quintessenz der Freudschen Theorie findet sich auch bei Platon.

Freudsche Psychologie

Freud erklärte, daß das Verhalten eines Individuums von den drei Instanzen der Seele bestimmt werde: dem Ich, dem Über-Ich und dem Es. Platon verwendet im IV. Buch von *Der Staat* eine andere Terminologie: Er fand ein Vernunftprinzip, das er mit dem Menschen gleichsetzte; ein

Dreiteilige Seele

Prinzip, das für Wut, Scham und Mut verantwortlich ist und das er mit dem Löwen verglich; ferner ein Prinzip, das für Triebe und Wünsche zuständig ist und das er als vielköpfiges Ungeheuer darstellte. Diese drei Prinzipien – die Vernunft, das Gemüt und die Lust – bestimmen durch ihre Beziehungen zueinander und ihre relativen Ausprägungen unseren Charakter. Bei einem ausgeglichenen Menschen herrscht die Vernunft, und diese kontrolliert die Lust mit Hilfe des Gemüts.

Traumdeutung

Freuds Theorie besagt, daß Wünsche, die wir gewaltsam unterdrücken und ins Unbewußte verdrängen, in Träumen ihre Fesseln abwerfen und sich offenbaren. Platon beschreibt diese gezügelten Begierden folgendermaßen:

> ... die ..., welche während des Schlafes zu erwachen pflegen, wenn nämlich einerseits der eine Bestandteil der Seele, der Vernunft, Humanität und Beherrschung jenes begierlichen Teiles in sich begreift, im Schlafe liegt, und wenn andrerseits der tierische und wilde Teil der Seele, von Speise oder Trank angefüllt, sich bäumt und nach Abschüttelung des Schlafes durchzugehen und seine Triebe zu befriedigen sucht. Du weißt, daß letzterer dann in solchem Zustande sich alle möglichen Dinge erlaubt, weil er nun aller Scham und Vernunft los und ledig ist. Denn er trägt kein Bedenken, sowohl seiner Mutter, wie er wähnt, beizuwohnen, als auch jedem anderen Gegenstand seiner Lust, sei es Gott, Mensch oder Tier; er trägt kein Bedenken, sich mit jeder Blutschuld zu beladen, jede Befriedigung seines Gaumens sich zu erlauben, mit einem Worte: weder vor einem Unverstande noch vor einer Unverschämtheit zurückzubleiben.
>
> Platon, *Der Staat.* IX. Buch. Übersetzung von Wilhelm Wiegand, 1855.

Trieb-beherrschung

Freud gibt Platons Rat zur Beherrschung von Träumen mit gesellschaftlich nicht akzeptierten Inhalten wieder: dafür sorgen, daß die Triebe angemessen befriedigt werden, ohne zu übertreiben, und durch gute Gedanken, Selbsterforschung und Meditation das Denken schärfen, bevor man schlafen geht. Es ist interessant, wie Freud sich in der *Traumdeutung* über Platon äußert: »Die Alten vor Aristoteles haben den Traum bekanntlich nicht für ein Erzeugnis der träumenden Seele gehalten, sondern für eine Eingebung von göttlicher Seite.« (Freud, *Gesammelte Werke.* Bd. 2/3.) Es ist dies ein schwaches Zeugnis von Freuds Kenntnis der Altphilologie, aber zumindest spricht es ihn vom Vorwurf des Plagiats frei.

Die höchste religiöse Autorität im alten Griechenland stellte das Orakel von Delphi dar. Dort eröffnete die Priesterin des Apoll die Antwort des Gottes auf jegliche schwierige Frage, die von einem Fragenden gestellt wurde. Chaeroephos, ein Bewunderer des Sokrates (469–399 v. Chr.), fragte das Orakel, ob es jemanden gebe, der so weise sei wie der athenische Philosoph. Als Sokrates zu Ohren kam, die Priesterin habe »keinen einzigen« geantwortet, runzelte er die Stirn und bestritt, daß er überhaupt mit Weisheit begabt sei. Dann begann er eine Umfrage, um hinter den Sinn der Antwort zu kommen: Eingehend befragte er Menschen, die weiser sein könnten als er, darunter führende Politiker und Lehrer, Dichter, Künstler und Handwerker. Und er fand nicht nur heraus, daß ihre vorgebliche Weisheit reine Heuchelei war, sondern daß es unmöglich war, ihnen die Einsicht zu vermitteln, daß sie keine Ahnung hatten. Sokrates schloß daraus, daß das Orakel ihn als Weisesten bezeichnet hatte, weil er der einzige war, der seine eigene Unwissenheit erkannt hatte. Während der zweiten Hälfte seines Lebens bemühte er sich, seine skeptische Weltsicht zu beweisen und solche Meinungen abzulehnen, die nicht auf streng geprüften Grundlagen beruhten. Dabei legte er das eigentliche Fundament für die spätere Entwicklung jeglicher westlichen Philosophie, indem er jeden bedeutenden Denker verpflichtete nachzuweisen, woher er sein Wissen bezogen hatte.

Skeptizismus

Die Schule der Skeptiker wurde später von Pyrrhon von Elis (ca. 360 bis 270 v. Chr.) ins Leben gerufen, nachdem er von Reisen durch Persien und Indien zurückgekehrt war. Er forderte, da alles Wissen unsicher sei, möge man sich bei der Entscheidung, wie man denken und handeln wolle, an der Vernunft und der Durchführbarkeit orientieren.

Die Skeptiker

Der medizinische Schriftsteller Alkmaion (ca. 500 v. Chr.), ein Schüler des Pythagoras, der in Kroton auf Sizilien lebte, kam zu der Erkenntnis, daß es unmöglich ist, etwas sicher zu wissen. Er räumte ein, daß es wohl echtes Wissen in bezug auf Dinge des Alltags wie auch die rätselhaften Fragen der Existenz gebe. Doch wir können nur hoffen, uns diesem Wissen zu nähern, indem wir unserere Erfahrungen deuten. Alkmaion versuchte nicht, das unvollkommene Wissen der Menschen herabzusetzen, sondern machte nur darauf aufmerksam, daß das Vertrauen auf unseren Verstand und unsere Sinne uns unter Umständen völlig über die Realität hinwegtäuschen kann. (So könnten Sie beispielsweise träumen, die Welt um Sie herum sei wirklich.) Da Alkmaion davon ausging, daß er recht habe,

Unmöglichkeit des Wissens

glaubte er nur noch Dinge, die sich aus den verfügbaren Fakten ableiten ließen.

Der französische Philosoph René Descartes (1596–1650) teilte Alkmaions Auffassung bis auf einen wesentlichen Punkt: Er betonte, einer Sache könne er völlig sicher sein, nämlich der Tatsache seiner Existenz. »Ich denke, also bin ich« (lateinisch: *cogito ergo sum*). Im gleichen Atemzug bestritt er, von irgend etwas sonst sicheres Wissen haben zu können, nur seine individuelle Existenz werde durch seine bewußten Erfahrungen, einschließlich der des Denkens, bewiesen. Er veröffentlichte seine Theorie 1637 in seinem *Discours de la méthode pour bien conduire sa raison et chercher la vérité dans les sciences* (deutsch: *Abhandlung über die Methode, richtig zu denken und die Wahrheit in den Wissenschaften zu suchen*, 1870).

Cogito ergo sum

Die Befürchtung Alkmaions und Descartes', die Welt um uns herum könne nur eingebildet sein, war um 600 n. Chr. wesentlicher Bestandteil des Glaubens chinesischer Buddhisten. Zum Beispiel sollen zwei Mönche darüber gestritten haben, ob eine Fahne, die sie sahen, sich selbst bewegte oder vom Wind bewegt wurde. Der buddhistische Patriarch Hui Neng (638–713 n. Chr.) klärte die Frage mit den Worten: »Es bewegt sich weder die Fahne noch der Wind, nur euer Geist ist in Bewegung.« Für Buddhisten allgemein – und besonders für Zen-Buddhisten (siehe Kapitel VII, 5) – wurde die Vorstellung, daß die Welt nur Schein ist, zu einem Glaubenssatz.

Die Welt ist nur Schein

Vor Zenon widerlegten die Menschen Behauptungen mit Worten, und ebenso drückten sie Ideen aus – im Vertrauen darauf, daß die Sprache, deren sie sich bedienten, ein adäquates Mittel sei, um die Wahrheit zu übermitteln und die Argumente, mit denen sie sie belegen wollten. In Griechenland wurde dieser Glaube Mitte des 5. Jahrhunderts v. Chr. durch ein 40 Thesen umfassendes Buch von Zenon von Elea unterhöhlt. Darin bewies er, daß unmöglich mehr als ein Ding existieren könne. Zenon konstruierte außerdem einen Beweis, daß jedes Ding unendlich groß ist, und einen anderen, daß jedes Ding keine Größe hat. Mit diesen und vielen weiteren Beispielen behauptete er, daß er allein durch den strengen Gebrauch von Sprache zu Schlüssen komme, die der Alltagserfahrung widersprechen. Von da an begannen die Philosophen, die Stichhaltigkeit von Wörtern in Frage zu stellen, weil sie auf scheinbaren Unterschieden beruhten und ihre Bedeutungen relativ oder willkürlich oder rein subjektiv seien.

Die Wirklichkeit läßt sich nicht mit Worten beschreiben

In China kam es kurze Zeit später zu einer ähnlichen Entwicklung. Ein Philosoph behauptete, beweisen zu können, daß ein weißes Pferd kein Pferd sei. Ein chinesischer Klassiker – ein Anhänger des Konfuzius – antwortete darauf mit der ersten Analyse, in der nachgewiesen wurde, daß Wörter die eigentlichen Medien sind, um Ideen darzustellen. Xun Zi (ca. 312–230 v. Chr.), der im Nordosten im Staate Zhao lehrte, schrieb, daß Unterschiede, die von den Sinnen erkannt wurden, und Unterschiede, die der Geist durch Nachdenken entdeckt, die Basis einer verläßlichen Terminologie bilden. Konflikte, die durch Spielereien dialektischer Manipulation entstehen – etwa »ein Schimmel ist kein Pferd« oder »Berge und Täler liegen auf gleicher Höhe« –, lassen sich lösen, indem man die Aussage auf ihre Plausibilität prüft. Diese ergibt sich aus den Informationen, die vom Geist und den Sinnesorganen geliefert werden.

Die Wirklichkeit läßt sich mit Worten beschreiben

Platon (429–347 v. Chr.) war der erste Philosoph, der leugnete, daß unsere Welt das Wirklichste ist, was wir kennen können. Nach seiner Auffassung ist sie eine Sammlung fehlerhafter Abbilder einer höheren Wirklichkeit, die der Geist erkennen kann, indem er das An-sich-Seiende (das Idealbild oder kurz die »Idee«) eines jeden Dings erforscht. Er nahm die Geometrie als Ausgangspunkt für seine Lehre. Selbst der beste Kreis, der je gezeichnet werden kann, ist nur eine unvollkommene Nachahmung der Idee des Kreises, die sich der Mensch in seiner Vorstellung gemacht hat. Was ein Kreis ist, läßt sich nicht begreifen, indem man lediglich Zeichnungen von Kreisen betrachtet. Man muß sich ein gedankliches Konzept erarbeiten, wenn man den Kreis als solchen erfassen will. Platon überträgt diese Überlegung auf alles – von weltlichen Dingen wie Türen bis zu Qualitäten wie Gerechtigkeit und Schönheit. In *Der Staat* und einigen anderen seiner philosophischen Dialoge tritt er dafür ein, daß das Streben nach Weisheit durch Betrachtung der Idealbilder verwirklicht werden solle. Er fordert uns auf, uns Menschen vorzustellen, die während ihres ganzen Lebens gezwungen sind, immer nur Bilder zu betrachten, die sich auf einer Leinwand bewegen. Das, was sie auf der Leinwand sehen, halten sie für die Wirklichkeit. Holt man sie heraus ans Tageslicht unserer dreidimensionalen Welt, dann sind sie geblendet und begreifen nichts. Sie erkennen weder diese als die wirkliche Welt noch ihre Kinobilder als Abbilder derselben. Auf die gleiche Weise, behauptet er, begreifen unsere Mitmenschen normalerweise weder, daß die Welt ein Abbild ist, noch erfassen sie die höhere Wirklichkeit der Ideen, die von den Philosophen erforscht wird.

Die Idee als höhere Wirklichkeit der universalen Formen

Logik Aristoteles (384–322 v. Chr.), der Gründer der peripatetischen Schule (siehe Kapitel VII, 1), war der erste, der die Logik wissenschaftlich untersuchte und den Prozeß der Beweisführung analysierte. Seine Erkenntnisse sind in einer Sammlung von Texten zusammengetragen, die später als *Organon* bezeichnet wurde und deren Datierung unsicher ist. In diesen

Syllogismus Texten führt er unter anderem den Begriff des Syllogismus (den Schluß, vor allem vom Allgemeinen auf das Besondere) ein. Aristoteles bezeichnet ihn als »Rede, in der aus gewissen Voraussetzungen etwas Neues hervorgeht«. Dies ist die bekannte »Wenn-dann«-Konstruktion von Voraussetzungen und einer daraus abgeleiteten Schlußfolgerung. Die verschiedenen Formen des Syllogismus sind das Kernstück der aristotelischen Logik.

Natürliche Grenze wissenschaftlicher Erkenntnis

Der chinesische Taoist Zhuang Zi (ca. 300 v. Chr.) glaubte, daß die theoretischen Möglichkeiten der Wissenschaft weit über die wissenschaftlichen Leistungen seiner Zeit hinausgingen. Er sagte, daß die Dinge und die Prozesse, die in unserem Universum zu beobachten sind,

> untersucht und, wie winzig sie auch sein mögen, aufgezeichnet werden können. Die Regeln, welche die Reihenfolge bestimmen, in der sie sich ereignen, ihre gegenseitige Beeinflussung, die bald direkt wirkt, bald indirekt ... dies sind die Eigenschaften von Dingen. Wörter vermögen sie zu beschreiben, und es ist möglich, Kenntnis von ihnen zu erlangen.

Darauf gründet er eine Schlußfolgerung, die wichtiger ist: daß es eine unverschiebliche Grenze gibt, über die wissenschaftliche Untersuchung nicht hinausgehen kann, Fragen, die sie nicht zu beantworten vermag – etwa, woher letztlich das Universum kommt, oder seine Gesetze und die Eigenschaften der Dinge. »Die das Tao studieren, wissen, daß sie diesen Veränderungen weder bis ans äußerste Ende folgen noch ihre ersten Anfänge ergründen können.«

Subjektivität der Wahrheit

Der griechische Philosoph Protagoras von Abdera (485–415 v. Chr.), der den Agnostizismus erfand (siehe Kapitel VII, 6), verbreitete als erster, daß Wahrheit nicht objektiv ist. Nach herkömmlichem Denken muß, wenn eine Feststellung wahr ist, eine davon abweichende falsch sein. Protagoras aber sagte: »Was dir wahr zu sein scheint, ist für dich wahr; was mir wahr erscheint, ist für mich wahr.«

Anaxagoras von Klazomenai (500–428 v. Chr.), ein griechischer Philosoph, der in Athen lebte, schrieb das erste Buch in Europa, das mit Diagrammen illustriert wurde. Er erkannte, daß Mondlicht (siehe Kapitel VIII, 2) reflektiertes Sonnenlicht ist; und er behauptete, daß es im Universum unendlich viele Dinge gebe, zum Beispiel auch Lebewesen auf dem Mond. Wie sie seiner Meinung nach ausgesehen haben sollen, ist nicht überliefert, aber spätere griechische Schriftsteller, etwa Aristoteles und Plutarch, betonten, sie glichen keinem uns bekannten Lebewesen, speziell was die Form der Nahrungsaufnahme betreffe. In einem Roman über Raumfahrt beschrieb der griechische Satiriker Lukian im Detail fiktive außerirdische Lebensformen (siehe Kapitel I, 2).

Außerirdisches Leben

Der griechische Dichter Homer (ca. 900 v. Chr.) spricht von »jenen, denen die sieben Melodien verliehen wurden« und bemerkt, daß sie »in wohlklingender Rede und Gegenrede zueinander sprachen«. Die fraglichen Melodien gehören der Sonne und dem Mond, Merkur, Venus, Mars, Jupiter und Saturn. Homers Hinweis ist die erste Erwähnung der später weitverbreiteten Auffassung, daß die Himmelskörper eine Art vollkommenen Klang hervorbrächten, während sie durch das All schweben – die sogenannten Sphärenklänge.

Sphärenklänge

5. Religionen

Religiöse Vorstellungen finden wir selbst bei den einfachsten uns bekannten Kulturen. Daraus kann man schließen, daß sie offenbar bereits in grauester Vorzeit existierten. Ihre Ursprünge sind verlorengegangen, so daß wir nicht sagen können, wo die Anfänge von Religion einzuordnen sind – etwa bevor oder nachdem die ersten Kunstwerke entstanden.

Mit Ausnahme des Shintoismus werden wir uns hier mit hochentwickelten Religionen beschäftigen – die sämtlich im Laufe der letzten paar tausend Jahre entstanden. Die älteren Religionen mit ihrem bunten Reigen von menschenähnlichen Göttern oder Naturgottheiten sind in zivilisierteren Gesellschaften im allgemeinen ersetzt worden.

Auf den Judaismus gehen wir hier nicht ein, weil sein Beginn nicht sicher datiert werden kann. Auch der Konfuzianismus wird nicht behandelt, denn das konfuzianische Denken ist gänzlich säkular und deshalb unter dem Stichwort Klassizismus (siehe Kapitel VII, 1) eingeordnet.

Hinduismus

Der Hinduismus war nicht die Religion der ersten indischen Zivilisationen; er wurde von Nachkommen der hellhäutigen arischen Invasoren entwickelt, die aus dem Nordwesten einwanderten. Gegen Ende des 2. Jahrtausends v. Chr. hielten diese das religiöse Gedankengut ihrer Zeit in Gedichten fest, den *Veden*, nach denen ihre Religion benannt ist.

Vedische Religion

Vedischem Glauben zufolge liegen die Kräfte der Natur in den Händen von Gottheiten mit individueller Persönlichkeit, denen heilige Männer, die Brahmanen, Opfer darbrachten. Sie glaubten an die Unsterblichkeit der Seele, kannten aber weder den Glauben an die Wiedergeburt, noch besaßen sie gesellschaftliche Kasten.

Brahmanischer Hinduismus

Vor diesem Hintergrund entwickelte sich allmählich der Hinduismus, zuerst im Nordwesten Indiens, dann im Ganges-Becken. Wahrscheinlich um 600 v. Chr. verbanden sich der allgemeine Glaube an Brahma als alles durchdringenden göttlichen Geist, die Theorie der Seelenwanderung (siehe Kapitel VII, 7) und das starre Kastensystem (siehe Kapitel IV, 3) mit seinen Begleitritualen zum brahmanischen Hinduismus, der ursprünglichen Form der Hindu-Religion.

Hare Krishna

Die Hare-Krishna-Sekte ist jene Form des Hinduismus, die sich in der westlichen Welt am stärksten durchgesetzt hat. Die Sekte wurde 1966 von dem Göttlichen Erleuchteten A. C. Bhaktivedanta (1896–1977) in den USA gegründet. Die Sekte verehrt jedoch Caitanya, der im 16. Jahrhundert in Indien lebte, als ihren eigentlichen Meister und glaubt, daß er eine Wiedergeburt Krishnas, des Kriegsgottes, und Krishnas, des Liebesgottes, ist. Die Gläubigen versuchen, ihre Verbindung mit Krishna (ihr »Krishna-Bewußtsein«) wiederherzustellen.

Yoga

Yoga-Buch

Yoga begann in Nordindien als ein hinduistisches religiöses System, das den Geist aus den Verstrickungen der Sinne und der Erfahrung befreien wollte. Dem ersten Lehrbuch des Yoga zufolge, dem *Yogasutra* des Patanjali, besteht die Praxis des Yoga aus acht Stufen, zu denen richtiges Denken und Verhalten, bestimmte Körperhaltungen und Atemübungen sowie intensive Meditation gehören. Auf der obersten Stufe vereinigt sich die Seele des Yogi mit dem Objekt seiner Meditation. Patanjali empfiehlt Gott als geeignetes Objekt. So wie viele andere indische Errungenschaften läßt sich Yoga nicht zuverlässig zeitlich einordnen – wahrscheinlich entstand es um 400 v. Chr. aus den verschiedenen Formen der hinduistischen Askese. Das *Yogasutra* scheint eine Zusammenfassung des zu Lebzeiten Patanjalis praktizierten Yogas zu sein, behauptet aber nicht, Yoga ohne Anleitung durch einen Meister zu lehren.

Der Prophet Zarathustra (oder Zoroaster) begründete etwa um 700 v. Chr. die zoroastrische Religion im Norden des Persischen Reiches (dem heutigen Iran) und in Baktrien (im heutigen Afghanistan und Turkmenistan) und trug das heilige Buch *Avesta* zusammen. Die Lehre fand rasch eine riesige Anhängerschaft und wurde Staatsreligion im Persischen Reich. Heute gibt es nur noch in Indien Zarathustra-Anhänger in nennenswerter Zahl, die »Parsen« (Perser). Die zentrale Aussage von Zarathustras Lehre war, daß Ahuramazda (Ormuzd), der Gott des Guten und des Lichts, in einen Kampf mit Ahriman, der Macht der Finsternis und des Bösen, verstrickt ist. Verehrung und richtiges Verhalten mehrten die Macht von Ahuramazda, und Bösewichte wurden im nächsten Leben bestraft. Die Religion des Zarathustra war die allererste, die lehrte, daß jedem Menschen von Natur aus das Gute innewohnt und ihn zu gutem Handeln bewegen kann.

Zoroastrismus

Das Gute in der menschlichen Natur

Der Jainismus wurde im 6. Jahrhundert v. Chr. von Vardhamana Mahavira, einem Zeitgenossen und Landsmann Buddhas, im Nordosten Indiens gegründet. Er lehrte, daß jeder Mensch, jedes Tier, jede Pflanze und sogar jeder Stein eine individuelle Seele besitze. Mahavira leugnete die Existenz einer höchsten Gottheit oder eines Schöpfers. Sein bemerkenswertester Lehrsatz besagt, daß Gott nur die höchste und vollkommenste Äußerung der Kräfte ist, die der menschlichen Seele innewohnen.

Jainismus, Dschinismus

Gott ist die Manifestation des Menschlichen

Der Buddhismus wurde im 6. Jahrhundert v. Chr. von Siddhartha Gautama (ca. 563–483 v. Chr.), einem Sohn des Radschas von Kapilavastu, im nahe Nepal gelegenen nordöstlichen Teil Indiens erdacht. Gautama entlehnte den Namen »Buddha« von *bodhi* – das ist das spirituelle Reich –, nachdem er im mittleren Alter, unter einem Feigenbaum sitzend, erleuchtet worden war. Er lehrte die Hindu-Doktrin, daß die Seele in einem Zyklus von Wiedergeburten gefangen ist, doch lehnte er das Kastensystem ab und plädierte für soziale Gleichheit. Buddha betrachtete die Geburt als ein großes Unglück und verhieß seinen Anhängern die Befreiung vom Zyklus der Wiedergeburt, wenn es ihnen gelänge, genügend gutes *karma* anzusammeln. Um dies zu erreichen, sollten sie sich reinen Denkens und Handelns befleißigen, sexuell enthaltsam leben, nichts Lebendiges zerstören, nicht stehlen, lügen und betrügen, auf Drogen, Tanz, Gesang und den Besuch von Vergnügungsstätten verzichten, ferner des Nachmittags nichts essen, nicht in einem Bett schlafen und Zierat, Luxus, Geld und Vermögen aufgeben.

Buddhismus

Die Lehre Buddhas ist ein moralisches System, das den Menschen zu innerer Ruhe führen soll. Buddhas Nachfolger jedoch, die in Mönchsorden organisiert waren, schufen daraus bereits zu seinen Lebzeiten eine Religion. **Theravada-Buddhismus** Der Theravada-Buddhismus war die ursprüngliche Religion dieser Nachfolger, die eine echte Kirche mit einer Hierarchie von Priestern etablierten.

Mahayana-Buddhismus

Im Jahrhundert nach Buddhas Tod kam die Vorstellung auf, daß Buddha selbst eine Gottheit sei und daß die Befreiung, die die Buddhisten suchen, die ewige Vereinigung mit Buddha nach dem Tode sei. Um anderen Seelen bei der Erlösung beizustehen, würden einige Seelen aus dem Zyklus der Wiedergeburt entlassen, um als Bodhisattvas weiterzuexistieren. Diese Form des Buddhismus, die Buddha zu einem göttlichen Prinzip erhebt, das alle zur Erlösung zu führen vermag, erhielt den Namen »Großes Fahrzeug« oder Mahayana-Buddhismus. Seine Anhänger bezeichnen den Theravada-Buddhismus etwas abschätzig als »Kleines Fahrzeug« oder Hinayana.

Zen-Buddhismus

Vom 2. Jahrhundert n. Chr. an verlor der Buddhismus in Indien an Bedeutung, während er sich in China verbreitete und weiterentwickelte. Die chinesischen Schulen sind bemerkenswert wegen ihrer außerordentlichen Vielfalt und ihres ausgeprägten Hangs zum Lernen nach den Schriften. Riesige Bibliotheken füllten sich mit buddhistischen Texten, speziell mit indischen Büchern und Übersetzungen. Manchen Buddhisten mißfiel die zunehmende Intellektualisierung. Jene, die den meditativen Aspekt *(chan)* betonten, scherten im 7. Jahrhundert n. Chr. aus dem Hauptstrom aus und lehrten, daß Buddhismus nur von Geist zu Geist vermittelt und nicht aus Büchern gelernt werden könne. *Chan* als eigene Sekte ist das Werk von drei Zeitgenossen: Hui Neng (638–713), Shen Xiu (605–706) und Shen Hui (670–762). Unter ihnen war Hui Neng, das sechste buddhistische Oberhaupt Chinas, der stärkste und einflußreichste. Seine Lehre verbreitete sich bis nach Japan und später nach Amerika und Europa. *Zen* heißt diese Richtung heute, nach der japanischen Aussprache des Wortes *chan*. Ironie der Geschichte: Viele moderne Anhänger haben Zen nach Büchern »gelernt«, die heute zu Hunderten angeboten werden.

Lamaismus

Der Lamaismus ist die Staatsreligion Tibets. Ihr geistiges Oberhaupt ist der Dalai Lama, und sie besitzt viele Anhänger in benachbarten Ländern und in der Mongolei. Der Buddhismus setzte sich in Tibet erst durch, als der tibetische Herrscher Srongbrtsan-sgam-po (er regierte von 629 bis 650 n. Chr.) ihn förderte. Srongbrtsan-sgam-po war auch für die Einführung des Alphabets aus Indien verantwortlich und gründete Lhasa, die Hauptstadt des Landes. Die lamaistische Form des Buddhismus entwickelte sich erst im 11. Jahrhundert. Der Mönch Atisa aus Magadha (im Nordosten Indiens, nahe dem Geburtsort Buddhas) und eine Gruppe weiterer Mönche besuchten Tibet im Jahr 1038 auf Einladung des Königs. Sie führten radikale religiöse Reformen durch und verbreiteten den Mahayana-Buddhismus im tibetischen Volk. Daraus entstand eine Staatsreligion, in die Elemente der alten tibetischen Religion – wie Dämonen und komplizierte Rituale – mit eingingen.

Shintoismus

Shinto entstand in prähistorischer Zeit in Japan – lange bevor es eine Schrift und eine Zivilisation gab. Shinto ist ein für primitive Gesellschaften typischer animistischer Kult der Naturverehrung, der sich trotz Zivilisation und der Konkurrenz durch »intellektuellere« Religionen wie Buddhismus und Christentum erhalten hat. Die erste Erwähnung findet sich in einer chinesischen Beschreibung Japans, die um 297 n. Chr. veröffentlicht wurde und Shinto-Weissagungen und das rituelle Bad beschreibt. Der Bericht handelt auch vom Vermeiden ritueller Verunreinigung – indem man etwa »Glücksbewahrer« bestimmt, die sich im Namen der Gläubigen, denen eine Reise und andere Vorhaben bevorstehen, nicht waschen, kein Fleisch essen und keine Frau berühren dürfen. Durch gemeinschaftliches Feiern und Singen während der traditionellen Klage nach einer Bestattung kann die Verunreinigung ebenfalls vermieden werden. Diese und andere Shinto-Bräuche entwickelten sich allmählich im 1. Jahrtausend v. Chr., als vom Festland einwandernde Volksgruppen auf der Insel Kyushu und im westlichen Teil von Honshu siedelten – den Landstrichen, in denen die Wiege der japanischen Kultur stand.

Christentum

Jesus Christus (ca. 10 v. Chr. – 30 n. Chr.) begründete das Christentum in der römischen Provinz Judäa. Seine Lehre fußt auf dem Judaismus, der traditionellen Religion seiner Heimat. Aber Christus leistete einen bedeutenden eigenen Beitrag als Moralist, indem er seine Nachfolger eindringlich zu Nächstenliebe und Selbstverleugnung ermahnte und denen ewige Verdammnis bzw. Glückseligkeit verhieß, die ein gottloses bzw. gottgefälliges Leben führten. Das Christentum, wie es heute praktiziert wird, beruht weitgehend auf Interpretationen und Weiterentwicklungen der ursprünglichen Lehre durch die Amtskirche. Diesem Tatbestand verdanken wir die verschiedenen Sekten, auf die im folgenden eingegangen wird.

Zwei bestehende Konfessionen erheben begründeten Anspruch darauf, direkt aus der im 1. Jahrhundert unserer Zeitrechnung in der Nachfolge Christi etablierten Urkirche hervorgegangen zu sein. Sowohl die orthodoxe Ostkirche als auch die römisch-katholische Kirche sind Zweige der altkatholischen Kirche, die bis 1054 eine Einheit bildete und über die Gemeinschaft aller Christen gebot, ausgenommen jene, deren Glaube als ketzerisch verdammt wurde. Im Schisma von 1054 spaltete sich die Kirche in einen westlichen Zweig, die römisch-katholische Kirche mit Amtssitz in Rom, und einen östlichen Zweig, die Orthodoxe Kirche, mit Amtssitz in Konstantinopel (dem heutigen Istanbul). Obgleich es bedeutende Unterschiede in den Lehren und Kalendern beider Glaubensrichtungen gibt, geht die Kirchenspaltung hauptsächlich auf den Autoritätsstreit zwischen ihren geistigen Führern zurück – dem Papst in Rom und dem Patriarchen von Konstantinopel.

Römisch-katholische Kirche

Orthodoxe Kirche

Die Identität des ersten Papstes ist eine sehr heikle Streitfrage, die wir hier nicht entscheiden können. Einem weitverbreiteten Glauben und der offiziellen Kirchengeschichte zufolge hatte als erster Petrus, einer der Jünger Jesu, Mitte des 1. Jahrhunderts den Heiligen Stuhl inne. Leo I., Papst von 440–461, erhielt als erster den Titel *Pontifex maximus* (höchstes religiöses Amt im Römischen Reich und ursprünglich ein heidnisches Priesteramt). Während Leos Amtszeit wurde der Supremat des Bistums Rom erstmals allgemein anerkannt, und manche halten dies für den Beginn des römischen Katholizismus. Der erste Amtsinhaber nach der Kirchenspaltung von 1054 war Papst Leo IX., dessen Gesandter Humbert dem Patriarchen von Konstantinopel den Supremat von Rom verkündet hatte. Darauf reagierte Konstantinopel, indem es die päpstliche Autorität bestritt, und der Patriarch Michael Kerullarios wurde der erste Inhaber des Amtes nach dem Schisma. Seit dem 4. Jahrhundert hatte Konstantinopel einen Patriarchen, der ursprünglich dem Bischof von Rom untergeordnet war.

Papst

Patriarch von Konstantinopel

In der zweiten Hälfte des 1. Jahrhunderts n. Chr., als sich das Christentum weit über Judäa hinaus verbreitet hatte, distanzierten sich erstmals einige Christen, vor allem in Syrien und Ägypten, von den jüdischen Inhalten ihrer Religion. Sie häuften Spott und Hohn über das Alte Testament und den Gott der Juden und priesen Christus als die irdische Verkörperung des wahren Gottes. In zahllose Schulen zersplitternd übernahmen sie verschiedene Lehren von Zarathustra (siehe S. 207) sowie der pythagoreischen (siehe Kapitel VII, 1) und der griechischen Philosophie. Corinthus

Gnostiker

war einer der Gründer dieser Bewegung Mitte des 1. Jahrhunderts. Heftig bekämpften ihre Anhänger die orthodoxe Kirche, aber nach dem 3. Jahrhundert zerfiel die Bewegung allmählich, nicht ohne zuvor einen zählebigeren Ableger, die Manichäer (siehe S. 217), hervorgebracht zu haben. Aus der Bewegung der Manichäer wiederum ging die christliche Sekte der Albigenser hervor, die sich im Europa des 12. Jahrhunderts weit verbreitete.

Albigenser

Arius (280–336), ein libyscher Presbyter (Kirchenältester), der in Alexandria lebte, empörte seine geistlichen Kollegen, indem er behauptete, daß Gottvater das älteste Mitglied der Dreifaltigkeit sei und den *Logos* (das Wort) geschaffen habe, aus dem unsere Welt hervorgegangen sei. Obwohl dieser Gedanke heftig bekämpft wurde, konnte Arius schnell eine große Gefolgschaft um sich versammeln, darunter zwei Bischöfe, sieben Presbyter, zwölf Diakone und 700 Jungfrauen. Die Kirche fühlte sich durch die starke Arianerpartei bedroht und verwies die Angelegenheit an das ökumenische Konzil, das im Jahr 325 in Nizäa zusammentrat. Dort gaben die Arianer zu, daß sie die Dreifaltigkeitslehre, derzufolge Vater, Sohn und Heiliger Geist eins sind, ablehnten, und wurden als Ketzer verdammt.

Arianer

Nestor war Mönch in Antiochia (heute Antakya in der Türkei), bevor er Patriarch von Konstantinopel wurde. Gegen Ende der zwanziger Jahre des 5. Jahrhunderts begann er über den Unterschied zwischen der Göttlichkeit Jesu und seinem Menschsein zu predigen. Deshalb stritt er auch ab, daß die Jungfrau Maria die Mutter Gottes und das Jesuskind (im Unterschied zu der göttlichen Natur, mit der es ausgestattet war) ein angemessenes Objekt der Anbetung sei. Diese Lehren empörten Cyril, den Patriarchen von Alexandria, und er formulierte den frommen Widerspruch aller aufrechten Christen in Ägypten und Italien. 431 trat ein ökumenisches Konzil in Ephesos zusammen. Cyril gelang es, die Verurteilung der nestorianischen Häresie (Ketzerei) zu erreichen, indem er die Abstimmung darüber so ansetzte, daß die meisten Parteigänger von Nestor nicht daran teilnehmen konnten.

Nestorianer

Eine neue Abweichung vom orthodoxen Glauben dachte sich gegen Ende der vierziger Jahre des 5. Jahrhunderts der Mönch Eutyches aus. Er verkündete, daß Jesus Christus nur eine einzige Natur besitze und keine separate Körperlichkeit von der Jungfrau Maria erhalten habe. Seine Anhänger gründeten die Sekte der Monophysiten, die im Jahr 451 durch das Konzil von Chalkedon verurteilt wurde. Sie schlug aber trotzdem Wurzeln in Ägypten, wo sie bis heute in Form der koptischen Kirche überlebt.

Kopten, Monophysiten

Protestanten In den vorausgegangenen Abschnitten wurden einige frühe Formen des Christentums behandelt. Die meisten wurden als ketzerisch abqualifiziert, während die jüngeren Ableger der Kirche normalerweise als protestantisch bezeichnet werden. Ursprünglich geschah dies, weil sie sich auf den Protest gegen den Erlaß des zweiten Reichstages von Speyer zurückführen lassen, der 1529 erging und kirchliche Reformen verbot. Der erste Anführer der protestantischen Bewegung war Martin Luther (1483–1546), der 1511 in Wittenberg das päpstliche System des Ablaßhandels öffentlich anprangerte. Luther bestritt den Supremat des Papstes und die Entscheidungsbefugnis der kirchlichen Konzile und behauptete, daß die Heilige Schrift die einzige Autorität der christlichen Lehre sei. Er widersprach dem Prinzip des Zölibats als einer neuen Erfindung der Kirche und heiratete selbst eine Nonne. In den meisten Punkten teilte Luther die Auffassungen der christlichen Reformation des 16. Jahrhunderts, aber 1529 widersprach er den anderen Reformern heftig in der Frage der Bedeutung des Abendmahls. Seine Anhänger in diesem Punkt wurden Lutheraner genannt, und seit dieser Zeit gibt es die lutherische Kirche.

Lutheraner

Luthers Gegner im Streit von 1529 gründeten einen Zweig des Protestantismus, den man später als reformierte Kirche bezeichnete. Die Reformierten wurden von dem Schweizer Theologen Ulrich Zwingli (1484 bis 1531) angeführt. Sie behaupteten, der Leib Christi sei beim Abendmahl nicht wirklich in Brot und Wein gegenwärtig. Damit hatten sie zu wenig mit ihren lutherischen Konkurrenten gemeinsam, um in derselben Kirche zu bleiben.

Reformierte Kirchen

1533 floh der französische Gelehrte Johannes Calvin (oder Jean Cauvin, 1509–1564) als Winzer verkleidet aus Paris, wo seine protestantischen Ansichten mehr und mehr den Zorn der etablierten Kirche erregten. Er begann eine Laufbahn als Verfasser von Schriften und Wanderprediger, die in der Gründung des Calvinismus mündete. Die erste calvinistische Kirche war die reformierte Gemeinde von Genf, deren Leitung Calvin 1537 übernahm. Tatsächlich ist die calvinistische Lehre die des heiligen Augustinus (354–430), des aus Nordafrika stammenden römischen Theologen, der die Schrift *De civitate Dei (Der Gottesstaat)* verfaßte. Zusätzlich erlegte Calvin der Gemeinde einen extrem puritanischen Verhaltenskodex auf, seine wichtigste Maßnahme im Kampf gegen die Sünde.

Calvinisten

Nach der Zeit des radikalen Theologen John Wyckliffe (1320–1384) stellten viele englische Christen die Autorität der römisch-katholischen Kirche in Frage. Bis Heinrich VIII. den Thron bestieg (1509), pflegte man

Anglikaner

sich ihrer jedoch zu entledigen, indem man sie verbrannte. 1533 heiratete Heinrich in zweiter Ehe Anne Boleyn, und die Kirche in England erklärte seine erste Ehe mit Katharina für ungültig. Bald darauf aber erklärte der Papst in Rom die erste Ehe für gültig und brachte Heinrich dadurch in Bedrängnis. Heinrichs Lösung war wirkungsvoll und einfach: Er schaltete Roms Autorität in England aus, enterbte Katharinas Tochter Maria und schuf die anglikanische Kirche als eigenständige Organisation mit ihm selbst als Oberhaupt. Wer die neuen Regelungen nicht akzeptierte, zahlte dafür mit seinem Leben. Den übrigen predigte man die neuen Lehren, der alte Glaube wurde verfolgt, und der Anglikanismus war geboren.

Baptisten, Täufer

Im Europa des beginnenden 16. Jahrhunderts gewann die Sekte der Täufer (oder Wiedertäufer) großen Einfluß. Sie predigten, daß die Taufe von Kindern, da diese nicht begreifend an der Zeremonie teilnehmen, ohne Wirkung sei. Sie glaubten auch, daß alles allen gehöre – Güter ebenso wie Frauen. Die Täufer mußten blutig unterdrückt werden, und 1535 überfielen linientreue Protestanten das kleine Reich der Täufer in Münster, Westfalen, und überwältigten sie. Doch in der Zeit um 1530 und 1540 gründeten weniger radikale Mitglieder der Sekte in den Niederlanden eine gesellschaftlich besser akzeptierte Kirche, die nach wie vor die Kindertaufe ablehnte, in anderen Belangen indes die Lehren der reformierten Kirchen übernahm. Zu den niederländischen Gründern gehörten der Glasmaler David Joris (1501–1556) und der Priester Menno Simons (1496–1561). In Holland hieß man sie »Mennoniten«, in Deutschland »Täufer« und in englischsprachigen Ländern »Baptisten«.

Presbyterianer

Die Bezeichnung »Presbyterianer« gibt es seit 1581, als die reformierte Kirche von Schottland in einer Generalversammlung eine Organisationsstruktur einführte, die Andrew Melville ausgearbeitet hatte. Hauptmerkmal war die Autorität, die den Presbytern – den Ältesten der Gemeinde – für die Überwachung von kirchlichen Angelegenheiten verliehen wurde.

Quäker

George Fox (1624–1691) war Schusterlehrling im ländlichen England, als ihn 19jährig die Berufung ereilte und ihn veranlaßte, sein Handwerk aufzugeben und das Leben eines Wanderpredigers aufzunehmen. 1648 begann er in Manchester, Menschen zu seiner persönlichen Version des Christentums zu bekehren. Er predigte, daß Christus in jedes Menschen Herz wohne, wie ein inneres Licht, so daß alle äußeren Quellen religiösen Glaubens, einschließlich der Heiligen Schrift, überflüssig seien. Wegen des Aufruhrs, den sein Verhalten in Manchester auslöste, landete Fox im Gefängnis – die erste von mehreren Inhaftierungen wegen seiner

Predigten. Den Namen »Quäker« bekamen die Anhänger um 1650, weil Fox ihnen geboten hatte, beim Namen Gottes zu erbeben (englisch *quake:* zittern, beben). Der korrekte Name lautet »Gesellschaft der Freunde«.

Methodisten

Die Sekte der Methodisten wurde in England von John Wesley (1703–1791) gegründet, einem von 19 Kindern des anglikanischen Geistlichen Samuel Wesley. Über den Begriff »Methodismus« äußerte John Wesley jedoch: »Dieser Name möge nie mehr erwähnt werden, sondern ewigem Vergessen anheimfallen.« Er hatte keine neue Kirche gründen, sondern den Massen, deren Glaube von der etablierten Kirche geringgeachtet wurde, seine Botschaft verkünden wollen. Er und seine Anhänger waren in England, Asien, Amerika und im pazifischen Raum so erfolgreich, daß unter der Dynamik ihrer Gefolgschaft eine neue Kirche entstand.

Mormonen

Viele wundersame Religionen nahmen ihren Ursprung in den Vereinigten Staaten von Amerika, doch wenige haben einen so wundersamen Beginn wie die Kirche Jesu Christi der Heiligen der Letzten Tage oder Mormonen, wie sie auch heißen. Im Jahr 1823 erschien Joseph Smith (1805–1844), der im Staate New York lebte, ein amerikanischer Engel namens Moroni. Der erzählte ihm von dem »Buch Mormon« und hieß es ihn 1827 ausgraben. Smith vermochte die Hieroglyphen mit Hilfe einer speziellen Prophetenbrille, die mit dem Buch in seine Hände kam, zu entziffern. Um eine englische Übersetzung anzufertigen, bediente er sich eines mit Schokolade überzogenen eiförmigen Steins. 1830 gründete Smith mit seinen Anhängern die Kirche in Manchester, New York. Die Lehre umfaßte eine Reihe besonderer Glaubenssätze, insbesondere den, daß der Weltuntergang nahe sei und die Kirche ein neues Jerusalem in Amerika errichten werde, was in Salt Lake City geschah.

Adventisten vom Siebenten Tag

Im Jahr 1831 rief der amerikanische Prediger William Miller die Bewegung der Siebenten-Tags-Adventisten ins Leben. Miller lehrte seine Anhänger, auf Alkohol und Drogen zu verzichten, den Samstag zu heiligen – und daß 1843 die Welt untergehen werde. Ihren Namen erhielt die Bewegung 1860, und 1863 wurde sie formal als Kirche konstituiert.

Taiping

Die Taiping-Religion, deren Anhänger in den fünfziger Jahren des 19. Jahrhunderts zu Millionen durch China zogen, war 1838 in Kanton entstanden. Der 23jährige Student Hong Xiu Chuan, der gerade endgültig durch alle Prüfungen gefallen war, wurde krank und bettlägerig. Und ihm träumte, er sei der jüngere Bruder von Jesus Christus und gesandt, das Böse und falsche Religionen auszurotten. 1843, als ihm klar wurde, was sein Traum bedeutete, gründete er die »Gesellschaft der Gottesverehrer« und begann, eine Form des Christentums zu predigen, die auf religiöse Bilder, Alkohol und Drogen verzichtete, und pries den Kommunismus und die Gleichheit von Männern und Frauen. Gott hatte seinem jüngeren Sohn das Los zugeteilt, den Irrglauben des Buddhismus und Taoismus und die üble säkulare Philosophie des Konfuzius zu überwinden. 1863 scheiterte Hong an seinem Auftrag, und die Taiping-Rebellen wurden von einer Armee vernichtend geschlagen, an deren Spitze ein konfuzianischer Gelehrter stand.

Heilsarmee

Die nächste militaristische Sekte, die entstand, war viel friedlicher. Der ehemalige Methodistenpriester William Booth errichtete 1865 in London seine »Christliche Mission«, mit dem Ziel, das Wort Gottes zu verbreiten und gegenüber den Armen christliche Nächstenliebe zu praktizieren. 1878 gab sich die Bewegung den Namen »Heilsarmee«, und Booth ernannte sich zu ihrem General.

Zeugen Jehovas

Charles Taze Russell rief 1872 in Philadelphia eine religiöse Bewegung ins Leben, die intensive Bekehrungsaktivitäten mit dem Glauben verband, Jesus Christus sei nur ein sterblicher, vollkommener, aber nicht göttlicher Mensch gewesen. Seine »Internationalen Bibelforscher« feierten keine Geburtstage, auch nicht die Geburt Christi, und verweigerten weltlichen Autoritäten den Gehorsam. Den Namen »Zeugen Jehovas« gaben sie sich 1931.

Christliche Wissenschaft

Mary Baker Eddy (1821–1910), die amerikanische Gründerin der »Christian Science«, veröffentlichte 1875 ihr Buch *Science and Health with Key to the Scripture* (deutsch: *Wissenschaft und Gesundheit mit Schlüssel zur Heiligen Schrift*, 1975), in dem sie erklärte, daß allein Gott wirklich ist und daß die Materie, das Böse und Krankheit die eingebildeten Produkte falschen Denkens seien. Rasch wuchs die Sekte um diese Theorie und übernahm ihre Anwendung in der Praxis – den Glauben an spirituelle Heilung, die ohne Ärzte, Krankenhäuser und medizinische Behandlung auskommt.

Vereinigungskirche

1936 erschien Jesus Christus dem 16jährigen San Myung Mun in Nordkorea und forderte ihn auf, sein Werk auf Erden zu vollenden. Die Umstände vereitelten dies, bis der junge Mun aus dem Gefängnis fliehen und 1950 im Süden eine kleine Gefolgschaft um sich sammeln konnte. Die »Gemeinschaft vom Heiligen Geist für die Vereinigung der Weltchristenheit«, heute kurz »Vereinigungskirche« oder »Mun-Sekte« genannt, wurde 1954 gegründet. Ihr Ziel ist die Vereinigung der Christen dieser

Welt unter Muns Führung und Lehre. Zahlenmäßig bedeutsame Anhängerschaften gibt es bisher in Korea, Japan und Amerika.

Religiöse Orden

Augustiner

Die Katholische Kirche hat so viele klösterliche und Missionsorden hervorgebracht, daß wir hier nur die allerwichtigsten anführen können. Der Orden der Augustiner entstand in Nordafrika, noch vor dem Tod des heiligen Augustinus (354–430). Dort entschieden sich fromme Eremiten, nach der Regel des heiligen Augustinus zu leben, was den Verzicht auf Privateigentum verlangt und eine asketische Lebensweise auferlegt. Der Orden begann sich nach Norden zu verbreiten, als die Vandalen 428 Nordafrika eroberten. Geflüchtete Augustinermönche gründeten Klöster in Norditalien. Im 19. Jahrhundert entdeckte ein Augustinermönch, Gregor Mendel, die Vererbungsgesetze (siehe Kapitel VIII, 5).

Benediktiner

In katholischen Ländern war Benedikt von Nursia (480–543) der wichtigste Ordensgründer. Meist wird die Abtei von Montecassino in Italien, die er 529 gründete, für das erste Benediktinerkloster gehalten, obgleich Benedikt bereits um 490 begonnen hatte, andernorts in Italien Klöster zu gründen. Montecassino wird an erster Stelle genannt, da es Benedikts Hauptsitz war, als er seine »Ordensregel« erließ – die berühmte Liste von Anweisungen, nach denen westliche Mönche in den kommenden Jahrhunderten leben sollten. Die Regel erlaubte den täglichen Genuß von Alkohol – eine Annehmlichkeit, die Benedikt zu seinem Leidwesen dulden mußte. Dieser Erlaubnis verdanken wir zwei der originellsten Vermächtnisse an die Nachwelt – nämlich die Erfindung des Benediktinerlikörs (siehe Kapitel III, 4) und des Champagners (siehe Kapitel III, 4).

Kartäuser

Der Kartäuserorden wurde 1086 in Chartreuse bei Grenoble in Frankreich von Bruno (1057–1101), einem deutschen Mönch, gegründet. Seine strengste Regel ist die Verpflichtung der Mönche zur Einsamkeit. Die Mönche sehen einander nur an Sonntagen und bei besonderen Gelegenheiten. Es waren 200 Mönche dieses Ordens, die die allererste Leitung von elektrischem Strom über eine größere Entfernung ermöglichten (siehe Kapitel VIII, 12). Allerdings wurde der Orden nicht nur deswegen berühmt. Die Mönche erfanden auch einen Likör, Chartreuse (siehe Kapitel III, 4), um zu Geld zu kommen.

Jesuiten

Der Jesuitenorden – die Gesellschaft Jesu, lateinisch *Societas Jesu* – wurde 1534 von dem ehemaligen Soldaten Ignatius von Loyola (1491 bis 1556), drei spanischen Gefährten, einem Franzosen und einem Portugiesen gegründet. Ihr Ziel war es, Pilgerreisen ins Heilige Land und die Bekehrung der dortigen Heiden zu fördern. Da ihr Vorhaben durch den Krieg zwischen Christen und Türken verhindert wurde, erweiterten sie ihre Pläne und nahmen ständige Einrichtungen zum Zwecke der Bildung, des Klosterlebens und der Bekehrung zu ihren Aufgaben hinzu. Ihre neue Satzung wurde 1540 vom Papst gebilligt. Die *Societas Jesu* tat sich bald durch ihren Ehrgeiz, ihr hohes Bildungsniveau und ihre weltweite Missionstätigkeit hervor. Angehörige des Jesuitenordens beeindrucken uns durch den Gebrauch des Diaprojektors (siehe Kapitel II, 1), die Erfindung des Modellautos (siehe Kapitel IX, 2), des Dampfschiffs (siehe Kapitel IX, 1) und die Anwendung einer Konstante in einem metrischen System (siehe Definition über Konstanten, Kapitel IV, 3).

Manichäer

Ähnlich wie die Anhänger der zoroastrischen Religion glaubten die Manichäer, daß die Welt von konkurrierenden Kräften des Lichtes und der Finsternis beherrscht werde, die weder Anfang noch Ende haben. Die Manichäer mußten Nächstenliebe üben und durften Pflanzen, Feuer, Wasser und vor allem Tieren keinen Schaden zufügen. Ihre Religion wurde von dem 204 n. Chr. in Persien geborenen Mani gegründet, der um das Jahr 240 zu lehren begann. Mani selbst bezeichnete sich als »Gottes nächsten Boten des Lichtes« nach Buddha, Zarathustra und Jesus, und in seinem Glauben mischen sich persische, mediterrane und indische Religionsvorstellungen.

Islam

Im Jahre 609 n. Chr. gründeten der Prophet Mohammed, seine Frau Kadidja, ein Diener, einer seiner Vettern und sein Freund Abu Bakr eine neue Religionsgemeinschaft in der abgelegenen arabischen Kleinstadt Mekka. Die religiöse Organisation, deren Einflußbereich 740 von der spanischen Küste bis nach Indien und an die Grenzen von China reichen sollte, zählte im Jahr 613, als Mohammed sich seinen Gefolgsleuten als Prophet offenbarte, ganze 14 Mitglieder. In den folgenden zehn Jahren gewann er zwar jede Menge Anhänger, doch die übrigen Einwohner der Stadt waren unbeeindruckt, und ihr Zorn zwang ihn 622, aus Mekka zu fliehen. Mit diesem ersten Jahr des »Auszugs« (arabisch *hedjra*) beginnt die islamische Geschichtsschreibung. Als Eroberer kehrte Mohammed 630 nach Mekka zurück, wo er 632 starb.

Sunniten

Genauso wie die beiden größten christlichen Kirchen ihre Gründung auf die ursprünglich von Christus errichtete Urkirche zurückführen, beanspruchen beide Richtungen des Islam ihre direkte Abkunft vom Propheten Mohammed. Das Schisma, das die Spaltung in Sunniten und Schiiten bewirkte und sie zunächst zu Sekten machte, begann 632 innerhalb weniger Wochen nach dem Tode des Propheten, bevor die theologischen Differenzen geklärt waren. Die Sunniten oder »Traditionalisten« gründen ihren Glauben auf den *Koran* und die überlieferten Berichte über Mohammeds Leben und Lehre und bildeten stets die Hauptrichtung des islamischen Glaubens. Sie anerkannten und unterstützten den Kalifen Abu Bakr, den ersten Nachfolger im politischen Amt als Oberhaupt des islamischen Staates.

Schiiten

Die Schiiten unterstützten Mohammeds Vetter und Schwiegersohn Ali ibn Abi Talib, der den Anspruch erhob, als nächster männlicher Verwandter des Propheten sei er dessen einzig legitimer Nachfolger, und Mohammed habe dies besiegelt, indem er Ali zu seinen Lebzeiten stets besonders ausgezeichnet habe. 655 wurde Ali als vierter Mann in das Amt des Kalifen gewählt, aber nach schiitischer Lesart ist er der erste Kalif, und die Vorgänger haben das Amt nur usurpiert. Die Schia war nicht Alis Werk, sondern vor allem das seiner Anhänger. Nach deren Überzeugung gebührte der Familie nicht nur das Verdienst, den wahren Glauben begründet zu haben, sondern ihr war auch das göttliche Recht verliehen, dessen Anhänger zu führen. Die sunnitische und die schiitische Theologie nahmen getrennte Entwicklungen und unterschieden sich später in vielen Bereichen.

Ismailiten

Die Ismailiten sind ein unorthodoxer Ableger der Schiiten, mit Aga Khan als heutigem geistlichem Führer. Sie begannen als Gruppe unabhängiger Untergrundbewegungen in Syrien, im Irak und in Arabien im späten 8. Jahrhundert. Um das Jahr 800 gingen diese lockere Verbindungen ein, indem sie Ismāʿīl, den Sohn des Djaʿfar al-Ṣādiq, als siebten schiitischen Imam (geistlichen Führer) anerkannten, ein Glaubenssatz, den sie mit keiner anderen schiitischen Gruppe teilen. Das hervorstechendste Merkmal indes sind die acht Stufen der Lehre, die von ihren Missionaren propagiert werden. Die erste Stufe ist die traditionelle Religion für die einfachen Gläubigen, nicht weit entfernt vom Dogma der Sunniten. In den höheren Stufen werden religiöse Elemente zurückgedrängt und eine allegorische Lesart des *Korans* eingeführt. Auf diesen Stufen erscheinen Gedankenfreiheit, säkulare Philosophie und eine materielle Analyse des Universums im ismailitischen Bekenntnis.

Sufis

Die mystischen Weisen der islamischen Welt kennen wir als Sufis, »die mit einem Wollkleid Bekleideten«. Sie betrachten antike Gestalten wie

Pythagoras und Christus als Sufi-Lehrer, aber in Wirklichkeit entwickelte sich der Sufismus aus den Lehren der großen irakischen und ägyptischen Mystiker des 9. Jahrhunderts. Insbesondere al-Muḥāsibī, Abū-Yazīd al-Bisṭāmī, al-Hallādj und Dhu'l-Nūn al-Masrī legten den Grund für den Sufismus: Sie verzichteten auf intellektuelles Lernen und versuchten, ihre Anhänger zur wirklichen Wahrheit zu führen.

Derwische

Die Sufis wiesen verschiedene praktische Wege zu dem von ihnen gepriesenen Wissen, die meist in Selbstdisziplin und Verzicht auf irdische Genüsse bestanden. Seit dem 9. Jahrhundert bildeten die Anhänger dieser Richtungen, die Derwische, Derwischorden. Der älteste große Orden ist der 874 gegründete Bistamiorden. Die Bistamiderwische folgen der Lehre von Abū-Yazīd al-Bisṭāmī, der ein Jahr nach der Gründung des Ordens starb.

Bistamiderwische

Tanzende Derwische

Am berühmtesten von allen ist der Mevleviorden, der von Djalāl al-Dīn Rūmī (1207–1273), einem bedeutenden Dichter aus Balch (heute Wazirabad) im Norden Afghanistans, gegründet wurde. Rumi lernte einen Derwisch aus Täbris kennen, Šams al-Dīn, und ließ sich von ihm unterweisen, als sie beide im türkischen Konya lebten. Kurz nach Šams' Tod im Jahr 1244 gründete Rumi den berühmten Orden der Tanzenden Derwische. In der *Sema*-Zeremonie drehen sie sich mit ausgestreckten Armen rasend schnell auf der linken Ferse. 1925 verbot die türkische Regierung den Orden, aber im Mevlana-Museum in Konya kann man heute noch ein elektrisches Modell der Tanzenden Derwische besichtigen.

Sikhs

Im Indien des 15. Jahrhunderts existierte die egalitäre monotheistische Religion der muslimischen Eroberer neben dem Kastensystem und der Götterwelt der Hindu-Mehrheit. Die Spannungen zwischen den Angehörigen der beiden Weltanschauungen veranlaßte einige Lehrer zu dem Versuch, religiöse Barrieren niederzureißen. Einer dieser Lehrer, ein Hindu von Geburt, hieß Nanak (1469–1539). Er reiste durch Indien und lehrte, daß die abweichenden Rituale und die Schriften der verschiedenen Religionen, verglichen mit dem Guten im einzelnen Menschen, von nachgeordneter Bedeutung seien. Er lehnte das Kastensystem ab und verkündete den höchsten Gott als eigentlichen Gegenstand der Verehrung durch Gläubige aller Religionen. Seine Gedichte schmähten die jeweiligen Gebräuche des Islam, des Hinduismus und Buddhismus, aber staunten ohne Unterlaß über Gott.

Selbst wenn jeder Mensch, der in der Vergangenheit gelebt hat,
IHN auf seine besondere Weise beschriebe,
nie gelänge es, IHN angemessen zu beschreiben.

Nanaks Vorstellungen weisen den Gläubigen einen menschlichen und gangbaren Weg aus dem Morast der feindlichen Religionen. Die Nachwelt jedoch verkehrte seinen Feldzug in einen ironischen Fehlschlag. Anstatt die religiösen Differenzen zu überwinden, schuf sie eine neue Religion, die meist in heftigem Streit mit dem Hinduismus lag. Die Sikhs betrachteten sich als besondere Gemeinschaft unter der Führung ihres Lehrers oder Gurus, und Nanak war für sie der erste Guru.

Guru

6. Weitere Vorstellungen vom Göttlichen

Agnostizismus

Über die Götter vermag ich nicht zu erkennen, weder daß sie sind,
noch daß sie nicht sind, noch welcher Gestalt sie sind: denn vieles
hindert das Erkennen, die Nichtwahrnehmbarkeit und die Kürze
des menschlichen Lebens.

H. Diels, *Fragmente der Vorsokratiker. 1903.*

Diese Feststellung traf der griechische Philosoph Protagoras von Abdera (485–415 v. Chr.), der vor allem für seinen Satz »Der Mensch ist das Maß aller Dinge« bekannt ist. Protagoras war der erste der »Sophisten«, einer Gruppe von Lehrern, die darauf bestanden, Gebühren zu erheben, und sich deshalb die Verachtung des Sokrates und seiner Gefährten zuzogen. Nur deshalb ist Protagoras nicht mehr berühmt.

Atheismus

Der erste Philosoph, dessen Theorie die Existenz eines Gottes konsequent leugnet, ist der Grieche Diagoras von Melos. Er war ein Schüler des großen Demokrit von Abdera. Demokrits Atomtheorie des Universums und seine wissenschaftliche Anerkennung der Vorbestimmung mögen Diagoras zum Atheismus ermutigt haben. Diagoras lehrte in Athen und wurde dort wegen Gottlosigkeit verklagt. Daher verließ er die Stadt 411 v. Chr., um seine Laufbahn in Pallene und in Korinth fortzusetzen.

Moderne Christen, die ihr Gebet mit einem »Amen« beschließen, benutzen das älteste Wort unserer Sprache, um die Gnade des einen wahren Gottes zu erflehen. »Amen« ist der Begriff, mit dem die Ägypter, die ersten Monotheisten, Mitte des 4. Jahrtausends v. Chr. den einen Gott anriefen. Das Wort und die Religion übernahmen die Juden während ihrer Gefangenschaft in Ägypten. Die Ägypter bekannten, Gottes wahren Namen nicht zu wissen, und verehrten ihn mit vielen Umschreibungen.

Monotheismus

Deine Schönheit ergreift und erhebt alle Herzen,
Deine Liebe läßt die Waffen schweigen,
Deine wunderbaren Werke lassen die Hände erzittern,
Alle Herzen schmelzen vor Deinem Angesicht, o einzige Gestalt,
Schöpfer aller Dinge, o Einziger, Hervorbringer alles Seienden.

So lautet eine monotheistische Hymne aus dem 2. Jahrtausend v. Chr., doch aus weniger gut erhaltenen Zeugnissen aus dem 4. Jahrtausend v. Chr. geht hervor, daß es bereits damals den Glauben an einen höchsten Gott gab. In den unzähligen kleineren ägyptischen Göttern und Göttinnen sahen die Gläubigen bloß Schöpfungen des höchsten Gottes, an die er Macht delegiert hatte.

Platon (429–347 v. Chr.), der berühmte Athener Philosoph, war überzeugt, daß Gott vollkommen gut ist – zumindest sagte er, daß er davon überzeugt sei. Er beobachtete aber auch, daß die meisten Dinge, die sich in unserem Universum ereignen, nicht vollkommen gut sind, und deswegen kann nicht Gott für das, was uns widerfährt, verantwortlich sein. Im zweiten Buch von *Der Staat* läßt er Sokrates behaupten, es sei wesentlich, daß Gott für die Menschen als Beispiel der Vollkommenheit gewahrt werde, und dies sei wichtiger, als den Anspruch seiner Allmacht zu verteidigen. Platon glaubte nicht, daß Gott moralisch vollkommen sein könne, wenn er für alles Böse in der Welt verantwortlich sei. Spätere Denker entwickelten die Optimismus-Lehre (siehe Kapitel VII, 2), um nachdrücklich festzustellen, daß Gott nicht nur allgütig, sondern auch allmächtig ist. Die Lehre des Zarathustra (siehe Kapitel VII, 5) ist eine frühere Religion, die behauptet, daß Gottes Macht nur insofern bestehe, als er im Kampf gegen das Böse siegt.

Gott ist nicht allmächtig

Gott unterliegt Gesetzen

Für die unvollkommene Natur im Menschen aber ist es der größte Trost, daß auch die Gottheit nicht alles vermag – denn sie kann sich nicht selbst den Tod geben, selbst wenn sie es möchte … sie kann Sterbliche nicht mit Unsterblichkeit beschenken und nicht Tote auferwecken noch bewirken, daß jemand, der gelebt hat, nicht gelebt hat … und daß sie keine andere Gewalt über die Vergangenheit hat als diese zu vergessen … daß sie nicht bewirken kann, daß zweimal zehn nicht zwanzig sei, und viel Ähnliches mehr, aus dem ohne Zweifel die Macht der Natur erhellt und, daß sie das sei, was wir Gott nennen.

Plinius, *Naturkunde.* Buch II, Kosmologie.
Übersetzung von Gerhard Winkler und Roderich König.

Diese Sätze aus der *Naturkunde (Historia naturalis)* sind die Ansichten des römischen Gelehrten Plinius (23–79 n. Chr.) und beschreiben den Gott, den die meisten Religionen verehren und den die meisten Philosophen für existent erklären. Plinius zieht den Schluß, daß nicht dieser, sondern die Macht der Natur der wahre Gott sei. Nach seiner Auffassung ist dieser wahre Gott keine Person; daher wird ein religiöser Mensch Plinius' Auffassung für falsch halten.

7. Glaubenssätze und Aberglauben

So unglaublich es klingt, manche Kasteiungen, durch die Gläubige ihre Unterwerfung unter die eine oder andere fordernde Gottheit beweisen, wurden bewußt aus rein weltlichen Gründen von anderen übernommen; sie werden deshalb in anderen Kapiteln behandelt – unter anderem das Feuerlaufen (siehe Kapitel IV, 4), die Säulenheiligen (siehe Kapitel X, 4) und die Gladiatorenkämpfe (siehe Kapitel X, 4).

Engel

Engel betraten die Weltbühne in Nordindien während der späten vedischen Periode des Hinduismus als *devas.* Sie lassen sich wahrscheinlich auf das frühe 1. Jahrtausend v. Chr. zurückdatieren. Sie werden in Hindu-Texten dieser Zeit erwähnt, und zwar unter anderem in der *Gita*, in *Samkhya* und in Patanjalis *Yogasutra.*

Im 13. Jahrhundert v. Chr. und drei Monate nach dem Auszug aus Ägypten sammelten sich die Juden der Sinai-Halbinsel am Fuße des Berges Sinai. Ihr Führer, Moses, wies sie an, dort zu warten, während er – allein oder mit seinem Bruder – den Berg hinanstieg, um von Gott die Gesetze für die Hebräer zu empfangen. Moses befahl ihnen, ihm nicht zu folgen, weil die donnernde Stimme und der blendende Anblick Gottes ihren sicheren Tod bedeuten würde. Moderne Skeptiker meinen, in Wirklichkeit habe sich Moses auf den Berg zurückgezogen, um den Inhalt der Zehn Gebote und das Gesetzeswerk, das heute in der Bibel niedergelegt ist, selbst auszuarbeiten. Wenn die Gebote nur das Produkt eines menschlichen Geistes sind, muß dies wohl ein von Gott erleuchteter Geist gewesen sein. Es war ein beispielloser, Inspiration und Mut fordernder Durchbruch, die Fundamente der sittlichen und religiösen Kultur eines Volkes in zehn präzise Gebote zu fassen. Die natürliche Intelligenz des Moses scheint durch eine ägyptische Erziehung gefördert worden zu sein, die ihm geholfen haben muß, entweder die Gebote und andere Gesetze zu formulieren oder zumindest zu begreifen, was Gott ihm mitteilen wollte.

Zehn Gebote

Die ersten vier Gebote beziehen sich auf die Religion, die übrigen sechs auf das sittliche Verhalten. Besonders interessant ist das zweite Gebot:

Verbot der Götzendienerei

> Du sollst dir kein Bildnis noch irgendein Gleichnis machen, weder von dem, was oben im Himmel, noch von dem, was unten auf Erden, noch von dem, was im Wasser unter der Erde ist: Bete sie nicht an und diene ihnen nicht …

Diese Vorschrift war ein arger Schlag gegen die bildende Kunst, aber ein bedeutender Schritt für die Religionsgeschichte. Es ist das erste Verbot der Götzendienerei und wurde Grundbestandteil einiger großer Religionen unserer Zeit.

Die ersten Berichte über verstorbene Menschen, die aus dem Reich der Toten zurückkehrten, kennen wir von einem sumerischen Mythos, der im 3. Jahrtausend v. Chr. entstand, dem die Gelehrten den Namen »Inannas Abstieg in die Unterwelt« gaben. Inanna, die Königin des Himmels in der alten mesopotamischen Religion, begab sich in die Unterwelt, um ihren Herrschaftsbereich auszudehnen. Verständlicherweise widersetzte sich die Königin der Unterwelt Inannas Plänen und ließ sie töten. Enki, der Gott der Weisheit, sandte Helfer von der Erde, die die Tote wieder zum

Auferstehung

Leben erweckten, doch zur Erde durfte Inanna nur zurückkehren, wenn sie der Unterwelt einen Ersatz stellte. Einige Götter, die sich ihr näherten, um diese Aufgabe zu übernehmen, krochen in Sackleinen gehüllt vor ihr im Schmutz, daher ließ sie sie gehen. Als sie die Stadt ihres Gemahls erreichte, saß dieser – wie man sich denken kann – auf dem Thron und trug ein vornehmes Gewand. Inanna ließ sich von seinem mangelnden Talent zum Kriechen nicht beeindrucken und schickte ihn an ihrer Stelle in die Hölle. Verständlich, daß sich sein Gesicht darob grün färbte, aber sein Ableben ermöglichte Inannas erfolgreiche Rückkehr in die Heimat.

Seelenwanderung

Seelenwanderung heißt, daß die Seele nach dem Tod des Menschen für ein erneutes Leben auf die Erde zurückkehrt – eine Wiederholung, die zahllose Leben dauern oder in die Befreiung vom Zyklus der Wiedergeburt münden kann. Im alten Indien nahmen Hinduismus und Buddhismus (siehe Kapitel VII, 5) die Seelenwanderung in ihre religiösen Vorstellungen auf. Vorher aber, im beginnenden 1. Jahrtausend v. Chr., kannte die indische Religion keine Seelenwanderung. Die Idee wurde wahrscheinlich aus Griechenland importiert, wo sie bereits sehr früh auftrat – vielleicht im 7. oder 8. Jahrhundert v. Chr. Platon erwähnt die Seelenwanderung in vielen seiner philosophischen Dialoge und sagt, die Idee komme von den »Erzählungen der Vorfahren«.

Himmel, Paradies

Die Gefilde des Osiris inmitten der Sterne waren das Ziel der Seelen frommer Ägypter nach ihrem Tode. Sie erwarteten, dort mit den Göttern zu leben, zu essen, zu trinken, zu pflügen und zu ernten, stark zu sein und sich dem Liebesspiel hinzugeben. Im 4. Jahrtausend v. Chr. entwickelten ägyptische Priester des Osiris die Vorstellung vom Himmel als Ort ewiger Belohnung für die Seelen der guten Menschen. Wer sich nicht für die Aufnahme in den Himmel qualifizierte, mußte ein zweites Mal sterben, nachdem er im Land Tuat gelitten hatte.

Hölle

Tuat war nicht die Hölle ewiger Verdammnis unter der Erde, sondern bloß ein unwirtlicher Ort, den die Seelen durchmessen mußten. Die Bevölkerung Nordindiens, die die vedische Religion (siehe Kapitel VII, 5) praktizierte, erfaßte als erste um 1500 v. Chr. den tiefen Schrecken alles dessen, was Hölle ist: der Ort unaufhörlicher Strafen für die Seelen der Bösewichter außerhalb und unterhalb der Welt. Ihre Nachkommen gaben diesen Glauben auf und ersetzten ihn durch den Hindu-Glauben, daß die Seele nach dem Tod leidet, indem sie erneut in die Welt hineingeboren wird; die vedische Idee von der Hölle aber verbreitete sich nach Westen und wurde schließlich ins Christentum integriert.

Mächtige Stürme bedrängten das Land,
Und die Flut überschwemmte die Tempel.
Und die Flut tobte über das Land
Sieben Tage und sieben Nächte.
Und die Stürme peitschten das riesige Boot,
Stießen es über tosendes Wasser.
Dann kam Utu hervor, der Sonnengott,
Der Himmel und Erde erhellt.
Ziusudra öffnete ein Fenster des Schiffes,
Und der Held Utu sandte sein Licht
In den mächtigen Kahn.

Sintflut

Dies sind Zeilen aus der ältesten Geschichte über die Sintflut, dieselbe Geschichte, die in der Bibel erzählt wird, wo Noah an die Stelle von Ziusudra tritt. Die hier zitierte Version stammt von den Sumerern aus dem Süden Mesopotamiens, wahrscheinlich aus dem 3. Jahrtausend v. Chr. Der Text stand auf einer Tafel, die man bei Ausgrabungen der Stadt Nippur gefunden hatte, und wurde wahrscheinlich um 2000 v. Chr. niedergeschrieben. Noahs Sintflut dauerte 40 Tage, die in Mesopotamien brachte es nur auf sieben. Der Teil des Epos, der sich auf die tierischen Passagiere bezog, wurde zerstört, aber an anderer Stelle gibt man Ziusudra den Namen »Bewahrer der Vielfalt der Natur und der Saat der Menschheit«.

Astrologie

Horoskope

Der Beginn der Astrologie scheint bis in prähistorische Zeiten zurückzugehen – er liegt wahrscheinlich in Ägypten oder Mesopotamien –, als die Menschen begannen, den Himmel zu beobachten, um Ereignisse vorhersagen und drohende Gefahren erkennen zu können. Die moderne Astrologie interessiert sich eher dafür, das Schicksal, die Chancen und den Charakter eines Menschen aus dem Stand der Himmelskörper zur Stunde seiner Geburt zu bestimmen. Dies geschieht anhand von Horoskopen, die ersten wurden vermutlich zur Zeit des Alten Reiches (ca. 3500–2500 v. Chr.) erstellt. Im ägyptischen System war jeder Tag, jeder Monat einer besonderen Sternengottheit geweiht. Der Mensch unterlag zeit seines Lebens dem Einfluß des Gottes, unter dessen Stern er geboren war.

Feng Shui

Nach den Auffassungen des Feng Shui (»Wind und Wasser«) ist die Erde die Verkörperung eines lebendigen Geistes bzw. mehrerer Geister, die erfreut, verärgert oder verletzt werden können, je nachdem, wie die Menschen mit der Erde umgehen. Diese Idee entstand in der Frühphase der Zeit der Streitenden Reiche in China (481–221 v.Chr.) und wurde erstmals in einem mystisch-politischen Handbuch aus Nordostchina erwähnt, dem *Guan Zi* (ca. 400 v.Chr.), in dem das Wasser als Blut und Atem der Erde bezeichnet wird. Aus dieser Vorstellung entwickelte sich der Aberglaube, daß spezialisierte Feng-Shui-Geomantiker günstige und ungünstige Standorte für Wohnhäuser und Arbeitsstätten ermitteln können. Wir wissen nicht, seit wann diese Art der Weissagung praktiziert wird, sie war aber schon im 2. Jahrhundert v.Chr. verbreitet.

Böser Blick

Die alten Sumerer in Mesopotamien waren die ersten, die das Übel des bösen Blicks entdeckten. Erwähnungen finden sich in den ältesten ihrer überlieferten religiösen Schriften, und wahrscheinlich geht die Vorstellung weiter zurück, nämlich bis ins 4. Jahrtausend v.Chr. Gewöhnliche Menschen können den bösen Blick nicht wahrnehmen, aber unglücklicherweise kann er manche Personen treffen und ihnen dadurch Unheil bringen.

Spukhäuser

Das Problem der Spukhäuser trat erstmals in Mesopotamien bei den alten Sumerern auf. Es wird in Dokumenten aus dem 3. Jahrtausend v.Chr. erwähnt, könnte aber viel weiter, bis ins 4. Jahrtausend v.Chr. zurückgehen, aus dem es keine schriftlichen Zeugnisse gibt. Die Sumerer glaubten, Geister auf unserer Erde suchten Stätten verschiedener Art auf, am liebsten jedoch Häuser. Sie bevorzugen leere Häuser, weil dort niemand wohnt, der Amulette und Gegenzauber benutzt oder einen Exorzisten ruft.

Pilgerfahrt nach Mekka

Zu den religiösen Pflichten eines gläubigen Muslims gehört es, nach Mekka (im heutigen Saudi-Arabien) zu pilgern. Im 7. Jahrhundert versuchte Mohammed, der Gründer des Islam (siehe Kapitel VII, 5), die primitive Religion der Sternenverehrung und Götzendienerei im alten Arabien zu beseitigen. Obwohl er in den meisten Bereichen sehr erfolgreich war, konnte er die Pilgerreise, die überaus populär war, nicht abschaffen und machte sie deshalb einfach zu einem Bestandteil der neuen Religion. Die Pilgerreisen nach Mekka setzten vor etwa 2000 Jahren ein, 700 Jahre vor Mohammed, als Mekka, das kulturelle und religiöse Zentrum Arabiens, von dem arabischen Stamm der Homeriten beherrscht wurde. Damals begann der homeritische Herrscher, den Heiligen Schrein von Mekka jedes Jahr mit einem neuen Tuch zu schmücken, und die Gläubigen strömten dort von der ganzen arabischen Halbinsel zu einem festgesetzten Zeitpunkt zusammen. Bis heute stiftet der jeweilige Herrscher alljährlich ein neues Tuch, und Gläubige aus aller Welt versammeln sich bei der Kaaba, einem kleinen Gebäude, in dem ein Meteorit aufbewahrt wird, der seit den Zeiten der Sternenanbetung verehrt wird und dem alle Muslime ihr Gesicht im Gebet zuwenden.

Gebet in Richtung Mekka

Etwa um das Jahr 630 ernannte der Prophet Mohammed die Kaaba zur *kibla*, dem »höchsten Gegenstand der Gottesverehrung«, und änderte damit die Richtung, nach der sich die Muslime beim Gebet wenden sollen. Bis dahin hatten sich die Gläubigen beim Gebet gen Jerusalem verneigt.

Rosenkranz

Der Rosenkranz ist der augenfälligste Beitrag des Buddhismus zu römisch-katholischen Religionspraktiken. Die *japa mala* (Gebetskette) war eine Perlenschnur, die indische Buddhisten seit dem 1. Jahrhundert n. Chr. benutzten. Sie wurde so beliebt, daß die Muslime sie später übernahmen und die Erfindung an die Anhänger des Christentums und die Kirche von Rom weitergaben, die sie begeistert annahmen.

VIII. WISSENSCHAFT UND TECHNIK

Ohne Technik in der einen oder anderen Form ist das menschliche Dasein kaum vorstellbar. Aus diesem Grund sind die Informationen über Technologien und Techniken über alle Kapitel, mit Ausnahme von Kapitel VII, verteilt. Selbst in prähistorischer Zeit gab es jede Menge technischer Entwicklungen, über die wir allerdings zu wenig wissen, um hier darauf einzugehen.

Wo immer Menschen leben, findet man Technik, Wissenschaft dagegen ist selten. Mit Wissenschaft haben nur wenige zu tun, und manchmal kommen sogar große, komplexe Gesellschaften ganz ohne sie aus. Obwohl es noch eine wissenschaftliche Ausbildung gab, blieb die antike westliche Welt nach der Eroberung durch die Römer auf ihrem Wissensstand stehen; neue wissenschaftliche Ideen fehlten fast gänzlich. Bis ins späte 17. Jahrhundert hatte Rußland keine Wissenschaft, was die Russen allerdings nicht davon abhielt, ein Weltreich zu errichten und Zivilisation zu verbreiten. Um in einer Gesellschaft Fuß zu fassen, bedarf Wissenschaft der Weitsicht von Menschen, die über Mittel verfügen und Einfluß auf die öffentliche Meinung besitzen. Das macht den wahren Visionär aus. Zar Peter der Große ist einer der wenigen aus historischer Zeit, dessen Namen man kennt. Viel interessanter jedoch sind die ersten Förderer der Wissenschaft in frühen Kulturen, die nicht auf den Ideen anderer Völker aufbauen konnten.

Wo und wann das wissenschaftliche Denken begann, ist umstritten. Entgegen der allgemeinen Lehrmeinung vertrete ich die Auffassung, daß es vor etwa 5000 Jahren in Ägypten begründet wurde. In Mesopotamien wurden Mathematik und Astronomie um vieles wissenschaftlicher betrieben als in Ägypten, was eventuell Zweifel an meiner Theorie nähren könnte. Doch in Ägypten gab es bereits eine Einrichtung mit Namen »Haus des Lebens«, wo Wissen um seiner selbst willen gepflegt wurde, lange bevor in Mesopotamien auch nur ein Hauch von wissenschaftlichem Arbeiten erkennbar war. Die Ägypter sammelten Daten, schrieben – leider nicht erhaltene – Bücher über Themen, die nach wissenschaftlicher Untersuchung verlangten, und hatten einen hochspezialisierten Ärztestand. Die ägyptische Medizin war möglicherweise die erste voll entwickelte Wissenschaft der Welt, vermutlich gefolgt von der Biologie oder mindestens der Botanik. Der einflußreiche Wesir und Hohepriester Imhotep, der sich auch als Baumeister und Heilkundiger hervortat, und sein Pharao Djoser, der im 3. Jahrtausend v. Chr. regierte, diese beiden kann man wohl zu den ersten Förderern der Wissenschaft zählen.

1. Mathematik und Physik

Die Physik überschneidet sich in einigen Bereichen mit Philosophie und Theologie. Manche Stichwörter finden Sie deshalb in Kapitel VII, 4.

Stellenwertsysteme

Unser Stellenwertsystem, bei dem eine Zahl – je nachdem, an welcher Position in einer Zahlenfolge sie steht – Einer, Zehner oder Hunderter bedeuten kann, ist uns heute ganz selbstverständlich. Um so überraschender die Tatsache, daß Zahlensysteme ohne Stellenwert, wie etwa die römischen Ziffern, einst die Regel waren. Das erste Stellenwertsystem gab es zu Beginn des 2. Jahrtausends v. Chr. in Mesopotamien. In den Keilschrift-Zahlzeichen jener Zeit bedeuteten die letzten, senkrecht aufgebrachten Abdrücke des Schreibgeräts die Einer. Daneben wurden, waagrecht, die Zehner gezeichnet. Die nächste Position benutzten die Mesopotamier allerdings nicht für die Hunderter, sondern für Sechziger, die sie wieder mit senkrechten Abdrücken darstellten.

Sexagesimalsystem

In ihrer Zählweise kombinierten die Mesopotamier das Dezimalsystem mit einem System zur Basis 60. Das Sechziger- oder Sexagesimalsystem ist ihre Erfindung; dabei werden alle Zahlen als Potenzen von 60 ausgedrückt. Reste dieser Zählweise haben sich in der Winkeleinteilung (ein Kreis hat 360 Grad) und in den Minuten und Sekunden der Uhrzeit erhalten. Die Babylonier bevorzugten die Basis 60, weil sie durch elf kleinere Zahlen teilbar ist (10 ist nur durch 1, 2 und 5 teilbar).

Dezimalschreibweise

Die ersten Hinweise auf ein echtes Zehner-Stellenwertsystem finden wir in Knochen eingeritzt, die aus der Shang-Dynastie (etwa 14. Jahrhundert v. Chr.) stammen und in Nordchina gefunden wurden. Im Gegensatz zu den Mesopotamiern benutzten die Chinesen die dritte Stelle, um Hunderter auszudrücken, wie auch wir es in unserem von den Arabern übernommenen System tun. Doch ähnlich wie die Mesopotamier, die zwischen senkrecht und waagrecht geschriebenen Zeichen abwechselten, modifizierten die Chinesen ihre Schriftzeichen, um den Stellenwert anzugeben. Bei der Zahl 400 beispielsweise wird der Vier ein Dreieck in einer Schleife angehängt, um sie als Hunderter zu kennzeichnen. Mit solchen Methoden konnte man Fehlinterpretationen verhindern, solange es die Null als Zeichen für unbesetzte Stellen noch nicht gab.

Null

Die Null wurde zu Beginn des 1. Jahrtausends v. Chr. von chaldäischen Wissenschaftlern erfunden. Bis etwa 300 v. Chr. verwendeten sie einen ausgefüllten Kreis ●, danach einen leeren ○. Sie benutzten dieses Symbol allerdings nur im Sexagesimalsystem.

Das Leerstellenzeichen für das Dezimalsystem wurde sehr viel später in Kambodscha und Sumatra entwickelt. Steininschriften an beiden Orten markieren das Jahr 683 n. Chr. bzw. das Jahr 605 der indischen Saka-Ära. In beiden Fällen bedeuten die Zeichen  die Zahl 605, wobei der Punkt in der Mitte für die Null steht. Ein leerer Kreis wurde drei Jahre später auf der Nachbarinsel Bangka in einer Inschrift verwendet, um das Jahr 608 dieser Ära (686 n. Chr.) zu bezeichnen.

Dualsystem, binäre Zeichen

Im Gegensatz zum Dezimalsystem, das zehn Ziffern besitzt, oder der mesopotamischen Sechziger-Zählweise, kommt das Dual- oder Binärsystem mit der Null und der Eins aus. 1, 10, 11, 100 und 101 entsprechen den Zahlen 1, 2, 3, 4 und 5. Binäre Zahlen sind heute in der Computerei gang und gäbe, aber der chinesische Philosoph Shao Yong entwickelte das erste binäre Zahlensystem, um damit seine Theorie zu stützen, das ganze Universum sei mathematisch aufgebaut. In sein Buch »Das Prinzip, das die Welt regiert« (etwa 1060 n. Chr.) nahm er auch die berühmten 64 Hexagramme des I Ging auf. Das sind alle möglichen Kombinationen der acht Trigramme (siehe die Darstellung von Yin und Yang in Kapitel VII, 4). Heutzutage erfreuen sich die Hexagramme großer Beliebtheit, um damit Vorhersagen für die Zukunft zu treffen, aber Shao hatte ihre Reihenfolge so verändert, daß zuerst Hexagramm 2 kam, dann 23, 8, 20, 16 usw.

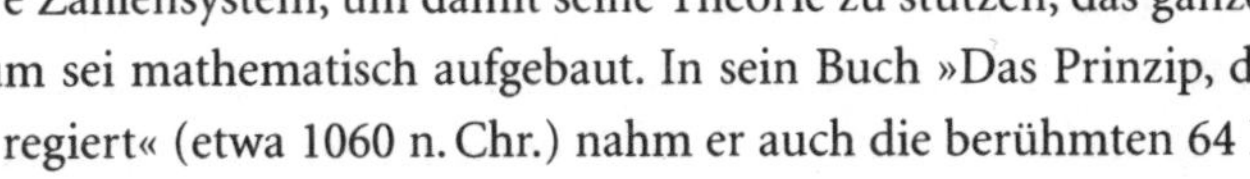

2 23 8 20 16

Wenn man nun eine unterbrochene Linie als Null liest und eine durchgezogene als Eins, entstehen die Zahlenfolgen 000001, 000010, 000011, 000100 und 000101 – in der binären Schreibweise die Zahlen von eins bis fünf. Die restlichen Hexagramme werden dann ebenfalls in der binären Reihenfolge aufgelistet. Gottfried Wilhelm Leibniz, der deutsche Mathematiker und Philosoph, der das Dualsystem 1673 in Europa einführte, glaubte, das System sei von Fu Xi entwickelt worden, einem chinesischen Kaiser, der im 3. Jahrtausend v. Chr. lebte. Doch selbst wenn man Fu Xi heute die Erfindung der acht Trigramme zuschreibt, ist es unwahrscheinlich, daß er die binäre Zählweise kannte.

Der Wert von Pi

Die Zahl Pi, dargestellt durch den griechischen Buchstaben gleichen Namens, π, ist definiert als das Verhältnis des Umfangs eines Kreises zu seinem Durchmesser – in anderen Worten: Sie gibt an, wie oft der Durchmesser in den Umfang »hineingeht«. Mathematiker und Zeichner benötigen sie unter anderem, um den Umfang und die Fläche von Kreisen bzw. den Rauminhalt von Kugeln zu berechnen. Die Zahl Pi läßt sich nicht ganz genau angeben; alte und neue Bücher nennen viele unterschiedliche Werte. Vor 3500 Jahren schätzten babylonische Mathematiker sie auf $3\,\frac{1}{8}$, was zwar dicht daran, aber leider falsch ist.

$3\,\frac{1}{7}$ für Pi

Einen wichtigen Schritt in die richtige Richtung tat Archimedes von Syrakus (berühmter ist er für seine Schraube und ihr Funktionsprinzip, siehe Kapitel VIII, 11, und seine Erkenntnisse zum Auftrieb, siehe S. 237), der gleichseitige Vielecke in und um einen Kreis beschrieb, um sich so dem Wert von Pi zu nähern. Mit einem 96seitigen Vieleck kam er im 3. Jahrhundert v. Chr. auf den berühmten Näherungswert von $3\,\frac{1}{7}$, der auch heute noch häufig benutzt wird.

3,14159 für Pi

genaues Intervall

3,14159 ist die Zahl, die in der Geometrie meist für Pi verwendet wird. Der erste, der sie erreichte, war der Chinese Liu Xia im 3. Jahrhundert n. Chr. Sein größtes Vieleck besaß 3072 gleich lange Seiten. Aber der erste, der die Zahl Pi richtiggehend einkreiste, war Zu Chongzhi im 5. Jahrhundert. Kurz gesagt, er gab zwei Werte für Pi an: $3\,\frac{1}{7}$ für weniger genaues Arbeiten und $\frac{355}{113}$ für präzise Berechnungen. Später konnte er nachweisen, daß der Wert irgendwo zwischen 3,1415926 und 3,1415927 liegt. Wie man sieht, war es alles andere als einfach, auf ein paar weitere Stellen hinter dem Komma zu kommen. Deshalb »Hut ab« vor dem hingebungsvollen Mathematiker William Shanks, der es im Jahr 1835 auf einen Näherungswert mit 707 Stellen hinter dem Komma brachte, wobei allerdings die letzten 100 falsch waren. (Durch Computerberechnungen sind im 20. Jahrhundert Abertausende von Stellen hinter dem Komma dazugekommen.)

Dezimalstellen, Dezimalen

Das Dezimalsystem, bei dem die Chinesen Vorreiter waren und das heute überall auf der Welt angewandt wird, findet in den sogenannten Dezimalen (gemeinhin als »Stellen nach dem Komma« bezeichnet) seine natürliche Erweiterung auch für Zahlen, die kleiner sind als eins. An die Einer-Stelle schließt sich nach rechts – getrennt durch ein Komma oder einen Punkt – die Stelle für die Zehntel an, darauf folgt die für die Hundertstel, die Tausendstel usw. Die Dezimalstellen wurden von Yang Huei mit seinem Mathematikbuch »Yang Hueis Rechenmethoden« eingeführt, das 1275 n. Chr. erschien.

Quadratwurzeln

Ein chinesisches Mathematikbuch aus der Han-Dynastie (206 v. Chr. bis 220 n. Chr.) enthält die erste Beschreibung einer zuverlässigen Methode, um Quadratwurzeln zu ziehen. Das Buch mit dem Titel »Die Kunst des Rechnens in neun Kapiteln«, dessen Autor in Vergessenheit geraten ist, wurde im 2. Jahrhundert v. Chr. veröffentlicht.

Wurzeln aus negativen Zahlen

Über die Wurzeln aus negativen Zahlen schweigen sich die frühen chinesischen Werke aus. Die ersten, die sie erwähnen, sind indische Mathematiker der Gupta-Periode (320–647 n. Chr.). Zwar findet man auf mathematischen Tabellen aus babylonischer Zeit (etwa 1800 v. Chr.) auch Quadratwurzeln, doch diese könnten genausogut durch versuchsweises Multiplizieren gefunden worden sein statt durch Wurzelziehen.

Koordinatendarstellung

Das Buch »Bericht über einige überlieferte mathematische Praktiken« von Xu Yue aus dem Jahr 190 n. Chr. beschreibt eine Methode, wie sich Zahlen graphisch darstellen lassen. Diese Methode hatte der Autor bei Tian Mu Xianseng gelernt, von dem auch eine Beschreibung des Abakus (siehe Kapitel VIII, 10) stammt. Bei dem von Xu geschilderten Verfahren wird eine waagrechte Linie, die x-Achse, in Zehnerpotenzen unterteilt, das heißt Einer, Zehner, Hunderter, Tausender usw. Eine zweite Linie, die y-Achse, steht senkrecht auf der ersten und ist in Abschnitte von eins bis neun unterteilt. Mit diesem Vorläufer eines kartesischen Koordinatensystems lassen sich Zahlen graphisch darstellen, indem man Zähler entlang der neun waagrechten Linien verschiebt, die von der y-Achse ausgehen.

Mathematische Tabellen

Die ältesten mathematischen Tabellen stammen aus Nippur in Mesopotamien. Sie sind auf Lehmtafeln geschrieben, die etwa auf 1800 v. Chr. datiert wurden, die Zeit der 1. Dynastie von Babylon. Die Tafeln, die die Archäologen entdeckten, müssen zu ihrer Zeit brandneue Entwicklungen gewesen sein. Sie dienten zu Unterrichtszwecken und behandelten Multiplikation, Division, Quadrieren, Kubikzahlen, Quadrat- und Kubikwurzeln.

Bücher über Mathematik

Das älteste mathematische Lehrbuch entstand wahrscheinlich im 6. Jahrhundert. Da uns heute nur eine spätere Ausgabe aus der Han-Dynastie (206 v. Chr. – 220 n. Chr.) vorliegt, wissen wir nicht genau, wie alt der Inhalt wirklich ist. Das Buch enthält eine Menge astronomischer Angaben, etwas über Division und Multiplikation von Brüchen, ein Kapitel über den Satz des Pythagoras, und es erklärt das Mondlicht (siehe Kapitel VIII, 2) korrekt als reflektiertes Sonnenlicht.

Bücher über mathematische Probleme

Prozentzahlen

Negative Zahlen

Das erste Buch dieser Art trägt den Titel »Die Kunst des Rechnens in neun Kapiteln«; es wurde früh in der Han-Dynastie anonym verfaßt. Hier werden erstmals Prozentzahlen und negative Zahlen erwähnt. Außerdem findet man Algebra und quadratische Gleichungen. Der Gebrauch negativer Zahlen begann vermutlich in der Zeit kurz vor der Han-Dynastie. Darauf deuten Sets von Zählstäbchen hin, bei denen rote für positive und schwarze für negative Zahlen verwendet wurden.

Definitionen: Punkt, Gerade, Ebene

Das *Mo Jing* (»Mos Klassiker«), ein chinesisches Werk über Philosophie und Analytik, wurde im 5. Jahrhundert v. Chr. von Schülern Mo Zis, das heißt »Meister Mo«, geschrieben und im folgenden Jahrhundert von Anhängern seiner Schule erweitert. Diese legten die früheste Definition für einen »Punkt« im geometrischen oder wissenschaftlichen Sinn fest als »Teil einer Geraden, der keine Länge besitzt«. Dasselbe Buch liefert auch die ältesten bekannten Definitionen für eine »Gerade« und eine »Ebene«.

Satz des Pythagoras

In mathematischen Texten aus dem Alten Babylonischen Reich (etwa 2050 – 1650 v. Chr.) finden sich Stellen, die sich mit der Lösung dieses Problems beschäftigen. Der Satz selbst – daß das Quadrat über der Hypothenuse eines rechtwinkligen Dreiecks gleich der Summe der Quadrate über den beiden anderen Seiten ist – wird erst mehr als 1000 Jahre später explizit erwähnt, aber das liegt vermutlich daran, daß die uns überlieferten Aufzeichnungen nicht vollständig sind.

Die Trigonometrie wurde von griechischen Wissenschaftlern im 2. Jahrhundert v. Chr. entwickelt. Hier muß vor allem Hipparchos von Nikaia (195–125 v. Chr.) erwähnt werden, ein Astronom, der in Alexandria und Rhodos wirkte. Er entwarf eine (Kreis-)Sehnentabelle als Hilfsmittel, um die Positionen von Sternen zu bestimmen. Die Trigonometrie im heutigen Sinn geht auf arabische Wissenschaftler des 9. Jahrhunderts zurück. Abū ʿAbdallāh al-Battānī und Ḥabaš al-Ḥāsib kannten den Tangens, den Sinus, den Kotangens und den Kosinus. Den Sekans führte Abu'l-Wafā' al-Bursdjānī ein.

Trigonometrie

Lange bevor man für Logarithmen irgendeine Anwendung fand, gab es Mathematiker, die sie untersuchten und das ihnen zugrundeliegende Prinzip verstanden. Zu diesen Gelehrten gehörten Archimedes im 3. Jahrhundert v. Chr. und Ibn Ḥamzah al-Maghrībī, der im 16. Jahrhundert n. Chr. in Nordafrika lebte. In eingeschränktem Maß waren Logarithmen jedoch schon viel früher in Gebrauch, wie mesopotamische Keilschrifttexte verraten, in denen vermutlich die Rechenmethoden zu Beginn des 2. Jahrtausends v. Chr. aufgezeichnet wurden. Daraus geht hervor, daß die Mesopotamier die Logarithmen zumindest für einige Spezialfälle kannten. Bis ins 16. Jahrhundert hinein streiften die Mathematiker die Logarithmen gelegentlich, ohne für sie jedoch ein allgemeines Rechenverfahren zu entwickeln. Der erste, der dies tat, war der schottische Gelehrte John Napier, Lord of Merchiston, (1550–1617). Er veröffentlichte 1614 das Buch *Mirifica Logarithmorum Canonis Descriptio* (»Die wunderbare Beschreibung der logarithmischen Regeln«).

Logarithmus

Im 10. Jahrhundert n. Chr. (Song-Dynastie) baute Ma Huaide aus Suzhou ein Instrument, das aus mehreren Linealen aus Elfenbein und einem aus Ebenholz bestand, die sich gegeneinander verschieben ließen, und das als Rechenhilfe diente. Leider ist unbekannt, wie es genau funktionierte und was man damit berechnete. Die ersten logarithmischen Rechenschieber wurden wahrscheinlich vor 1650 von William Oughtred in England konstruiert. Oughtred entwarf neben linealartigen auch kreisförmige Rechenschieber.

Rechenschieber

Das älteste magische Quadrat wurde in China gefunden und ist drei Felder hoch und drei Felder breit. Auf den insgesamt neun Feldern stehen die Zahlen von eins bis neun, und die Summe der Zahlen in jeder Reihe – waagrecht, senkrecht und diagonal – ergibt jeweils 15.

Magisches Quadrat

4	9	2
3	5	7
8	1	6

Die früheste Beschreibung dieser Art von Rätselaufgabe stammt aus dem Jahr 80 v. Chr., aber sie ist wahrscheinlich sehr viel älter. Die Legende erzählt, ein Drache habe sich aus dem Gelben Fluß erhoben und Yu, einem chinesischen Kaiser, der etwa 2100 v. Chr. lebte, dieses magische Quadrat überbracht. Yu ist eine historische Gestalt, was man von dem Drachen nun nicht gerade behaupten kann. Außerdem ist ungewiß, ob es sich wirklich um das oben beschriebene Quadrat handelte, denn die Mathematik war zu jener Zeit noch recht primitiv.

Algebra

Die Ursprünge der Algebra scheinen in den Tagen des Alten Babylonischen Reiches (etwa 2050–1650 v. Chr.) zu liegen. Die Babylonier wendeten sie in linearen und quadratischen Gleichungen an, die etwa zur gleichen Zeit erfunden wurden.

Quadratische Gleichungen

Die unbekannten Größen in den quadratischen Gleichungen aus der Zeit nach 300 v. Chr. würden wir heute als x oder den Kehrwert davon, $1/x$, bezeichnen. Doch trotz ihres mathematischen Erfindungsreichtums entwickelten die Babylonier nie eine so bequeme Form der Darstellung; sie umschrieben die unbekannte Größe immer mit Worten.

Differential- und Infinitesimalrechnung

Kaum ein wissenschaftlicher Disput wurde mit solcher Schärfe und Verbissenheit ausgetragen wie der Prioritätenstreit zwischen Isaak Newton und Gottfried Wilhelm Leibniz. Der Engländer und der Deutsche, sie fochten jeweils den Anspruch des anderen auf die Erfindung der Differential- bzw. Infinitesimalrechnung an. Mit dieser genialen Methode kann man beispielsweise die Fläche unter einer Kurve berechnen. Sie war der größte mathematische Durchbruch der Neuzeit. Doch dem strahlenden Ruhm, der diesen begnadeten Denkern für ihre Entdeckung gebührt und auch zuteil wurde, steht der unehrenhafte Streit gegenüber, in dem sich die beiden als höchst menschliche Charaktere erwiesen. Alles begann in den neunziger Jahren des 17. Jahrhunderts, als Newton im privaten Kreis den geistigen Diebstahl seiner Erfindung beklagte. 1711 kochte die

Auseinandersetzung hoch und brodelte bis zu Leibniz' Tod 1716 weiter. Newton (1642–1727) und seine Anhänger setzten ihre Kampagne gegen Leibniz selbst danach noch fort und verwendeten am Ende mehr Zeit darauf, ihn schlechtzumachen, als beide Wissenschaftler zusammen für die Entwicklung der Methode gebraucht hatten. Im Jahr 1684 hatte Leibniz den *Calculus Differentialis* veröffentlicht und ihn als bislang unbekanntes Rechenverfahren dargestellt, obwohl er 1676 Aufzeichnungen von Newton gelesen hatte, die beweisen, daß dieser die Methode kannte. Newtons Anhänger machten publik, daß Leibniz von diesen Papieren gewußt hatte, und bezichtigten ihn des geistigen Diebstahls. Leibniz beharrte jedoch darauf, daß er 1684 keine Kenntnis von Newtons Wissen gehabt habe. Er brachte nun seinerseits anonyme Artikel und Schriften in Umlauf, in denen Newton beschuldigt wurde, seine Arbeit kopiert zu haben. Newton wiederum benutzte seine Schüler, um Leibniz zu denunzieren, vor allem den gehässigen Mathematiker John Keill. Leibniz war wie Keill Mitglied der Royal Society, der ältesten britischen Akademie der Wissenschaften, und 1711 bat er die Gesellschaft darum, die Anschuldigungen gegen ihn zu untersuchen und die Wahrheit ans Licht zu bringen. Newton, der Vorsitzende der Royal Society, leitete und manipulierte den Untersuchungsausschuß und legte schließlich einen unlauteren Abschlußbericht vor, in dem Leibniz abgewiesen wurde. Newton hatte die Infinitesimalrechnung, die er »Fluxionsrechnung« nannte, 1665/66 erfunden, doch er behielt seine Entdeckung für sich. Aus seinen Aufzeichnungen geht eindeutig hervor, daß er die Methode kannte, aber er beschrieb nicht, wie sie funktioniert. Leibniz arbeitete sein »Kalkül« erst zehn Jahre später aus, aber er wußte bereits um das Verfahren, als er 1676 Newtons Papiere las. Damit muß er vom Vorwurf des geistigen Diebstahls freigesprochen werden. Die Welt verdankt Leibniz das Wissen um Differential- und Infinitesimalrechnung, denn seine Veröffentlichung von 1684 erklärt ausführlich, wie das Verfahren funktioniert. Außerdem war seine Methode etwas ausgefeilter als die Newtons. Dennoch muß dieser in unserem Buch als der erste Erfinder der Infinitesimalrechnung genannt werden. Leibniz wird uns an anderer Stelle als Vertreter des philosophischen Optimismus noch einmal begegnen (siehe Kapitel VII, 2).

Archimedisches Prinzip

Die Legende erzählt, Archimedes, der berühmte griechische Denker (287–212 v. Chr.), sei mit seinen Gedanken gerade bei den physikalischen Problemen von Masse und Auftrieb gewesen, als er zum Baden in den Zuber stieg. Die Lösung drängte sich ihm im wahrsten Sinne des Wortes auf, je tiefer er sich ins Wasser sinken ließ. Völlig begeistert von seiner neuen Entdeckung rannte er, von Wasser und Seife triefend, durch die Straßen von Syrakus und schrie: »Heureka!« (Das ist griechisch und heißt: »Ich hab's gefunden!«) Ein Problem bei dieser Version der Geschichte ist, daß sich die Griechen normalerweise eher mit Öl als mit Seife wuschen. Und außerdem ist die Auftriebskraft eigentlich eine viel zu unromantische Geschichte, um einen solchen Wirbel darum zu veranstalten. Wie dem auch sei, das Archimedische Prinzip geht ganz ohne Zweifel auf Archimedes zurück. Es wurde als Lehrsatz Nr. 7 erstmals in seinem Buch *Über schwimmende Körper* veröffentlicht und besagt, daß ein in eine Flüssigkeit getauchter Körper eine Auftriebskraft erfährt, die der Gewichtskraft gleich ist, welche die durch den Körper verdrängte Flüssigkeit besitzt.

Newtonsche Bewegungsgesetze

Sir Isaac Newton (1642–1727) stellte die drei Bewegungsgesetze, die heute nach ihm benannt sind, an den Anfang seines Buches *Philosophiae Naturalis Principia Mathematica* (»Mathemathische Prinzipien der Naturlehre«), erschienen 1687. Sie wurden zur wissenschaftlichen Grundlage aller weiteren Bewegungsforschungen und sind wohl der größte Beitrag des berühmten Naturforschers zur Physik.

Erstes Gesetz

Jedes einzelne Gesetz war bereits früher von anderen formuliert worden. Das erste Newtonsche Bewegungsgesetz lautet: »Jeder Körper verbleibt im Zustand der Ruhe oder der gleichförmig geradlinigen Bewegung, wenn er nicht durch einwirkende Kräfte gezwungen wird, seinen Zustand zu ändern.« Die früheste Erwähnung dieses Gesetzes finden wir in einem chinesischen Buch, dem *Mo Jing*, das etwa 300 v. Chr. geschrieben wurde. Dieses Werk enthält die Ansichten des Philosophen Mo Zi, außerdem philosophische und wissenschaftliche Definitionen sowie Lehrsätze, die von Mo Zis anonymen Nachfolgern festgehalten wurden, darunter auch das Bewegungsgesetz.

Zweites Gesetz

In der Zeit zwischen Mo Zi und Newtons unmittelbaren Vorläufern wird das erste Gesetz einige Male in sehr ähnlicher Weise formuliert. Die Forscher jedoch, die das zweite und das dritte Gesetz einführten, bedienten sich nicht der gleichen Ausdrucksweise wie Newton. Der große italienische Gelehrte Galileo Galilei (1564–1642) fand Anwendungen für das zweite Gesetz: »Die Änderung der Bewegung ist der Einwirkung der bewegenden Kraft proportional und erfolgt in der Richtung der Kraft.«

In den sechziger Jahren des 17. Jahrhunderts wußte der holländische Physiker Christiaan Huygens (1629–1695) ebenso um das dritte Gesetz (»Die Wirkung ist stets der Gegenwirkung gleich«) wie der Engländer Sir Christopher Wren (1632–1723), der es in einem 1668 gedruckten Artikel festhielt.

Drittes Gesetz

Daß schwere Gegenstände immer nach unten fallen, hätte bereits ein Neandertaler glaubhaft versichern können. Der erste Schritt zu einem wissenschaftlicheren Verständnis der Schwerkraft war die Feststellung, daß es eine Kraft gibt, die alles in Richtung Erdmittelpunkt zieht, so daß die Wege fallender Körper nicht parallel verlaufen, sondern konvergieren. Aristoteles vermerkte dies ausdrücklich in seinem Buch *Über den Himmel* (4. Jahrhundert v. Chr.), in dem er auch beweist, daß die Erde rund ist.

Das Konzept der Schwerkraft

Die Schwerkraft wirkt in Richtung Erdmittelpunkt

Zum anderen: Leichte und schwere Körper fallen mit derselben Geschwindigkeit, es sei denn, das sie umgebende Medium bremst ihre Bewegung. »Deshalb müssen die Körper mit gleicher Geschwindigkeit alle / Trotz ungleichem Gewicht durch das ruhende Leere sich stürzen«, schreibt der römische Dichter Lukrez (geb. 94 v. Chr.). (*Über die Natur der Dinge.* Buch II. Übersetzung von Hermann Diels, 1924) Unklar ist, ob dieser Lehrsatz von Epikur im 4. oder von Demokrit und Leukippos im 5. Jahrhundert v. Chr. formuliert wurde.

Fallende Körper besitzen dieselbe Geschwindigkeit

Auf Isaac Newton geht die Schlußfolgerung zurück, daß die Anziehungskraft zwischen zwei Körpern proportional zum Produkt ihrer Massen und umgekehrt proportional zum Quadrat ihres Abstands ist. Eine ausführliche Begründung dieser Annahme legte er in seinem Werk *Philosophiae Naturalis Principia Mathematica* (»Mathematische Prinzipien der Naturlehre«) dar, das im Jahr 1687 erschien. Doch es wird berichtet, daß ihn die Erkenntnis bereits 1665 traf, als ihm in seinem Garten in Woolsthorpe ein Apfel auf den Kopf fiel. (Die weniger präzise Schlußfolgerung, daß die Anziehungskraft zwischen zwei Körpern wächst, wenn ihre Massen größer werden und sich der Abstand zwischen ihnen verringert, wurde bereits 1000 n. Chr. von arabischen Gelehrten gezogen.)

Gravitationsgesetz

Die Naturphilosophen der griechischen Antike hatten zwar die Möglichkeit ins Auge gefaßt, daß Atome aus dimensionslosen Komponenten bestehen, aber sie äußerten sich nicht zu deren Verhalten und räumlicher Lage zueinander. Unser modernes Verständnis vom Bau der Atome – ein positiv geladener Kern wird von negativ geladenen Elektronen umkreist –

Atomstruktur

verdanken wir einer ganzen Reihe von Wissenschaftlern seit den neunziger Jahren des 19. Jahrhunderts. Einer davon – der erste, der das Atom so beschrieb – war Ernest Rutherford (1871–1937), ein Neuseeländer, der in England arbeitete. 1908 begannen Rutherford und seine Kollegen mit ihren Arbeiten zur Atomstruktur, und 1911 verkündeten sie ihr Ergebnis vor der *Manchester Literary and Philosophical Society.*

Atomspaltung

Die Begründer der Atomtheorie hatten die Atome für unteilbar erachtet (das bedeutet auch das griechische Wort *atomos*). Der griechische Philosoph Karneades (213–128 v. Chr.) war der erste, der eine gegenteilige Ansicht äußerte. Er vertrat die Auffassung, daß es rein theoretisch keine unteilbaren Atome geben könne. Die erste künstlich herbeigeführte Atomspaltung fand 1917 statt. Ernest Rutherford beschoß Stickstoffatome mit Alphateilchen und erhielt ein Sauerstoffisotop und Protonen. 1919 präsentierte er seine Ergebnisse der wissenschaftlichen Öffentlichkeit. Obwohl er zweifellos Atome gespalten hat, betrachten viele Menschen sein Experiment nicht als Atomspaltung, weil sie unter diesem Begriff in Wirklichkeit *Kernspaltung* verstehen, einen Prozeß, bei dem Energie freigesetzt und eine Kettenreaktion in Gang gebracht wird. Das ist mit Uran möglich, nicht jedoch mit Stickstoff.

Kernspaltung

In den dreißiger Jahren des 20. Jahrhunderts führte der italienische Physiker Enrico Fermi (1901–1954) Experimente durch, mit denen er neue, schwerere Elemente erzeugen wollte. Zu diesem Zweck beschoß er Uranatome und andere schwere Elemente mit Neutronen. Dabei muß es zu Kernspaltungen gekommen sein, die die Arbeitsgruppe um Professor Fermi jedoch offensichtlich nicht als solche erkannte. Die ersten, die das Phänomen 1939 sicher identifizierten, waren die aus Österreich stammenden Physiker Lise Meitner und Otto Robert Frisch, die vor den Nationalsozialisten nach Schweden geflohen waren. Zwar hatte Otto Hahn in Berlin bereits 1938 Uranatome gespalten, aber er vermied die Schlußfolgerung, ihm sei eine Kernspaltung gelungen. Lise Meitner, die vor ihrer Flucht bei ihm gearbeitet hatte, konnte, erst nachdem sie Deutschland verlassen und sich mit Otto Robert Frisch zusammengetan hatte, bestätigen, daß es sich um eine Kernspaltung gehandelt hatte.

Quantenmechanik

Die Quantenphysik beruht auf der Annahme, daß bestimmte Prozesse im molekularen, atomaren oder subatomaren Bereich nicht kontinuierlich verlaufen – wie das für beobachtbare Phänomene gilt –, sondern nur in festen Einheiten, die als »Quanten« bezeichnet werden. Der griechische

Philosoph Epikur beschrieb im 4. Jahrhundert v. Chr. eine ungewöhnliche Form der Bewegung auf atomarer Ebene. Er bezeichnete sie als *elachiston*: die gelegentliche, sehr kurze Abweichung eines Teilchens von seinem Kurs um einen winzigen, aber festen Betrag. (Das griechische Wort *elachistos* bedeutet »äußerst klein«, »winzig«.) Heute würden wir dazu vielleicht »Schlenker« oder »Hüpfer« sagen. Epikur stellte seinen »atomaren Schlenker« den Bewegungen gegenüber, die sich aus der Wirkung der Schwerkraft oder als Folge eines Stoßes ergeben (mit modernen Worten: der Newtonschen Mechanik). Lukrez faßte Epikurs Ideen in folgende Worte:

Ebenso mußt du daher auch bei den Atomen gestehen,
Daß noch ein anderer Grund zur Bewegung, außer den Stößen
Und dem Gewichte, besteht, woraus die uns eigene Kraft stammt.
Denn aus Nichts kann nie (dies sehen wir) Etwas entstehen.
Nämlich die Schwere verhindert, daß alles durch Stöße bewirkt wird
Gleichsam durch äußre Gewalt; doch daß den Geist in uns selber
Nicht ein innerer Zwang bei allen Geschäften behindert
Und er als Opferlamm nicht zum Dulden und Leiden verdammt ist,
Dies ist der Lotabweichung der Urelemente zu danken,
Die, so klein sie auch ist, durch den Ort und die Zeit
nicht beschränkt wird.

Lukrez, *Über die Natur der Dinge*. Buch II. Übersetzung von Hermann Diels, 1924.
(Anm. d. Übers.: Hermann Diels hat *elachiston* mit »Lotabweichung« übersetzt.)

Quantentheorie

Der »atomare Schlenker« ist der einzige Fall von Quantenphysik in Epikurs Philosophie. Doch 600 Jahre später führte der indische Jainismus (Dschinismus) alle materiellen Phänomene auf Quantenphänomene zurück. Das war die zwangsläufige Folge seiner Atomtheorie, die die Zeit als eine Aneinanderreihung von festen Einheiten, Quanten eben, betrachtet. Da sie Quantensprünge nicht mit der atomisierten Zeit erklären konnten, mußten die modernen westlichen Forscher das Gebäude der Quantenphysik Stück für Stück errichten, denn jedes Teil trat anders in Erscheinung. In den neunziger Jahren des 19. Jahrhunderts beobachtete der deutsche Physiker Max Karl Ernst Ludwig Planck (1858–1947), daß die Strahlungsintensität nicht weiter ansteigt, wie es die geltende Theorie vorhersagte, wenn Wellenlängen kürzer werden. Im Jahr 1900 stellte er seine Erklärung vor, nämlich daß Strahlungsenergie in festen Quanten abgegeben wird, wobei der Energiebetrag von der Strahlungsfrequenz abhängt.

Niels Bohr, ein dänischer Physiker, wandte diese Deutung 1913 erstmals auf die Struktur der Atome an. Seine These: Ein Elektron kann sich nicht kontinuierlich, sondern nur in Sprüngen von einem Energieniveau zum anderen bewegen.

Unschärfe-relation

Der Alles-oder-nichts-Charakter von Quantenphänomenen hat zur Folge, daß sich das Verhalten einzelner Bestandteile mit Hilfe der bekannten Gesetze nicht vorhersagen läßt. Man könnte dies mit dem Versuch vergleichen, das Ergebnis eines Fußballspiels durch Abwägen auch der kleinsten Leistungsunterschiede zwischen den Spielern der beiden Mannschaften zu ermitteln, obwohl es am Ende doch in ganzen Toren ausgedrückt wird. 1927 führte der deutsche Physiker Werner Heisenberg (1901–1976) den Begriff »Unschärferelation« ein, mit dem er diese Unvorhersagbarkeit definierte. Er legte dar, daß für subatomare Komponenten folgende Beziehung gilt: Von einem Paar physikalischer Größen (Ort und Impuls bzw. Energiemenge und Zeitpunkt der Messung) läßt sich immer nur eine in beliebiger Genauigkeit bestimmen. Die winzigen Dimensionen und die Vielzahl von Quantenereignissen führen dazu, daß das Wirken des Zufalls (im Sinne von »statistischer Wahrscheinlichkeit«, englisch *probability*) sichtbare Phänomene hervorbringt, die anscheinend reibungslos mit den Gesetzen der traditionellen Physik übereinstimmen. Und doch hat die Unschärfe im Allerkleinsten einige Menschen dazu gebracht, die strenge Beziehung zwischen Ursache und Wirkung abzulehnen; statt dessen nehmen sie an, der Zufall (im Sinne von »willkürliche Beliebigkeit«, englisch *chance*) oder ein äußerer Faktor greife in die materiellen Phänomene ein. Für die moderne Wissenschaft des 20. Jahrhunderts ist das ein ganz neuer Gedanke, doch Epikur hatte den »atomaren Schlenker« bereits als unvorhersagbares Phänomen betrachtet, weil er unabhängig von einer äußeren Ursache auftritt. Epikur stimmte mit den Atomisten Leukippos und Demokrit überein, daß alle Phänomene materieller Natur seien, selbst der Wille und die Phantasie. Aber er glaubte auch an den freien Willen, und der konnte nicht funktionieren, wenn alles, was geschah, durch die Gesetze der Mechanik vorherbestimmt war. Weil der »atomare Schlenker« unabhängig von äußeren Ursachen auftritt, bietet er eine physikalische Erklärung für Epikurs Antideterminismus (siehe Kapitel VII, 4). »Epikur glaubt, mit dem *elachiston* könne er dem Schicksal entgehen«, schreibt der römische Redner und Schriftsteller Cicero, »Demokrit zog es vor, den Atomen ihre natürliche Bewegung zu lassen, und akzeptierte statt dessen die Zwangsläufigkeit der

Ereignisse.« Die von Cicero beschriebene Kontroverse wiederholte sich in ähnlicher Form 23 Jahrhunderte später – zwischen Albert Einstein und den Quantenphysikern. »Gott würfelt nicht«, hatte Einstein eingewandt.

Relativitätstheorie

1905 war Albert Einstein (1879–1955) ein unbekannter deutschstämmiger Jude, der in der Schweiz lebte. Sein Bekanntheitsgrad änderte sich jedoch schlagartig, als er in einem Jahr fünf wichtige wissenschaftliche Aufsätze veröffentlichte. Einer davon enthielt das, was wir heute als »Spezielle Relativitätstheorie« bezeichnen. Diese umfaßt zwei fundamentale Annahmen: 1. Die beobachtbaren physikalischen Phänomene folgen in allen Systemen, die sich gleichförmig bewegen – unabhängig von der Geschwindigkeit –, den gleichen Gesetzen. 2. Die Geschwindigkeit des Lichts ist konstant, unabhängig vom Bewegungszustand seiner Quelle und dem Standpunkt seines Beobachters. Diese Theorie veranlaßte Einstein 1907 zu seiner berühmten Schlußfolgerung, daß die Energie gleich dem Produkt aus der Masse und dem Quadrat der Lichtgeschwindigkeit sein müsse: $E = mc^2$. Mit der Speziellen Relativitätstheorie lassen sich Phänomene in beschleunigten Systemen und solche unter Einwirkung der Schwerkraft nicht angemessen beschreiben. Um sie einzuschließen, entwickelte Einstein die Allgemeine Relativitätstheorie, die er 1916 unter dem Titel *Die Grundlage der allgemeinen Relativitätstheorie* veröffentlichte.

Optik

Die Grundlagen der Optik wurden beinahe gleichzeitig in Ost und West entwickelt. Die erste chinesische Darstellung finden wir im *Mo Jing*, einer Sammlung wissenschaftlicher und philosophischer Schriften, die von Anhängern des Mohismus im 4. und 5. Jahrhundert v. Chr. in Nordchina zusammengetragen wurde. Sie wußten beispielsweise, daß sich das Licht geradlinig fortbewegt, daß wir Dinge nur sehen, weil sie Licht reflektieren, sie kannten den Brechungswinkel, den Brennpunkt und den Grund für die Inversion von Bildern. Das meiste davon beschreibt auch der griechische Mathematiker Euklid, der im 3. Jahrhundert v. Chr. in Alexandria lebte, in seinem Werk *Optik*. Doch als Euklids *Optik* entstand, war das *Mo Jing* bereits abgeschlossen, so daß den Chinesen der 1. Platz gebührt.

Erklärung der Perspektive

Allerdings enthält die *Optik* von Euklid die erste wissenschaftliche Erklärung für die Perspektive – ein Phänomen, das manche Künstler bereits erfolgreich in den Griff bekommen hatten, indem sie alle waagrechten

Linien im Raum in einem sogenannten Fluchtpunkt am Horizont zusammenlaufen ließen (siehe Kapitel II,1).

Funktionsweise von optischen Linsen

Die frühesten Untersuchungen beschäftigen sich nur mit einfachen bikonvexen Linsen, die man als Brenn- und Vergrößerungsgläser benutzte (siehe Kapitel XI, 2). Deshalb gab es in der Antike kein umfassendes Werk über die Funktionsweise von optischen Linsen. Erst im Jahre 940 n. Chr. erschien »Das Buch der Transformationen« *(Hua Shi)*, das Tan Qiao zugeschrieben wird; es erklärt die optischen Phänomene, die bei den vier Linsentypen – bikonvex, bikonkav, plankonvex, plankonkav – zu beobachten sind. Eine wichtige Weiterentwicklung war die Kombination von Linsen, der praktische Schritt zur Erfindung des Fernrohrs (siehe Kapitel VIII, 10).

2. Astronomie

Seit ihren Anfängen diente die Astronomie auch dazu, die Zeitmessung zu verbessern (siehe Kapitel IV, 3) und die Arbeit der Astrologen zu unterstützen (siehe Kapitel VII, 7).

Astronomie

Mit der wissenschaftlich betriebenen Astronomie begann China vor dem Westen. Das ist insofern erstaunlich, als die chinesische Kultur zu jener Zeit in den meisten anderen Bereichen hinter den am weitesten entwickelten westlichen Zivilisationen, Mesopotamien und Ägypten, zurücklag. Etwa 2700 v. Chr. fingen chinesische Astronomen an, den Sternenhimmel gezielt zu beobachten und ihre Beobachtungen schriftlich festzuhalten. Sie teilten das Firmament in 28 Abschnitte, die sie »Mondhäuser« nannten, und zeichneten die dazugehörigen Sternbilder auf; sie notierten für jeden Abschnitt jeweils den höchsten Stand eines Sterns sowie seine Position zu den Tagundnachtgleichen und den Sonnenwenden; sie legten einen Polarstern fest und suchten nach regelhaften Mustern in den Bewegungen von Sonne, Mond und Sternen. Der Überlieferung zufolge wurden die grundlegenden Arbeiten während der Regierungszeit des legendären Gelben Kaisers von speziellen »Himmelsbeamten« geleistet.

Der mesopotamische Astronom Kidinnu aus Sippar, der etwa 300 v. Chr. lebte, bestimmte die Jahreslänge als 365 Tage, 5 Stunden, 41 Minuten und 4,16 Sekunden. Heutige Astronomen glauben, daß er allenfalls um wenige Minuten danebenlag, doch die Genauigkeit seiner Messung läßt sich nicht exakt überprüfen, da wir nicht mit Sicherheit wissen, in welchem Jahr er seine Berechnungen angestellt hat. (Trotz unseres gegenteiligen Empfindens sind Wissenschaftler der Auffassung, daß die Jahre im Laufe der Zeit immer länger werden.) Zuvor angestellte Berechnungen wiesen Abweichungen von mehr als einer Stunde auf.

Länge des Jahres

Der griechische Astronom Hipparchos von Nikaia arbeitete im 2. Jahrhundert v. Chr. in Rhodos und Alexandria. Wie wir wissen, hat er nicht nur die Trigonometrie erfunden (siehe Kapitel VIII, 1), er war auch der erste, der die exakte Länge des Mondmonats bestimmte: 29 Tage, 12 Stunden, 44 Minuten und 2,5 Sekunden. Seine Berechnung weicht um weniger als eine Sekunde von den modernen Messungen ab.

Länge eines Monats

Aus ihren Beobachtungen von Sonne und Mond berechneten die Babylonier im 1. Jahrtausend v. Chr. die unterschiedlichen Geschwindigkeiten dieser beiden Himmelskörper im Vergleich zur Erde. Die ältesten Tabellenwerke, in denen diese Geschwindigkeiten festgehalten wurden, liegen in Form von Keilschrifttafeln vor. Diese sind etwa 250 v. Chr. entstanden, doch die ersten Beobachtungen reichen vermutlich sehr viel weiter zurück, wahrscheinlich bis ins frühe 1. Jahrtausend.

Geschwindigkeit der Himmelskörper

Offenbar sagten mesopotamische Astronomen bereits in den Tagen des assyrischen Reiches (etwa 800 v. Chr.) Mond- und Sonnenfinsternisse voraus. Diese Tätigkeit war eine wichtige Maßnahme im Kampf der Wissenschaft gegen den Aberglauben, denn für die Abergläubischen galten Mond- und Sonnenfinsternisse als Zeichen des Himmels, mit denen die Götter Unzufriedenheit kundtaten oder Katastrophen ankündigten. Indem die Astronomen zeigten, daß die Verfinsterungen nur aufgrund vorhersagbarer Bewegungen von Sonne und Mond auftreten konnten, entzogen sie dem Aberglauben die Grundlage. Wir wissen nicht, wann die ersten korrekten Vorhersagen getroffen wurden. Aber zumindest seit Mitte des 8. Jahrhunderts v. Chr. führten die Mesopotamier Buch über die eingetretenen Mond- und Sonnenfinsternisse. Seit 300 v. Chr. sagten sie Mondfinsternisse zuverlässig und exakt voraus. Mit der Sonne klappte es anscheinend nicht so gut – so gibt es beispielsweise einen Bericht des

Vorhersage von Mond- und Sonnenfinsternissen

assyrischen Chefastronomen aus dem 7. Jahrhundert v. Chr., daß man drei Tage lang nach einer vorhergesagten Sonnenfinsternis Ausschau gehalten habe, doch nichts passierte.

Polarsommer, Polarwinter

Der griechische Seefahrer Pytheas von Massalia (das ist das heutige Marseille) unternahm etwa 300 v. Chr. eine große Reise nach Norden, bis an den Rand des arktischen Packeises (vgl. die Entdeckung von Island, Kapitel IX, 4). Seine Beobachtungen der Sonne im Bereich des 65. Breitengrades führten ihn zu der Schlußfolgerung, daß die Sonne in den hohen Breiten im Sommer 24 Stunden lang scheine, im Winter dagegen gar nicht. Das Ergebnis sind, so beschrieben es die Griechen, Tage und Nächte, die am Nord- wie am Südpol jeweils sechs Monate dauern.

Präzession der Tagundnachtgleichen

Kidinnu, der mesopotamische Astronom, der die Länge des Jahres so genau bestimmte (siehe S. 245), war auch der erste, der etwa 300 v. Chr. das Phänomen der Präzession der Tagundnachtgleichen entdeckte. Dazu kommt es, weil die Bahn der Sonne, die sogenannte Ekliptik, gegen den Himmelsäquator geneigt ist, wobei sich der Neigungswinkel sehr, sehr langsam verändert. Die Stellen, an denen die Ekliptik den Himmelsäquator schneidet, erleben wir auf der Erde als Tagundnachtgleiche. Das wußte Kidinnu zwar noch nicht, aber er stellte immerhin fest, daß die bisherige Annahme, die Tagundnachtgleiche finde Jahr für Jahr zum selben Zeitpunkt statt, unrichtig ist.

Die Erde als Kugel

Der griechische Philosoph Pythagoras von Samos und Begründer der pythagoreischen Schule lebte im 6. Jahrhundert v. Chr. Er postulierte erstmals, die Erde sei eine Kugel, und glaubte sogar, daß auf der anderen Seite der Welt Menschen lebten, die Antipoden (das ist griechisch für »den Füßen gegenüber«). Schon vorher hatten mesopotamische Forscher festgestellt, daß die Erdoberfläche gewölbt ist wie eine Kugel. Doch aus uns unbekannten Gründen nahmen sie an, sie sei »unten« abgeflacht wie ein geköpftes Ei.

Der Mond als Kugel

Mesopotamische Astronomen bemerkten als erste, daß der Mond keine Scheibe, sondern eine Kugel ist. Wahrscheinlich erkannten sie das bereits zu Beginn des 1. Jahrtausends v. Chr. Die griechische Welt verdankt dieses Wissen dem babylonischen Gelehrten Berossos. Berossos lebte etwa 300 v. Chr. und stellte sich den Mond – mit Ausnahme von Verfinsterungen – halb dunkel, halb erleuchtet vor.

Schon früh im 5. Jahrhundert v. Chr. wiesen einige griechische Kosmologen – unter ihnen Anaxagoras von Klazomenai (500–428 v. Chr.), Empedokles von Akragas (etwa 495–435 v. Chr.) und ihr älterer Zeitgenosse Parmenides von Elea – darauf hin, daß der Mond nicht selbst strahlt, sondern mit reflektiertem Sonnenlicht leuchtet. Die früheste chinesische Erklärung für diesen Sachverhalt finden wir in einem der ersten Mathematikbücher (siehe Kapitel VIII, 1), »Kreis und Schattenstab – Mathematische Texte«, das man für jünger hält als die griechischen Veröffentlichungen. Aber es könnte auch bereits im 6. Jahrhundert v. Chr. geschrieben worden sein, dann gebührte ihm der Ruhm des »ersten Mals«.

Mondlicht

Auch nachdem die Vorstellung von der Erde als Kugel akzeptiert war, glaubten die Menschen, sie stünde still, während das Weltall um sie herumwirbele. Hiketas, Ekphantos und andere Pythagoreer entwickelten im Syrakus des 5. Jahrhunderts v. Chr. die Idee, daß sich die Erde einmal in 24 Stunden um ihre eigene Achse drehe. Der auf Samos lebende Aristarch ging noch weiter (3. Jahrhundert v. Chr.) und behauptete, die Erde und andere Himmelskörper bewegten sich um die Sonne. Aristarch glaubte, daß die heute so genannten Fixsterne sehr viel weiter entfernt seien als die Sonne und daß sich die Himmelskörper unseres Sonnensystems in relativ geringem Abstand zur Sonne befänden und sich in kreisförmigen Bahnen um sie herum bewegten. Von Plutarch, einem griechischen Schriftsteller, wissen wir, daß Aristarch diese Theorie zwar aufgestellt hat, daß sie aber erst ein Jahrhundert später von Seleukos bewiesen wurde. Natürlich kann das nur subjektiv richtig sein und niemals bewiesen werden, aber es scheint so, als hätte Seleukos die Theorie mit verschiedenen Beobachtungen in Übereinstimmung bringen können.

Erdrotation

Heliozentrismus

Sonnensystem

Die Milchstraße, eine riesige Ansammlung von Sternen, zu denen auch die Sonne mit ihren Planeten gehört, besteht aus mehreren Armen, die spiralförmig von einem Zentrum ausgehen. Die Entdeckung ihrer Form und ihrer Drehbewegung gelang in den fünfziger Jahren des 20. Jahrhunderts, als die Niederlande und Australien ein gemeinsames Radioastronomieprogramm durchführten. Anhand von Daten, die in beiden Ländern gewonnen worden waren, erstellten der holländische Astronom Jan Hendrik Oort und seine Mitarbeiter die erste Karte des Milchstraßensystems.

Form und Drehbewegung der Galaxis

Himmelsglobus

Der Himmelsglobus, den man in der Astronomie verwendet, um die Positionen von Sternen zu identifizieren, wurde von Anaximander von Milet (610 – etwa 530 v. Chr.) erfunden.

Sternenkarte mit äquatorialem Koordinatensystem

Im 4. Jahrhundert v. Chr. begann eine Gruppe chinesischer Astronomen damit, die exakte Position von Sternen zu bestimmen und auf ein Koordinatensystem zu übertragen, dessen Linien parallel und senkrecht zum Äquator verliefen. Shi Shen, Gan De und Wu Xian gaben die Positionen von 283 Sternbildern und 1565 Einzelsternen in Grad und Bruchteilen von Grad an. Um eine solche Genauigkeit zu erreichen, benutzten sie

Armillarsphäre

erstmals eine Armillarsphäre, ein ausgeklügeltes astronomisches Instrument, das es erlaubt, Positionen in Grad anzugeben.

Südhimmel

Zu Beginn des 8. Jahrhunderts v. Chr. besaß China einen dynamischen Hofastronomen namens Nan Gongyue, der weder Kosten noch Mühen scheute, um das astronomische Wissen zu mehren, zum Beispiel indem er auf einer 4000 Kilometer langen Nord-Süd-Linie zu Beobachtungs- und Meßzwecken Observatorien einrichtete. 724 v. Chr. organisierte er zusammen mit Yi Xing, dem Konstrukteur der ersten Uhr (siehe Kapitel VIII, 10), eine wissenschaftliche Schiffsexpedition in die Gewässer von Nordaustralien, die den südlichen Himmel eingehend studieren sollte. Die Expedition entdeckte Hunderte bis dato unbekannte Sterne, vor allem im Bereich des 20. Breitengrades auf der Südhalbkugel.

Die Planeten

In der Antike kannte man nur die mit bloßem Auge sichtbaren Planeten Erde, Merkur, Venus, Mars, Saturn und Jupiter.

Saturnringe

Im Februar 1656 stellte der holländische Physiker und Astronom Christiaan Huygens (1629 – 1693) die Hypothese auf, der Saturn sei von Ringen umgeben. Aber er wollte ganz sicher gehen und niemanden auf die Spur bringen oder etwas Unausgegorenes ausplaudern. Deshalb verbarg er seine Entdeckung in einem Anagramm, das er seiner Schrift *De Saturni Luna Observatio Nova* (»Über die Beobachtung eines neuen Saturnmondes«) beifügte, die im März desselben Jahres in Den Haag erschien. Diese Anmerkung in Rätselform scheint damals niemandem aufgefallen zu sein.

Uranus

Ein deutschstämmiger Organist und Musiklehrer, der 1780 in Bath in England mit dem Fernrohr Sterne beobachtete, entdeckte den Uranus, den er zunächst für einen bislang unbekannten Kometen hielt. Friedrich

Wilhelm Herschel (1738–1822), wie der Sternenfreund hieß, fand später mit Hilfe eines anderen außergewöhnlich talentierten Astronomen, seiner Schwester Karoline, noch sechs Monde des Uranus und einige weitere interessante Himmelsphänomene.

Neptun

Der Planet Neptun ist so weit entfernt und bläßlich, wenn man ihn mit einem guten Fernrohr betrachtet, daß ihm nur wenige Astrologen einen irgendwie gearteten Einfluß auf die Geschicke der Menschen zutrauten. Seine Entdeckung war nichtsdestoweniger eine bemerkenswerte Leistung, die wir einem englischen Mathematiker namens John Couch Adams verdanken. Dieser stieß auf den Neptun, als er Störungen der Umlaufbahn des Uranus untersuchte, des nächstäußeren Planeten unseres Sonnensystems. 1841 vermutete er ganz richtig, daß diese Störungen nur von einem noch weiter entfernten Planeten herrühren könnten. Im Oktober 1844 übergab er seine Berechnungen zur Bahn des Neptun dem Königlichen Astronomen des Greenwich-Observatoriums, unternahm jedoch nichts, um sie zu veröffentlichen. Im November 1845 publizierte der französische Astronom Urbain Jean Joseph Leverrier unabhängig von Adams ganz ähnliche Ergebnisse, die er im selben Jahr gewonnen hatte.

Pluto

Pluto, der entfernteste der uns bekannten Planeten, wurde ebenfalls aufgrund von Beobachtungen des Uranus entdeckt. Der amerikanische Astronom Percival Lowell (1855–1916) richtete in Flagstaff, Arizona, ein Observatorium ein und beobachtete zwischen 1893 und 1897 Störungen in der Umlaufbahn des Uranus, die seiner Ansicht nach durch die Existenz des Neptun nicht hinreichend erklärt werden konnten. Auf der Basis dieser Erkenntnisse berechnete er die Position des neunten Planeten, den er »Planet X« nannte, aber es gelang ihm nicht, ihn zu sehen. Nach Lowells Tod, am Abend seines 75. Geburtstages, wurde Pluto, wie der Planet heute heißt, von Clyde Tombaugh, einem Astronomen des Flagstaff-Observatoriums erstmals »gesichtet«. Da Pluto sehr lichtschwach ist, konnte er ihn ebenso wie Lowell nicht durch das Teleskop sehen. Er ging ganz anders vor: Er verglich Photos, die an aufeinanderfolgenden Tagen gemacht worden waren, Millimeter um Millimeter – und fand Pluto auf diese Weise im März 1930.

Komet

Komet Halley

Der früheste Bericht über einen Kometen wurde uns aus Mesopotamien überliefert (etwa 1140 v. Chr.). Und die älteste Beobachtung, die eindeutig dem Kometen Halley zugeordnet werden kann, stammt aus China (240 v. Chr.). Der englische Astronom Edmond Halley (1656–1742), der den heute nach ihm benannten Kometen 1682 sah, erkannte als erster, daß dieser in Abständen von 76 Jahren wiederkehrt. Er veröffentlichte diese Vorhersage 1705 in seiner *Synopsis Astronomiae Cometicae* (»Übersicht über die Astronomie von Kometen«). Doch bereits 2000 Jahre vor ihm waren chaldäische Gelehrte in Mesopotamien zu der Auffassung gelangt, daß sich die Kometen wie Planeten auf Kreisbahnen bewegen und in festen Abständen wiederkehren. Der römische Philosoph Seneca (gest. 65 n. Chr.) war ebenfalls dieser Überzeugung und machte die außerordentliche Exzentrizität ihrer Bahnen für ihre Eigenschaften verantwortlich.

Periodizität von Kometen

Am Abend des 23. Januar 1995 blickten zwei amerikanische Amateurastronomen unabhängig voneinander zur selben Zeit in den Himmel. Und fast gleichzeitig berichteten Alan Hale und Thomas Bopp von einem unbekannten Kometen, der seitdem nach den beiden benannt ist. 1996 konnte man ihn bereits mit dem bloßen Auge erkennen, und 1997 war er ganz deutlich am Firmament zu sehen. Dann verschwand er für die nächsten 2300 Jahre. Derselbe Komet muß die Erde etwa 2000 v. Chr. schon einmal »besucht« haben, aber es gibt keine gesicherten Berichte über sein Erscheinen.

Komet Hale-Bopp

»Gaststars« gehören nicht zur regulären Besetzung, sondern haben einen kurzen Auftritt in einer herausragenden Rolle. Heutzutage wird der Begriff »Gaststar« vornehmlich im Fernsehen verwendet, die Wissenschaftler, die ihn 1054 n. Chr. prägten, sahen jedoch nicht in die Röhre, sondern allenfalls mit dem Fernrohr in den Himmel über Kaifeng, der Hauptstadt der chinesischen Song-Dynastie. Dort fanden sie einen »Gaststar«, der sogar am Tag so hell leuchtete wie die Venus. Es handelte sich um eine Supernova, die Explosion eines Sterns, aus der später der sogenannte Krebs-Nebel hervorging. Die Erscheinung wird unterschiedlich beschrieben – von gelbschillernd bis rötlich-weiß. Auch in Peking, das zu dieser Zeit die Hauptstadt des Reiches der Kitan war, und in Japan wurde das Ereignis beobachtet und aufgezeichnet.

Supernova

Diese dunklen Flecken, die eigentlich sogar recht häufig auf der Sonne auftauchen, wurden viele tausend Jahre von den Astronomen nicht bemerkt. Möglicherweise, weil die Sonnenbeobachtung ziemlich unangenehm ist und die meisten Flecken so klein sind (höchstens 100 000 Kilometer im Durchmesser), daß man sie nur entdeckt, wenn man ganz genau hinschaut. Die Aufzeichnungen beginnen mit der Beobachtung eines

Sonnenflecken

Sonnenflecks im Mai des Jahres 28 v. Chr. in China. Die chinesischen Astronomen betrachteten die Sonne durch transparente Jadescheiben hindurch und beschrieben die Sonnenflecken als »schwarze Dämpfe«.

Kosmische Strahlung

Im Jahr 1901 präsentierte der britische Physiker Charles Wilson (1869 bis 1959) die Theorie, daß die Erde ständig von Strahlung aus dem Weltall bombardiert wird, aber er konnte sie nicht beweisen. Dies gelang erst Victor Hess (1883–1964), einem Physiker der Universität Wien, der in den Jahren 1911 und 1912 neun Ballonflüge in große Höhen unternahm und dabei Messungen mit einem Elektrometer durchführte. Hess fand heraus, daß die Strahlung stark zunimmt, je weiter man sich von der Erdoberfläche entfernt, und schloß daraus, daß die Quelle der Strahlung im Weltraum liegen müsse. Einer seiner Flüge brachte ihn bis auf 5350 Meter Höhe.

Quasar

Der erste Quasar mit der prosaischen Bezeichnung 3C 273 wurde von Radioastronomen der *Commonwealth Scientific and Industrial Research Organization* (CSIRO) entdeckt, die dafür das gigantische Radioteleskop in Parkes, Neusüdwales, Australien, benutzten. Das Radiobild von 3C 273 ähnelte dem eines normalen Sterns, und erst nachdem man die Position an die Astronomen des Hochleistungsspiegelteleskops von Mount Palomar in Kalifornien übermittelt hatte, ließen sich die einzigartigen Eigenschaften des Quasars erkennen. Es stellte sich heraus, daß 3C 273 etwa 2000 Millionen Lichtjahre von der Erde entfernt war und diese Entfernung in jeder Sekunde um 47400 Kilometer wuchs. Aus der Stärke der eintreffenden Radiosignale konnte man auf eine außerordentlich intensive Strahlungsquelle schließen, was der Spekulation Nahrung gab, Quasare seien kollabierte Galaxien. Maarten Schmidt (geb. 1929), ein holländischer Astronom, der in den USA arbeitete, berechnete 1963 die Entfernung und die Geschwindigkeit von 3C 273, indem er die Farbverschiebung einer optischen Aufnahme analysierte.

Pulsar

Jocelyn Bell (geb. 1943) war 1967 Doktorandin in der Arbeitsgruppe des in Cambridge lehrenden Physikers Antony Hewish, als sie merkwürdige Radiosignale entdeckte, die aus einer Quelle aus den Tiefen des Weltalls kamen. Das Besondere an diesen Signalen: Sie kamen in regelmäßigen Abständen von etwa einer Sekunde. Auf diesen Befunden und weiteren Beobachtungen aufbauend, entwickelten Franco Pacini und Thomas Gold das Konzept des Pulsars, eines kleinen Sterns, der sich schnell um die eigene Achse dreht und aus Neutronen besteht, die nach dem Kollaps sehr viel größerer Sterne übrigbleiben. Die Existenz von pulsarähnlichen Sternen war von J. R. Oppenheimer, dem Vater der Atombombe (siehe Kapitel VI, 2), und George Volkoff vorhergesagt worden.

3. Geowissenschaften

Klimazonen

Der griechische Philosoph Pythagoras (6. Jahrhundert v. Chr.) teilte das Firmament in fünf himmlische Zonen ein und die Erdoberfläche in fünf Bereiche, die diesen entsprechen sollten. Doch es war ein anderer Grieche, Parmenides von Elea (geb. 513 v. Chr.), der Klimazonen beschrieb, die sich an irdischen Bedingungen orientierten. Er führte das Fünf-Zonen-System ein: kalte Zonen oberhalb der Polarkreise, gemäßigte Zonen zwischen den Polar- und den Wendekreisen und eine heiße Zone zwischen den beiden Wendekreisen. Diese Einteilung wurde später von Eratosthenes, der im 3. Jahrhundert v. Chr. in Alexandria lebte, zu einem Sieben-Zonen-System verfeinert: Er schob einen weniger heißen Äquatorialgürtel zwischen den nördlichen und den südlichen Teil der heißen Zone.

Barometer

Die italienischen Physiker Evangelista Torricelli (1608–1647) und Vinzenzo Viviani erfanden das Barometer mehr oder weniger zufällig im Zuge eines Experimentes, das sie 1644 durchführten. Sie stellten ein mit Quecksilber gefülltes Glasrohr in eine ebenfalls mit Quecksilber gefüllte Schüssel, weil sie herausfinden wollten, auf welchem Niveau sich das Quecksilber im Rohr natürlicherweise einpendeln würde. Sie beobachteten, daß der Quecksilberpegel in dem Glasrohr von Tag zu Tag leicht schwankte, und führten die Unterschiede richtigerweise auf Luftdruckveränderungen zurück. Dann stellten sie die Verbindung zwischen den unterschiedlichen Pegelständen und den Wetterlagen her: sie hatten bemerkt, daß niedriger Luftdruck eine Schlechtwetterfront ankündigt. Auf dieser Erkenntnis beruht die moderne Wettervorhersage.

Hygrometer

Nach dem Luftdruck ist die Luftfeuchtigkeit der wichtigste Faktor für die Wettervorhersage. Mit Luftfeuchtigkeitsmessungen begann man in China bereits im 2. Jahrhundert v. Chr., indem man hygroskopische Materialien (das sind Substanzen, die Feuchtigkeit aus der Luft aufnehmen, zum Beispiel die Holzkohle von Ulmen und Federn) in Waagschalen legte. Wenn diese Materialien Feuchtigkeit aus der Luft aufnehmen, erhöht sich ihr Gewicht, und aus der Gewichtsveränderung läßt sich die Luftfeuchte bestimmen. Die ersten Hinweise auf dieses Verfahren finden wir in Liu Ans *Huai Nan Zi*, einem Buch das im 2. Jahrhundert v. Chr. geschrieben wurde und noch viele andere »erste Male« enthält.

Erdumfang

Eratosthenes wurde in Kyrene geboren, einer griechischen Stadt in Nordafrika. Er arbeitete am Museum von Alexandria, damals eine Hochburg der Wissenschaft, die eine Vielzahl von »ersten Malen« hervorgebracht hat. Man hatte Eratosthenes den Spitznamen »Beta« gegeben, nach dem zweiten Buchstaben des griechischen Alphabets, und wollte damit zum Ausdruck bringen, daß er auf allen Wissensgebieten an der Spitze mitmischte, aber nirgends Erster war – was so nicht stimmt. Doch da von den Hunderten von Büchern, die er verfaßte, keines erhalten geblieben ist, sind wir auf die Berichte anderer angewiesen, um seine »erstmaligen« Leistungen zu würdigen. Er berechnete unter anderem die Schiefe der Ekliptik und schuf die Einteilung der Erde in sieben Klimazonen (siehe S. 252). Im 3. Jahrhundert v. Chr. berechnete er den Erdumfang, indem er in Syene, dem heutigen Assuan, und in Alexandria Stäbe in den Boden steckte. Aus der Länge der Schatten, die sie am selben Tag zur selben Zeit warfen, und der bekannten Entfernung zwischen Syene und Alexandria errechnete er für die Erde einen Umfang von 252 000 Stadien (etwa 39 700 Kilometer). Dieser Wert weicht nur um etwa 300 Kilometer von modernen Schätzungen ab. Als er 81 Jahre alt war (194 v. Chr.), hatte er alles erforscht und war des Lebens müde; deshalb hungerte er sich zu Tode.

Längen- und Breitengrade

Eratosthenes (276 – 194 v. Chr.), der als erster den Umfang der Erde berechnete (siehe oben), ersann außerdem ein System von Längen- und Breitengraden, um die relativen Positionen von verschiedenen Orten beschreiben und die Welt auf einer Karte darstellen zu können. Die Nord-Süd-Ausrichtung wurde in parallel zum Äquator verlaufenden Breitengraden angegeben. Längengrade kreuzten sich sowohl am Nord- als auch am Südpol; mit ihrer Hilfe ließ sich die Ost-West-Ausrichtung bestimmen. Dies alles geschah um 220 v. Chr. in Alexandria.

Konische Projektion, Kegelprojektion

Bei der konischen Projektion werden die Längengrade als gerade Linien dargestellt, die an einem Pol zusammenlaufen. Die Breitengrade erscheinen als geschwungene Linien mit gleichen Abständen zueinander und mit dem Pol als Mittelpunkt. Bildet man eine Erdhalbkugel in dieser Form auf einer Karte ab, so zeigen nur zwei Breitengrade die exakten Proportionen, alle anderen erscheinen verzerrt. Die Längengrade jedoch verhalten sich alle gleich. Dieses System geht auf den griechischsprachigen Ägypter Claudius Ptolemaios von Alexandria zurück, der im 2. Jahrhundert v. Chr. lebte.

Mercator-Projektion

Mit der Mercator-Projektion läßt sich eine Kugeloberfläche auf einem Rechteck, zum Beispiel einer Landkarte oder einem Geschirrtuch, abbilden. Die Längengrade verlaufen dabei alle parallel, und die Breitengrade sind alle gleich lang. Auf einer solchen Weltkarte erscheint Grönland größer als Afrika. Doch bevor man diese Form der Projektion für die Erde benutzte, wurde sie bereits verwendet, um die Positionen von Sternen und Planeten aufzutragen. Eine Sternenkarte aus Su Songs Buch »Neuer Entwurf für eine Armillarsphäre«, das 1094 v. Chr. in Kaifeng erschien, bedient sich erstmals der heute so genannten Mercator-Projektion. Gerhard Mercator (1512–1594) war ein flämischer Geograph, Kartograph und Mathematiker. Die nach ihm benannte Projektion entwickelte er 1568.

Heißes Erdinneres

Empedokles, der im 4. Jahrhundert v. Chr. in der griechischen Stadt Akragas auf Sizilien lebte, behauptete, daß das Erdinnere heiß sei: erfüllt von Feuerströmen, wie er sich ausdrückte. Empedokles fand sich vermutlich durch Beobachtungen des Vulkans Ätna auf seiner Heimatinsel in seiner Überzeugung bestätigt. Darüber hinaus begründete er die Urknall-Theorie und das Gesetz von der Massenerhaltung (siehe Kapitel VII, 4).

Atomreaktionen im Erdinneren

Die Hypothese, daß die Hitze im Erdinneren durch Kernreaktionen zustande kommt, stellte erstmals der neuseeländische Physiker Ernest Rutherford (1871–1937) in Vorlesungen auf, die er im Jahr 1904 in Großbritannien hielt.

Landgewinn durch Ablagerung

Der Vergleich der Hochwasserstände des Nils, die seit Jahrhunderten aufgezeichnet wurden, überzeugte altägyptische Beobachter davon, daß ihr Land aus abgelagertem Schlamm entstanden war, den der Nil aus dem Süden mitbrachte. Der Nil transportiert Jahr für Jahr riesige Sedimentmengen aus dem afrikanischen Hochland in die Überschwemmungsgebiete Ägyptens und in sein Delta, das dadurch immer weiter ins Mittelmeer vorstößt. In prähistorischer Zeit bedeckte Meer die Region, die wir heute als ägyptische Tiefebene bezeichnen.

Landformation durch Erosion

Diese Erkenntnis kam über die Priester von Memphis und Heliopolis auf den griechischen Geschichtsschreiber Herodot, der im 5. Jahrhundert v. Chr. lebte, und wurde von ihm in seinem *Histories Apodeixis* (»Forschungsbericht«) genannten Lebenswerk festgehalten. Der chinesische Gelehrte Shen Gua (1031–1095 n. Chr.), der auch die 3-D-Karte (Reliefkarte, siehe Kapitel V, 3) entwickelte, war der erste, der den umgekehrten Prozeß erklärte, wie nämlich durch Erosion in einem ursprünglich flachen oder nur leicht hügeligen Gelände Berge entstehen. Als er etwa 1070 n. Chr. entsprechende Formationen – vor allem um Wenzhou – studierte, bemerkte er, daß die Berggipfel fast alle auf gleicher Höhe lagen, getrennt durch steil abfallende, abgrundtiefe Schluchten. Das führte ihn zu der Überzeugung, daß Erosion – und besonders die Erosion durch Wasser – die weichen Bodenbestandteile entfernt und nur die harten Felsen übriggelassen hatte.

Entstehung von Land aus dem Meer

Griechische Forscher zogen bereits vor 2000 Jahren in Betracht, daß manche Landmassen, wie etwa die Insel Rhodos, von Kräften aus dem Inneren der Erde aufgeworfen worden sein könnten.

Kontinentalverschiebung

Wenn man sich eine Weltkarte ansieht, so fällt auf, daß einige weit auseinanderliegende Landmassen so geformt sind, daß sie wie Puzzlesteine aneinanderpassen. Das führte zu der Überlegung, es könnte einmal einen Urkontinent gegeben haben, der in prähistorischer Zeit auseinanderbrach und dessen Teile sich daraufhin voneinander entfernten. Es ist nicht bekannt, wann diese Idee erstmals geäußert wurde. Vermutlich nicht vor dem 16. Jahrhundert, denn erst zu dieser Zeit entstand eine Karte von Südamerika, und erst dann konnte man erkennen, wie gut die Ostküste von Südamerika mit der Westküste von Afrika zusammenpaßt. Für Jahrhunderte besaß diese auffällige Übereinstimmung kaum mehr als anekdotische Bedeutung in der wissenschaftlichen Theorie. Dennoch gab es einige Forscher, die die Küstenlinien einzelner Landmassen miteinander verglichen, zum Beispiel den australischen Geologen Louis Bernacchi, den die Ähnlichkeit der geologischen Formationen in der Antarktis und in Australien 1899 in Erstaunen versetzte. Der Begründer der Theorie der Kontinentalverschiebung ist der deutsche Geophysiker Alfred Wegener (1880–1930), der 1912 begann, über dieses Thema Vorlesungen zu halten, und 1915 sein Buch *Die Entstehung der Kontinente und Ozeane* veröffentlichte. Er behauptete, die Kontinente bestünden aus vergleichsweise leichtem Gestein und verhielten sich wie Flöße, die über einen anders zusammengesetzten Teil der Erdkruste glitten. Außerdem postulierte er, es müsse einen gigantischen Urkontinent gegeben haben, der alle heutigen Kontinente umfaßte. Diesen Urkontinent nannte er Pangäa.

Plattentektonik

So einsichtig Wegeners Ideen für Laien waren, unter den Wissenschaftlern seiner Zeit stießen sie überwiegend auf Ablehnung, vor allem, weil Wegener die Drift mechanisch nicht erklären konnte. Diese Erklärung lieferten in den sechziger Jahren Geophysiker, die feststellten, daß die Meeresböden im Gegensatz zu den Kontinenten nicht sehr alt sind. Der Amerikaner Harry Hess (1906–1969) hatte bereits in den dreißiger Jahren die Vermutung geäußert, einige Eigenschaften des Meeresbodens könnten auf Konvektionsströme im Erdmantel zurückzuführen sein. Als Kommandeur eines Unterseebootes im anschließenden Krieg gegen Japan untersuchte er den Grund des Pazifiks mit dem Echolot. In den fünfziger Jahren stellte er die These auf, daß ständig neues Erdkrustenmaterial in Form von Lava aus dem mittelozeanischen Rücken emporsteige, seitlich wegfließe und schließlich wieder unter der Erde verschwinde. Da die Kontinente zu leicht seien, um mit nach unten gezogen zu werden, blieben sie an der Oberfläche, bewegten sich jedoch in der Fließrichtung des Mantelmaterials. 1965 stellte der kanadische Geophysiker J. Tuzo Wilson fest, daß die Erdoberfläche aus einer Reihe von Platten besteht, von denen jede zu einer sogenannten Konvektionszelle gehört. Diese Platten werden von aktiven Zonen begrenzt, in denen Erdkrustenmaterial aufsteigt oder von den Konvektionsströmen der Zelle hinabgezogen wird.

Seismograph

Der erste Seismograph sah bedeutend interessanter aus als heutige Modelle:

> Er hatte einen gewölbten Deckel und war mit alten Schriftzeichen und Bildern von Bergen, Schildkröten, Vögeln und Tieren verziert … Außen an dem Gefäß befanden sich acht Drachenköpfe, von denen jeder eine Bronzekugel im Maul trug. Am Fuß des Gefäßes saßen acht Kröten mit geöffneten Mäulern, jederzeit bereit, eine Kugel aufzufangen, die einer der Drachen fallen lassen könnte.

Erfunden wurde dieses Gerät im Jahr 132 n. Chr. von Zhang Heng (78 bis 139 n. Chr.) in Luoyang, einer chinesischen Residenzstadt. (Derselbe Genius erfand auch ein Modellflugzeug mit Propellerantrieb und die Differentialschaltung, siehe Kapitel IX, 3 und VIII, 11.) Im Inneren des Gefäßes befand sich eine fein ausbalancierte Säule, die während eines Erdbebens zu schwanken begann und in einer von acht möglichen Richtungen einen Mechanismus auslöste. Der dazu gehörige Drache spuckte daraufhin die Kugel aus, und die fiel in das Maul der darunter sitzenden Kröte. Das alles war mit ziemlichem Geräusch verbunden, um die Erdbebenwächter zu alarmieren. Aus welcher Richtung das Erdbeben kam, ließ sich an der Kröte erkennen, die die Kugel aufgefangen hatte. In der »Geschichte der späten Han-Dynastie« lesen wir:

> Es zeigte sich eine beinahe schon ans Wunderbare grenzende Übereinstimmung mit den tatsächlichen Geschehnissen ... Einmal ließ einer der Drachen seine Kugel fallen, obwohl niemand eine Erdbewegung gespürt hatte. ... Doch einige Tage später traf ein Bote ein und berichtete von einem Erdbeben in Longxi, das 700 Kilometer entfernt war.

Fossilien als Zeugen der Vergangenheit

Die ersten Fossilien, die man in der Antike untersuchte, waren versteinerte Meerestiere und Algen, die aufgrund von Veränderungen der Erdoberfläche nun im Landesinneren gefunden wurden. Xenophanes, ein griechischer Philosoph, der in Kleinasien und in Italien lebte, erklärte sie korrekt als Abdrücke, die in prähistorischer Zeit im Schlamm hinterlassen wurden – und als Beleg dafür, daß Bereiche, die nun Land sind, damals unter Wasser gelegen haben mußten. Seine Erkenntnisse lassen sich nicht genau datieren; er starb mit über 100 Jahren etwa 480 v. Chr. Als man in China die Fossilien von Dinosauriern und anderen prähistorischen Tieren entdeckte, hielt man sie für die Überreste von Drachen. Die chinesischen Vorstellungen von Drachen gehen vor allem auf diese Fossilien zurück, und noch heute werden Dinosaurier im Chinesischen als »Drachen« bezeichnet. Im Jahr 120 v. Chr. wurde in Chengcheng in Nordchina beim Ausheben eines unterirdischen Kanals, den man später den »Drachenkopfkanal« nannte, ein fossiler Schädel gefunden. Wang Chong (27– ca. 100 n. Chr.) war der erste, der in seinem 83 n. Chr. erschienenen Buch *Lun Heng* nachdrücklich die Auffassung vertrat, diese Fossilfunde seien Hinweise darauf, daß die gleichen Landstriche in früheren Zeiten von ganz anderen Lebewesen bevölkert gewesen seien.

Eiszeit Der Schweizer Naturforscher Jean Louis Agassiz (1807–1873) kam zu der Auffassung, daß es in prähistorischer Zeit eine Eiszeit gegeben haben muß, als er die Gletscher in Bergregionen untersuchte. Er erkannte, daß viele Landschaften in gemäßigten Regionen vor langer Zeit vom Eis geformt wurden und daß sich mit dem Transport durch Gletscher erklären läßt, warum man einzelne Felsbrocken manchmal weit entfernt von ihrem natürlichen Vorkommen findet. 1837 begann er, die Theorie zu entwickeln, die er 1840 veröffentlichte, nämlich daß fast die gesamte heute bewohnte Welt während der Eiszeit unter einer Decke von Eis und Schnee verborgen lag. Seine vorausgegangenen Studien an Fossilien hatten ihn in einen Zwiespalt gebracht, mit dem sich auch andere christliche Naturforscher herumplagten: Die Fossilien stammten aus einer Zeit vor dem in der Bibel angegebenen Zeitpunkt der Schöpfung. Die Eiszeit bot Agassiz eine naheliegende Lösung: Damals mußte alles Leben ausgelöscht worden sein, um für Gottes neue Schöpfung Platz zu machen.

Gezeiten Etwa 300 v. Chr. segelte der griechische Entdecker Pytheas von Massilia (dem heutigen Marseille) nach Britannien und Irland. Auf seiner Reise beobachtete er im Nordatlantik gewaltige Gezeitenunterschiede; einmal maß er beispielsweise in Nordbritannien einen Tidenhub von 120 Fuß (circa 40 Meter). Gleichzeitig sammelten er und seine Mannschaft Daten von Sonne, Mond und Sternen. Auf der Grundlage all dieser Beobachtungen schloß Pytheas, daß der Mond für den Wechsel von Ebbe und Flut verantwortlich ist. Seleukos, ein griechischer Gelehrter aus Seleukia am Persischen Golf, erarbeitete 180 v. Chr. die Details des Einflusses des Mondes auf die Gezeiten. Er fand heraus, daß ihre Höhe von der Position des Mondes zur Sonne abhängt.

4. Chemie

Das Besondere an der Chemie ist, das fast alle theoretischen Grundlagen dieser Naturwissenschaft erst ab dem 18. Jahrhundert erarbeitet wurden. Das gilt nicht für die angewandte Chemie: Viel von dem in alter Zeit für Medizin und Herstellungsverfahren erworbenen praktischen chemischen Wissen (siehe Kapitel VIII, 6 und 8) besitzt bis heute Gültigkeit. Frühe theoretische Erkenntnisse dagegen haben sich weitgehend über-

lebt und sind nur noch für Enthusiasten von Interesse, weswegen sie hier nicht aufgeführt werden. Ein ganz neues Feld stellt auch die Biochemie dar, die im nächsten Abschnitt behandelt wird.

Periodensystem der Elemente

Das Periodensystem der Elemente, ein Eckpfeiler der modernen Chemie, wurde gleichzeitig von zwei unabhängig voneinander arbeitenden Männern erstellt. Der Russe Dmitri Mendelejew (1834–1907) war Chemiker an der Universität von St. Petersburg. Er begann damit, die Elemente nach steigendem Atomgewicht in einer Tabelle anzuordnen, und bemerkte, daß sich einige der physikalischen und chemischen Eigenschaften der Elemente in regelmäßigen Abständen wiederholten. Solche Elemente stellte er in seiner Tabelle untereinander. Im Jahr 1869, als Mendelejew seine Tabelle aufschrieb, kannte man gerade einmal 63 Elemente (heute sind es fast doppelt so viele, wenn man die künstlich erzeugten dazuzählt). Die Lücken in seiner Aufstellung füllten sich nach und nach, und er selbst war in der Lage, bis dato unentdeckte Elemente und ihre Eigenschaften anhand ihres Atomgewichtes vorherzusagen, zum Beispiel Gallium, Scandium und Germanium. Sein Zeitgenosse Julius Lothar Meyer (1830 bis 1895), Professor für Chemie in Tübingen und Berlin, gelangte zu gleichen Ergebnissen.

Affinität der Elemente

Der schwedische Chemiker Jöns Jakob Berzelius (1779–1848) entwarf die erste Tabelle, in der die Elemente gemäß der Stärke ihrer positiven oder negativen elektrischen Ladung geordnet waren. Dabei stellte er fest, daß die gegenseitige Anziehungskraft der Elemente um so größer war, je weiter sie in der Tabelle auseinanderstanden. Mit dem Begriff »Affinität« bezeichnete man seit Albertus Magnus (1193–1280) die chemische Triebkraft, mit der sich chemische Elemente zu neuen Stoffen verbinden.

Entdeckung von Wasserstoff

Zusammensetzung von Wasser

Den Wasserstoff entdeckte der wohlhabende Gelehrte Henry Cavendish (1731–1810) 1766 in seinem privaten Laboratorium in London. 1781 fand Cavendish heraus, daß Wasser entstand, wenn er normale Luft und Wasserstoff zusammen zur Explosion brachte. Er wiederholte das Experiment mit Sauerstoff und Wasserstoff und konnte zeigen, daß Wasser aus diesen beiden Elementen zusammengesetzt ist. Es gelang ihm außerdem, die Mengenverhältnisse von Wasserstoff und Sauerstoff in Wasser zu bestimmen.

Zusammensetzung der Luft

Henry Cavendish beschäftigte sich in seinen Studien auch mit der Zusammensetzung der Atmosphäre; »Luft« war für ihn ein Bestandteil der Atmosphäre. Carl Wilhelm Scheele (1742–1786), einer der Entdecker von Sauerstoff und Stickstoff, hatte bereits nachgewiesen, daß Luft eine Mischung aus diesen beiden Elementen darstellt. Cavendish bestimmte nun die Mengenverhältnisse als 20,83 % Sauerstoff und 79,17 % Stickstoff, alle anderen Bestandteile der Atmosphäre bezeichnete er als Verunreinigungen.

Entdeckung von Sauerstoff

In seinem Bericht an die Akademie der Wissenschaften von St. Petersburg übersetzte der angesehene Wissenschaftshistoriker Julius Klaproth (1783–1835) im Jahr 1810 einige Passagen aus Mao Huas »Bekenntnissen eines friedfertigen Drachen«, einem Buch, das erst kurz zuvor von einem französischen Reisenden aus China mitgebracht worden war. In diesem Buch – es stammt aus dem Jahr 756 n. Chr. – wird der Sauerstoff als *qi yin* bezeichnet; man erfährt dort, daß der Sauerstoff, obwohl er nirgends in reiner Form vorkommt, in der Luft enthalten ist und sich in Verbrennungsprozessen mit anderen Elementen, wie etwa Metallen, zu neuen Substanzen verbindet. Außerdem wird Sauerstoff als einer der Bestandteile von Wasser bezeichnet. Wenn Mao Hua den Sauerstoff tatsächlich im 8. Jahrhundert entdeckt hat, wäre dies eine phantastische Leistung. Doch leider gibt es außer den Klaprothschen Aufzeichnungen keine weiteren Hinweise auf ihn und sein Buch. Und falls Julius Klaproth mit seiner Datierung für das Buch ziemlich daneben lag, besteht auch noch die Möglichkeit, daß der »friedfertige Drache« seine Bekenntnisse enthüllte, nachdem der englische Theologe Joseph Priestley (1733–1804) den Sauerstoff entdeckt hatte. Priestley veröffentlichte im Jahr 1774 einen wesentlich umfassenderen Bericht über den Sauerstoff und seine Eigenschaften als Mao Hua. Wenn die beteiligten Akteure fix waren, könnten Priestleys Erkenntnisse nach China gelangt sein, dort von Mao Hua niedergeschrieben und eventuell nur in wenigen Exemplaren gedruckt worden sein. Eines dieser Bücher wäre dann dem durchreisenden Franzosen in die Hände gefallen, der es so rechtzeitig in Rußland »abgab«, daß Klaproth die Zitate in seine Veröffentlichung einbauen konnte. Selbst wenn man sich mit einiger Phantasie eine solche Verkettung der Ereignisse vorstellen könnte, bliebe unerklärt, wie Klaproth auf die Jahreszahl 756 kam. Der mysteriöse Mao Hua gehört deshalb zu den großen Unbekannten der Wissenschaftsgeschichte. Falls es ihn nicht gegeben hat, gebührt der Ruhm für die Entdeckung des Sauerstoffs allerdings auch nicht Joseph Priestley, sondern dem Schweden Carl Wilhelm Scheele, der ihn 1772 oder 1773 nachwies, seine Ergebnisse aber erst im Jahr 1777 veröffentlichte.

Radioaktive Elemente

Radium

Das erste nachgewiesene radioaktive Element war Polonium. Seine Entdeckerin, Marie Curie (1867–1934), benannte es nach ihrem Heimatland, Polen. Marie Curie und ihr französischer Ehemann Pierre (1859–1906) extrahierten das Polonium im Jahr 1898 in Paris aus Uranpechblende. Im selben Jahr entdeckten sie noch das stärker radioaktive Radium.

DNS (DNA)

Molekülstruktur der DNS (DNA)

Die Desoxyribonukleinsäure, abgekürzt DNS (DNA ist die Abkürzung des englischen Begriffs *desoxyribonucleic acid* und wird gleichbedeutend mit DNS verwendet), wurde 1929 von einem in Amerika arbeitenden russischen Wissenschaftler namens Phoebus Aaron Theodor Levene (1869 bis 1940) entdeckt. Die Aufklärung der einzigartigen Doppelhelixstruktur verdanken wir den vereinten Bemühungen von zwei Forscherteams. Der Engländer Francis Crick (geb. 1918) und der Amerikaner James Watson (geb. 1928) arbeiteten im englischen Cambridge zusammen und stellten 1953 das erste Modell der DNA-Struktur vor, das alle beobachteten Eigenschaften der Substanz erklärte. Ohne die Ergebnisse und Beobachtungen von Rosalind Franklin (1920–1958) und Maurice Wilkins (geb. 1916), die beide aus Neuseeland stammten und sich im benachbarten London mit der DNA-Struktur beschäftigten, wäre ihre Arbeit allerdings nicht von Erfolg gekrönt gewesen. 1962 erhielten die drei Männer für ihre gemeinsame Entdeckung den Nobelpreis; Rosalind Franklin erlebte diesen Tag nicht mehr. Doch noch bevor die Struktur des Moleküls aufgeklärt war, hatte man bereits seine Rolle bei der Vererbung entdeckt (siehe Gene, Kapitel VIII, 5).

Radiokarbondatierung, C 14-Methode

Der amerikanische Chemiker Willard F. Libby (1908–1980) gehörte zu der Forschergruppe, die die Atombombe entwickelte (siehe Kapitel VI, 2). Zu seinen anderen wissenschaftlichen Verdiensten zählt die Radiokarbondatierung, eine Methode, mit der man das Alter von archäologischen Funden bestimmen kann. C 14 ist die saloppe Abkürzung für eine radioaktive Variante des Elements Kohlenstoff, die natürlicherweise in der Umwelt vorkommt. In lebendem Gewebe findet sich immer ein bestimmter, konstant bleibender Anteil von C 14. Erst wenn ein Lebewesen stirbt, nimmt dieser Anteil allmählich ab. Libby entwickelte eine Methode, mit der sich aus der C 14-Menge in den gefundenen Überresten berechnen läßt, wieviel Zeit seit dem Tod dieses Lebewesens vergangen ist. Dafür erhielt er 1960 den Nobelpreis für Chemie.

5. Biologie

Die Biologie der Wale wird zusammen mit dem Walfang behandelt (siehe Kapitel VIII, 8).

Zellen

Die Vorstellung, daß lebende Organismen aus einzelnen, mikroskopisch kleinen, lebenden Zellen zusammengesetzt sind, äußerte erstmals der indische Botaniker Parasara, dessen Werk über die »Wissenschaft von den Pflanzen« im 1. Jahrhundert vor oder nach Christus veröffentlicht wurde. Nach Parasara ist jede einzelne unsichtbare Zelle eines Blattes umgeben von einer dünnhäutigen Wand und gefüllt mit einem Saft, der ihre wesentlichen Merkmale und Farbstoffe enthält. Er glaubte, daß die Zellbausteine aus der Erde über verschiedene Transportsysteme in die Pflanzenorgane gelangten. Der erste Mensch, der eine Pflanzenzelle sah, war der englische Wissenschaftler Robert Hooke (1635–1703), der in den sechziger Jahren des 17. Jahrhunderts Korkgewebe unter dem Mikroskop betrachtete.

Tierische Zellen

Parasara hatte seine Aussagen auf pflanzliche Zellen beschränkt. Der deutsche Naturforscher und Naturphilosoph Lorenz Oken (1779–1851) postulierte als erster, daß sich alle Tiere aus individuellen, mikroskopisch kleinen Einheiten zusammensetzten. Diese These veröffentlichte er 1805 in einem Buch mit dem Titel *Die Zeugung*.

Der Kreislauf organischer Substanz

Einige außerordentliche Erkenntnisse von klassischen Philosophen sind unbemerkt geblieben, weil sich die modernen Übersetzer ihrer Gedanken nicht über deren Tragweite im klaren waren. So wurde Lie Zis Beschreibung des Kreislaufs von Werden und Vergehen (in modernen Worten: der Auf- und Abbau organischer Substanz) wiederholt als »Evolutionstheorie« etikettiert, obwohl das völlig unsinnig ist. Lie Zi vertritt den Standpunkt, formuliert im 4. Jahrhundert v. Chr., daß alle Lebewesen aus elementaren Bestandteilen aufgebaut werden und nach ihrem Tod wieder in ebensolche zerfallen, aus denen dann im Rahmen eines endlosen Kreislaufprozesses wieder neue Organismen entstehen. Diese Vorstellung teilt Lie Zi mit anderen taoistischen Philosophen, etwa Zhuang Zi (ca. 369–287 v. Chr.), dessen Buch das älteste ist, das Lie Zis Erklärung vom Auf- und Abbau organischer Substanz zitiert. »In den Samen liegen die Grundbestandteile«, schreibt Lie Zi, »sie nehmen Wasser auf und beginnen, sie zusammenzusetzen.« Er fährt dann fort mit einem Beispiel für den Durchlauf eines Nährstoffs durch den natürlichen Kreisprozeß: vom Boden durch verschiedene Pflanzen, Insekten, Vögel, Mikroorganismen, Säugetiere und den Menschen. »Der Mensch tritt wieder in den Umwandlungsprozeß ein. Die Vielfalt der Lebensformen entsteht daraus, und alles kehrt wieder in ihn zurück.« So lesen wir bei Lie Zi (Kapitel 1) und Zhuang Zi (Kapitel 18). Die meisten modernen Theoretiker würden dem wohl kaum wiedersprechen. Die Lehre, die die Taoisten aus dieser Erkenntnis zogen, teilen jedoch weit weniger Menschen (zumindest im westlichen Kulturkreis): daß der Tod nichts ist, was man bedauern muß, weil er nichts anderes bedeutet als die »Wiederaufarbeitung« der organischen Bestandteile für eine neuerliche Verwendung. »Die Vereinigung von Materie und Energie läßt einen Menschen entstehen ... der Tod tritt ein, wenn sie sich trennen ... und stinkende Fäulnis läutet ein neues Wunder ein«, schreibt Zhuang Zi (Kapitel 22).

Mikroorganismen

In einer primitiven mesopotamischen »Keim-Theorie« (siehe Kapitel VIII, 6) wird erstmals die Vermutung geäußert, es könne so etwas wie Mikroorganismen geben. Dafür, daß jemand in China diese Möglichkeit ins Auge faßte, gibt es bis zum 4. Jahrhundert v. Chr. keinen Nachweis. Aber einige Taoisten, unter ihnen auch der oder die Verfasser des Buches von Zhuang Zi, sprechen davon – natürlich allein aufgrund von Annahmen, denn man hatte ja keine Mikroskope zur Verfügung. In bildhafter Sprache wird ein Lebewesen beschrieben, das in riesiger Zahl »auf dem Fühler einer Stechmücke landet, ohne daß es zu einem Gedränge kommt«. Was viel wichtiger ist: Lie Zi weist darauf hin, daß Mikroorganismen am Abbau organischer Substanz beteiligt sind, und nennt beispielhaft solche, die sich im Speichel befinden, und andere, die an der Herstellung von sauer eingelegtem Gemüse beteiligt sind.

Pflanzenernährung

Den Taoisten lag daran, die Menschen mit ihren Erkenntnissen dazu zu bringen, über Leben und Tod nachzudenken. Die biologischen Mechanismen der Natur zu entdecken, überließen sie gerne anderen. Der arabische Wissenschaftler Abū Rayḥān Muḥammad Ibn Aḥamad al-Bīrūnī aus Choresm (973–1048 n. Chr.) beschreibt in seinem Buch über Geologie und Natur, was bei der Ernährung von Pflanzen geschieht. So beobachtete er beispielsweise, daß Nährstoffe aus dem Boden durch feine Gefäße bis in die entferntesten Organe der Pflanze transportiert werden, daß die Pflanze Nährstoffe in flüssiger Form speichert und daß sie »transpiriert«, also aufgenommenes Wasser teilweise wieder an ihre Umgebung abgibt.

Photosynthese

Als Photosynthese wird das chemische Verfahren bezeichnet, mit dem Pflanzen aus Sonnenlicht, Kohlendioxid und Wasser Energie gewinnen, um Zellbestandteile aufzubauen. Dieser hochkomplexe Vorgang wurde in Stufen entdeckt. Im Jahr 1727 veröffentlichte der englische Biologe Stephen Hayles seine Schrift *Vegetable Staticks* (den Titel könnte man mit »Gleichgewicht der Pflanze« umschreiben), in der er nachweist, daß Pflanzen Substanzen aus der Luft aufnehmen. 1779 entdeckte der in einem Landsitz nahe London arbeitende holländische Forscher Jan Ingen-Housz (1730–1799), daß die pflanzliche Atmung, die bei Tag und Nacht stattfindet, die umgebende Luft »verschlechtert«, während ein im Sonnenlicht ablaufender Vorgang »regenerierend« wirkt. Dieses zweite Phänomen war die Photosynthese, während der die Pflanzen Kohlendioxid aus der Luft aufnehmen und Sauerstoff an sie abgeben. Ingen-Housz veröffentlichte seine Ergebnisse noch im selben Jahr unter dem Titel *Experiments on Vegetables* (»Versuche mit Grünpflanzen«). 1837 konnte Henri Dutrochet zeigen, daß dieser Vorgang nur in Gegenwart von Licht und nur in den Teilen der Pflanze abläuft, die Chlorophyll (Blattgrün) enthalten. Biochemiker sind noch heute damit beschäftigt, die Einzelheiten des Photosyntheseprozesses zu erforschen, doch das Grundprinzip, daß in den Chloroplasten Kohlendioxid und Wasser in Zuckermoleküle und Sauerstoff umgewandelt werden, wurde 1865 von dem deutschen Botaniker Julius von Sachs (1832–1897) bewiesen.

Wissenschaftliche Klassifikation von Pflanzen

Theophrast, ein griechischer Naturforscher und Philosoph (370–287 v. Chr.), erklärte in seinem Buch *De causis plantarum (Über die Ursachen von Pflanzen)*, nach welchen Kriterien er das Pflanzenreich einteilen wollte: »Dabei sind ihre einzelnen Teile zu berücksichtigen, ihre Eigenschaften sowie die Art und Weise, wie sie ihr Leben beginnen und wie dieses im weiteren verläuft.« Sein System sah vier große Klassen vor, die die Mehrzahl der Pflanzen erfassen sollte; eine Kategorie für mikroskopisch kleine Pflanzen fehlte natürlich, da er solche nicht kannte. Theophrast versuchte, für seine Klassifikation viele verschiedene Faktoren zu berücksichtigen, doch sein System ist inzwischen vollständig ersetzt durch eines, das die Verwandtschaftsverhältnisse der Pflanzen zugrunde legt. Nichtsdestoweniger sind viele der Unterscheidungskriterien, die Theophrast für wichtig hielt – zum Beispiel, ob es sich um ein- oder zweikeimblättrige Pflanzen handelt –, auch heute noch bedeutsam.

Der Gedanke, Pflanzenarten für die wissenschaftliche Arbeit mit eigens geschaffenen zweiteiligen Namen zu versehen, die sich von den üblichen volkstümlichen Namen unterschieden, entstand im China des 4. oder 5. Jahrhunderts v. Chr. Einige dieser Begriffe werden im *Er Ya*, einer Kombination aus Wörterbuch und Stilkunde (vergleichbar etwa unserem »Sag es treffender!«) überliefert. Von den beiden Wörtern für eine Pflanze gab eines die Kategorie an, zu der sie gehörte, das andere kennzeichnete die Art. Doch diese Form der Benennung wurde nie auf andere Lebewesen ausgedehnt. Eine einheitliche Nomenklatur für alle Lebensformen, die auf einem ähnlichen Prinzip beruhte wie die chinesische, entstand in Europa. Eingeführt wurde diese sogenannte binäre Nomenklatur von einem Schweizer Anatomen namens Gaspard Bauhin (1560 bis 1624) mit seiner *Pinax Theatri Botanici* (etwa »Gesamtschau der Pflanzen«), die 1623 erschien. Seine Bezeichnungen umfaßten Gattung und Art (sie lassen sich mit unseren Familien- bzw. Vornamen vergleichen).

Binäre Nomenklatur

Das Klassifikationssystem für Organismen, wie es auch heute noch in der Biologie verwendet wird, taucht erstmals in Pierre Magnols Buch *Prodromus Historiae Generalis Plantarum in quo Familiae Plantarum per Tabulas Disponuntur* (»Vorläufer einer allgemeinen Geschichte der Pflanzen, in welcher die Pflanzenfamilien in Tafeln dargestellt werden«) auf. Der Titel wurde mit allem, was sonst noch dazugehörte, 1689 in Frankreich veröffentlicht. In dieser Arbeit führte Magnol den Begriff »Familie« ein, um Gruppen von verwandten Gattungen zu kennzeichnen. Er benannte unter anderem die Compositae (Korbblütler), Gramineae (Süßgräser), Cruciferae (Kreuzblütler) und Leguminosae (Schmetterlingsblütler), Pflanzenfamilien, die jeder Botaniker kennt.

Klassifikation in Familien

Im Werk *Naturalis historia (Naturkunde)* des römischen Naturforschers und Schriftstellers Plinius des Älteren (23–79 n. Chr.) finden wir zum ersten Mal die Aussage, daß es bei Pflanzen – wie bei Tieren – ein männliches und ein weibliches Geschlecht gibt. Entdeckt wurde dies offenbar an Palmen, wo es, wie Plinius meint, besonders deutlich zu erkennen ist. Mesopotamische Bauern, die seit Beginn des 2. Jahrtausends v. Chr. Dattelpalmen anbauten, pflegten männliche und weibliche Bäume zusammenzubinden, um die Bestäubung zu erleichtern. Plinius' Wissen um das

Das Geschlecht von Pflanzen

Geschlecht von Pflanzen anderer Arten stammt wahrscheinlich aus griechischen Quellen des 2. oder 3. Jahrhunderts v. Chr., die nicht erhalten sind.

Vererbungsgesetze

Gregor Mendel (1822–1884) war Augustinermönch im Kloster zu Brünn. Er begann 1857, mit Erbsen zu experimentieren, um herauszufinden, wie sich bestimmte Merkmale vererben. Dabei betrachtete er nur ganz eindeutig erkennbare Eigenschaften, wie etwa glatte oder runzlige Samen. Es gelang ihm, die grundlegenden Gesetze der Vererbung zu entschlüsseln, statistische Aussagen über die Häufigkeit bestimmter Eigenschaften zu treffen und das Auftreten »dominanter« bzw. »rezessiver« Merkmale in der Generationenfolge zu erklären. Mendels Ergebnisse waren von größter Bedeutung für die Kontroverse um die Evolutionstheorie, zumal sie genau in die Zeit fielen, als Charles Darwins Buch *On the Origin of Species (Über die Entstehung der Arten)* den Widerstand des Klerus gegen das Konzept der natürlichen Selektion (siehe Kapitel VII, 4) herausforderte. Doch Mendels Arbeiten, veröffentlicht 1865 und 1869 in den *Verhandlungen des naturforschenden Vereins zu Brünn*, fanden keine besondere Beachtung. Erst 1900 wurden sie aus ihrem Dornröschenschlaf gerissen: Unabhängig voneinander entdeckten der Holländer de Vries, der Deutsche Correns und der Österreicher Tschermak-von Seysenegg die Mendelschen Vererbungsgesetze neu. Und noch etwas Außerordentliches geschah in diesem Jahr, das in unserer Sammlung der »ersten Male« ohne Vergleich dasteht: Statt miteinander um die Priorität zu streiten, durchkämmten die drei Forscher die Literatur nach früheren Arbeiten zum Thema; sie stießen alle auf Mendels vergessene Veröffentlichungen und erkannten ihn als Entdecker der Vererbungsgesetze an. Ehrlichkeit und bescheidene Zurückhaltung – selten genug in den Annalen der Wissenschaft –, und das gleich dreimal, das ist bestimmt ein »allererstes Mal«.

Gene

Die ersten Chromosomen wurden in Deutschland von Walter Flemming (1843–1905) entdeckt, der in den siebziger und achtziger Jahren des 19. Jahrhunderts die Zellteilung erforschte. Aber Flemming erkannte ihre Bedeutung für die Fortpflanzung nicht. Der amerikanische Biologe Thomas Hunt Morgan (1866–1945) war der erste, der Vererbung auf zellulärer Ebene erklären konnte – ein Ergebnis seiner intensiven Studien an der Taufliege *Drosophila*, die er von 1907 bis 1911 durchführte. Seine Arbeiten zeigen, daß bestimmte Chromosomenabschnitte, die Gene, die erblichen

Merkmale übertragen. 1944 fand Oswald Avery (1877–1955), ein Kanadier an der Spitze eines amerikanischen Forscherteams, heraus, daß die Desoxyribonukleinsäure (siehe Kapitel VIII, 4) die chemische Basis der Vererbung, das Erbmaterial an sich, darstellt.

Gentechnik

Die Amerikaner Stanley H. Cohen und Herbert W. Boyer übertrugen 1972 erstmals genetisches Material von einem Organismus in einen anderen. Mit Hilfe von Enzymen schnitten sie ein Stück aus einem Bakterienplasmid aus und setzten es in ein anderes ein. Für ihr Experiment verwendeten Cohen und Boyer Bakterien der gleichen Art, *Escherichia coli*, das »Haustier« der Mikrobiologen. Im folgenden Jahr begannen die Genetiker damit, die DNA unterschiedlicher Arten zu mischen; beispielsweise bauten sie Gene von Fröschen oder Taufliegen in Bakterien ein.

Protozoen

Bakterien

Obwohl die Existenz von Mikroorganismen bereits in der Antike postuliert wurde, hatte noch niemand je welche gesehen, bis der holländische Naturforscher Antony van Leeuwenhoek (1632–1723) leistungsfähige einlinsige Mikroskope entwickelte und diese fleißig benutzte. So entdeckte er 1654 einzellige Tiere (Protozoen) und die ebenfalls einzelligen Bakterien. Letztere fand er, als er ein wenig abgekratzten Zahnbelag untersuchte. Leeuwenhoek beschrieb seine Entdeckungen erst 1683, nach jahrelanger Beobachtung.

Flechten

Am bekanntesten wurde Beatrix Potter (1866–1943) als Autorin und Illustratorin von Kinderbüchern; so schuf sie zum Beispiel die Figur des Peter Hase. Doch von ihr stammt auch die erste detailgenaue Beschreibung der Natur der Flechten. Flechten sind nämlich keine einzelnen Pflanzen, sondern Lebensgemeinschaften aus Algen und Pilzen, die sich gegenseitig unterstützen. Beatrix Potter faßte ihre Beobachtungen in einem Artikel zusammen, doch der Direktor des Botanischen Gartens in London lehnte es ab, sich damit zu befassen, als er sah, daß sie eine Frau und – schlimmer noch – eine Künstlerin war. Mehr Wertschätzung erfuhren ihre Gedanken hingegen 1897 bei der *Linnean Society*.

Koralle

Die erste genaue Beschreibung einer Koralle stammt von al-Bīrūnī, einem islamischen Wissenschaftler aus Choresm. In seinem Buch über Geologie klassifiziert er Korallen korrekt als Tiere und unterscheidet zwischen Anthozoa (Steinkorallen) und Hydrozoa (Feuerkorallen).

6. Medizin

Einträge zu medizinischen Berufen befinden sich in Kapitel IV, 3, zum Thema Krankenhaus siehe Kapitel V, 1.

Keime, Krankheitserreger

Lesen Sie selbst, wie wissenschaftlich die erste Theorie über Keime und ihre krankmachenden Wirkungen war:

Die Erde brachte Flüsse hervor
Die Flüsse brachten Kanäle hervor
Die Kanäle brachten Schlamm hervor
Der Schlamm brachte »den Wurm« hervor
Der Wurm kam zu Schamasch und klagte
Vor Aja vergoß er seine Tränen:
»Was soll meine Speise sein?
Was gibst du mir zu essen?
...
Laß mich im Zahnfleisch sitzen
und zwischen den Zähnen
Damit ich das Blut von den Zähnen trinke
und dem Zahnfleisch die Stärke nehme.«

Schamasch und Aja sind Götter, der »Wurm« ist ein Mikroorganismus, der Zahnfleischentzündung verursacht. Das in sumerisch abgefaßte Gedicht stammt aus dem Mesopotamien des 3. Jahrtausends v. Chr. In einigen Fällen hielten die Sumerer so etwas wie »Keime« als Krankheitsursache für denkbar. Allerdings läßt sich nicht sagen, ob die Vorstellung von Keimen als Krankheitsursache damals allgemein akzeptiert war. Als Mittel gegen den »Zahnwurm« empfiehlt die Legende eine Salbe und die Dienste eines Zauberers, der dreimal einen bestimmten Gesang anstimmen soll. Die ersten Bakterien (siehe Kapitel VIII, 5), die im 17. Jahrhundert von Antony van Leeuwenhoek entdeckt wurden, stammten übrigens aus seinem Zahnbelag.

Bau des Herzens

In einem Buch mit dem Titel »Das Herz« beschreibt ein anonymer griechischer Autor im 4. Jahrhundert v. Chr. das Herz völlig korrekt als einen Muskel mit einer rechten und einer linken Kammer, zu denen jeweils eine Vorkammer und ein Paar Herzklappen gehören. Er erwähnt außerdem die Rauhigkeit der Kammerinnenwände und die Gefäßverbindungen vom Herzen zur Lunge.

So gut die anatomische Beschreibung des unbekannten Griechen ist, so gnadenlos falsch ist seine Erklärung der Herzfunktion. Seiner Meinung nach saugen die Vorkammern Luft aus den Lungen ins Herz, und aus den Lungen kommendes Wasser wird im Herzen gefiltert, um die Flüssigkeit im Herzbeutel wiederaufzufüllen. Über 1000 Jahre früher hatten ägyptische Anatomen entdeckt, daß das Herz Blut in alle Teile des Körpers pumpt. Sie wußten auch, daß Puls und Herzschlag synchron sind. Unklar ist lediglich, ob sie erkannt hatten, daß es sich um einen Blutkreislauf handelt. Papyrusrollen, die das medizinische Wissen des Mittleren Reiches enthalten und auf etwa 2000 v. Chr. datiert werden, belegen den hohen Kenntnisstand zu dieser Zeit.

Funktion des Herzens

Im 3. Jahrhundert v. Chr. studierten die griechischen Ärzte Herophilos und Erasistratos Bau und Funktion des Herzens. Von ihren Werken ist nur wenig überliefert, deshalb wissen wir nicht, ob sie verstanden hatten, wie die verschiedenen Herzkammern und die Herzklappen beim Pumpen zusammenwirken. Die Mechanik des Pumpvorgangs wurde von Galen (129–200 n. Chr.) beschrieben, einem anderen berühmten griechischen Arzt, der aus Pergamon kam und in Rom arbeitete.

Pumpfunktion des Herzens

Herophilos und Erasistratos beschrieben auch die Kapillargefäße, das sind winzig kleine Verbindungen zwischen dem arteriellen und dem venösen Teil des Blutkreislaufs. Da sie keine Mikroskope hatten, müssen sie die Existenz dieser Verbindung hergeleitet haben, denn ohne eine solche kann das Blut im Körper nicht zirkulieren.

Blutgefäße, Kapillaren

»Das Blut ist ständig in kreisender Bewegung.« Diese scheinbar so einfache Aussage stellte eine Revolution im medizinischen Denken dar. Sie ist nachzulesen im »Inneren Klassiker des Gelben Kaisers« *(Huangdi Nei Jing)*, einem Werk, das etwa 300 v. Chr. zusammengetragen wurde und das die Forschungsergebnisse der vorausgegangenen zwei oder drei Jahrhunderte enthält. Einzelheiten zum Blutkreislauf findet man darin kaum, und er enthält Wahres ebenso wie Falsches. Aber er stellt ganz richtig fest, daß das Herz der Motor der Blutzirkulation ist, daß Puls und Herzschlag synchron sind, daß das Blut erst zur Lunge fließt und daß es Nährstoffe im ganzen Körper verteilt, bis in die Haut und zu den Haaren. Er weist außerdem auf den qualitativen Unterschied von arteriellem und venösem Blut hin.

Blutkreislauf

Lungenkreislauf

Eine wichtige Tatsache ist den Autoren dieses Werkes jedoch entgangen: Das vom Herzen kommende Blut wird durch die Pulmonararterie zu den Lungen gepumpt und kommt dann wieder zurück zum Herzen, bevor es in den Körperkreislauf gelangt. Das entdeckte im 13. Jahrhundert der arabische Arzt Ibn an-Nafis (gest. 1288), der in Kairo und Damaskus arbeitete. Er stand sowohl in der griechisch-römischen Tradition, was das Atmungssystem angeht (siehe unten), als auch in der von Ibn Sīnā, den man in Europa Avicenna nannte und der den *Canon* verfaßte, das berühmteste Werk der arabischen Medizin. Doch im Gegensatz zu seinen Vorgängern gab Ibn an-Nafis eine genaue Beschreibung des Lungenkreislaufs, die er in zweien seiner Werke veröffentlichte, in »Ein Kommentar zur Anatomie des Canons« und in »Ein Kommentar zum Canon«.

Atmung, Sauerstoffversorgung

Schon früh bemerkten griechische Ärzte, daß der Luft, die wir einatmen, ein Stoff entzogen wird, der dann im Körper kreist und ihn am Leben hält. Da die Chemiker den Sauerstoff erst sehr viel später identifizieren sollten, hieß dieser Stoff bei den alten Griechen *pneuma*, was soviel bedeutet wie »Lufthauch«. Sein Weg durch den Körper wurde im 3. Jahrhundert v. Chr. von Erasistratos aufgezeichnet, der feststellte, daß das *pneuma* durch die Luftröhre in die Lungen, von dort durch Membranen in die Lungenvene und dann in die linke Herzkammer gelangt; von da wird es über die Arterien im ganzen Körper verteilt. Nach seiner Vorstellung enthielten allerdings die Arterien nur *pneuma*, und Blut floß nur in den Venen. Erst ein Mann vom Format Galens vermochte klarzustellen (2. Jahrhundert n. Chr.), daß das *pneuma* nach der Einatmung in den Blutkreislauf aufgenommen wird und der dafür erforderliche »Übergabeprozeß« an den Membranen der Lunge stattfindet.

Untereinheiten des Gehirns

Großhirn

Kleinhirn

Hirnkammern

Eine der bahnbrechendsten Arbeiten aus der Schule um Hippokrates (Kos, 5. Jahrhundert v. Chr.) war die Schrift *Über die Heilige Krankheit*, die erste wissenschaftliche Abhandlung über die Epilepsie (Fallsucht). Sie erkennt die Epilepsie als Erkankung des zentralen Nervensystems. Außerdem beschreibt sie erstmals die beiden Hälften des Gehirns sowie die Verbindung zwischen ihnen. Im Athen des 4. Jahrhunderts v. Chr. identifizierte Aristoteles als erster Großhirn, Kleinhirn und Hirnhäute, währenddem der in Alexandria tätige Herophilos im 3. Jahrhundert v. Chr. eine vollständige Beschreibung der Hirnkammern beisteuerte. Seit Galen (2. Jahrhundert n. Chr.) wissen wir, daß das Kleinhirn der Ausgangspunkt der meisten motorischen Nerven und der Ort der Muskelsteuerung ist, wohingegen die sensorischen Nerven zum Großhirn laufen und dort auch der Intellekt beheimatet ist.

Intelligenz und Hirnstruktur

»Man sollte das Denken den Pferden überlassen, denn die haben die größeren Köpfe.« Dieser Spruch bringt auf den Punkt, was eigentlich kein halbwegs gebildeter Mensch glaubt, daß nämlich die Größe des Gehirns mit der Intelligenz in direkter Beziehung steht. Etwas anders verhält es sich mit dem Verhältnis von Intelligenz und Gehirnkomplexität (gemessen an der Zahl der Gehirnwindungen). Der in Alexandria lebende Grieche Erasistratos sah hier einen Zusammenhang (3. Jahrhundert v. Chr.). Seine These erfreut sich bis heute großer Beliebtheit, ist allerdings immer noch nicht bewiesen. Galen weist in seinem Buch *Über den Gebrauch der Körperteile* darauf hin, »daß selbst Esel ein außerordentlich komplexes Gehirn besitzen, obwohl es – gemessen an ihrer Dummheit – eigentlich höchst einfach ausfallen müßte«.

Akupunktur

Das Tal des Gelben Flusses in Nordchina ist die Wiege der Akupunktur. Dort entstand sie im legendären Zeitalter (zu Beginn des 3. Jahrtausends v. Chr.) aus primitiven magischen Handlungen, bei denen die Haut mit spitzen Steinen oder Knochensplittern durchbohrt wurde. Später, nachdem man die medizinischen Wirkungen bemerkt hatte und es möglich war, dünne Nadeln aus Metall herzustellen, entwickelte sich die Akupunktur zu einer säkularen (von der Religion abgekoppelten) Methode auf wissenschaftlicher Basis. Bereits zu Beginn der Zhou-Dynastie (etwa 1000 v. Chr.) wurde Akupunktur so angewandt, obwohl man damals noch recht wenig darüber wußte.

Pulsdiagnose

Parallel zur Akupunktur entwickelte sich in der Zhou-Dynastie das Pulsfühlen, und ganz allmählich wuchsen auf beiden Gebieten die Kenntnisse und die medizinischen Interpretationen. Chinesische Ärzte erstellten eine Pulsdiagnose, bevor sie ihre Patienten mit Akupunktur, Moxibustion (das ist das Erwärmen von Akupunkturpunkten) oder Heilkräutern behandelten. Doch die Pulsdiagnose als solche wurde zuerst im alten Ägypten während der Zeit des Mittleren Reiches (etwa 2000 v. Chr.) praktiziert. Die Priester der Sachmet und alle Ärzte waren in Pulsdiagnose ausgebildet.

Abklopfen und Abhören

Das Diagnostizieren mit Hilfe von Tönen begann mit dem Abklopfen des Brustkorbes, das eine Erfindung von Ärzten aus dem alten Ägypten ist. Diese Methode wird in einem medizinischen Text aus dem 16. Jahrhundert v. Chr. erstmals erwähnt, doch man geht davon aus, daß die darin beschriebenen Praktiken mindestens 1000 Jahre älter sind. Der erfahrene Arzt kann anhand der Geräusche, die beim Abklopfen des Brustkorbes entstehen, eine ganze Reihe von Krankheiten erkennen, die dort ihren Ursprung haben.

Stethoskop

René Théophile Hyacinthe Laënnec (1781–1826) war Chefarzt am Pariser Hôpital Necker. Das Stethoskop, das er in den Jahren 1816 bis 1819 entwickelte, stellte einen gewaltigen medizinischen Fortschritt dar. Doch nicht lange nach der Veröffentlichung seines Buches (1819), in dem er die Anwendung des neuen Instrumentes erklärte, verrieten ihn die Töne eines auf seine eigene Brust aufgesetzten Stethoskopes als Tuberkulosepatienten. Dank Laënnec waren die diagnostischen Methoden weiter als die Behandlungsverfahren, und sein eigener Tod an Schwindsucht ist ein trauriger Beweis für die Zuverlässigkeit seiner Erfindung.

Computertomographie

Ein Gerät, das mit Röntgenstrahlen und Computerunterstützung Schichtaufnahmen des menschlichen Körpers herstellen konnte, ersann Godfrey Hounsfield (geb. 1919), ein bei der britischen Gesellschaft EMI beschäftigter Forscher, im Jahr 1968. Mit diesem Gerät konnte man die unterschiedlichen Dichtewerte der Gewebe bestimmen, die der kreisende Röntgenstrahl durchdrungen hatte. Dieses Verfahren brachte entscheidende Verbesserungen für die Diagnostik. 1972 waren in Großbritannien die ersten Computertomographen für medizinische Zwecke im Einsatz. Und 1979 erhielt Godfrey Hounsfield für seine Erfindung den Nobelpreis, zusammen mit Allan Macleod Cormack, einem Amerikaner südafrikanischer Abstammung, der großen Anteil an der Entwicklung gehabt hatte.

Reagenzglasbefruchtung (In-vitro-Fertilisation), Retortenbaby

Die erste Schwangerschaft, die nach einer im Reagenzglas vollzogenen Befruchtung, eintrat, wurde 1973 an der Universitätsklinik von Melbourne – wie soll man sagen? – eingeleitet und beobachtet. Ein Erfolg war sie jedenfalls nur für die Forschung, der Embryo selbst starb noch in der Frühschwangerschaft ab. Um zum »Retortenbaby« zu werden, muß eine weibliche Eizelle einen ziemlichen Hindernislauf überstehen: Zunächst wird sie aus der Mutter oder einer Spenderin isoliert, dann im Labor mit dem Samen des Vaters oder eines Spenders befruchtet, danach erfolgen die ersten Zellteilungen noch im Labor, bevor das Zellklümpchen in den Uterus der Mutter praktiziert wird, um sich dort in der Schleimhaut einzunisten und schlußendlich doch noch eine Schwangerschaft alten Stils zu durchlaufen. Das erste Kind, das nach diesem Verfahren auf die Welt kam, war Louise Brown, geboren im Juli 1978 in Oldham, Lancashire. Ihr »Konzeptionshelfer« war ein britisches Team um den Physiologen Robert Edwards und den Gynäkologen Patrick Steptoe.

Embryospende

Im November 1983 brachte erstmals eine Frau, die selbst unfruchtbar war, ein Kind zur Welt. Man hatte ihr den Embryo einer anderen Frau eingepflanzt, deren Eizelle im Reagenzglas künstlich befruchtet worden war. Durchgeführt wurde dieser Transfer von einem Ärzteteam der *Monash University* in Melbourne, zu dem unter anderem Alan Trounson, Carl Wood und John Leeton gehörten. Diese Forschergruppe kann auch die ersten Retorten-Zwillinge (Juni 1981), -Drillinge (Juni 1983), -Vierlinge (Januar 1984) sowie das erste Baby, das als Embryo tiefgeforen worden war (Geburt im April 1984), für sich verbuchen.

Mehrlinge nach In-vitro-Fertilisation

Tiefgefrorener Embryo

Herzschrittmacher

Den ersten Herzschrittmacher erhielt 1926 ein Baby im *Crown Street Women's Hospital* in Sydney. Das Kind wurde dadurch gerettet, aber der Arzt, Dr. Grant Lidwill, machte nichts aus seiner Entdeckung, da er fürchtete, moralisch verurteilt zu werden, weil er Leben künstlich verlängerte.

Herztransplantation

Louis Washkansky war der erste, dem das Herz eines anderen Menschen eingepflanzt wurde. Die Operation führte der südafrikanische Chirurg Christiaan Barnard (geb. 1922), unterstützt von Dutzenden von Ärzten und Schwestern, im Dezember 1967 im Groote-Schuur-Hospital in Kapstadt durch. Der Patient starb 18 Tage später an einer Lungenentzündung, sein neues Herz hatte bis dahin anstandslos gearbeitet.

Wiederannähen von abgetrennten Körperteilen

Wang Kentang (1549–1613), ein chinesischer Chirurg der Ming-Dynastie, führte eine Operation durch, um ein abgetrenntes Ohr wieder zu befestigen. Es gelang ihm, die Blutversorgung des angenähten Körperteils wiederherzustellen, so daß es wieder einheilte.

Betäubungsmittel

Die Steuerschätzung spielt in vielen Lebensbereichen eine Rolle, vom Feuerlaufen bis zum Pyramidenbau (siehe Kapitel IV, 4 und V, 2). Hier interessiert sie uns, weil sie für die erste empfohlene Anwendung eines Betäubungsmittels von Bedeutung ist. Das Narkotikum wurde vor circa

2000 Jahren in Nordindien hergestellt und konnte einen Menschen bewußtlos machen, wenn man es ihm zu trinken gab oder ins Gesicht spritzte. Der Staatslehrer Kautilya (etwa 3. Jahrhundert v. Chr.), den man auch den »indischen Macchiavelli« nennt, empfiehlt es in seinem Handbuch zur Politik solchen Regierungen, die mit heftigen Finanznöten zu kämpfen haben. In solchen Fällen solle der Staat Spione unters Volk schicken, um den Gutgläubigen mit Taschenspielertricks Geld abzuschwindeln. Leute, die nicht naiv genug seien, solle man betäuben; diese müßten ihre mangelnde Sensibilität als Fluch der Götter betrachten.

Operation unter Vollnarkose

Der erste Chirurg, der Operationen unter Vollnarkose ausführte, war der Chinese Hua Tuo (gest. 208 n. Chr.). Er verfügte über ein Brausepulver, das, in Wein aufgelöst, den Patienten außer Gefecht setzte. Über die Zusammensetzung des Pulvers ist nichts bekannt, doch darf man annehmen, daß die narkotisch wirkende Pflanze Datura (Stechapfel) zu seinen Bestandteilen zählte. Diese hat außerdem infektionshemmende und schmerzlindernde Wirkung. Hua Tuo öffnete Körperhöhlen und den Verdauungstrakt seiner schlummernden Patienten, um Tumoren und Wucherungen zu entfernen; danach nähte er die Schnittwunden zusammen. Abschließend erhielten die Patienten eine Wundauflage und wurden in der Regel nach vier Wochen als geheilt entlassen.

Plastische und wiederherstellende Chirurgie

Der chinesische Philosoph Meng Zi, latinisiert Menzius, (372–289 v. Chr.) beobachtete, daß die Menschen bereit waren, lange Reisen zu unternehmen, um eine kaum wahrnehmbare Verformung eines Fingers operativ korrigieren zu lassen, und er klagte darüber, daß sie lange nicht so weit gingen, um ihr Denken zu korrigieren. An diesem Beispiel sehen wir zwar, daß es im 4. Jahrhundert v. Chr. in China so etwas wie plastische Chirurgie gegeben haben muß, aber es ist nicht aussagekräftig genug und verrät nichts über den damaligen Stand der Technik, etwa ob es möglich war, Gewebe von einem Körperteil zu einem anderen zu transplantieren.

Verpflanzung von Gewebe

Einiges spricht dafür, daß solche fortgeschrittenen Verfahren erstmals von plastischen Chirurgen in Indien angewandt wurden. Ein in Sanskrit abgefaßter medizinischer Text, die *Susruta Samhita*, diskutiert die Korrektur von Fehlbildungen des Gesichts durch Verpflanzung von Haut und Muskelgewebe sowie die Maßnahmen beim Verlust eines Ohres oder der Nase. Die älteste uns vorliegende Version dieses Textes stammt aus dem 4. Jahrhundert n. Chr., doch seine Inhalte dürften noch einige hundert Jahre älter sein. Indiens führende Rolle in diesem Bereich hängt möglicherweise mit einer damals weitverbreiteten Bestrafungsmethode zusammen: dem Abschneiden von Nasen und Ohren.

Schon der griechische Arzt Hippokrates (460–357 v. Chr.) plädierte für homöopathische Heilmittel, allerdings nur für ganz bestimmte Anwendungen. (In der Homöopathie werden Erkrankungen mit ganz kleinen Dosen von Substanzen behandelt, die bei einem gesunden Menschen ähnliche Symptome hervorrufen.) Seine allgemeine Theorie geht ziemlich genau in die entgegengesetzte Richtung. Das homöopathische Prinzip als Basis allen medizinischen Handelns wurde 1797 von Samuel Hahnemann, einem sächsischen Chemiker und Arzt, erstmals in Hufelands *Journal der practischen Arzneykunde und Wundarzneykunst* vorgestellt. Hahnemann und seine Kollegen testeten Tausende von Substanzen an sich selbst, um herauszufinden, welchen Krankheiten die so erzeugten Symptome ähnelten. Zu Beginn des 19. Jahrhunderts hatten sie die Homöopathie in Westeuropa und Nordamerika mit großem Erfolg eingeführt.

Homöopathie

Hinweise von römischen Schriftstellern des 1. Jahrhunderts v. Chr. lassen vermuten, daß die Bluttransfusion im selben oder im vorausgegangenen Jahrhundert erfunden wurde. Wahrscheinlich geht diese Neuerung jedoch auf griechisch sprechende Wissenschaftler zurück, denn die Römer waren keine besonders kreativen Forscher. Ausgangspunkt war möglicherweise die Vorstellung, mit dem Blut junger Menschen ließe sich die Gesundheit wiederherstellen und das Leben verlängern. Jedenfalls glaubten das die Ärzte von Papst Innozenz VIII., als sie dem hinfällig gewordenen Kirchenoberhaupt im Jahr 1492 eine Bluttransfusion verordneten. Sie schlossen ihn nacheinander an eine Reihe junger Burschen an und zwar in der Weise, daß der Spender im Austausch das Blut des Empfängers erhielt. Der Zustand des Patienten änderte sich dadurch nicht, aber drei der Knaben durften infolge der bizarren Prozedur vor ihren Schöpfer treten – für Gotteslohn und den wissenschaftlichen Fortschritt. Falls das Bluttransfusionsverfahren der Griechen und Römer besser funktionierte, dann vielleicht, weil sie die Spender nicht zwangen, im Gegenzug das Blut des Patienten zu nehmen.

Bluttransfusion

In jedem Fall gehörte schon eine gute Portion Glück dazu, damit sich das Spenderblut mit dem des Empfängers vertrug. Bluttransfusionen blieben deshalb ein Vabanquespiel, bis der amerikanische Pathologe Karl Landsteiner im Jahr 1901 die Blutgruppen entdeckte. Durch einfache

Blutgruppen

Tests läßt sich herausfinden, welche Blutgruppen zueinander passen – wodurch Bluttransfusionen relativ sicher geworden sind.

Kinderheilkunde

Die ersten Ärzte behandelten Kinder genauso wie Erwachsene, auch wenn sie eventuell niedrigere Dosen und sanftere Verfahren anwandten. Eine eigene Kinderheilkunde auf wissenschaftlicher Basis gab es jedoch nicht. Dieses Fachgebiet entstand in China, und ihm lag die Idee zugrunde, daß sich Kinder bis fünf Jahre biologisch von älteren Kindern und Erwachsenen unterscheiden. Begründer dieser Theorie soll ein gewisser Dr. Wu sein, der im 10. Jahrhundert v. Chr. lebte. Ihm schreibt man ein Buch über Kinderheilkunde zu, das den Titel »Der Fontanellen-Kanon« trägt. (Als »Fontanellen« bezeichnet man die Lücken zwischen den Schädelknochen von Kindern, die später knöchern verwachsen.) Doch die Informationen über Wu sind ziemlich dürftig, und die Einschätzung, der »Fontanellen-Kanon« sei Jahrhunderte später entstanden, könnte zutreffen.

Wiederbelebungsmaßnahmen

Statt freiwillig aus dem Leben Geschiedene in Frieden ruhen zu lassen, wartete Zhang Zhongjing, ein Arzt der Han-Dynastie, in seinem Buch »Diskurs über Fieber und andere Krankheiten« mit einer detaillierten Anleitung auf, wie man sie wiederbeleben konnte. So sollte man sie beispielsweise mit einer warmen Decke zudecken, Kopf und Schultern zurückbeugen und eine Herzmassage ausführen. In der Tat ist diese Methode für Patienten geeignet, die die Schwelle des Todes noch nicht ganz überschritten haben. Heute empfiehlt man zusätzlich die Mund-zu-Mund-Beatmung, nach der uns vorliegenden Fassung von Zhangs Buch soll man dagegen kurioserweise ins Ohr blasen. Aber vielleicht schrieb er ursprünglich ja »Mund«, und es wurde erst bei späteren Abschriften irrtümlich »Ohr« daraus.

Empfängnisverhütung

Glaubt man dem »Papyrus von Kahun«, einem der ältesten ägyptischen Medizintexte, dann können Frauen, die an entsprechender Stelle eine Kugel aus Krokodildung und *auyt*-Salbe plazieren, Geschlechtsverkehr haben, ohne eine Schwangerschaft zu riskieren. Die Rezeptur für diese Vaginaleinlage ist etwa 4000 Jahre alt, und vermutlich hat das älteste bekannte Verhütungsmittel der Welt sogar funktioniert (nämlich so ähnlich wie ein Diaphragma) und nicht nur auf das »Prinzip Hoffnung« gebaut. Es gibt noch einige weitere ägyptische Rezepte für Kontrazeptiva, manche davon aus dem 3. Jahrtausend v. Chr.

Ebenfalls aus Ägypten stammt eine noch raffiniertere Variante des gleichen Prinzips: Der »Papyrus Ebers« (etwa 1600 v. Chr.) erwähnt eine Art Wattebausch, der mit einer Mischung aus Honig und Akazienknospen getränkt werden soll. Akazienknospen enthalten Milchsäure, einen in den meisten heute gebräuchlichen Spermiziden enthaltenen Wirkstoff.

Spermizid

Unsere Altvorderen vertrauten auf die empfängnisverhütenden Wirkungen einer ganzen Reihe von Pflanzen – und zwar nicht nur das einfache Volk, sondern auch führende Köpfe der Wissenschaft. Der Gynäkologe Soranus von Ephesos, der etwa 100 n. Chr. in Ägypten und Italien wirkte, schrieb, daß *sylphion* und andere Fenchelarten ideal seien. Wie der große Galen glaubte er auch an Weinraute als Kontrazeptivum. Der Arzt und Pharmakologe Dioskurides (1. Jahrhundert n. Chr.) empfiehlt Polei-Minze. Der Gebrauch von empfängnisverhütenden Mitteln war weit verbreitet und allgemein bekannt, wie wir auch von Schriftstellern außerhalb der Medizin wissen; zum Beispiel werden sie gelegentlich in den Komödien des Griechen Aristophanes (4. Jahrhundert v. Chr.) erwähnt. Die Wirkstoffe der genannten Pflanzen waren vermutlich nicht dazu in der Lage, den Eisprung zu hemmen. Im Gegensatz zur heute verwendeten »Pille« dürften sie gewirkt haben, indem sie die Einnistung des befruchteten Eis in die Gebärmutterschleimhaut verhinderten.

Orale Kontrazeptiva

Andere verbreitete Mittel zur Geburtenkontrolle lösten in einem sehr frühen Stadium einen Schwangerschaftsabbruch aus. Ein gynäkologischer Text aus der hippokratischen Schule (etwa 400 v. Chr.) erklärt, es gebe nichts Besseres, um eine Schwangerschaft zu unterbinden, als eine Vaginaleinlage aus der Spritzgurke. Soranus verschrieb Granatapfel; Dioskurides, Galen und andere erwähnen noch zahlreiche weitere Pflanzen, darunter Wacholder und Möhre, die oral oder vaginal angewandt wurden. Viele heutige Experten glauben nicht, daß diese Pflanzenwirkstoffe tatsächlich zuverlässig Reaktionen hervorrufen, die stark genug sind, um einen Embryo abzustoßen. Und sie bestreiten auch die Wirksamkeit der oben beschriebenen empfängnisverhütenden Mittel. Nichtsdestoweniger führten die frühen Geschichtsschreiber die niedrigen Geburtenraten auf den weitverbreiteten Gebrauch dieser Pflanzen zurück. Es läßt sich nicht von der Hand weisen, daß einige Länder der klassischen Antike wie Italien und Griechenland – gemessen am Sexualleben ihrer Bevölkerung – sehr niedrige Geburtenraten hatten. Neuere Untersuchungen an Ratten und Mäusen scheinen die Behauptungen der alten Ärzte zu bestätigen. Zwar war Wacholder nur in 60 Prozent der Fälle dazu in der Lage, die Ein-

Mittel zum Schwangerschaftsabbruch

nistung des Embryos zu verhindern, doch Möhre und Weinraute brachten es auf 100 Prozent. Die Fenchelarten führten bei Ratten in fast 100 Prozent der Fälle zum Abbruch der Schwangerschaft; Spritzgurke verhindert den Eisprung, und Granatapfel enthält ungewöhnlich viel Östrogen.

Obwohl Mittel zur Empfängnisverhütung und zum Schwangerschaftsabbruch in Texten aus vorhippokratischer Zeit (5. Jahrhundert v. Chr. und früher) nicht erwähnt werden, waren sie im östlichen Mittelmeerraum wohl schon vorher und noch lange danach bekannt und weit verbreitet. Petrus Hispanus (ca. 1220–1277) nahm in seinen *Thesaurus Pauperum* (»Arzneischatz der Armen«) nicht nur 34 Aphrodisiaka auf, sondern auch 26 Kontrazeptiva. Man würde es sich zu leicht machen, wollte man für den Verlust dieses Wissens allein die Ausbreitung des Katholizismus verantwortlich machen. Immerhin wurde Peter Hispanus trotz seiner Haltung zur Geburtenkontrolle im Jahr 1276 zum Papst gewählt und ging als Johannes XXI. in die Geschichte ein. Die frühen Kontrazeptiva mußten nicht täglich genommen werden wie die Pille, die 1961 erfunden wurde. Die richtige Dosis vor oder nach dem Geschlechtsakt genügte. Bevor Sie, liebe Leserin, jetzt die komplizierteren Produkte wegwerfen und mit der Schere in den Garten stürmen, möchten wir doch Zurückhaltung anmahnen. Zum einen müßten Sie die genannten Pflanzen sicher identifizieren können und zum anderen gewiß eine Weile experimentieren, bis Sie die richtige Dosis herausgefunden haben, um das gewünschte Ziel zu erreichen, ohne sich dabei zu vergiften.

Die Pille

Hormonbehandlung

Was Hormone bewirkten, war teilweise schon in sehr alter Zeit bekannt: Hirten, die ihr Vieh kastrierten, konnten sehr gut beobachten, welchen Einfluß beispielsweise die Hoden für Wachstum und Verhalten haben. Im antiken Griechenland aßen manche Athleten Hoden, um ihre Leistung zu verbessern. Daß das half, ist unwahrscheinlich, denn mit der Nahrung aufgenommenes Testosteron wird in der Leber inaktiviert. Dennoch verwendeten um 400 v. Chr. auch die Ärzte der hippokratischen Schule Hodengewebe im Rahmen medizinischer Behandlungen; eine medizinische Wirkung war jedoch allenfalls zu erwarten, wenn sie es in Form von Suppositorien, also als Einlagen in Enddarm oder Scheide, einsetzten.

Testosteron

Die Schale des Granatapfels, die Soranus etwa 100 n. Chr. seiner Abtreibungsmixtur beifügte, enthält Östrogen, das in diesem Fall jedoch nicht zur Behandlung einer Erkrankung verwendet wurde. In China gab man bei Beschwerden, die die moderne Medizin mit Östrogen behandelt,

Östrogen

unter anderem Zubereitungen von Plazentagewebe; der Mutterkuchen ist reich an Östrogen. In der »Ergänzung für das Arzneibuch« *(Ben Cao Shi Yi)* von Chen Cangqi, erschienen 725 n. Chr., wird diese neue Methode erstmals erwähnt.

Ein anderes Heilmittel, das sich seit alters in Ost und West großer Beliebtheit erfreut, ist der Urin. Der Harn enthält viele Steroide, vor allem Stoffwechselprodukte von Hormonen. Der verständliche Ekel vor dieser Medizin führte im China der Song-Dynastie (960–1280 n. Chr.) zur Entwicklung von Verfahren, mit denen die wirksamen Substanzen extrahiert werden konnten. Das erhöhte nicht nur die Akzeptanz der Behandlung, sondern verbesserte auch die Wirksamkeit. Die erste Methode beschrieb Zhang Shengdao 1025 n. Chr. in seinem Buch »Erprobte Rezepte« *(Jing Yen Fang)*. Der Patient brauchte lediglich vor dem Frühstück fünf bis sieben Pillen mit etwas warmem Wein einzunehmen, um ein völlig neuer Mensch zu werden. Bei diesem Verfahren wurde der Urin verdampft und der Rückstand mit Holzkohle in einem Ofen getrocknet. Aus 700 Litern Urin erhielt man 80 Gramm Rohmaterial, das natürlich noch stark verunreinigt war. In den folgenden Jahrzehnten wurden die Reinigungsprozesse so weit verbessert, daß man praktisch reine Steroide gewinnen konnte. Ye Mengde stellte in seinem 1110 n. Chr. erschienenen Buch »Bericht über Wasser und Wolken« *(Shui Yun Lu)* Einzelheiten von zwei Produktionsverfahren vor; in einem wurden erstmals Saponine eingesetzt – gewonnen aus den Samen des Seifenbohnenbaums –, um die Steroide zu fällen.

Steroide

In die westliche Medizin hielt die Hormonbehandlung erst wieder Einzug, als zu Beginn des 20. Jahrhunderts die Endokrinologie begründet wurde. Daran hatten viele Wissenschaftler Anteil, vor allem deutsche. Zu den Vorreitern gehörten Heinrich Otto Wieland, Adolf Windaus und Paul Hermann Diels. Sie untersuchten die Sekrete von endokrinen Drüsen und identifizierten den Grundbauplan der Steroide. 1909 entdeckte Windaus die Fällungsreaktion mit Saponinen neu, die Ye Mengde beschrieben hatte. Die »Herbstmedizin«, wie die Chinesen die Steroide nannten, wurde tatsächlich bereits im *Huai Nan Zi* erwähnt, das im 2. Jahrhundert v. Chr. (in der Han-Dynastie) erschien. Die dort gegebene Beschreibung schließt eine Steroidextraktion zwar nicht aus, insgesamt sind die Hinweise jedoch zu knapp, um zu entscheiden, ob das Verfahren schon damals oder erst in Song-Zeiten erfunden wurde.

Endokrinologie

Immunisierung, Schutzimpfung

Das Prinzip der Schutzimpfung wurde vor über 1000 Jahren entwickelt, um die Pocken zu bekämpfen, und zwar von Taoisten, die eigentlich der Frage nachgingen, wie man den Körper dazu bringen kann, sein eigenes Unsterblichkeitselixier herzustellen. Es handelte sich um einen Orden, der zurückgezogen in der chinesischen Provinz Sichuan in der Nähe des Berges Emei lebte. Gesunde Menschen absichtlich mit Krankheitserregern zu infizieren ist ein Versuchskonzept, das sich einer breiteren Öffentlichkeit nur schwer vermitteln läßt. Vermutlich gibt es deshalb keine Aufzeichnungen darüber, wann alles begann. Die erste Erwähnung findet sich in einer Geschichte darüber, wie die Schutzimpfung zu einem anerkannten medizinischen Verfahren wurde: Als der Sohn des Premierministers Wang Dan (957–1017 n. Chr.) an Pocken starb, ließ Wang in ganz China einen Aufruf verbreiten, der Ärzte, Gelehrte und Zauberer aufforderte, nach Wegen zu suchen, um die Krankheit zu verhindern. Daraufhin meldete sich eine Nonne oder ein Mönch aus der taoistischen Gemeinschaft vom Berg Emei und erklärte das Prinzip der Schutzimpfung. Damals benetzte man einen kleinen Baumwollstopfen mit Pockenmaterial und steckte ihn dem Impfling in die Nase. Über die Nasenschleimhaut oder die Atemwege wurden die Pockenviren dann vom Körper aufgenommen. Von einer Schutzimpfung kann man aber erst dann sprechen, wenn der Impfstoff so geartet ist, daß er eine Reaktion des Immunsystems des Geimpften gegen den Erreger ankurbelt, ohne daß die Krankheit voll zum Ausbruch kommt. Die chinesischen Immunologen kannten verschiedene Techniken, um Impfstoffe aus toten oder abgeschwächten Viren herzustellen, mit denen sich dieses Ziel erreichen ließ. Welche davon bereits im 10. Jahrhundert verwendet wurden, läßt sich heute leider nicht mehr sagen.

Insulin

Fliegen finden Hundepisse normalerweise nicht besonders attraktiv. Doch nachdem Oskar Minkowski und Baron Joseph von Mering 1889 Hunden die Bauchspeicheldrüse entfernt hatten, stellten sie fest, daß der Harn ihrer Versuchstiere Fliegen anlockte. Diese Beobachtung erlaubte den Schluß, daß die Bauchspeicheldrüse etwas produziert, was für den Zuckerstoffwechsel von entscheidender Bedeutung ist. Trotzdem dauerte es noch einige Jahre, bis eine kanadische Forschergruppe tatsächlich reines Insulin extrahiert hatte, das für die Behandlung von Menschen geeignet war. 1921 isolierten Dr. Frederick Banting (1891–1941) und sein Team von der Medizinischen Hochschule der Universität Toronto Insulin aus menschlichen Bauchspeicheldrüsen und testeten es an Hunden, um eine

Behandlungsmöglichkeit für die Zuckerkrankheit (Diabetes mellitus) zu finden. Im darauffolgenden Jahr veröffentlichten Banting und sein Mitarbeiter Charles Best den Artikel *Internal Secretions of the Pancreas* (»Die inneren Sekrete der Bauchspeicheldrüse«) und erklärten ihren Durchbruch. Ein weiteres Jahr später erhielten Banting und sein britischer Kollege John McLeod zusammen den Nobelpreis für die Entdeckung des Insulins. Der erste Diabetiker, der mit Insulin behandelt wurde, war im Jahr 1922 ein Patient des *Toronto General Hospitals.*

Opium **Morphium** **Heroin**

Opium wurde in Ägypten zu Zeiten des Alten Reiches (etwa 3500–2500 v. Chr.) als Medizin verwendet. Eines der ältesten Bücher mit Verschreibungen erwähnt ein Getränk aus Opium. Morphin oder Morphium ist ein Abkömmling des Opiums. Es wurde 1805 erstmals von dem deutschen Chemiker Friedrich Sertürner (1783–1841) hergestellt. Sein Name leitet sich von Morpheus her, der nach der griechischen Sage der Sohn des Schlafgottes Hypnos und der Herr über die Träume ist. Das in Deutschland ansässige pharmazeutische Unternehmen Friedr. Bayer & Co. arbeitete in den neunziger Jahren des 19. Jahrhunderts mit Morphin, um ein stärker wirksames Betäubungsmittel für die Anwendung in der Medizin zu finden. Das neue Produkt, das man 1898 auf den Markt brachte, hieß Heroin.

Aspirin **Salicylsäure**

Der Vater des deutschen Chemikers Felix Hoffmann litt unter starkem Rheuma. Sein treusorgender Sohn strebte danach, ein Schmerzmittel mit möglichst geringen Nebenwirkungen zu finden, und entwickelte 1897 den Wirkstoff Acetylsalicylsäure, der unter dem Produktnamen »Aspirin« Weltruhm erlangte. Aspirin ist vielleicht das bekannteste, aber bei weitem nicht das älteste Schmerzmittel aus Salicylsäure, die natürlicherweise (unter anderem) in der Rinde von Weide und Birke vorkommt. Extrakte aus Weidenrinde wurden bereits vor 3500 Jahren verwendet, wie wir aus einem der ältesten medizinischen Texte Ägyptens, dem »Papyrus Ebers«, wissen. In Reinform wurde Salicylsäure dagegen erstmals im Jahr 1838 von dem italienischen Chemiker Piria hergestellt.

Penicillin

Der schottische Bakteriologe Alexander Fleming (1881–1955) entdeckte die antibakterielle Wirkung des Schimmelpilzes *Penicillium notatum* 1928 mehr oder weniger zufällig, als er im *St. Mary's Hospital* in London arbeitete. Der Pilz hatte eine seiner Bakterienkulturen infiziert, und Fleming stellte fest, daß die Bakterien um den Pilz herum abgestorben waren. Fleming gelang es allerdings nicht, den Wirkstoff in einigermaßen reiner und stabiler Form aus dem Pilz zu extrahieren. Erst zehn Jahre später kam der australische Pathologe Howard Florey (1898–1968) wieder auf diesen Schimmelpilz zurück. Florey hatte den Lehrstuhl für Pathologie in Oxford inne und startete 1938 mit seiner Arbeitsgruppe eine intensive Suche nach antibakteriellen Substanzen. Zusammen mit dem Biochemiker Ernst Chain, der vor den Nazis nach Großbritannien geflohen war, entwickelte er 1940 ein wirkungsvolleres Extraktionsverfahren. Mittels eines komplizierten Gefriertrocknungsprozesses erhielten sie Penicillin in einer stabilen und anwendbaren Form.

Pharmakopöe, Arzneibuch

Der ältesteste pharmazeutische Text ist in sumerischer Sprache abgefaßt und befindet sich auf einer Tontafel aus dem 23. Jahrhundert v. Chr. Er enthält die Beschreibung von 15 Arzneimittelzubereitungen und Anweisungen für ihren Gebrauch. Selbst wenn sich keine davon in einer modernen Apotheke kaufen läßt, sind sie doch bemerkenswert wegen ihres pragmatischen Ansatzes und dem Fehlen mythischer Elemente.

Medizinische Bücher

Seit der Zeit des Alten Reiches (etwa 3500–2500 v. Chr.) schrieben ägyptische Ärzte Bücher über ihre speziellen Fachgebiete. Leider ist davon außer kleinen Ausschnitten in späteren Zusammenfassungen nichts überliefert. Aber wir wissen aus alten Aufzeichnungen, daß die ältesten Texte über Gynäkologie und Ophtalmologie (Augenheilkunde) darunter waren.

Anatomiebuch Chirurgiebuch

Ein anatomisches Werk soll schon während der Regierungszeit des Atothis entstanden sein, eines Pharaos der 1. Dynastie, der vermutlich im 35. Jahrhundert v. Chr. lebte. Der älteste chirurgische Text stammt ebenfalls aus dem alten Ägypten und ist heute als »Papyrus Edwin Smith« bekannt. Niedergeschrieben wurde er vermutlich während der 19. Dynastie (etwa 1350–1200 v. Chr.), doch seine Inhalte reichen möglicherweise bis ins 3. Jahrtausend zurück. Er diskutiert – wenn auch mit kleineren Ungenauigkeiten – in sehr wissenschaftlicher Form die Auswirkungen von Verletzungen auf verschiedene Teile des Körpers. Unter anderem befindet sich dort die erste Studie, die zeigt, daß die Bewegung der Gliedmaßen vom Gehirn gesteuert wird.

Erste-Hilfe-Leitfaden

Das erste Erste-Hilfe-Handbuch mit dem passenden Titel »Wie sich der intelligente Mensch hilft, wenn kein Arzt zur Stelle ist« wurde im 13. Jahrhundert von Shams al-Din al-Afani in Ägypten verfaßt.

7. Landwirtschaft

In diesem Abschnitt geht es vor allem um Maschinen und Produktionstechniken. Landwirtschaftliche Erzeugnisse finden Sie unter »Essen und Trinken« (siehe Kapitel III, 2) und »Materialien« (siehe Kapitel XI, 4). Der Traktor wird in Kapitel IX, 2 behandelt.

Aus Funden in Zawi Chemi und Shanidar im Norden des heutigen Irak wissen wir, daß die Nomaden, die dort um 9000 v. Chr. lebten, Tiere hielten. Sie hatten den Vorläufer unseres heutigen Schafes bereits domestiziert; allerdings dürfte es seiner nächsten Verwandten, der Ziege, noch recht ähnlich gesehen haben. Und es ist kaum anzunehmen, daß man sein kurzes, glattes Fell geschoren hat, es wurde wohl vor allem wegen seines Fleisches und der Milch gezüchtet, weniger wegen der Wolle. (Gut möglich jedoch, daß die Kleidung damals aus Schafshäuten gefertigt wurde.) Falls uns die Zukunft nicht noch ältere Funde beschert, können wir also davon ausgehen, daß die Menschen irgendwann im 10. Jahrtausend v. Chr. in den Steppen Vorderasiens anfingen, Vieh zu halten und zu züchten. Geeignete Regionen gibt es im Iran, im Irak, in der südlichen Türkei, in Syrien, Israel und Jordanien.

Viehzucht

Schafe

Die wichtigste technologische Revolution der Menschheit, der Ackerbau, fand erheblich später statt. Sie nahm ihren Anfang allerdings ganz in der Nähe: Es war etwa 8000 v. Chr. irgendwo zwischen dem Mittelmeer und dem südlichen Iran. Spuren von domestizierten Getreidearten (Weizen und Gerste) wurden an archäologischen Fundstätten, deren Alter man auf 8500–9500 Jahre schätzt, in der heutigen Türkei, in Jordanien und im Iran entdeckt. Doch aus der weiten Verbreitung dieser Getreide kann man schließen, daß der Anbau von Feldfrüchten schon weit früher einsetzte.

Ackerbau

Im Mesopotamien des 18. Jahrhunderts v. Chr. entstand ein sumerisches Lehrgedicht über die Führung eines landwirtschaftlichen Betriebs. Es hat sich, auf acht Keilschrifttafeln aus der Stadt Nippur, bis in unsere Tage erhalten. Auf Empfehlungen zur Bewässerung folgen Hinweise zum Herstellen von Geräten, zur Bodenbearbeitung, zum Pflügen und Säen, zum Düngen, Ernten und Dreschen.

Handbuch des Ackerbaus

Bodenanalyse

Chinas ältestes Sachbuch, das *Shu Jing* (»Der Klassiker der Urkunden«), enthält eine Beschreibung der typischen Böden in den neun Provinzen, in die Nordchina damals unterteilt war. Der erste Bericht in dem Kapitel, das sich mit der Xia-Dynastie (ca. 2100–1700 v. Chr.) befaßt, gibt eine Übersicht über die Wirtschaftsdaten der einzelnen Provinzen, dazu gehören unter anderem die Struktur, oft aber auch Farbe und Fruchtbarkeit der Böden. Es handelt sich um einen sehr kurzen Bericht, der möglicherweise seit etwa 2000 v. Chr. mündlich überliefert und erst später niedergeschrieben wurde.

Bodenkunde

Wissenschaftliche Bodenanalysen tauchen erst im 4. Jahrhundert v. Chr. auf. Sie nehmen mehrere Kapitel im *Guan Zi* ein, einem Buch, das vor allem während der Östlichen Zhou-Dynastie im Reich Qi zusammengetragen wurde. Region für Region werden darin die Böden beschrieben: die obere und die untere Begrenzung wasserführender Schichten, die Topographie des Geländes, die Bodenstruktur, die Farbe, der Bewuchs, die Schallübertragung bei Trockenheit, der Salzgehalt und der Einfluß auf die Gesundheit der Menschen. Die Bodenproduktivität wird auf einer Skala mit Zahlen von eins bis zehn angegeben.

Sämaschine

Die Sämaschine wurde im 3. Jahrtausend v. Chr. in Südmesopotamien von sumerischen Bauern entwickelt. Das Gerät hatte einen, manchmal vielleicht auch zwei oder drei Zinken, um die Furche zu kratzen, und in Brusthöhe Vorratsbehälter für das Saatgut. Von den Vorratsbehältern führten Röhren nach unten, die so eingestellt waren, daß die Samen in der richtigen Tiefe in die Erde fielen. Die Sämaschine wurde von einem Gespann Ochsen gezogen und von bis zu vier Männern bedient. Einer davon hatte die Aufgabe, das Saatgut in den Vorratsbehältern aufzufüllen. Dem oben erwähnten »Handbuch des Ackerbaus« zufolge mußte der Bauer darauf besonders achten; außerdem war es wichtig, die Tiefe der Furchen immer wieder zu korrigieren.

Scharpflug

Bis zur Erfindung des Traktors (siehe Kapitel IX, 2) war der Scharpflug die größte arbeitserleichternde Neuerung in der Landwirtschaft. Durch den verminderten Reibungswiderstand wird weniger Kraft zum Ziehen des Pfluges benötigt, so daß ein einzelnes Tier die Arbeit eines Gespannes verrichten kann. Leider finden Schriftsteller und Künstler die Landwirtschaft offenbar wenig inspirierend, weshalb wir weder aus der Kunst noch aus der Literatur etwas über die Scharpflug-Revolution erfahren. Aber in

China wurden viele eiserne Scharpflüge aus der Westlichen Han-Dynastie (206 v. Chr. – 9 n. Chr.) entdeckt. Ihre hochentwickelte Konstruktionsweise läßt darauf schließen, daß sie hölzerne Vorläufer hatten, die natürlich die Jahrhunderte nicht überdauerten und vermutlich zur Zeit der Streitenden Reiche (481 – 221 v. Chr.) in Gebrauch waren.

Egge

Eggen wurden in China im 2. Jahrhundert n. Chr. eingeführt. Sie besaßen metallene Zinken, um Erdklumpen und Krusten aufzubrechen.

Hackfräse

Ein junger angehender Ingenieur aus Moss Vale, New South Wales, erfand und baute 1913 die erste Hackfräse. Cliff Howard war mit der Leistung der existierenden Kultivatoren unzufrieden, die von Schleppern oder Pferden durch den Boden gezogen wurden. Er hatte die Idee, das Gerät mit vom Traktormotor getriebenen Transmissionsriemen beweglicher zu machen.

Mähmaschine

In römischer Zeit waren die Länder Europas dünn besiedelt, und es gab viele große, mit Getreide bestellte Ackerflächen. Die Größe der Anbauflächen und der Mangel an Arbeitskräften verlangten förmlich nach mechanischen Erntehelfern. Das erste Modell einer einfachen Mähmaschine entstand vor 2000 Jahren und wurde *vallus* genannt. Es handelte sich um einen Kasten auf zwei Rädern, der von Ochsen in das Weizenfeld hineingeschoben wurde. Vorstehende Zähne an der Vorderseite führten die Ähren in Rinnen, an deren Ende sie mit Klingen von den Stengeln getrennt wurden. Die Ähren fielen dann in den Kasten hinein. Der größte Nachteil des *vallus* war, daß er keine Vorrichtung zum Abtrennen der Spreu besaß.

Kornschwinge

Kornschwingen, die die Getreidekörner automatisch von der Spreu trennen, wurden etwa im 3. Jahrhundert v. Chr. in China erfunden. Die ältesten Funde stammen aus der Zeit der Westlichen Han-Dynastie. Die Geräte bestanden aus einem Ventilator, der sich in einem Gehäuse drehte. Dieser saugte durch Schlitze in seiner Achse Luft an und blies sie in einen waagrecht verlaufenden Kanal. Das Getreide wurde in einen senkrechten Schacht geschüttet, der den waagrecht verlaufenden Kanal kreuzte. Wenn es die Kreuzungsstelle passierte, fielen die Körner weiter nach unten durch, während die Spelzen vom Luftstrom mitgerissen und seitlich aufgefangen wurden.

Mähdrescher

In den Jahren 1883 und 1884 konstruierte der erst 17jährige Hugh McKay die erste Erntemaschine, die die Funktionen Mähen und Dreschen in sich vereinte. Sein Bruder John und er arbeiteten auf dem elterlichen Anwesen in Drummartin, Victoria, und sie bauten das neue Wunderding in einem Schuppen Stück für Stück aus ausrangierten Maschinenteilen zusammen. Schon bei ihrem ersten Einsatz auf einem Weizenfeld im Februar 1884 war die Maschine ein voller Erfolg – wie die Mähmaschinen, die sie ersetzen sollte, schnitt sie die Ähren von den Stengeln; die Mischung aus Körnern, Stroh und Spreu fiel auf einen Rost. Ein Ventilator produzierte einen konstanten Luftstrom, der Stroh und Spreu wegblies. Übrig blieb das Korn, fertig zum Abfüllen. Zunächst fehlten McKay die Mittel, um mit der Maschine in Produktion zu gehen. Doch im Jahr 1894 errichtete er in Ballarat, Victoria, eine Fertigungshalle. Ein durchreisender Prediger hielt einen Vortrag mit dem Titel »Sunshine«, und McKay übernahm den Titel als Markennamen. Zehn Jahre später hatte das Firmengelände der *Sunshine Harvester Works* in der Nähe von Melbourne eine Fläche von 50 000 Quadratmetern. Das Werk besteht heute noch, wenn auch inzwischen unter kanadischer Leitung.

Schafschermaschine

Der Entwurf für eine Schermaschine mit einer Klinge, die sich auf einer gezähnten Platte bewegte, wurde im Jahr 1868 in Sydney zum Patent angemeldet, jedoch nie realisiert. Erst 19 Jahre später wurde eine von Frederick Wolseley – dem späteren Gründer der *Wolseley Motor Car Company* – entworfene Schermaschine in Melbourne der Öffentlichkeit vorgestellt. Wolseley hatte die Maschine zusammen mit dem Erfinder John Howard und dem Schmied George Gray in seinem Schafzuchtbetrieb entwickelt. Bei einem Test in Goldsbroughs Wollhandlung in Melbourne trat Hassan Ali mit der Maschine gegen Dave Brown, den Meisterscherer mit der Schere, an. Brown war zwar schneller, aber mit der Maschine ließ sich mehr Wolle gewinnen. Ein Jahr später ging das Gerät in den Vertrieb.

Pestizide in der Landwirtschaft

Zur Insektenbekämpfung wurden schon früh in der Zhou-Dynastie (vor 1000 v. Chr.) in der nordchinesischen Landwirtschaft Räuchermittel eingesetzt. Sprays, Aerosole, in der Tierhaltung verwendete Chemikalien und andere Produkte kamen später dazu (siehe Schädlingsbekämpfung, Kapitel XI, 3). Die staatlichen Kammerjäger der Zhou-Dynastie mußten jedoch nicht nur Insekten, sondern auch Frösche und wasserbewohnende Schädlinge in Schach halten.

Über diese Kammerjäger können wir in einem Buch nachlesen, das mehr als 3000 Jahre alt ist. Ein Beamter hatte zum Beispiel die Aufgabe, Tieren gegen Eingeweidewürmer Arzneimittel zu verabreichen, die aus Pflanzen gewonnen wurden. Die Anwendung von Tauchbädern, mit denen im Fell von Schafen sitzende Parasiten bekämpft werden sollten, läßt sich bis ins alte Karthago (im heutigen Tunesien) zurückverfolgen. Die Schafe wurden mit einer Art Öl behandelt, das aus einer Quelle in der Nähe der Stadt stammte und interessanterweise roch wie Sägemehl von Zitrusholz. Dieses Verfahren entstand vermutlich etwa in der Mitte des 1. Jahrtausends v. Chr.

Pestizide in der Tierhaltung

Den frühesten Bericht über die Verwendung von Pestiziden, um Sämereien vor der Aussaat von Schädlingen zu befreien, erhalten wir aus dem Griechenland des 5. Jahrhunderts v. Chr. Darin ist zu lesen, daß der Philosoph Demokrit Kohlsamen vorzugsweise mit dem Saft von Lauch tränkte. Das Beizen von Getreidesaatgut muß – im Osten wie im Westen – wenig später aufgekommen sein: Es wird sowohl in einem chinesischen Werk über Landwirtschaft aus dem 1. Jahrhundert v. Chr. (mit Aconit als Gift) als auch in Plinius' *Naturalis historia (Naturkunde)*, erschienen im 1. Jahrhundert n. Chr. in Rom, erwähnt. In beiden Fällen kann man jedoch davon ausgehen, daß die Methode schon länger in Gebrauch war.

Beizen von Saatgut

Bei der biologischen Schädlingsbekämpfung wird für gewöhnlich eine Art eingesetzt, um eine andere klein zu halten bzw. zurückzudrängen. Doch im frühesten Bericht über diese Methode wird eine Art gegen sich selbst verwendet. Im römisch verwalteten Judäa (im heutigen Israel) begannen die Menschen etwa 100 n. Chr., Ameisen aus ihren Nestern zu sammeln und sie in andere Nester zu setzen. Unter diesen Umständen – die Ameisen erkennen sich gegenseitig als fremd – greifen sich die beiden Gruppen an und töten die Angehörigen des jeweils anderen »Stamms«. Der Arbeitsaufwand bei dieser Form der Schädlingsbekämpfung ist beträchtlich und bringt verhältnismäßig wenig. Die Variante »Art gegen Art« wurde im 3. Jahrhundert n. Chr. in China eingeführt, um die Mandarinenernte in Südchina zu schützen. Auf dem Markt von Jiaozhi konnte man Nester von Weberameisen in geflochtenen Taschen kaufen. Die Bauern hängten diese Beutel in ihre Bäume. Die Weberameisen dezimierten die Ernteschädlinge, da diese zu ihren Beutetieren gehörten.

Biologische Schädlingsbekämpfung

Pilliertes Saatgut

Von der Praxis, Samen vor der Aussaat in kleine Pillen einzuschließen, wird im China der Westlichen Han-Dynastie erstmals berichtet, vermutlich wurde sie etwa 200 v. Chr. erfunden. Zu den wirksamen Inhaltsstoffen der Pillen gehörte Aconit, ein Pestizid (das Gift des Eisenhuts), und Seidenraupenkot, der als Dünger diente und außerdem – wegen seines Gehaltes an Kollagen – die Tätigkeit von Mikroorganismen anregte; dadurch stieg die Umgebungstemperatur, und die Keimung wurde beschleunigt.

Vorkeimen

Samen vor der Aussaat keimen zu lassen, preist Jia Sixie in seinen »Praktischen Ratschlägen für das Landvolk« *(Qi Min Yao Sha)*, die 535 n. Chr. in China veröffentlicht wurden, enthusiastisch als ertragssteigernde Methode an. Während der Han-Dynastie (206 v. Chr. – 220 n. Chr.) hatte es sich eingebürgert, Samen vor der Aussaat quellen zu lassen. Dabei kam es vermutlich immer wieder zu vorzeitigem Keimen, und irgendwann erkannte man die Vorteile dieses Verfahrens. Seit wann die Menschen die Vorkeimung absichtlich betrieben, ist unbekannt. Jia rät seinen Lesern nachdrücklich dazu, vorgekeimten Reis auszubringen und – solange das Feld naß genug für sie ist – vorgekeimte Hanfsamen.

Zwei Ernten pro Jahr

Die ersten Körnerfrüchte, die zweimal im Jahr gepflanzt und geerntet werden konnten, waren die schnell reifenden Reissorten Südostasiens. Sie wurden in Regionen angebaut, die heute zu Vietnam, Laos und Kambodscha gehören. Die ältesten erhaltenen Aufzeichnungen, in denen sie erwähnt werden, stammen aus dem China der Östlichen Han-Dynastie (25 – 221 n. Chr.). Doch wahrscheinlich entstanden diese Reissorten bereits Jahrhunderte früher, und es gibt nur keine entsprechenden Dokumente aus ihren Heimatländern. In der Song-Dynastie kreuzte man diese schnell reifenden Reissorten mit ertragreicheren Varianten aus dem Norden; damit wurde eine landwirtschaftliche Revolution eingeläutet, die eine Bevölkerungsexplosion in Ostasien nach sich zog. Außerdem verstärkte man die züchterischen Bemühungen, um Sorten zu erhalten, mit denen drei Ernten im Jahr möglich sind.

Kunstdünger

1840 veröffentlichte der deutsche Chemiker Justus Freiherr von Liebig (1803 – 1873) eine Schrift mit dem Titel *Die organische Chemie in ihrer Anwendung auf Agricultur und Physiologie*, in der er erklärte, wie man löslichen Dünger durch chemische Behandlung natürlich vorkommender

Materialien herstellen konnte. Vor allem zeigte er, daß Phosphorverbindungen löslich werden, wenn man sie mit Säure versetzt; der freiwerdende Phosphor kann dann direkt von den Pflanzen aufgenommen werden. Der Engländer John Lawes übernahm Liebigs Prinzip und ließ sich ein Verfahren patentieren, bei dem phosphathaltiges Gestein mit Schwefelsäure behandelt wird. Ab 1842 stellte Lawes in Deptford sein »Original Superphosphat« im industriellen Maßstab her.

8. Industrielle Produktionsverfahren und Produkte

Einige Industriezweige werden in anderen Kapiteln behandelt, beispielsweise Druck (I,1), Brennerei (III,4), Sprengstoffe (VI,1), Rüstung (VI,2), Chemie (VIII,6; XI,3; XI,4), Textil (XI,4) und Münzherstellung (XII,4).

Die drei wichtigsten Abbauverfahren sind: Tagebau, Untertagebau und die Tiefbohrung. Die beiden ersten sind so alt, daß ihre Anfänge weit vor jeder schriftlichen Aufzeichnung liegen, mit der man den ungefähren Zeitpunkt ihrer Erfindung festmachen könnte. **Bergbau**

Das älteste Verfahren, den Tagebau, praktizierten bereits unsere steinzeitlichen Vorfahren rund um den Globus. Frühmenschen in Afrika gruben flache Gruben auf der Suche nach Flintsteinen, die sich für die Werkzeugherstellung eigneten. Der Tonabbau begann bald nach der Erfindung der Töpferei, etwa 7000 v. Chr., in Vorderasien. Die ersten Erzminen waren Bleiminen; sie entstanden in der gleichen Region etwa 6000 v. Chr. **Tagebau** **Ton** **Erz**

Um flüssige Produkte, wie Salz oder Pech, aus Seen bzw. Sümpfen zu gewinnen, konnte man ebenfalls noch an der Oberfläche bleiben. Petroleum wurde erstmals im 2. Jahrtausend v. Chr. von den Mesopotamiern abgebaut, die ihm den Namen »Steinöl« gaben. Sie sammelten es von Ölquellen und flachen Senken ab und nutzten es als Brennstoff. Die meisten im Tagebau ausgebeuteten Lagerstätten sind inzwischen erschöpft. Allerdings setzte im 20. Jahrhundert ein extensiver Abbau von Aluminiumerzen im Tagebauverfahren ein: Bauxit, das häufigste Aluminiumerz, wird in Amerika, Europa, Afrika und Australien abgebaut, was die weitgehende Zerstörung von ursprünglichen Wäldern nach sich zieht. **Petroleum** **Bauxit**

Steinbruch

Eine weitere Variante des Tagebaus. Die ersten Steinbrüche wurden in Mesopotamien und Ägypten bereits im 4. Jahrtausend v. Chr. unterhalten.

Untertagebau

Das zweite große Verfahren ist der Untertagebau, bei dem ein System aus senkrechten Schächten und waagrechten Stollen geschaffen wird und das es ermöglicht, Erze und Mineralien aus der Tiefe an die Oberfläche zu bringen. Auch über seine Anfänge kann man nur spekulieren, doch allem Anschein nach wurden erstmals um 3000 v. Chr. in Vorderasien Erze im Untertagebau gefördert. Über die Schächte konnte man jedoch auch unterirdische Salzseen erreichen und zur Salzgewinnung nutzen. Seit etwa 600 v. Chr. wurden in China Verdampfer verwendet, um aus Sole Salz zu extrahieren. In der Provinz Sichuan förderte man zu diesem Zweck seit etwa 400 v. Chr. Sole aus tiefen Brunnen.

Grabung bis in 1000 Meter Tiefe

Die 1000-Meter-Marke wurde erstmals 1875 in der St.-Vojtech-Mine in Přibram (heute Tschechien) erreicht.

Tiefbohrung

Das dritte Abbauverfahren kam während der Han-Dynastie im 1. Jahrhundert v. Chr. in Gebrauch, nachdem man in Sichuan den Tiefbohrer eingeführt hatte. Die neue Technik erlaubte es, bis 600 Meter tief nach Sole und Erdgas zu bohren. In der Zeit der Song-Dynastie wurde das Tiefbohrverfahren weiter verfeinert (etwa 1040 n. Chr.). Ein eiserner Bohrkopf mit runden Schneiden drang Hunderte von Metern tief vor und schuf einen Schacht von weniger als 20 Zentimeter Durchmesser, der mit Röhren ausgekleidet wurde. In diesem Rohrsystem konnte eine zweite, etwa 20 Meter lange Röhre vom Bohrturm aus abgesenkt werden. Ventile im Inneren der zweiten Röhre öffneten und schlossen sich, wenn diese am Boden des Schachtes angekommen war. Die eingeströmte Flüssigkeit wurde dann über Seilzüge von Tieren nach oben gezogen.

Ölquelle

Bis 1511 n. Chr. bohrten die Chinesen lediglich nach Sole und Erdgas. Im Jahr 1512, während der Ming-Dynastie, wurde in Qiazhou im Becken von Sichuan die erste Ölquelle erschlossen.

Bohrung bis 1000 Meter Tiefe

Die erste Bohrung, die 1000 Meter Tiefe erreichte, fand zwischen 1821 und 1850 (während der Qing-Dynastie) in einem Erdgasfeld bei Ziliujing in Sichuan statt.

Töpferscheibe

Der Vorläufer der Töpferscheibe ist ein flacher drehbarer Tisch, den der Töpfer von Zeit zu Zeit ein Stück herumrückte, um das Werkstück auszurichten. Die richtige Töpferscheibe besitzt ebenfalls einen drehbaren Tisch, der sich jedoch sehr schnell bewegt, so daß ein regelmäßig geformtes Gefäß entsteht. Die Töpferscheibe kam etwa 3600 v. Chr. in Mesopotamien in Gebrauch. Ein Fund aus etwas jüngerer Zeit hat etwa 90 Zentimeter Durchmesser und wurde mit einem hölzernen Handgriff angetrieben.

Etwa 200 v. Chr. begannen die Römer, in der näheren Umgebung Roms mit Beton zu bauen. Von da an stieg der Betonverbrauch kontinuierlich an bis zum römischen Bauboom im 2. Jahrhundert n. Chr. Wasserleitungen und Abwasserkanäle, Böden und Decken, kuppelförmige Badehäuser, himmelstürmende Tempel und schlichte Entwässerungsgräben: das alles machten die Römer aus Beton. Für ihre Hafenanlage verwendeten sie hochwertigen Puzzolanzement, der nach dem Aushärten hart wie Stein wird – und das selbst unter Wasser. Die Römer verdanken ihre führende Rolle im Betonbau den vielen für die Zementherstellung gut geeigneten Steinbrüchen in Italien. Aber die Technik verbreitete sich schnell auch in anderen Teilen des Römischen Reiches, so daß man noch heute bei Ausgrabungen häufig auf römischen Beton stößt. Im Laufe des 1. Jahrhunderts v. Chr. führten die Römer außerdem Gehwegplatten und Backsteine aus Beton ein und erfanden einen bewehrten Beton für besonders hohe Anforderungen.

Beton

Bewehrter Beton

Die Schleuderbetontechnik für die Herstellung von Röhren und Trögen wurde im Jahre 1910 von Walter Hume in den Fertigungshallen seiner Röhrenfirma in Adelaide entwickelt. Dabei wurde der Beton in einer Zentrifugalbewegung auf die Innenseiten von Röhrengußformen geschleudert. Das Ergebnis waren außerordentlich stabile und porenfreie Röhren, so wie wir sie heute kennen. Die Idee dazu kam Walter Hume, als er sich daran erinnerte, wie in seiner Kindheit der Honig aus den Bienenwaben geschleudert wurde.

Schleuderbeton

Zwei australische Ingenieure, Walter Robertson und Heaton Clark, stellten 1926 den ersten Spannbeton her, den sie in senkrechten Formen gossen. Die Produktion von Röhren ist nur eine von vielen Anwendungen dieser Erfindung, die wie kaum eine andere das Gesicht des 20. Jahrhunderts geprägt hat. Der französische Brückenbauingenieur Marie-Eugène-Léon Freyssinet setzte Spannbeton erstmals in der Architektur und allgemein im Bauwesen ein. Er begann damit im Jahre 1928. Das erste größere Gebäude, das mit diesem Verfahren errichtet wurde, war der *Gare Maritime* in Le Havre.

Spannbeton

Die ersten metallenen Gegenstände wurden aus natürlich vorkommen-
Metallurgie dem Gold und Silber gefertigt. Für die Bearbeitung standen nur relativ grobe Methoden, wie Hämmern und Treiben, zur Verfügung. Metallurgische Methoden waren erst für die Bleigewinnung erforderlich.

Blei kommt in der Natur nicht in reiner Form vor, doch eine stark blei- **Blei** haltige Verbindung mit dem vielsagenden Namen »Bleiglanz« weckte wohl die Experimentierlust einiger unserer steinzeitlichen Vorfahren, und sie versuchten, das Metall daraus zu gewinnen. Den ersten Schritt dazu **Schmelzen** taten sie im 7. Jahrtausend v. Chr., indem sie das Verhütten erfanden. Sie setzten Bleiglanz in Tonbrennöfen sehr hohen Temperaturen aus und erhielten schmelzflüssiges metallisches Blei. Einfache kleine Bleigegenstände aus dieser Zeit wurden in Çatal Hüyük – den Ruinen einer blühenden prähistorischen Stadt (in der heutigen Türkei) – und an Grabungsstätten vergleichbaren Alters in Nordmesopotamien (im heutigen Irak) gefunden.

Vom Schmelzen zum Gießen, einer weiteren grundlegenden metallur- **Gießen** gischen Technik, war es vermutlich nur ein kleiner Schritt. Wenn geschmolzenes Metall abkühlt, verfestigt es sich und nimmt dabei die Form seines Behältnisses an. Das dürfte die ersten Metallurgen auf die Idee gebracht haben, die Behältnisse so zu gestalten, daß das Metall hinterher eine ganz bestimmte Form hatte. Dieses Verfahren hat man vermutlich etwa 4500 v. Chr. in Vorderasien das erste Mal praktiziert. Doch bis zur Verwendung von Gußformen für etwas kompliziertere Gegenstände dauerte es noch einmal 500 Jahre.

Da Kupfer natürlicherweise relativ rein vorkommt, begannen die Men- **Kupfer** schen, es zu verarbeiten, noch bevor das Verhütten erfunden war. Man hat kleine Kupfergegenstände an Stätten entdeckt, die 8000 Jahre und älter sind. Zum Beispiel wurden in Çatal Hüyük Kupfergegenstände dieses Alters ausgegraben. Kupfer scheint wohl in Gebrauch gekommen zu sein, als die Menschen merkten, daß die dunklen Klumpen anfingen zu schimmern, wenn sie mit dem Hammer bearbeitet wurden. Sie entdeckten, daß man Kupfer formen konnte, ohne es zu erhitzen, und begannen damit, kleine Werkzeuge, Gewichte und Nadeln daraus herzustellen. Sehr wahrscheinlich ist Vorderasien auch die Heimat der ersten Kupfermine, denn hier gab es natürliche Kupfervorkommen, und gleichzeitig war die Technologie am weitesten entwickelt.

Bronze ist eine Kupferlegierung, die anfänglich nur Zinn als Beimischung enthielt. Wenn der Zinnanteil ausreichend hoch ist, läßt sich Bronze wesentlich besser verarbeiten und für die meisten Zwecke besser nutzen als Kupfer. Doch die ersten Bronzemacher – in Mesopotamien und Kleinasien (der heutigen Türkei und dem heutigen Irak) – hatten vermutlich keine Ahnung, was sie da taten, und fügten ihrer Legierung so wenig Zinn bei, daß sie nur wenig Vorteile gegenüber Kupfer besaß. Gegenstände aus dieser Pseudobronze (die Zinn oft nur in einem Verhältnis von 1:50 enthielt) wurden in den Ruinen von Ur und anderen mesopotamischen Städten entdeckt, die bis in sumerische Zeiten (etwa 3500 v. Chr.) zurückreichen. Da Zinnvorkommen in dieser Gegend jedoch relativ selten sind, wäre es möglich, daß die erste Bronze weiter im Norden hergestellt wurde. Bis sich eine gute Bronze (mit einem Zinnanteil von zehn Prozent) etabliert hatte, dauerte es noch einmal 1000 Jahre. Damit war die »Bronzezeit« eingeläutet.

Bronze

Eisen kommt nur in Meteoriten natürlicherweise in kleinen Mengen rein vor. Die ersten eisernen Objekte stammen denn auch aus dieser exotischen Quelle; sie wurden im 4. Jahrtausend v. Chr. angefertigt. Die ältesten Gegenstände aus geschmolzenem Eisen, die Archäologen bislang entdeckten, wurden etwa 3000 v. Chr. in Mesopotamien und Anatolien (heute Irak bzw. Türkei) hergestellt. Aus den Fundstücken und der Verteilung der Erzvorkommen kann man schließen, daß das erste Eisenerz in Anatolien, westlich des Taurus-Gebirges, in der heutigen Türkei oder in Armenien, verarbeitet wurde.

Eisen

Im Jahr 1400 v. Chr. gehörte das »Mutterland des Eisens« zum hethitischen Großreich. Seine reichen Erzvorkommen machten es zum »Zentrallabor« der Eisenverarbeitung. Zu dieser Zeit brachte eines der Experimente erstmals »Stahl« hervor; der Name soll auf einen nordanatolischen Volksstamm, die Chalyber, zurückgehen. Für gut 200 Jahre hatte das hethitische Reich aufgrund seines Erzreichtums und seiner hochentwickelten Technologie ein regelrechtes Monopol in der Eisen- und Stahlproduktion, und man exportierte Eisen.

Stahl

Doch der Eisenhandel reichte nicht bis China, so daß die Chinesen das Verhütten von Eisenerz selbst erfinden mußten – wofür sie sich reichlich Zeit ließen. Keine Spur von Eisen in China vor 600 v. Chr.! Aber noch nicht einmal 200 Jahre später hatten die Chinesen bereits den Hochofen entwickelt, ein Schritt, für den der Westen 2700 Jahre brauchte. Davor wurde Eisen in Form von Schmiedeeisen produziert, das wenig Kohlen-

Hochofen

stoff enthält, und Stahl, indem man das Eisen mit Kohlenstoff anreicherte. Die Hochöfen ermöglichten die Herstellung von Gußeisen mit einem relativ hohen Ausgangskohlenstoffgehalt. Das älteste bisher bekannte Gußeisen ist ein chinesischer Druckstock, dessen Alter auf etwa 500 v. Chr. datiert wird. Ganz allmählich verbesserten sich die Hochofenkonstruktionen, und die Technik verbreitete sich nach Indien und Japan.

Gußeisen

Im 2. Jahrhundert v. Chr. hatten die Chinesen ein wirksames Verfahren entwickelt, um aus Gußeisen Stahl herzustellen. (Stahl enthält weniger Kohlenstoff als Gußeisen.) Zum »Entkohlen« setzten sie das heiße Roheisen einem (oxidierend wirkenden) Strom kalter Luft aus. Spätestens im 17. Jahrhundert waren sie in der Lage, Gußstahl herzustellen; bei diesem Prozeß wurde das noch flüssige Roheisen mit kalter Luft angeblasen. Es handelt sich hier um das erste nachvollziehbare Verfahren zur Stahlerzeugung. Moderne chinesische Archäologen berichten zwar, daß schon zur Zeit der Westlichen Han-Dynastie (206 v. Chr. – 9 n. Chr.) Stahl hergestellt worden sei, indem man massives Gußeisen durch eine Hitzebehandlung entkohlte, doch bedarf es noch einiger weiterer Erklärungen, um dieser Methode die Priorität zuzusprechen.

Gußstahl

In Delhi gibt es eine eiserne Säule, die seit dem 4. oder 5. Jahrhundert n. Chr. im Freien steht und weder Rost noch sonstige Verwitterungserscheinungen aufweist. Diese Säule enthält 99,72 % Eisen, 0,08 % Kohlenstoff, 0,046 % Silizium, 0,006 % Schwefel und 0,114 % Phosphor. Wenn Indien in der Lage war, Eisen solcher Qualität herzustellen, hatte es einen technologischen Vorsprung von 1500 Jahren vor Europa! Die chemische Zusammensetzung selbst kennen wir erst, seitdem die Säule mit modernen Methoden untersucht wurde. Warum die Säule schon so lange Wind und Wetter trotzt, darüber kann man nur spekulieren: Vielleicht ist es der niedrige Schwefelgehalt, vielleicht das Fehlen von Mangan. Die Produktionstechnik kann nicht viel älter sein als die Säule selbst, denn sonst müßten auch früher hergestellte Exemplare überlebt haben. Doch so phantastisch dieses Eisen ist, die Erfindung von rostfreiem Stahl macht es unwahrscheinlich, daß es jemals wieder produziert wird.

Nichtrostendes Eisen

Als »Edelstahl« werden nichtrostende Legierungen aus Eisen und Chrom bezeichnet. Der französische Wissenschaftler Léon Guillet stellte den ersten nichtrostenden Stahl 1904 experimentell her. Doch seltsamerweise gelang es ihm nicht, die bemerkenswerten Eigenschaften seiner Legierungen bekanntzumachen, so daß seine Erfindung nicht sofort um-

Rostfreier Stahl, Edelstahl

gesetzt wurde. In den Jahren 1912–1914 entwickelten Edward Maurer und Benno Strauß bei der Fried. Krupp AG in Essen einen austenitischen Stahl, der große Mengen Nickel enthält. Dieser Stahl war für industrielle Zwecke bestens geeignet und wurde sofort im großen Maßstab hergestellt.

Messing

Messing ist eine Legierung, die vor allem aus Kupfer und Zink besteht. Vor fast 3000 Jahren gewannen Menschen im heutigen Griechenland und in Vorderasien Messing aus einem Erz, in dem das richtige Mischungsverhältnis natürlicherweise vorkam und ohne daß sie dessen Zusammensetzung verstanden. Um 400 v. Chr. wurde das erste Messing künstlich hergestellt; es stammte aus Kleinasien (der heutigen Türkei) oder von den Ägäischen Inseln. Theophrast (etwa 370–287 v. Chr.), der Nachfolger des Aristoteles am Lykeion von Athen, erwähnt in seinem Buch *De Lapidibus (Über die Steine)*, daß man zur Herstellung von Messing Zinkerz (Galmei) benötigt. Unabhängig davon wurde Messing fast zur gleichen Zeit auch in Indien erfunden, doch haben wir hier keine ausreichend genauen Datierungen, um festzustellen, ob die Inder vielleicht schneller waren.

Zink

Ein griechisches Geographiebuch, das im 1. Jahrhundert v. Chr. im Römischen Reich veröffentlicht wurde, erwähnt ein Metall namens »Pseudosilber«. Sehr wahrscheinlich handelte es sich dabei um Zink, denn es wurde als Bestandteil des Messings bezeichnet. Das heißt, daß Zink um 100 v. Chr. oder früher irgendwo im Westen – in Ägypten oder Vorderasien – zum ersten Mal als reines Metall dargestellt wurde. Das Wissen um die Methode ging danach verloren und wurde erst 1797 neu entdeckt. In Indien und China wurde die Zinkgewinnung unabhängig davon erfunden.

Nickelmessing, Neusilber

Münzen werden häufig aus Nickel-Kupfer-Zink-Legierungen hergestellt. Die ersten derartigen Geldstücke finden wir etwa 200 v. Chr. unter den baktrischen Münzen. Baktrien, im Norden des heutigen Afghanistan an der Handelsstraße zwischen China und Persien gelegen, gehörte damals zu den hellenistischen Staaten. Die Herkunft des Metalls ist unbekannt, vermutlich handelte es sich um Importe aus China, wo es gerade erfunden worden war. Die baktrischen Münzen haben einen Nickelanteil von 20 Prozent, ähnlich wie die chinesischen Kupfer-Nickel-Legierungen mit dem Namen *pakfong*, die dort aber erst ab dem 6. Jahrhundert n. Chr. zur Münzherstellung verwendet wurden.

Nickel

Wie Zink konnte auch Nickel erst lange nach seiner Verwendung in Legierungen in reiner Form hergestellt werden. Dem schwedischen Chemiker Axel Cronstedt (1722–1765) gelang es 1751 erstmals, metallisches Nickel darzustellen. Nach dem Rösten, Schmelzen und Reduzieren von Kobalterz erhielt er einen »Regulus«, einen Metallklumpen, aus dem er Eisen und Kobalt abtrennte. Was übrigblieb, war Nickel.

Aluminium

Daß in Aluminiumerzen Metall enthalten ist, wurde schon lange vermutet, bevor es jemand in reiner Form darstellen konnte. Dem Entdekker des Elektromagnetismus, dem dänischen Physiker Hans Christian Oersted (1777–1851; siehe auch Elektromotor, Kapitel VIII, 9), gelang es 1825 schließlich, diese Vermutung zu beweisen. Aber seine Extraktionsmethode war nicht besonders ergiebig. 1846 stellte der deutsche Chemiker Friedrich Wöhler fest, daß er das reine Metall in Form vieler winziger Kügelchen erhielt, wenn er Kalium zusammen mit Aluminiumchlorid erhitzte.

Spinnrad

Spinnmaschine

Das mühevolle Spinnen mit dem Spinnrocken in der Hand hatte endlich ein Ende, als in China gegen Ende der Shang- oder zu Beginn der Zhou-Dynastie (etwa 1000 v. Chr.) das Spinnrad erfunden wurde. Doch die wahre Revolution brachte die Automatisierung der Garnherstellung durch die Einführung von Maschinen. Den Angaben eines chinesischen Buches aus dem 14. Jahrhundert zufolge lassen sich mit einem Spinnrad mit einer Spindel in 24 Stunden nicht mehr als 300 Gramm Seidengarn herstellen. In der gleichen Zeit lieferte eine Spinnmaschine 60 Kilogramm Garn. Diese Maschine wurde in der Song-Dynastie (960–1278 n. Chr.) eingeführt, dem Zeitalter der industriellen Revolution in China. Schon bald gab es Tausende davon. Zu einem typischen Exemplar gehörten 32 Röhren, von denen jede mit einer Spindel versehen war. Die Spindeln waren in einen sechs Meter langen Hauptrahmen montiert, und das Ganze wurde von einem Wasserrad mit zwei Meter Durchmesser angetrieben.

Webstuhl

Einfache Webstühle gab es in vielen Teilen der Welt (beispielsweise in China, Indien, Vorderasien, Ägypten und Südamerika) schon in prähistorischer Zeit. Die ersten standen in Vorderasien.

Im Laufe der Jahrtausende machten Entwicklungen in Größe, Komplexität und Antrieb der Maschinen aus dem Weben ein hocheffizientes automatisiertes Verfahren. Die Einführung der Jacquardwebmaschine erleichterte die mechanische Herstellung von Stoffen, in die komplizierte Muster eingewebt waren, ganz erheblich. Webstühle dieses Typs waren in China seit der Westlichen Han-Dynastie (206 v. Chr. – 9 n. Chr.) in Gebrauch, aber es ist anzunehmen, daß sie bereits früher, schätzungsweise im 3. Jahrhundert v. Chr., erfunden wurden. Die chinesischen Jacquardwebmaschinen hatten große Rahmen und Aufbauten (Schäfte), mit deren Hilfe Fäden senkrecht angehoben werden können. Ein anderer ganz wesentlicher Bestandteil ist ein »Informationsspeicher«, der es ermöglicht, komplizierte Muster immer wieder exakt zu reproduzieren. Die von dem Franzosen Joseph Jacquard (1752–1834) entwickelte Webmaschine verwendete dazu Lochkarten (siehe Kapitel VIII, 10). Die chinesischen Webmaschinen dieses Typs besaßen einen »Gedächtnisschaft« mit unterschiedlich langen Fäden.

Jacquardwebmaschine

Die Baumwoll-Entkörnungsmaschine wurde im China der Song-Dynastie (960–1278 n. Chr.) erfunden, um das mühsame Rollen der Baumwolle von Hand zu ersetzen. Man ließ die Baumwollfasern mit den anhängenden Samen durch ein Paar Walzen laufen, von denen eine aus Metall, die andere aus Holz war. Die Samen wurden zerquetscht und fielen herab, die Fasern blieben zurück und konnten direkt weiterverarbeitet werden.

Entkörnungsmaschine

Im Jahr 1830 konstruierte Barthélemy Thimonnier, ein Schneider aus dem französischen St. Etienne, eine hölzerne Nähmaschine. Sie bestand aus einem Untergestell, an dem ein Handrad befestigt war, das wiederum (über eine Welle) einen Stab mit einer zweispitzigen Nadel auf und ab bewegte. Weil seine Maschine keine Vorrichtung besaß, mit der der Stoff transportiert werden konnte, hingen die Stichlängen (und damit das gleichmäßige Aussehen der Naht) von der Geschicklichkeit der Person ab, die die Maschine bediente. Thimonnier konnte 80 seiner Maschinen an eine Pariser Kleiderfabrik verkaufen. Allerdings wurde er dafür von einem wütenden Mob von Näherinnen attackiert, die dadurch ihre Arbeitsplätze gefährdet sahen.

Nähmaschine

Der chinesische Schriftsteller Zhao Rugua, der im 13. Jahrhundert über Afrika berichtet, erzählt von riesigen Fischen, die in Somalia regelmäßig an den Strand getrieben würden.

Kommerzieller Walfang

> Sie sind mehr als 200 Fuß lang und 20 Fuß hoch. Die Einheimischen essen ihr Fleisch nicht, aber sie nehmen ihr Gehirn, das Mark und die Augen, um daraus Öl zu bereiten … Dieses Öl benutzen sie für Lampen, oder sie mischen es mit Kalk und streichen ihre Boote damit.

Als Zhaos Buch erschien (1226 n. Chr.), gab es diese erste Form des kommerziellen Walfangs am Indischen Ozean vermutlich schon mehrere hundert Jahre, aber wir besitzen keine schriftlichen Aufzeichnungen darüber. Doch darf man wohl annehmen, daß die Menschen bereits seit Tausenden von Jahren gelegentlich angelandete Wale zerlegt haben. Den frühen afrikanischen Walfängern ging es vor allem um das teuer bezahlte Öl, aber sie handelten auch mit den Knochen, die man als Baumaterial und zur Herstellung von Gerätschaften verwendete. In der gleichen Region wurde auch das graue Ambra gesammelt, um daraus Heilmittel und kosmetische Produkte herzustellen.

Walbiologie

Nach der Literatur zu urteilen setzte die systematische Walforschung lange vor dem systematischen Walfang ein. So sind in einer römischen Enzyklopädie, der *Naturkunde* des Plinius (1. Jahrhundert n. Chr.), Informationen über Wale zu finden. Daraus geht hervor, daß griechische Biologen die wesentlichen Eigenschaften von Walen kannten und beispielsweise auch wußten, daß es sich nicht um Fische, sondern um Säugetiere handelt. Sie hatten beobachtet, daß Wale lebende Junge zur Welt bringen, die sie mit Milch säugen, daß sie Haare besitzen und mit Lungen atmen. Der erste griechische Wissenschaftler, von dem bekannt ist, daß er die Biologie der Wale studierte, war Theophrast (370–287 v. Chr.).

Kühlraum

Speisen und Getränke konnten in alter Zeit nur gekühlt werden, wenn Eis oder Schnee zur Verfügung stand. Und da der Bedarf im Sommer am größten war, wenn es beides nicht gab, baute man Kühlräume, in denen die kostbaren Kühlmittel während der heißen Jahreszeit gelagert wurden. Der erste Kühlraum, von dem wir wissen, befand sich zur Zeit des Königs Schulgi (Anfang des 3. Jahrtausends v. Chr.) in der südmesopotamischen Stadt Ur (im heutigen Irak).

Eisherstellung

Für die künstliche Eisherstellung verwendete man speziell geformte Gefäße und nutzte Verdunstungseffekte: Die Gefäße, poröse Pfannen, wurden mit Wasser gefüllt und über Nacht starkem Luftzug ausgesetzt. Am nächsten Morgen konnte man das Eis dann absammeln. Solche Gefäße waren in Indien und Vorderasien weit verbreitet; entstanden sind sie möglicherweise in Mesopotamien, doch der Zeitpunkt ist unbekannt.

Die Eisfabrik, die wie der häusliche Kühlschrank chemische Kühlmittel benutzte, war eine Erfindung des australischen Zeitungsverlegers James Harrison in Geelong, Victoria. Harrison bemerkte den kühlenden Effekt, den die Mischung von Schwefeläther und Ammonium hatte, mit der die Drucker die Typen reinigten. Er entwickelte eine Ätherpumpe und eine Kühlschlange, in der sich der Äther ausdehnen konnte. Im Jahr 1850 baute er am Ufer des Barwon River in Geelong eine Kunsteisfabrik und war schon bald in der Lage, die ganze Stadt zu versorgen. Über Geelong hinaus konnte er jedoch nur wenig Eis verkaufen; die Verbraucher hatten Vorbehalte und kauften lieber echtes Eis, das aus Amerika importiert wurde. Das hielt Harrison jedoch nicht davon ab, seine Technik in den folgenden Jahren erfolgreich auf Kühlschränke und Kühlräume auszuweiten.

Kunsteisfabrik

Im Jahr 1873 rüstete Harrison zum ersten Mal ein Schiff, die *Norfolk*, mit einer Kühlanlage für den Lebensmitteltransport aus. Auf der ersten Fahrt, mit der gefrorenes Fleisch von Australien nach England gebracht werden sollte, wurde die Kühlanlage allerdings falsch bedient, und das Fleisch verdarb. Spätere Transporte gelangen jedoch tadellos.

Kühlschiff

9. Energietechnik und Motoren

In diesem Kapitel kommen die Maschinen zur Sprache, ihre Verwendung im Transportwesen wird in Kapitel IX, 1–3 behandelt.

Die lange und aussichtslose Suche, mit mechanischen Mitteln eine nie endende Bewegung zu erzielen, könnte während der Qin-Dynastie (3. Jahrhundert v. Chr.) begonnen haben, als das berühmte Grab des Ersten Kaisers in Nordchina errichtet wurde. Die Gestalter der Grabanlage mit der atemberaubenden, 6000 Figuren umfassenden Terrakotta-Armee statteten sie auch mit einem »ewigen Licht« aus und einem Panoramamodell des chinesischen Reiches, in dem die zwei größten Flüsse und das Meer aus flüssigem Quecksilber bestanden. Wir wissen nicht, ob die Erbauer wirklich glaubten, daß das Licht ewig brennen und die Flüsse immer fließen würden, oder ob sie nur so lange funktionieren sollten, bis das

Perpetuum mobile

Grab versiegelt wurde. Als man das Grab in den siebziger Jahren des 20. Jahrhunderts fand und öffnete, war das Licht jedenfalls erloschen und die Flüsse waren ausgetrocknet.

Windmühle

Heron von Alexandria, der Grieche, der die Dampfmaschine und die Automatiktür erfand, beschrieb in seinem Buch *Pneumatika* (Alexandria, etwa 100 v. Chr.) eine ägyptische Windmühle, die eckige Flügel besaß und für den Betrieb in den Wind gedreht wurde.

Wasserrad

Die Erfindung des Wasserrads war ein solcher technologischer Durchbruch, daß sie sogar in Gedichtform gefeiert wurde. Zuallererst fand dieser vielseitig einsetzbare Mechanismus in der Müllerei seine Anwendung und ersetzte dort die harte körperliche Arbeit. Dafür dankten die Dichter Demeter, der Erdgöttin und Beschützerin des Getreides.

Die Wassermühle

Legt nur die Hand in den Schoß, Mühlmädchen,
und schlafet nur lange,
wenn auch den Morgen bereits kündet der Hähne Geschrei,
euer Geschäft hat heute Demeter den Nymphen befohlen.
Diese schwingen im Sprung oben aufs Rad sich hinauf,
drehen die Achse im Kreis, und die, mit gedrechselten Speichen,
rollt des nisyrischen Steins hohles Gewicht nun herum. –
Sieh, wir genießen es wieder, das Leben der Vorzeit, wenn ohne
Arbeit wir Deos Geschenk uns zu bereiten verstehen.

Beckby (Hrsg.), *Anthologia Graeca*. Bd. 3, Buch IX, 418.
Übersetzung von Hermann Beckby, 1958.

Das Gedicht wurde etwa um die Zeitenwende herum von Antipatros von Thessalonike geschrieben. Aus dieser und anderen Quellen läßt sich schließen, daß das Wasserrad im ersten vorchristlichen Jahrhundert in Gebrauch kam.

Schöpfrad

Eine andere Form von Wasserrad wurde etwa zur gleichen Zeit erfunden: das Schöpfrad. Es ist eine geniale Konstruktion, um Flußwasser mühelos in größere Höhe zu heben, und wird mancherorts noch immer zur Wasserversorgung von Städten und landwirtschaftlichen Betrieben eingesetzt. Das Wasser strömt im unteren Bereich gegen das Rad und treibt es so an. Gleichzeitig werden am Rad befestigte Behälter mit dem kostbaren Naß gefüllt, die sich am höchsten Punkt der Umdrehung in eine seitlich angebrachte Rinne entleeren. Beide Radtypen haben ihren Ursprung im Mittelmeerraum; vermutlich wurden sie vor mehr als 2000 Jahren im östlichen Teil des Römischen Reiches erstmals gebaut.

Im Jahr 1796 erfand Michel Joseph de Montgolfier, einer der beiden Brüder, die für ihren Heißluftballon (siehe Kapitel IX, 3) berühmt wurden, eine andere Vorrichtung, mit der sich Wasser durch seine eigene Kraft heben läßt. Der hydraulische Widder komprimiert Luft, wenn schnell strömendes Wasser in eine geschlossene Kammer einschießt. Die so entstandene Druckluft wird dazu verwendet, um einen Teil des Wassers ein gutes Stück über das Ausgangsniveau hinaus anzuheben.

Hydraulischer Widder, Stoßheber

Wann Kohle erstmals am »heimischen Herd« verbrannt wurde, werden wir wohl niemals wissen. Ihre Karriere als industrieller Brennstoff jedenfalls begann in der chinesischen Eisenhüttenindustrie während der Westlichen Han-Dynastie (206 v. Chr. – 9 n. Chr.). In Tieshenggou im Nordosten von China haben Archäologen riesige Stahlwerke ausgegraben, die sie auf das 1. Jahrhundert v. Chr. datieren und in denen Kohle einer der Hauptbrennstoffe war. Dort entdeckten sie auch die ersten Briketts – Preßlinge aus Kohlenstaub, vermischt mit Lehm und Quarzsand.

Kohle

Briketts

Vor über 2000 Jahren erfand Heron von Alexandria die Dampfmaschine. Leider sind keine Pläne erhalten, aus denen hervorgeht, welche praktische Anwendung er sich davon versprach. Ihm ging es darum zu demonstrieren, welche Kraft entsteht, wenn Wasser verdampft und sich ausdehnt. Herons Maschine bestand aus einem geschlossenen Wasserkessel, der über zwei Röhren mit einer Hohlkugel verbunden war. Ein Feuer unter dem Kessel brachte das Wasser zum Kochen. Durch die beiden Röhren wurde der Dampf aus dem Wasserbehälter in die Kugel geleitet, aus der er nur über zwei Düsen entweichen konnte. Da die Kugel drehbar aufgehängt war, begann sie zu rotieren, sobald der Druck in ihrem Inneren hoch genug war. Später wurden ähnliche Maschinen dazu verwendet, um Bratspieße zu drehen, wobei das Herdfeuer gleichzeitig den Wasserbehälter erhitzte. Aus Herons Zeit sind uns keine praktischen Anwendungen überliefert; tatsächlich weiß man nicht einmal genau, wann Heron lebte. Die Schätzungen reichen von 200 v. Chr. bis 200 n. Chr.

Dampfmaschine

Diese Maschine ist in Herons Buch *Pneumatika*, einem wissenschaftlichen Werk, das sich mit dem Verhalten von Flüssigkeiten beschäftigt, im Detail beschrieben. Es enthält außerdem noch weitere Beschreibungen

Kondensator

von Erfindungen, zum Beispiel von Apparaten, die heiße Luft dazu verwenden, um Wasser zu pumpen, Töne zu erzeugen oder Kunststückchen zu vollführen. Zu den mit heißer Luft arbeitenden Maschinen gehörte auch ein Kondensator, das ist ein Gerät, mit dem man einen Unterdruck erzeugen kann, indem man eine in einer Kammer enthaltene Substanz (hier die heiße Luft) abkühlt. Im 16. oder 17. Jahrhundert wurden in Europa Dampfkondensatoren eingeführt, um Wasser aus Bergwerken abzupumpen. Durch den Unterdruck, den der kondensierende Dampf erzeugte, wurde das Wasser nach oben gezogen.

Kolbendampfmaschine

Der Engländer Thomas Newcomen (1663–1729) baute 1712 die erste Dampfmaschine mit Kolben und Zylinder. Die Kolbenstange war mit dem einem Ende eines drehbaren Balkens (Balancier) verbunden, an dessen anderem Ende sich eine Pumpenstange befand. Wenn sich der Kolben hob, senkte sich die Pumpenstange und umgekehrt. Diese Maschine übertrug erstmals mittels Dampf und mechanischer Verbindungen Energie auf eine Arbeitsmaschine und war damit der Urahn fast aller späteren Dampfkraftmaschinen. Der Arbeitshub von Newcomens Maschine wurde noch vom atmosphärischen Luftdruck geleistet, der den Kolben in den Zylinder zurückdrückte, nachdem der Dampf kondensiert war. Erst Leupolds Dampfmaschine (1725) war so konstruiert, daß der Arbeitshub mit Dampfdruck bewerkstelligt wurde.

Explosionsmotor, Verbrennungskraftmaschine

Der Prototyp einer Verbrennungskraftmaschine ist die Kanone (siehe Kapitel VI, 2): Das Rohr hat die gleiche Funktion wie der Zylinder beim Automotor. Wenn wir nach einer Maschine suchen, die sich eines Kolbens statt einer Kugel bedient, müssen wir bis zu Leonardo da Vinci (1452 bis 1519) zurückgehen, dem italienischen Universalgenie. Im Jahr 1508 entwickelte er einen Lastenheber, der auf folgendem Prinzip beruhte: In einem Zylinder wird Schwarzpulver zur Explosion gebracht. Wenn sich die Gase abkühlen, entsteht ein Unterdruck, und der Luftdruck genügt, um den Kolben in den Zylinder zu drücken. Auf dem Weg nach unten zieht der Kolben ein Gewicht nach oben. Leonardo war der erste einer ganzen Reihe von europäischen Erfindern, die mit Schwarzpulver-Explosionsmotoren arbeiteten. Aber alle hatten mit Problemen zu kämpfen, etwa dem Entfernen von Abgasen und Rückständen. Für die erste praktische Anwendung einer Verbrennungskraftmaschine mußte die Welt auf den genialen Schweizer Mechaniker François Isaac de Rivaz (gest. 1828) warten. Er baute im Jahr 1804 einen mit Wasserstoff betriebenen und elektrisch gezündeten Motor. Die Idee dazu hatte er von Alessandro Volta übernommen, dem italienischen Erfinder der Batterie, der eine Pistole ersonnen hatte, die statt mit Schwarzpulver mit elektrisch gezündetem Wasserstoff ausgelöst wurde. De Rivaz konstruierte Fahrzeuge, die mit Wasserstoffmotoren fuhren.

Elektrische Zündung

Die erste vollständige Beschreibung des Viertakthubs für Verbrennungskraftmaschinen finden wir in einer Schrift von Alphonse Beau de Rochas, die 1862 in Frankreich veröffentlicht wurde. De Rochas ließ sich seine Erfindung noch im selben Jahr patentieren, doch sie wurde erst 1876 realisiert, als der deutsche Maschinenbauer Nikolaus August Otto (1832 bis 1891) seinen Viertaktmotor konstruierte.

Viertaktmotor, Ottomotor

Im Jahr 1897 baute Rudolf Diesel (1858–1913), ein in Paris geborener deutscher Ingenieur, die erste funktionierende Dieselmaschine – mit einem Prinzip, das er sich 1892 hatte patentieren lassen. Es war eine stationäre Kraftmaschine für die Industrie: schwer im Verhältnis zur Leistung, schwierig zu handhaben und von geringem Wirkungsgrad. Aber sie lief gut, wenn man die Geschwindigkeit konstant hielt, und dieser Pluspunkt war Anreiz genug, nach Verbesserungen zu suchen. 70 Jahre später war der Dieselmotor der am weitesten verbreitete Fahrzeugantrieb.

Dieselmotor

Mit Unterstützung der Ernst-Heinkel-Flugzeugwerke in Warnemünde entwickelte der deutsche Ingenieur Hans von Ohain in den Jahren 1936 und 1937 den Strahlantrieb. Als man den Erfolg des Prototyps sah, erteilte das Reichsluftfahrtministerium 1938 Aufträge für die Entwicklung von Düsenjägern (siehe Kapitel VI, 3). Bald darauf wurden Düsenbomber (siehe Kapitel VI, 3) gebaut, und nach Beendigung des Zweiten Weltkriegs kamen die Düsenverkehrsflugzeuge (Kapitel IX, 3).

Düsenantrieb, Strahlantrieb

Die Begründer der Atomtheorie im alten Griechenland (siehe Kapitel VII, 4) interpretierten elektrische Phänomene als die Auswirkungen von Strömen – Ströme von sehr beweglichen, unendlich kleinen, gewichtlosen Teilchen, die sich durch Materie hindurchbewegen können. Sie hatten keine Ahnung, wie man diese Ströme erzeugen oder lenken konnte, aber sie verglichen sie mit dem Strömen von Wasser und leiteten daraus eine Beschreibung ab, die sich weitgehend mit der modernen Vorstellung der Elektronenbewegung deckt.

Elektrizität

Ihnen müssen wir also ein viertes Wesen gesellen;
Doch ward dieses bisher noch mit keinerlei Namen bezeichnet.
Ihm vergleicht sich wohl nichts an Beweglichkeit oder an Feinheit,
Denn nichts reicht an die Glätte und Kleinheit seiner Atome.
Dieses erzeugt in den Gliedern zuerst die Erregung der Sinne.

Diese Beschreibung – festgehalten vom römischen Dichter Lukrez in seinem Buch *De Rerum Natura* (*Über die Natur der Dinge*. Buch III. Übersetzung von Hermann Diels, 1924) – gründet sich auf die Annahmen der griechischen Philosophen Leukippos und Demokrit, die im 5. Jahrhundert v. Chr. lebten. Die Griechen besaßen keine Generatoren, ihre Beobachtungen mußten sich zwangsläufig auf die elektrischen Phänomene in der Natur beschränken: das Nervensystem und Magnetstürme.

Generator

Die statische Aufladung, die durch Reiben entsteht, war vermutlich die früheste Form künstlicher Elektrizität. Mit dem Begriff »Generator« wird ein Gerät bezeichnet, das weniger durch Reibung als vielmehr durch Induktion Strom erzeugt. Alessandro Volta (1745–1827) erfand einen einfachen Generator, bei dem die Ladungstrennung zunächst durch Reibung erfolgt, der dann aber einen kontinuierlichen Induktionsstrom liefert.

Batterie

Volta war ein italienischer Edelmann aus Como. Er führte den Kartoffelanbau in der Lombardei ein. Da er seinen Ruhm jedoch nicht allein auf diese Leistung gründen wollte, studierte und kritisierte er die Pionierarbeiten seines Landsmannes Galvano zur Elektrizität. Die entsteht nach Voltas Theorie, wenn man verschiedene Metalle verbindet. 1799 erfand er die Batterie; sein Modell war eine Säule aus vielen Metallscheiben, von denen jede aus einem Kupfer- und einem Zinkplättchen bestand, die aneinandergelötet waren.

Elektrisches Licht

Bis ins Jahr 1808 gelang es niemandem, mit Elektrizität künstliches Licht zu erzeugen. Dann jedoch nahm der englische Wissenschaftler Humphrey Davy (1778–1829) die erste Bogenlampe in Betrieb. Er hatte zwei Kohlestücke so an den beiden Polen einer Batterie befestigt, daß sie sich fast berührten. Der elektrische Strom, der daraufhin zu fließen begann (und die kleine Lücke überbrückte), erhitzte die beiden Kohlen so stark, daß sie anfingen zu glühen.

Glühlampe

20 Jahre später wurde in England Joseph Swan geboren, im – wie er es einmal nannte – »dunklen Zeitalter«, als die einfachen Menschen mit dem Wunsch nach sanftem Licht in ihrer Wohnstube schon bald nach

Sonnenuntergang zu Bett gingen. Swan sah seine Bestimmung darin, eine angenehme Raumbeleuchtung zu entwickeln; etwas, das die grellen Bogenlampen nicht vermochten. Im Jahr 1878 stellte er das erste funktionsfähige Exemplar der nun allgegenwärtigen Glühlampe her. Elektrischer Strom brachte einen Kohlefaden im Inneren einer Glasbirne zum Glühen. Ein Vakuum in der Birne verhinderte das Verbrennen des Glühfadens.

Elektromotor

Den ersten Elektromotor baute der Amerikaner Joseph Henry (1797 bis 1878) im Jahr 1831. Es handelte sich um ein winziges Demonstrationsobjekt, das aus einer auf einem Drehgelenk gelagerten Wippe bestand und von Elektromagneten angetrieben wurde. Der dänische Physiker Hans Christian Oerstedt (1777–1851) hatte das Phänomen des Elektromagnetismus im Jahr 1819 entdeckt. Auch die meisten späteren, viel komplizierter aussehenden Motoren funktionieren im wesentlichen nach dem gleichen Prinzip.

Atomstrom

Atomkraftwerk

Im Dezember 1951 gewannen die Forscher am *Argonne National Laboratory* in Idaho, USA, nutzbaren Strom aus ihrem 150-Kilowatt-Forschungsreaktor. Das war der erste praktische Beweis, daß sich Kernkraftwerke für die Stromversorgung einsetzen lassen. Das erste Atomkraftwerk, das Energie in ein Stromnetz einspeiste, wurde am 17. Oktober 1956 von Königin Elisabeth II. in Calder Hall, Cumbria, eröffnet. Ursprünglich sollte die Hauptaufgabe dieses Kraftwerks in der Herstellung von Plutonium für die Kernwaffenproduktion bestehen. Die Stromerzeugung war nur eine Möglichkeit, um die Abwärme zu nutzen; sie trat jedoch bald in den Vordergrund. Der Name des Kernkraftwerkes ist Sellafield.

10. Instrumente und Apparate

Siehe auch Kapitel XI, 2, dort werden Geräte beschrieben, die die Arbeit in Haus und Büro erleichtern.

Zeitmesser

Wasseruhr

Die ältesten Zeitmeßgeräte folgten zwei verschiedenen Prinzipien. Die sogenannte Klepsydra bestand anfänglich nur aus einem tropfenden Eimer mit einer Stundeneinteilung auf der Innenseite. Während die Zeit im Wortsinne verrann, also das Wasser aus dem Eimer tropfte, sank der Wasserspiegel. Die Zeit konnte man ablesen, indem man nachsah, bei welcher Marke der Wasserspiegel stand. Diese einfachste Form einer Wasseruhr kam schon zu Beginn des 2. Jahrtausends in Mesopotamien in Gebrauch; leider wissen wir nicht genau, wann und wo. Spätere Klepsydren besaßen zahlreiche Kammern und Röhren, dadurch arbeiteten sie wesentlich genauer als die primitiven Eimermodelle.

Sonnenuhr

Die Alternative waren Sonnenuhren; die setzten allerdings voraus, daß die Sonne schien. In Ägypten, wo Anfang oder Mitte des 2. Jahrtausends die ersten Sonnenuhren gebaut wurden, war das kein Problem. Ein Modell aus der Regierungszeit von Thutmosis III. (16. Jahrhundert v. Chr.) weist ein T-förmiges, senkrecht stehendes Element auf, das seinen Schatten auf einen waagrecht liegenden Balken wirft, auf dem die unterschiedlich langen Stunden des ägyptischen Tages markiert sind. Da der Schattenwurf je nach Tages- und Jahreszeit variierte, waren diese Uhren nicht besonders genau. Etwas mehr Präzision erreichte man ein paar Jahrhunderte später, ebenfalls in Ägypten. Diese Modelle waren scheibenförmig mit einem schattenwerfenden Zeiger, der parallel zur Erdachse ausgerichtet sein mußte. Die älteste Sonnenuhr dieser Art ist eine kleine Elfenbeinscheibe aus der Regierungszeit des Pharaos Merenptha (13. Jahrhundert v. Chr.).

Mechanische Uhr

Das, was eine mechanische Uhr vor allem von diesen frühen Zeitgebern unterscheidet, ist die Hemmung – eine Vorrichtung, die dazu dient, die mechanische Bewegung in gleich lange Schritte einzuteilen. Die Hemmung wurde während der Tang-Dynastie von Yi Xing und Liang Lingzan erfunden und in die riesige, mit Wasserkraft betriebene Uhr eingebaut, die sie zwischen 723 und 725 n. Chr. für die Regierung in Chang'an konstruierten. Die Hemmung wirkte wie eine Bremse auf das Uhrwerk, und zwar so lange, bis das mit einer kontrollierten Geschwindigkeit fließende

Wasser einen Meßbehälter gefüllt hatte; dann wurde der Mechanismus für einen Moment freigegeben, und der Prozeß begann von neuem. Auf diese Weise »tickte« die Uhr ein paarmal pro Minute. Zu jeder Stunde ertönte eine Glocke, und alle 15 Minuten hörte man einen Trommelschlag. Diese Uhr war außerdem mit einem Himmelsglobus verbunden, der die Positionen der Sterne anzeigte, und sie bewegte Symbole für Sonne und Mond, so daß man Sonnenauf- und -untergang sowie die Mondphase ablesen konnte.

Digitalanzeige

Die große Uhr, die Su Sung um 1090 n. Chr. in Kaifeng, der Hauptstadt der Song-Dynastie, errichtete, hatte viele verschiedene Anzeigen. Im Erdgeschoß dieses dreistöckigen Uhrenturms befand sich eine Reihe von Fenstern, in denen Figuren erschienen, die das Datum und die Zeit mitteilten. Die Form der Darstellung könnte von der oben beschriebenen Uhr übernommen worden sein. Ob auf diese Weise auch die Uhrzeit angegeben wurde oder ob dies allein mit Glocken- und Trommelschlägen geschah, ist unbekannt.

Zifferblatt

Einige der in hellenistischer Zeit geschaffenen Uhren, die in Mittelmeerländern wie Griechenland und Ägypten (vermutlich vom 3. Jahrhundert v. Chr. an) in Gebrauch waren, besaßen runde Zifferblätter. Vom Kreismittelpunkt ausgehende Linien markierten die Stunden, und das Zifferblatt war mit einem Schwimmer im Wasserbehälter verbunden. Damit es nicht zu einfach wurde, hatten die Griechen und andere Völker am östlichen Mittelmeer, Stunden, deren Länge von der Jahreszeit abhing. Da die Zahl der Stunden von Sonnenauf- bis -untergang festgelegt war, war eine Stunde im Hochsommer deutlich länger als mitten im Winter. Aus diesem Grund befand sich hinter dem ersten noch ein zweites Zifferblatt, über das die Stundenlänge automatisch angepaßt wurde.

Quarzuhr

Da elektrischer Strom Quarzkristalle zu genau 32,768 Schwingungen pro Sekunde anregt, kann man sie für sehr präzise Hemmungen (siehe oben) verwenden. Diese Eigenschaft machten sich Warren Alvin Marrison, ein Uhrmacher aus Orange, New Jersey, und J. W. Horton zunutze, als sie im Jahr 1928 den Prototyp einer Quarzuhr bauten. Ein Jahr später brachten sie ihre Erfindung auf den Markt.

Kompaß

Voraussetzung für die Erfindung des Kompasses war die Entdeckung des Magneteisensteins; dieser eisenhaltige Stein richtet sich in der Nord-Süd-

Achse aus, wenn man ihn beweglich aufhängt. Die früheste Form eines Kompasses (etwa 300 v. Chr. in Nordchina) bestand aus einem löffelförmigen Stück Magneteisenstein, das auf einer quadratischen Platte mit eingezeichneten Himmelsrichtungen angebracht war. Dabei diente der bauchige Teil des »Löffels« als Drehgelenk, und der »Löffelstiel« drehte sich in Richtung Süden. Erst 300 n. Chr. entwickelten die Chinesen die metallene Kompaßnadel, die genauer ist, da sie weniger Reibungswiderstand erfährt als der »Löffel«. Und noch einmal 500 Jahre gingen ins Land, bis der Kompaß für die Seefahrt tauglich war (siehe Kapitel IX, 1).

Abakus, Rechenbrett

Dieses Gerät wird für gewöhnlich den Chinesen zugeschrieben, doch hat man es in Europa bei Ausgrabungen gefunden, die auf die Zeit des Römischen Reiches datiert werden. Solche Funde lassen vermuten, daß der Abakus im Westen schon einige Zeit vor den ersten chinesischen Beschreibungen erfunden wurde, wenn wir auch nicht genau wissen, wann und wo. Die römischen Modelle waren aus Metall oder Marmor, und sie hatten Rillen, in denen man Zählsteine hin- und herschieben konnte. Der älteste chinesische Beleg findet sich in Xin Yues Lehrbuch »Bericht über einige überlieferte mathematische Praktiken« aus der Zeit der Han-Dynastie (erschienen 190 n. Chr.). Der Autor erzählt, sein eigener Lehrer habe das »Kugelrechnen« von einem Taoisten namens Tian Mu Xianseng gelernt. In diesem Buch finden wir auch die erste Beschreibung des Kugelrechenbretts, die Abakusform, bei der die Zählsteine auf Drähten hin- und hergeschoben werden.

Computer

Der älteste Rechner, von dem wir wissen, wurde vermutlich um 87 v. Chr. auf der griechischen Insel Rhodos gebaut. Er befand sich im Wrack eines kleinen Schiffes, das um 80 v. Chr. vor Griechenland sank. Gemessen am heutigen Standard dürfte seine Leistungsfähigkeit gering gewesen sein, doch der kleine, von Hand betriebene Apparat war ausgeklügelt und mit hoher Präzision gefertigt. Er diente dazu, die zeitaufwendigen astronomischen Berechnungen zu automatisieren. In einem Kasten von ungefähr 30 x 15 x 5 Zentimetern befanden sich drei Zifferblätter, und in jedes war ein weiteres kleines Zifferblatt eingelassen, vergleichbar der Sekundenanzeige in einer modernen Uhr. Einige Zifferblätter besaßen außerdem verstellbare kalibrierte Ringe, die zum Teil dazu dienten, den Apparat vom griechischen auf den ägyptischen Kalender umzustellen. Wegen der Beschädigungen ist es unmöglich, die genaue Funktionsweise zu rekonstruieren, und auch die Bedienungsanleitung an der Tür läßt sich nicht mehr entziffern. Genauere Untersuchungen brachten 31 Zahnräder und eine Antriebswelle zum Vorschein, doch das Raffinierteste an der Konstruktion ist ein drehbarer Tisch, der vom ältesten Differentialgetriebe der Welt bewegt wird (siehe Kapitel VIII, 11). Rhodos, wo zu dieser Zeit Posidonius seine Schule hatte, war ein Zentrum für astronomische Studien, und Rechner, wie der aus dem Schiffswrack, könnten hier etwa 100 v. Chr. erfunden worden sein.

Software

Bevor Computer (im heute gebräuchlichen Sinne) erfunden wurden, gab es schon so etwas wie Software, um Maschinen zu programmieren. Das war bei den Jacquardwebmaschinen im China des 3. Jahrhunderts v. Chr. vermutlich erstmals der Fall (siehe Kapitel VIII, 8). Diese Maschinen konnten Stoffe in unzähligen hochkomplizierten und sich wiederholenden Mustern herstellen. Im ersten Schritt mußte in der Webmaschine eine Matrize hergestellt werden; diese bestand aus Abertausenden von Seidenfäden in einem Rahmen und wurde nur von den besten Handwerkern angefertigt, die die von Designern gelieferten Entwürfe umsetzten.

Computerprogramm

Der englische Mathematiker und Ingenieur Charles Babbage (1792 bis 1871) entwarf in den dreißiger Jahren des 19. Jahrhunderts mehrere Rechenmaschinen, von denen er eine als »Analytische Maschine« bezeichnete. Obwohl er in das Projekt alles investierte, was er besaß, gelang es ihm nicht, ein funktionierendes Exemplar herzustellen. Dennoch schafften er und seine Mitarbeiterin Lady Ada Lovelace, die Tochter des Dichters Lord Byron, einen echten Durchbruch auf diesem Gebiet. »Die Analytische Maschine erhebt keinen Anspruch, irgendetwas zu erzeugen«, schrieb sie 1843. »Sie kann all das tun, wofür wir die entsprechenden Durchführungsbefehle geben können. Sie vermag der Analysis zu folgen, doch keinesfalls kann sie analytische Relationen oder Wahrheiten antizipieren.«

Lochkarten

Um seine Maschine zum Laufen zu bringen, dachte sich Charles Babbage mit Lady Adas Hilfe ein Programmierverfahren aus; dazu verwendete er Lochkarten. Lochkarten waren schon vorher in Gebrauch, um Webmaschinen mit Mustern zu programmieren, etwa die französischen Jacquardwebmaschinen. 1725 hatte der französische Erfinder Basile Bouchon eine Webmaschine mit einer Lochstreifenrolle ausgestattet. Das System wurde später etwas abgewandelt und die Papierrolle 1728 durch Lochkarten ersetzt.

Digitaler elektronischer Computer

Z2 war einer von mehreren Rechnern, die der deutsche Ingenieur Konrad Zuse (1910–1995) in den dreißiger und vierziger Jahren des 20. Jahrhunderts entworfen hatte. Z2 war der erste Computer, der statt mit mechanischen Bauteilen mit elektromagnetischen Relais operierte. In die Rechnereinheit des Z2 baute Zuse 800 Relais ein, der Speicher arbeitete jedoch noch mit mechanischen Elementen. (Im 1941 fertiggestellten Z3 verwendete Zuse auch für den Speicher Relais.) Zuse ließ seinen Z2 mit dem Binärsystem (siehe Kapitel VIII, 1) arbeiten und nahm damit einen Ansatz vorweg, der später auch in anderen Ländern verfolgt wurde.

Siliziumchip

Der Siliziumchip, der heutzutage den Mikroprozessor beherbergt, wurde 1958 von den Forschern und Technikern der amerikanischen Firma *Texas Instruments* zunächst für integrierte Schaltkreise verwendet. Sie verteilten Verunreinigungen so auf verschiedene Bereiche eines Siliziumscheibchens, daß sie seine Leitfähigkeit modifizieren und jeden Bereich als Komponente eines Schaltkreises fungieren lassen konnten. Die verschiedenen Bereiche waren mit feinen Drähten untereinander verbunden. Der erste auf einem Siliziumchip liegende integrierte Schaltkreis war noch vergleichsweise einfach, aber im Laufe der weiteren Entwicklung nahm die Zahl der Komponenten auf dem Chip allmählich zu.

Mikroprozessor

Der Mikroprozessor verdankt seine Existenz dem Ehrgeiz, ein komplettes Rechenwerk auf einen einzigen Chip zu packen. Ende der sechziger Jahre arbeiteten mehrere amerikanische Firmen auf dieses Ziel hin. Im Jahr 1969 entschloß sich Edward Hoff – ein Ingenieur, der bei der *Intel Corporation* die Aufgabe hatte, Rechnerkomponenten zu entwerfen –, alle wichtigen Schaltkreise auf einem Chip zu vereinen, statt für jeden Schaltkreis einen eigenen Chip zu verwenden. In seinem neuen Konzept gab es separate Chips für Programm- und Speicherfunktionen und einen einzigen Chip für die zentrale Verarbeitungseinheit. Unter der Bezeichnung »Intel 4004« kam das Produkt als Kooperation von *Intel* und *Texas Instruments* 1971 auf den Markt. Zur selben Zeit war Gilbert Hyatt Leiter einer Arbeitsgruppe bei *Micro Computer Inc.*, die einen Mikrocomputer mit nur einem einzigen Chip entwickelte und 1971 vorstellte.

Roboter, Automaten

Im 2. Jahrhundert v. Chr. begannen griechische Technikfreaks damit, sich die verschiedensten Vergnügungsapparaturen auszudenken: Sie schufen ausgeklügelte Arrangements mit kleinen Robotern, die dramatische Vorstellungen gaben – umrahmt von Rauch und Flammen, Klangeffekten, spritzenden Flüssigkeiten und veränderlichen Bühnenbildern. An erster Stelle sind hier Philo von Byzanz sowie Ktesibios und Heron von Alexandria zu nennen. Philo war vermutlich der erste, er soll etwa 200 v. Chr. gelebt haben. Heron, der Erfinder der Dampfmaschine (siehe Kapitel VIII, 9), lebte ein oder zwei Jahrhunderte später. Sein Buch zum Thema, *Automata*, existiert noch – im Gegensatz zu den Werken der beiden anderen. Am Beispiel von zwei Robotervorstellungen erläutert er die komplizierte Maschinerie, die notwendig ist, um die Robotereinsätze und die Bühneneffekte zeitlich exakt aufeinander abzustimmen. Als Antrieb diente ein langsam zu Boden sinkendes Gewicht, das mechanisch mit zahllosen Zahnrädern, Kolben, Schnüren, Lampen, Seilzügen, Hebeln, Reservoiren und Sammelbehältern für Bleikugeln verbunden war. Die Bedienung war jedoch denkbar einfach: Man setzte den Apparat in Gang und konnte sich zurücklehnen, während die kleinen Figuren wie von Geisterhand durch alle Episoden einer komplexen Geschichte gezogen wurden.

Interaktive Automaten

Diese und andere frühe Automaten konnten nur nach einem bestimmten Muster handeln. Die Fähigkeit, auf äußere Einflüsse zu reagieren, erhielten Maschinen in der Tang-Dynastie in China etwa um das Jahr 700 n. Chr. Besonders für Gartenpartys waren sie eine große Hilfe. Fünf dieser 60 Zentimeter großen Roboter fuhren in einem Spielzeugboot einen Kanal entlang: Einer stakte, zwei ruderten, einer schenkte Wein aus, und einer servierte. Das Boot hielt bei jedem Gast an, und der Kellner überreichte dem Gast einen gefüllten Becher. Wenn der Gast den Becher zurückgab, schenkten die kleinen Roboter automatisch nach. Vermutlich wurde das Ganze von einer unter der Wasseroberfläche befindlichen Apparatur gezogen und mit Wasserkraft betrieben. Leider ist nicht überliefert, wie der Erfinder dieses Automatenservices hieß und wie er die Maschine dazu brachte, auf äußere Faktoren zu reagieren. Eine Zwischenstufe stellte wahrscheinlich das Differentialgetriebe (siehe Kapitel VIII, 11) der »nach Süden weisenden Galionsfigur« aus dem 2. Jahrhundert n. Chr. dar. Die Galionsfigur des Wagens reagierte »passiv« auf die Bewegung der Räder und zeigte immer nach Süden, egal in welche Richtung der Wagen gelenkt wurde.

Photoapparat

Camera obscura, Lochkamera

Die Camera obscura war der erste große Schritt auf dem Weg zum Photoapparat. Eine Camera obscura ist – wie der lateinische Name besagt – eine dunkle Kammer (oder, in ihrer handlicheren Ausgabe, ein Kasten). In einer ihrer Wände befindet sich ein winziges Loch, durch das Licht ins Innere der Kammer fällt. Auf der dem Loch gegenüberliegenden Wand erscheint ein umgekehrtes Bild von allem, was sich auf der Außenseite direkt vor dem Loch befindet. Im *Mo Jing*, einem philosophischen Buch aus Nordchina, gibt es ein Kapitel über Optik, das wahrscheinlich etwa 300 v. Chr. angefügt wurde. Darin wird beschrieben, wie man ein solches Bild erzeugt und warum es auf dem Kopf steht. Die unbekannten Autoren waren die ersten, die mit der Camera obscura experimentierten; erfunden wurde sie vermutlich erst kurze Zeit vorher irgendwo in Nordchina.

Kameralinse

Daniele Barbaro aus Venedig verbesserte die Camera obscura 1568, indem er eine Linse in das Loch einsetzte, um das Bild zu fokussieren.

Film

Thomas Wedgwood, ein Brite, komplettierte die Kamera um 1800 schließlich mit dem letzten wesentlichen Bestandteil – dem Film. In einem Artikel im *Journal of the Royal Institution* beschrieb er 1802 seine Methode. Wedgwood behandelte Papier und weißes Leder mit Silbernitrat, um sie lichtempfindlich zu machen. Dann setzte er sie in der Camera obscura dem durch die Linse einfallenden Licht aus und erhielt die ersten photographischen Aufnahmen. Damit hatte er zwar die Camera zum richtigen Photoapparat gemacht, doch konnte er seine Bilder nicht fixieren. Wenn er sie normalem Licht aussetzte, verschwanden sie, da das mit Silbernitrat behandelte Trägermaterial schwarz wurde.

Photographien

Das Fixieren von Photographien gelang in den zwanziger Jahren des 19. Jahrhunderts erstmals in Frankreich. Nicéphore Niepce (1765–1833) aus Chalon-sur-Saône machte über die Jahre hinweg von seinem Dachbodenfenster aus Hunderte von Aufnahmen. Er experimentierte mit Lacken als Fixiermittel und stellte erstmals Positive, also seitenrichtige Bilder her. Seine Erfolgsquote beim Fixieren scheint etwa bei 50 Prozent gelegen zu haben, aber daß es überhaupt klappte, gibt uns das Recht, ihn als ersten Menschen zu bezeichnen, der lichtbeständige Photographien schuf.

Farbphotos

Um 1850 begann Niepces Neffe, Claude Niepce de St. Victor, an der Farbphotographie zu arbeiten, und 1852 präsentierte er eine Kollektion Farbphotographien von echten und künstlichen Blumen, Kupferstichen sowie Gold- und Silberborten. Er verwendete versilberte Platten, die mit Kupferchlorid behandelt waren. Leider verblichen die Farben dieser »Heliochromien«, wie Niepce sie nannte, sehr schnell, deshalb können wir nicht sagen, wie gut die Farbwiedergabe war.

Die Geschichte, wie die Bilder laufen lernten, ähnelt eher einer 13teiligen Fortsetzungsserie als einer sensationellen 45-Minuten-Reportage. Lange bevor eine Technik zur Verfügung stand, um einen Film auf die Leinwand zu werfen, gab es die Möglichkeit, Filme zu drehen. Der Durchbruch gelang dem französischen Brüderpaar Auguste und Louis Lumière Anfang des Jahres 1895. Die beiden hatten eine wissenschaftliche Ausbildung genossen und waren die Eigentümer einer Firma für Chemikalien und photographische Platten. Im März des Jahres 1895 stellten sie ihre Erfindung vor; dabei zeigten sie einen kurzen Film, den sie 1894 in ihrer Fabrik in Lyon gedreht hatten. Der Filmstreifen war an beiden Seiten gelocht, so daß er vom Projektor mit gleichmäßiger Geschwindigkeit transportiert werden konnte.

Kino

Ende des 16. Jahrhunderts versuchten zwei Italiener, ein Paar Linsen in eine Röhre einzusetzen, um damit entfernte Objekte besser betrachten zu können. Aber die Vergrößerungen, die Giovanbaptista Della Porta und Raffael Gualterotti erzielten, waren so gering, daß man ihre Erfindung nur schwer als Fernrohr bezeichnen kann. Doch etwa um das Jahr 1605 hatte die Kunde von diesem italienischen Gerät die holländische Stadt Middelburg erreicht, wo sich die führenden Werkstätten für optische Linsen befanden. Die holländischen Linsenschneider erkannten rasch, welches Potential in dieser Idee steckte. Innerhalb weniger Wochen – zwischen September und Oktober 1608 – traten gleich vier Fernrohrkonstrukteure mit ihren Produkten an die Öffentlichkeit. Die Verbesserungen, die sie erreicht hatten, indem sie die Linsen besser aufeinander abstimmten und zueinander plazierten, waren beeindruckend. Hans Lipperhey (1560 bis 1619) aus Middelburg beantragte ein Patent bei der niederländischen Regierung, den Generalstaaten von Den Haag. In Deutschland bot ein unbekannter Holländer während der Frankfurter Herbstmesse ein Fernrohr zum Kauf an. Außerdem kamen der Middelburger Sacharias Janssen und Jacob Metius aus Alkmaar (der sicher aus beruflichen Gründen – er war Brillenmacher – in Middelburg gewesen ist) während der laufenden Patentanmeldung von Lipperhey mit ihren Fernrohren heraus. Ohne weitere Informationen ist es nicht möglich, aus diesen vier Personen die erste auszumachen. Wir können nur festhalten, daß eine von ihnen im Jahr 1608 (oder vielleicht auch schon etwas früher) das erste Fernrohr gebaut hat.

Fernrohr

Fernglas, Feldstecher

Lipperhey wurde das Patent nicht zuerkannt, da andere ebenfalls Fernrohre hatten. Aber der Weg nach Den Haag lohnte sich am Ende doch noch für ihn, denn er erhielt einen 900-Gulden-Vertrag mit den Generalstaaten. Er sollte für die Regierung Ferngläser herstellen, die nach demselben Prinzip gebaut waren wie der Prototyp seines Fernrohrs. 1608 baute und lieferte er die ersten drei.

Teleskop

In die holländischen Fernrohre und Ferngläser waren Paare aus konkaven und konvexen Linsen eingebaut. In einem für astronomische Zwekke genutzten Teleskop sind beide Linsen konvex. Dieses Konstruktionsprinzip geht auf Johannes Kepler zurück, einen deutschen Astronomen, der 1610 in Prag arbeitete.

Radioteleskop

Radiowellen von Galaxien, Sternennebeln, Quasaren, Pulsaren, Gasen und gewöhnlichen Sternen, die die Erde erreichen, können mit Radioteleskopen aufgefangen werden. Mit ihrer Hilfe lassen sich Entdeckungen machen, die mit bloßem Auge oder mit dem optischen Teleskop nicht möglich wären. Das erste Radioteleskop wurde 1937/38 von Grote Reber (geb. 1911) gebaut, einem jungen, leidenschaftlichen Amateurastronomen. Er stellte die eiserne Parabolschüssel, die 9,4 Meter Durchmesser hatte, in Wheaton, Illinois, in seinem Garten auf. Die Radiowellen, die es empfing, wurden von einem Schreiber als Linien aufgezeichnet, der Sternenfreund konnte die eingehenden Signale jedoch auch über Kopfhörer empfangen.

Radiointerferometer

Das zweite unverzichtbare Instrument in der Radioastronomie ist das Interferometer, eine Anordnung von zwei oder mehr Radioantennen, mit der eine höhere Auflösung erreicht werden kann als mit einem einzelnen Radioteleskop. Die ersten Radiointerferometer gehörten zum »Klifftyp«; sie wurden an der Küste direkt an den Rand von Klippen gebaut, damit man sowohl die von der Antenne aufgefangenen wie auch die von ihrem Spiegelbild im Wasser reflektierten Radiowellen auswerten konnte. Der australische Physiker Joseph Pawsey, Leiter des Radiophysik-Labors der C.S.I.R. (jetzt CSIRO *Commonwealth Scientific and Industrial Research Organization*), und seine Mannschaft bauten das erste davon 1945 auf das Collaroy-Plateau in der Nähe von Sydney. Noch im selben Jahr konnte das Observatorium erstmals bestätigen, daß die Radiointensität der Sonne nicht mit ihrer Leuchtkraft korreliert, sondern in direktem Zusammenhang mit der Sonnenfleckenaktivität steht.

Kreuz-Interferometer

Bernard Mills (geb. 1920), der ebenfalls bei der CSIRO beschäftigt war, entwarf das Kreuz-Interferometer, das nach ihm auch »Mills Cross« genannt wird. Die erste Anlage dieses Typs wurde 1953 in der Nähe von

Sydney gebaut. Kreuz-Interferometer bestehen aus zwei Reihen von Antennen, die im rechten Winkel aufeinandertreffen. Bei Mills' erster Anlage hatte jeder Schenkel eine Länge von 500 Metern. Aufgrund ihrer Größe und Anordnung liefern Kreuz-Interferometer Radiobilder mit hoher Auflösung.

Thermometer

Das Thermometer wurde um 1600 in Italien erfunden. Sanctorius, ein Arzt, der an der Universität von Venedig lehrte, schrieb 1612:

> Wir haben ein Instrument, mit dem wir nicht nur die Hitze und Kälte der Luft, sondern auch die Hitze- und Kältegrade aller Teile des menschlichen Körpers messen können.

Sein Thermometer besaß am oberen Ende eine Auftreibung, damit wurde die Temperatur gemessen. Darunter befand sich eine Röhre, die in einer Flüssigkeit stand. Die Höhe der Flüssigkeit in der Röhre zeigte die Temperatur an. Ein römisches Schriftstück aus dem Jahr 1611 enthält Beschreibungen und Zeichnungen von zwei Thermometern; eines davon besaß eine Einteilung. Sanctorius schrieb wohl, daß er das Thermometer mit seinen Studenten benutzte, doch er behauptete nie, sein Erfinder zu sein. Auch geht aus seinen Notizen nicht hervor, ob er von den römischen Zeichnungen wußte. Galileo kannte das Thermometer offensichtlich nicht, als er 1592 das viel unpraktischere »Thermoskop« erfand.

Röntgenstrahlen

Die später nach ihm benannten Strahlen entdeckte Professor Wilhelm Röntgen am 8. November 1895 in einem nur wenige Minuten dauernden Versuch. Röntgen arbeitete in Würzburg in einem abgedunkelten Labor mit Kathodenstrahlen, als er bemerkte, daß ein Stück Karton, das in einiger Entfernung von der Röhre stand, grün aufleuchtete. Der Karton war zwar mit einer lumineszierenden Beschichtung versehen, doch es gab keine Lichtquelle, die sie hätte anregen können. Röntgen hielt seine Hand in den Strahlengang der Röhre und sah die Schatten seiner Knochen auf dem Karton. Die Strahlen, die seine Hand durchdrungen hatten, nannte er »X-Strahlen«, da er nicht wußte, wie sie hießen. Das wußte auch sonst niemand, aber Anwendungen fand man sehr schnell für sie. Bereits wenige Wochen später wurden sie in Wien für die »klinische Photographie« eingesetzt, die erste Anwendung in der Diagnostik.

Der erste australische Patient, dessen Fraktur geröntgt wurde, war ein Schuljunge aus Adelaide. Er hieß William Lawrence Bragg (1890–1971).

Röntgenstrukturanalyse

Die Röntgenaufnahme machte Williams Vater, der in England geborene Physiker William Henry Bragg (1862–1942), der zu dieser Zeit in der »X-Strahlen«-Forschung arbeitete. 1908 reisten Vater und Sohn nach England. Anfang des Jahres 1913 gelang es Vater Bragg, die Beugung der Strahlen in einer Ionisationskammer zu bestimmen. Damit war der Grundstein für die Röntgenspektrometrie gelegt. Sein Sohn schloß sich ihm an, und zusammen benutzten sie die neue Methode, um Kristallstrukturen zu untersuchen. Ihre unermüdliche Arbeit im Laufe des Jahres 1913 schuf einen ganz neuen Wissenschaftszweig, die Röntgenstrukturanalyse. Und schon 1915 erhielten sie – als erstes Vater-und-Sohn-Team – gemeinsam den Nobelpreis für Physik.

Schnorchel
Luftschlauch

Taucherausrüstungen wurden im Laufe der Zeit immer raffinierter. Schnorchel gab es schon in der Steinzeit. Luftschläuche, die eine konstante Luftversorgung gewährleisteten, waren im Griechenland des 4. Jahrhunderts v. Chr. wohlbekannt. In seinem Buch *De partibus animalium (Über die Teile der Lebewesen)* beschreibt Aristoteles einen Elefantenrüssel und vergleicht seine Funktionsweise mit der eines Luftschlauches für Taucher. Ein arabisches Buch über Hydraulik, das etwa 1000 n. Chr. entstand, erwähnt Luftschläuche, in die Luft hineingepumpt wird, um den Tauchern ein Vordringen in größere Tiefen zu ermöglichen.

Taucherhelm
Taucherglocke

Der Taucherhelm und die Taucherglocke werden erstmals in einem griechischen Buch über »Physikalische Probleme« beschrieben, das etwa 200 v. Chr. erschien.

Aqualunge

Der französische Marineoffizier und Meeresbiologe Jacques Cousteau entwickelte 1942 zusammen mit dem Ingenieur Émile Gagnan eine tragbare und über Ventile regelbare Sauerstoffversorgung für Taucher – die Aqualunge. Das war das erste Gerät, bei dem das Luftvolumen an die Atmung des Tauchers angepaßt und der Luftdruck so geregelt werden konnte, daß sich ein Lungenkollaps in größeren Tiefen verhindern ließ.

Tauchführer

Al-Bīrūnīs phantastisches Buch über Geologie wurde weiter vorn bereits im Zusammenhang mit der Pflanzenernährung und den Korallen erwähnt (siehe Kapitel VIII, 5). Wie es sich für einen Meeresbiologen gehört, hatte al-Bīrūnī (973–1051) großes Interesse am Tauchen, und so finden sich in seinem Buch viele praktische Hinweise, zum Beispiel ein Leitfaden durch die Tauchsaison, sowie Beschreibungen gefährlicher Meerestiere und haifreier Zonen.

11. Maschinenelemente

Das Rad wurde viel später erfunden, als die meisten Menschen glauben. Die Höhlenmenschen waren nicht dazu in der Lage, Räder herzustellen, geschweige denn, daß sie etwas damit hätten anfangen können. Die frühesten Hinweise auf Fahrzeuge mit Rädern haben Archäologen bislang in Mesopotamien (im heutigen Irak) entdeckt. Die Funde erlauben den Schluß, daß Karren mit Rädern zu Beginn des 4. Jahrtausends v. Chr. aufkamen. Ebenfalls aus Mesopotamien stammen Spielzeuge oder Modelle mit Rädern aus Ton, deren Alter auf bis zu 6000 Jahre geschätzt wird. Man kennt einige Kulturen, in denen Räder zunächst für Kinderspielzeug entwickelt wurden, bevor man sie für Fahrzeuge verwendete. Es ist deshalb nicht auszuschließen, daß die ersten Räder um 4000 v. Chr. mesopotamischen Kindern zur Unterhaltung dienten.

Rad

Spielzeug mit Rädern

Wagenräder wurden anfangs aus massiven Holzscheiben oder verbundenen Brettern gefertigt, die man kreisförmig zugeschnitten hatte. Die ersten Räder mit Speichen, etwa um 2000 v. Chr. in Mesopotamien eingeführt, waren eine Sensation in puncto Leichtigkeit und Effektivität.

Speichen

Seine erste Anwendung fand das Gegengewicht in einem einfachen Gerät zum Wasserschöpfen, dem Schaduff. An einem Ende eines langen Holzbalkens war ein Gegengewicht aus Stein, Lehm oder Holz befestigt, am anderen Ende ein Eimer, um das Wasser hochzuziehen, und dazwischen befand sich ein Scharnier. Weil die Schwerkraft dabei mithilft, das Gegengewicht zu Boden zu drücken, wird das Heben des Wasserbehälters auf der anderen Seite erleichtert. Schaduffs sind noch heute im Niltal in Gebrauch. Dennoch wurden sie vermutlich in Mesopotamien (im heutigen Irak) erfunden, denn von dort stammen die ersten bildlichen Darstellungen auf Siegeln, die über 4000 Jahre alt sind.

Gegengewicht

Schrauben wurden zuerst in Pressen eingesetzt, um einen größeren Druck auf eine flächige Unterlage ausüben zu können. Schraubenpressen fanden vor allem in der Öl- und Weinherstellung Verwendung, aber sie dienten im 6. Jahrhundert v. Chr. in Kleinasien (in der heutigen Türkei) bereits als Tuchpressen. Die erste Beschreibung erhalten wir von Heraklit, einem griechischen Naturphilosophen, der in Ephesos lebte. Er führt die Schraubenpresse als Beispiel für eine spiralige Bewegung an.

Schraube

Archimedische Schraube

Die archimedische Schraube – eine große Schraube, mit der Material gefördert werden kann – gab es schon lange vor Archimedes. Sie trägt den Namen des griechischen Gelehrten nicht, weil er sie erfunden hat, sondern wegen seines wissenschaftlichen Interesses an ihr. Es handelt sich dabei in der Regel um eine sehr lange Schraube, die in einem Rohr sitzt und als Pumpe dient. Wenn sich die Schraube dreht, nimmt sie unten beispielsweise Wasser auf und gibt es am oberen Ende wieder ab. Wer die archimedische Schraube tatsächlich erfunden hat, ist unbekannt; vermutlich lebte er etwa 300 v. Chr. im östlichen Mittelmeerraum.

Kolbenpumpe

Bei einer Kolbenpumpe bewegen sich zwei in Zylindern sitzende Kolben abwechselnd auf und ab und speisen ein Auffanggefäß. Diese Maschine wurde etwa 300 v. Chr. von Ktesibios erfunden, einem Mechaniker, der in Alexandria lebte. (In China kannte man das Prinzip zu dieser Zeit bereits und wandte es für Gebläse in Hochöfen und angeblich auch für chemische Waffen an, siehe Kapitel VI, 2.)

Pedalantrieb

Lange bevor auch nur irgend jemand an das Fahrrad dachte, gab es bereits den Pedalantrieb für Wasserpumpen. Erfunden wurde er während der Han-Dynastie vom Baumeister Bi Lan; dieser hatte im 2. Jahrhundert n. Chr. den Auftrag erhalten, für die chinesische Residenzstadt Luoyang eine ordentliche Wasserversorgung zu schaffen. Zu seiner Ausrüstung gehörten so ausgefallene Maschinen wie die »Kröte mit Adlerschwingen« (eine Zahnradkonstruktion), der »himmlische Zahlmeister« (ein Schöpfrad, siehe Kapitel VIII, 9) und ein »Wasserförderband«. Beim letztgenannten Gerät wurde über Pedale eine Welle angetrieben, die ein Zahnrad am oberen Ende der Konstruktion bewegte. Eine Kette verband dieses Zahnrad mit einem zweiten, das sich am unteren Ende befand und das nicht aktiv angetrieben wurde. Die Kette zog eine Anzahl von Paletten durch eine Führung und transportierte so Wasser von unten nach oben. Solche Wasserförderanlagen gibt es auch heute noch, und das gleiche Prinzip des Kettenantriebs mit Zahnrädern ist in Rolltreppen, Fahrrädern, Photokopierern und einer ganzen Reihe von Maschinen verwirklicht.

Exzenter, Kurbeltrieb

Der Kurbeltrieb setzt vor-und-zurückverlaufende Bewegungen in Kreisbewegungen um – und umgekehrt. Bei Dampflokomotiven ist er gut zu beobachten: Der Kolben steht hier (über die sogenannte Treibstange) mit einem Punkt neben der Radnabe in Verbindung und versetzt das Rad so in drehende Bewegung. Doch seinen ersten Einsatz hatte der Kurbeltrieb in den Eisenhütten von Nanyang zur Zeit der Westlichen Han-Dynastie. Erfunden wurde er von dem Staatsbeamten Du Shu, der der Knochenarbeit an den Gebläsen ein Ende machen wollte. Im Jahr 31 n. Chr. ersetzte er die Handarbeit durch eine mechanische Kolbenmaschine, die von einem Wasserrad angetrieben wurde und über einen Exzenter mit diesem verbunden war.

Bei den Dampfmaschinen verdrängte der Exzenter im 19. Jahrhundert das geniale Planetengetriebe, das eigentlich eine spätere Erfindung war. Erdacht hatte es der englische Maschinenbauer James Watt, weil James Pickard seit 1780 ein Patent für den Kurbeltrieb bei Dampfmaschinen besaß und eine Alternative benötigt wurde.

Planetengetriebe, Umlaufgetriebe

In China stellte man seit der Zeit der Streitenden Reiche (481–221 v. Chr.) Getrieberäder her. Eine Verfeinerung waren Klinkenräder, wie ein etwa um 300 v. Chr. gefertigtes Exemplar belegt, das bei Shanxi im Nordwesten Chinas gefunden wurde. Es hat einen Durchmesser von ungefähr 2,5 Zentimetern und besitzt 40 Klinkenzähne. Archäologische Funde legen außerdem nahe, daß auch pfeilverzahnte Getrieberäder Ende des 3. Jahrhunderts v. Chr. in China entstanden sind.

Zahnrad

Klinkenrad

Pfeilverzahnung

Die ältesten Nocken befinden sich an Armbrustauslösern aus der Zeit der Han-Dynastie (etwa 200 v. Chr.). Als »dreidimensionale Nocken« hingegen könnte man die Taumelscheiben bezeichnen, die im 15. Jahrhundert in Europa aufkamen.

Nocken

Taumelscheibe

In Motorfahrzeugen sorgt das Differentialgetriebe dafür, daß sich das äußere Rad beim Kurvenfahren mit höherer Geschwindigkeit dreht als das innere, so daß dieses nicht blockiert und das Fahrzeug nicht ins Schleudern kommt. Das erste uns bekannte Differentialgetriebe jedoch diente der Informationsverarbeitung: Es übertrug Bewegung nicht auf die Achsen, sondern von ihnen. Zum ältesten Computer der Welt (siehe Kapitel VIII, 10), der 87 v. Chr. auf der Insel Rhodos gebaut wurde, gehört ein mit einem Differentialgetriebe versehener Drehtisch. Er »verrechnete« Daten aus dem synodischen Zyklus des Mondes aus einem Teil des Räderwerks mit Kalenderdaten aus einem anderen. Der Drehtisch bewegte sich um so viel weiter, wie die Hälfte der algebraischen Summe beider Eingaben ausmachte. Dieser Mechanismus wurde wahrscheinlich 100 v. Chr.

Differentialgetriebe

entwickelt. Das älteste Fahrzeug mit Differentialgetriebe war eine altchinesische Kuriosität – der Wagen mit der nach Süden weisenden Galionsfigur –, vermutlich ein Werk des berühmten Zhang Heng, gebaut etwa 120 n. Chr. Oben auf dem Wagen stand eine Statue mit ausgestrecktem Arm, und wohin der Wagen auch fuhr, ob rechts-, links- oder im Kreis herum, die Figur zeigte unbeirrt nach Süden.

Rollenlager
Kugellager

Vom 4. Jahrhundert v. Chr. an wurden Fahrzeuge in Shanxi im Nordwesten Chinas mit Rollenlagern ausgestattet, damit sie leichter liefen. Kugellager benutzte der italienische Künstler Benvenuto Cellini (1500 bis 1571) für seine Statuen, die sich scheinbar schwerelos um ihre eigene Achse drehten, wenn man sie anstieß.

Kardanische Aufhängung

Das nicht kleckernde Tintenfaß des griechischen Gelehrten Philo von Byzanz (etwa 200 v. Chr.) ist das erste Gerät, das sich des genialen Prinzips der kardanischen Aufhängung bedient. (Bei der kardanischen Aufhängung werden drei Ringe ineinander montiert. Jeder Ring ist um eine Achse frei drehbar. Die Achse eines Ringes steht auf der des nächstgrößeren bzw. -kleineren senkrecht. Dadurch behält ein im kleinsten Ring aufgehängter Gegenstand seine Lage im Raum bei, egal wie stark das ganze Gebilde bewegt wird.)

Pneumatische Aufhängung

Der brillante Pionier der Dampflokomotive, der Engländer George Stephenson (1781–1848), erfand die pneumatische Aufhängung, um damit Entgleisungen zu verhindern. 1816 konstruierte er eine Maschine mit Achslagern, die sich in Führungen auf und nieder bewegen konnten. Von den Achsen liefen Kolben in Zylinder, die unter dem Kessel montiert waren. Dampf aus dem Kessel drückte in die Zylinder und hielt so die Räder auf den Schienen. Stephenson baute zwischen 1816 und 1822 mehrere Maschinen dieses Typs für den Einsatz in Kohlebergwerken.

12. Kommunikationstechnik

Der Buchdruck wird in Kapitel I, 1 behandelt.

Im 20. Jahrhundert v. Chr. berichtete Bannum, ein Offizier und Spion der am Euphrat gelegenen akkadischen Stadt Mari, von der Nachrichtenübermittlung per Kommunikationsnetz, die er in einem Nachbarland beobachtet hatte:

Telekommunikation

> Gestern reiste ich aus Mari ab und verbrachte die Nacht in Zuruban. Alle Benjaminiten entfachten Signalfeuer. Und von Samanum bis Ilum-Muluk, von Ilum-Muluk bis Mischlan entzündeten alle benjaminitischen Städte des Distrikts Terga Antwortfeuer. Bis jetzt konnte ich noch nicht herausfinden, was die Signale bedeuteten.

Feuerzeichen wurden seit der Steinzeit und bis zur Erfindung des Funkens (siehe S. 325) dazu benutzt, um Botschaften zu schicken, die schneller sein sollten als der Transport von Dokumenten. Durch Variationen in der räumlichen Anordnung und der zeitlichen Abfolge ließ sich eine Vielzahl verschiedener Nachrichten versenden. Doch das allein wäre noch keine Telekommunikation, zu der neben der Geschwindigkeit auch die Überbrückung großer Entfernungen gehört. Die Benjaminiten jedenfalls hatten Relaisstationen eingerichtet, die die Nachrichten über große Strecken weiterleiteten. Das System war so effektiv, daß eine Botschaft in einer Nacht über den ganzen Distrikt verbreitet werden konnte. Andere frühe Berichte über die intensive Nutzung von Feuersignalen stammen aus Mari, und wahrscheinlich steht auch die Wiege der Telekommunikation im Nordwesten Mesopotamiens.

Telegraphischer Kode

Die einzige Erfindung in den nächsten 3500 Jahren, die für die Telekommunikation von größerer Bedeutung war, war der telegraphische Kode, der in China zur Zeit der Streitenden Reiche (481–221 v. Chr.) entstand. Er ermöglichte es, Botschaften über Tausende von Kilometern hinweg zu schicken – bei jedem Wetter und zu jeder Tages- oder Nachtzeit. Das Medium waren Trommelschläge, die von Station zu Station weitergeleitet wurden. Die meisten Stationen lagen an Hauptstraßen, eine jeweils in Hörweite der nächsten, und die Reisenden konnten die über sie hinweggehenden Nachrichten mit verfolgen. Das war der Vorläufer des

Morsekodes, den Samuel F. Morse Ende der dreißiger Jahre des 19. Jahrhunderts in den USA erfand, wenn auch für elektronische statt für Perkussionsinstrumente.

Morsekode

Forschungsarbeiten über elektrische Ladung führten 1745 zur Erfindung der sogenannten Leidener Flasche, eines einfachen Kondensators, und weckten neues Interesse an den Möglichkeiten der Telegraphie. Der französische Abt Jean-Antoine Nollet (1700–1770) – ein Physiker und Biochemiker – ließ 200 Mönche des Kartäuserordens antreten und schloß sie zu einem Schaltkreis von mehr als 1500 Meter Länge zusammen. Jeder Mönch hielt Drähte in den Händen, die ihn mit den links und rechts von ihm stehenden Brüdern verbanden. Als Strom durch die Leitung geschickt wurde, verspürte jeder Mönch einen Schlag. Das bewies dem Abt, daß elektronische Nachrichtenübermittlung prinzipiell möglich ist; was ihn besonders beeindruckte, war die Übertragungsgeschwindigkeit des elektrischen Impulses. Nach diesem Experiment wurden mehrere kurze Direktverbindungen eingerichtet, die allerdings wenig Einfluß auf die weitere Entwicklung der Kommunikationstechnik hatten.

Elektronische Nachrichtenübermittlung

Das erste Übertragungssystem, das mit Strom statt mit statischer Elektrizität arbeitete, installierte der russische Baron von Schilling in Petersburg. Von Schilling erklärte sein System William Fothergill Cooke, der sich daraufhin mit Professor Charles Wheatstone zusammentat, um die Methode zu verbessern und die Telegraphie in Großbritannien einzuführen. Ihre erste Telegraphenlinie legten sie 1838 für die *Great Western Railway*, eine Eisenbahngesellschaft, von London nach West Drayton. Das waren zwar nur 21 Kilometer, aber im Laufe der nächsten Jahre schlossen die beiden noch andere Zentren an und begründeten 1846 die *Electric Telegraph Company*. Großbritannien besaß damit das erste Telegraphennetz der Welt. Aber Cooke und Wheatstone stritten sich wie zwei Schuljungen, wer von ihnen an diesem Durchbruch den größeren Anteil gehabt hatte.

Elektronisches Telegraphennetz

1841 baute Wheatstone einen Empfänger, der die telegraphierten Botschaften ausdrucken konnte – den ersten Fernschreiber –, aber das Gerät setzte sich nicht durch.

Telex, Fernschreiber

Schon bald darauf bemühte man sich, das System über die Landesgrenzen hinaus zu erweitern. 1850 begannen John und Jacob Brett, ein Kabel durch den Ärmelkanal zum europäischen Festland zu legen; von einem Schleppkahn aus ließen sie es direkt ins Wasser rollen, so daß es

Seekabel

auf dem Meeresgrund zu liegen kam. Ihr erster Versuch schlug fehl, doch im Jahr darauf gelang es ihnen, die Verbindung über den Kanal fertigzustellen.

Im Jahr 1960 brachte die amerikanische Raumfahrtbehörde NASA einen neuen Satellitentyp mit der Bezeichnung »Echo 1« heraus. Er hatte eine relativ erdnahe Umlaufbahn, in nur 1600 Kilometer Höhe. Sobald er seine endgültige Position erreicht hatte, vergrößerte dieser Satellit seinen Durchmesser auf 30 Meter, indem er einen mitgebrachten Ballon aus dem Kunststoff Mylar auffaltete. Der Kunststoff war mit Aluminium beschichtet; von der Erde kommende Radiosignale wurden an der Satellitenoberfläche reflektiert und konnten weit von ihrem Sendeort entfernt empfangen werden. »Echo 1« übertrug Stimmen, Musik und Bilder zwischen Amerika und Europa. 1968 verschwand er wieder vom Himmel.

Kommunikationssatelliten

Zwischen 1860 und 1864 baute der Physiker und Lehrer Johann Philipp Reis (1834–1874) eine ganze Reihe von ähnlichen Geräten, die er der Öffentlichkeit als »Telephon« präsentierte. Eines der Modelle konnte tatsächlich einige Elemente gesprochener Sprache übertragen. Als Empfänger benutzte Reis eine Nadel in einer Drahtspule. Die elektrischen Impulse, die über einen Draht aus dem Sender kamen, sobald jemand in diesen hineinsprach oder -sang, magnetisierten und entmagnetisierten die Spule. Auf diese Weise war der Empfänger in der Lage, die Tonhöhen wiederzugeben, doch die Klangfolge, die ein Zuhörer vernahm, konnte nicht als artikuliertes Sprechen verstanden werden.

Telefon

Am 14. Februar 1876 erhielt das amerikanische Patentamt Unterlagen von zwei Erzrivalen, die sich beide einen »Sprachtelegraphen« patentieren lassen wollten und entsprechende Beschreibungen und Konstruktionszeichnungen einreichten. Einer von ihnen, Alexander Graham Bell, baute gleich danach die ersten Telefonapparate und konnte am 9. März erstmals gesprochene Sprache übertragen. Merkwürdigerweise hatten Bells Apparate große Ähnlichkeit mit den Konstruktionszeichnungen seines Konkurrenten Elisha Gray und wichen von seinen eigenen eingereichten Unterlagen ab. Im Juni oder Juli desselben Jahres übertrug auch Gray mit ganz ähnlichen Apparaten gesprochene Sprache.

Übertragung gesprochener Sprache

Ursprünglich gehörten immer zwei Telefone paarweise zusammen, bis Bell und die *Bell Companies* 1877 die Vermittlung einführten, damit ein Anrufer zwischen verschiedenen Leitungen wählen konnte. Das Experiment begann in einigen Städten im Nordosten der USA. Dort wurden

Telefonvermittlung

senkrecht stehende Schalttafeln installiert, die es ermöglichten, einen eingehenden Anruf mit jeder beliebigen anderen Leitung zu verbinden. Diese Vermittlung geschah von Hand, und ein Anrufer mußte das Gesprächsende durch Klingeln kundtun, damit die Verbindung wieder getrennt wurde.

Mobiles Funktelefon

Die ersten Mobiltelefone waren spezielle Geräte, die Telefontechniker bei ihrer Arbeit brauchten. Die ersten mobilen Funktelefone für die Öffentlichkeit wurden in den sechziger Jahren von der französischen Eisenbahngesellschaft SNCF in den prestigeträchtigen Hochgeschwindigkeitszügen eingebaut.

Solartelefon

Das erste mit Sonnenenergie betriebene Telefon wurde 1974 in der Nähe von Port Augusta in Südaustralien ans australische Telefonnetz angeschlossen. Es war das erste Telefon des Typs, der heute überall im Outback – fernab jeder Telefonleitung – zu finden ist. Der erforderliche Strom kommt aus Solarzellen bzw. den zugehörigen Akkumulatoren. Die Telefongespräche werden über die erste »digitale Funkwählsterneinrichtung« weitergeleitet, die 1978 von den *Telecom Research Laboratories* in Melbourne entwickelt wurde.

Fax

Faxgeräte wie wir sie heute kennen, sind genaugenommen nur ein billiger Abklatsch der Geräte, die jahrzehntelang von Zeitungen für die Übertragung von Photographien benutzt wurden. Den Prototyp entwickelte Professor Arthur Korn 1902 in Deutschland. Im Jahr 1904 gelang es ihm, ein Bild telegraphisch von München nach Nürnberg zu schicken. Das erste über den Ärmelkanal gefaxte Bild kam 1907 aus Paris, es wurde im Londoner *Daily Mirror* gedruckt.

Radiowellen

Der deutsche Physiker Heinrich Hertz (1857–1894) erzeugte 1887 die ersten Radiowellen, als er mit elektrischen Strömen experimentierte. Er stellte fest, daß ein Funke eine Lücke in einem Schaltkreis übersprang, wenn er dicht daneben einen anderen Schaltkreis aktivierte. Dieses Phänomen identifizierte er korrekt als Übertragung durch elektromagnetische Wellen. Mit seiner Arbeit erklärte und erweiterte er die Theorien des schottischen Physikers James Clerk Maxwell (1831–1879), die dieser 1873 in seinem Buch *Electricity and Magnetism* (»Elektrizität und Magnetismus«) veröffentlicht hatte.

Hertz selbst glaubte nicht, daß seine Entdeckung für die Kommunikation von Bedeutung war, doch von 1895 an untersuchten verschiedene

Forscher die drahtlose Nachrichtenübermittlung unter Testbedingungen. Bereits früher hatte David Hughes, der Erfinder des Mikrophons (siehe Kapitel XI, 2) festgestellt, daß er manchmal auch dann Geräusche, die das Mikrophon aufnahm, über Kopfhörer hören konnte, wenn er die Verbindungsdrähte herausgezogen hatte. Dieses Phänomen bezeichnete er als *aerial transmission* (»Übertragung durch die Luft«). Der erfolgreichste Experimentator war der italienische Elektroingenieur Guglielmo Marconi (1874–1937), der 1894 begann, sein erstes Funkgerät zu bauen. 1895 bastelte er eine Antenne und fand heraus, daß er mit einem hinter einem Hügel stehenden Empfänger elektromagnetische Wellen auffangen konnte. Im gleichen Jahr gelang es ihm, langwellige Signale über eine Strecke von mehr als 1,5 Kilometer hinweg zu übertragen. Damit hatte das Funken das Teststadium endgültig hinter sich und den ersten Schritt zur praktischen Anwendung getan. Marconi ging nach England und gründete eine Gesellschaft für drahtlose Telegraphie. Im Dezember 1902 richtete er die erste transatlantische Verbindung ein, die in beide Richtungen erfolgreich funktionierte. Gemeinsam mit Karl Ferdinand Braun erhielt er 1909 den Nobelpreis für Physik für seine Verdienste um die drahtlose Kommunikation.

Drahtlose Nachrichtenübermittlung

Am Wettrennen um die »Television« waren jahrzehntelang viele Forscher aus Rußland, Mitteleuropa und den USA beteiligt. Wobei der erste nicht notwendigerweise auch mit der Entwicklung am weitesten fortgeschritten war. Dem Schotten John Logie Baird (1888–1946) und seiner Arbeitsgruppe in London gelang 1926 die erste experimentelle Übertragung eines Fernsehbildes. Das Bild wurde per Mittelwelle übertragen und erschien unscharf, aber erkennbar, in rosarotem Neonlicht auf dem Bildschirm. Noch im selben Jahr produzierten sie das erste farbige Fernsehbild, indem sie den Abtaster mit Farbfiltern ausrüsteten.

Fernsehen

Die ersten täglichen Fernsehprogramme wurden ab August 1928 von zwei amerikanischen Sendern ausgestrahlt, die eine ähnliche Technik verwendeten wie Baird. Einen Monat zuvor waren die ersten Fernsehgeräte, hergestellt in einer Firma am Stadtrand von New York, in den Handel gegangen.

Fernsehprogramm

IX. REISE UND VERKEHR

In diesem Kapitel werden sowohl die Verkehrsmittel als auch die großen Expeditionen und Entdeckungsfahrten behandelt. Genaugenommen hatten die prähistorischen Menschen außer der Antarktis bereits alle Regionen der Erde erreicht – immerhin stießen Entdecker später allenthalben auf »Ureinwohner«. Aber über diese prähistorischen »Reisen« gibt es keine Aufzeichnungen, und meistens fanden sie wohl auch in Etappen statt. Deshalb gehen wir hier nicht weiter auf sie ein.

1. Schiffe und Schiffahrt

Boote, Flöße, Segel, Ruder und Paddel sind alles prähistorische Erfindungen unbekannten Ursprungs. Kriegsschiffe, Unterseeboote und Seekriegsführung werden in Kapitel VI, 3 behandelt.

Schiffe für den Verkehr auf dem Nil wurden in Ägypten seit den Tagen des Alten Reiches (etwa 3500 v. Chr.) gebaut. Boote für den Lastentransport hatte man bis dahin ganz aus Papyrus hergestellt. Mit der Einführung von Spanten war es möglich, einen geformten Rumpf zu gestalten und größere Schiffe zu bauen; das war der Beginn einer echten Flußschiffahrt. Seetaugliche Schiffe entstanden bald danach, obwohl sich nicht mit Bestimmtheit sagen läßt, ob die ersten in Ägypten oder an der vorderasiatischen Mittelmeerküste gebaut wurden, wo es reichlich Holz gab. Es könnte auch an der Küste des Persischen Golfs gewesen sein. **Schiffe**

Aufzeichnungen aus der Zeit von 3000 v. Chr. enthalten den ersten Hinweis auf eine seetüchtige Flotte: 40 Schiffe segelten von der Küste des heutigen Libanon nach Ägypten. **Hochseeflotte**

Schratsegel

Das längs des Schiffs angebrachte Schratsegel, das es ermöglicht, gegen den Wind zu segeln, wurde von einer steinzeitlichen Gesellschaft erfunden, die in dieser Hinsicht ihren zivilisierteren Zeitgenossen weit voraus war. Während die Ägypter und die Mesopotamier mit ihren schwer manövrierbaren rahgetakelten Schiffen zu kämpfen hatten und die Chinesen fast gar nicht segelten, rüsteten die Bewohner Südostasiens ihre Kanus mit Schratsegeln aus. Die Bevölkerung Malaysias und der indonesischen Inselwelt hatte wahrscheinlich bereits um 2000 v. Chr. herausgefunden, wie man ein Rahsegel in spitzem Winkel zur Längsachse des Bootes anbringt. Daraus könnte sich die typische dreieckige Segelform der polynesischen Boote entwickelt haben.

Katamaran

Zur gleichen Zeit erfanden dieselben Leute den Katamaran, indem sie die stabilisierenden Ausleger der Boote durch einen zweiten Rumpf ersetzten. Und innerhalb von 1000 Jahren hatten ihre Nachfahren mit diesen Booten Inseln im gesamten Indischen und Pazifischen Ozean entdeckt und besiedelt – von Mikronesien im Osten bis Madagaskar im Westen.

Besegelung mit mehreren Schratsegeln

Segelschiffe mit Schratsegeln erwähnt der chinesische Schriftsteller Wan Zhen in seinem Buch »Untersuchung der Besonderheiten der südlichen Regionen« (3. Jahrhundert n. Chr.). Es handelt sich um Schiffe aus Südostasien, und Wan liefert die erste Beschreibung einer Besegelung mit mehreren Schratsegeln:

> … ihre Schiffe tragen vier Segel, die vom Bug zum Heck in einer Reihe hintereinander angeordnet sind … die vier Segel zeigen nicht genau nach vorn, sondern sie stehen schräg; außerdem lassen sie sich alle in dieselbe Richtung ausrichten und festmachen, so daß der Wind aufgenommen oder abgeleitet werden kann.

In römischer Zeit gab es im Mittelmeerraum zwar schon kleine Schratsegel am Bug der Schiffe, aber die Hauptsegel waren immer Rahsegel.

Heckruder

Das älteste bekannte Heckruder wurde in einem Grab der Han-Dynastie in der Nähe von Kanton gefunden. Es stammt etwa aus dem Jahr 100 n. Chr. und gehört zu einem ungefähr 60 Zentimeter langen Schiffsmodell aus Ton. Sein Design ist schon relativ ausgereift: Erstens ist es mittig unter einer Bedienbrücke angebracht und zweitens wird es dadurch ausbalanciert, daß ein Teil des Ruderblattes vom Ruderschaft nach vorn weggeht (Balanceruder). Ältere chinesische Schiffsmodelle waren bis dahin immer mit den weniger effektiven paddelförmigen Seitenrudern (Steuerriemen) ausgestattet. Das heißt, daß das Balanceruder im Jahr 100 n. Chr. eine relativ junge Neuerung darstellte. Es könnte jedoch sein, daß das Heckruder sogar noch früher in Ägypten erfunden wurde, wo es sicher in den Stromschnellen des Nils von Nutzen gewesen wäre. Der griechische Geschichtsschreiber Herodot erwähnt, daß die ägyptischen Schiffe mit Rudern gelenkt werden, die geradewegs durch den Kiel verlaufen. Aber die Beschreibung ist zu knapp, um ganz sicher zu sein.

Schaufelradboote

In einem in Latein abgefaßten Buch mit dem Titel *De Rebus Bellicis* (»Vom Kriegshandwerk«, erschienen etwa 370 n. Chr. in Byzanz, dem heutigen Istanbul) findet sich die Zeichnung eines Schaufelradbootes. Die Schaufelräder sind seitlich angebracht und werden von einem Ochsen bewegt, der im Inneren des Schiffes im Kreis herumgeht. Ob und, wenn ja, wann der Entwurf in die Praxis umgesetzt wurde, wissen wir nicht. Die ersten bekanntermaßen funktionierenden Schaufelradboote gehörten zu der kleinen Flotte des chinesischen Admirals Wang Zhene, der sie im Jahr 418 n. Chr. gegen die Qiang-Barbaren einsetzte. Sie wurden von Männern in Tretmühlen betrieben und versetzten die Barbaren in Angst und Schrecken, weil sie sich ohne Segel oder Ruder vorwärts bewegten.

Ein Schaufelradboot mit einem einzigen riesigen Rad am Heck tauchte 750 Jahre später in der Flotte von Admiral Shi Zhengji auf. Er hatte ein 100 Tonnen schweres Kriegsschiff mit einem zwölfflächigen Schaufelrad in Auftrag gegeben. Das Schiff, gebaut 1168 n. Chr., wurde von Männern in einer Tretmühle angetrieben und tat auf dem Jangtse Dienst.

Schiffsschraube

Das Schaufelrad wurde von der Schiffsschraube abgelöst, einer wesentlich effizienteren Form des Antriebs. Daß es möglich sein mußte, ein Boot mit einer Schraube durchs Wasser zu bewegen, war im 18. Jahrhundert sowohl in Europa wie in China bekannt. Der Gedanke wurde in chinesischen Modellbooten dieser Zeit erstmals in die Praxis umgesetzt. Der älteste Bericht über ein solches Modell stammt aus dem Jahr 1818. Ein Oberst Mark Beaufoy erwähnt ein chinesisches Boot, das er etwa 1780 in der Schweiz zu Gesicht bekam:

> Auf dem Boden dieses Modells befand sich eine Schnecke, die sich mit beachtlicher Geschwindigkeit zu drehen begann, wenn man das Uhrwerk mit einer Feder – ähnlich der einer Taschenuhr – in Gang setzte. Setzte man das Boot in ein Gefäß mit Wasser und legte man das Ruder mehr oder weniger stark um, fuhr es so lange im Kreis herum, bis die Uhr abgelaufen war.

Historisch gesehen, wurden Schrauben im Westen viel häufiger verwendet als in China. Möglicherweise hatten europäische Missionare, von denen einige in China wirkten und die zum Teil hochgelehrt waren, bei dieser Erfindung die Finger im Spiel.

Dampfschiff

Ferdinand Verbiest, der Erfinder des Kraftfahrzeugs (siehe Kapitel IX, 2), war begeisterter Anhänger der Dampfmaschine. In den sechziger Jahren des 17. Jahrhunderts begann er nicht nur, an einem Automobil zu arbeiten, sondern auch am ersten dampfgetriebenen Boot. Anfang der siebziger Jahre stellte er sein Boot vor. Es hatte vier Schaufelräder, die mit einem Antriebsrad verbunden waren. Der aus dem Kessel strömende Dampf drehte das Antriebsrad und dieses wiederum die Schaufelräder.

Tragflächenboot, Luftkissenboot

Zehn Jahre nach seinem ersten Flug (siehe Kapitel IX, 3) konstruierte der Franzose Clément Ader (1841–1925) das erste Luftkissenboot. Dieses Boot besaß in Höhe des Wasserspiegels Tragflächen. Ausströmende Druckluft bildete unter den Tragflächen ein Luftkissen, so daß die Kontaktfläche zwischen Boot und Wasser stark vermindert war. Als Ader seinen »Hydroglisseur« (»Wassergleiter«) 1900 der Öffentlichkeit vorstellte, hoffte er, dadurch Unterstützung für eine kommerzielle Weiterentwicklung zu erhalten. Diese Unterstützung blieb jedoch aus, und deshalb gab er die Idee auf. Als »Hovercraft« wurde sie dann 1955 von Christopher Cockerell wieder aufgegriffen und realisiert.

Doppelender

Die ersten Schiffe waren so konstruiert, daß die Flanken an Bug und Heck zu einer Spitze zusammenliefen. Doch im alten Ägypten gab es einen Schiffstyp, den sogenannten Horian, bei dem die Flanken am Vorder- und am Hinterende durch Querbalken auseinandergehalten wurden. Die Schiffe hatten daher stumpfe anstelle von spitzen Enden; in der Seemannssprache heißen diese Enden »Spiegel«. Der Horian war zu Zeiten der 6. Dynastie (etwa 2700 v. Chr.) in Ägypten weit verbreitet.

Schlauchboot

Seit etwa 1000 v. Chr. benutzten armenische Händler, die auf den mesopotamischen Flüssen Euphrat und Tigris zu den Handelsplätzen im Süden fuhren, aufblasbare Boote. Die Strömung des Flusses war zu stark, um auf demselben Weg zurückzukehren. Deshalb ließen die Händler am Zielort die Luft aus den Schläuchen, verkauften den Holzrahmen und ritten auf Eseln nach Hause. Die leeren Luftkammern, die aus Tierhäuten gefertigt waren, nahmen sie wieder mit. Ein vollausgerüstetes mesopotamisches Schlauchboot hatte neben seiner normalen Ladung mindestens einen Esel für den Heimweg an Bord.

Metallverkleidung, Panzerung

Metall wurde im Schiffsbau anfänglich nicht zur Verstärkung der Konstruktion verwendet, sondern um den hölzernen Rumpf vor der Zerstörung durch Insekten und andere Tiere zu schützen. Im östlichen Mittelmeerraum, wo griechische und phönizische Händler häufig unter solchen Plagen zu leiden hatten, begann man vermutlich im 5. oder 6. Jahrhundert v. Chr. damit, den gesamten Rumpf mit dünnen Bleiplatten zu verkleiden. Das Wrack eines griechischen Schiffes aus dem frühen 4. Jahrhundert, das bei Kyrene gefunden wurde, zeigt die damals angewandte Technik: Der Rumpf wurde ganz aus Holz gefertigt und dann mit dünnen Bleiplatten belegt, die man mit Kupfernägeln befestigte. Schwere Eisenplatten zur Panzerung von Kriegsschiffen kamen im 11. Jahrhundert n. Chr. in China in Gebrauch (siehe Kapitel VI, 3).

Gliederschiff

In einem Buch aus der Ming-Dynastie mit dem Titel »Die besten Konstruktionen in der Rüstungstechnik« (erschienen 1628) finden wir die Beschreibung und die Zeichnung eines chinesischen Gliederschiffes aus dem vorherigen Jahrhundert. Das Schiff, das in der Mitte ein Gelenk besaß, war ein Minenleger. Die explosive Ladung war im vorderen Teil des Schiffes untergebracht, den man im Notfall abhängen und zurücklassen konnte. Nur wenig später wurde diese Bauweise auf den zivilen Bereich übertragen, und man verwendete Gliederschiffe beispielsweise für Transporte auf Kanälen – zuerst in China, dann auch andernorts.

Klipper

Am 3. Mai 1844 ließ die amerikanische Werft Brown and Bell die *Houqua* vom Stapel, ein langes schlankes Schiff mit einem auffallend steilen Bug und einem ziemlich flachen Heck. Mit Rahsegeln an hohen Masten getakelt, brach sie alle Rekorde für die Strecke New York–China und läutete das Zeitalter der majestätischen Klipperschiffe ein. Die neuartige Rumpfkonstruktion hatte Kapitän Nathaniel Palmer (1799–1877) im Jahr 1843 in einem Modell vorgestellt. Es war derselbe Palmer, der zuvor für sich beansprucht hatte, als erster die Antarktis gesichtet zu haben (siehe Kapitel IX, 4). Einen klipperähnlichen Rumpftyp verwendeten algerische Freibeuter bereits im 17. und 18. Jahrhundert für ihre außerordentlich erfolgreichen, mit Schratsegeln getakelten Schebeken (arabisch *djebek*).

Luxusliner

Seereisen waren in der Antike wenig komfortabel. Allenfalls auf Frachtschiffen gab es ein paar wenige Kabinen, normalerweise fand man sich in beengten Schlafbereichen über oder unter Deck wieder. Die *Syracusia*, die etwa 250 v. Chr. vom Stapel gelassen wurde, war wahrscheinlich das größte Frachtschiff ihrer Zeit – und sie bot Annehmlichkeiten, die vorher nur für Majestäten zu haben waren. Vom Unterdeck aus gelangte man in den Frachtraum. Das nächste Deck besaß geräumige Kabinen und Suiten; es öffnete sich zur mittleren Promenade. Darüber lag ein weiteres Promenadendeck mit Wandelgängen, einer Sporthalle, einer Bibliothek, Bädern mit warmem Süßwasser, einem Fischteich, großen bewässerten Beeten, einem Stall für 20 Pferde und einem Tempel. 2,70 Meter hohe Statuen trugen das Oberwerk, einschließlich acht Türmen mit Kränen und mechanischen Waffen, wie Speerwerfern und Enterbalken. 60 Kriegsschiffe hätte man aus dem Holz der *Syracusia* bauen können, das von zehn Pfund schweren Nieten zusammengehalten wurde. Der Rumpf war mit pechgetränktem Segeltuch überzogen und mit dünnen Bleiplatten belegt. 300 Handwerker und ihre Helfer arbeiteten ein Jahr lang an diesem Schiff. Hieron, der Herrscher der griechischen Stadt Syrakus auf Sizilien, hatte die *Syracusia* in Auftrag gegeben; Baumeister war Archesius von Korinth, und als Projektmanager fungierte der in Syrakus lebende Wissenschaftler Archimedes (287–212 v. Chr.), der auch die Bewaffnung und die Abschußvorrichtungen entwarf. Die Beiboote der *Syracusia* waren nicht an den Seiten befestigt wie bei einem modernen Luxusliner, sondern folgten ihr im Schlepptau. Zu diesem »Gefolge« zählten eine Pinasse von 90 Tonnen, ein paar Boote von 45 Tonnen und mehrere kleinere Kutter. Bei ihrer Jungfernfahrt hatte die *Syracusia* 3200 Kubikmeter Korn, 600 Tonnen Wolle sowie 1000–2000 Tonnen Fisch und sonstige Fracht geladen. Der einzige Hafen außerhalb von Syrakus, in den ein so großes Schiff einlaufen konnte, war Alexandria in Ägypten. In Ägypten war zu jener Zeit das Korn knapp, deshalb benannte Hieron sein Schiff in *Alexandris* um und schenkte es mitsamt seiner Ladung dem ägyptischen Pharao Ptolemaios.

Internationale Schiffahrtslinie

Die *Syracusia* war eine Ausnahme. Der Passagiertransport auf dem Mittelmeer blieb auch weiterhin ein Zubrot für kleine und mittlere Frachtschiffe. Regelmäßiger Linienverkehr mit Luxuslinern setzte erst im 11. Jahrhundert ein. Die neue Art zu reisen wurde auf den viel befahrenen Strecken zwischen China und Indien eingeführt. Reiche chinesische Geschäftsleute ließen ganze Flotten riesiger Dschunken bauen, auf denen man so praktische Dinge wie Kompasse und wasserdichte Kabinen und Luxus wie Bullaugen und Stewards, die Speisen und Getränke reichten, erwarten konnte. Ibn Battuta, ein Reisender aus Marokko, der im Jahr 1342 von Kalkutta nach China reiste, beschrieb ein solches Schiff:

> Das Schiff hat vier Decks und hält Räume, Kabinen und Salons für die Händler bereit. Die Kabinen besitzen eine Kammer und eine Toilette; ihre Türen können von den Passagieren mit Schlüsseln abgeschlossen werden. Die Reisenden bringen ihre Ehefrauen und Konkubinen mit ... Die Seeleute leben mit ihren Kindern an Bord; sie ziehen Kräuter, Gemüse und Ingwer in hölzernen Trögen.

Eisbrecher

Schon lange vor der Erforschung der Antarktis stellte Eis ein Problem für die Schiffahrt dar. In Nordchina (ebenso wie in Nord- und Mitteleuropa) froren immer wieder Kanäle zu, so daß die Schiffe an der Weiterfahrt gehindert wurden und man Eisbrecher brauchte, um den Weg frei zu machen. Die ersten Eisbrecher nahmen Ende des 11. Jahrhunderts n. Chr. ihren Dienst auf. Sie erhielten ihre Einsatzbefehle vom chinesischen Premierminister Wang Anshi. Die Schiffe besaßen Schaufelradantrieb und automatische Hämmer am Bug, mit denen sie das Eis zerschmetterten.

Containerschiff

Schiffscontainer wurden ursprünglich zusammen mit anderer Ladung auf ganz normalen Schiffen oder auf umgebauten konventionellen Frachtern transportiert. Die M.V. *Kooringa*, von der staatlichen Werft in Newcastle, Australien, 1964 gebaut, war das erste eigens für diesen Zweck konstruierte Schiff – mit einem ganz und gar in Zellen eingeteilten Laderaum. Die *Kooringa* fuhr die Linie Melbourne–Perth für die *Associated Steamship Company.*

Terrestrische Navigation

Astronomische Navigation

In prähistorischer Zeit bestimmten die Seefahrer ihre Position nach Landmarken. Anfangs wußte niemand, der auf die offene See hinausfuhr, in welche Richtung er sich bewegte. Die astronomische Navigation war deshalb ein wichtiger Durchbruch. Allem Anschein nach begannen die Seefahrer im östlichen Mittelmeer etwa vom 3. Jahrtausend v. Chr. an, auf ihren Schiffen Experten mitzunehmen, die sich mit den Positionen und den Bewegungen von Sonne, Mond und Sternen auskannten. Mit diesen Informationen konnten sie halbwegs zuverlässig Position und Kurs bestimmen – es sei denn, der Himmel war bewölkt.

Im Laufe der Jahrhunderte lieferte die Wissenschaft den Seefahrern eine Menge phantastischer Erfindungen, wie zum Beispiel Sternenkarten, Astrolabien und Quadranten. Alles einfache Hilfsmittel, die die astronomische Navigation verbesserten. Doch um 900 n. Chr. kam noch etwas ganz Neues zur Ausrüstung des Seemannes hinzu: der Schiffskompaß, der es ermöglichte, selbst in der finstersten Nacht die Fahrtrichtung zu bestimmen. Die ersten Geräte waren auf chinesischen Schiffen eingebaut, die den Pazifischen Ozean befuhren. An Land war der Kompaß bereits seit Jahrhunderten in Gebrauch (siehe Kapitel VIII, 10). Beim Schiffskompaß handelt es sich um eine Verbesserung, bei der die Nadel so weit stabilisiert ist, daß man den Kompaß auch auf dem schwankenden Schiff ablesen kann.

Schiffskompaß

Sterne und Kompaß helfen dem Steuermann, Position und Fahrtrichtung des Schiffes zu bestimmen. Die zweite wichtige Aufgabe, die er zu lösen hat, ist, den besten Kurs zum Zielort zu ermitteln. Der portugiesische Mathematiker Pedro Núñez erarbeitete 1537 die optimale Methode: Der Kurs des Schiffes wird so gelegt, daß es auf einem Teilstück (Bogen) des Kreises fährt, den man durch zwei Punkte und um den vollen Erdumfang legen kann. Dies ist die kürzeste Verbindung zwischen zwei Punkten auf der Oberfläche einer Kugel. Núñez Leistung bestand darin, eine praktikable Methode zu finden, wie man diese Linien auf eine zweidimensionale Karte zeichnen konnte.

Großkreis-navigation

Bis ins 18. Jahrhundert hinein konnten die Seeleute lediglich den Breitengrad, auf dem sie sich befanden, hinreichend genau bestimmen. Für den Längengrad, also die Angabe, wie weit östlich oder westlich sie lagen, waren sie auf grobe Schätzungen angewiesen. Der Längengrad läßt sich genau bestimmen, wenn man die Ortszeit mit der Uhrzeit eines Ortes mit bekanntem Längengrad vergleicht. Das Problem war, daß es lange keine Uhr gab, die genau genug ging, und das noch auf See. Im Jahr 1714 verabschiedete das britische Parlament ein Gesetz, das demjenigen 20 000 englische Pfund – ein wahres Vermögen – zusicherte, der als erster eine seetaugliche Uhr präsentierte, mit der sich der Längengrad auf ein halbes Grad genau bestimmen ließ. Die Siegeruhr sollte auf den Schiffen, die längere Reisen in östlicher oder westlicher Richtung machten, die Greenwich-Zeit, also die Zeit am 0. Längengrad, anzeigen. John Harrison (1693 bis 1776) hatte den ersten Entwurf für eine Schiffsuhr bereits 1728 fertiggestellt; doch es dauerte noch sieben Jahre, bis er das erste Chronometer präsentierte. Es erfüllte die Anforderungen an die Genauigkeit noch nicht

Navigation mit Chronometer

ganz, aber es sicherte ihm eine finanzielle Unterstützung für die Weiterentwicklung. 1759 vollendete John Harrison seine Uhr Nr. 4. Die Kommission testete sie auf zwei Atlantiküberquerungen und war mit den Ergebnissen zufrieden. Fast sofort waren Uhren dieses Typs überall in Gebrauch.

Die Satellitennavigation ist eine Form der astronomischen Navigation – nur daß sie mit künstlichen Satelliten anstelle von echten Sternen arbeitet und sich statt auf das Auge auf wetterunabhängige Funkwellen verläßt. Die Genauigkeit ist allerdings sehr viel höher. Die Satellitennavigation wurde nach einigen erfolgreichen Tests 1971–1972 international eingeführt.

Navigation mit Satelliten

Mit Hilfe von Schleusen lassen sich Höhenunterschiede in Kanälen und anderen Wasserwegen überwinden. Die Vorläufer der echten Schleusen waren sogenannte Stauschleusen. Sie bestanden aus einem Tor am tiefer gelegenen Ende eines längeren Kanalabschnitts. Diese relativ einfache Methode, die Wasserhöhe auszugleichen, wurde in Ägypten vermutlich um 300 v. Chr. (oder noch früher) angewandt; möglicherweise kannte man sie auch in China. Eine »geniale« Schleuse wurde während der Regierungszeit von Ptolemaios II. (285–246 v. Chr.) in den Kanal eingebaut, der den Nil mit dem Roten Meer verband (siehe unten). Aus der Wortwahl des griechischen Geschichtsschreibers Diodoros könnte man schlußfolgern, daß es sich um die erste Kammerschleuse handelte, die raffiniertere Schleusenvariante mit zwei Toren. Wenn sie es nicht war, mußte die Welt bis 983 n. Chr. warten, als Qiao Wei, der stellvertretende Beauftragte für das Verkehrswesen, eine Schleuse mit zwei 75 Meter voneinander entfernten Toren entwarf. Man konnte sie dicht schließen, wenn die Lastkähne hineingefahren waren, und dann das Wasserniveau langsam an das des nächsten Kanalabschnittes angleichen. Die erste Schleuse dieser Art nahm noch im selben Jahr in dem Teilstück des Kaiserkanals den Betrieb auf, der unter Qiaos Zuständigkeit fiel.

Kanalschleusen

Stauschleuse

Kammerschleuse

Als im letzten Jahrhundert die Arbeiten am Suezkanal begannen, über den Schiffe vom Indischen Ozean ins Mittelmeer gelangen können, nahmen die Ingenieure weite Strecken eines alten ägyptischen Kanals wieder in Betrieb, um Süßwasser an die Baustelle zu leiten. Der alte Kanal hatte einmal den gleichen Zweck erfüllt wie der Suezkanal heute – er war ein Schifffahrtsweg, der zwei Meere miteinander verband. Er wurde im Mittleren

Verbindung zwischen Indischem Ozean und Mittelmeer

Reich, in der 12. Dynastie (etwa 2000 v. Chr.), eröffnet. Während der 26. Dynastie, unter Pharao Necho, wurde er überholt und im 7. Jahrhundert v. Chr. für große Schiffe geöffnet. Die Ausbesserungs- und Erweiterungsarbeiten konnten erst nach Nechos Regierungszeit beendet werden; zu der Zeit herrschte der Perser Darius (521–485 v. Chr.). Die Überreste, die wir heute sehen, zeigen einen etwa 46 Meter breiten und fünf Meter tiefen Kanal. Die Schleuse, die im 3. Jahrhundert v. Chr. eingebaut wurde, könnte die erste Kammerschleuse gewesen sein (siehe S. 335).

Kaiserkanal

Der erste über eine große Entfernung hinweg schiffbare Kanal war der Kaiserkanal. Er wurde während der Sui-Dynastie unter der Regierung von Kaiser Sui Yangdi erbaut. Der Abschnitt, der das Flußsystem des Gelben Flusses mit dem Jangtse verband, wurde 605 n. Chr. fertiggestellt. Der Kanal war etwa 61 Meter breit, parallel dazu verliefen Fernstraßen, und die Ufer waren mit Weiden bepflanzt. Der nördliche Teil, der 608 eröffnet wurde, führte den Kanal bis in die Nachbarschaft des heutigen Peking. 610 fand das gesamte Projekt seinen Abschluß, als der südliche Teil bis nach Hangzhou und etwas darüber hinaus verlängert wurde. Insgesamt ist der Kanal etwa 1600 Kilometer lang.

Verbindung zwischen Pazifischem und Atlantischem Ozean

Nach vielen Plänen und Vorschlägen begann 1881 eine französische Gesellschaft (gegründet von Ferdinand de Lesseps, dem Erbauer des Suezkanals) damit, einen Kanal durch die Landenge von Panama zu bauen. Die Gesellschaft ging 1889 bankrott. Nach einigem weiteren finanziellen, technischen und politischen Hin und Her handelten die USA 1903 mit dem neu gegründeten Staat Panama einen Vertrag aus, in dem die USA die Unabhängigkeit Panamas garantierten und dafür einen 16 Kilometer breiten Landstreifen pachten durften, durch den schließlich der Panamakanal gelegt wurde. 1914 wurde er für den Verkehr freigegeben. Auf dem Weg von Cólon am Atlantik nach Panama City am Pazifik passiert der fast 82 Kilometer lange Kanal sechs Schleusen.

2. Transport und Verkehr zu Land

Die erste Alternative zum Selbsttragen war die Verwendung von Packtieren. Das Reiten auf Pferden und Kamelen kam erst später, aber noch in prähistorischer Zeit, deshalb sind keine Spuren erhalten. Brücken werden in Kapitel V, 2 behandelt.

Pferdebuch

Kikkuli, ein Hurriter (aus dem Landesinneren der heutigen Türkei), schrieb um 1400 v. Chr. ein Pferdehandbuch. Das Land der Hurriter gehörte zum Alten Reich der Hethiter, und das Buch war in hethitischer Sprache abgefaßt. Es beschäftigt sich mit Fragen der Zucht und der tiermedizinischen Versorgung und enthält außerdem ein Schritt-für-Schritt-Lernprogramm für die Verwendung von Pferden vor leichten Kampfwagen.

Brustblatt, Sielengeschirr

Vor der Erfindung des Brustblatts konnten Pferde nur leichte Lasten ziehen. Sobald man mit einer schwereren Ladung die Geschwindigkeit erhöhte, zog das Geschirr die Luftröhre des Tieres zusammen. Das Brustblatt lenkt den Zug über den Brustkorb auf das Skelett des Pferdes, so daß es Lasten von wesentlich größerem Gewicht ziehen kann. Diese neue Methode wurde etwa 400 v. Chr. entwickelt, und sie gab dem Transport mit Pferdefuhrwerken den stärksten Auftrieb, seit es Karren gab. Das neue Geschirr kam in Nordchina auf; es soll von Wen Zi, dem Bruder eines Herzogs erfunden worden sein. Nordchina war – was Pferde und Wagentechnik anging – 800 Jahre später noch immer führend: Das erste Kummet stammt ebenfalls von dort. Das Kummetgeschirr ist heute am verbreitetsten. Es stellt eine Verbesserung des Sielengeschirrs dar, weil es effizienter und leichter handhabbar ist.

Kummetgeschirr

Motorbetriebenes Fahrzeug

Der belgische Pater Ferdinand Verbiest (gest. 1688) und sein Mitbruder Philipe-Marie Grimaldi waren Jesuiten, die für die chinesische Regierung arbeiteten. Sie entwarfen und bauten einen kleinen, etwa 60 Zentimeter langen Wagen, der von einer einfachen Dampfmaschine angetrieben wurde. Aus einem mit Kohle erhitzten Kessel strömte der Dampf durch ein Rohr und drehte ein kleines Rad, das mit der Antriebsachse verbunden war. Verbiest begann 1665 mit den Arbeiten an diesem Projekt. Bei seinem ersten Probelauf 1671 in Peking fuhr das Miniauto zwei Stunden lang. Trotz dieses erfolgreichen Tests wurde weder in Belgien noch in China weitere Entwicklungsarbeit geleistet. Verbiest war der erste und allein auf weiter Flur.

Benzinbetriebenes Fahrzeug

Im Europa des späten 18. und des 19. Jahrhunderts baute man »richtige« dampfbetriebene Fahrzeuge mit Motoren, die denen von Verbiest weit überlegen waren. Aber Siegfried Marcus (1831–1898), ein deutscher Mechaniker, der am österreichischen Hof in Wien arbeitete, hatte eine andere Idee. In den Jahren 1864 und 1865 baute er eine ganze Reihe von Fahrzeugen mit einfachen Benzinmotoren. Dabei machte er sich zwei Neuerungen zunutze: den Magnetzünder, der den Zündfunken lieferte (seine eigene Erfindung), und den Verbrennungsmotor (siehe Kapitel VIII, 11). Selbst mit sehr viel Wohlwollen wäre das erste Gefährt nicht als Auto im heute üblichen Sinne zu bezeichnen: Am Rahmen eines Handkarrens war ein Einzylindermotor befestigt, und zum Starten mußte man den Wagen aufbocken. Sobald der Motor lief, setzte Marcus die Räder auf den Boden, und der Karren schoß unkontrolliert davon. Die Jungfernfahrt endete nach 200 Metern mit einem Maschinenschaden. Spätere Versionen konnten mit einer Konuskupplung, einem Sitz über dem in der Mitte montierten Motor und einem Lenkrad aufwarten. Marcus hatte noch nichts vom Viertakthub gehört (siehe Kapitel VIII, 9), seine Maschinen arbeiteten mit niedrigen Umdrehungszahlen wie eine Dampfmaschine. Doch im Verein mit der restlichen Ausstattung war dies das erste benzingetriebene Fahrzeug. 1875 ging Marcus auf große Fahrt durch die Wiener Vororte. Die Spritztour hatte ein Ende, als die Polizei sein kleines hölzernes Gefährt von der Straße holte. In manchen Berichten wird behauptet, daß Marcus seine Fahrzeuge in Wirklichkeit erst Jahre später entwickelte und daß die erste größere Probefahrt in den späten achtziger Jahren stattfand. Falls das zutrifft, wären die Wagen, die Gottlieb Daimler und Carl Friedrich Benz 1885 bauten, die ersten benzingetriebenen Fahrzeuge.

Kraftrad, Motorrad

In Cannstatt bei Stuttgart erfand Gottlieb Daimler 1885 seinen Benzinmotor, der den heutigen Verbrennungskraftmaschinen ähnlicher war als der von Marcus, auch wenn die Zündung noch nicht über einen Funken, sondern mit einem glühenden Metallrohr erfolgte. Es war ein schnell drehender Viertaktmotor mit einem oben liegenden Vergaser, in dem Luft mit fein zerstäubtem Kraftstoff gemischt wurde. Im gleichen Jahr befestigte Daimler (1834–1900) einen solchen Motor zwischen den Rädern eines hölzernen Fahrrads; ein Ledergürtel übertrug die Kraft auf das Hinterrad. Am 10. November 1885 fuhr das erste Kraftrad von Cannstatt nach Untertürkheim und wieder zurück.

Der 1895 in Frankreich gebaute Panhard-Levassor hatte einen Daimler-Motor und einen geschlossenen Aufbau. Der Motor saß vorn, unter Klappen verborgen, und die Fahrgastzelle mit Sitzen und Fenstern befand sich dahinter. Das war die erste Limousine, die Urahnin der meisten heutigen Automobile.

Limousine

Schon lange bevor man sie in der Landwirtschaft einsetzte, wurden Traktoren zum Ziehen von Artilleriegeschützen verwendet. Den ersten konstruierte der französische Artillerieoffizier Nicolas Cugnot im Jahr 1769. Ein großer Kessel vor dem Vorderrad des wuchtigen dreirädrigen Gefährts lieferte den Dampf für den Kolbenzylinder. Das Design von Cugnots Traktor war unter aller Kanone: Da das Hauptgewicht vorn lag, ließ er sich ausgesprochen schlecht steuern. Es dauerte nicht lange, und er krachte gegen eine Wand. Der zweite Traktor, der ein Jahr darauf fertig wurde, konnte bei einer Geschwindigkeit von drei Stundenkilometern etwa vier Tonnen ziehen.

Traktor

Die ersten Schienenwege wurden mit Schienen und Schwellen aus Holz gebaut, um Bergwerke, Steinbrüche und Hafenanlagen zu bedienen. Sie waren jedoch nicht dauerhaft genug, um Spuren für die Archäologie zu hinterlassen. Aus diesem Grund wissen wir nicht, wann der erste entstand. Der Zeitpunkt läßt sich jedoch anhand von Gleisstraßen abschätzen, die sehr ähnlich funktionieren. Gleisstraßen haben sich bis zum heutigen Tag erhalten, weil die Fahrzeuge statt auf Schienen in Rillen liefen, die in Stein eingehauen waren. Die älteste Fahrspur dieser Art wurde auf der Mittelmeerinsel Malta entdeckt; sie stammt aus dem 2. Jahrtausend v. Chr. Der erste Schienenweg wurde wahrscheinlich etwa zur selben Zeit oder wenig später in Betrieb genommen – aber das ist nur eine Vermutung. Sicher gab es damals noch keine Räder mit Radkranz; es könnte sein, daß seitlich an den Schienen befestigte Stangen die Wagen in der Spur hielten. Wo immer der Untergrund geeignet war, gab man Gleisstraßen den Vorzug; deshalb treten sie vorwiegend in der Umgebung von Steinbrüchen auf.

Schienenweg

Gleisstraße

Alle frühen Schienenwege und Gleisstraßen waren kurze Strecken, auf denen ganz bestimmte Güter transportiert wurden. Die erste Linie für den allgemeinen Verkehr war die *Diolkos*, die quer über den Isthmus von Korinth verlief: von Lechaion am Golf von Korinth, an der Stadt Korinth vorbei, bis nach Kenchreai am Saronischen Golf. Sie wurde um 590 v. Chr. von Periander, dem Tyrannen von Korinth, eröffnet. Hölzerne Schienen

Hauptstrecke

wären für den Schwerlastverkehr nicht geeignet gewesen, deshalb entschied man sich für eine in Stein gehauene Fahrspur. Die Spurweite betrug 1,50 Meter, zudem gab es noch ein paar bedeutsame Neuerungen: zweigleisige Streckenabschnitte und Drehgestelle. Je zwei dieser vielrädrigen Untergestelle werden heutzutage (beispielsweise bei Eisenbahnwaggons) benutzt, um das Gewicht eines langen Fahrzeugs aufzunehmen und es um die Kurve zu bringen, ohne daß es aus der Spur springt. Auf der *Diolkos*-Linie dienten sie dazu, kleine und mittlere Schiffe von einem Golf zum anderen zu transportieren und ihnen so die lange Fahrt um den Peloponnes herum zu ersparen. Die *Diolkos*-Linie wurde inzwischen durch den Kanal von Korinth ersetzt.

Zweigleisigkeit

Drehgestell

Standardisierte Spurweite, Normalspur

Die standardisierte Spurweite bei Schienenwegen, die sogenannte Normalspur (1435 Millimeter), geht ursprünglich auf die Spurweite von Karren und Streitwagen im Römischen Reich zurück. Die Spurrinnen, die die Fahrzeuge früherer Zeiten in die Fernstraßen gruben, entsprachen dem Standard der jeweiligen Region oder Epoche. Während der Qin-Dynastie (221–206 v. Chr.) ordnete Chinas Erster Kaiser, Shi Huangdi, eine standardisierte Spurweite für ganz China und alle Länder in seinem Einflußbereich an. Im gesamten nationalen Straßennetz wurden Fahrspuren dieser Breite angelegt, um den Lastenverkehr effizienter zu machen. Seit dieser Zeit besitzt China eine Normalspur. Nur eine Provinz blieb lange bei einer breiteren Spur; an ihren Grenzen gab es Servicestationen, an denen man die Achsen der Wagen austauschen konnte, wenn man von einer Provinz zur anderen reiste.

Einschienenbahn

Die sonst so großartigen irischen Erfinder haben bei den ersten Malen im Transportwesen nicht viel in die Waagschale zu werfen, das macht die Leistung von Louis Brennan um so bemerkenswerter. 1896 begann er, ein Schienenfahrzeug für eine Schiene zu entwickeln. Dafür erhielt er 1903 ein Patent, und 1907 baute er ein Modell. Um zu verhindern, daß sie kippen, mußte er die Züge mit Kreiseln ausstatten. Mit Entsetzen hörte Brennan, daß der deutsche Zeitungsverleger August Scherl genau so einen Zug am 10. November 1909 in Berlin vorführen wollte. Brennan setzte alles daran, mit Scherl gleichzuziehen, und so kam es, daß die beiden ersten echten Einschienenbahnen am selben Tag der Öffentlichkeit präsentiert wurden. 1910 stellte Brennan Scherls einfachen Prototyp mit einer beeindruckenden Weiterentwicklung schließlich weit in den Schatten. Die Lizenz für die Nutzung seines Patents in Deutschland verkaufte er an Scherl, und außerdem gewann er einen Preis bei der Japanisch-britischen Ausstellung von 1910. Im 19. Jahrhundert hatten der französische Ingenieur C. F. M. T. Lartigue und seine Firma bereits »Pseudo«-Einschienenbahnen für Nordamerika, Frankreich, Rußland und Lateinamerika gebaut. Ohne die Kreisel waren die Züge nicht in der Lage, die Balance zu halten. Sie mußten von waagrecht angebrachten Rädchen, die in Führungsschienen liefen, vor dem Umkippen bewahrt werden. 1888 eröffnete Lartigue in Irland eine Bahnstrecke zwischen Ballybunion und Listowel; das könnte der Auslöser für Brennans ehrgeiziges Projekt gewesen sein.

Lokomotive

Die erste Dampflok konstruierte der englische Ingenieur Richard Trevithick (1771–1833) für eine kurze Güterverkehrsstrecke in Mittelengland; über diese Maschine und ihre Leistungsfähigkeit ist wenig bekannt. Doch die nächste, die Trevithick baute, ging im darauffolgenden Jahr in Betrieb. Mit ihr bewies er sein meisterliches Können. An der Spitze eines Zuges mit zehn Tonnen Eisen machte die Lok im Februar 1804 erfolgreich Fahrt: mit etwa acht Stundenkilometern auf einer 14 Kilometer langen Strecke. Und obwohl Trevithicks Konstruktion über ein wenig effizientes Schwungradantriebssystem verfügte, war es in mancher Hinsicht ausgereifter als viele spätere Modelle: Der Kessel besaß eine ökonomische Hitzeverteilung über ein hufeisenförmiges Heiz- und Rauchrohr, und die Kraftübertragung erfolgte über glatte Räder statt über Zahnräder.

Elektrolok

1842 stellte Robert Davidson in Schottland die erste elektrische Lokomotive vor. Sie besaß einen batteriebetriebenen Motor und zog auf einem kleinen Teilstück der Strecke Glasgow–Edinburgh sechs Tonnen Last mit einer Geschwindigkeit von vier Stundenkilometern.

Lokomotive mit Verbrennungsmotor

1892 bauten die Esslinger Maschinenwerke eine kleine Industrielokomotive – ein kompaktes kleines Gerät mit einem Daimler-Benzinmotor als Antrieb. Das war einer der ersten Entwürfe des deutschen Autobauers Gottlieb Daimler, der auch das Motorrad erfand (siehe S. 338). Damals wurde Diesel nur für stationäre Industriemaschinen verwendet, doch am Ende gab man diesem Kraftstoff für Lokomotiven den Vorzug vor Benzin.

Diesellok

Die erste Diesellok – gebaut im Jahr 1912 – war eine Gemeinschaftsproduktion von zwei Firmen, Diesel-Klose-Sulzer in Winterthur und Borsig in Berlin. Doch für ihren Käufer, die Preußische Staatsbahn, entpuppte sie sich als Reinfall, denn die mechanische Kraftübertragung war ungeeignet, um die 1000 Pferdestärken des Motors auf einen schweren stehenden Zug zu übertragen. Im selben Jahr stellten zwei schwedische Unternehmen, Atlas und A. S. E. A., einen Dieseltriebwagen für die mittelschwedische Södermanland Eisenbahn fertig. Hier wurde die mechanische Kraftübertragung zum ersten Mal durch eine elektrische ersetzt. Ergebnis war die dieselelektrische Lokomotive, wie wir sie heute kennen. In Kapitel VIII, 9 finden Sie die Vorläufer der Motoren, die die verschiedenen Lokomotiven antreiben: Kolbendampfmaschine, Verbrennungsmotor, Dieselmotor, Elektromotor.

Dieselelektrische Lokomotive

Im Jahr 1895 elektrifizierte die *Baltimore and Ohio Railroad* in den USA – als Reaktion auf die Beschwerden über den Qualm der Dampflokomotiven in der Stadt – einen 5,5 Kilometer langen Abschnitt der Strecke, die durch die Stadt Baltimore, Maryland, führte. Das Oberleitungssystem installierte die *General Electric Company.* Auf der Strecke fuhren Lokomotiven mit 1440 PS.

Elektrifizierung einer Hauptstrecke

Der erste Schienenweg mit regelmäßigem Fahrgastbetrieb war 1807 die *Swansea and Mumbles Railway.* Er verlief von Swansea an der walisischen Südküste um eine Bucht herum nach Mumbles auf einer nahegelegenen Landspitze. Die Fahrgäste wurden mit Pferdewagen auf eisernen Gleisen transportiert. Später, als das Dampfzeitalter begonnen hatte, wurde diese Linie für ihre riesigen zweistöckigen Trambahnwagen bekannt. Heute verkehren auf der Strecke nur noch Busse.

Personenverkehr auf der Schiene

Die Technik für den Bau unterirdischer Eisenbahnanlagen entwickelte sich relativ früh – für den Einsatz im Bergbau. Passagiere mußten bis zum 10. Januar 1863 auf ihre Beförderung warten; damals ging die Londoner *Metropolitan Railway* in Betrieb, das geistige Kind des Anwalts Charles Pearson. Die Linie verlief vom Bahnhof der *Great Western Railway* in Paddington zur Farringdon Street und war für zwei verschiedene Spurweiten ausgelegt. Die Normalspur paßte zu den meisten oberirdischen Eisenbahnen, während die breitere der 7-Fuß-Spur (2133 Millimeter) der *Great Western Railway* entsprach. Die »Metropolitan« ist auch heute noch in Betrieb; sie ist Teil des gigantischen Londoner U-Bahn-Systems, das sich darum entwickelt hat.

Untergrundbahn

Unterirdische Seilbahn

Nach und nach wurden auch in anderen bevölkerungsreichen Städten Untergrundbahnen in Betrieb genommen. Dabei kam es zu einigen bemerkenswerten ersten Malen. In Istanbul eröffnete man 1875 die Tünel-Untergrundbahn, eine Seilbahntrasse, die den Steilhang vom Goldenen Horn nach Pera erklimmt. Die Pariser Metro rüstete 1957 Züge mit Gummireifen aus, die auf speziell umgebauten Strecken mit Betonschienen fuhren. Die Räder dieser Züge hatten auch Radkränze. Zweistöckige Wagen gingen 1964 in Sydney in Betrieb. Dabei nutzte man die vorhandenen hohen Tunnel, die auch für die Einrichtung der Oberleitung von Vorteil waren. Wenige Jahre später, nach der Einführung von zweistöckigen Triebwagen, konnten in Sydney Züge mit acht Doppeldeckerwagen fahren.

U-Bahn mit Gummireifen

U-Bahn mit Doppeldeckerwagen

Mit dem Bau der ersten Eisenbahnlinie quer durch Amerika – vom Missouri bis nach Kalifornien – begannen während des amerikanischen Bürgerkrieges gleich zwei Eisenbahngesellschaften; beide hatten die Unterstützung der Regierung der Nordstaaten. Ab 1863 wurde von beiden Enden her gebaut. Doch der Krieg war schon lange zu Ende, als sich die Linien 1869 in Utah trafen. Aber die beiden Gesellschaften – die von Westen kommende *Central Pacific* und die sich von Osten nähernde *Union Pacific* – weigerten sich, zur Kenntnis zu nehmen, daß das gesetzte Ziel erreicht war, und verlegten munter weiter ihre Schienen. Irgendwann griff die Regierung ein und machte ihnen klar, daß ihre Aufgabe erfüllt und 362 Kilometer Schienen doppelt verlegt waren. Am 10. Mai 1869 wurden die Schienenwege in einer feierlichen Zeremonie in Promontory Point, Utah, miteinander verbunden. Der Hammer für den Präsidenten der *Central Pacific* war so verdrahtet worden, daß – sobald dieser mit ihm den goldenen Nagel ins Holz getrieben hätte – in San Francisco und in Washington Glocken geläutet hätten. Doch leider traf er nicht, und es blieb anderen überlassen, den Nagel einzuschlagen und so den Verbindungsweg zwischen Atlantik- und Pazifikküste zu eröffnen – mit weitaus weniger weitreichenden Klangeffekten.

Quer durch Amerika

Der Bau der Transsibirischen Eisenbahn begann im Mai 1891 in Wladiwostok an der russischen Pazifikküste und im Juli 1892 mehr als 7000 Kilometer weiter westlich in Tscheljabinsk im Ural. Eine durchgehende Verbindung wurde während des Russisch-Japanischen Krieges im Jahr 1904/05 hergestellt, obwohl am Baikalsee die letzte Lücke im Schienenweg zunächst mit Fähren überbrückt werden mußte, die die Züge übersetzten. Dann legte man Geleise über den zugefrorenen See und ließ die Wagen

Quer durch Asien

von Pferden hinüberziehen; denn die Lokomotiven waren dafür zu schwer. Doch noch im selben Jahr schnitten die Japaner die Strecke durch die Mandschurei von der Pazifikküste ab. Die weiter nördlich verlaufende Ersatzstrecke wurde erst 1916 fertig.

Quer durch Australien

1912 besaßen die *Western Australian Government Railways* ein isoliertes Schienennetz, das bis zum 611 Kilometer landeinwärts gelegenen Kalgoorlie reichte. Im September desselben Jahres begannen die Arbeiten an der *Commonwealth Railway's Trans-Australian Line*, die es mit dem nächstgelegenen Ort des Schienennetzes der östlichen Bundesstaaten, der *South Australian Railways* in Port Augusta, verbinden sollte. Die Bauarbeiten dauerten auch nach Ausbruch des Ersten Weltkriegs an; am 17. Oktober 1917 wurde schließlich – mit relativ bescheidener Begleitmusik – der letzte Nagel eingeschlagen. Der erste transaustralische Personenzug verließ Port Augusta fünf Tage später und erreichte Kalgoorlie in weniger als zwei Tagen. 1917 waren auf der Reise vom Pazifischen zum Indischen Ozean noch sechs Zugwechsel erforderlich, weil es fünf verschiedene Schienensysteme gab: Normalspur von Sydney nach Albury, Breitspur nach Melbourne, Breitspur nach Adelaide, Breitspur nach Terowie, Schmalspur nach Port Augusta, Normalspur nach Kalgoorlie und Schmalspur nach Perth.

Tunnel unter dem Ärmelkanal

Der erste Kanaltunnel, der Großbritannien mit dem europäischen Festland verbindet, wurde 1994 fertiggestellt. Er liegt zwischen Calais und Dover am Grunde des Ärmelkanals. Seit 1987 wurde daran gebaut, aber der erste Vorschlag zu diesem Projekt stammt aus dem Jahr 1802, und die Arbeiten für den schließlich verwirklichten Entwurf begannen mit der Einsetzung der *Channel Tunnel Study Group* im Jahr 1957.

Zweistöckige Eisenbahnwagen

Zweistöckige Waggons wurden für die Eisenbahnlinie Lyon – St. Etienne hergestellt, wo 1829 Frankreichs erste Dampflokomotive fuhr. Diese Wagen wurden von Pferden gezogen und für die 2.-Klasse-Passagiere verwendet. Streckenweise verzichtete man sogar auf die Pferde und ließ die Wagen den leicht abschüssigen Weg zur Küste hinunterrollen. Diese frühen Doppeldecker waren offen, wie es sich damals für die 2. Klasse geziemte.

Auf den Schienen dieser fortschrittlichen Eisenbahnlinie fuhr auch die erste Lokomotive, die einen Kessel mit mehreren Heiz- und Rauchrohren besaß – 1829 zur Verfügung gestellt von Marc Séguin, einem Neffen der Gebrüder Montgolfier, die den ersten Ballonflug machten (siehe Kapitel IX, 3). Ähnliche Kessel waren vorher schon im Römischen Reich verwendet worden, allerdings nur zum Heizen.

Kessel mit mehreren Heiz- und Rauchrohren

Anfangs der dreißiger Jahre des 19. Jahrhunderts führte die gleiche Eisenbahnlinie die ersten Drehgestellwagen ein, eine Erfindung, die den Reisekomfort deutlich erhöhte. Drehgestelle (siehe S. 340) waren schon im alten Griechenland in Gebrauch, wenn auch nicht im Personenverkehr.

Drehgestellwagen

Die ersten Schlafwagen, ausgestattet mit Kojen, stellte die amerikanische *Cumberland Valley Railway* ihren Fahrgästen ab 1836 zur Verfügung.

Schlafwagen

Zwei Speisewagen wurden 1863 in den Zügen, die zwischen Baltimore und Philadelphia verkehrten, in Dienst genommen. Es waren für diesen Zweck umgebaute normale Passagierwagen.

Speisewagen

Der Aussichtswagen gehört zu den auffälligsten amerikanischen Besonderheiten im Design von Personenzügen. Doch im 19. Jahrhundert hatte man eher in Rußland als in Amerika das Vergnügen, von der ersten Etage des Zuges aus Rundumsicht zu genießen. Die Alexandrowskij Lokomotiven- und Waggonwerke bauten erstmals einen solchen Wagen, eine Kombination aus Schlaf- und Gesellschaftswagen, der 1867 in Betrieb ging. Eine Wendeltreppe führte vom Salon in den Aussichtsraum hinauf; dieser war mit reichlich Fenstern und Polstern ausgestattet und nahm etwa ein Drittel des oberen Wagenteils ein.

Aussichtswagen

Badezimmer – und vielleicht auch Duschen – gab es im letzten Jahrhundert nur in den Privatwagen einiger hochgestellter Persönlichkeiten. Duschgelegenheiten für den normalen Fahrgast wurden erstmals 1918 von den *Commonwealth Railways* für den *Trans-Australian* von Perth nach Port Augusta bereitgestellt. Die Duschen wurden in bereits vorhandene Schlafwagen eingebaut. Schlafwagen mit einer Duschkabine pro Zweibettabteil kamen ab 1950 beim *Overland* hinzu, der zwischen Melbourne und Adelaide verkehrt. Passagiere mit Einbettabteilen müssen sich aber noch immer zu den Duschen am Ende des Korridors bemühen. Duschen für Fahrgäste im Sitzabteil bietet der *Ghan* von Adelaide nach Alice Springs, seitdem 1980 die Umstellung von Schmalspur- auf Normalspurzüge erfolgte.

Duschgelegenheit in Zügen

Kilometerzähler Geräte, die die auf der Straße zurückgelegten Meilen zählten, kamen um 200 v. Chr. in Ägypten auf. Sie arbeiteten mit einem Untersetzungsgetriebe, so daß die gezähnte Kilometerscheibe eine Umdrehung machte, wenn sich das Wagenrad ein paar hundertmal gedreht hatte. Nach jeder zurückgelegten Meile fiel ein Kieselstein aus einem Kasten, und am Ende der Reise brauchte man nur die Kieselsteine zu zählen, um die genaue Wegstrecke zu erfahren. Die Geräte wurden ursprünglich gebaut, um die Straßen zu vermessen. Aber seit dem 1. Jahrhundert v. Chr. konnte man auch als Privatmann seine Kutsche oder seinen Streitwagen damit ausrüsten lassen. Das Prinzip war dasselbe, nur daß die Kiesel durch eine Röhre in ein Auffanggefäß aus Bronze fielen und der helle Klang dem Reisenden verriet, daß wieder eine Meile zurückgelegt war.

Schlitten Das älteste Hilfsmittel, um den Reibungswiderstand beim Bewegen von Lasten herabzusetzen, war nicht das Rad, sondern der Schlitten. Das Alter von einem Paar Schlittenkufen, die man im finnischen Heinola fand, wird auf 10 000 Jahre geschätzt. Die Schlittenkufen sehen so ähnlich aus wie Skier und sind ein Hinweis darauf, daß um 8000 v. Chr. in Nordeuropa Schlitten als Transportmittel verwendet wurden. Zu dieser Zeit lagen weite Teile Europas unter Schnee und Eis. Das Skifahren (siehe Kapitel X, 2) ist vermutlich genauso alt und könnte die Anregung zum Schlittenbau gegeben haben.

Straßensegler Vermutlich wird die Windkraft beim Antrieb von Fahrzeugen nie eine ernsthafte Konkurrenz für die Erdölprodukte darstellen, aber es gab in Europa und in China zumindest eine ganze Reihe interessanter Versuche. Der Chinese Gao Zangwushu erfand etwa 550 n. Chr. die segelnde Straßenbahn. Berichten zufolge konnte sie 30 Fahrgäste aufnehmen und an einem Tag 160 Kilometer zurücklegen. Bei aller verständlichen Skepsis: Technisch vorstellbar wäre es. Allerdings bedürfte es einer außergewöhnlich breiten Straße, damit ein so großes Gefährt genügend Spielraum zum Kreuzen hätte. Vermutlich war Gaos Erfindung doch eher eine wissenschaftliche Kuriosität als ein praktisches Transportmittel.

Schubkarre Die Schubkarre wurde im China der Han-Dynastie (206 v. Chr. – 220 n. Chr.) erfunden und anfänglich sowohl für militärische als auch für zivile Zwecke genutzt. Die chinesische Schubkarre besaß – genau wie die heutigen Modelle – ein einzelnes großes Rad; allerdings war es direkt unter der Last statt an der Vorderkante angebracht. Erstaunlich, daß sich das chinesische Bauprinzip nicht allgemein durchgesetzt hat, denn dabei muß die Last vor dem Losgehen nicht erst angehoben werden.

Fahrrad

Obwohl das Fahrrad eine einfache und mit vielen Vorzügen ausgestattete Erfindung ist, verwendeten manche Superhirne des Altertums ihr ganzes Leben auf viel kompliziertere und weit weniger praktische Dinge, ohne das Fahrrad gedanklich auch nur zu streifen. Erst ein unbeirrbarer Visionär dachte lange genug über das Prinzip nach und brachte einen Entwurf zu Papier. Leonardo da Vinci (1452–1519), der in der Nähe von Florenz geborene Künstler, ersann eine Maschine, die große Ähnlichkeit mit einem heutigen Fahrrad besitzt: zwei gleich große Räder, einen Lenker und Pedale, Tretkurbel und Kettenantrieb über das Hinterrad. Wahrscheinlich wurde der Plan zu Leonardos Zeiten nie verwirklicht. In neuerer Zeit wurde mehrfach die Vermutung geäußert, bei der Zeichnung handele es sich um eine moderne Fälschung, doch auch für die Zweifel fehlt bislang noch die Bestätigung. Das erste funktionierende Fahrrad war die Maschine, die Kirkpatrick Macmillan 1839 konstruierte. Verglichen mit Leonardos Design war dieser schottische Entwurf ziemlich plump: Der Fahrer mußte mit seinen Füßen »pumpen«, um über ein Exzentergestänge das Hinterrad in Bewegung zu setzen.

Drahtseilbahn

Die Anfänge der Drahseilstraßenbahn waren bescheiden, 1774 in der westchinesischen Provinz Sichuan. Der amtierende Verwalter des Distrikts Jaohua ließ ein Kabel von knapp 50 Meter Länge über eine Schlucht legen und mit Winden spannen. Daran wurde ein eiserner Käfig aufgehängt und mit langen Seilen hinüber und herüber gezogen. Damit sollte der Transport von Dokumenten in der zerklüfteten Region beschleunigt werden. Auf beiden Seiten der Schlucht gab es Signaltürme und Posthalterstationen.

3. Luft- und Raumfahrt

Für militärische Zwecke eingesetzte Flugzeuge und Raketen werden in Kapitel VI, 3 bzw. 2 behandelt.

Drachen

Der älteste Hinweis auf Drachen findet sich im *Han Fei Zu*, dem Buch des chinesischen Legalisten Han Fei (gest. 233 v. Chr.). Er erwähnt zwei Drachen, wobei er den einen als »Vogel aus Bambus und Holz« beschreibt, der drei Tage lang in der Luft blieb. Gebaut wurde er von Gong Shupan. An dem zweiten bastelte der Philosoph Mo Zi (siehe Kapitel VII, 1) drei Jahre, aber der Drachen stürzte gleich am ersten Tag ab. Beide Konstrukteure lebten etwa 400 v. Chr. Es ist gut möglich, daß weder der eine noch der andere den ersten oder überhaupt einen Drachen baute. Nichtsdestoweniger muß der Drachen zu dieser Zeit bereits erfunden gewesen sein.

Drachenkette

Von da an gab es immer mehr verschiedene und immer komplizierter gebaute Drachentypen. Im 3. Jahrhundert n. Chr. begann man damit, Drachen miteinander zu verbinden, so daß die Drachenkette Menschen vom Boden abhob. Der Schriftsteller Ko Hong beschreibt eine Konstruktion, für die 14 Drachen von drei verschiedenen Bautypen gekoppelt werden mußten. Angeblich konnte diese Drachenkette bei entsprechend günstigen Windverhältnissen einen Menschen 20 Kilometer nach oben tragen, was jedoch zweifelhaft erscheint.

Drachenflieger

Danach hörte man sehr lange nichts mehr über Leute, die sich mit Hilfe von Drachenketten in die Lüfte erhoben. Die ersten echten Drachenflieger werden 559 n. Chr. erwähnt. Das war die Zeit der Reichsspaltung, als Barbaren aus dem Norden über Teile Chinas herrschten. Der Herrscher eines dieser Reiche, der Nördlichen Qi-Dynastie, hatte großes Interesse an der Luftfahrt und beschloß daher, einige seiner Gefangenen vom Turm des Goldenen Phönix starten zu lassen, um zu sehen, wie weit sie kämen. Der Turm war etwa 30 Meter hoch – das läßt vermuten, daß die meisten Gefangenen schnell und schmerzhaft landeten. Toba Huangto, ein Edelmann vom Stamm der Toba, soll jedoch drei Kilometer weit bis zum Purpurweg, einer nahe gelegenen Handelsstraße, geflogen sein.

Gleitflieger, Hanggleiter

Leider fehlen bei diesen frühen Darstellungen der verschiedenen Flugmaschinen meistens genauere Angaben darüber, wie sie funktionierten. Ein Gerät, das Wang Mang, Kaiser von China zwischen 9 n. Chr. und 23

n. Chr., vorgeführt wurde, könnte der erste Gleitflieger gewesen sein. Sein Erfinder hatte Wang Mang erzählt, er könne damit von Chang'an aus 500 Kilometer weit fliegen und die Kriegsvorbereitungen der Hunnen ausspionieren. Als es darauf ankam, schaffte er gerade mal ein paar hundert Meter, bevor er abstürzte. Doch Wang Mang war ein Bewunderer der Wissenschaft, und er belohnte den Erfinder für seine großartige Idee, obwohl ihm klar war, daß es dafür keine praktische Anwendung gab.

Kastendrachen

Der Kastendrachen, der wichtige Beiträge zur Entwicklung der ersten Flugzeuge leistete, wurde Anfang der neunziger Jahre des 19. Jahrhunderts von Lawrence Hargrave (1850–1915) erfunden. Im südlich von Sydney gelegenen Stanwell Park – heute ein beliebter Tummelplatz für Gleitflieger – hob Hargrave im November 1894 ab. Er hatte einen Sitz unter drei Kastendrachen-Gleitflieger montiert und erhob sich in die Luft mit dem Wind als einziger Antriebskraft.

Modellflugzeug

Um 380 v. Chr. baute Archytos, ein im süditalienischen Tarent lebender Grieche, ein Modellflugzeug, das er »Fliegende Taube« nannte. Es wurde mit Dampf oder Druckluft angetrieben und flog tatsächlich. Das Prinzip ist ähnlich dem bei einem aufgeblasenen Luftballon, den man durchs Zimmer zischen läßt.

Mechanisches Modellflugzeug

Im 2. Jahrhundert n. Chr. träumte der chinesische Gelehrte Jang Heng den großen Traum vom Fliegen. Er schrieb Gedichte über Reisen durchs Weltall, und er freute sich, nachdem er bei einem Machtkampf mit seinen politischen Gegnern den kürzeren gezogen hatte, daß er sich für eine Weile mit der Erforschung der Luftfahrt beschäftigen konnte:

> Gewisse mißgünstige Kollegen pflegten dem Kaiser Schlechtes über mich zu erzählen, aber ich beschloß, mir darüber weder Gedanken zu machen noch ihre »einzigartige Kunst« (das Intrigieren bei Hofe) zu studieren. Doch wenn die Rädchen erst einmal ineinandergreifen, läuft das Getriebe wie von allein, so daß selbst ein aus Karton gefertigter Gegenstand sich in die Luft zu erheben vermag. Mit hängenden Federn bin ich in mein Haus zurückgekehrt. Warum sollte ich meine eigenen Rädchen nicht wieder sortieren und neu zusammenbauen?

Jang Heng läutete den mechanischen Flug ein: Er konstruierte ein hölzernes Modellflugzeug mit Flügeln und einem Federmechanismus im Inneren. Es flog ziemlich weit, wobei unklar ist, ob mit Hilfe eines Propellers oder mit beweglichen Flügeln wie ein Ornithopter. Archytos und Jang Heng, beide verstanden eine Menge vom Fliegen. Was ihnen fehlte, war ein geeigneter Motor. Dieses Manko verurteilte sie dazu, bei Modellflugzeugen zu bleiben und den bemannten Flug anderen Pionieren zu überlassen (siehe unten).

Heißluftballon

Das Prinzip des Heißluftballons machte man sich im alten China in einem netten Kunststückchen zunutze; beschrieben ist es in »Huai Nans 10 000 Tricks, die immer gelingen«, einem Buch, das im 2. Jahrhundert v. Chr. erschien. Eierschalen können abheben und durch die Luft fliegen, wenn man etwas Zunder hineingibt und diesen anzündet: Wenn sich die Eierschale mit heißer Luft und Rauch gefüllt hat, ist sie leicht genug zum Davonschweben. (Es hat keinen Wert, das Kunststück mit normalen Eiern zu versuchen. Die Eier müssen groß, leicht und leer sein.) Später gehörte es zu den Vergnügungen der chinesischen Landbevölkerung, aus Ölpapier und Bambusrahmen »Ballons« zu basteln. Auf einer kleinen Plattform am Boden entzündeten sie ein Feuerchen aus Tannennadeln. Wenig später hob der Ballon ab und entschwebte in die Nacht; dabei leuchtete er wie ein roter Stern. Wir wissen nicht, seit wann es diesen Brauch gibt, doch er könnte viele Jahrhunderte alt sein.

Bemannter Heißluftballon

Die ersten Passagiere eines Heißluftballons waren eine Ente, ein Schaf und ein Hahn. Sie saßen im September 1783 in dem Korb, der unten an einem großen Ballon hing, den die Brüder Montgolfier konstruiert hatten. Der Ballon wurde mit Heu befeuert, er startete bei Versailles und setzte seine Fahrgäste am Ende wieder sicher ab. Im November desselben Jahres brachen Pilâtre de Rozier und der Marquis d'Arlandes zu einem 25-Minuten-Trip in einem Heißluftballon der Brüder Montgolfier auf. Nur einen Monat später ging Jacques Alexander César (1746–1823) mit seinem Mechaniker Robert in einem mit Wasserstoff gefüllten Ballon in die Luft; ihr Ballon war der erste in einer ganzen Reihe von Luftgefährten, die mit Gasen gefüllt wurden, die leichter als Luft waren.

Gasgefüllter Ballon

Ein Ballon kann nur dahin fliegen, wohin ihn der Wind treibt. Navigation in der Luft ist erst dann möglich, wenn die Konstruktion des Gefährts eine Steuerung erlaubt und wenn es eine Antriebskraft gibt. Diese Überlegungen führten zur Erfindung des lenkbaren Luftschiffs. Der Franzose Meusnier schlug 1784 einen länglichen Ballon mit Propellern vor. 1843 wurde das Modell eines lenkbaren Luftschiffs, entworfen von Monck Mason, in einer Werkhalle in London aufgelassen. Mit seinen von einer

Lenkbares Luftschiff

Federmechanik gedrehten Propellern durchquerte es die Halle. Im September 1852 wurde in Versailles schließlich das erste richtige, mit Wasserstoff gefüllte, lenkbare Luftschiff in Betrieb genommen; sein Konstrukteur war Henri Giffard. Bei seinem Jungfernflug brachte es das Luftschiff mit seiner 3-PS-Dampfmaschine auf acht Stundenkilometer und eine Flugstrecke von 27 Kilometern.

Bemannter Flug mit einem Flugzeug

Im Oktober 1890 hob das erste bemannte Flugzeug in Armainvilliers (nahe Paris) ab – und landete nach 50 Metern wieder. Auf dem Pilotensitz saß der französische Erfinder Clément Ader (1841–1925). Möglich wurde dieser Flug aufgrund seiner jahrelangen Entwicklungsarbeit an einer mit Spiritus befeuerten Dampfmaschine, die ein besseres Verhältnis von Motorleistung zu Gewicht aufwies als alle vergleichbaren Maschinen dieser Zeit. Genaugenommen wurde es sogar erst 1907 von einem Benzinflugzeugmotor wieder erreicht.

Flugzeugrumpf

Aders Flugzeug *Éole* unterschied sich in vielerlei Hinsicht von anderen Entwürfen, am auffälligsten war vermutlich, daß es einen verkleideten Rumpf mit zwei Fenstern besaß.

Querruder

Fledermausflügel hatten Ader als Vorbild für seine Tragflächen gedient, die er leicht gewölbt baute, damit sie besseren Auftrieb geben konnten. Mit Hilfe von Seilen, die vom Cockpit zu beweglichen Gelenken in der Tragflächenverstrebung liefen, konnte der Pilot der *Éole* den Stellwinkel des äußeren Flügelteils verändern – das Prinzip des Querruders zur Flugkontrolle war erfunden. Es ist relativ unwahrscheinlich, daß diese Steuerungsmöglichkeit für den ersten Flug eine praktische Bedeutung besaß: Auf einer Strecke von 50 Metern hat man einfach zuwenig Spielraum für Flugmanöver. Für den zweiten Flug der *Éole* über 100 Meter im Jahr 1891 gilt im Prinzip das gleiche.

Zweimotoriges Flugzeug

Den Antrieb lieferte eine einzige Schraube mit vier Blättern aus Bambus. Später baute Ader ein zweimotoriges Flugzeug mit zwei Propellern, das im Jahr 1897 300 Meter weit flog. Es ist übrigens amüsant zu beobachten, in welche Umschreibungen sich viele Autoren englischsprachiger Sachbücher flüchten, um Aders Leistungen herunterzuspielen. Linecar und Green erklären in ihrem Buch *Early Aeroplanes* (»Frühe Flugzeuge«), daß Aders Flugzeug »nie wirklich flog«. Das *Guiness Buch der Rekorde* bemerkt, daß der Flug »weder von Dauer noch kontrolliert« war, und tut das Ereignis als »Hopser« ab. Ebenso verfährt die berühmte *Encyclopedia Britannica*, die das Wort »Flug« einer ähnlichen Großtat vorbehält, die 13

Jahre später von Amerikanern vollbracht wurde. Auf solche Überheblichkeit kann ein Buch der ersten Male verzichten, und – ich wage es zu hoffen – neue Auflagen der erwähnten Werke vielleicht auch.

Internationaler Flugverkehr

Im März 1919 richtete die französische Firma Farman, ein Flugzeughersteller, eine regelmäßige Passagierflugverbindung zwischen Paris und Brüssel ein.

Flug über den Ärmelkanal

Louis Blériot (1872–1936), der französische Hersteller des Eindeckers Blériot XI, flog am 25. Juli 1909 eines seiner Produkte über den Ärmelkanal (worauf dieser Flugzeugtyp den Beinamen »La Manche« erhielt). Er brauchte 36,5 Minuten für die 38 Kilometer. Damit gewann er das Preisgeld von 1000 englischen Pfund, das die Londoner Zeitung *Daily Mail* ausgesetzt hatte. Der Erste Weltkrieg verhinderte die Aufnahme einer regelmäßigen Flugverbindung über den Kanal; die konnte erst im August 1919 eingerichtet werden.

Transatlantikflug

Nonstop-Flug über den Atlantik

Den ersten Transatlantikflug von Nordamerika nach Europa – um genau zu sein, von Neufundland nach Portugal – absolvierten Albert Cushing Read, Offizier der US-Marine, und seine Mannschaft im Mai 1919 mit dem Wasserflugzeug NC-4 von Curtiss. Sie hatten eine Zwischenlandung auf den Azoren. Einen Monat später flogen John Alcock und Arthur Whitten Brown, beides Offiziere der britischen Luftwaffe, mit einem »Vimy«-Doppeldecker von Vickers zum ersten Mal nonstop über den Atlantik: Sie starteten in Irland und landeten in Neufundland.

Flug von Europa nach Australien

Im März 1919 setzte die australische Regierung einen mit 10 000 Pfund dotierten Preis für den ersten Flug von England nach Australien aus. Die Wettbewerbsbedingungen enthielten allerdings ein paar gewichtige Einschränkungen: Die Besatzung sollte nur aus Australiern bestehen. Das Flugzeug mußte im britischen Empire gebaut worden sein. Die Reise durfte nicht länger als 30 Tage dauern. Einer der Bewerber war Charles Kingsford Smith, der später den ersten Flug über den Pazifik absolvierte (siehe S. 354). Seine Bewerbung wurde jedoch auf Betreiben von Premierminister Hughes mit der Begründung abgelehnt, er und seine Crew seien zu jung und unerfahren. Das Preisgeld beflügelte die Akteure zu einem der am härtesten umkämpften ersten Male in der Luftfahrt. Sechs australische Teams starteten zu unterschiedlichen Zeitpunkten; im gleichen Zeitraum brach auch der französische Leutnant Poulet in Richtung Australien auf. Den australischen Mannschaften war kein Glück beschieden: Zwei verschwanden spurlos, zwei gaben auf, und eine kam erst nach Ablauf der 30-Tage-Frist an. Die letzte Crew, vier Männer unter der Führung von Ross Smith (1892–1922) – einem Veteran der Gallipoli-Kampagne und der australischen Luftwaffe –, hatte England am 12. November 1919 verlassen. Kopilot und Navigator war Ross' älterer Bruder Keith. Die Smith-Brüder überholten den Franzosen Poulet in Burma und erreichten am 10. Dezember, nach insgesamt 135 Stunden, als unangefochtene Sieger die nordaustralische Stadt Darwin.

Weltumrundung mit dem Flugzeug

1924 flogen zwei amerikanische Armeeflugzeuge vom Typ Douglas DWC um die Welt: die *Chicago* mit L. H. Smith und L. L. Arnold im Cockpit und die *New Orleans* mit Eric H. Nelson und J. Harding. Sie starteten im April 1924 in Seattle und landeten 175 Tage später, am 28. September, wieder dort. Die Weltumrundung fand in 57 Etappen statt, die Flugzeit betrug 351 Stunden.

Flug zum Nordpol

Die Polregionen unseres Planeten scheinen prädestiniert dafür, unglaubliche Geschichten von harten Kerlen und ihren Erlebnissen dort hervorzubringen. Aber nie stieg mehr heiße Luft von jenen fernen finsteren Gestaden auf, als wenn der berühmte amerikanische Kapitän Richard E. Byrd sie besucht hatte. Meist blies er selbst die Backen auf, und seine Ergüsse ähnelten durchaus seinen Expeditionen: erschöpfend, aber ansonsten harmlos. Am 10. Mai 1926 jedoch täuschten er und sein Kopilot Floyd Bennett die Öffentlichkeit bewußt, als sie behaupteten, am 9. Mai den Nordpol überflogen zu haben. Im Zuge neuerer amerikanischer Forschungen wurden Eintragungen ins Logbuch entziffert, die sie später herausradiert hatten: Daraus ging hervor, daß die beiden 200 Kilometer vor dem Pol mit Maschinenproblemen umgekehrt waren. Dieser Betrug brachte Byrd einen Orden von Präsident Coolidge, einen Triumphzug und zahlreiche Ehrungen, die eigentlich seinem Rivalen zustanden, dem Norweger Roald Amundsen (1872–1928). Amundsen – der 15 Jahre zuvor als erster den Südpol erreicht hatte (siehe Kapitel IX, 4) – überflog den Nordpol zwei Tage später mit dem Luftschiff *Norge*; zu seiner Mannschaft gehörten Umberto Nobile, Lincoln Ellsworth und Oscar Wisting. Sie waren in Spitzbergen gestartet, überflogen den Nordpol am 12. Mai 1926 und flogen weiter nach Alaska. Dabei überquerten sie als erste das

Flug über das nördliche Eismeer

nördliche Eismeer, wofür sie auch die gebührende Anerkennung erhielten.

Flug über den Pazifik

Der Flug über den Pazifik von Amerika nach Australien war die längste und schwierigste Ozeanüberquerung, weil hier große Strecken zwischen winzigen Inseln zu überwinden waren. Am 31. Mai 1928 startete die dreimotorige Fokker *Southern Cross* von einem Flugplatz nahe San Francisco. An Bord waren der australische Pilot und Veteran des Ersten Weltkriegs Charles Kingsford Smith (1897–1935), sein Landsmann und Kopilot Charles Ulm sowie zwei Amerikaner, der Navigator Harry Lyon und der Funker James Warner. Die längste Etappe war die von Hawaii zu den Fidschiinseln: 5000 Kilometer, für die sie wegen der entsetzlichen Wetterverhältnisse 33 Stunden brauchten. Am 9. Juni kamen sie im australischen Brisbane an, einen Tag später erreichten sie Sydney, wo sie von einer jubelnden Menge empfangen wurden. Zwei Monate später absolvierten Kingsford Smith und Ulm mit der *Southern Cross* den ersten Nonstop-Flug durch Australien – von Point Cook im Bundesstaat Victoria nach Perth an der Westküste des Kontinents.

Nonstop-Flug durch Australien

Kingsford Smith hatte die *Southern Cross* von einem Landsmann, dem Arktisflieger Hubert Wilkins (1888–1958), gekauft, der plante, mit einem Flugzeug in die Antarktis zu fliegen. Durch die Unterstützung des amerikanischen Zeitungsverlegers William Randolph Hearst konnte sich Wilkins teurere Flugzeuge leisten, die er lieber mochte als die dreimotorigen Fokker. Er kaufte zwei Lockheed-Eindecker vom Typ »Vega« und brachte sie auf dem norwegischen Walfänger *Hektoria* auf die Insel Deception (nordöstlich der antarktischen Halbinsel). Am 16. November 1928 startete Wilkins' kanadischer Mitstreiter Ben Eielson mit einem der beiden Flugzeuge vom Strand der Insel, drehte ein paar Runden und landete wieder sicher. Am 20. Dezember flogen sie eine 70 Kilometer lange Schleife über Graham-Land. Dies war der erste einer Reihe von Erkundungsflügen auf der antarktischen Halbinsel. Wilkins hielt die Halbinsel irrtümlich für eine Inselkette, weil die Gletscher aus der Luft wie zugefrorene Kanäle aussahen. Erst die späteren Schlittenerkundungen von John Rymill korrigierten diese Fehleinschätzung.

Flug in die Antarktis

Der Amerikaner Richard E. Byrd unternahm 1928 – im selben Jahr wie Wilkins – eine große Antarktis-Expedition. Er wurde von der *New York Times*, der Konkurrenz des Medienzaren Hearst, gesponsert. Byrd wollte unbedingt als erster zum Südpol fliegen und befürchtete, daß Wilkins

Flug zum Südpol

dasselbe plante, obwohl der nichts dergleichen verlautbart hatte. Aber Byrds drei Flugzeuge waren erst 1929 startklar, außerdem mußte er das Ende des Winters abwarten, ehe er in Richtung Pol aufbrechen konnte. Am 28. November 1929 flogen vier Männer von Byrds am Ross-Meer gelegenen Basislager »Little America« ab: der Pilot Bernt Balchen, der Navigator Byrd, der Funker June und der Photograph McKinley. Ihr Flugzeug war eine dreimotorige Ford namens *Floyd Bennett.* Um auf die Hochebene zu gelangen, auf der der Pol liegt (König-Haakon VII.-Plateau), mußten sie Ballast abwerfen. Die Mannschaft erreichte den Südpol am frühen Morgen des 29. November und kehrte sofort um, ohne zu landen. Der Rückflug verlief ohne besondere Vorkommnisse. Wilkins war – allen Befürchtungen von Byrd zum Trotz – nicht vor ihnen dort gewesen, er hatte gar nicht vorgehabt, zum Pol zu fliegen.

Düsenflugzeug im Linienverkehr

Die berühmt-berüchtigten De-Havilland-Flugzeuge vom Typ Comet flogen 1949 erstmals in Großbritannien. Zwar verkürzten sie die Flugzeiten, allerdings stürzten sie auch mit besorgniserregender Häufigkeit ab. Aufgrund eines Konstruktionsfehlers kam es zu Materialermüdung, doch das stellte sich leider erst heraus, nachdem sie 1952 in den Linienverkehr genommen worden waren.

Hubschrauber

Der Stammvater des Hubschraubers war ein kleines chinesisches Spielzeug: ein einfacher Rotor mit Rotorblättern, der sich mit gezwirbelten Schnüren in so schnelle Drehbewegung versetzen ließ, daß er abhob und flog. Spätere Modelle konnte man mit Hilfe von Schwarzpulver sogar relativ hoch steigen lassen, aber sie dienten lediglich als hübsche Feuerwerksartikel. Etwa um das Jahr 300 n. Chr. befestigte ein unbekannter chinesischer Tüftler einen solchen Rotor an einen »fliegenden Wagen«, der aus federleichtem Holz hergestellt war. Der Rotor wurde von Lederriemen angetrieben. Das Fahrzeug war sicher dazu in der Lage, vom Boden abzuheben, doch ohne einen Motor konnte es weder in der Luft bleiben, geschweige denn Passagiere transportieren.

Hubschrauber mit Motor

Der deutsche Hubschrauber Fw 61, ein Entwurf von Henrich Focke, stieg 1936 auf. Fockes Maschine war der erste motorisierte Hubschrauber, der einen Passagier transportieren und erfolgreich fliegen konnte. Focke war Flugzeugbauer und Mitbegründer der Focke-Wulf AG in Bremen. Da er von den Nazis als »politisch unzuverlässig« eingestuft worden war, durfte er nicht an der Entwicklung von Militärflugzeugen mitwirken. Aus diesem Grund wandte er sich den Helikoptern zu, deren militärischer Nutzen erst spät im Zweiten Weltkrieg erkannt wurde. Der Fw 61 besaß zwei auf Ausleger montierte Rotoren, er erreichte bis zu 122 Stundenkilometer und konnte bis auf 3000 Meter aufsteigen.

Raumsonde

Am 4. Oktober 1957 wurde *Sputnik 1* – ein Entwurf von Sergej Koroljow (1907–1966) und seinem Team – vom sowjetischen Raumfahrtzentrum Baikonur in Kasachstan mit einer Rakete in den Weltraum geschossen. Er war der erste Flugkörper, der die Erdanziehung überwand und knapp 1000 Kilometer über der Erde in eine Umlaufbahn eintrat. Die Instrumente von *Sputnik 1* maßen Elektronendichten und die Temperaturen in der oberen Atmosphäre und funkten die Daten automatisch an die Bodenstation zurück. Beim Wiedereintritt in die Erdatmosphäre verglühte *Sputnik 1* am 4. Januar 1958.

Raumsonde mit Passagier

An Bord von *Sputnik 2*, der am 3. November 1957 gestartet wurde, befand sich die Husky-Hündin Laika, das erste Tier im Weltall. Laika flog in einer vollklimatisierten Kammer und bekam in Gelatine eingebettetes Futter. An ihrem Körper waren Sensoren angebracht, die Informationen über ihren Puls, ihre Atmung und ihre Bewegungen im Zustand der Schwerelosigkeit aufzeichneten. Daß sie sich erfolgreich an die Bedingungen im Weltraum anpaßte, war eine wichtige Beobachtung, die die sowjetische Führung veranlaßte, die bemannte Raumfahrt voranzutreiben.

Mondsonde

Am 14. September 1959 erreichte die unbemannte sowjetische Raumsonde *Luna 2* den Mond in einer Region mit dem Namen Mare Serenitatis (»Meer der Heiterkeit«).

Mann im All

Juri Alexejewitsch Gagarin (1934–1968), ein russischer Pilot, war der erste Mensch im All. Er wurde am 12. April 1961 mit der *Wostok 1* in eine Erdumlaufbahn geschossen. Die *Wostok* war ein Raumfahrzeug, das sich an der Spitze einer von Koroljow konstruierten Mehrstufenrakete befand. Gagarin umkreiste 90 Minuten lang die Erde und kehrte dann wohlbehalten zurück. Kurz bevor die Kapsel aufschlug, verließ er sie mit dem Schleudersitz und landete mit dem Fallschirm.

Frau im All

Die erste Frau im All war Walentina Wladimirowna Tereschkowa (geb. 1937). Sie verließ das Raumfahrtzentrum Baikonur am 16. Juni 1963 an Bord der *Wostok 6* und kehrte nach fast drei Tagen im All wohlbehalten auf die Erde zurück.

Alexej A. Leonow (geb. 1934) war der erste Mensch, der sein Raumfahrzeug, die *Woschod 2*, für kurze Zeit verließ, während es die Erde umkreiste. Unter einem »Spaziergang« stellt man sich gewöhnlich etwas anderes vor, aber Leonows Aufenthalt im freien Weltall ging als solcher in die Geschichte ein.

Spaziergang im All

Der Vorsprung der Russen im Weltraum ließ den Amerikanern keine Ruhe und führte in den sechziger Jahren zu einer Politik, die darauf abzielte, das ruhmreichste erste Mal seit Gagarin zu vollbringen. Präsident Kennedy verkündete, bis zum Jahr 1970 werde ein Amerikaner auf dem Mond landen, und er sorgte dafür, daß zur Erfüllung dieses Ziels reichlich staatliche Mittel zur Verfügung standen. Zwar erlebte er nicht mehr, daß sein Traum Wirklichkeit wurde, doch seine Vorhersage lag gut im Zeitplan. Am 21. Juli 1969 landete die *Apollo 11*, die am 16. in Cape Canaveral in Florida gestartet war, auf dem Mond im Mare Tranquillitatis. Der erste Mensch, der seinen Fuß auf den Boden des Mondes setzte, war Neil Armstrong (geb. 1930), der Kommandant der *Apollo 11*. Ihm folgte Edwin Eugen Aldrin (geb. 1930), der ihn in der Mondfähre begleitet hatte. Das dritte Besatzungsmitglied, Michael Collins, umkreiste den Erdtrabanten derweil mit der Kommando- und Serviceeinheit.

Menschen auf dem Mond

Die weniger aufsehenerregende Landung eines Fahrzeugs auf dem Mond ging im November 1970 vonstatten, als die sowjetische Sonde *Luna 17* ein ferngesteuertes Fahrzeug mit Namen *Lunochod 1* im Mare Imbrium absetzte. Die Bodenkontrolle auf der Erde ließ das Mondfahrzeug in den Jahren 1970 und 1971 über 10 Kilometer auf dem Mond zurücklegen und dabei Aufnahmen und Meßdaten von der Mondoberfläche sammeln.

Mondfahrzeug

Die erste Raumstation hieß *Saljut 1*, sie wurde am 19. April 1971 vom sowjetischen Weltraumbahnhof in Baikonur gestartet. Sie sollte im Weltraum bleiben, während andere Fahrzeuge sie anflogen und später wieder zur Erde zurückkehrten. Am 23. April dockte die *Sojus 11* mit drei Kosmonauten an Bord erfolgreich an der 18 Tonnen schweren *Saljut* an. Die Besatzung arbeitete 570 Stunden auf der Station und brach dann wieder in Richtung Erde auf. Wegen eines technischen Defekts in der Landekapsel kamen jedoch alle drei ums Leben.

Raumstation

4. Forschungsreisen und Entdeckungen

Was eine Entdeckung ist, hängt stark von der Definition ab. In diesem Buch zählen nur solche Reisen dazu, bei denen etwas gefunden und der Welt zur Kenntnis gebracht wurde. Dadurch fallen Schiffbrüchige und solche Forscher unter den Tisch, die ihre Entdeckung sorgsam geheimhielten. Die meisten Landstriche wurden von den Vorfahren ihrer Ureinwohner »gefunden«, lange bevor ein Entdecker oder Eroberer dorthin gelangte, doch diese ersten Siedler werden aus den gleichen Gründen ausgeschlossen.

Mir ist klar, daß einige Leser auf einige der hier angestellten Schlüsse und Vermutungen entrüstet reagieren werden. So manche Entdeckung besitzt dann keinerlei praktische Bedeutung mehr, sondern ist nur noch ein Detail der Geschichte. Der religiöse Eifer, mit dem sich die Gemüter deswegen gern erhitzen, ist jedoch völlig unangemessen und behindert nur die Suche nach der Wahrheit. Darüber, wer denn nun die beiden Amerikas, Australien, Neuseeland und die Polarregionen als erster entdeckt hat, läßt sich trefflich streiten. Doch fast alle diese unvereinbaren Meinungen beruhen auf unbewiesenen Annahmen, und niemand hat das Recht, eine davon zur Wahrheit zu erheben. In umstrittenen Fällen habe ich mich für die Schlußfolgerung entschieden, die mir – nach sorgfältiger und unparteiischer Abwägung der Sachlage – am wahrscheinlichsten schien.

Von den Erstbesteigungen berühmter Berge wurden nur die des höchsten Berges eines jeden Kontinents aufgenommen; denn es gibt so viele Erstbesteigungen, daß man daraus ein eigenes Buch machen könnte.

Umfahrung des Kaps der guten Hoffnung

Umfahrung des afrikanischen Kontinents

Etwa 600 v. Chr. (vielleicht auch schon ein paar Jahre früher) schickte der ägyptische Pharao Necho ein paar Schiffe auf die Reise: Sie sollten Afrika umsegeln. Die Mannschaften kamen aus Phönizien, dem heutigen Libanon. Sie brachen vom Roten Meer in Richtung Süden auf und fuhren immer an der afrikanischen Ostküste entlang. Dann umrundeten sie – von Ost nach West segelnd – das Kap der guten Hoffnung und stellten dabei fest, daß die Sonne rechts stand. Für Seeleute, die noch nie auf der Südhalbkugel waren, ein bemerkenswertes Phänomen. Sie segelten entlang der afrikanischen Atlantikküste weiter und kamen durch die Säulen des Herkules (die Meerenge von Gibraltar) ins Mittelmeer. Als sie wieder in Ägypten anlegten, waren drei Jahre vergangen. Zweimal hatten sie auf afrikanischem Boden überwintert und Getreide angebaut. Dies war gleichzeitig die erste Expedition in die südliche Hemisphäre, die nach ihrer Rückkehr über ihre Entdeckungen berichtete.

Bericht über die südliche Hemisphäre

Hätte Christoph Kolumbus den Werken der alten Griechen mehr Beachtung geschenkt, hätte er vielleicht gelesen, daß ein gewaltiger Kontinent auf der anderen Seite des Atlantischen Ozeans seine Pläne, von Europa aus nach Westen segelnd Indien zu erreichen, durchkreuzen würde. Die Griechen wußten von Amerika, weil es von den Karthagern, einem phönizischen Seefahrervolk, entdeckt worden war. Strabo erwähnt in seiner *Geographie* (erschienen im 1. Jahrhundert v. Chr. in Rom) eine in Nord-Süd-Richtung verlaufende Landmasse im Atlantik zwischen Europa und Asien. Seiner Beschreibung liegen wahrscheinlich die Schriften des Eratosthenes (276–195 v. Chr.) zugrunde, der auch den Erdumfang berechnet hat (siehe Kapitel VIII, 3). Die Karthager entdeckten Amerika um 400 v. Chr. Der älteste Bericht über ihre Entdeckung findet sich bei Aristoteles: In den *Mirabilia/De audibilibus* (»Erstaunliches/Über Dinge, von denen man hört«) – erschienen in Athen im 4. Jahrhundert v. Chr. – ist die Rede von einem Land, das viele Tagesreisen entfernt hinter den Säulen des Herkules (der Meerenge von Gibraltar) liegt. Dort gebe es die verschiedensten Holzarten und schiffbare Flüsse. Aristoteles zufolge verbot die karthagische Regierung Reisen in diese neue Welt.

Entdeckung Amerikas

Die Karthager waren gute und erfahrene Seeleute, die häufig große Expeditionen in den Atlantik unternahmen, vor allem entlang der afrikanischen Küste. Unter anderem entdeckten sie die Kanarischen Inseln. Mit ihren rahgetakelten Schiffen und von Afrika kommend ist das nur möglich, wenn man westwärts auf den offenen Ozean hinausfährt und sich dann zurücktreiben läßt. Dieser Kurs bringt das Schiff relativ dicht an Amerika heran, in Teile des Atlantiks, wo Winde und Strömungen süd- und westwärts auf die Nordküste Südamerikas zulaufen. Vermutlich kamen die Karthager so auch in die Neue Welt. Die Bevölkerung Karthagos war allerdings voll und ganz damit beschäftigt, ihre Kolonien und Handelsbeziehungen in Spanien und an der afrikanischen Atlantikküste zu unterhalten. Deshalb macht es Sinn, daß die Regierung Reisen nach Amerika untersagte. Möglicherweise hätten Karthagos griechische und phönizische Rivalen von den amerikanischen Ressourcen stärker profitiert als

Entdeckung der Kanarischen Inseln

die Karthager selbst. Auch einige Autoren nach Aristoteles berichten über das Land auf der anderen Seite des Atlantiks, aber die nächsten Entdecker Amerikas, norwegische Seefahrer des 11. Jahrhunderts unter der Führung von Leif Eriksson, wußten nichts davon.

Nordamerika wird gesichtet

Der isländische Kaufmann Bjarni Herjolfsson war der erste, der 985 n. Chr. die Küste Nordamerikas sichtete. Bjarni war auf dem Weg nach Grönland, um seinen Vater Herjolf zu suchen, der gerade mit der Mannschaft von Erich dem Roten aufgebrochen war, um Grönland zu besiedeln (siehe unten). Ein Sturm brachte ihn vom Kurs ab und trieb ihn in Richtung Amerika. Er sichtete Kanadas östliche Provinzen und segelte näher heran, ohne jedoch an Land zu gehen. Dann machte er sich auf den Weg nach Grönland und schloß sich seinem Vater an. Sein Mangel an Neugier war seinerzeit in aller Munde.

Landung in Nordamerika

Etwa 1000 n. Chr. brach Leif Eriksson, der Sohn von Erich dem Roten, mit einem Schiff und 35 Mann Besatzung von Grönland aus auf, um Amerika zu erkunden. In Labrador, das sie »Markland« nannten, gingen sie erstmals an Land. Wenig später segelten sie südwestwärts weiter nach Maine, dem sie den Namen »Vinland« gaben. Dort sahen sie sich genauer um und überwinterten. Im darauffolgenden Jahr kehrten Erik und seine Leute nach Grönland zurück. Ihre Berichte ermutigten andere norwegische Seefahrer, dorthin zu segeln und neue Siedlungen zu gründen. Doch die Siedlungen waren nicht von Dauer, und Amerika blieb bis 1397 wieder sich selbst überlassen. Am 1. April dieses Jahres segelte Henry Sinclair, der Earl der Orkney-Inseln, zusammen mit Antonio Zeno von Venedig nach Westen. Sie landeten in Nova Scotia und verbrachten den Winter dort. Die nächsten Ankömmlinge aus Europa waren die spanischen Expeditionen nach Süd- und Mittelamerika: Christoph Kolumbus mit seiner dritten Transatlantikreise und Alonzo de Hojeda, die das Festland beide im Jahr 1499 betraten.

Erkundung der südamerikanischen Ostküste

Die Ostküste des südamerikanischen Kontinents wurde zwischen 1500 und 1514 von zwei Seefahrern erkundet, die in Diensten der spanischen Krone standen: Vicente Yanez Pinzón und Juan Diaz de Solis. Im Jahr 1520 entdeckte der portugiesische Seefahrer Fernão de Magalhães – für seine spanischen Auftraggeber Fernando de Magallanes oder kurz Magellan – die Meeresstraße, die später nach ihm benannt wurde. Bei der ersten Weltumsegelung (siehe S. 364) fuhren seine Schiffe durch diese Straße und umrundeten die Spitze des südamerikanischen Kontinents.

Umfahrung der Spitze Südamerikas

Das Wissen um die amerikanische Pazifikküste verdanken wir den vereinten Bemühungen vieler Entdecker. Im Jahr 1513 machte sich Vasco Núñez de Balboa (1475–1517), der spanische Gouverneur von Darien (im heutigen Panama), auf, die mittelamerikanische Landenge zu durchqueren, da er von einem großen Meer im Westen gehört hatte. Von einem Berg aus sah er am 25. September zum ersten Mal den Pazifischen Ozean. Damit war bewiesen, daß die Neue Welt eine westliche Begrenzung besaß, was bis dahin noch umstritten war. De Balboa nannte den Pazifik »Südmeer«, weil er südlich der Landenge liegt. Zu denen, die das Wissen um die Westküste rasch mehrten, gehörte der spanische Abenteurer Francisco Pizarro (1471–1541), der zwischen 1514 und 1532 drei Reisen nach Süden unternahm. Zeitweise begleitet von seinem Bruder Gonzalo, Diego de Almagro und Hernando Luque, kam Pizarro nach Peru und zerstörte das Inkareich.

Amerikas Westküste wird gesichtet

Mit finanzieller Unterstützung des spanischen Mexikoeroberers Hernán Cortés segelte Francisco de Ulloa 1539 von dem an der mexikanischen Südküste gelegenen Acapulco aus nordwärts bis zur Mündung des Colorado. Damit stand fest, daß Baja California eine Halbinsel ist, und der Startschuß für Entdeckungsreisen an die nordamerikanische Westküste war gefallen.

Erkundung der nordamerikanischen Westküste

Die Erkundung der nördlichsten Teile der amerikanischen Westküste hatte zu dieser Zeit wahrscheinlich bereits eingesetzt. Japanische Schiffe segelten entlang der sibirischen Pazifikküste nordwärts und dann hinüber nach Alaska. Frühe japanische Landkarten zeigen die Bering-Straße hinreichend genau und lassen Asien und Amerika als zwei getrennte Kontinente erkennen.

Entdeckung Alaskas

Der griechische Forscher Pytheas aus Massilia (dem heutigen Marseille) leitete etwa 320 v. Chr. eine Expedition, die ihn von Gades (dem heutigen Cadiz) bis weit in den Nordatlantik führte. Nachdem er das Mittelmeer hinter sich gelassen hatte, segelte er nordwärts und dann an der britischen Westküste entlang. Im Norden von Britannien entdeckte er die Orkney-Inseln. Von dort aus fuhr er sechs Tage in nordwestlicher Richtung, bis er eine Insel erreichte, die er »Thule« nannte. Heute heißt sie Island. Das arktische Packeis verhinderte ein weiteres Vordringen nach Norden. Fast am Polarkreis, auf jeden Fall jedoch am nördlichsten Punkt, den je ein Entdecker erreicht hatte, drehte er um. Er beschrieb den Polarkreis als »die nördlichen Tropen«, den südlichsten Bereich, in dem man eine 24-

Entdeckung Islands

Entdeckung des Polarkreises

stündige Polarnacht erleben kann (siehe Kapitel VIII, 2). Als nächstes sah sich Pytheas die Ostsee an, dann fuhr er nach Britannien, zurück an seinen Ausgangspunkt, und segelte von dort aus entlang der Ostküste nach Süden. Damit hatte er als erster diese Insel umrundet. Seine Expedition lieferte der Wissenschaft viele aufschlußreiche Erkenntnisse, zum Beispiel beobachtete er dramatische Tidenhübe in der Nordsee, die die Theorie stützten, daß die Gezeiten vom Mond beeinflußt werden (siehe Kapitel VIII, 3).

Umsegelung Britanniens

Entdeckung Australiens

Diplomaten und Geschäftsleute aus Java und von anderen südostasiatischen Inseln fuhren seit dem 2. Jahrhundert v. Chr. (vielleicht sogar früher) mit vollbeladenen Schiffen nach China und wieder zurück. Es wäre schon verwunderlich, wenn diese Menschen, die ohne weiteres 4000 Kilometer durch gefährliche Gewässer bis nach China segelten, nicht auch – wenigstens ein- oder zweimal – die relativ sichere Überfahrt nach Nordwestaustralien gemacht hätten, das nur 1300 – 1400 Kilometer entfernt ist. Zu dieser Zeit gab es in der indonesischen Inselwelt einige kleine Staatsgebilde; die Bevölkerung bestand aus Malaien und Indern, die mit ihren Familien erst kurz zuvor übers Meer aus Indien gekommen waren. Die Menschen in diesen Königtümern waren gut organisiert, wohlhabend, abenteuerlustig und erfahrene Seeleute. Ye Tiao beispielsweise, der javanische Fürst, der 132 n. Chr. in diplomatischer Mission China besuchte, wäre gewiß in der Lage gewesen, Reisen nach Australien zu organisieren. Eine sehr früh erfolgte Entdeckung Australiens durch die Malaien würde zudem die alte ostasiatische Überlieferung einer großen Landmasse weit südöstlich von China erklären. Irgendwann wurde die australische Küste für die Malaien auch ökonomisch interessant: wegen ihrer Seegurken *(bêche de mer)*, die in China als Delikatessen heiß begehrt waren und teuer bezahlt wurden. Bis in die neuere Zeit sandten sie regelmäßig Flotten nach Australien, um die Meerestiere zu sammeln. Anfang des 19. Jahrhunderts traf der englische Forscher Matthew Flinders eine solche Gruppe vor der nordaustralischen Küste und sprach mit ihrem Kapitän.

Entdeckung der australischen Ostküste

Wenn die Malaien die ersten Entdecker Australiens waren, waren die Chinesen vermutlich die zweiten; denn von der späten Song-Dynastie bis zur frühen Ming-Zeit (12. – 15. Jahrhundert) besaßen sie riesige Flotten in Indonesien. Eine, die sich Java im 13. Jahrhundert in feindlicher Absicht näherte, bestand aus 1000 Schiffen. In diesem Zeitraum könnten die Chinesen durchaus auch nach Australien gekommen sein – eventuell wegen der Seegurken –, und vielleicht waren sie es, die das chinesische Figürchen hinterließen, das im 19. Jahrhundert tief in den Wurzeln eines alten Banyanbaumes gefunden wurde. Um 1500 entdeckte wahrscheinlich eine dritte Gruppe die Ostküste: Es könnte sich um Spanier bzw. Portugiesen oder um Asiaten gehandelt haben. Eine französische Weltkarte aus dem Jahr 1536, die sogenannte *Dauphin-Map*, scheint auf eine ältere portugiesische Karte zurückzugehen. Ob die australische Ostküste von europäischen oder asiatischen Entdeckerfahrten her bekannt war, ist unklar, vor allem weil daran keine europäischen Ortsbezeichnungen aufgeführt sind.

Die Holländer, die 1606 landeten, waren wahrscheinlich die vierte oder fünfte Nation, die Australien entdeckte. Aber Peter Nuyts und die Mannschaft des niederländischen Handelsschiffes *Gulden Zeepaerdt* waren 1627 die ersten, die es wagten, an der Südküste ostwärts bis zum heutigen Ceduna vorzudringen. Im 17. Jahrhundert erforschten holländische Seefahrer nach und nach die Westküste. Bis 1640 hatten sie das meiste entdeckt.

Entdeckung der australischen Südküste

Entdeckung der australischen Westküste

Im Jahr 1642 entsandte Anthonie Van Diemen, der Generalgouverneur der niederländischen Ostindischen Kompanie in Batavia (dem heutigen Jakarta) Abel Tasman mit zwei Schiffen, um Australien zu erkunden. Tasman entdeckte Tasmanien und segelte um dessen Südküste herum. Damit war bewiesen, daß Australien nicht Teil der antarktischen Landmasse ist, wie viele Europäer glaubten. Tasman setzte seine Reise nach Osten fort bis nach Neuseeland, dann kehrte er – auf einer Route nördlich von Neuguinea – nach Batavia zurück. Damit wäre er der erste, der den australischen Kontinent umrundete, aber da er nicht der australischen Küstenlinie folgte, gebührt die Anerkennung für diese Leistung wohl eher Matthew Flinders, der den Kontinent von 1801 bis 1803 mit der *Investigator* umsegelte.

Entdeckung Tasmaniens

Umrundung Australiens

Etwa 900 n. Chr. wurde der isländische Seefahrer Gunnbjörn Ulfsson im Westen Islands von ungünstigen Winden weit abgetrieben, als er in der Ferne Land sah: die Ostküste Grönlands. 978 n. Chr. führte Snaebjörn Gulti eine Expedition nach Grönland, in der Absicht, dort eine Siedlung zu errichten. Es folgte jedoch ein extrem kalter Winter, und sie kehrten nach Island zurück, ohne Grönland näher erforscht zu haben.

Entdeckung Grönlands

Fast zur gleichen Zeit borgte sich Thorgest aus Breidabolstead in Island bei Erich dem Roten ein paar Bretter, aber gab sie nicht zurück, als er darum gebeten wurde. Die Angelegenheit entwickelte sich zu einem

Erforschung Grönlands

erbitterten Streit, in dessen Verlauf Erich den kürzeren zog: der Thing von Thorsness stimmte dafür, ihn zu verbannen. Erich beschloß, in das neue Land im Westen zu gehen, und brach 981 oder 982 mit seiner Mannschaft auf. Drei Jahre lang erkundeten sie den Süden Grönlands und suchten nach geeigneten Plätzen für landwirtschaftliche Siedlungen. Wie viele Entdecker besaß Erich das unternehmerische Denken eines Grundstücksmaklers: Er taufte die Insel Grönland (»Grünland«), um Siedler aus Island (»Eisland«) anzulocken. Der Name war dazu viel besser geeignet als die reinen Fakten.

Besiedelung Grönlands

985 n. Chr. fuhr Erich nach Island, und es gelang ihm, soviele Leute zu überreden, daß er mit 25 Schiffen voller Siedler nach Grönland zurückkehrte. Noch im selben Jahr gründeten sie Grönlands erste dauerhafte Siedlung in einer Region namens Julianehåb.

Weltumsegelung

Die Umrundung der Erde mit dem Schiff war zum einen eine großartige Leistung an sich, zum anderen eine phantastische Gelegenheit, das vorhandene Wissen zu erweitern. Aber das Vorhaben war so schwierig und so riskant, daß es niemand richtig anpacken wollte – bis auf einmal Geld und Macht anfingen, bei den Überlegungen eine Rolle zu spielen. Der Portugiese Fernão de Magalhães, den die Spanier Fernando de Magallanes oder kurz Magellan nannten, wurde um 1480 geboren und diente der portugiesischen Krone im Fernen Osten, wo sein Land durch den Handel mit Gewürzen aus Malakka und mit in China gefertigten Waren reich wurde. Der portugiesische König Manuel I. konnte Magellan nicht ausstehen und ließ durchblicken, daß dieser bei ihm wohl keine Karriere machen würde. 1517 verlegte Magellan seinen Wohnsitz nach Spanien, dem ewigen Rivalen Portugals, und er steckte der spanischen Regierung, daß die Reichtümer von Malakka und China auf der spanischen Seite der Demarkationslinie lagen, auf die sich Spanien und Portugal geeinigt hatten, um die Welt und den Handel unter sich aufzuteilen. König Ferdinand stellte fünf Schiffe und 236 Männer zur Verfügung, und Magellan stach am 20. September 1519 von Sanlúcar aus in Richtung Westen in See. Ziel: Südamerika. Die Flottille bewegte sich an der südamerikanischen Ostküste entlang langsam südwärts. Am 26. November 1520 erreichte sie die Meeresstraße, die den Atlantik und den Pazifik an der Spitze von Südamerika miteinander verbindet.

Eines von Magellans fünf Schiffen war gesunken, ein anderes war umgekehrt. Mit den restlichen drei Schiffen segelte Magellan durch die

Meeresstraße, die später nach ihm benannt wurde. Dem Land zu seiner Linken gab er den Namen Tierra del Fuego, Feuerland. Aus dem Tosen der See im Hintergrund schloß er, daß es sich um eine Insel oder eine Inselgruppe handeln müsse. Nun waren sie im Pazifischen Ozean angekommen. Sie durchquerten ihn von Ost nach West in drei Monaten und 20 Tagen, die ersten Europäer, denen dies gelang. Im Jahr 1521 erreichte Magellan kurz vor Ostern die Philippinen, wo er begann, die örtlichen Könige gegeneinander aufzuhetzen. Er wurde getötet, als er auf der Seite des Königs von Cebu die Insel Mactan angriff. Bei den Kämpfen wurden so viele Spanier von den Einheimischen getötet, daß man mit den Überlebenden keine drei Schiffe mehr bemannen konnte. Deshalb verbrannten sie eines und flohen mit den beiden anderen in den Indonesischen Archipel. Auf den Molukken nahmen sie eine Ladung Gewürznelken an Bord, aber nur noch ein Schiff, die *Victoria*, war seetüchtig genug, um die Heimreise anzutreten. Dabei fuhren sie in feindlichen Gewässern – auf der portugiesischen Seite der Demarkationslinie – und kamen auf die Kapverdischen Inseln, nachdem sie die Südspitze Afrikas umrundet hatten. 13 Mann wurden von den Portugiesen verhaftet; die restlichen 18 konnten auf die *Victoria* fliehen und erreichten Spanien am 6. September 1522 unter dem Kommando von Juan Sebastian del Cano – drei Jahre nachdem sie ausgelaufen waren.

Entdeckung der Magellanstraße

Entdeckung von Feuerland

Der spanische Lotse Juan Fernandez setzte 1576 in Chile die Segel und stach etwa 40 Grad südlicher Breite mit Kurs Westsüdwest in See. Als er zurückkehrte, berichtete er, er habe eine unbekannte Küste entdeckt, die offenbar zu einem Kontinent gehöre und große Flußmündungen besitze. Es sei ein fruchtbares Land, mit gastfreundlichen und wohlgestalten Menschen, die sich in Tuch kleideten. Allem Anschein nach war Fernandez an der Ostküste Neuseelands gelandet, das von den Maoris bewohnt wurde und damals höchstens den Bewohnern pazifischer Inseln bekannt war. In Chile lebende Spanier sagten später, sie seien dieser Entdeckung nicht weiter nachgegangen, aus Furcht, daß andere Nationen davon profitieren könnten. Die meisten der wenigen Kommentatoren, die sich mit Fernandez' Bericht beschäftigten, nehmen an, er habe eine winzige Insel oder Inselgruppe mitten im Pazifik gefunden. Das schließen sie jedoch allein aus der von ihm angegebenen Reisedauer: In einem Monat schafft man es nämlich kaum bis Neuseeland. Aber auf seinem Kurs gab es nur wenige Inseln, und keine davon paßt so gut auf seine Beschreibung wie Neu-

Entdeckung Neuseelands

seeland. Deshalb scheinen mir andere Erklärungen doch zu weit hergeholt. Ich halte es für wahrscheinlich, daß die Zeitangabe eine Untertreibung ist, oder er hatte wirklich einen schnellen Trip, oder beides. (Wenn Fernandez Neuseeland nicht entdeckt hat, gebührt der Ruhm Tasman, siehe S. 363.)

Umsegelung von Neuseeland

Nachdem Abel Tasman die neuseeländische Westküste entdeckt hatte, glaubten viele Menschen, es handele sich um die Küste des riesigen Kontinents, den Geographen im Süden vermuteten und »Terra Australis« nannten. Als der englische Kapitän James Cook 1768 mit der *Endeavour* von der Themse aufs offene Meer hinausfuhr, war Tahiti das offizielle Ziel der Reise. Eine Gruppe von Astronomen wollte dort den Venusdurchgang beobachten. Aber Cook besaß außerdem geheime Order, nach dem Südkontinent zu suchen. Von Tahiti aus segelte die *Endeavour* zuerst nach Süden, dann nach Westen und erreichte schließlich im Oktober 1769 Poverty Bay, eine Bucht an der Ostküste von Neuseelands Nordhälfte. Cook umsegelte die Nordinsel gegen den Uhrzeigersinn und durchquerte die Meeresstraße, die die beiden Inseln trennt, in westöstlicher Richtung. Dann fuhr er nach Norden, um sich zu vergewissern, daß es sich wirklich um eine Insel handelt. Als er Cape Turnagain erkannte, das er schon zu Beginn seiner Umsegelung gesichtet hatte, ließ er wenden, nahm Kurs auf Süd und umrundete die Südinsel Neuseelands im Uhrzeigersinn. Im März 1770 war die *Endeavour* wieder am Westeingang der Meeresstraße angekommen, die man später nach ihrem Entdecker Cook-Straße nannte. Sie hatte Neuseeland mit einem Achterkurs umfahren und so bewiesen, daß es sich nicht um einen Kontinent, sondern lediglich um zwei Inseln handelte.

Magnetischer Nordpol erreicht

Im Jahr 1829 befehligte der britische Kapitän zur See John Ross eine Forschungsexpedition – finanziert von seinem Freund Sir Felix Booth –, die die Nordwest-Passage suchen sollte. Er entdeckte die nördlichste Halbinsel des amerikanischen Kontinents und gab ihr den Namen Boothia Felix. Erster Offizier war Ross' Neffe, James Clark Ross (1800–1862); dieser fand am 31. Mai 1831 den magnetischen Nordpol, der damals in Boothia lag. Mit der Nordwest-Passage hatte die Expedition weniger Glück, doch die Admiralität war von der Arbeit des jungen Ross so angetan, daß sie ihn zum Kapitän ernannte und ihm den Auftrag erteilte, Britannien und Irland magnetisch zu vermessen.

1878 leitete Professor Adolf Erik Nordenskjöld (1832–1901) eine schwedische Expedition, die von Tromsø in Norwegen aufbrach, um die Nordost-Passage zu suchen – einen Seeweg vom Atlantik zum Fernen Osten, den man nördlich von Rußland zu finden hoffte. Zahlreiche holländische, englische und russische Expeditionen hatten bereits vergeblich nach diesem Seeweg gesucht. Auch für Nordenskjöld war es der dritte Versuch. Dieses Mal kam er fast bis in die Bering-Straße, den letzten Abschnitt, als das Meer am 25. September 1878 zufror und sein Schiff *Vega* über Winter festsetzte. Erst im Juli des darauffolgenden Jahres kam die *Vega* frei und gelangte durch die Bering-Straße in den Pazifischen Ozean. Im September 1879 endete ihre Fahrt in Yokohama.

Nordost-Passage

Die Nordwest-Passage ist die entsprechende Verbindung zwischen Atlantik und Pazifik nördlich von Kanada. Als Nordenskjöld seine Fahrt unternahm, war noch kein Schiff auf diesem Weg durchgekommen. Aber einer britischen Schiffsbesatzung unter Robert McClure (1807–1873) gelang die Durchquerung der Passage in West-Ost-Richtung. 1850 blieb ihr Schiff, die *Investigator*, im Eis zwischen den Inseln nördlich von Kanada stecken. Im April 1853 näherte sich dem Schiff ein Mann zu Fuß. Es stellte sich heraus, daß er zur Besatzung einer Gruppe von britischen Schiffen gehörte, die von Osten in die Region hineingefahren waren. Die Mannschaft der *Investigator* gab ihr Schiff auf und schloß sich der anderen Expedition an. Nach einem weiteren Winter im Eis erreichten sie das Ostende der Nordwest-Passage. McClure kehrte im September 1854 nach England zurück. Er hat die Nordwest-Passage also in einer Kombination von Schiffsreise und Fußmarsch durchquert.

Nordwest-Passage

Das erste Schiff, dem die Fahrt durch die Nordwest-Passage gelang, war die *Gjöa*; sie stand unter dem Kommando des norwegischen Forschers Roald Amundsen (1872–1928). Die Ost-West-Fahrt der *Gjöa* begann 1903 und endete 1906. Amundsen hatte bereits als einer der ersten einen Winter in der Antarktis verbracht (siehe S. 370) und 1926 den ersten Flug über die Arktis geleitet (siehe Kapitel IX, 3). Ebenfalls an Bord der *Gjöa* war Helmer Hanssen, der Amundsen 1911 auf dem ersten Marsch zum Südpol begleiten sollte (siehe S. 371).

Nordwest-Passage mit dem Schiff

Drei Amerikaner behaupten, als erste am Nordpol gewesen zu sein: Dr. Frederick Cook (1908), Admiral Robert Peary (1909) und Admiral Richard Byrd (mit dem Flugzeug 1926). Und wahrscheinlich sind alle drei Betrüger. Schon Cooks Erstbesteigung des Mt. McKinley war Schwin-

Nordpol erreicht

del (siehe S. 376), und später wurde er eines weiteren Betrugs überführt. Seine Behauptung, daß er den Pol erreicht habe, ist zwar nicht so unglaubwürdig wie die von Peary und Byrd, aber sie läßt sich aus seinen Aufzeichnungen über den Kurs nicht belegen; er müßte das Eis mit unwahrscheinlicher Geschwindigkeit überquert haben. Demzufolge waren Roald Amundsen und seine Mannschaft, die den Pol am 12. Mai 1926 (siehe Kapitel IX, 3) mit einem lenkbaren Luftschiff überflogen, vermutlich die ersten am nördlichsten Punkt der Erde. Sie glaubten aber offenbar Robert Peary und verzichteten darauf, einen Menschen am Pol abzusetzen. Mitglieder einer sowjetischen Expedition, die am 23. April 1948 dort ankamen, müßten damit die ersten gewesen sein, die den Nordpol am Boden erreichten. Die Helden des Eises waren: Pawel Geordijenko, Michajl Jemeljenowitsch Ostrekin, Pawel Kononowitsch Senko und Michajl Michajlowitch Somow.

Fahrt zum Südpolarmeer

Einer polynesischen Überlieferung zufolge, die in Raratonga aufgeschrieben wurde, sah die Besatzung des Katamarans *Te Ivi-o-Atea* bei einer Fahrt über die Insel Rapa hinaus »wunderbare Dinge«:

> ... die Felsen, die aus dem Meer in den Himmel hinter Rapa wachsen; die gewaltige See; die Frau, die in diesen berghohen Wellen wohnt, deren üppiges Haar in der Tiefe und auf der Wasseroberfläche wogt; das gefrorene Meer aus Pfeilwurz, mit dem unheimlichen Tier, das in große Tiefen hinabzutauchen vermag – ein nebliger, dunstiger, düsterer Ort, auf den das Licht der Sonne nicht fällt. Andere Dinge sehen aus wie Felsen, ihre Gipfel bohren sich in den Himmel, und sie sind völlig kahl ...

In der bildhaften polynesischen Ausdrucksweise werden hier Erscheinungen beschrieben, wie man sie in den subantarktischen Gewässern südlich des Pazifiks beobachten kann: die Frau mit dem üppigen Haar – Seetang; das gefrorene Meer aus Pfeilwurz – Packeis; das tauchende Tier – ein See-Elefant; die kahlen Felsen – Eisberge. Es gibt eine Theorie, nach der die *Te Ivi-o-Atea* im 7. Jahrhundert n. Chr. in Fidschi gebaut wurde. Aber die Datierung ist nicht sehr zuverlässig, es könnte auch deutlich später gewesen sein. Gebaut wurde sie von Ui-te-Rangiora, der sie nach Süden segelte und damit wohl der erste Seefahrer auf dem Südpolarmeer war. Die Polynesier vollbrachten mit ihren Katamaranen erstaunliche Leistungen. Sie werden nur deshalb so selten in diesem Buch erwähnt, weil ihre Taten kaum über ihre Inselgemeinschaften hinaus bekannt sind. Doch Ui-te-Rangiora fand Nachahmer unter den polynesischen Seeleuten, und sehr wahrscheinlich verbreitete sich ihr kollektives Wissen über das Südpolarmeer bis nach Europa, wo 1510 in Rom ein Reisebericht von Ludovico di Varthema erschien. Das Buch erwähnt kurz eine extrem kalte Region, in der nur vier Stunden am Tag die Sonne scheint. Der Kapitän einer chinesischen Dschunke soll Varthema davon erzählt haben. Weiter sagte der Kapitän, daß die Gewässer dort nicht von Chinesen, sondern von anderen Völkern befahren würden, die hinter Java lebten. Daraus kann man schließen, daß er das Südpolarmeer aus den Berichten von Polynesiern kannte, die weiter im Osten zu Hause waren.

Subantarktische Inseln erreicht

Ein chinesischer Atlas, der auf der Grundlage einer Karte aus dem Jahr 1315 erstellt wurde, zeigt eine Reihe von Inseln südöstlich von Afrika, bei denen es sich um die Crozet-Inseln und die Kergeulen handeln könnte. Möglicherweise wurden die Inseln kurz zuvor von Robbenjägern entdeckt, die im fernen Süden nach neuen Jagdgründen suchten. Aus der Karte läßt sich jedoch nicht ablesen, ob die Entdecker Chinesen, Afrikaner oder ein Inselvolk waren.

Südlicher Polarkreis erreicht

Auf seiner zweiten großen Reise führte Kapitän James Cook erstmals eine Expedition – bestehend aus der *Resolution* und der *Discovery* – über den südlichen Polarkreis. Im Jahr 1772 drang er bis 71 Grad südlicher Breite vor, ohne Land zu sehen. Doch aus verschiedenen Beobachtungen am Eis schloß er, daß hinter dem Horizont ein Kontinent liegen müsse. Einmal sah er etwas, was wie eine weit entfernte Bergkette aussah, die von den Eiskristallen an den Himmel gespiegelt wurde. Als schweres Eis Cook zwang, an seinem südlichsten Punkt wieder umzukehren, kletterte ein junger Bursche aus seiner Crew ans Ende des Bugspriets und improvisierte dort ein Lied und ein Tänzchen darüber, daß niemand je weiter im Süden gewesen sei als er.

Entdeckung des antarktischen Festlands

Jahrzehnte gingen ins Land, bevor jemand wirklich an den Kontinent Antarktis herankam. Dann plötzlich berichteten drei Expeditionen – eine amerikanische, eine russische und eine englische – fast gleichzeitig (in den Jahren 1820 und 1821), daß sie ihn gesehen hätten. Die Ehre der Erstentdeckung gebührt den Russen unter der Führung von Admiral Thaddeus von Bellingshausen. Sie sichteten das heutige Königin-Maud-Land am 27. Januar 1820, drei Tage vor den Briten, von ihren Schiffen *Wostok* und *Mirnji* aus. Bellingshausen ging weder an Land, noch behauptete er, einen Kontinent entdeckt zu haben.

Überwinterung in der Antarktis

Noch nie war jemand länger als für eine Stippvisite in der Antarktis geblieben. Das änderte sich erst mit der Expedition, die der belgische Marineoffizier Adrien de Gerlache de Gomery 1897–1899 ins Südpolarmeer führte. Von Antwerpen aus stach die *Belgica* mit einer internationalen Besatzung, zu der der Norweger Roald Amundsen und der Amerikaner Frederick Cook gehörten, in See. Ein über den Sommer hinausgehender Aufenthalt war weder geplant, noch war das Schiff dafür ausgerüstet, doch als die Polarnacht des Jahres 1898 begann, saß die *Belgica* im Packeis fest. Den ganzen Winter hindurch trieb sie mit dem Eis durch das Bellingshausen-Meer. Ein Mann starb aus unbekanntem Grund, andere wurden krank oder drehten durch, aber als sie 1899 nach Belgien zurückkehrten, waren die meisten wieder gesund.

Antarktisstation

Der Norweger Carsten Egeberg Borchgrevinck (1864–1934) kam als 24jähriger nach Australien. 1895 schloß er sich Henryk Bulls Sommerexpedition in die Antarktis an und kehrte mit der Überzeugung zurück, daß man den Kontinent mit einer ganzjährig besetzten Station erforschen könnte. Damals gab es dort noch keine Gebäude, und die Schiffe legten immer nur für kurze Zeit an. Bei einem Besuch in England erhielt Borchgrevinck Mittel von seinem neuen Arbeitgeber, dem britischen Verleger Sir George Newnes. Im Dezember 1898 stach die *Southern Cross* in Hobart (auf der Südseite der zu Australien gehörenden Insel Tasmanien) in See, an Bord die »British Antarctic Exhibition«, eine Besatzung, die im wesentlichen aus Norwegern bestand. Aber es gehörte auch der australische Wissenschaftler Louis Bernacchi dazu, außerdem zwei finnische Hundeführer und über 70 Schlittenhunde. Am Kap Adare am Ross-Meer errichteten sie eine Station mit zwei Hütten aus Fertigbauteilen, die nach Borchgrevincks englischer Mutter »Camp Ridley« genannt wurde. Im Februar brach eine Gruppe mit Schlittenhunden zur Robertson-Bai auf und erklomm die Berge neben dem Sir-John-Murray-Gletscher. Dies war der erste von vielen Erkundungstrips, die in der Folgezeit Einzelheiten über das Innere des antarktischen Kontinents ans Licht brachten. Das Schiff legte im März ab und ließ zehn Männer zurück, die den Winter 1899 in Camp Ridley verbringen wollten. Im Januar 1900 kam die *Southern Cross* zurück und nahm sie und ihre einzigartige Sammlung wissenschaftlicher Objekte wieder an Bord. In England wurde Borchgrevinck im selben Jahr ein lauwarmer Empfang bereitet. Die Medaille der *British Royal Geographic Society* erhielt er schließlich im Jahr 1930.

Nach Borchgrevinck regnete es förmlich Antarktis-Expeditionen. Eine davon, die »British Antarctic Expedition«, leitete 1907 Ernest Shackleton (1874–1922); sie hatte den Südpol zum Ziel. Eis hinderte sein Schiff *Nimrod* daran, an einer günstig gelegenen Station vor Anker zu gehen, und so mußte sich Shackletons Mannschaft einen Platz auf Kap Royds an der Küste des Ross-Meeres suchen. Die vier Mann starke Polgruppe, er selbst eingeschlossen, mußte 180 Kilometer vor dem Ziel umkehren. Doch drei andere Expeditionsteilnehmer brachten ein echtes erstes Mal zustande. Im September 1908 brachen Edgeworth David, Geologieprofessor an der Universität Sydney, Douglas Mawson, Lektor an der Universität Adelaide, und Alistair Mackay, Chirurg bei der britischen Marine, von Kap Royds auf. Sie wollten den magnetischen Südpol erreichen, der damals im König-Georg V.-Land lag. Mit Hilfe eines Motorfahrzeugs mit angehängtem Schlitten hatten sie in 16 und in 24 Kilometer Entfernung Vorratslager angelegt, wegen Überhitzung des Motors mußte aber auf weitere Depots verzichtet werden. Das heißt, sie lebten dann von den Vorräten, die sie selbst zogen, und von Seehundfleisch. Völlig am Ende ihrer Kräfte erreichten sie den Magnetpol im Januar 1909 und schleppten sich dann an die Küste, wo die *Nimrod* sie auf dem Rückweg von Kap Royds mitnehmen sollte. Als diese die drei an Bord nahm, hatten sie 2028 Kilometer zurückgelegt und dabei ihre ganze Ausrüstung ohne die Unterstützung von Hunden transportiert.

Magnetischer Südpol erreicht

Der norwegische Forscher Roald Amundsen hatte die erste Expedition durch die Nordwest-Passage geleitet (siehe S. 367). 1909 zog es ihn wieder nach Norden, und er nahm sich vor, als erster den Nordpol zu erreichen. Es gelang ihm, sowohl seine Regierung wie auch private Sponsoren für das Projekt zu gewinnen, unter anderem Fridtjof Nansen, der ihm sein Schiff *Fram* zur Verfügung stellte. Als Amundsen erfuhr, daß der Nordpol nicht mehr zur Disposition stand, beschloß er, daß dann eben der Südpol dran glauben mußte, und änderte heimlich seine Pläne. Dann hörte er, daß die *Royal Geographical Society* in England eine Expedition unter der Führung von Robert Falcon Scott (1868–1912) ausrüstete, die als erste den Südpol erreichen sollte. Um Geographie konnte es dabei nicht gehen; eine frühere britische Expedition unter Shackleton war relativ nahe an den Pol herangekommen und hatte berichtet, daß die Region um den Pol eine einzige Eiswüste sei. Aber der Präsident der Gesellschaft, Sir Clements Markham, verkündete, dies sei eine gute Gelegenheit für junge britische

Südpol erreicht

Männer, »Tapferkeit und Wagemut unter Beweis zu stellen«. 1910 ließ Amundsen die Segel setzen, schrieb Briefe an Nansen und an seinen König, in denen er sich für die Täuschung entschuldigte, und schickte Scott ein Telegramm, in dem er ihm mitteilte, daß er den Wettlauf zum Südpol mit ihm aufgenommen habe. Am 4. Januar 1911 ging Scotts Schiff *Discovery* bei Kap Evans vor Anker, und seine Mannschaft errichtete dort das Basislager. Die *Fram* kam erst am 14. Januar an, aber die Walfisch-Bucht, wo Amundsen sein Camp aufschlug, lag fast 100 Kilometer näher am Pol. Den Rest des Sommers verbrachten die Konkurrenten damit, Vorratslager entlang der Routen anzulegen, die sie später einschlagen wollten. Amundsens südlichstes Depot war 770 Kilometer vom Pol entfernt, Scotts über 1000. Den Winter verbrachten alle in ihren Basislagern an der Küste. Als der Frühling kam, brachen sie auf: Amundsen und seine Leute am 8. September, Scotts Gruppe schaffte es erst am 1. November. Scott verfügte über Ponys, Motorschlitten und einige wenige Hunde, um die Ausrüstung zu transportieren. Doch auf dem letzten Teilstück zum Pol mußten die Männer ihre Schlitten selbst ziehen. Die Norweger Amundsen, Bjaaland, Wisting, Hassel und Hanssen hatten jede Menge Hunde dabei und erreichten den Pol am 14. Dezember 1911 als erste – über einen Monat vor Scotts Mannschaft. Scott und seine Begleiter starben auf dem Rückweg an Hunger, Kälte, Erschöpfung und wahrscheinlich auch an ihrer Enttäuschung. Diese Geschichte gehört zu den wenigen, in denen die Nachwelt dem Zweiten mehr Aufmerksamkeit schenkte als dem Ersten: Scotts tragisches Ende hat dem Verlierer mehr Ruhm beschert als dem Sieger.

Durchquerung der Antarktis

1957/58 wurde die Antarktis erstmals am Boden durchquert: von Küste zu Küste und über den Südpol. Die Regierungen von Großbritannien, Südafrika, Australien und Neuseeland hatten die »Commonwealth Trans-Antarctic Expedition« unter der Leitung des englischen Geologen Vivian Fuchs ausgerüstet. Im Oktober 1957 führte der neuseeländische Abenteurer Edmund Hillary (dem vier Jahre zuvor die Erstbesteigung des Mt. Everest gelungen war) eine Gruppe vom McMurdo-Sund am Ross-Meer mit von Traktoren gezogenen Schlitten in Richtung Süden. Sie sollten auf der Strecke zwischen dem Pol und dem McMurdo-Sund Vorratslager anlegen. Die Gruppe von Fuchs brach im November mit Schneefahrzeugen von der Küste des Weddell-Meers auf und war zwei Wochen nach Hillary am Pol. Gemeinsam fuhren sie dann zum Sund zurück und bewegten sich dabei von Depot zu Depot.

Seit etwa 1000 v. Chr. gab es regelmäßige Handelsbeziehungen zwischen den schwarzafrikanischen Kulturen im Herzen Afrikas und den Völkern des Mittelmeerraums. Die Karawanen aus dem Süden legten dabei die bei weitem größere Wegstrecke zurück und übergaben die Waren an speziellen Handelsplätzen den Kaufleuten von der Küste. Erst viel später, um 500 v. Chr., beschlossen die Einwohner von Karthago, der nördlichsten Stadt Afrikas, die langen Reisen durch die Sahara zu den reichen Ländern im tropischen Süden des Kontinents selbst zu unternehmen. Sie entwickelten drei Hauptrouten: eine nach Südwesten in den Senegal, eine in den Süden nach Niger und eine nach Südosten in den Sudan. Wer welche Strecke wann zum ersten Mal zurücklegte, ist unbekannt. Alte Bücher erwähnen einen Mago, der sich damit brüstete, die Sahara dreimal durchquert zu haben, ohne etwas zu trinken. In diesem Fall stellt nicht nur die Datierung, sondern auch die Glaubwürdigkeit ein Problem dar.

Durchquerung der Sahara

Seit Anbeginn der geschichtlichen Zeit war Asien vergleichsweise gut bekannt, und unzählige Menschen bereisten es kreuz und quer über große Strecken hinweg. Doch offenbar hatte bis 97 n. Chr. niemand den ganzen Kontinent von Ost nach West (oder umgekehrt) durchquert. Damals erreichte ein Gesandter der Han-Dynastie namens Gan Ying das Schwarze Meer, die Endstation seiner Reise, die in China begonnen hatte. Gan Ying stand in Diensten von General Ban Zhao, der China 17 Jahre zuvor mit ein paar hundert Soldaten verlassen und alle Königreiche Zentralasiens unter Chinas Oberherrschaft gebracht hatte – eine diplomatische Meisterleistung. Die Parther, die einzige Macht zwischen China und dem Römischen Reich, waren seine vorläufige Endstation. Ins Partherreich war Ban Zhao mit 70 000 Mann einmarschiert, ohne auf Widerstand zu stoßen; diese Armee hatte er im wesentlichen in Zentralasien rekrutiert. Nun stand er mit seinem Heer am Meer (wahrscheinlich am Kaspischen Meer, eventuell aber auch am Persischen Golf). Ban Zhao wollte eine direkte Verbindung zum Römischen Reich und schickte Gan Ying mit einer kleinen Gesandtschaft nach Rom. Die Parther waren von dieser Entwicklung alles andere als entzückt, mußten sie doch befürchten, ihre Unabhängigkeit und die lukrativen Einnahmen aus dem Fernhandel zwischen den Großmächten zu verlieren. Als Gan Ying am Schwarzen Meer ankam, das Asien von Europa trennt, und ein Schiff nach Rom besteigen wollte, übertrieben sie die Gefahren der Reise und jagten ihm ordentlich Angst ein: »Wenn der Gesandte des chinesischen Kaisers keinen Wert darauf legt,

Durchquerung Asiens

seine Heimat und seine Familie wiederzusehen, kann er getrost an Bord gehen.«

Kontakt zwischen Rom und China

Der doch nicht ganz so unerschrockene Gan Ying machte auf dem Absatz kehrt und begann die erste Durchquerung Asiens in West-Ost-Richtung. Den direkten Kontakt zwischen Rom und China überließ er der nächsten Generation und der Initiative Roms. Die Gesandten des römischen Kaisers Marc Aurel kamen auf dem Seeweg über die malaiische Halbinsel nach China und erreichten die Hauptstadt Luoyang im Jahr 166 n. Chr.

Durchquerung Südamerikas

Gonzalo Pizarro begleitete seinen berühmten Bruder Francisco auf der spanischen Expedition von Mittelamerika nach Peru. Nach der Zerstörung des Inka-Reichs ernannte Francisco Gonzalo zum Gouverneur des ehemaligen Inka-Territoriums von Quito (im heutigen Ecuador) und drängte ihn, eine Expedition auszurüsten, um im Osten nach dem »Land der Gewürze« zu suchen, über das verschiedentlich Gerüchte kursierten. Im Jahr 1540 brach Gonzalo mit 350 Spaniern auf, unter ihnen Francisco de Orellana. Am Osthang der Anden fanden sie das »Zimtland«, aber sie setzten ihre Suche fort: Gold sollte es im Landesinneren geben, hörte man immer wieder. Erschöpft erreichten sie den Napo. Hier ordnete Gonzalo Pizarro Orellana ab, mit einem Teil der Leute in einem roh zusammengezimmerten Boot flußabwärts zu fahren, Vorräte aufzunehmen und zurückzubringen. Das Boot trug sie in den Amazonas, und Orellana beschloß, sich von Pizarro zu trennen, da er keine Chance sah, gegen die Strömung zurückzukommen. Zusammen mit 50 Männern fuhr er weiter flußabwärts bis zum Atlantik. Zwar ist anzunehmen, daß es vor ihnen schon Indios gelungen war, den Kontinent von Küste zu Küste zu durchqueren, aber darüber haben wir leider keine Berichte.

Durchquerung Australiens

Anfang 1838 begann Edward John Eyre (1815–1901), eine Viehherde von Sydney nach Südaustralien zu treiben. Im Juli kam er in Adelaide an, und nachdem er eine Reihe von Ausflügen in Richtung Norden unternommen hatte, beschloß er, weiter nach Westen zu gehen. Anfang 1941 brach er vom Spencer-Golf auf, obwohl viele Leute versucht hatten, ihm die Idee auszureden. Zusammen mit seinem alten Freund Baxter, zwei Aborigines aus dem Süden und Wylie, einem Aborigine aus dem Westen, machte er sich auf den Weg durch die Wüste der Nullarbor-Ebene. Sein Ziel war die nächstgelegene Siedlung im Westen, Albany am King-George-Sund. Auf halbem Weg brachten die südaustralischen Aborigines Baxter um und machten sich mit dem größten Teil der Ausrüstung aus dem Staub. Eyre und Wylie schleppten sich weiter. Mit einem Schwamm sammelten sie morgens den Tau, um Trinkwasser zu haben. Mehr tot als lebendig erreichten sie eine kleine Bucht, wo zufällig gerade ein Walfänger vor Anker lag. Nachdem sie sich an Bord erholt hatten, setzten sie ihren Marsch an Land fort, obwohl man ihnen angeboten hatte, sie auf dem Schiff mitzunehmen. Im Juli 1841 kamen sie in Albany an. 20 Jahre später durchquerten Robert Burke und William Wills Australien von Süden nach Norden (von Melbourne zum Carpentaria-Golf). Auf dem Rückweg starben sie an Hunger und Durst.

Erstbesteigung des Mont Blanc

Dr. Michel-Gabriel Paccard und sein Träger Jacques Balmat waren die ersten, die Europas höchsten Berg bestiegen. Am 8. August 1786 erreichten sie den 4807 Meter hohen Gipfel. Paccard hatte den Aufstieg mit Fernrohren ausgekundschaftet und eine Route über den Taconna-Gletscher gewählt. Beide Bergsteiger waren mit Nagelschuhen und Steigeisen ausgerüstet, allerdings besaßen sie keine Seile zur Sicherung, wie sie heute selbstverständlich sind.

Erstbesteigung des Mount Kosciusko

Verglichen mit anderen hier erwähnten Gipfeln handelt es sich beim Mount Kosciusko (2230 Meter) eher um einen Picknickplatz als um eine bergsteigerische Herausforderung. Die wahre Leistung des Grafen Paul von Strzelecki (1796–1873) bestand darin, ihn zu finden und seine Wahnsinnshöhe festzustellen, nicht darin, ihn zu besteigen. Der polnische Forschungsreisende erklomm den Gipfel von Australiens höchstem Berg im Jahr 1840. Sehr wahrscheinlich waren aber bereits lange vorher Aborigines dort oben gewesen. Nur war leider keiner zur Stelle, um Strzelecki den Namen des Berges zu sagen. Das ermöglichte es ihm, selbst einen auszuwählen, und er entschied sich, ihn nach dem unaussprechlichen polnischen General Tadeuz Kósciuszko zu benennen. »Die besondere Gestalt dieser Anhöhe«, so schrieb er, »erinnerte mich so ungemein an einen Grabhügel, den man in Krakau über dem Grab des Patrioten Kosciusko errichtete, daß … ich nicht umhin konnte, ihr den Namen Mt. Kosciusko zu geben.« Diese Erklärung ist wenig befriedigend, zumal General Kósciuszko in der Kathedrale von Krakau seine letzte Ruhestätte fand.

Erstbesteigung des Kilimandscharo

Der höchste Berg Afrikas gilt unter Bergsteigern als langweilige Kletterpartie. Die ersten, die diese Erfahrung machten, waren der Deutsche Hans Meyer und der Österreicher Ludwig Purtscheller. Sie erreichten den höchsten Gipfel des Kilimandscharo, den Kibo, im Jahr 1889.

Erstbesteigung des Aconcagua

Vor 100 Jahren galt Matthias Zurbriggen als einer der unermüdlichsten Bergsteiger der Geschichte. Er war bei der ersten Gruppe dabei, die 1887 die Spitze des Stecknadelhorns erreichten. Später ging er nach Neuseeland und erklomm den Mt. Cook und den Tasman-Gletscher. 1892 schloß er sich der ersten Expedition zum Pioneer Peak im Himalaya an, und 1897 gehörte er zu Edward Fitzgeralds Expedition in die peruanischen Anden. Im Verlauf dieser Reise bestieg er den höchsten Gipfel Südamerikas, den Aconcagua, vielleicht die schwierigste seiner vielen Eroberungen.

Erstbesteigung des Mt. McKinley

Als Hudson Stuck, Harry Karstens und vier weitere Kletterer 1913 aufbrachen, um den höchsten Gipfel Nordamerikas zu erstürmen, hatten schon zwei andere Gruppen behauptet, die Erstbesteigung geschafft zu haben. Frederick Cook, der angeblich 1906 oben war, hatte man geglaubt, doch Jahrzehnte später stellte sich heraus, daß es ebenso Schwindel war (siehe S. 367) wie seine Tour zum Nordpol. Weniger plausibel dagegen klang die Behauptung einer Gruppe Goldsucher, die 1910 für eine Prämie von 500 Dollar, die ein Gastwirt aus der Region in Aussicht gestellt hatte, den Mt. McKinley bestiegen haben wollte. Zu sechst waren sie aufgebrochen, doch drei kehrten nach einem Streit noch am Fuß des Berges um. Peter Anderson, Billy Taylor und Charley McGonagall schlugen ihr Lager 2700 Meter unterhalb des Gipfels auf; sie hatten kaum Proviant und Ausrüstung dabei. Später sagten sie, sie seien von diesem Lager aus an einem Tag zum Gipfel und wieder zurückgegangen. Das glaubte natürlich niemand. Als Karstens und Stuck 1913 tatsächlich die Südspitze des Mt. McKinley erreichten, entdeckten sie zu ihrer Überraschung auf der nahe gelegenen Nordspitze ein Fähnchen, das die wackeren Goldsucher drei Jahre zuvor aufgepflanzt hatten. Damit waren die drei Goldsucher zwar die ersten, die den Mt. McKinley bestiegen, da die Südspitze jedoch 90 Meter höher ist, gebührt der Expedition von 1913 die Ehre, als erste am höchsten Punkt des nordamerikanischen Kontinents gewesen zu sein.

Erstbesteigung des Mt. Everest

Die ersten ernsthaften Versuche, den höchsten Berg Asiens zu besteigen, gab es 1921, als die tibetischen Behörden Bergsteigern erlaubten, in die Nordflanke des Everest einzusteigen. Mehrere Expeditionen versuchten sich an der Route, aber der Zugang wurde nach dem Zweiten Weltkrieg gesperrt, bevor jemand den Gipfel erreicht hatte. Nachdem die nepalesische Regierung 1951 ihre Zustimmung erteilt hatte, konnte eine neue Route von Süden her ausgekundschaftet werden. Im Mai 1953 setzten zwei Mitglieder der zweiten von Süden aufsteigenden Expedition zum Sturm des Gipfels an. Am 29. Mai waren der Neuseeländer Edmund Hillary (geb. 1919) und sein Sherpa Tenzing Norgay am Ziel, am höchsten Punkt der Erde. Tenzing legte Opfergaben für Chomolungma, den Gott, der auf dem Gipfel wohnt, in eine kleine Grube, und Hillary stellte daneben ein kleines Kruzifix auf.

X. SPORT UND FREIZEIT

Manche Sportarten entstanden aus Freude am Spiel, andere leiten sich aus dem Kriegshandwerk her. Einige Sportarten waren ursprünglich Bestandteile religiöser Handlungen, andere sollten den Körper in Form halten. Zu »Sport« wurden all diese Formen der Körperertüchtigung, der Gottesverehrung, des Spiels und des Kampfes, als die Menschen begannen, Rituale daraus zu machen. So verschieden die Ursprünge auch sind, das Ergebnis ist immer ganz ähnlich. Heute kann man Sport als den deutlichsten Ausdruck des menschlichen Verlangens nach Ritualen betrachten.

1. Wettkampfsport

Viele der heute hochangesehenen Sportarten gingen aus ganz gewöhnlichen Beschäftigungen hervor, und niemand damals hatte das Gefühl, dies sei der Aufzeichnung wert. Andere begannen in prähistorischer Zeit, so daß wir keine schriftlichen Zeugnisse besitzen. Die Liste der Sportarten, für die sich kein erstes Mal mehr ermitteln läßt, ist demzufolge ziemlich lang: (in der ungefähren Reihenfolge ihres Auftretens) Ringen, Laufen, Gewichtheben, Speerwerfen, Weitspringen, Kanu fahren, Bogenschießen, Segeln, Boule, Rudern, Holz hacken, Pferderennen, Turnierkämpfe, Wagenrennen, Polo, Fechten, Lacrosse, Karate, Schießen, Wasserball, Radrennen, Tischtennis, Motorsport.

Aufzeichnung sportlicher Leistungen

Während der 18. Dynastie (etwa 1600 – 1350 v. Chr.) war es üblich, daß der Pharao sportliche Leistungen erbrachte, bei denen es auf Kraft, Geschicklichkeit und Ausdauer ankam. Natürlich wollte jeder herrschende Pharao seinen Vorgänger übertreffen, und damit auch alles mit rechten Dingen zuging, wurden die Ergebnisse penibel registriert. Vor den Augen einer riesigen Zuschauermenge schoß Thutmosis III. um 1550 v. Chr. einen Pfeil in eine drei Finger breite Kupferscheibe, und zwar so, daß der Pfeil auf der anderen Seite drei Handbreit hervorstand. Dieser Rekord hielt zehn Jahre, bis er von Amenophis II. gebrochen wurde.

Profisport
Sportmillionär

Schon in prähistorischer Zeit gab es Profisportler – Menschen, die für reiche Sponsoren ins Rennen gingen. Mit Wagenrennen konnte man erstmals richtig viel Geld verdienen. Der erste Sportmillionär war Crescens, ein afrikanischer Wagenlenker im Zirkus von Rom. Die Kaufkraft der Sesterze war damals etwas höher als die des Dollars heute, und Crescens hatte 1 558 346 Sesterzen Preisgeld eingefahren, als er im Jahr 124 n. Chr. erst 22jährig starb.

Sport-Multimillionär

Ein später Zeitgenosse des Crescens, der Spanier Gaius Apuleius Diocles, war der erste Sportler, der zum Multimillionär wurde. Er kam 1462-mal als Erster durchs Ziel: 81mal für die Weißen, 205mal für die Blauen, 216mal für die Grünen und 960mal für die Roten. Diocles war der erste Wagenlenker, der zu einem Rennen mit einem Gespann aus sieben Pferden antrat; in diesem Rennen gewann er 50 000 Sesterzen. Am Ende seiner 24jährigen Laufbahn hatte er 35 863 120 Sesterzen Preisgeld kassiert. 146 n. Chr. zog er sich aufs Land zurück und widmete sich seiner Familie.

Startboxen

Die Startboxen wurden um 500 v. Chr. von Kleoitas für die Olympischen Spiele erfunden. Dadurch sollte der Rennstart fairer werden, denn die Boxen öffneten sich alle gleichzeitig, sobald der Starter an einer Schnur zog. Ein in Röhren verborgener ausgeklügelter Seilzugmechanismus machte das möglich. Auf der Pferderennbahn von Olympia wurden auch für Wagenrennen Startboxen verwendet, und im Stadion setzte man sie bei Wettrennen ein, denn den Startschuß gab es ja noch nicht.

Schiedsrichterpfeife

Bis 1884 mußten Schiedsrichter schreien, um ein Spiel zu unterbrechen. Da dies oft der Fall war, wenn die Spieler selbst bereits lautstark agierten, eine ziemlich erschöpfende Aufgabe. Das Problem wurde von W. H. Atack, einem neuseeländischen Schafzüchter und Rugby-Schiedsrichter, gelöst. Während eines Spiels griff er in seine Hosentasche und fand dort seine Hundepfeife. »Da kam mir der Gedanke«, so schrieb er später, »daß es eine feine Sache wäre, wenn man das Spiel mit einem Pfiff unterbrechen könnte.« Er versuchte es und erntete von Spielern und anderen Schiedsrichtern gleichermaßen Zustimmung.

Die ersten Olympischen Spiele wurden 776 v. Chr. in Olympia, einem Ort in der griechischen Landschaft Elis, abgehalten. Den betreffenden Zeitraum nennt man die erste Olympiade. Eingeladen hatte Iphitos von Elis, der auch als Wettkampfrichter für die einzige Veranstaltung fungierte, den Stadionlauf. Dabei handelte es sich um eine Sprintstrecke von 185 Metern, die Länge des Stadions. Koroibos aus Elis ging als Erster durchs Ziel. Von da an wurden die Spiele alle vier Jahre ausgerichtet, bis sie der römische Kaiser Theodosius im Jahr 393 n. Chr. verbot. Im Lauf der Jahrhunderte erfuhren die Olympischen Spiele viele Veränderungen; ursprünglich waren sie Männersache und eine rein griechische Veranstaltung mit nur wenigen Sportarten. In der unten stehenden Liste ist aufgeführt, welche interessanten Wettkämpfe wann erstmals olympisch wurden.

Olympische Spiele

Sprintstrecke

Olympiasieger

Sportart	Datum	Sieger
370-Meter-Lauf	724 v. Chr., 14. Olympiade	Hypenos aus Pisa
2220-Meter-Lauf	720 v. Chr., 15. Olympiade	Akanthos aus Sparta
Fünfkampf	708 v. Chr., 18. Olympiade	Lampos aus Sparta
Ringen	708 v. Chr., 18. Olympiade	Eurybates aus Sparta
Boxen	688 v. Chr., 23. Olympiade	Onomastos aus Smyrna
Wagenrennen	680 v. Chr., 25. Olympiade	Pagondas aus Theben
Pankration*	644 v. Chr., 33. Olympiade	Lygdamos aus Syrakus
Pferderennen	644 v. Chr., 33. Olympiade	Das Pferd des Krauxidas aus Krannon
Wettlauf in voller Rüstung	516 v. Chr., 65. Olympiade	Damaretos aus Hemaea

* Pankration war eine Mischung aus Faust- und Ringkampf, bei der alle Mittel erlaubt waren.

Olympia war eine Sportstätte auf dem flachen Land. Spiele hatte es dort schon lange vor der ersten Olympiade gegeben. Seinerzeit betrachtete man die Olympischen Spiele als Wiederbelebung althergebrachter Sportarten. Olympia selbst entwickelte sich zu einem Open-air-Sportmuseum – das erste auf der Welt –, denn das Gelände füllte sich mehr und mehr mit Statuen von siegreichen Athleten und Pferden, Ergebnisse wurden in Stein gemeißelt und besondere Ereignisse in herrlichen Friesen dargestellt. Außer einem Stadion für Laufwettbewerbe und andere Leichtathletikdisziplinen hatte Olympia ein Hippodrom für Reitsportarten und Wagenrennen, eine Sporthalle und ein Haus für die Sportler.

Sportmuseum

Olympiastadion

Wettkämpfe für Frauen

Bei den echten Olympischen Spielen gab es keine Wettkämpfe nur für Frauen. Solche wurden separat in den der Göttin Hera gewidmeten Spielen ausgerichtet, die ebenfalls alle vier Jahre in Olympia stattfanden. Veranstalter war eine Gruppe von Frauen aus der Region, die man »die 16 Frauen« nannte. Wann diese Spiele erstmals abgehalten wurden, ist nicht genau bekannt, möglicherweise schon zur Zeit der 1. Olympiade. Eingeladen waren Frauen und Mädchen jeden Alters. Sie trugen zu den Wettkämpfen knapp knielange Hemden, die die rechte Schulter unbedeckt ließen.

Weibliche Olympiasieger

Bei den Olympischen Spielen errangen weibliche Athleten durchaus beachtliche Siege über männliche Konkurrenten, vor allem im Pferdesport sowie als Züchterinnen und Trainerinnen von Pferden und Reitern. Kyniska, die Schwester des spartanischen Königs Agesilaos, war der erste weibliche Champion: Ihr Team gewann in den neunziger Jahren des 4. Jahrhunderts v. Chr. das Wagenrennen, und ihr Standbild steht zwischen den Statuen der männlichen Sieger der Vergangenheit. Während der 129. Olympiade (360 v. Chr.) wurde erstmals ein Wagenrennen mit einem Gespann aus zwei Fohlen durchgeführt. Diesen Wettbewerb gewann Belistiche, die Vertreterin der makedonischen Küstenregion.

Wettkämpfe für Jugendliche

Junioren-Olympiasieger

Mit der Zeit wurde das Teilnehmerfeld immer größer, und Ägypter und Römer stellten die herausragenden Athleten. Doch immer noch galt es als Privileg, an den Olympischen Spielen teilnehmen zu dürfen, und die Spiele der Antike waren nicht annähernd so international wie die der Moderne. Aber in einem anderen Bereich waren die damaligen Olympischen Spiele den heutigen voraus: Es gab eigene Wettkämpfe für Junioren, jugendliche Athleten bis 18 Jahre. Diese Wettkämpfe waren außerordentlich beliebt, sie wurden in der 37. Olympiade (632 v. Chr.) erstmals durchgeführt. In jenem Jahr gewann Hipposthenes aus Sparta den Junioren-Wettbewerb im Ringen und Polyneikes aus Elis den im Laufen. Auch die Veranstalterinnen der der Hera gewidmeten Spiele richteten eigene Wettkämpfe für Mädchen aus, die wahrscheinlich ebenfalls zu dieser Zeit erstmals stattfanden.

Olympische Spiele der Neuzeit

Der erste Versuch, die Olympischen Spiele wieder einzuführen, fand während der Regentschaft des griechischen Königs Otto I. (1832–1862) statt und ging gründlich daneben. 1893 lud Baron de Coubertin Delegierte aus vielen Ländern zu einem Kongreß nach Paris ein, und dort wurde einmütig beschlossen, die Spiele wiederzubeleben. Außerdem nahm man die Einladung des griechischen Delegierten an, die ersten Spiele der Neuzeit in Athen abzuhalten. Die griechische Regierung sträubte sich zwar, aber Kronprinz Konstantin setzte eine gewaltige Spendensammelaktion in Gang, und – o Wunder – am Ostermontag 1896 war alles bereit für die ersten Olympischen Spiele der Neuzeit. Allerdings wäre es etwas übertrieben, die paar Hundertschaften von Athleten, die damals antraten, als die Weltelite zu bezeichnen. Manche waren schlicht Touristen, die beschlossen, ihr Land zu vertreten, weil sie nun gerade mal in Athen waren. Die Griechen stellten die größte Mannschaft, und der bescheinigten selbst Sympathisanten, daß ihr nur schlechte Sportler angehörten.

Olympische Medaillen

Die Feierlichkeiten endeten am sechsten Tag damit, daß König Georg jedem Gewinner eine Silbermedaille, eine Urkunde und den Zweig eines Olivenbaums überreichte. Die Zweitplazierten erhielten eine Bronzemedaille und ein Lorbeerzweiglein. Das Budget hatte nicht gereicht, um den Siegern Goldmedaillen zu geben. Doch nach jedem Wettkampf wurde die Flagge des Landes gehißt, aus dem der Sieger kam.

Silbermedaillengewinner

	Disziplin	Sieger	Land	
Laufen	100 m	Thomas Burke	USA	12,0 Sek.
	400 m	Thomas Burke	USA	54,2 Sek.
	800 m	Edwin Flack	Australien	2:11 Min.
	1500 m	Edwin Flack	Australien	4:32,2 Min.
	Marathon (42,195 km)	Spiridon Louis	Griechenland	2:58:50 Std.
	Hürden (110 m)	Thomas Curtis	USA	17,6 Sek.
Springen	Hochsprung	Ellery Clark	USA	1,81 m
	Weitsprung	Ellery Clark	USA	6,35 m
	Stabhochsprung	William Welles Hoyt	USA	3,30 m
	Dreisprung	James Conolly	USA	13,71 m
Werfen	Kugelstoßen	Robert Garrett	USA	11,22 m
	Diskuswerfen	Robert Garrett	USA	29,15 m
Radfahren	333 1/3 m Zeitfahren	Paul Masson	Frankreich	24 Sek.
	2000 m Sprint	Paul Masson	Frankreich	2:52 Min.
	10 km Bahnfahren	Paul Masson	Frankreich	17:54,2 Min.
	100 km Bahnfahren	Léon Flameng	Frankreich	3:08:19,2 Std.
	12-Stunden-Rennen	Adolf Schmal	Österreich	300 km
	Straßenrennen (87 km)	Aristidis Konstantinidis	Griechenland	3:22:31,0 Std.

	Disziplin	Sieger	Land	
Fechten	Florett	Eugène-Henri Gravelotte	Frankreich	
	Degen	Leon Pyrgos	Griechenland	
	Säbel	Ioannis Georgiadis	Griechenland	
Turnen	Reck	Hermann Weingärtner	Deutschland	
	Barren	Alfred Flatow	Deutschland	
	Langpferd	Karl Schumann	Deutschland	
	Seitpferd	Jules Zutler	Schweiz	
	Ringe	Ioannis Mitropoulos	Griechenland	
	Reck (Mannschaft)		Deutschland	
	Barren (Mannschaft)		Deutschland	
	Seilklettern	Nicolaos Andriakopoulos	Griechenland	
Schießen	Schnellfeuerpistole	Ioannis Phrangoudis	Griechenland	
	Freie Pistole	Sumner Paine	USA	
	Militär-Revolver	John Paine	USA	
	Freigewehr, Dreikampf 200 m	Pantelis Karasevdas	Griechenland	
	Freigewehr, Dreikampf 300 m	Georgios Orphanidis	Griechenland	
Schwimmen	100 m Freistil	Alfréd Hajós	Ungarn	1:22,2 Min.
	500 m Freistil	Paul Neumann	Österreich	8:12,6 Min.
	1200 m Freistil	Alfréd Hajós	Ungarn	18:22,2 Min.
	100 m Matrosen-schwimmen	Ioannis Malokinis		2:20,4 Min.
Tennis	Einzel	John Pius Boland	GB (Irland)	
	Doppel	Boland/Traun	Irland/ Deutschland	
Gewicht-heben	Einhandheben	Launceston Elliot	Großbritannien	71 kg
	Zweiarmiges Stoßen	Viggo Jensen	Dänemark	111,5 kg
Ringen	griechisch-römisch	Karl Schumann	Deutschland	

Goldmedaillen-gewinner

Bei den Olympischen Spielen 1900 in Paris und allen späteren Olympiaden wurden Goldmedaillen verliehen. In der Liste finden Sie die ersten Goldmedaillengewinner der neu in den olympischen Wettbewerb aufgenommenen Sportarten.

	Disziplin	Sieger	Land	
PARIS 1900				
Reiten	Hochsprung	Dominique Maximien Gardères auf Canela	Frankreich	1,85 m
	Weitsprung	Constant van Langhendonck auf Extra Dry	Belgien	6,1 m
	Jagdspringen	Aimé Haegeman auf Benton II	Belgien	2:16 Min.
Fußball			Großbritannien	
Bogen-schießen	Au cordon doré, 50 m	Henri Herouin	Frankreich	
	Au chapelet, 50 m	Eugène Mougin	Frankreich	
	Au cordon doré, 33 m	Hubert van Innes	Belgien	
	Au chapelet, 33 m	Hubert van Innes	Belgien	
	Stehende Stange (156 m)	Emmanuel Foulon	Frankreich	
	Clout-Schießen (156 m)	Emile Grumiaux	Frankreich	
Segeln	0,5 Tonnen	Texier	Frankreich	
	0,5–1 Tonne	Currie, Gretton, Hope	Großbritannien	
	1–2 Tonnen	Hermann de Pourtalés	Schweiz	
	2–3 Tonnen	Exshaw	Großbritannien	
	3–10 Tonnen	E. und F. Michelet	Frankreich	
	10–20 Tonnen	Billard/Perquet	Frankreich	
	offene Klasse	Currie, Gretton, Hope	Großbritannien	
Kricket			Großbritannien	
Krocket	Einzel – 1 Ball	Aumoitte	Frankreich	
	Einzel – 2 Bälle	Waydelich	Frankreich	
	Doppel	Johin/Aumoitte	Frankreich	
Golf	Herren	Charles Sands	USA	
	Damen	Margaret Abott	USA	
Polo		Foxhunters Hurlingham	GB/USA	
Rugby			Frankreich	
Tauziehen			Schweden/Dänemark	

	Disziplin	Sieger	Land	
PARIS 1900				
Rudern	Einer	Henri Barellet	Frankreich	7:35,6 Min.
	Zweier mit Steuermann		Holland	7:34,2 Min.
	Vierer mit Steuermann		Frankreich	7:11 Min.
	Achter mit Steuermann		USA	6:9,8 Min.
Hindernis-schwimmen		Frederick Lane	Australien	2:38,4 Min.
Wasserball			Großbritannien	
ST. LOUIS 1904				
Zehnkampf		Thomas Viely	GB (Irland)	
Boxen	Fliegengewicht	George Finnegan	USA	
	Bantamgewicht	Oliver Kirk	USA	
	Federgewicht	Oliver Kirk	USA	
	Leichtgewicht	Henry Spanger	USA	
	Weltergewicht	Albert Young	USA	
	Mittelgewicht	Charles Mayer	USA	
	Schwergewicht	Samuel Berger	USA	
Lacrosse			Kanada	
Schwimmen	Turmspringen	George Sheldon	USA	
ATHEN 1906				
Gehen	1500 m	George Bonhag	USA	7:12,6 Min.
	3000 m	György Sztantics	Ungarn	15:13,2 Min.
Alt-griechischer Fünfkampf	Weitsprung, Diskuswerfen, Laufen, Speerwerfen, Ringen	Hjalmar Mellander	Schweden	
Kajak	1000 m	Gaston Delaplane	Frankreich	5:53,4 Min.

	Disziplin	Sieger	Land
LONDON 1908			
Hockey			Großbritannien
Eiskunstlauf	Herren	Ulrich Salchow	Schweden
	Damen	Madge Syers	Großbritannien
	Paarlauf	Anna Hübler und Heinrich Burger	Deutschland
	Figurenlaufen	Nikolai Kolomenkin (alias Panin)	Rußland
ANTWERPEN 1920			
Eishockey			Kanada
BERLIN 1936			
Basketball			USA
Handball			Deutschland
TOKIO 1964			
Judo	Leichtgewicht	Takehide Nakatani	Japan
	Mittelgewicht	Isao Okano	Japan
	Schwergewicht	Iao Inokuma	Japan
	Allkategorie	Antonius Geesinck	Niederlande
Volleyball	Herren		UdSSR
	Damen		Japan
SEOUL 1988			
Tischtennis	Herren Einzel	Yoo Nam Kyu	Südkorea
	Damen Einzel	Chen Jing	China
	Herren Doppel		China
	Damen Doppel		Südkorea

	Disziplin	Sieger	Land
BARCELONA 1992			
Badminton	Herren Einzel	Alan Budi Kusuma	Indonesien
	Damen Einzel	Susi Susanta	Indonesien
	Herren Doppel		Südkorea
	Damen Doppel		Südkorea
Baseball			Kuba
ATLANTA 1996			
Beach-Volleyball	Herren	Steffes/Kiraly	USA
	Damen	Silva Cruz/Pires	Brasilien
Softball			USA

Olympische Winterspiele

Olympische Winterspiele fanden erstmals Ende Januar, Anfang Februar 1924 im französischen Chamonix als eigenständige Veranstaltung statt. Allerdings war der Eiskunstlauf schon 1908 in London in den olympischen Wettbewerb aufgenommen worden (siehe S. 387). Bei den Spielen in Chamonix gewann der Norweger Thorleif Haug nicht nur den 15- und den 50-km-Skilanglauf, sondern auch die Kombination aus Skilanglauf und Skispringen.

Boxen

Die Anfänge des Boxsports liegen in Ägypten. Vor mehr als 3500 Jahren – zur Zeit des Neuen Reiches – muß alles begonnen haben. Die ältesten Bilder von Boxern stammen aus der 18. Dynastie (etwa 1600–1350 v. Chr.). Sie befinden sich auf einem Grab zwischen anderen Reliefs, die die Feierlichkeiten zum 30. Jahrestag der Thronbesteigung von Amenophis III. darstellen. Die Bilder zeigen verschiedene Boxpositionen, die mit Worten wie »Attacke« oder »Defensive« bezeichnet werden.

Boxhandschuhe

Vom 9. Jahrhundert v. Chr. an – vielleicht auch schon früher – gaben die Griechen das Boxen mit bloßen Fäusten auf und begannen, die Hände zum Schutz mit Fell- oder Lederstreifen zu umwickeln. Ab etwa 350 v. Chr. wurden die primitiven Lederstreifen durch Handschuhe von komplexem Aufbau ersetzt: Ein innerer Handschuh aus weichem Tuch ließ die Fingerspitzen frei. An der Außenseite waren dicke Lederpolster angebracht, die man so aneinandernähte, daß sich der Gegner an den Kanten nicht verletzen konnte. Lederstreifen dienten als Befestigung am Unterarm. Boxen war eine wichtige Sportart bei den Olympischen Spielen und anderen kulturellen Veranstaltungen, deshalb gab es schon bald ein hochorganisiertes Training. Griechische Boxer erfanden den Ohrschutz und den Sandsack als Trainingshilfen.

Ohrschutz
Sandsack

Schulgi war ein mächtiger und einfallsreicher sumerischer König, der im 23. Jahrhundert v. Chr. fast 50 Jahre lang regierte. Es wäre untertrieben zu sagen, daß er gern reiste – Reisen war eine Leidenschaft von ihm. Er ließ nicht nur Fußwege verbreitern und Straßen begradigen, sondern auch die erste Hotelkette (siehe Kapitel V, 1) entlang der Verkehrswege errichten, um das Reisen angenehmer zu machen. Schulgi war außerdem ein begeisterter Sportler. Eines Tages beschloß er, Langstreckenläufe zu machen. Sein erster Marathon führte ihn von Nippur nach Ur in Südmesopotamien. Das sind ungefähr 170 Kilometer – die genaue Kilometerzahl hängt davon ab, wie geradlinig die Streckenführung damals war. Menschenmassen jubelten dem König in den am Weg gelegenen Städten zu, und schon bald darauf lief er nach Nippur zurück. Obwohl er unterwegs in einen heftigen Hagelschauer geriet, machte er eine gute Zeit, und er überraschte sein Volk damit, daß er das Eschesch-Fest am selben Tag in Ur und Nippur feierte. Solche Laufleistungen nur aus Freude an der sportlichen Betätigung muteten damals noch merkwürdiger an als heute. Doch schon lange davor und noch lange danach beschäftigten Herrscher Läufer als Boten. 1600 Jahre nach Schulgi lief einer von einem Dorf namens Marathon nach Athen, um die Nachricht vom Sieg der Griechen über die Perser zu überbringen. Da die Entfernung von Marathon nach Athen etwa 42 Kilometer beträgt, heißt der Langstreckenlauf über diese Distanz heute Marathon.

Marathonlauf

Staffelläufe wurden wahrscheinlich im 6. Jahrhundert v. Chr. bei den griechischen Sportfesten eingeführt. Die Athleten gaben eine brennende Fackel weiter, und es gehörte zu den Wettkampfregeln, daß die Flamme während des Laufs nicht erlöschen durfte.

Staffellauf

Die erste belegbar unter vier Minuten gelaufene Meile (1609,34 m) wurde 1954 in Oxford gestoppt. Der englische Sprinter Roger Bannister legte die Strecke in 3:59,4 Min. zurück.

Meile unter 4 Min.

Diskus

Aufgrund der unzuverlässigen indischen Aufzeichnungen läßt sich leider nicht mit Sicherheit sagen, ob der erste Diskus in Indien oder in Griechenland geworfen wurde. Griechische Sportler verwendeten ab etwa 1000 v. Chr. aus Kupfer gefertigte Scheiben. Der indische Gott Krishna wird manchmal mit einem Diskus dargestellt, und in Nordindien (dem heutigen Pakistan) könnte dieser Brauch noch ein paar Jahrhunderte weiter zurückreichen.

Autorennen Grand Prix

Im Jahr 1906 traf der Automobilclub von Frankreich in ganz großem Stil Vorbereitungen für das erste Grand-Prix-Autorennen. Es fand östlich von Le Mans auf einem 103 Kilometer langen Rundkurs auf gesperrten öffentlichen Straßen statt. Der Club untertunnelte Geleise, zimmerte einen Fahrdamm um die Stadt Calais, legte Depots an, baute Tribünen und einen 65 Kilometer langen Zaun, um die Zuschauer zurückzuhalten. Die Fahrer hatten an jedem der beiden Renntage, am 26. und am 27. Juni 1906, sechs Runden auf dem Kurs zurückzulegen. Die lange holprige Piste war Gift für die Reifen, und die Regeln sahen vor, daß allein die Fahrer und ihre Bordmechaniker Reifenwechsel vornehmen durften. Deshalb hatten nur Teams eine Chance, die das neue Radfelgen-System verwendeten. Eine Gefällstrecke schließlich dezimierte das Feld bis auf die Teams von Fiat und Renault. Der ungarische Renault-Fahrer Ferenc Szisz gewann das Rennen mit einer Durchschnittsgeschwindigkeit von 101 Stundenkilometern, und das, obwohl ihm am zweiten Tag hinten eine Feder brach. Paul Baras in einem Brasier fuhr die schnellste Runde, mit einer Durchschnittsgeschwindigkeit von 118 Stundenkilometern.

Volleyball

In seiner *Odyssee*, geschrieben um 900 v. Chr., erwähnt der griechische Dichter Homer erstmals das Volleyballspiel, und zwar im Zusammenhang mit Nausikaa, der schönen Tochter des Phäakenkönigs. Nausikaa war auch nicht viel anders als junge Mädchen heute. Homer zufolge stand sie eines Morgens auf und ging zu ihrem Vater, der sich gerade in einer wichtigen Sitzung befand, um ihn zu fragen, ob sie den Wagen haben könne. Sie sagte, sie brauche ihn, weil sie Wäsche waschen müsse. Ihr Vater hatte zwar seine Zweifel, gab ihn ihr aber trotzdem. Nachdem Nausikaa und ihre Freundinnen die Wäsche erledigt hatten, veranstalteten sie ein Picknick am Strand und vergnügten sich schließlich mit Volleyballspielen.

Dieses Ballspiel gehörte zu Homers Zeiten zu den beliebtesten Sportarten der Griechen. Wie viele andere auch geriet es später in Vergessenheit und mußte für die Moderne neu erfunden werden. Nausikaas Name aber verhalf dem Spiel zu höherem Ansehen: Mehr als 400 Jahre nach Homer inszenierte Aischylos sein Theaterstück *Nausikaa* und spielte dabei selbst mit großem Geschick Volleyball auf der Bühne. (Ob Nausikaa wirklich Volleyball spielte, läßt sich nicht mit Bestimmtheit sagen, denn sie lebte vor Homer, und dessen *Odyssee* ist wahrscheinlich mehr Dichtung als Wahrheit.)

Die Griechen spielten bereits zu Beginn des 5. Jahrhunderts v. Chr. Hockey. Sie verwendeten Schläger, die am unteren Ende gekrümmt waren, und hielten sich an Regeln, so daß das Spiel wohl kein primitives Jeder-gegen-jeden war, sondern Geschick und Spielverständnis erforderte. Ein Fries in einer Athener Hauswand aus dem 5. Jahrhundert v. Chr. ist das einzige Zeugnis, das wir von dieser Sportart haben. Es zeigt zwei Spieler beim Bully, während die anderen abwartend zusehen.

Hockey

Fußball entwickelte sich in zwei Phasen und vielen Varianten. Spiele mit Technik, Taktik und einem Regelwerk gab es erst im zweiten Stadium. Am Anfang standen primitive Wettkämpfe zwischen rivalisierenden Banden, ungeordnet, schlecht dokumentiert und ziemlich verletzungsträchtig. Die Heimat des Fußballs war China. Die Legende sagt, der Gelbe Kaiser habe das Spiel vor 5000 Jahren erfunden; wahrscheinlicher ist, daß es im Volk entstand, als sich zwei Gruppen um einen Ball balgten. Die Spielform mit Technik und Regeln muß vor dem 3. Jahrtausend v. Chr. entwickelt worden sein, denn seit dieser Zeit diente sie dazu, Soldaten fit zu halten.

Fußball

Die traditionellen chinesischen Bälle bestanden aus zusammengenähten Lederstücken und hatten die Form eines Rugby-Eis. Sie brauchten nicht rund zu sein, da man sie durch die Luft kickte und nicht am Boden spielte. Während der Tang-Dynastie (618 – 907 n. Chr.) wurde die ursprüngliche Spielweise durch eine andere verdrängt, bei der man einen runden Ball am Boden spielte. Hohe Pässe durch die Luft waren allerdings weiterhin möglich.

Ball mit spitzen Enden, »Rugby-Ei«

Runder Ball

Die Regeln änderten sich im Laufe der Zeit, doch in den ersten schriftlich festgehaltenen ist von zwei gleich großen Mannschaften, zwei dicht nebeneinanderstehenden Torpfosten und einem Punktesystem mit Toren und Touchdowns die Rede, ähnlich wie beim modernen (American) Football. Höchstes Ansehen gewann das Spiel während der Regierungszeit (32 bis 6 v. Chr.) des Kaisers Cheng Di, der – trotz aller Versuche seiner Frau,

Regeln

ihn davon abzubringen – ein begeisterter Fußballspieler blieb. Aus dem ersten Fußballgedicht und der Betonung der Bedeutung der Regeln wird deutlich, wie hoch entwickelt der Fußball zu jener Zeit war:

Fußballgedicht

Ein runder Ball und eine quadratische Wand
Erinnern an die Formen des Yin und des Yang;
Mondgleich fliegt der Ball über das Feld,
Wo sich die Mannschaften gegenüberstehn.
Die Spielführer sind ernannt und nehmen ihre Plätze ein,
Die ehernen Regeln lauten:
Parteilichkeit geziemt sich nicht.
Entschlossenes Handeln mit kühlem Kopf statt dessen, und
Keine Zornesregung bei einer Niederlage …
Wenn dies alles für Fußball notwendig ist,
Um wieviel mehr muß es für das tägliche Leben gelten!

Ob es im Altertum im Westen etwas gab, das über eine wilde Kickerei hinausging, läßt sich nicht mit Bestimmtheit sagen. Das römische Spiel *harpastum* besaß zwar klare Regeln, aber wie beim Netzball (einer Basketballvariante mit kleinerem Ball) wurde der Ball mit den Händen gespielt, so daß es für uns nicht zählt. In nachrömischer Zeit war das anarchische Kicken weit verbreitet, und es gingen Jahrhunderte ins Land, ohne daß Anzeichen für Technik, Taktik und Regelwerk zu entdecken waren.

Rugby

Das änderte sich schließlich beinahe schlagartig, als in einem Land verschiedene Regelwerke aufgestellt und für all die Fußballvarianten, die man heute rund um den Globus spielt, der Grundstein gelegt wurde. Dieses Land war England, wo man an allen wichtigen Schulen fußballähnliche Spiele spielte. Zu Beginn des 19. Jahrhunderts erhielten diese Spiele mehr und mehr Systematik und Regeln. Eine besondere Rolle spielte die Rugby-Schule in der Nähe von Warwick. Dort war etwa 1820 ein Spiel eingeführt worden, bei dem der Ball mit den Händen geführt werden durfte und dessen Regeln dem Rugby, so wie wir es heute kennen, ähnlich genug sind, um es guten Gewissens so zu nennen. Als Begründer dieser Spielvariante wird meistens William Webb Ellis genannt, der Schüler soll 1823 erstmals den Ball aufgehoben und mit ihm davongelaufen sein. Vorher hatte man an seiner Schule ein dem modernen Fußball (englisch *soccer*) ähnliches Spiel gespielt.

In den englischsprachigen Ländern wird der heutige Fußball als »soccer« bezeichnet. Das Wort ist aus dem dritten, vierten und fünften Buchstaben des Ausdrucks »association football« gebildet, den der englische Fußballverband *(England's Football Association)* seit 1863 für seine Form des Fußballspiels gebrauchte. Soccer wurde auch vorher schon gespielt, ohne daß es so hieß. Wie Rugby entstand es Anfang des 19. Jahrhunderts an englischen Schulen, doch im Gegensatz dazu wurde der Ball am Fuß geführt (Dribbling) und vom Boden weg gekickt. Die Schulen von Charterhouse und Harrow taten sich besonders hervor: Hier spielte man mit runden Bällen und hatte Regeln, die das Handspiel untersagten. Aus Harrow gibt es zudem Aufzeichnungen über ein Spiel mit elf Spielern pro Mannschaft, das dort seit 1814 gespielt wurde und der Prototyp des modernen Fußballs gewesen sein könnte.

Moderner Fußball (Soccer)

In anderen englischsprachigen Ländern konnte diese typisch britische Erfindung nicht annähernd die gleiche Popularität und Begeisterung erlangen wie im Mutterland des Fußballs und in den meisten nicht englisch sprechenden Nationen, wo Pokalwettbewerbe mit Leidenschaft ausgetragen und vom Publikum unterstützt werden. Der Stammvater all dieser Wettbewerbe ist der F. A. Cup, der auf Betreiben von Charles William Alcock vom Wanderers Club im Jahr 1871 als *Football Association Challenge Cup* eingeführt wurde. Der Pokal war der Preis in einem von 15 Mannschaften nach dem K.o.-System ausgetragenen Wettbewerb, den die Wanderers unter ihrem Kapitän Alcock im ersten Jahr gewannen.

Pokalwettbewerb

Der wichtigste internationale Fußball-Wettbewerb ist die Weltmeisterschaft (englisch *World Cup*), den Jules Rimet und Henri Delaunay 1928 bei einem Treffen in Paris anregten. Dieser Vorschlag der Franzosen ist auch als Reaktion der europäischen Fußballfunktionäre auf etwas anzusehen, was sie als britische Arroganz gegenüber den fußballerischen Fähigkeiten anderer Nationen empfanden. Die erste Fußball-Weltmeisterschaft fand 1930 in Urugay statt, damals die führende Fußballnation. Das *Estadio Centenario* in Montevideo wurde eigens für diese Veranstaltung erbaut, an der Mannschaften aus Südamerika und Europa (aber nicht aus Großbritannien) teilnahmen. Vor 90 000 Zuschauern schlug Uruguay Argentinien im Finale mit 4:2.

Weltmeisterschaft

In Nordamerika wurden die verschiedenen Fußballvarianten im 19. Jahrhundert vor allem an Schulen und Universtitäten betrieben und weiterentwickelt. An den kanadischen Universitäten spielte man damals Rugby,

American Football

an den amerikanischen Fußball (Soccer) – außer in Harvard, wo man den »Boston Football« pflegte, eine Variante, bei der der Ball mit der Hand geführt werden durfte. Eine tourende kanadische Mannschaft von der McGill University in Montreal bekehrte Harvard 1874 zum Rugby, und 1879 folgten die anderen großen amerikanischen Colleges diesem Beispiel. Ein Jahr später wurde eine neue Regel eingeführt, die auf die *scrums* (Gedränge) verzichtete und den Angreifern erlaubte, in Ballbesitz zu bleiben. Das war die erste größere einer langen Reihe von Regeländerungen, die den American Football so langweilig machten, wie er heute ist. Urheber der wichtigsten Änderungen war Walter Camp, der »Vater des American Football«. Eine radikale Neuerung, eingeführt Ende 1905, kennzeichnet den Beginn der heutigen Spielweise: Der Vorwärtspaß, der in den anderen Rugby-Regeln verboten ist, wurde ausdrücklich erlaubt und ist seitdem der wichtigste Spielzug, um Raum zu gewinnen.

National Football League

In den folgenden Jahren fand der American Football mehr und mehr Anhänger außerhalb der Colleges und entwickelte sich zu einer Profisportart von hohem Zuschauerinteresse. Im Juli 1919 wurde die *National Football League* gegründet. Die erste Meisterschaft gewannen im selben Jahr die Canton Bulldogs. Später gründete sich noch eine weitere Liga, die *American Football League*, und seit 1967 spielen die Meister beider Ligen um die sogenannte Superbowl gegeneinander. Die erste Superbowl gewannen die Green Bay Packers (N. F. L.-Meister 1966) mit 35:10 gegen die Kansas City Chiefs (A. F. L.-Meister 1966).

Superbowl

Golf

Der Erfinder des Golfspiels hatte eine schwierige Aufgabe zu lösen: Er mußte sich eine langsame Sportart ohne Spielraum für taktische Finessen und Teamarbeit ausdenken, ohne Interaktion zwischen den Gegnern (außer auf der sozialen Ebene); einen Sport, in dem Kraft und Aggression keinen Vorteil bringen, in dem körperliche Fitneß weder erforderlich ist noch gefördert wird und in dem die Punktetabelle interessanter ist als das Spiel selbst. Der Mensch war ein Genie; um so unverständlicher, daß sein Name der Vergessenheit anheimfiel, statt berühmt zu werden. Doch Spaß beiseite: Praktisch jeder andere Sport, bei dem Punkte oder Tore gezählt werden, begann als Kampfspiel. Der Körperkontakt mit dem Gegner oder dem Ball war die Regel und nicht selten von ziemlicher Härte geprägt. Golf ist eine bemerkenswerte Ausnahme. Der erste Bericht über das Golfspiel stammt aus der Zeit um 950 n. Chr.; darin gibt ein chinesischer Distriktverwalter seiner Tochter Anweisung, im Garten Löcher zu graben und einen Ball nacheinander in diese Löcher zu schlagen. Der Beamte wird nicht als Erfinder des Spiels bezeichnet, aber wahrscheinlich fanden die Lektionen der höheren Tochter statt, als es noch recht neu war. Es könnte also um 900 n. Chr. entstanden sein.

Das erste Buch, das sich speziell dem Golfspiel widmete, war das 1282 erschienene *Wan Jing* (»Ball-Klassiker«). Daraus sowie aus alten Bildern geht hervor, daß das chinesische Golf große Ähnlichkeit mit dem heutigen besaß. Es wurde im allgemeinen auf Rasen gespielt, in dem sich kleine Löcher befanden, die manchmal mit Fähnchen gekennzeichnet waren. Zur Ausrüstung der Spieler gehörten verschiedene Schläger. Es gab drei Schlägertypen, solche mit Metallkopf, mit flachem oder mit löffelförmigem Kopf. Diese Sportart hatte viele Anhänger – vom Kaiser bis zum Schulkind. Die Kaiser besaßen farbige Schläger und bewahrten ihre Bälle in Seidenbeuteln auf.

Golfbuch

Eins jedoch bleibt in den chinesischen Berichten unerwähnt, was den Golfsport heute zu einem harten Wettkampf macht: Offenbar gelang es niemandem, damit Geld zu verdienen. Diese Neuerung ergab sich 1682, als der in Schottland geborene Herzog von York (der spätere König Jakob II. von England und Jakob VII. von Schottland) als Beauftragter des Königs für das schottische Parlament in Edinburgh lebte. Die Schotten hatten das Golfspiel im 15. Jahrhundert in Frankreich kennengelernt und zu einem hohen Niveau weiterentwickelt. Zwei englische Edelleute, die bei Jakob zu Besuch waren, besaßen die Kühnheit zu behaupten, England sei die Heimat des Golfspiels. Ein Wort gab das andere, und das Ganze endete damit, daß man beschloß, den Disput auf dem Golfplatz bei Leith zu klären – auf das Ergebnis wurden hohe Wetten abgeschlossen. Die zwei Besucher sollten England vertreten, und der Herzog benannte einen schottischen Golfmeister als seinen Partner. An der Seite des späteren Königs errang der Schuhmacher John Patersone im ersten internationalen Golfturnier einen Sieg für Schottland. Vom Gewinn des Herzogs erhielt Patersone die Hälfte und baute sich mit einem Teil des Vermögens in Edinburgh ein Haus.

Profigolfer

Das alte skandinavische Spiel *knattleikr* ist die früheste belegbare Eishockeyform. Sie wird in isländischen Sagen, wie zum Beispiel »Gisli der Gesetzlose« (frühes 13. Jahrhundert), beschrieben. Aber wir wissen nicht mehr über das Spiel, als daß es mit einem Holzball gespielt wurde und daß die sagenhaften Helden ihre Gegner bei jeder sich bietenden Gelegen-

Eishockey

heit aufs Eis warfen. In Kanada war Eishockey im 19. Jahrhundert sehr beliebt. Dort wurde das Spiel 1875 auch erstmals in seiner modernen Form gespielt. Im März jenen Jahres traten zwei Teams des Montreal Football Club mit je neun Mann im *Victoria Ice Rink* (»Victoria-Eisstadion«) in Montreal gegeneinander an. Der Hauptunterschied dieses Spiels zu früheren Formen war, daß Banden die Spielfläche begrenzten. In den Jahren 1879 und 1880 legten die Spieler der englischsprachigen McGill University in Montreal die Spielregeln fest, die im wesentlichen auch heute noch gelten.

Stanley-Cup

Der begehrteste Preis im Eishockey ist der Stanley-Cup, den der Generalgouverneur von Kanada, Lord Stanley, 1893 stiftete. Er war nicht an eine bestimmte Liga gebunden, sondern wurde einmal im Jahr an das beste Team verliehen. Seit 1910 ist er die Trophäe, die mit der Meisterschaft in der Profiliga errungen wird. Die erste Profiliga entstand allerdings schon 1905 auf Betreiben eines amerikanischen Zahnarztes aus Houghton, Michigan. Trotz des großartigen Namens *International Hockey League* konnte sie sich nicht lange halten. Ihr gehörten Mannschaften aus Sault Ste. Marie, Pittsburgh, und ein paar anderen amerikanischen Städten an.

Profiliga

Tennis

In vielen Mittelmeerländern gab es seit alters ein Ballspiel, bei dem die Handfläche als Schläger benutzt wurde. Im 14. Jahrhundert hatte es auch in Frankreich weite Verbreitung gefunden, wo man es *Jeu de Paume* (»Handflächenspiel«) nannte. Die Geburtsstunde des Tennis schlug, als man zu Beginn des 15. Jahrhunderts anfing, Schläger zu benutzen. Das erste Tennis wurde drinnen und draußen und mit einer Vielzahl von Regeln gespielt. Doch im Laufe des 17. Jahrhunderts entwickelten sich in Frankreich zwei Tennisvarianten mit deutlich verschiedenem Regelwerk: das Rasentennis, das im Freien gespielt wurde (französisch *longe paume*), und das Real (oder Royal) Tennis, das in Innenhöfen stattfand (französisch *courte paume*).

Rasentennis

Real Tennis

Tennismeisterschaften von Wimbledon

Der *All-England Croquet and Lawn Tennis Club* brauchte Geld. Darum beschloß er im Jahr 1877, eine Tennismeisterschaft zu veranstalten, und rief ein Turnier aus, das im Juni und Juli des Jahres am Stadtrand von London in Wimbledon ausgetragen werden sollte. Dem Sieger winkte ein Silberpokal. 22 Gentlemen meldeten sich an, und der Club machte ein bescheidenes Plus. Der erste Wimbledon-Gewinner, Spencer Gore, war ein ausgewiesener Rackets-Spieler (siehe S. 397 unter Squash). Der Wechsel zum Tennis war ihm nicht ganz leicht gefallen, und er beklagte sich über die gräßliche Zählweise beim Tennis, die ihn nicht wenig irritiert habe.

1879 wurde im Zusammenhang mit den jährlichen Tennismeisterschaften erstmals auch ein Turnier im Doppel ausgetragen. Der Club lehnte es allerdings ab, einen Damenwettbewerb zu veranstalten. Diese Fehlentscheidung wurde fünf Jahre später korrigiert, und Miss M. Watson gewann 1884 den ersten Titel bei den Damen.

Damenturnier in Wimbledon

Die amerikanischen Tennismeisterschaften wurden erstmals 1881 abgehalten (Sieger war R. Sears). Australien begann 1905 damit, Meisterschaften auszutragen (damals gewann R. Heath). Ab 1925 standen die französischen Tennismeisterschaften (die 1891 erstmals stattfanden) auch der internationalen Konkurrenz offen; 1925 siegte R. Lacoste.

Grand-Slam-Turniere

Squash ist ein Ableger des Rackets, eines tennisähnlichen Spiels, das man in England an der Schule von Harrow spielte, einer der Wiegen des europäischen Fußballs (Soccer, siehe S. 393). Um 1850 hatten die Jungs an der Schule angefangen, Squash zu spielen – auf einem kleineren Hof und mit weicheren Bällen. Als Erklärung wird üblicherweise angeführt, daß die Jungs, während sie warteten, bis sie auf den Rackets-Platz konnten, Bälle an die umliegenden Wände schlugen. Da sie weniger Raum zur Verfügung hatten, nahmen sie weichere (englisch *squashy*) Bälle, die langsamer zurückkamen. Das war die Geburtsstunde des Squash. Die ersten allgemeinverbindlichen Regeln wurden 1922 von einem Unterausschuß der britischen *Tennis and Rackets Association* veröffentlicht.

Squash

Im Mittelalter, als ganz Europa in Armut und Unwissenheit daniederlag, nahm der Fortschritt von zwei kleinen Flecken auf der Landkarte seinen Lauf, um wenig später internationalen Widerhall zu finden. Die Städte Norditaliens waren Ausgangspunkt einer umfassenden intellektuellen und kulturellen Erneuerung: Der Stern der Renaissance begann zu strahlen. In England und den Lowlands dagegen entstand ein Spiel, bei dem ein Sportler ein Loch oder einen Holzrahmen mit einem gebogenen Stück Holz gegen einen von seinem Gegner geworfenen Ball verteidigte. Der Stecken, *cryec* genannt, diente als Schläger und gab dem Spiel seinen Namen.

Kricket

Über das erste Kricketmatch gibt es keine Berichte, doch höchstwahrscheinlich fand es um 1200 statt. Am 10. März 1300 brachten der 16jährige Prinz Eduard (der spätere König Eduard I.) und seine Freunde ganze

Kricketfan

100 Schilling auf einem Sportfest in Westminster durch, wo außer Kricket auch andere Spiele geboten wurden. Ein entsprechender Vermerk in der königlichen Buchführung stellt die erste Erwähnung des Kricketspiels dar und verrät gleichzeitig den ersten berühmten Fan.

Baseball

Im England des 18. Jahrhunderts bezeichnete man mit *base-ball* bzw. *rounders* die Stammform der heutigen Spiele Baseball, Softball und Rounders; im *Little Pretty Pocket Book* (London 1744) wird sie erstmals erwähnt. Als das Buch erschien, waren die wichtigsten Spielregeln bereits festgelegt. Daraus kann man schließen, daß das Spiel schon eine längere Tradition besaß und möglicherweise im vorausgegangenen Jahrhundert entstanden war. Es könnte zur Familie der Kricketspiele gehören, denn Kricket wurde anfänglich ebenfalls manchmal nur mit einem Schlagmann gespielt. Aber für Kricket brauchte man ein großes Freigelände, während Baseball weniger zeitaufwendig war und auch auf beschränktem Raum, beispielsweise in Städten, gespielt werden konnte.

American Baseball

Im Nordosten der USA wurden zu Beginn des 19. Jahrhunderts zwei Baseballvarianten gespielt. Das »New York Game« folgte den britischen Spielregeln, nach denen der Schlagmann an einer Ecke des Innenfelds (»diamond«) stand, während er sich beim »Massachussetts Game« zwischen dem vierten und dem ersten Mal (»base«) postierte. Eine Gruppe vornehmer junger Herren aus New York gründete 1845 den *Knickerbocker Base Ball Club* und legte ein Regelwerk für das Spiel fest. Ihr erstes offizielles Match lieferten sie sich 1846 gegen den *New York Base Ball Club*; dabei verloren sie auf eigenem Platz mit 1:23. Das »New York Game« wurde schließlich zum amerikanischen Nationalsport und verdrängte auf internationaler Ebene alle anderen Spielvarianten.

Basketball
Choule

Ein Vorläufer des Basketballspiels hat sich im französischen Departement Oise unter dem Namen *choule* erhalten. Jede Mannschaft versucht dabei, einen runden Ball von 15 Zentimeter Durchmesser durch einen Ring aus Papier zu bugsieren, der in neun oder zehn Meter Höhe an einem Mast angebracht ist. Wie andere nicht mehr existente Sportarten auch, geht dieses Spiel wohl auf heidnische Bräuche zurück. Man spielt es in der Osterzeit, und zwar treten Verheiratete gegen Junggesellen an. Aus Jahreszeit, Spielerauswahl, Spielgerät und dem Spielziel könnte man schließen, daß es sich um Elemente eines Fruchtbarkeitsrituals handelt. Da solche Bräuche auch nach der Christianisierung fortgeführt wurden, läßt sich nicht sagen, wann das Spiel entstand. Im Gegensatz dazu kann der Ursprung des modernen Basketballspiel recht genau angegeben werden: Im Dezember 1891 spielte man es erstmals an der *International Y. M. C. A. Training School* in Springfield, Massachussetts. Es steht in keinerlei Verbindung zum *choule*, sondern wurde von einem Lehrer der Schule am Schreibtisch erfunden. James A. Naismith (1861–1939), ein presbyterianischer Geistlicher aus Kanada, hatte von seinem Chef den Auftrag erhalten, ein Spiel für das Hallentraining im Winter zu entwickeln. Und was sich Naismith da ausdachte, hatte einen strengen Anforderungskatalog zu erfüllen: Das Spiel mußte leicht zu lernen sein. Technik sollte wichtiger sein als körperliche Stärke. Ganz ohne Fruchtbarkeitssymbolismus sollte es von Männern und Frauen gleichermaßen gespielt werden können. Ziel war ein Mannschaftssport mit möglichst wenig Körperkontakt. Für das erste Basketballspiel wurden Körbe an die Galerie der Sporthalle gehängt.

2. Freizeitsport

Das Schwimmen wurde in prähistorischer Zeit in allen Teilen der Welt unabhängig erfunden. Auch die Vorstellung, die für den Kraulstil typische Armbewegung über Kopf sei eine moderne Entwicklung, kann so nicht aufrechterhalten werden. Unter ägyptischen Hieroglyphen aus der Zeit des Alten Reiches (etwa 3500–2500 v. Chr.) befindet sich eine, die eindeutig einen Schwimmer in der Arm-über-Kopf-Bewegung zeigt. Das heißt, daß dieser Schwimmstil möglicherweise vor 5000 Jahren in Ägypten entwickelt wurde; genausogut könnte er jedoch vorher schon andernorts angewandt worden sein. Weitaus wahrscheinlicher ist, daß die Ägypter zur Zeit des Mittleren Reiches (etwa 2150–1950 v. Chr.) weltweit den ersten organisierten Schwimmunterricht abhielten. Das berichtet uns Keti, ein Prinz von Siut, der schrieb, daß ihn der Pharao, als er noch ein kleiner Junge war, mit den anderen Prinzen und Prinzessinnen zum Schwimmunterricht schickte.

Schwimmen

Kraulstil

Schwimmunterricht

Die alten Griechen machten aus dem Sprung ins kühle Naß eine sportliche Disziplin. Entsprechende Darstellungen sind auf vielen griechischen Kunstgegenständen von 400 v. Chr. aufwärts zu sehen. Darunter befindet sich auch ein Bild von einem Sprungturm, offenbar eine griechische Erfindung der klassischen Periode.

Wasserspringen

Sprungturm

Hanteltraining

Seit dem 12. Jahrhundert v. Chr. (vielleicht auch schon früher) verwendeten Boxer in Norditalien für ihr Training Gewichte, die in der Hand gehalten wurden. Darstellungen auf Bronzegefäßen aus dieser Zeit lassen erkennen, daß diese Gewichte nicht nur die zweckmäßige Hantelform besaßen, sondern – wie heute auch – im Armtraining eingesetzt wurden.

Kung-Fu

Kung-Fu-Lehrbuch

Kung-Fu entstand früh in der chinesischen Ming-Dynastie (1368–1644 n. Chr.). Ursprünglich war es als Bewegungstraining gedacht, das vor allem der Gesundheit dienen sollte. Da jedoch viele Übungen ein Ringen mit dem Partner beinhalteten, entwickelte es sich zu einem Kampfsport mit Wettkampfcharakter weiter. Um 1400 erschien das erste von vielen Kung-Fu-Lehrbüchern mit dem Titel »Wie man das Leben durch körperliche Betätigung verlängert«.

Judo

Kung-Fu ist nur eine von vielen Kampfsportarten, die von einzelnen Sportlern und ohne Waffen ausgeübt werden. Diese Sportarten entstanden vor mehr als 1000 Jahren in China, von wo aus sie schon bald nach Japan gelangten. Dort entwickelten sich Karate und Jujutsu. Der jüngste Sproß dieser Tradition ist das Judo (»Der sanfte Weg«). Es wurde von Jigoro Kano entwickelt, der 1882 – mit nur 23 Jahren – in Tokio eine Judo-Akademie eröffnete. Den Begriff *judo* gab es bereits, er bezeichnet eine Technik im Jujutsu, das Jigoro als Teenager gelernt hatte. Zu Beginn der achtziger Jahre des 19. Jahrhunderts arbeitete er sein auf dem Jujutsu basierendes System aus, das sich schon bald nach Eröffnung der Akademie als sehr erfolgreich erwies. Vier Jahre später schlugen an seiner Schule ausgebildete Schüler Vertreter des Jujutsu in einem Schaukampf.

Taekwondo

Korea besitzt ebenfalls eine Kampfsporttradition. Während der Koryo-Dynastie (918–1392 n. Chr.) wurde Taekwondo als Training für die Soldaten eingeführt. Es handelte sich um eine stilisierte Form von Kampfsportarten, die es schon länger gab und die unter chinesischem, eventuell auch japanischem Einfluß modifiziert wurden.

Tai Chi

> Luft einziehen und ausblasen, einatmen und ausatmen, verbrauchte Luft ausstoßen und frische aufnehmen, in den Bewegungen die Schritte des Bärs, das Flattern und das Ausbreiten der Flügel von Vögeln, das Putzen der Ente, den Gang des Affen, den funkelnden Blick der Eule und das konzentrierte Starren des Tigers nachahmen …

So beschreibt ein im 2. Jahrhundert v. Chr. erschienenes chinesisches Buch das älteste System von Tai-Chi-Übungen. Die maßvolle Nachahmung der Körperhaltung von Tieren und das bewußte Atmen waren eine neue Methode, inneren Frieden und körperliche Gesundheit zu erlangen und die Lebensenergie zu lenken. Die Autoren dieses Buches, des *Huai Nan Zi*, lieferten zwar die älteste Beschreibung des Tai Chi, hielten jedoch offensichtlich nicht allzuviel davon. Seine Bewegungen, die den Körper kultivieren sollten, könnten nur zu Verwirrung im Geist führen, meinten sie. Der Name »Tai Chi« und die Bewegungen, so wie sie heute praktiziert werden, sollen auf Zhang Sanfeng zurückgehen, der im 12. Jahrhundert n. Chr. lebte.

Wellenreiten

Anfang des Jahres 1779 sah der berühmte englische Seefahrer James Cook in Kealakekua Bay, Hawaii, Menschen mit Surfbrettern:

> Zwanzig oder dreißig Eingeborene liefen zum Strand. Jeder von ihnen trug ein langes, schmales Brett mit abgerundeten Enden, und gemeinsam begaben sie sich ins Wasser. Bei der ersten Woge, die sie traf, tauchten sie unter und ließen sie über sich hinwegrollen, um danach wieder aufzutauchen und, so gut es ging, auf die offene See hinauszuschwimmen. Mit der zweiten Welle verfuhren sie in der nämlichen Weise ... und so fort, bis sie das ruhige Wasser hinter der Brandung erreicht hatten ... Dann suchten sie sich auf den Scheitel der größten Welle zu begeben, die sie mit rasender Geschwindigkeit zum Strand zurücktrug.

Die Polynesier, die dieses Freizeitvergnügen erfanden, hinterließen keine schriftlichen Aufzeichnungen, und so wissen wir ebensowenig, wann noch auf welcher der Pazifikinseln das war. Seeleute der HMS *Bounty* berichteten, daß man 1887 auf Tahiti Schwimmbretter benutzte, doch das Wellenreiten war in Hawaii am verbreitetsten und am weitesten entwickelt. Möglicherweise wurde das Surfen dort erfunden.

Surf-Festival

Während der Song-Dynastie (960–1279 n. Chr.) entwickelte sich das Wellenreiten zum Zuschauermagneten bei den alljährlich im Herbst stattfindenden Wasserfestspielen im südchinesischen Hangzhou. Für den strahlenden Höhepunkt sorgte jedesmal ein Naturphänomen, eine riesige Flutwelle, die in der Bucht von Hangzhou entstand und – stets am Rande des Zusammenbruchs – den Qiantang-Fluß hinauflief und dabei immer höher wurde, je mehr sich der Fluß verschmälerte. Zehntausende von

Fans kamen, um die furchtlosen Wellenreiter zu sehen, die sich mehrere Kilometer weit vom Meer bis in die flußaufwärts gelegenen Niederungen tragen ließen und deren rote und grüne Fähnchen oft genug in der Gischt verschwanden. Besucher aus dem Ausland, aus ganz China und vor allem aus der nahen Großstadt drängten sich trotz des Verbotes auf den wenigen Sandbänken. In einem Jahr durchbrachen die Menschen eine Absperrung, und viele von ihnen kamen ums Leben. Das Jahr 1072 n.Chr. war glücklicher: Chinas beliebtester Dichter schrieb ein Gedicht auf die Surfer und verschaffte dem Ereignis mit seiner Begeisterung hohes Ansehen.

Skilaufen

Obwohl das Skilaufen eine uralte Form der Fortbewegung darstellt, ist seine Faszination auch heute ungebrochen. Es existierte lange vor dem Beginn der Geschichtsschreibung, so daß wir kein erstes Mal dafür festmachen können. Der älteste Hinweis auf das Skilaufen ist ein kleines, in einen Felsen geritztes Bild, das man im norwegischen Rødøy entdeckt hat. Das Bild zeigt einen Mann mit Skiern an den Füßen, deren Spitzen weit hochgezogen sind. Wie die heutigen Skiläufer hält er sich in Knien und Hüften leicht gebeugt. Spezialisten schätzen das Alter der Zeichnung auf mindestens 10 000 Jahre. Wenn sie recht haben, wäre der Ski etwa doppelt so alt wie das Rad. Die ältesten erhaltenen Ski(bruchstücke) werden auf 2000 v.Chr. datiert. Sie stammen aus Kalvträsk in Schweden, waren 204 Zentimeter lang, 15,5 Zentimeter breit und besaßen Spitzen an beiden Enden.

Eislaufen

Vermutlich ist Norwegen auch die Heimat des Eislaufs. Geschnitzte Unterkieferknochen von Rentieren könnten vor etwa 3000 Jahren als Kufen gedient haben. In jüngerer Zeit und sicher verbürgt ist das Eislaufen bei Nomadenvölkern im Nordwesten Chinas. Entsprechende chinesische Beobachtungen stammen aus der Tang-Dynastie (7.–10. Jahrhundert n.Chr.) und wurden in einem Buch mit dem Titel »Neue Geschichte der Tang-Dynastie« festgehalten. Dort lesen wir, daß die Nomaden »in der Lage sind, mit an ihren Füßen befestigten Brettern sehr schnell über das Eis zu gleiten; und dann schießen sie plötzlich mit stoßartigen Trittbewegungen, die aus der Hüfte zu kommen scheinen, mehrere hundert Meter mit großer Geschwindigkeit vorwärts«.

Eisbahn

Im 19. Jahrhundert fingen einige Leute an, auf Eisflächen im Kreis herumzufahren, obwohl sie nicht auf diese Art der Fortbewegung angewiesen waren: Es machte ihnen einfach Spaß. Die Einwohner von London, wo es keine natürlichen Eisflächen gab, vermißten diese so schmerzlich, daß sie sich im Jahr 1876 das Glaciarium bauten, die erste künstliche Eisbahn. Das Glaciarium hatte Zuschauertribünen und Wände, die mit Wald- und Alpenszenarien bemalt waren.

Fallschirm

Das alte indische Buch *Prabhavakacavita* beschreibt den Erfindungsgeist von zwei Neffen des Philosophen und Enzyklopädisten Haribhadra. Um 800 n. Chr. bestiegen die beiden einen sehr hohen Turm und sprangen in die Tiefe. Sie kamen heil am Boden an, weil sie eigens für diesen Zweck spezielle Schirme mitgebracht und benutzt hatten.

3. Spiele und Spielzeuge

Schach

Schach wurde vor 4500 Jahren im Industal, im heutigen Pakistan, erfunden. Zu den Schachfiguren gehörten unter anderem Elefanten, Ritter, Streitwagen und Schiffe. Sie wurden, ebenso wie quadratische Tafeln aus Keramik mit 64 quadratischen Feldern, bei Ausgrabungen im Harappa-Distrikt gefunden.

Spielkarten

Spielkarten entstanden um 700 n. Chr. in China. Im chinesischen Verlagswesen jener Zeit setzte sich gerade das aus Seiten zusammengesetzte Buch gegen die Schriftrolle durch, und die Einzelseiten scheinen jemanden mit viel Phantasie und Freizeit zur Erfindung der Spielkarten animiert zu haben. Im 8. Jahrhundert entwickelte sich das Kartenspiel rasch zu einem beliebten Zeitvertreib. Auf Abendgesellschaften wurde von Damen und Herren gleichermaßen gezockt. Und es war eine Dame, die etwa 800 n. Chr. das erste Buch über Kartenspiele schrieb.

Buch über Kartenspiele

Nachdem das Papiergeld (siehe Kapitel XII, 4) während der Song-Dynastie (960–1279 n. Chr.) überall Einzug gehalten hatte, erfanden die Chinesen Spielkarten, die wie Banknoten aussahen. Ein Blatt bestand aus vier Farben: Münzen, Fäden, Myriaden und zig Myriaden – alles Bezeichnungen für Geldnoten. Bei einigen der frühen Kartensätze gab es Farben, die von 2 bis 9 gezählt wurden, und solche, die von 1 bis 9 liefen. Erst später traten Karten mit spezieller Bewertung hinzu, die unseren Buben, Damen und Königen entsprechen.

Farben (der Spielkarten)

Es ist kein Zufall, daß geometrische Linienmuster die Rückseiten europäischer Spielkarten zieren – die gehen nämlich auf die chinesischen

Banknoten zurück. Ihre künstlerische Gestaltung wurde zuerst für die chinesischen Spielkarten übernommen und gelangte von da über die islamische Welt nach Vorderasien und Ägypten. Die Ägypter erfanden das

Blatt mit 52 Karten

Blatt mit 52 Karten. Ihre Farben waren Kelch, Münze, Schwert und Poloschläger, und sie zählten jeweils von 1 bis 10, dann kamen der Statthalter, der Vizekönig und der König. Ein Blatt aus dem 14. Jahrhundert ist vollständig erhalten, aber ältere ägyptische Kartenfragmente erlauben den Schluß, daß es die viermal 13 Karten seit etwa 1200 n. Chr. gibt.

Karo, Herz, Pik, Kreuz

Die heute vorwiegend gespielten Farben stammen aus dem Frankreich des 15. Jahrhunderts. *Pique* wurde zu Pik; es hat die Form einer Holzschaufel mit einer eisernen Spitze, deshalb heißt es in Deutschland manchmal auch »Schippe«. *Carreau*, deutsch Karo, bezeichnete ursprünglich einen viereckigen Pflasterstein. *Cœur* heißt Herz und *trèfle* Kleeblatt; daraus machten die Deutschen Kreuz als vierte Farbe. Mit den einfacheren Symbolen konnte man schneller spielen, aber wahrscheinlich wurden sie erfunden, um die Kartenherstellung billiger zu machen. Die Karten wurden mit Schablonen angefertigt oder von Holzschnitten gedruckt. Einfache Formen und die Beschränkung auf zwei Farben (Rot und Schwarz) erleichterten die Reproduktion.

Joker

Den Joker fügte man Mitte des 19. Jahrhunderts in Nordamerika dem Blatt für Euchre (sprich »jukre«)-Spieler bei. Später wurde er auch in anderen Spielen verwendet, und irgendwann gehörten zwei Joker zum Standard-Kartensatz, da man sie für viele moderne Spiele braucht.

Flipperautomat

Im 15. Jahrhundert n. Chr. entdeckten europäische Erfinder, daß sich mit Federmechanismen phantastische Dinge machen ließen. Unter anderem schenkten sie der Welt federbetriebene Uhren und Flipperautomaten. Letztere scheinen sogar schon recht früh in jenem Jahrhundert erdacht worden zu sein; möglicherweise in Spanien, denn im dortigen *Museo Tecnico* (Abteilung Erfindungen) kann man das älteste bekannte Exemplar einer solchen Maschine bewundern. Es ist Baujahr 1449 und besteht aus einem etwa 80 Zentimeter hohen hölzernen Kasten. Am Boden befindet sich eine Feder, die drei Bälle nach oben schleudert. Wenn man die Feder löst, strecken drei Figuren ihre rechte Hand aus. Ziel ist es, so viele Bälle wie möglich auf den Händen landen zu lassen.

Spielhölle

Im Jahr 1850 organisierte die chinesische Regierung in Peking eine Ausstellung mit chinesischen Spielautomaten aus sechs Jahrhunderten. 16 Jahre später wurde die Ausstellung erneut gezeigt, aber dieses Mal durften die Besucher die Maschinen benutzen. Im Schnitt kamen 5000 Besucher pro Monat, die insgesamt 15 000 Tael dort ließen (ein Betrag, der, auf die heutige Kaufkraft umgerechnet, mehreren Millionen Euro entspricht).

Spielkasino

In alter Zeit war das Glücksspiel uneingeschränkt erlaubt. Kasinos entstanden erst dann, wenn eine Regierung Gesetze gegen das Glücksspiel erließ, um soziale Mißstände einzudämmen oder die Staatskasse zu füllen. Die Idee des Kasinos wurde vor 2000 Jahren in Indien geboren. Wann und wo, wissen wir zwar nicht genau, aber der indische Staatslehrer Kautilya beschreibt in seinem wenig später erschienenen Buch *Arthasastra*, wie sie funktionierten. Die Kasinos mußten von einem Oberaufseher für das Glücksspiel geleitet werden. Dieser hatte für Spielkarten und -geräte sowie für das leibliche Wohl der Gäste zu sorgen, er sollte kontrollieren, daß fair gespielt wurde, und außerdem fünf Prozent des Gewinns an die Staatskasse abführen.

Snooker

Neville Bowes Chamberlain – nicht zu verwechseln mit dem britischen Premierminister Arthur Neville Chamberlain, der wegen seiner gescheiterten *Apeacement*-Politik gegenüber Nazi-Deutschland traurige Berühmtheit erlangte – erfand Snooker 1875, als er im indischen Jabalpur im Devonshire-Regiment als Subalternoffizier diente. (Unabhängig davon wurde er später General und in den Adelsstand erhoben.) Im dortigen *Ootacamund Club* legte Chamberlain zusätzlich farbige Kugeln auf den Billardtisch und bestimmte die Regeln und die Positionen für die Kugeln.

Kreuzworträtsel

Das erste Kreuzworträtsel bestand aus 32 verschlüsselten Begriffen und erschien am 21. Dezember 1913 in der *New York World*. Ausgedacht hatte es sich der gebürtige Brite Arthur Wynne.

Origami

Origami ist die japanische Bezeichnung für die hohe Kunst, Papier in dekorative Figuren zu falten, die wie Menschen oder Tiere aussehen, oder in Wasserbomben für den Schulhof. Die Ursprünge dieser Kunst liegen allerdings im China der Tang-Dynastie (618–907 n. Chr.).

Teddybär

1902 war das Geburtsjahr des Teddybären. Die deutsche Spielwarenfabrikantin Margarete Steiff produzierte bereits Schweine, Pferde, Esel, Affen und Kamele aus Stoff, als ihr aufgeweckter Neffe Richard ihr eines Tages den Prototypen eines Plüschbären mit beweglichen Armen und Beinen vorstellte. Etwas später im selben Jahr war der amerikanische Präsident Theodore Roosevelt (genannt Teddy) in der Wildnis von Mississippi auf der Jagd, mit wenig Erfolg. Seine Begleiter scheuchten einen jungen Bären auf und trieben ihn ins Camp, aber der Präsident weigerte sich, auf ihn zu schießen. Das Überleben von »Teddys Bär« ging natürlich durch die Presse. Davon angeregt stellten Morris Michtom, ein russischer Süßwaren- und Spielzeughändler, und seine Frau in New York einen Bären aus braunem Plüsch und mit beweglichen Gliedmaßen her, ganz ähnlich wie der von Margarete Steiff. Mit Erlaubnis des Präsidenten begann Michtom ein Jahr später, seine Erfindung als »Teddybär« zu vermarkten.

Puzzle

Der Londoner Kupferstecher und Kartograph John Spilsbury war beseelt von der Vorstellung, daß Kindern das Lernen Spaß machen sollte. Für das Fach Erdkunde setzte er diese Idee 1761 in die Tat um und erfand ein Spiel, das er »die zerteilte Landkarte« nannte. Er klebte Landkarten auf Bretter und sägte die einzelnen Länder mit einer feinen Säge entlang der Grenzlinien aus, so daß man die ganze Karte in eine Schachtel packen konnte.

Kaleidoskop

Das erste Kaleidoskop wurde 1816 oder 1817 in Edinburgh von Sir David Brewster (1781–1868) hergestellt. Brewster war Physiker und in späteren Jahren Vizepräsident der *Royal Society*. Er veröffentlichte auch eine Arbeit über die Funktionsweise des Kaleidoskops.

Bumerang

Im südaustralischen Wyrie fanden Archäologen die Überreste eines zurückkehrenden Bumerangs, dessen Alter mit der Radiokarbonmethode auf über 10 000 Jahre datiert wurde. Vor dieser Zeit gab es sowohl in Australien wie auch in Europa nicht zurückkehrende Bumerangs für die Jagd. Sie waren aerodynamisch schon so raffiniert, daß sie Kurven fliegen und ein Ziel hinter einem Hindernis treffen konnten, aber der Bumerang von Wyrie ist der älteste, der in der Lage war, zu seinem Werfer zurückzukehren.

4. Unterhaltung

Siehe auch Darstellende Kunst (Kapitel II, 2) und Musik (Kapitel II, 3).

Stierkampf

In römischer Zeit wurde der Stierkampf zu einem Massenspektakel. Julius Cäsar brachte ihn 45 v. Chr. erstmals in die Zirkusarena, doch die Idee dazu stammt aus Thessalien in Nordgriechenland, wo Reiter ihre Pferde längsseits der Stiere brachten und diese dann bei den Hörnern packten.

Hahnenkampf

Organisierte Hahnenkämpfe scheint es in Südostasien seit etwa 1000 v. Chr. als Teil einer religiösen Zeremonie gegeben zu haben. Die Götter mögen wissen, warum dies einen positiven Einfluß auf die Fruchtbarkeit von Land und Leuten hatte – die Hähne wußten es sicher nicht und Sie als Leser vermutlich auch nicht. Erst sehr viel später wurde der Hahnenkampf zu einer säkularen Volksbelustigung.

Gladiatoren

Die Römer waren keineswegs die Erfinder der Gladiatorenkämpfe, sie kopierten die Idee lediglich von ihren alten Nachbarn, den Etruskern, die in Norditalien herrschten, bevor die Römer sie vereinnahmten. Die etruskische Religion scheint in ihren Anfängen bei Bestattungszeremonien nach Menschenopfern verlangt zu haben. Im 6. Jahrhundert v. Chr. – die Zivilisation hatte bereits Fortschritte gemacht – ließen die Etrusker zu Ehren des Verstorbenen einen Gladiator mit der Keule und verbundenen Augen gegen ein wildes Tier antreten. Um 500 v. Chr. nahmen sie zwei Gladiatoren, üblicherweise Kriegsgefangene. Diese Konstellation probierten die Römer 264 v. Chr. bei einer Bestattung aus. Ihnen gebührt die Ehre, den Kampf der Gladiatoren zu einem sportlichen Ereignis von überwältigendem Zuschauerinteresse und einem kommerziellen Erfolg sondergleichen gemacht zu haben. Seit dem 2. Punischen Krieg (219–201 v. Chr.) veranstalteten die Römer Gladiatorenkämpfe rein zu Unterhaltungszwecken. Damit verloren diese ihre religiöse Bedeutung und oft auch das vorher zwangsläufig tragische Ende.

Geburtstagsfeier

In den frühen Tagen der Menschheit machte sich niemand die Mühe, sich seinen Geburtstag zu merken. Noch im 13. Jahrhundert fand es Marco Polo erwähnenswert, daß die Chinesen wußten, wann sie geboren wurden. Anfänglich schrieb man Geburtstage auf, weil die Astrologen behaupteten, daß damit ein bestimmtes Schicksal verknüpft sei. Erst später fand man den wahren Grund für das Gedenken: Es bot eine Gelegenheit zum Feiern. In der ersten Hälfte des 1. Jahrtausends v. Chr. fingen die kleinen Leute in Vorderasien an, mit großer Begeisterung ihre Geburtstage zu feiern. So auch die Perser, deren Partys von Herodot im 5. Jahrhundert v. Chr. beschrieben wurden: »Von allen Tagen im Jahr feiern sie ihren Geburtstag am meisten … Sie nehmen an diesem Tag wenig Handfestes zu sich, dafür unglaubliche Mengen an Süßigkeiten, von denen stets mehrere Sorten gleichzeitig auf dem Tisch stehen.«

Geburtstagstorte

Die Geburtstagstorte kam ein oder zwei Jahrhunderte später unter völlig anderen Umständen in die Welt. Anhänger der griechischen Mondgöttin Artemis opferten dieser in einer Zeremonie anläßlich ihres Geburtstages (der jeden Monat zu Neumond stattfand) Honigkuchen. Die brennenden Kerzen auf dem Kuchen sollten das Licht des Mondes und der Sterne darstellen, aber sie wurden mitsamt dem Kuchen zum Geburtstagfeiern allgemein übernommen.

Voliere

Schon seit Urzeiten hielten Menschen einzelne Vögel in Käfigen. Aber die erste Voliere mit vielen verschiedenen Vogelarten baute Marcus Laenius Strabo Mitte des 1. Jahrhunderts v. Chr. in Brundisium (dem heutigen Brindisi). Er besaß so viele Tiere, daß er mehrere Volieren brauchte, und legte damit den Grundstein für die Volierenhaltung, die sich später im ganzen Römischen Reich großer Beliebtheit erfreute.

Aquarium

Um 2000 v. Chr. begannen die Sumerer, in Mesopotamien Aquarien zu bauen. Das erste, von dem wir wissen, war eine entzückende Konstruktion – beschrieben von ihrem Besitzer in einem Gedicht für seine Fische. Er empfiehlt 16 Fischarten für die Aquarienhaltung, darunter Barbe, Karpfen, Wels, Stör und Aal.

Tanzende Pferde

In der griechischen Stadt Sybaris in Süditalien dressierte man um 600 v. Chr. Pferde darauf, nach Flötenmusik zu tanzen. Die tanzenden Pferde traten bei größeren Festen als Showeinlage auf. Einer Legende zufolge, eigneten sich die feindlichen Krotoner die Melodie an und brachten die gesamte sybaritische Reiterei durcheinander, als sie während einer Schlacht Flötentöne erklingen ließen und die Pferde zu tanzen begannen.

Feuerwerk

Bereits lange vor der Erfindung des Schwarzpulvers (siehe Kapitel VI, 1) arrangierten die Römer Feuerwerke, indem sie brennbare Materialien so verbrannten, daß es hübsch anzusehen war. Die Anfänge dieser Form der Unterhaltung könnten um 300 n. Chr. liegen. Die erste Beschreibung in lateinischer Sprache stammt von Claudian. Er berichtet über Feuerräder und funkensprühende Fontänen.

Böller

Noch früher hatten die Chinesen ihre Freude an Explosionsgeräuschen entdeckt, die sich mit Feuer erzeugen ließen. Die ersten primitiven Böller waren versiegelte Bambusabschnitte, die ins Feuer gelegt wurden. Die Luft im Inneren dehnte sich aufgrund der Hitze mehr und mehr aus, bis die Bambusstücke schließlich barsten. Diese Kanonenschläge werden in Schriften aus dem 1. Jahrhundert n. Chr. erstmals erwähnt. Später, wahrscheinlich im 10. Jahrhundert, füllte man die Bambusstücke mit Schwarzpulver und erhielt damit den modernen Böllertyp.

Feuerwerkskörper mit Schwarzpulver

Eine andere weltweit verbreitete Erfindung war die Verwendung von Schwarzpulver für Feuerwerkskörper. Seit dem 11. Jahrhundert gehörten zu chinesischen Feuerwerken vielfarbige Arrangements. Manche sahen aus wie Menschen, die sich bewegen, mit Gesichtern, Kleidern und Haaren. Da es eine Weile dauert, bis sich soviel Kunstfertigkeit und Raffinesse entwickelt hat, ist anzunehmen, daß die ersten Feuerwerkskörper mit Schwarzpulver etwa 100 Jahre früher gezündet wurden.

Karussell

In seinem Buch über die Ingenieurskunst beschreibt Prinz Bhoja, der gelehrte Herrscher von Malwa (er regierte von 1018 – 1060 n. Chr.), ein mechanisch betriebenes Reitvergnügen. Er nannte das Karussell *rathadota.*

Looping

Kein Flieger hatte je zuvor versucht, einen Looping zu drehen, aber dem russischen Luftwaffenoffizier Peter Nesterow gelang es am 27. August 1913 auf Anhieb: Er zog seinen in Frankreich entworfenen und in Rußland gebauten Nieuport-Doppeldecker steil nach oben, ließ ihn nach hinten abkippen und kam wieder zu seinem Ausgangspunkt zurück. Er hatte das Manöver geschafft, ohne sich dabei umzubringen. Ein Jahr später starb er beim ersten russischen Luftkampf, als er seine Maschine frontal in ein angreifendes deutsches Flugzeug flog.

Pfahlhocken

Das Pfahlhocken wird in diesem Kapitel behandelt, weil es ganz offensichtlich eine gute Beschäftigung für Menschen mit zuviel Freizeit ist. Es hätte auch unter »Religion« stehen können, wegen seiner christlichen

Herkunft. Oder unter »Geld und Recht« (Kapitel XII), weil man damit in Amerika Geld verdienen kann und es so das Funktionieren der Freien Marktwirtschaft belegt. Aus der beträchtlichen Höhe der Entlohnung läßt sich schließen, welchen Wert die amerikanische Gesellschaft den Diensten eines Pfahlhockers beimißt. Konsequenterweise wird der Weltrekord im Pfahlhocken von einem Amerikaner gehalten (399 Tage). Verglichen mit Glauben ist Geld allerdings nur ein schwaches Motiv: Im 5. Jahrhundert n. Chr. galt es im Christentum als das Nonplusultra an Frömmigkeit, auf einen Pfahl zu steigen und dort in Wind und Wetter auszuharren. Der Frömmste seiner Zeit war der heilige Simeon Stylites aus Syrien, er war nicht nur der erste, sondern auch der beste Pfahlhocker. (Gläubige nennen ihn respektvoller einen Säulenheiligen.) Nach einem Probesitzen in 1,80 Meter Höhe stieg er auf eine fast 20 Meter hohe Säule und blieb da bis an sein Lebensende. Viele folgten seinem Beispiel, aber niemand erreichte seinen Rekord auch nur annäherungsweise. Als er nach 31 Jahren starb, geleitete der Patriarch von Konstantinopel seinen Sarg mit einer 6000 Mann starken Eskorte in die Hauptstadt.

XI. SCHÖNES UND NÜTZLICHES

In diesem Kapitel werden solche Dinge angeführt, die wir in unserem Alltag nicht missen möchten, denen wir in der Regel jedoch keine besondere Beachtung schenken. Natürlich gab es vieles davon auch schon in prähistorischer Zeit, aber es hat keine sichtbaren Spuren hinterlassen.

1. Haus und Einrichtung

Die allerältesten Errungenschaften, die uns nach Jahrhunderten oder Jahrtausenden immer noch umgeben, sind für unsere heutige Lebensweise oft wichtiger als neuere Erfindungen. Ein gutes Beispiel dafür ist das Haus. Das erste Haus könnte vor etwa 10 000 Jahren gebaut worden sein, aber Häuser sind seitdem nie aus der Mode gekommen. Sie sind heute so begehrt wie damals, und wer eines besitzt, will möglichst viel Zeit darin verbringen. Das gleiche gilt für diverse Einrichtungsgegenstände und Haushaltsgeräte. Manche davon sind so alt und so alltäglich, daß wir wohl nie wissen werden, wann die Menschen anfingen, sie zu benutzen, zum Beispiel Treppen, Öfen, Bäder, Schränke, Schlösser und so weiter. Zu den ältesten Erfindungen, die sich einer bestimmten Zeit und einem bestimmten Ort zuordnen lassen, gehört das Bett. Und kaum einen Alltagsgegenstand, der im 20. Jahrhundert oder sogar in den vergangenen 5000 Jahren erfunden wurde, nutzen wir täglich längere Zeit als unser Bett.

Badezimmer

Die Häuser, die in Mohenjo-Daro und Harappa – beides im heutigen Pakistan am Indus gelegen – ausgegraben wurden, stammen aus der Zeit um 3000 v. Chr. Zu ihrer Überraschung stellten die Archäologen fest, daß die Privathäuser damals schon Badezimmer besaßen, Wasserleitungen und

Abflußrohre inbegriffen. Die Räume waren gefliest und mit Waschbecken und Badewannen ausgestattet. Selbst die einfacheren Behausungen verfügten über solche Annehmlichkeiten! Das wirft ein eindrucksvolles Licht auf die Hygienestandards dieser alten Zivilisation, wenn auch die Abwasserentsorgung noch verbesserungsbedürftig war: Das Schmutzwasser wurde nämlich in nahe bei den Häusern gelegene Gruben geleitet, so daß über der Stadt wahrscheinlich ein ziemlich übler Geruch lag.

Spülklosett

Die ersten Toiletten mit Wasserspülung wurden ebenfalls in den alten Städten entlang des Indus im heutigen Pakistan eingebaut. In Mohenjo-Daro gab es schon um 3000 v. Chr. Spülklosetts; das Wasser dafür stammte aus Zisternen.

Toilettenpapier

»Sie sind nicht sehr reinlich und waschen sich nicht mit Wasser, wenn sie ihre Notdurft verrichtet haben. Statt dessen wischen sie sich lediglich mit Papier ab.« Das notierte ein Besucher aus Arabien 851 n. Chr. über die Chinesen und gab der Welt damit die erste Beschreibung von Toilettenpapier. Seit dem 5. Jahrhundert n. Chr. stellten die Chinesen Toilettenpapier her, und wie den Menschen in der Fernsehwerbung lag ihnen vor allem die Weichheit des Materials am Herzen. Papier aus Reisstroh und anderen eigens angebauten Gräsern lieferte die besten Ergebnisse. Aus dem Jahr 1393 stammende Statistiken über den Bedarf des Palastes geben auch einen Eindruck von der Größe des Papiers: Für die kaiserliche Familie wurden 720 000 Blatt im Format 60 x 90 Zentimeter und 15 000 Blatt im Format 90 x 90 Zentimeter, parfümiert, bevorratet.

Dusche

Die Körperhygiene stand bei vielen alten Kulturen hoch im Kurs. An Duschen dachte man dabei jedoch lange nicht, weil Badewannen technisch sehr viel einfacher zu realisieren sind. Die Griechen begannen etwa im 5. Jahrhundert v. Chr. damit, Duschen zu installieren. Auf einer griechischen Vase aus dieser Zeit sind unbekleidete Damen unter nebeneinander angebrachten Duschen zu sehen. Das Wasser spritzt in feinem Regen aus tiergestaltigen Duschköpfen an reichverzierten Säulen. Das Bild zeigt außerdem beheizte Handtuchhalter und die zuführenden Wasserleitungen. Griechen und Römer liebten es, ihre Körperpflege in luxuriös ausgestatteten öffentlichen Bädern zu betreiben. In privaten Badezimmern gab es so gut wie keine Duschen, bis Sergius Orata (um 90 v. Chr.), ein römischer Baulöwe, auf den Plan trat. Er baute in zahlreiche Häuser

Duschen ein, bevor er sie verkaufte. Die Austernfarm (siehe Kapitel V, 1) war ebenfalls seine Idee.

In Mohenjo-Daro am Indus (im heutigen Pakistan) entdeckten die Archäologen ein großes öffentliches Bad aus der Zeit um 2500 v. Chr. mit der ältesten Zentralheizung der Welt. Die heiße Luft kam aus einem Heizkessel und wurde über verbundene Hohlziegel unter dem Fußboden verteilt. Diese Form der Heizung heißt Hypokausten, sie hält die Fußböden warm, ohne heiße Luft in die Räume zu blasen. Andere bemerkenswerte Neuerungen in dieser Anlage waren das erste Schwimmbecken (siehe Kapitel V, 1) und ein Heißluftbad, das als Sauna diente.

Zentralheizung

Sauna

Die »besseren Leute«, die in prähistorischer Zeit erstmals ihr müdes Haupt auf etwas anderes als den blanken Erdboden betteten, machten es sich zu Hause auf Bänken oder Schlaflagern gemütlich. Die Schlaflager waren gemauerte Wandvorsprünge, die untertags als Sitzbänke oder Arbeitsflächen genutzt wurden. Um 6000 v. Chr. besaß fast jeder Einwohner von Çatal Hüyük (in der heutigen Türkei) ein eigenes Schlaflager. Freistehende und ihrem Zweck entsprechend konstruierte Betten bauten im 4. Jahrtausend v. Chr. als erste die Ägypter. Die frühesten Modelle waren am Kopfende höher als am Fuß. Sie bestanden aus einem hölzernen Rahmen, auf dem Tierfelle und -häute ausgespannt waren, und einem Fußteil. Die ältesten Exemplare stammen aus einer Zeit wenige hundert Jahre vor der Vereinigung von Ober- und Unterägypten im Jahr 3500 v. Chr.

Schlaflager

Bett

Das alte Ägypten ist auch die Heimat des transportablen Feldbetts. Das älteste bekannte Exemplar stammt aus der 18. Dynastie, es wurde im Grab des Pharaos Tutenchamun (14. Jahrhundert v. Chr.) entdeckt. Die Erfindung des Feldbetts liegt aber vermutlich noch ein paar hundert Jahre weiter zurück.

Feldbett

Dr. Neil Arnott war einer der Leibärzte der englischen Königin Victoria (1837–1901). Er erfand das Wasserbett, allerdings weniger um Ihrer Majestät Bequemlichkeit willen als vielmehr, um Patienten zu helfen, die ans Bett gefesselt waren und Probleme hatten, sich darin umzudrehen. Aus medizinischer Sicht schätzte Dr. Arnott, daß die Durchblutung – anders als im normalen Bett – an den Stellen, wo der Körper auf der Matratze auflag, nicht behindert war (und es also nicht zum gefürchteten Wund-

Wasserbett

liegen kam). Sein Bett bestand aus einem 15–18 Zentimeter tiefen, wasserdichten Trog von der Größe eines normalen Bettes, der oben mit einer locker aufliegenden Gummimatte abgedichtet war. Dr. Arnott wäre sicher überrascht, wenn er sehen könnte, wie wenig das Wasserbett heute medizinisch eingesetzt wird und wie groß statt dessen die private Nutzung ist.

Stuhl mit Armlehnen

Schon zu Beginn des Alten Reiches, spätestens jedoch ab der 4. Dynastie (etwa 3000 v. Chr.), begannen die Ägypter, Stühle mit Armlehnen zu bauen. Das Design dieser Sitzgelegenheiten läßt allerdings zu wünschen übrig, denn die Armlehnen entspringen der Rückenlehne etwa in Achselhöhe. Sie bestanden aus bemaltem Holz und hatten Beine, die denen von Tieren nachempfunden waren.

Drehstuhl

Im 4., 5. und 6. Jahrhundert v. Chr. war China schwach und uneins, so daß es den Barbarenstämmen des Nordens gelang, große Teile des Landes zu besetzen und zu beherrschen. Der Drehstuhl war eine von mehreren interessanten Neuerungen, die die Verschmelzung der barbarischen Lebensweise mit der technischen Raffinesse der Chinesen hervorbrachte. Über den nordchinesischen Staat Zhao herrschte ein Hunne namens Shi Hu. Die Unersättlichkeit, die häufig mit Machtfülle einhergeht, führte bei Shi Hu dazu, daß er so groß und fett wurde, daß er nicht mehr in der Lage war, sich auf ein Pferd zu setzen und zur Jagd zu gehen. Deshalb montierte man ihm einen Stuhl so auf einen Karren, daß dieser sich wie ein moderner Bürostuhl um seine eigene Achse drehen konnte. Natürlich war auch der Stuhl eine Sonderanfertigung. Der Drehstuhl wurde ein voller Erfolg, denn endlich konnte der Herrscher seine Beute beim Schießen wieder sehen.

2. Haushaltsgegenstände und technische Geräte

Naturwissenschaftliche und medizinische Geräte finden Sie in Kapitel VIII, Wissenschaft und Technik, und dort vor allem in den Unterkapiteln 2, 3, 6 und 10. Radio, Uhren und Computer sind in Kapitel VIII, 10, Telefon und Fernseher in Kapitel VIII, 12 und landwirtschaftliche Geräte in Kapitel VIII, 7 aufgeführt. Diaprojektor siehe Kapitel II, 1, Plattenspieler Kapitel II, 3.

Spiegel

In prähistorischer Zeit verwendete man in Anatolien Obsidian, um Spiegel herzustellen. Solche Spiegel wurden bei Grabungen in Çatal Hüyük gefunden, und zwar in einer Schicht, die sich auf etwa 6000 v. Chr. datieren läßt. In älteren Schichten fehlen sie.

Glasspiegel

Im 2. Jahrtausend v. Chr. waren Bronzespiegel weit verbreitet. Um den Reflexionsgrad der Legierung zu erhöhen, wurde dem Material viel Zinn beigemischt. Glasspiegel dagegen sind eine relativ neue Errungenschaft, das Werk eines unbekannten Erfinders im Italien des 13. Jahrhunderts. Er strich eine Zinnfolie auf einer Glasscheibe glatt und goß Quecksilber darüber. Letzteres ging mit dem Zinn eine fest haftende chemische Verbindung ein, das sogenannte Spiegelamalgam.

Vergrößerungsglas

Die Griechen stellten seit dem 5. Jahrhundert v. Chr. (vielleicht auch schon früher) einfache Linsen aus natürlichen Kristallen, aus Glas sowie aus wassergefüllten Glasgefäßen her. Ursprünglich dienten die Linsen dazu, mit dem gebündelten Licht Feuer zu machen, aber der Vergrößerungseffekt blieb natürlich nicht lange verborgen, und schon bald wurden sie als Lesehilfe für Menschen produziert, die Schwierigkeiten hatten, klein geschriebene Texte zu entziffern. Einige Vergrößerungsgläser kamen bei Ausgrabungen in verschiedenen Teilen des ehemaligen Römischen Reiches zum Vorschein, darüber hinaus werden sie mehrfach in der griechischen und der römischen Literatur erwähnt.

Ventilator

Anfangs war der Ventilator lediglich Bestandteil der Kornschwinge (siehe Kapitel VIII, 7), die etwa 200 v. Chr. für die chinesischen Bauern erfunden wurde. Diese Maschine trennt mittels eines von einem Ventilator erzeugten konstanten Luftstroms die Spreu vom Weizen. Die Idee, den Ventilator zur Kühlung einzusetzen, geht auf den chinesischen Ingenieur Ding Huan zurück, der um 180 n. Chr. lebte. Die Konstruktion, die er entwarf, bestand aus sieben Ventilatoren mit jeweils 25 Zentimeter Durchmesser. Die Ventilatoren waren über einen gemeinsamen Antriebsriemen verbunden und wurden per Hand bedient. Es wird berichtet, daß diese Maschine die Temperatur in einem heißen Saal so abkühlte, daß die Menschen zu zittern begannen.

Eisschrank

James Harrison, der Pionier der Kühltechnik (siehe Kapitel VIII, 8), stellte in den sechziger Jahren des 19. Jahrhunderts die ersten Eisschränke her. Als Kühlmittel verwendete er Schwefeläther und Ammoniak. Aber Harrison zielte mit seinem Produkt auf die kommerzielle Eisherstellung. Die ersten Eisschränke für den Gebrauch im Privathaushalt wurden von der französischen Firma Carré & Co. hergestellt und Anfang der siebziger Jahre des 19. Jahrhunderts in Frankreich und anderen europäischen Ländern auf den Markt gebracht. Diese Geräte waren leicht zu bekommen, tragbar, billig und effektiv, aber alles andere als einfach zu bedienen. Man mußte Zylinder erhitzen und kühlen, um den Ammoniak auszudehnen bzw. durch rasches Abkühlen Eis herzustellen. Auf diese Weise ließen sich pro Stunde ein bis zwei Kilo Eis produzieren.

Thermostat

Den Thermostat ersann 1609 ein in England arbeitender holländischer Wissenschaftler namens Cornelius Drebbel (1572–1634); er war Teil eines Brutschranks, den Drebbel im selben Jahr erfand. Der Brutschrank bestand aus einer abgedichteten, wasserummantelten Kiste in einer Kammer, die mit einem Kohlenfeuer beheizt wurde. In den Wassermantel ragte ein mit Alkohol gefülltes Rohr. Beim Erwärmen dehnte sich der Alkohol aus und drückte Quecksilber durch ein Röhrchen nach außen. In diesem Röhrchen steckte am Ende ein Stab, der mit einer Klappe verbunden war, mit der der Luftzustrom für das Feuer geregelt wurde. Wenn die Temperatur fiel, kühlte der Alkohol ab, und die Flüssigkeitssäule sank. Damit wurden auch das Quecksilber und der Stab in das Röhrchen zurückgezogen, die Klappe öffnete sich, es strömte mehr Luft in die Kammer, und das Feuer begann, stärker zu brennen. Drebbel, der vom Königshaus protegiert wurde, wandte das gleiche Prinzip anschließend auf chemische Reaktionsapparate an. Es gehört zu seinen vielen Erfindungen aus dem Bereich der Pneumatik, von denen die bekannteste wohl das Unterseeboot ist (siehe Kapitel VI, 3).

Die Schere wurde während der Zeit der Streitenden Reiche (481–221 v. Chr.) in China erfunden. Doch die ältesten erhaltenen Exemplare stammen aus dem Römischen Reich, das heißt, der Westen hinkte dem Osten nur wenig hinterher.

Schere

Ktesibios, der Grieche, dem die Welt die Orgel (siehe Kapitel II, 3) und das Luftgewehr (siehe Kapitel VI, 2) verdankt, beschäftigte sich außerdem ausgiebig mit Uhren. Eine seiner Uhren maß die Zeit mittels Wasser, das durch verschiedene Behälter floß. Sein raffiniertester Zeitmesser jedoch war ein (vermutlich über die Wasseruhr) mechanisch betriebener Vogel, der die Stunden rief. Ktesibios arbeitete Anfang des 3. Jahrhunderts v. Chr. im ägyptischen Alexandria.

Kuckucksuhr

1898 begann der dänische Elektroingenieur Valdemar Poulsen (1869 bis 1942), »Telegrafone« herzustellen. Das waren Maschinen, die für Anrufer eine vorher aufgezeichnete Mitteilung abspielten, wenn der Angerufene nicht zu Hause war. Sie konnten außerdem eine Nachricht aufnehmen, falls der Anrufer eine solche zu hinterlassen wünschte. Poulsens Apparat war einer der ersten, der mit dem Magnettonverfahren arbeitete; als Trägermedium benutzte er eine Spule mit magnetisiertem Draht. Ein paar Jahre später entwickelte Poulsen ein Modell, das statt dessen magnetisiertes Stahlband verwendete. Damit war das Tonbandgerät erfunden. Natürlich besaßen die frühen Anrufbeantworter noch nicht all die Vorzüge, die heutige Telefonierer an ihnen schätzen. Beispielsweise fehlte ein Verstärker, der das Abhören der Nachrichten erleichterte.

Anrufbeantworter

Tonbandgerät

Bei den ersten Geräten zum Versprühen von Chemikalien mußte man pumpen, um den flüssigen Doseninhalt beim Austreten aus der Düse zu zerstäuben. Die Sprühdose, die im selben Behältnis unter Druck eingefülltes Treibgas und den zu verteilenden Stoff enthielt, wurde 1926 von Erik Rotheim, einem norwegischen Erfinder, entwickelt. Die erste kommerzielle Anwendung war ein Insektizid, das während des Zweiten Weltkriegs in Amerika auf den Markt kam.

Sprühdose

Der Engländer Herbert Cecil Booth war Maschinen- und Brückenbauingenieur. Seiner Grundlagenforschung im Jahr 1901 haben wir die Erfindung des Staubsaugers zu verdanken: Booth saugte nämlich mit einem Taschentuch vor dem Mund an Polstermöbeln und Teppichen. Ermutigt

Staubsauger

von diesen Voruntersuchungen, konstruierte er im folgenden Jahr den ersten Staubsauger, den er *Puffing Billy* (»Schnaubender Willy«) taufte. Billy besaß einen 5-PS-Elektromotor und einen Filter aus Stoff. Später im selben Jahr durften Booth und seine Angestellten für die Krönung von Edward VII. die Westminster Abbey staubsaugen. Im Jahr 1904 brachte er ein Modell für den Hausgebrauch heraus, aber den größten Erfolg verbuchte er mit großen benzinbetriebenen Staubsaugern auf Rollen, mit denen er von Haus zu Haus ging.

Selbstreinigender Fußboden

Selbstreinigende Fußböden sind heute nicht mehr üblich, ich erwähne sie dennoch, weil ich den durchlässigen Bodenbelag immer noch für eine gute Idee halte. Entwickelt wurde er im 5. Jahrhundert v. Chr. für die Speisezimmer der alten Griechen. Unterhalb des eigentlichen Fußbodens befand sich ein fester glatter Estrich mit einem leichten Gefälle zu einem kleinen Abfluß hin. Darüber lag eine etwa 15 Zentimeter dicke Schicht aus Kies, Leim und Asche, die eingeebnet und glatt geschliffen wurde und nach dem Trocknen aussah wie schwarzes Pflaster. Verschüttete Flüssigkeiten verschwanden im Nu. Außerdem hatte dieser Fußbodenbelag den Vorteil, auch bei schlechtem Wetter nicht fußkalt zu sein – was die Sklaven, die barfuß darauf stehen mußten, sicher zu schätzen wußten.

Kinderwagen

Der Kinderwagen ist eine Erfindung aus der Zeit der chinesischen Tang-Dynastie (618–907 n. Chr.). Auf einem Bild aus den sechziger Jahren des 9. Jahrhunderts ist zu erkennen, daß die ersten Modelle die Form einer Wiege, vier Räder und ein niedriges Fahrgestell besaßen.

Münzautomat

Der Grieche Heron, berühmt für seine Dampfmaschine (siehe Kapitel VIII, 9) und die Automatiktür (siehe Kapitel V, 2), entwarf noch viele kleinere Wunderwerke, wie zum Beispiel den münzbetriebenen Getränkeautomaten. Wenn man eine Fünf-Drachmen-Münze oben in einen Schlitz hineinwarf, füllte der Automat über einen in Bodennähe befindlichen Hahn einen Becher voll Flüssigkeit ab. In seinem Buch *Pneumatica* (erschienen im 1. Jahrhundert v. Chr. in Alexandria) beschreibt Heron die Maschine im Detail. Sie konnte allerdings kein Geld wechseln und besaß auch kein Rückgabefach für Münzen.

Theater im alten Griechenland waren mit bronzenen Resonanzkörpern ausgestattet, die an strategisch günstigen Orten in Nischen unter den Sitzen angebracht waren. Die Gefäße waren nach den Prinzipien der Harmonielehre angeordnet und erklangen in sieben verschiedenen Tönen, sobald der Sprecher auf der Bühne den entsprechenden Ton traf. Dadurch konnte man den Text selbst in den hinteren Reihen klar und deutlich verstehen. Die ältesten erhaltenen Berichte über solche Gefäße stammen aus dem 2. Jahrhundert v. Chr. aus Korinth, doch es muß sie schon länger gegeben haben, vielleicht seit dem 4. Jahrhundert v. Chr. Ein moderner Theaterarchitekt bräuchte nur den Instruktionen des römischen Autors Vitruv *(Zehn Bücher über Architektur)* zu folgen, um diese Hörhilfe einzubauen. Die Chinesen benutzten im 5. Jahrhundert v. Chr. ein ganz ähnliches Verfahren, allerdings nicht um Ansprachen oder Deklamationen besser zu verstehen. Sie bauten solche Resonanzkörper in ihre Befestigungsanlagen ein, damit sie hören konnten, wenn feindliche Kräfte Gräben aushoben oder unterirdische Gänge gruben.

Lautsprecheranlage

Das Mikrophon wurde 1878 in Großbritannien erfunden. David Hughes leitete elektrischen Strom aus einer Batterie durch ein Stück Kohle, das mit einem Empfänger verdrahtet war. Weißglühende Holzkohle von Weidenholz, abgelöscht in Quecksilber, war seiner Meinung nach der ideale Leiter.

Mikrophon

Die erste Kopie im Trockendruckverfahren entstand 1938 in einem Labor in der Nähe von New York. Der amerikanische Physiker Chester Carlson (1906–1968) hatte sich schon lange über die unzureichende Qualität existierender Naßdruck-Kopierverfahren (Umdruck- bzw. Matrizenverfahren) geärgert und ein System erdacht, bei dem eine elektrostatische Aufladung durch Belichtung aufgehoben wird. Die Kopie kommt zustande, weil die Bereiche, die nicht belichtet wurden, geladen bleiben und den Toner, das trockene »Tintenpulver«, anziehen. Aber Carlson fand lange keine Geldgeber für seine Maschine. Als er endlich Erfolg hatte, gründete er 1947 die Xerox Corporation und begann, Photokopierer herzustellen und zu verkaufen.

Photokopierer

Das erste Textverarbeitungssystem wurde von der amerikanischen Firma IBM entwickelt und produziert. Es kam 1964 auf den Markt und sah aus wie eine gewöhnliche Schreibmaschine. Der Ausdruck erfolgte wie bei der

Textverarbeitungssystem

Schreibmaschine mit Typen, die auf das Papier schlugen. Im Gegensatz zu späteren Textverarbeitungssystemen besaß dieses noch kein Display. Text und Layout-Befehle wurden über ein Magnetband eingegeben.

3. Nützliche Produkte

Seife

Nicht immer ist das Erste auch das Beste (vergleiche Verkehrsampel, Kapitel V, 1; Bluttransfusion, Kapitel VIII, 6; Düsenflugzeug, Kapitel IX, 3). Die Seife ist dafür ein gutes Beispiel. Die erste Seife wurde im 23. Jahrhundert v. Chr. in Südmesopotamien hergestellt. Der aktive Bestandteil war kaliumreiche Asche von Binsen, die in dieser Region wuchsen. Die Asche mischte man mit Öl und feinem Ton und formte daraus kleine Kuchen.

Schädlingsbekämpfung

Räuchern

Das Räuchern war das erste chemische Verfahren zur Schädlingsbekämpfung. Räuchermittel gegen Insekten gab es in China seit etwa 1000 v. Chr. Zu Beginn der Zhou-Dynastie (etwa 1100–256 v. Chr.) beschäftigte die Regierung beamtete Schädlingsbekämpfer. Einer war auf Parasiten spezialisiert und verabreichte den Patienten Mittel zur Entwurmung; die anderen waren der »Herr der Frösche« und der Kammerjäger. Beide setzten giftige Dämpfe gegen das Ungeziefer ein. In den Zuständigkeitsbereich des Kammerjägers gehörten Schadinsekten ganz allgemein; um sie zu bekämpfen, verwendete er den Rauch einer Pflanze namens *mang zao.* Eine einfachere Methode für den Hausgebrauch, die vielleicht der ein oder andere Leser kennt, sind Räucherkegel aus Weihrauch, die Stechmücken fernhalten sollen. Diese kamen während der Song-Dynastie (960–1279 n. Chr.) im moskitogeplagten Südchina in Gebrauch.

Insektizide zum Einreiben

Insektizide zum Sprühen

Insektizide zum Auftragen auf die Haut, in Form von Salben oder Harzen aus Pflanzenmaterial, wurden im 2. Jahrhundert v. Chr. in China für Menschen und Tiere gleichermaßen eingeführt. Zu dieser Zeit war die äußerliche Behandlung mit Insektiziden bei Vieh in Nordafrika bereits üblich (siehe Pestizide in der Tierhaltung, Kapitel VIII, 7). Insektizide zum Aufsprühen wurden etwa zur gleichen Zeit in China entwickelt wie die zum Einreiben. Es handelte sich um Pflanzenaufgüsse, das heißt, die aktiven Bestandteile waren in Wasser gelöste, pflanzliche Inhaltsstoffe. Sprühdosen mit Aerosolen kamen erst sehr viel später (siehe Kapitel XI, 2).

Schon bald nach seiner Einführung im 19. Jahrhundert wurde Pyrethrum in Europa zum meistbenutzten Pestizid. Doch da kannte man es in China bereits mehr als 2000 Jahre. Die Chinesen verwendeten allerdings pulverisierte Chrysanthemenblüten, statt die Inhaltsstoffe daraus zu extrahieren.

Pyrethrum

Geschrieben wurde ursprünglich, indem man Linien in hartes Material ritzte oder Muster in Lehm drückte. Tinte erfanden die Ägypter, noch bevor sie Papier aus Papyrus hatten, etwa 3000 v. Chr. Als sich der Papyrus etablierte, wurde die Tinte zum Standardschreibmaterial. Die ägyptische Tinte war eine Flüssigkeit, die gewöhnlich mit dem Ruß von verbrannten Knochen gefärbt wurde.

Tinte

Die tiefschwarze, wasserfeste sogenannte Indische Tinte stammt eigentlich aus China. Es handelt sich dabei um eine Mischung von ausgewählten Pigmenten mit ganz speziellen Bindemitteln. Ihr Ursprung liegt in der Zeit der Han-Dynastie (206 v. Chr. – 220 n. Chr.). Sie kann wochenlang im Wasser liegen, ohne auszufärben, und sie bleibt auch tiefschwarz.

Wasserfeste Tinte

Graphit, das für Bleistifte verwendete Mineral, hieß bei den Chinesen »Steintinte«. Sie begannen vermutlich während der Han-Dynastie, damit zu schreiben.

Graphit

Für Druckerschwärze gibt es alle möglichen Rezepturen. Die erste eigens für diesen Zweck hergestellte Farbe ist wahrscheinlich so alt wie die Erfindung des Druckens selbst. Da sich die gewöhnliche chinesische Tinte nicht zum Drucken eignete, wurde statt dessen eine dicke Tintenpaste entwickelt. Das war zu Beginn der Tang-Dynastie (618 – 907 n. Chr.) oder früher.

Druckerschwärze

In einer Geschichte aus der Song-Dynastie wird unsichtbare Tinte erwähnt. Ein gewisser Wang hatte etwas gegen den mächtigen Qin Guei (1090 – 1155 n. Chr.) und schrieb »Tod dem Qin Guei« mit einer Flüssigkeit, von der man ihm gesagt hatte, es sei unsichtbare Tinte. Zu seinem Pech wurden die Worte sichtbar, als Wasser darüberlief, und er mußte den Tintenmacher bestechen, damit der sie nicht herumzeigte.

Unsichtbare Tinte

Während der Tang-Dynastie (618 – 907 n. Chr.) wurde das chinesische Schreibwarensortiment um einen neuen Artikel erweitert. Er sah aus wie ein Stift, und wenn man damit einen Schreibfehler übermalte, hinterließ er einen undurchsichtigen Film auf dem Papier. Das Papier, das die Chinesen damals für ihre Dokumente und Briefe verwendeten, war gelb, und

Korrekturstift

die Korrekturfarbe mußte dazu passen. Bei dem wirksamen Bestandteil des Korrekturstiftes handelte es sich um ein Mineral namens *zi huang* (Arsensulfid), das in Wasser unlöslich war und leicht pulverisiert werden konnte. Das Pulver füllte man dann in den Stift.

Klebstoff

Als der Klebstoff erfunden wurde, konnten die Menschen zwar schon schreiben, aber niemandem fiel es ein, dieses Ereignis festzuhalten. Wenn man solche unspektakulären und wenig beachteten Erfindungen datieren will, kann man sich nur auf archäologische Funde stützen oder auf zufällige Hinweise in Berichten über andere Dinge. Aus solchen Quellen wissen wir, daß der Klebstoff etwa um 3000 v. Chr., während der Zeit des Alten Reiches, in Ägypten erfunden wurde.

Zündhölzer

Die ersten Zündhölzer wurden im 6. Jahrhundert n. Chr. in China hergestellt und trugen nur sehr wenig zum Wohle der Menschheit bei. Es handelte sich um kleine Stäbchen aus Kiefernholz, die mit Schwefel getränkt waren und beim geringsten Kontakt mit Feuer hell aufloderten; anders ließen sie sich nicht entzünden. Zwischen dem 6. und dem 19. Jahrhundert gab es die verschiedensten Versuche, Zündhölzer zum Zünden zu bringen, aber Streichen war nirgends dabei.

Streichhölzer

1827 erfand der englische Chemiker John Walker das Streichholz, eine neue Variante des Zündholzes, das durch Entlangstreichen an einer Oberfläche entzündet wurde. Die Hölzchen waren acht Zentimeter lang und in eine Paste aus Kaliumchlorid, Antimonsulfid, Gummi arabicum und Wasser getaucht worden. Die ersten Streichhölzer wurden in Walkers Geschäft für Chemiebedarf in Stockton verkauft.

Feuerzeug

Das Feuerzeug ist eine Erfindung arabischer Waffentechniker. Zigaretten kamen erst sehr viel später auf, und die arabischen Feuerzeuge dienten nur dem Zünden von Brandwaffen wie dem Flammenwerfer (siehe Kapitel VI, 2). Die Flakons waren vermutlich auch etwas zu groß, um sie in eine moderne Hosentasche zu stecken. In einem Buch über Kriegslisten, Waffen, die Belagerung von Festungen, Schwertkampf, Bogenschießen und vieles andere finden sich mehrere Rezepturen für brennbare Flüssigkeiten. Vielleicht war der Autor dieses Buches aus dem 13. Jahrhundert ja an der Erfindung des Feuerzeugs beteiligt.

4. Materialien

Töpferware, Glas, Wollstoffe und Leder gehören zu den Materialien, deren Ursprünge in prähistorischer Zeit liegen. Die Stichworte »Beton« und »Metall« werden in Kapitel VIII, 8 behandelt.

Filz

1991 gab ein Alpengletscher im österreichisch-italienischen Grenzland eine 5000 Jahre alte mumifizierte Leiche frei, die – vom Eis konserviert – hervorragend erhalten war. Der Mann, der schon bald den Spitznamen »Ötzi« erhielt, hatte ein Messer, eine Axt sowie Pfeil und Bogen bei sich und trug Lederkleidung und einen Filzhut. Dies ist der älteste Filzgegenstand, von dem wir wissen, und er legt die Vermutung nahe, daß dieses Material im 4. Jahrtausend v. Chr. von Viehhirten im europäischen Hochgebirge erfunden wurde.

Baumwolle

Baumwolle wurde bereits vor mehr als 5000 Jahren im Industal im heutigen Pakistan angebaut und zu Tuch gewoben. In Harappa und Mohenjo-Daro entdeckten Archäologen Spuren dieser pflanzlichen Faser, die sie auf das frühe 3. Jahrtausend v. Chr. datierten. Da die Verarbeitung von Baumwolle nicht ganz einfach ist und die beiden Fundstellen weit auseinanderliegen, kann man annehmen, daß die Nutzung von Baumwolle schon ein paar hundert Jahre früher an einem unbekannten Ort in dieser Region begann.

Seide

Im Jahr 1958 gruben Archäologen Teile eines Bambuskorbes aus, in dem sich die ältesten bekannten Überreste von Seidenstoff befanden. Die Datierung der Entstehungszeit ist unsicher, sie liegt möglicherweise zwischen 2850 und 2650 v. Chr. Die Funde stammen aus Qianshanyang im Südosten des heutigen China; hergestellt wurde das Gewebe von Menschen, die vor den Chinesen dort lebten. Der Stoff ist fein gewebt, mit 72 Fäden pro Zentimeter, und das Garn wurde von domestizierten Seidenraupen gewonnen. Bei diesem handwerklichen Niveau muß die Kunst der Seidenweberei in dieser Region zwischen 3000 und 2500 v. Chr. entstanden sein.

Hanf

Je nach Verwendung dient die Hanfpflanze *Cannabis sativa* der Menschheit als Genußmittel oder zu ganz praktischen Dingen. Über die erste Funktion können Sie unter »Rauchen von Marihuana« (Kapitel IV, 4) nachlesen. In der zweiten Funktion lieferte Hanf die Fasern für Seile und Kleidungsstücke. Diese Form der Nutzung gab es erstmals im 3. Jahrtausend v. Chr. in Ostasien. Im Gebiet des Qijia-Volkes, das nordwestlich von China lebte, wurde ein 4000 Jahre alter Stoffetzen aus Hanf gefunden; aber auch in chinesischen Berichten über das beginnende 3. Jahrtausend v. Chr. ist davon die Rede.

Im selben Text wird Ramie erwähnt, ein Stoff aus Fasern der Pflanze *Boehmeria nivea* (einer Verwandten der Brennessel). Die ältesten Überreste solchen Gewebes stammen aus Südchina, hergestellt etwa 2750 v. Chr., noch bevor diese Region in chinesische Hände kam.

Ramie

Die Asbestfaser ist eine Entwicklung der Menschen, die im 5. oder 4. Jahrhundert v. Chr. die chinesische Küste besiedelten. Sie machten sich vor allem ihre Feuerfestigkeit zunutze und verwendeten sie zur Herstellung von Lampenschirmen. Wenig später wurde Asbest auch in Tuch verwoben.

Asbest

Dr. Wallace H. Carothers (1898–1937) war Chemiker in der Forschungsabteilung der amerikanischen Firma E. I. du Pont de Nemours and Co. Bevor er 1937 das Nylon erfand, hatte er bereits fast zehn Jahre mit der Suche nach langkettigen Polymerfasern zugebracht, die die Eigenschaften von Seide besitzen sollten. Seine Versuche mit Polyestern waren enttäuschend verlaufen, dann jedoch gelang seinem Team der Durchbruch mit den sogenannten Polyamiden. Aus der Vielzahl von Polyamiden, die Carothers bei seinem Tod hinterließ, wählte die Firma Du Pont eines mit dem Labornamen »fibre 66« aus, entwickelte es zur Marktreife und taufte es »Nylon«. Das erste Nylonprodukt – Damenstrümpfe – kam im Oktober 1938 auf den Markt.

Nylon

Nylonstrümpfe

Kevlar ist ein extrem festes synthetisches Material, das für Segel, Autoreifen und kugelsichere Westen verwendet wird. Dr. Stephanie Kwolek, die bei der amerikanischen Firma Du Pont beschäftigt war, erfand es im Jahr 1976.

Kevlar

Im östlichen Teil des heutigen China stellten Menschen Lackarbeiten her, lange bevor dort Chinesen lebten. Der älteste Lackgegenstand, den die Archäologen bislang entdeckten, ist eine 7000 Jahre alte Holzschale. Sie wurde südlich des Jangtse-Flusses in der Küstenprovinz Chekiang gefunden und ist innen und außen leuchtend rot lackiert.

Lackarbeit

Sperrholz ist eine Erfindung der alten Ägypter, das wissen wir aus Funden, die Archäologen auf etwa 3000 v. Chr. datieren. Ägyptisches Sperrholz bestand aus sechs Lagen verschiedener Holzarten.

Sperrholz

In einem chinesischen Wörterbuch aus der Han-Zeit (206 v. Chr. – 220 n. Chr.) wird »Papier« mit »eine Matte aus Faserresten« erklärt. Diese Definition beweist, daß damals sogar schon Wörterbuchschreiber wußten, wie man Papier machte. In den Anfangsjahren dieser Dynastie, im 2. Jahrhundert v. Chr., wurde erstmals Papier hergestellt. Die ältesten bislang gefundenen Papierreste sind allesamt rauh und dick und aus Hanf.

Papier

Später in der Han-Dynastie, im Jahr 76 n. Chr., erschien das erste Buch aus Papier. Es trug den Titel »Die Frühlings- und Herbstchroniken mit Cous Kommentaren« und wurde an Studenten verteilt. Die Papierqualität hatte sich bis dahin schon verbessert.

Buch aus Papier

Chinesische Papiermacher begannen im 3. Jahrhundert n. Chr. mit der Herstellung von farbigem Papier. Sie verwendeten Farbstoffe aus unterschiedlichsten Quellen und konnten eine große Farbpalette abdecken. Aus dem Korkbaum *Phellodendron amurense* beispielsweise gewann man eine Farbe mit insektiziden Eigenschaften. Mit dieser Farbe imprägniertes Papier war gelb und sicher vor Bücherwürmern und Silberfischchen.

Farbiges Papier

Im 2. Jahrhundert v. Chr. begann König Eumenes II. damit, in Pergamon (heute Bergama in der Türkei) eine neue und prachtvolle Bibliothek aufzubauen. Da die ägyptische Regierung eifersüchtig darauf bedacht war, daß niemand der Bibliothek von Alexandria den Rang ablief, verhängte sie ein vorübergehendes Papyrus-Exportverbot. Durch die gezielte Verknappung des einzigen damals vorhandenen Beschreibstoffs wollte sie verhindern, daß andernorts Bücher in größerer Zahl kopiert wurden. Pergamon trickste Alexandria aus und erfand ein neues Beschreibmaterial, das aus Tierhäuten hergestellt wurde: das Pergament. Es war zwar nicht das erste Mal, daß man Tierhäute für diesen Zweck nutzte, doch durch die neue Art der Herrichtung ließen sich die Häute besser beschreiben. (Kurze Zeit später rollte der Papyrusnachschub wieder, und Pergament wurde unrentabel; nichtsdestoweniger war es im Mittelalter in Europa das meistverwendete Beschreibmaterial.) Ein Jahrhundert später schließlich konnte Alexandria triumphieren: Kleopatras Liebhaber, der römische Feldherr Marc Anton, übergab ihr 200 000 Bände aus Pergamon, um damit die Bestände der Bibliothek von Alexandria aufzustocken.

Pergament

Porzellan

Porzellan war ziemlich schwer zu erfinden, weil zu seiner Herstellung Brenntemperaturen von mehr als 1000 Grad erforderlich sind und weil seine Bestandteile mit hoher Präzision gemischt werden müssen. Das Endprodukt ist härter, feiner und transparenter als normale glasierte Töpferware. Das erste Porzellan wurde in der späten Han-Zeit (1. Jahrhundert n. Chr.) in Nordchina hergestellt.

Jenaer Glas, Pyrex

»Pyrex« ist ebenso wie »Jenaer Glas« ein eingetragenes Warenzeichen für besonders hitzebeständiges Glas, sogenanntes Borosilicat-Glas. Die ältesten Beschreibungen dieses Glastyps befinden sich in chinesischen Büchern aus dem 12. und 13. Jahrhundert n. Chr.; seine Feuerfestigkeit wird darin besonders hervorgehoben. Die Chinesen importierten diese Glassorte aus Arabien, wo sie vermutlich im 12. Jahrhundert (oder wenig früher) erfunden wurde. Den chinesischen Berichten zufolge mischten die Araber der Glasschmelze »Borax aus dem Süden« bei, um die Produkte hitzebeständig zu machen.

Glasfaser

Die ganz frühen Glasmacher waren sicher dazu in der Lage, lange dünne Glasfäden herzustellen. Wann und wo jedoch Glasfasern erstmals zu etwas verarbeitet wurden, ist nicht überliefert. Das älteste bekannte Produkt ist ein aus Glasfasern gewebter Stoff, den der brillante Wissenschaftler und Erfinder René de Réaumur 1713 der französischen Akademie der Wissenschaften präsentierte. Réaumur behauptete jedoch nicht, der erste gewesen zu sein.

Kunststoff

Den ersten Kunststoff machte Alexander Parkes (1813–1890) im Jahr 1845 in England. Sein Produkt mit dem Namen »Parkesin« wurde hergestellt, indem man Nitrozellulose mit Lösungsmitteln und Weichmachern mischte. Es diente als Ausgangsstoff für eine Vielzahl von Artikeln, wie zum Beispiel Kämme, Billardkugeln und Schnallen. Parkesin erregte 1862 auf der Weltausstellung in London große Aufmerksamkeit, aber Parkes scheiterte mit seiner Produktionsfirma – seiner Meinung nach, weil das Parkesin leicht explodierte, böse Zungen behaupten jedoch, er sei einfach zu geizig gewesen, um in die Qualitätsverbesserung zu investieren. Unter dem Namen »Zelluloid« erfreute sich der erste Kunststoff noch eines langen und kommerziell erfolgreichen Lebens, nachdem Parkes die Produktion eingestellt hatte.

5. Für den persönlichen Bedarf

Die meisten Kleidungsstücke, Kosmetikartikel und Schmuck entstanden vor so langer Zeit, daß es darüber keine schriftlichen Zeugnisse gibt. Die ersten Male, die in diesem Kapitel präsentiert werden, sind alle jüngeren Datums – keines davon älter als 4000 Jahre.

Fächer

Der Papierfächer mit der praktischen Zickzackfaltung ist in vielen Ländern beliebt, vor allem in Japan, wo er aber nicht erfunden wurde. In China sind nichtfaltbare Fächer aus Papier oder Stoff sehr viel verbreiteter, und doch ist es auch die Heimat des faltbaren Fächers. Im 10. oder 11. Jahrhundert n. Chr. wurde er hier erstmals hergestellt.

Badeanzug

Die meisten alten Völker hätten das Tragen von Kleidung beim Schwimmen für höchst absonderlich gehalten; sie stiegen in der Regel nackt ins Wasser. Die Modehäuser des alten Ägypten jedoch ließen keine Möglichkeit aus, um aus weiblicher Eitelkeit Gewinn zu schlagen, und nahmen Badekleidung in ihr Sortiment auf. Ein anonymes ägyptisches Gedicht, geschrieben um 1200 v. Chr., besingt ihre Vorzüge:

Liebster, wie gerne möchte ich mit dir hinunter ans Wasser gehen,
an dich geschmiegt auf der Sandbank liegen.
Nur für dich trüge ich den neuen Badeanzug aus Memphis,
aus reinem Leinen, geschnitten wie für eine Königin –
Komm, schau, wie er im Wasser aussieht!
Wie bringe ich dich nur dazu, mit mir ins kühle Naß zu waten
und uns von sanften Wellen umspülen zu lassen?
Dann würde ich für dich untertauchen
und tropfnaß wieder aus dem Wasser steigen.
Deine Augen sollen sich füllen
mit den kleinen roten Fischen, die ich für dich fange.

Bikini

Bei den alten Römern kam der Bikini in Mode, allerdings – soweit wir wissen – nicht als Badekleidung. Anscheinend wurde er vor allem beim Sport, beim Tanzen und zum Fitneßtraining getragen. Ein Mosaik im »Raum der zehn Mädchen« in der Villa des Maximian auf Sizilien zeigt ein junges Mädchen beim Hanteltraining, wie es der Künstler wohl beobachtet hat. Das Mosaik stammt aus dem 3. Jahrhundert n. Chr.

Korksohlen

Hochhackige Schuhe mit dicken Korksohlen wurden im Römischen Reich vor etwa 2000 Jahren als Teil der Winterkleidung für Damen eingeführt.

Gummihandschuhe

1925 begann die *Ansell Rubber Company* in Melbourne damit, aus Latex Gummihandschuhe herzustellen, um Hausfrauenhände zu schonen. Nach dem gleichen Verfahren wurden auch Latexhandschuhe für den medizinischen Bedarf produziert.

Reißverschluß

Den ersten Reißverschluß erfand 1891 ein amerikanischer Maschinenbauingenieur namens Whitcomb L. Judson aus Chicago. Der Reißverschluß bestand aus in Reihen angeordneten Haken und Ösen, die sich schlossen, wenn ein Schieber die Reihen entlanglief. Judson eröffnete zwar einen Betrieb zur Herstellung von Reißverschlüssen, doch es war ihm kein großer Erfolg beschieden. Im Jahr 1906 entwickelte der Schwede Gideon Sundback einen neuen Reißverschluß mit ineinandergreifenden Zähnen. Dieses System hat das von Judson vollständig ersetzt.

Sonnenbrille

Schon im Altertum verwendete man Scheiben aus farbigem Glas oder Kristalle, um bei gleißendem Sonnenlicht Dinge zu betrachten oder die Sonne selbst zu beobachten. Aber erst um 1100 n. Chr., während der Song-Dynastie in China, tauchen Berichte auf, in denen von paarweise in einen Rahmen gefaßten Linsen die Rede ist. Wahrscheinlich existierte diese Form des Augenschutzes bereits seit 100 bis 200 Jahren. Das Buch, in dem die Sonnenbrille erstmals beschrieben wird, erwähnt sie jedoch im Zusammenhang mit einer ganz anderen Funktion: Chinesische Richter trugen bei den Verhandlungen Sonnenbrillen, damit die streitenden Parteien und die Zeugen Reaktionen auf ihre Aussagen nicht erkennen konnten. Die Sonnenbrillen der Richter waren aus transparentem Quarz, der die Farbe von Tee hatte.

Brille

Die ersten Brillen besaßen konvexe Linsen, um Weitsichtigkeit auszugleichen; sie wurden um 1280 n.Chr. in Norditalien hergestellt. Ihr Ursprungsort könnte Florenz gewesen sein, wahrscheinlicher ist jedoch Pisa. Die Erfindung der Brille wird in der Regel Alessandro della Spina zugeschrieben, einem florentinischen Mönch, vermutlich gebührt die Ehre aber einem unbekannten Mann aus dem Volk.

1784, knapp acht Jahre nachdem er die amerikanische Unabhängigkeitserklärung entworfen hatte, erfand der amerikanische Staatsmann und Wissenschaftler Benjamin Franklin (1707–1790) die Bifokalbrille. Diese Brille besaß zwei verschiedene, nebeneinanderliegende Linsen für jedes Auge.

Bifokalbrille

Die mechanische Uhr (siehe Kapitel VIII, 10) wurde vor 1300 Jahren erfunden, und wir besitzen ausführliche schriftliche Aufzeichnungen darüber. Wenn man bedenkt, daß die erste mechanische Uhr in einem kleinen Gebäude untergebracht werden mußte, stellt die erste Taschenuhr eine wahrhaftige Meisterleistung der Miniaturisierung dar. Und wenn man bedenkt, daß die Taschenuhr erst vor 500 Jahren erfunden wurde, spricht es für eine denkbar schlechte Dokumentation, daß wir darüber heute nichts Genaues wissen. Es muß um 1500 oder wenig früher gewesen sein. Die technischen Fertigkeiten zur Herstellung einer Taschenuhr waren sowohl in Frankreich wie auch in Norditalien und Deutschland vorhanden. Die erste Taschenuhr könnte in Nürnberg oder vielleicht im französischen Blois gebaut worden sein.

Taschenuhr

Visitenkarten kamen in China während der Han-Dynastie (206 v. Chr. bis 220 n. Chr.) in Mode. Da das Papier in jenen Tagen noch ziemlich schlecht war, stellte man die Karten aus Holzstreifen im Format 5 x 7,5 Zentimeter her. Die Schriftzeichen standen auf weißem Hintergrund, und außer dem Namen enthielten die Karten Angaben zu Wohnort und Titel des Besitzers.

Visitenkarte

Als die Spanier im 16. Jahrhundert in Mexiko das Reich der Azteken eroberten, machten sie Bekanntschaft mit der Zigarette. Die aztekischen Glimmstengel bestanden aus Maisblättern oder dünner Rinde, in die der Tabak eingerollt war. Zigarettenrauchen hat eine lange Tradition, deren Ursprung in Mittel- oder Südamerika liegt. Die spanischen Eroberer stiegen jedoch sehr schnell auf Papier zum Einwickeln des Tabaks um.

Zigaretten

Die Destillation von Parfüm wird auf einer Tontafel, die Archäologen in Nordmesopotamien (im heutigen Irak) ausgruben, erstmals ausführlich beschrieben. Der Keilschrifttext ist in akkadischer Sprache abgefaßt. Die

Parfüm

Tafel stammt zwar aus einer Zeit um 1200 v. Chr., doch sehr wahrscheinlich begann man in Mesopotamien schon ein paar Jahrhunderte früher mit der Parfümherstellung.

Zuchtperlen

Zuchtperlen entstehen, wenn man in eine lebende Perlmuschel einen Fremdkörper einbringt. Eine entsprechende Methode, die dazu führte, daß man nach zwei Jahren voll entwickelte Perlen ernten konnte, gab es im 11. Jahrhundert n. Chr. während der Song-Dynastie in China. Ihr Erfinder war Xie Gongyen, ein Regierungsbeamter aus Kaifeng.

XII. GELD UND RECHT

Am Anfang gab es kein Recht außer dem Recht des Stärkeren. Der Stärkere konnte tun, was immer ihm beliebte, es sei denn, der Schwächere schaffte es, ihn davon zu überzeugen, daß das, was er vorhatte, unrecht war. Gesetze wurden erst gemacht, nachdem sich eine Beziehung zwischen Machthabern und Untertanen herausgebildet hatte. Um die schwächeren Untertanen zu schützen, erließ der Machthaber Gesetze, die für die Stärksten genauso galten wie für alle anderen. Und um seine Herrschaft zu sichern, erließ der Machthaber Gesetze, die von allen Untertanen Gehorsam und Abgaben erzwangen. Gesetze, die Verbrechen, Eigentum, Verwaltung, Rechtsprechung, die Rechtsstellung des einzelnen und Steuern betreffen, existieren daher bereits seit grauer Vorzeit. Deshalb wurden nur solche erste Male aus Recht und Gesetz hier aufgenommen, die nach der Erfindung der Schrift eintraten. Zu dieser Zeit setzten nämlich gewaltige Veränderungen in den ökonomischen und sozialen Strukturen sowie in den Glaubensauffassungen ein; außerdem erhöhte die wachsende Produktivität den Ressourcenverbrauch.

1. Gesetzgebung und Gesetze

Viele Gesetze haben ihre Wurzeln in Traditionen und in Entscheidungen, die überliefert, aber nicht niedergeschrieben wurden. Obwohl es diese Formen des Rechts noch gibt, hat sich doch die schriftliche Gesetzgebung in den letzten 5000 Jahren kontinuierlich entwickelt und behandelt heute alle nur denkbaren Gegenstände. Religiöse Schriften, wie die Zehn Gebote (siehe Kapitel VII, 7) oder der Koran (siehe Islam, Kapitel VII, 5) und seine Auslegungen, stellen nicht nur Quellen heutiger Gesetze dar, auch viele andere Traditionen haben dort ihren Ursprung.

Gesetz

Noch lange nach der Erfindung der Schrift wurden Gesetze ausschließlich mündlich weitergegeben. Irgendwann begannen Herrscher damit, zu speziellen Rechtsfragen Verordnungen zu erlassen, die sie dann aufschreiben ließen. Im südmesopotamischen Sumer (im heutigen Irak) war das zu Beginn des 3. Jahrtausends v. Chr. der Fall. Eine der größten Leistungen von Urukagina, dem ersten Sozialreformer, war die Wiedereinsetzung der alten Gesetze des Stadtstaates Lagasch im Jahr 2700 v. Chr. Dies ist der älteste Hinweis auf Gesetze, die offenbar 100 oder 200 Jahre zuvor in den sumerischen Städten in Kraft getreten waren. Bei den ersten Gesetzen handelte es sich mehr um einfache Verfügungen zu Einzelfragen, aber innerhalb von wenigen Jahrhunderten nach Urukagina hatte sich in Sumer eine komplexe Gesetzgebung entwickelt, die viele Gebiete abdeckte. Das älteste heute bekannte Recht ist das von König Urnammu, das um 2300 v. Chr. in Ur galt. Es umfaßte viele Aspekte des materiellen und des formellen Rechts. Aus der gleichen mesopotamischen Tradition ging später das erste Gesetzbuch hervor, mit dem ein vollständiges Rechtssystem geschaffen wurde.

Gesetzbuch

Dieses Gesetzbuch ist der Initiative von Babylons König Hammurapi zu verdanken, der es um 1900 v. Chr. in Kraft setzte. Gegen Ende seiner 43jährigen Regierungszeit ließ er Abschriften davon in Stein meißeln und überall im Reich aufstellen. Der nach seinem Urheber so genannte *Kodex Hammurapi* umfaßte 282 Paragraphen, in klassischem Babylonisch geschrieben, brillant durchdacht und einfach formuliert. Dabei wurden unter anderem folgende Themen behandelt: Rechtsprechung und Prozeßführung, Verbrechen, Eigentum, Handel, Finanzwesen, Familie, Erbrecht, Haftung, Landwirtschaft, Sklaven, Löhne und Abgaben. Hammurapi wollte ein einheitliches und dauerhaftes Rechtssystem einführen, aber ihm gelang noch etwas anderes, das den meisten modernen Gesetzgebern abgeht: Er hatte seine Gesetze so formuliert, daß auch die einfachen Leute sie verstehen konnten. Hammurapi schrieb:

> Wer auch immer einen Streitfall zu klären hat, möge zu meinem Standbild kommen und dann die Inschrift auf meinem Stein lesen und meine kostbaren Worte hören, damit mein Stein ihm die Sachlage erkläre, ihm zeige, welches Gesetz auf ihn zutrifft, und ihm die Last von seinem Herzen nehme …

Präzedenzfall

Gesetze und Gesetzbücher sind die wichtigsten schriftlichen Quellen für die Rechtsprechung, die anderen sind (im angelsächsischen Recht)

Präzedenzfälle. Darunter versteht man Gerichtsentscheidungen, die von Gerichten, die zu späterer Zeit vergleichbare Fälle verhandeln, zur Urteilsfindung herangezogen werden. Solche Entscheidungen werden in Fallsammlungen festgehalten. Der älteste bekannte Fallbericht entstand kurz vor Hammurapis Zeit um 2000 v. Chr. im sumerischen Nippur. Der Fall, um den es hier geht, wurde von der Stadt Isin an die Bürgerversammlung von Nippur verwiesen, die nächsthöhere Instanz, die berechtigt war, endgültige Urteile zu sprechen. Wie ein moderner Fallbericht beginnt auch der sumerische mit einer Aufzählung der Fakten, es folgt eine Zusammenfassung der Argumente beider Seiten, und den Schluß bildet der Spruch des Gerichts. Drei der Angeklagten hatten einen Mann ermordet, die vierte Angeklagte war Nindada, die Frau des Opfers. Die Mörder hatten ihr erzählt, was sie getan hatten, aber die Frau zeigte sie nicht an. Das Gericht entschied, Nindada nicht zu bestrafen, obwohl sie den Mord gedeckt hatte; es hielt für ausschlaggebend, daß sie an der Tat selbst nicht beteiligt war. Wie viele überlieferte Gerichtsentscheidungen ist auch diese in ihrer Argumentation zwiespältig und läßt auf diese Weise Raum für abweichende Interpretationen. Die Archäologen haben mehrere Tontafeln mit diesem Fallbericht ausgegraben, was beweist, daß er weithin studiert wurde.

Geschriebene Verfassung

Die älteste schriftlich festgehaltene Verfassung stammt aus Hattusa (in der heutigen Türkei), der Hauptstadt des alten hethitischen Reiches. Sie wurde von König Telepinu ausgerufen, der um 1500 v. Chr. regierte. In ihr sind die Aufgaben des herrschenden Staatsrates und die Thronfolge bis ins Detail geregelt. Dennoch wäre es falsch, Telepinu als den ersten konstitutionellen Monarchen zu bezeichnen. Auf der Grundlage ungeschriebener Verfassungen verfügten die Herrscher der mesopotamischen Städte im 4. Jahrtausend v. Chr. nämlich nur über sehr wenig Macht. Kisch, dessen Zweikammerparlament an anderer Stelle beschrieben wurde (siehe Kapitel IV, 1), ist ein gutes Beispiel dafür. Ähnliche Verfassungen besaßen damals auch einige benachbarte Stadtstaaten.

Konstitutionelle Monarchie

Schadenersatz

Außer für Vertragsbruch sahen die Rechtsmittel in den frühen Rechtssystemen bei Verfehlungen immer auch eine Bestrafung vor. Einen der großen Fortschritte des babylonischen Rechts, wie es im *Kodex Hammurapi* festgehalten ist, stellten die Urteile dar, die dem Kläger für den entstandenen Schaden Entschädigung zusprachen, ohne den Täter darüber hinaus zu bestrafen. Das galt jedoch nur für solche Fälle, wo der Gesetzgeber eine Bestrafung für unangemessen hielt, etwa wenn eine aus Nachlässigkeit nicht abgeschaltete Bewässerungsanlage im Nachbarfeld Schaden anrichtete oder wenn zwei Schiffe versehentlich zusammenstießen.

Haftung für ärztliche Leistungen

In Hammurapis Gesetzessammlung für das Babylonische Reich (entstanden um 1900 v. Chr.) findet sich die erste schriftliche Regelung, wie bei ärztlichen Kunstfehlern zu verfahren ist. Das Gesetz galt allerdings nur für mißlungene Operationen. Nach Paragraph 218 des *Kodex Hammurapi* mußte ein Chirurg, dessen Patient starb oder sein Augenlicht verlor, dafür mit dem Verlust seiner Hand büßen. In den meisten Fällen einigte sich der Chirurg jedoch mit dem Kläger (also dem Opfer oder dessen Hinterbliebenen) auf eine Geldzahlung und kaufte sich so von der Verstümmelung frei. Andere Klauseln betreffen die Operation von Sklaven. Ein Chirurg, der den Tod eines Sklaven verschuldete, mußte diesen ersetzen, verlor aber nicht die Hand.

Gesetz gegen üble Nachrede

Das älteste aller Gesetze gegen üble Nachrede und Verleumdung schützte nur den Ruf von Hohepriesterinnen und verheirateten Damen. Nach Paragraph 127 des *Kodex Hammurapi* konnte im Babylonischen Reich Anklage gegen Personen erhoben werden, »die es zu verantworten hatten, daß man mit dem Finger auf die betreffende Frau zeigte«. Ein Verleumder wurde bestraft, indem man ihn zu Boden warf und eine Hälfte seines Kopfes kahlschor. Die Verleumdungsklage ließ sich abwenden, wenn der Angeklagte beweisen konnte, daß er die Wahrheit gesagt hatte.

Recht des Adoptierten auf Rückkehr in seine leibliche Familie

Die Gesetze des alten Babylon, niedergelegt im *Kodex Hammurapi* (um 1900 v. Chr.), regeln die Rechte eines adoptierten Kindes ganz unmißverständlich. Die leiblichen Eltern haben nicht das Recht, ihr Kind zurückzufordern. Aber nach Paragraph 186 des Kodex ist es einem adoptierten Kind, das unablässig nach seinen leiblichen Eltern sucht, erlaubt, zu ihnen zurückzukehren. Der Anwendungsbereich des Gesetzes erstreckte sich offenbar auch auf Kleinkinder, die erst vor kurzem adoptiert wurden und ihre leiblichen Eltern erkennbar vermißten.

Pflichtteil

In den frühen Rechtssystemen gab es, außer für Grundbesitz, keine Regelungen, um den Willen eines Verstorbenen durchzusetzen. Was immer jemand bei seinem Tod hinterließ, ging auf ein anderes Familienmitglied über oder wurde nach einem festen Schlüssel zwischen den Angehörigen aufgeteilt. Doch sobald Testamente als verbindlich anerkannt waren und eingeklagt werden konnten, stand der Gesetzgeber vor dem Problem, daß manche Erblasser sich entschieden, bestimmte Angehörige vom Erbe auszuschließen. Die Lösung bestand darin, einen gesetzlichen Rahmen zu schaffen, in dem die Interessen der nicht bedachten Hinterbliebenen gewahrt wurden, und ansonsten den erklärten Willen des Verstorbenen zu erfüllen. Auch diese Gesetzesvorschrift findet sich im *Kodex Hammurapi*, der um 1900 v. Chr. im Babylonischen Reich geschaffen wurde. Das Erbrecht (Paragraph 162 und 177 des Kodex) ließ einem verheirateten Mann die Wahl, seiner Witwe eine angemessene Summe für ihren Unterhalt zur Verfügung zu stellen oder ihre Versorgung gemäß eines vorgegebenen Schemas zu regeln. Dieser Vorsorgeplan sah vor, daß die Witwe das gemeinsame Haus bis zu ihrem Tod nutzen durfte; außerdem stand ihr ein angemessener Teil des Grundbesitzes zu und die Mitgift, die sie mit in die Ehe gebracht hatte. Kinder waren zu gleichen Teilen erbberechtigt. Töchter erhielten zwar eine Mitgift, aber unverheiratete Söhne bekamen noch einen Zuschlag, und Lieblingskinder konnten über ihren Anteil hinaus bedacht werden. Um einen Sohn zu enterben, mußte der Vater zwei Klagen gegen ihn vor Gericht durchbringen, die feststellten, daß er des Erbes nicht würdig war.

Fahrzeugregistrierung

Shang Yang, der im 4. Jahrhundert v. Chr. den Legalismus (siehe Kapitel VII, 2) begründete, setzte eine obligatorische Registrierung von Kutschen und Lastkarren durch. Das gehörte zu seinem umfassenden Reformprogramm, das er in seiner Funktion als Premierminister des Staates Qin in Nordwestchina einleitete.

Gaststättengesetz

Heutzutage regelt das Gaststättengesetz Betriebserlaubnis, Sperrzeit, Arbeitsbedingungen oder den Ausschank alkoholischer Getränke. Im Babylonischen Reich hatte es ganz andere Zielsetzungen. Eine Vorschrift verpflichtete den Gastwirt (von dem man annimmt, er sei eine Wirtin gewesen), auch eine Zahlung in Getreide zu akzeptieren, wenn der Gast das wünschte. Eine andere verbot Priesterinnen – unter Androhung des Todes durch Verbrennen –, eine Kneipe zu eröffnen oder auch nur auf einen Drink in eine hineinzugehen. Wieder eine andere verlangte von der Wirtin, den Behörden Meldung zu erstatten, wenn sich in ihrem Haus Kriminelle versammelten. Diese und andere Gaststätten betreffende Gesetze sind im *Kodex Hammurapi* (Babylon, etwa 1900 v. Chr.) überliefert.

Die ältesten Umweltschutzgesetze sind leider nicht erhalten, und auch ihre Entstehungszeit kann nur vermutet werden. Der Umweltminister, den der chinesische Herrscher Shun um 2200 v. Chr. ernannte, muß sich auf ein Gesetzeswerk gestützt haben, um seine Arbeit zu verrichten. Doch es ist unbekannt, welche Befugnisse er hatte.

Umweltschutzgesetze

Die ersten Naturschutzbestimmungen wurden erlassen, um Nutzwälder, Wildtiere und Fischereibetriebe zu erhalten. Es gab zwei Arten von Bestimmungen: Die einen schränkten das Töten von Jungtieren ein (beispielsweise gab es eine Vorschrift, daß kleine Fische ins Wasser zurückzuwerfen seien), die anderen regelten die Schonzeiten, um Jagen, Fischen, Holzfällen und Brandroden auf bestimmte Zeiten im Jahr zu beschränken. Solche Dinge wurden seit prähistorischer Zeit berücksichtigt und überliefert. Doch im 2. Jahrtausend v. Chr. fanden viele davon Eingang in gesetzliche Regelungen, und zwar sowohl im Osten wie im Westen.

Naturschutzbestimmungen

Gesetze zum Schutz des Trinkwassers reichen ebenfalls sehr weit zurück. Die ältesten, von denen wir wissen, stammen aus dem hethitischen Reich (in der heutigen Türkei). Um 1500 v. Chr. waren hethitische Gesetzesreformer sehr darauf bedacht, Bußgelder zu senken. Paragraph 25 des hethitischen Gesetzbuches senkte die Geldstrafe für das Verunreinigen eines Wasserreservoirs auf drei Schekel, zahlbar an den Geschädigten. Das alte Gesetz hatte zudem die Zahlung von drei Schekel in die Staatskasse gefordert. Aus diesen Gesetzeswerken kann man schließen, daß die gesetzlichen Bestimmungen zum Schutz des Trinkwassers wohl früh im 2. Jahrtausend v. Chr. geschaffen wurden.

Trinkwasserschutz

Die ersten nicht nur saisonalen, sondern ganzjährigen Verbote, Wildtiere zu töten, waren auf kleine Gebiete beschränkt und dienten nicht dem Naturschutz, sondern sollten den Herrschenden den Jagderfolg garantieren. Dem gewöhnlichen Volk war der Zutritt verboten. Ein Durchbruch für den Naturschutz war die Schaffung des »Parks der Seelen« im 12. Jahrhundert v. Chr. (siehe Nationalpark, Kapitel V, 1). Er sollte die Schönheiten der Natur ganz ausdrücklich für das Gemeinwohl erhalten.

Naturschutzgebiet

Die Lärmbelästigung war der nächste Bereich, der gesetzlicher Regelung bedurfte. Im 6. Jahrhundert v. Chr. wurden in der griechischen Stadt Sybaris in Süditalien Gesetze erlassen, die Lärm verursachende Tätigkeiten innerhalb des Stadtgebiets untersagten. Das betraf vor allem Handwerker wie Zimmerer und Schmiede, aber auch Hahnengeschrei war verboten. Mit diesen Maßnahmen sollte die ungestörte Nachtruhe gesichert werden.

Lärmschutzgesetze

Gesetze gegen Umweltverschmutzung treten erst relativ spät in Erscheinung. Die frühesten, von denen wir wissen, wurden im 4. Jahrhundert v. Chr. auf dem griechischen Festland und im 3. Jahrhundert v. Chr. in Nordchina erlassen. Das griechische Gesetz richtete sich gegen Land-, das chinesische gegen Wasserverschmutzung.

Gesetze gegen Umweltverschmutzung

Während der Regierungszeit der Ptolemäer-Dynastie war es in Ägypten verboten, ohne behördliche Genehmigung einen Baum zu fällen, egal auf wessen Land er stand. Dies ist das erste Beispiel für eine Vorschrift, die man heute als Baumschutzsatzung bezeichnet. Sie trat vermutlich im 3. Jahrhundert v. Chr. in Kraft und galt, bis die Römer im 1. Jahrhundert v. Chr. das Land eroberten.

Baumschutzsatzung

Im Jahr 242 v. Chr. erließ der indische Herrscher Aschoka detaillierte Gesetze zum Schutz der Tiere in seinem riesigen Reich. Für den glühenden Anhänger der buddhistischen Lehre war der Respekt vor allem Lebendigen Maxime des Handelns, und er hielt auch seine Untertanen dazu an, Tiere weder zu töten noch zu essen. In den staatlichen Wäldern Indiens war es grundsätzlich verboten, Tiere zu töten. Geschützte Tierarten durften aber auch außerhalb der Wälder nicht getötet werden, und jede Zuwiderhandlung wurde bestraft. Die älteste Liste ist in Aschokas fünftem Säulenerlaß zu finden, der 242 v. Chr. verkündet wurde. Doch dabei könnte es sich um die Ergänzung einer Liste aus den frühen Jahren seiner Regierungszeit handeln, die 273 v. Chr. begann. Die Kuh, die heute in Indien als heilig angesehen wird, steht interessanterweise nicht auf der Liste der geschützten Arten.

Liste geschützter Tierarten

Irgendwann, vermutlich im 2. Jahrhundert v. Chr., war der römische Senat von der Vorstellung besessen, ganz Italien müsse vor der Ausbeutung bewahrt werden. Deshalb erließ er im gesamten Land ein Abbauverbot. Unklar ist, ob bestehende Gruben geschlossen werden mußten oder ob lediglich Neuerschließungen untersagt waren. Das Gesetz wurde formell nie aufgehoben. In den folgenden Jahrhunderten wurde jedenfalls ungeachtet dessen munter weitererschlossen.

Bergbauverbot

Das Bemühen, historische Bauten zu erhalten, war im Altertum eine Folge des wirtschaftlichen Niedergangs. Als die Geschäfte schlechter liefen und die Zeiten im Römischen Reich härter wurden, begannen Stadtplaner, mit alten Gebäuden als billigen Baumaterialquellen zu liebäugeln. Gegen Ende des 4. Jahrhunderts v. Chr. verabschiedete die römische Regierung eine Reihe von Gesetzen, die es untersagten, historische Bauten zu beschädigen oder zu zerstören – und zwar im ganzen Römischen Reich.

Denkmalschutz

Gleichzeitig wurden die örtlichen Verwaltungen angewiesen, Maßnahmen zur Erhaltung der Gebäude zu ergreifen.

Im 7. Jahrhundert n. Chr. sprach der Prophet Mohammed ein ganzes Bündel von Verboten aus, um Tiere – und zwar nicht nur die in Wäldern, in Naturparks oder auf irgendwelchen Listen – so umfassend wie möglich zu schützen. Im einzelnen verbot er:

Tierschutz

- die Jagd als Sport
- Tiere ohne vernünftigen Grund sterben zu lassen
- ein ungefährliches Tier zu töten, es sei denn, um es zu nutzen oder sein Leiden zu beenden
- in die Baue oder die Wasserstellen von Tieren zu urinieren
- in der Wüste Bäume zu fällen, die Mensch oder Tier Schutz oder Nahrung boten

Mohammed schuf Naturschutzgebiete, und seine für ganz bestimmte Situationen formulierten Anordnungen wurden aufgeschrieben und dienen seitdem als Präzedenzfälle. Einmal entschied er, daß ein Mann, der Jungvögel aus dem Nest genommen hatte, diese zu ihrer Mutter zurückbringen mußte. In einem anderen Fall ließ er das Feuer löschen, das jemand auf einem Ameisenhaufen angezündet hatte.

2. Verbrechen und Strafe

Mord und Totschlag, Verrat, Körperverletzung, Mißhandlung, Entführung, Raub, Diebstahl und die meisten anderen schweren Verbrechen sind bereits seit Urzeiten unter Strafandrohung verboten. Eine Vielzahl kleinerer Vergehen und einige wenige schwerere wurden erst später unter Strafe gestellt. Um sie soll es in diesem Kapitel gehen.

Kindsmord

In einigen alten Gesellschaften war das Aussetzen oder Töten von Neugeborenen eine allgemein akzeptierte Methode der Familienplanung. In einem chinesischen Gesetz aus dem 3. Jahrhundert v. Chr. wird diese Praxis erstmals ausdrücklich verboten. Egal wie viele Kinder sie bereits hatten, Eltern durften ein Neugeborenes nicht töten, es sei denn, es war mißgebildet. Unser Wissen über dieses Verbot stammt aus einem Fallbericht aus dieser Zeit, der sich möglicherweise an einem Präzendenzfall orientiert, der ein oder zwei Jahrhunderte früher entschieden wurde.

In den frühesten Rechtssystemen hatten Vergewaltiger nur die Rache der Familie des Opfers oder eine Bestrafung wegen Körperverletzung zu fürchten. Das erste Gesetz, das Vergewaltigung als eigenen Tatbestand anerkannte, ist Paragraph 130 des *Kodex Hammurapi*, der babylonischen Gesetzessammlung aus der Zeit um 1900 v. Chr. Aber Paragraph 130 deckt nur die Vergewaltigung verheirateter Frauen ab, die mit ihrem Ehemann noch nicht unter einem Dach leben. Wie die babylonischen Richter unter anderen Umständen mit Vergewaltigern verfuhren, ist unbekannt, Vergewaltigung nach Paragraph 130 konnte jedoch mit dem Tod bestraft werden.

Vergewaltigung

Viele alte Griechen, auch einige der berühmtesten, frönten der gleichgeschlechtlichen Liebe, besonders wenn hübsche Knaben zu haben waren. Solche Beziehungen wurden in besseren Kreisen stillschweigend geduldet, denn man dachte, dadurch würden die sozialen Bindungen gestärkt. Aus genau diesem Grund erließen Tyrannen, die in einigen griechischen Stadtstaaten die Macht übernahmen, von 600 v. Chr. an Gesetze gegen homosexuellen Geschlechtsverkehr. Sie fürchteten um ihre Herrschaft, die sie durch die starke Loyalität außerhalb der autoritären Strukturen und durch die Idee der Selbstaufopferung bedroht sahen. Der erste in dieser Reihe war Polykrates, der im 6. Jahrhundert v. Chr. als Tyrann auf der Insel Samos herrschte. Er trieb seine Kampagne gegen die Homosexualität so weit, daß er sogar die örtliche Ringerschule niederbrennen ließ, die offenbar ein beliebter Schwulentreff war.

Homosexualität

Gesetze gegen weibliche Homosexualität waren weniger üblich. Sie erscheinen erstmals im *Manu Smriti*, einem indischen Gesetzbuch, das mehr als 2000 Jahre alt ist. Sein Inhalt ist von den *Dharma Sutras*, den heiligen Gesetzestexten, hergeleitet, die in Nordindien vermutlich vor 200 v. Chr. niedergeschrieben wurden. Vielleicht sind sie aber auch noch älter. Die in schwammige Worte gekleideten Verbote stehen in Kapitel VIII, Paragraph 369 und 370, des *Manu Smriti*. Zuwiderhandlungen wurden – je nach den Umständen – mit einer Geldbuße, zehn Stockhieben, Kahlscheren des Kopfes, dem Verlust zweier Finger oder einem Eselsritt durch die Stadt bestraft.

Weibliche Homosexualität

Gesetze gegen Tierquälerei wurden vor etwa 2000 Jahren in Nordindien festgeschrieben. Leider sind die entsprechenden Gesetzestexte nicht erhalten, aber in Kautilyas *Arthasastra*, einem Regierungshandbuch jener

Tierquälerei

Zeit, finden sich Beispiele. Es sieht für einen Menschen, der einem Vierfüßler Leid zufügt, eine Geldstrafe vor: zwei Panas für ein kleines Tier und vier Panas für ein größeres.

Vernachlässigung von Tieren

In Arabien waren Tierhalter im 7. Jahrhundert gesetzlich verpflichtet, angemessen für Futter und Pflege ihrer Tiere zu sorgen. Der Prophet Mohammed hielt die richtige Pflege für eine Pflicht, die sich aus dem islamischen Glauben ergibt, und seine unmittelbaren Nachfolger formulierten ein Gesetz, demzufolge ein Tierhalter seine Tiere verkaufen mußte, wenn er finanziell nicht in der Lage war, sie zu versorgen.

Antidiskriminierungsgesetz

Ein Verbot der Diskriminierung von Menschen wegen ihrer Nationalität, ihres Berufes, ihrer Bildung, ihrer Gebräuche, wegen einer Behinderung oder körperlicher Merkmale ist im *Arthasastra* beschrieben, einem 2000 Jahre alten indischen Regierungshandbuch. Aus dem Buch geht leider nicht hervor, seit wann es dieses Gesetz gab und ob es in allen indischen Staaten galt. Für Fälle, in denen die beleidigenden Worte unverhohlen ausgesprochen werden – zum Beispiel wenn jemand einen blinden Menschen »XY, der Blinde« nennt –, empfiehlt das *Arthasastra* ein Bußgeld von drei Panas. Ist die Formulierung ironisch – etwa »der Mann mit den schönen Augen« für einen Blinden –, erhöht sich die Strafe auf zwölf Panas. Auch das Verspotten von Geisteskranken, von Menschen mit entstellenden Krankheiten, wie Lepra, oder mit peinlichen Gebrechen, wie Impotenz, kostete zwölf Panas. Mildernde Umstände (und ein niedrigeres Strafmaß) gab es bei Trunkenheit, Fahrlässigkeit, Unzurechnungsfähigkeit etc. Außerdem spielte der soziale Status des Beleidigers eine Rolle.

Deportation

Die Bestrafung von Kriminellen mit Deportation brachte den Aufschwung in einige bis dato dünnbesiedelte Weltgegenden. Die ersten Deportationen fanden unter dem legendären chinesischen Kaiser Shun statt, der ein fünfstufiges Bestrafungssystem einführte. Die Verbringung in entlegene Regionen galt als Abmilderung der Todesstrafe. Der erste deportierte Häftling von dem wir wissen, war Huan Do, ein korrupter Minister, der unter Shuns Vorgänger Yao gedient hatte. Er wurde um 2200 v. Chr. verurteilt und nach Chongshan in der heutigen Provinz Honan gebracht, damals ein entlegener Außenposten des chinesischen Commonwealth. Mit ihm wurden noch andere Häftlinge deportiert, aber ihre Namen sind nicht bekannt.

Das Rechtssystem der Hethiter, die während des 2. Jahrtausends v. Chr. in der heutigen Türkei herrschten, hatte mehr die Entschädigung der Opfer als die Bestrafung der Täter im Auge. Ein Beispiel ist das um 1500 v. Chr. eingebrachte Gesetz zur Körperverletzung:

Entschädigung

> Wenn ein Mann einen anderen verletzt und dieser dadurch krank wird, muß er sich um den letztgenannten kümmern. Er muß ihm eine Person zur Verfügung stellen, die anstelle des Erkrankten die Arbeit im Haus verrichtet. Wenn dieser wieder gesund ist, muß er ihm sechs Silberschekel geben, um den Arzt zu bezahlen.

Ursprünglich war auch das hethitische Recht ganz auf die Bestrafung der Täter ausgerichtet. Je weiter sich die Gesellschaft entwickelte, desto stärker trat die Kompensation in den Vordergrund. Diese Verschiebung war zumindest teilweise von König Telepinu (um 1500 v. Chr.) und seinen Gesetzgebern beabsichtigt, die eine Revision des Gesetzbuches durchführten. Bei ihnen bestand beispielsweise die Strafe für den Diebstahl von Bienenkörben in der Entschädigung des Eigentümers, nach dem alten Gesetz mußte sich der Delinquent von Bienen stechen lassen.

Gefängnis

Die Gefängnisstrafe für verurteilte Kriminelle wurde um 1100 v. Chr. von den Begründern der chinesischen Zhou-Dynastie eingeführt. Die Theorie, die hinter dieser Form der Bestrafung stand, war im höchsten Maße optimistisch: Das Gefängnis sollte der moralischen Bildung und Erziehung dienen. Hier sollten widerspenstige Individuen gebessert werden. Das Höchsturteil für schwere Verbrechen betrug drei Jahre. Täter, die sich in dieser Zeit zum Besseren wandelten, wurden in die Gesellschaft entlassen. Solche, bei denen die Erziehung keinen Erfolg zeigte, wurden nach Ende der Haftzeit hingerichtet. Dieses System galt zu seiner Zeit als liberal und milde, da Kriminelle die Chance hatten, sich zu ändern, statt zu sterben.

Elektrischer Stuhl

1890 ging im amerikanischen Bundesstaat New York der erste elektrische Stuhl in Betrieb. Sein erstes Opfer war der wegen Mordes verurteilte William Kemmer. Obwohl dieses neue Teil der Gefängnismöblierung als humane Methode gepriesen wurde, die Gesellschaft von unerwünschten Subjekten zu befreien, zog sich die erste Hinrichtung quälend lange hin. Und je länger es dauerte, desto mehr muß sich der Kandidat auf seinen Tod gefreut haben.

3. Handelsrecht

Lohn- und Preisfestsetzung

In den ältesten Gesetzeswerken der sumerischen Stadtstaaten Südmesopotamiens finden sich Listen, in denen Abgaben, Löhne und Preise vorgeschrieben werden. Diese Praxis begann wahrscheinlich früh im 3. Jahrtausend, auch wenn die älteste von mehreren erhaltenen Listen aus der Regierungszeit von König Urnammu von Ur stammt (um 2300 v. Chr.). Vorschriften dieser Art legten gewöhnlich die Preise für Getreide, Öl, Wolle, die Bezahlung von Arbeitern und Ärzten sowie die Leihgebühren für Arbeitstiere und Ausrüstung fest.

Recht der Stellvertretung

Auftragsrecht

Das einfache Vertragsrecht ist älter als die ältesten schriftlichen Aufzeichnungen. Das Maklerrecht stellt eine Erweiterung dar, die den Beauftragten ermächtigt, im Namen seines Auftraggebers Verträge zu schließen. Der Handelsmakler trägt ein Risiko und hat einen Anspruch auf einen Teil der Erträge, den die Transaktionen abwerfen. Die Paragraphen 100 bis 107 des *Kodex Hammurapi*, des altbabylonischen Gesetzbuches (um 1900 v. Chr.), enthalten die ersten Rechtsvorschriften für Handelsmakler. Obwohl die betreffenden Stellen stark beschädigt sind, geben sie doch einen kleinen Einblick in die Beziehung zwischen Beauftragtem und Auftraggeber und ihre gegenseitigen Verpflichtungen. Der Handel über Makler war gang und gäbe, als der Kodex aufgeschrieben wurde, vermutlich kam es um 2000 v. Chr. oder noch früher in Mesopotamien auf.

Beschränkte Haftung

Die Anteilseigner in römischen Kapitalgesellschaften des 3. Jahrhunderts v. Chr. hafteten nicht persönlich. Das heißt, wenn das Unternehmen bankrott ging, verloren sie nur so viel, wie sie in es hineingesteckt hatten, ihr Privatvermögen konnte von den Gläubigern nicht angetastet werden. Heutzutage ist die beschränkte Haftung für Unternehmen beinahe selbstverständlich. Im 3. Jahrhundert v. Chr. besaßen nur wenige Staatsbetriebe dieses Privileg, obwohl die Anteile von Investoren aller Art gekauft werden konnten. Das Geschäftsinteresse dieser Gesellschaften konzentrierte sich auf die alle fünf Jahre stattfindenden Auktionen, auf denen der Staat das Recht zur Steuereintreibung ausbot. Erfolgreiche Bieter erhielten das Exklusivrecht zur Steuereintreibung in verschiedenen Teilen des Römischen Reiches. Vom Steueraufkommen konnten sie in die eigene Tasche stecken, was das Gebot überstieg, mit dem sie den Zuschlag erhalten hatten. Dank des großen Kapitals, über das sie verfügten, und der Niederlassungen in verschiedenen Ländern waren diese Gesellschaften in der Lage, auch in anderen Geschäftszweigen erfolgreich zu operieren. Ihr privilegierter Status brachte jedoch auch Verpflichtungen mit sich, insbesondere hinsichtlich Satzung und Rücklagen.

Zahlungsaufschub

Die Gesetze des Babylonischen Reiches, die um 1900 v. Chr. in Kraft traten, räumten einem Schuldner automatisch eine Fristverlängerung und eine Verringerung der Zinsen ein, wenn er seine Schuld wegen einer Naturkatastrophe, wie einer Dürre oder einer Überschwemmung, nicht zurückzahlen konnte (Paragraph 48 des *Kodex Hammurapi*). Allerdings handelte es sich dabei um eine Härtefallregelung, und vermutlich konnten Geldverleiher diesen Paragraphen im Vertrag ausschließen. Den ersten generellen Schuldenerlaß gewährte die babylonische Regierung um 1800 v. Chr. Davon betroffen waren Menschen unterschiedlichster Herkunft, denen die Schuldenlast zumindest im Jahr des Erlasses von den Schultern genommen war.

Schuldenerlaß

Gewährleistung

Im Babylonischen Reich hatten Schiffe und Lastkähne eine Ein-Jahres-Garantie. Paragraph 235 des *Kodex Hammurapi* (um 1900 v. Chr.) besagte, daß ein Hersteller ein Schiff kostenlos reparieren muß, wenn es im ersten Jahr nach dem Kauf einen Schaden erleidet, der auf Undichtigkeit oder Schlingern zurückzuführen ist. Ähnliche Garantien gaben Sklavenhändler, allerdings nur für einen Monat: Sie sicherten zu, daß die verkauften Individuen keine Epilepsie hatten. Manchmal waren Garantieerklärungen ausdrücklich im Kaufvertrag enthalten, aber selbst wenn das nicht der Fall war, konnten Verbraucher sich auf den Kodex berufen, um sich zu schützen.

Patentrecht

Das älteste bekannte Patentrecht wurde geschaffen, um den Erfindungsgeist von Küchenchefs und Gastwirten zu stimulieren. Es trat um 600 v. Chr. in der griechischen Stadt Sybaris in Kraft, deren Einwohner für ihre Genußsucht berühmt und berüchtigt waren. Das Gesetz gab jedem, der ein neues Gericht kreierte, ein zwölfmonatiges Exklusivrecht für dessen Herstellung.

Copyright

Auf ein Copyright (Recht der Vervielfältigung) konnten sich bis ins Jahr 1709 n. Chr. nur Regierungen berufen, die die Exklusivrechte an einigen ihrer Druckerzeugnisse verkündet hatten, oder Menschen, meistens

Drucker, die sich von Fall zu Fall die Druckrechte an einem Werk gesichert hatten. 1709 verabschiedete das englische Parlament ein Gesetz, das den Urhebern (Autoren) eines Textes ein 28 Jahre währendes Monopol auf die Veröffentlichung garantierte.

Urheberrecht

Jemand, der vor 2000 Jahren in Indien eine Ware kaufte, konnte innerhalb von zehn Tagen vom Kaufvertrag zurücktreten, wenn er es sich doch noch anders überlegte. Dieses Rücktrittsrecht ist im *Manu Smriti* formuliert, einem Gesetzbuch, das etwa zu dieser Zeit in Nordindien aufgeschrieben wurde; es könnte allerdings auf einem älteren Gesetz beruhen, das noch 500 Jahre früher entstand. Das Rücktrittsrecht galt im übrigen nicht nur für Käufer, sondern auch für Verkäufer; das heißt, ein Verkäufer, der es sich anders überlegte, konnte seine Ware innerhalb von zehn Tagen zurückverlangen.

Rücktrittsrecht

Das erste umfassende Verbraucherschutzgesetz wurde in Rom aus der Taufe gehoben. Es beruhte auf dem Edikt der kurulischen Ädilen, römischer Beamter, die unter anderem für die Marktordnung zuständig waren, und wurde um 130 n. Chr. in eine Gesetzessammlung aufgenommen, die der berühmte Jurist Salvius Julianus auf Veranlassung von Kaiser Hadrian zusammenstellte. Das Edikt verlangte von einem Verkäufer, den Kunden auf eventuelle Mängel in Auszeichnung, Qualität und Funktionstüchtigkeit der zum Verkauf stehenden Waren aufmerksam zu machen. Das Edikt sagt:

Verbraucherschutz

> Der Grund ist, die Tricks der Verkäufer zu unterlaufen und dem Käufer zur Seite zu stehen, wenn er von einem Verkäufer betrogen wurde … Ein Verkäufer haftet auch dann für Mängel, wenn er selbst nichts davon gewußt hat. Das ist keineswegs ungerecht, denn der Verkäufer war in der Lage, sich zu informieren.

Trotz seiner strengen Formulierung gewährt das Gesetz den beiden Parteien Vertragsfreiheit bei einer Transaktion, vorausgesetzt, auf vorhandene Mängel wurde hinreichend hingewiesen. Die Haftung des Verkäufers für Mängel, von denen er wußte, aber dem Kunden nicht nannte, konnte nicht ausgeschlossen werden. Zu den Rechtsmitteln, die dem Verbraucher offenstanden, gehörte die Möglichkeit, vom Kauf zurückzutreten oder vom Verkäufer Schadenersatz zu fordern. Diese Rechtsmittel konnten nicht nur vom Erwerber ergriffen werden, sondern von jedem, an den dieser den gekauften Gegenstand weitergegeben oder veräußert hatte. Die Einhaltung dieses Gesetzes wurde von den kurulischen Ädilen überwacht, die außerdem die Befugnis hatten, Händler mit Geldstrafen zu belegen und mangelhafte Ware aus dem Verkehr zu ziehen.

Schiedsstelle für Verbraucher

Einkaufen kann recht anstrengend sein, das war auch schon früher so, als Straßen und Plätze noch nicht so fein geteert und gepflastert waren wie heute. Nicht wenige Menschen, vor allem die weniger begüterten, sahen nach einem ausgiebigen Gang über den Markt etwas mitgenommen aus und waren froh, wenn sie sich endlich den Staub von den Füßen schütteln konnten. Waren sie zu allem Elend auch noch von Händlern übers Ohr gehauen worden, fehlte es ihnen oft an Energie und der notwendigen gebührlichen Erscheinung, um ihren Fall vor ein ordentliches Gericht zu bringen. Aus diesem Grund wurden auf englischen Märkten und Jahrmärkten die sogenannten *Courts of Piepoudre* eingesetzt (das Wort *piepoudre* ist aus dem Altfranzösischen abgeleitet und bedeutet »staubiger Fuß«), an die sie sich wenden konnten. Diese Schiedsgerichte schlichteten Auseinandersetzungen zwischen Käufern und Verkäufern, dabei liefen die Verhandlungen ohne große Formalitäten und ohne lange Wartezeiten ab. Die ersten dieser »staubigen Gerichte« gab es im 12. Jahrhundert n. Chr., vielleicht aber auch schon früher, um Streitigkeiten von Händlern untereinander zu schlichten. Zwischen 1280 und 1360 verabschiedete das englische Parlament eine ganze Reihe von Gesetzen, die Preise, Maße und Gewichte und die Qualität von Waren regelten sowie Monopolbildungen, betrügerische Geschäftspraktiken und Knebelverträge zu unterbinden suchten. Auf diese Weise kam den *Courts of Piepoudre* in jener Zeit eine wichtige Rolle beim Verbraucherschutz zu.

4. Banken und Versicherungen

Münze

Allgemein herrscht die Vorstellung, die Bargeldwirtschaft habe den Tauschhandel fast übergangslos abgelöst. Weit gefehlt. Im alten Mesopotamien beruhte der Handel auf einem ausgefeilten Bank- und Kreditwesen – und zwar mehr als 1000 Jahre vor der Erfindung des Bargelds. Im 2. Jahrtausend v. Chr. kam in einigen Ländern eine Art Bargeld auf, die Kaurimuschel, aber sie besaß nur geringe wirtschaftliche Bedeutung.

Größere Transaktionen wurden weiterhin in einer Metallwährung abgewickelt, wobei das Metall real oder auf dem Papier den Besitzer wechseln konnte. Seit dem 7. Jahrhundert v. Chr. wurden Münzen in Umlauf gebracht. In Lydien (in der heutigen Türkei) waren es kleine Metallplättchen mit einem einfachen Stempelaufdruck. Die ersten chinesischen Münzen hatten die Form stilisierter Messer und Spaten, aber es gab auch einfache Scheiben, ähnlich den heutigen Münzen. Die Chinesen begannen früh in der Zhou-Dynastie damit, Münzen herzustellen, vielleicht auch schon vor 1000 v. Chr., doch dafür gibt es kaum Anhaltspunkte.

Banknote

Karthago, die Hauptstadt des mächtigen phönizischen Reiches in Nordafrika, brachte im 3. Jahrhundert v. Chr. eine Lederwährung in Umlauf. Diese »Banknoten« waren versiegelte Lederumschläge, in denen sich jeweils ein kleiner harter Gegenstand befand.

Papiergeld

Das erste Papiergeld wurde im Jahr 1023 n. Chr. von einer Behörde der chinesischen Song-Dynastie in Chengdu (Sichuan) ausgegeben. Die Banknoten waren aus speziell angefertigtem Papier hergestellt, um das Fälschen zu erschweren, und sie trugen Seriennummern. Als weitere Erschwernis für Geldfälscher führte man 1107 den Farbdruck ein (siehe Kapitel I, 1).

Plastikgeld

Im Januar 1988 brachte die *Australian Reserve Bank* in Canberra die ersten Plastikgeldscheine in Umlauf. Die 10-Dollar-Note besitzt einen durchsichtigen Abschnitt und ein holographisches Bild auf metallischem Hintergrund. Dahinter stand der Gedanke, einen Geldschein zu schaffen, der dauerhafter ist als der aus Papier, und das Hologramm sollte die Fälschungssicherheit erhöhen.

Internationales Währungssystem

Innerhalb weniger Jahrzehnte wurde die Alexander-Drachme zur Währungseinheit für eine ganze Reihe von Reichen und Kleinstaaten, vom heutigen Pakistan bis nach Italien. Als Alexander der Große (356–323 v. Chr.) beschloß, eine Weltwährung zu schaffen, übernahm er den »attischen Standard«, das heißt, die Münzgewichte der Stadt Athen. Zwar prägte jeder Staat weiterhin seine eigenen Münzen, aber viele orientierten sich an diesem Standard, und die in diesen Ländern geprägten Münzen waren untereinander frei austauschbar. Zu diesem Währungssystem gehörten Makedonien, freie Städte in Griechenland und Italien, viele Länder im nördlichen Mittelmeerraum und am Schwarzen Meer, Pergamon sowie das Seleukidische und ab 268 v. Chr. das Römische Reich. Wichtige Ausnahmen waren Ägypten, Karthago, Rhodos und Marseille; dort übernahm man den phönizischen Standard. Vom 3. Jahrhundert v. Chr. an verwendete fast die gesamte westliche Welt eine dieser beiden internationalen Währungen.

Wechsel

Wechsel wurden um 2200 v. Chr. in Mesopotamien erfunden und spielten schon bald eine wichtige Rolle im Handel der babylonischen Welt. Wie heutige Wechsel waren sie zu einem vorher festgelegten Zeitpunkt entweder an den ursprünglichen Gläubiger oder an eine andere Partei zurückzuzahlen. Manche trugen nicht einmal den Namen des Gläubigers und konnten von jedem beliebigen Inhaber eingelöst werden. Der Hauptunterschied zwischen mesopotamischen und heutigen Wechseln besteht darin, daß man Wechsel heute auf Papier und nicht mehr auf Tontafeln schreibt.

Schuldzinsen

Bereits im 3. Jahrtausend v. Chr. schossen Geldhändler Kapital vor und erhielten im Gegenzug das Recht, später die Ernte des Schuldners zu kassieren. Im *Kodex Hammurapi* (um 1900 v. Chr. in Babylon verfaßt) wurden die Rechte der Geldverleiher eingeschränkt und das Prinzip festgeschrieben, einen Extrabetrag als Sicherheit zu verlangen. Paragraph 49 des Kodex besagt, daß ein Geldgeber nicht mehr von der Ernte einbehalten darf, als der verliehenen Summe plus Zinsen entspricht. Der Schuldner mußte in jedem Fall Land und Getreide übrigbehalten.

Bank

Die Egibi-Bank wurde im Neuen Babylonischen Reich während der Regierungszeit des Nebukadnezar (605 – 562 v. Chr.) gegründet. Sie überlebte die Zerstörung von zwei Imperien und kam unter persischer Herrschaft im 5. Jahrhundert v. Chr. zur Blüte. Viele Unterlagen dieser Bank sind erhalten, aus ihnen geht hervor, daß sie zahlreiche Angestellte in vielen verschiedenen Geschäftszweigen beschäftigte. Sie war unter anderem im Kreditwesen und im Steuereinzug aktiv. Die Musaru-Bank im südmesopotamischen Nippur könnte genauso alt sein, aber die vorhandenen Aufzeichnungen reichen nicht so weit zurück. Trotz des japanisch klingenden Namens wurde diese Bank offenbar von Juden gegründet, die sich in der – von der Bibel berichteten – babylonischen Gefangenschaft befanden.

Zentralbank Die erste große Zentralbank war die ägyptische Nationalbank, gegründet um 300 v. Chr. von der griechischsprachigen Ptolemäer-Dynastie. Die Zentrale saß in Alexandria, aber die Bank muß Hunderte, wenn nicht Tausende von Zweigstellen gehabt haben, darunter kleine Filialen in Dörfern und größere Büros in Präfekturstädten.

Geldautomat Der erste Geldautomat, hergestellt von der Firma De La Rue, wurde 1969 in einer Londoner Zweigstelle der Barclay's Bank in Betrieb genommen. Bankkunden erhielten Wertschecks, die nach dem Lochkartenprinzip kodiert waren. Die Maschine verglich die kodierte Information mit einer persönlichen Identifikationsnummer, die der Kunde über eine kleine Tastatur eingeben mußte. Der Automat sollte 24 Stunden am Tag und sieben Tage pro Woche Dienst tun, aber Kinderkrankheiten technischer Art wußten das immer wieder zu verhindern. Wenn es funktionierte, spuckte die Maschine innerhalb von Sekunden Geld aus. Allerdings konnte man nur zehn Pfund oder ganzzahlige Vielfache davon abheben.

Diebstahlversicherung Wenn der Schuldige nicht ermittelt werden konnte, mußten die örtlichen Behörden im Alten Babylonischen Reich das Opfer eines Diebstahls entschädigen. Außer indirekt, in Form von Steuern, hatten die Menschen für diese Form der Versicherung keine Prämie zu bezahlen, allerdings mußten sie angeben, ob sie in der betreffenden Stadt wohnten oder nicht. Dieses System war sicher dazu geeignet, eine gute Polizeiarbeit zu fördern, um die Stadt nicht in finanzielle Schwierigkeiten geraten zu lassen. In Paragraph 23 des *Kodex Hammurapi* (Babylon, um 1900 v. Chr.) findet sich der erste Hinweis auf diese Verfahrensweise. Paragraph 126 des Kodex bedroht Falschaussagen bezüglich des Wohnorts mit einer Geldstrafe.

Lebensversicherung Die ersten Lebensversicherungen wurden im 1. Jahrhundert v. Chr. in Rom von einer Gesellschaft namens *collegium tenuiorum* (deutsch etwa »Vereinigung der Schwachen«) angeboten. Der Versicherte hatte einmalig 100 Sesterzen und monatlich fünf Asse zu zahlen. Wenn er starb, erhielt sein Erbe 300 Sesterzen; bei Selbstmord verfiel der Anspruch. Mit der Zeit konnten auch andere Risiken als der Tod versichert werden.

Rentenversicherung Römische Soldaten erhielten, zusätzlich zu ihrem Sold, regelmäßig einen Extrabetrag, die sogenannten *donativa*. Die Hälfte davon wurde zurückbehalten und in eine Rentenkasse eingezahlt. Wenn die Soldaten aus der Armee ausschieden, konnten sie über die gesamte Summe verfügen. Diese Form der Alterssicherung begann vermutlich um 100 v. Chr.

Das System der Lebens- und Rentenversicherungen hängt von mathematischen Berechnungen ab, die auf der Basis der wahrscheinlichen Lebenserwartung für jedes Alter »das Risiko« (zu sterben oder in Rente zu gehen) abschätzen. Heutzutage nennt man Menschen, die solche Berechnungen anstellen, Versicherungsmathematiker. Der erste, der dies tat, war Jan De Witt (1625–1672), Ratspensionär der niederländischen Provinz Holland. Als republikanisch gesinnter Staatsmann erlangte er allerdings mehr Ruhm als für seinen Bericht an den Statthalter über Berechnung und Auszahlung der Renten, in dem seine statistischen Überlegungen dargestellt sind.

Versicherungsmathematische Berechnungen

Eine Haftpflichtversicherung für die Führer von Fahrzeugen deckt die Ansprüche von Dritten, die durch schuldhaftes oder fahrlässiges Verhalten des Fahrers zu Schaden kommen. Die ersten Versicherungspolicen dieser Art wurden 1829 in Frankreich von der Versicherungsgesellschaft *La Parisienne* ausgegeben.

Fahrzeughaftpflichtversicherung

Um dem verunsicherten Verbraucher einen Leitfaden durch die rauhe Welt des Einkaufs an die Hand zu geben, verfaßte der griechische Autor Lynkeus ein handliches kleines Buch mit dem Titel »Wie man auf dem Markt einkauft« (erschienen im 4. Jahrhundert v. Chr. in Samos). Das Buch selbst gibt es leider nicht mehr, aber vielleicht möchten Sie eine der Empfehlungen probieren, die aus Lynkeus' Werk überliefert wurden:

Verbraucherhandbuch

> Wenn Sie auf dem Markt beim Fischhändler stehen und der sich mal wieder mit versteinerter Miene weigert, im Preis herunterzugehen, dann kann es ganz hilfreich sein, ordentlich an seinem Fisch herumzumäkeln, zum Beispiel, indem Sie Archestratos zitieren oder einen der anderen Dichter … Damit vergraulen Sie viele Kunden und andere Zuschauer und zwingen den Fischhändler, sich auf Ihre Bedingungen einzulassen.

Archestratos von Gela verfaßte ein Lehrgedicht mit dem Titel *Hedypatheia*, das heißt »Gastronomie«.

Managerschule

Ban Guei, ein reicher Investor in Zentralchina, war schon zu seiner Zeit (etwa 400 v. Chr.) als »Vater des Managements« berühmt. Er machte sein Vermögen mit Spekulationen an der Warenbörse und ging den Gesetzen des Marktes auf den Grund, deshalb konnte er aus jeder sich bietenden Gelegenheit Profit ziehen und anderen etwas über den Weg zum geschäftlichen Erfolg beibringen. Die Anforderungen, die er an seine Schüler stellte, verraten seine Grundsätze:

> Wenn sie nicht genug Intelligenz besitzen, um sich einer veränderten Situation anzupassen, wenn sie nicht genug Mut besitzen, um Entscheidungen zu treffen, wenn sie nicht genug Menschlichkeit besitzen, um von dem, was sie haben, zu geben, wenn sie nicht genug Stärke besitzen, um das festzuhalten, was sie haben, dann können sie noch so begierig sein, etwas zu lernen – ich werde sie nicht unterrichten, selbst wenn sie mich darum bitten.

Anhang

Berühmte erste Male – eine Liste der populären Irrtümer

Wer/Wo	Was
Äsop	Fabel 46
Araber	Algebra 236 Stellenwertsystem 230
Assyrer	Kanalisation 128
Athen 1896	olympische Medaillen 383
Australien	Kraulstil (Schwimmen) 399 geheime Abstimmung 103
Baekeland, L. H.	Kunststoff 426
Bell, Alexander Graham	Telefon 323
Bentham, Jeremy	Utilitarismus 170
Bering, Vitus	Entdeckung der Beringstraße, Entdeckung Alaskas 361
Bologna	Universität 114
Brearly, Henry	Edelstahl 294
Brendan, St.	Entdeckung Amerikas 359
Bird, Richard	Flug zum Nordpol 353
Byzanz	Flammenwerfer 152
China	Abakus 308 Beamtentum 99 Kanalschleuse 335 Schach 403 Flammenwerfer 152 temperierte Stimmung 65
Christentum	Auferstehung 223 Rosenkranz 227
Cook, James	Entdeckung Ostaustraliens 362

Chronologie der ersten Male

Die folgende Liste ist eine Chronologie der ersten Male, das heißt, sie zeigt – zumindest ungefähr – in welcher Reihenfolge sich die Dinge ereigneten. Dabei ließ es sich nicht vermeiden, daß exakte Daten neben groben Schätzungen stehen.

Erst ab dem 10. Jahrhundert können historische Ereignisse einem bestimmten Jahr zugeordnet werden. Alle davor liegenden Zeitangaben beruhen auf begründeten Annahmen oder Vermutungen. Und je weiter ein Ereignis zurückliegt, desto weniger zuverlässig ist die Datierung, denn häufig existieren die Originalaufzeichnungen nicht mehr.

Für die westliche Welt (Ägypten und Mesopotamien eingeschlossen) gibt dieses Buch Datierungen an, die vor den allgemein üblichen liegen. Die Diskrepanz wächst, je weiter wir in die Vergangenheit zurückgehen, bis zur Zeit vor etwa 5000 oder 5500 Jahren. Ereignisse aus diesem Zeitraum werden von mir etwa 500 Jahre früher datiert als in den meisten gängigen Geschichtsbüchern oder Nachschlagewerken. Doch selbst diese Angaben sind möglicherweise noch nicht früh genug angesetzt.

Die historische Zeit reicht bis ins 4. Jahrtausend v. Chr. zurück. Die Datierungen für die prähistorische Zeit decken sich mit denen der meisten anderen Bücher, aber die Schätzungen weisen allgemein eine große Spannbreite auf.

CHINA: ZEIT DER STREITENDEN REICHE

---

400 v. Chr.

4. Jh. v. Chr.

BEGINN DES HELLENISTISCHEN ZEITALTERS

300 v. Chr.

3. Jh. v. Chr.

---

100 v. Chr.

1. Jh. v. Chr.

ROM ANNEKTIERT ÄGYPTEN, ENDE DES HELLENISTISCHEN ZEITALTERS

---

1. Jt. n. Chr.

1. Jh. n. Chr.

---

100 n. Chr.

2. Jh.

1100 n. Chr.
12. Jh.

1200 n. Chr.
13. Jh.

MONGOLEN BEENDEN DIE HERRSCHAFT DER SUNG-DYNASTIE

1300 n. Chr.
14. Jh.

CHINA: MING-DYNASTIE

1400 n. Chr.
15. Jh.

TÜRKEN EROBERN DAS OSTRÖMISCHE REICH

1500 n. Chr.
16. Jh.

1600 n. Chr.

17. Jh.

CHINA: CH'ING-DYNASTIE

1700 n. Chr.

18. Jh.

UNABHÄNGIGKEITSERKLÄRUNG DER VEREINIGTEN STAATEN VON AMERIKA

1800 n. Chr.
19. Jh.

1900 n. Chr.
20. Jh.

CHINA: ENDE DER CH'ING-DYNASTIE

GRÜNDUNG DER UNION DER SOZIALISTISCHEN SOWJET-REPUBLIKEN

FALL DES »EISERNEN VORHANGS«, AUFLÖSUNG DER SOWJET-UNION

Sachverzeichnis

B

E

G

H

I

J

K

L

M

N

O

P

Q

R

S

T

U

V

W

Y

Z

Dank

Den größten Dank schuldet der Autor den Autoren und Herausgebern der Quellen, auf denen dieses Buch beruht. Es sind zu viele, um sie hier im einzelnen zu nennen.

Zu den Menschen, die den Fortgang des Projektes förderten, indem sie den Autor mit Rat und Tat unterstützten, gehören Georg Karlov und John Ferguson in Sydney, Clare Forster und Robert Sessions von Penguin Books, James Peterson, Dermid McGrath und Paul Hitchenson in Canberra, meine Frau Carolyn und meine Eltern Grace und Jack. Allen, die Informationen beisteuerten oder einzelne Abschnitte prüften – wie etwa Tim Sherratt vom *Australian Science Archives Project*, Canberra, oder Dominique Suet, Paris – gebührt Dank, während sämtliche Fehler und Trugschlüsse mir anzulasten sind.

Für die Redaktion danke ich Foong Ling Kong in Melbourne, für ihre Mithilfe bei Text und Bildern Nathalie Suet, Pauline Husen und Vanessa Hill von Halstead Press. Dank auch an Carolyn Conlon, Alison White und Yong Chui Hsia sowie meine Übersetzerin Susanne Warmuth für ihre gewissenhafte Arbeit. Alle, die ich eventuell hier vergessen habe, bitte ich um Entschuldigung; ich bin ihnen nicht weniger dankbar.